의료가족치료

Medical Family Therapy and Integrated Care

2nd ed.

Susan H. McDaniel · William J. Doherty · Jeri Hepworth 공저

박일환 · 신선인 · 안동현 · 정혜정 · 안인득 공역

학지사

Medical Family Therapy and Integrated Care, Second Edition
Susan H. McDaniel, William J. Doherty, and Jeri Hepworth

역자 서문

가족치료의 발달 역사가 가장 오래된 미국에서도 '의료가족치료(Medical Family Therapy: MedFT)'의 실천이나 연구는 비교적 늦게 활성화되었다. 이 책의 저자들이 1992년에 공동저술한 동명의 저작물이 아마 최초의 관련 저서일 것으로 생각되는데, 20년도 더 지나서야 개정판이 발간되었다. 국내외적으로 가족치료 영역에서 상당히 많은 단행본이 발간되었지만 의료가족치료를 중점적으로 다루는 책은 거의 찾아보기 힘들다. 여러 요인이 있겠지만 저자들도 일관되게 논의하듯이, 의료 영역과 가족치료 영역의 전문가들이 협업을 한다는 것이 쉽지 않다는 데 있다. 초판 서문에서 밝히고 있듯 세 명의 저자들이 전자메일도 발달하지 않았던 그 시절에 각각 뉴욕, 미네소타 그리고 코네티컷에 거주하면서 의견을 나누며 이 책을 함께 저술했다는 것은 매우 어려운 일이었을 것이다. 이들이 강조하는 것은 협업(collaboration)이었고, 이 책은 바로 그러한 협업을 통해 탄생한 결과물이었다. 우리 역자들도 학교가 각각 대구, 전주, 천안, 서울로 떨어져 있고 전공 분야도 제각각이었지만 이러한 협업의 필요성과 중요성을 인식하였기에 이번 번역 작업이 이루어질 수 있었다. 물론 전자메일 등의 통신수단 발달이 일조하기는 하였지만 말이다.

국내에서 가족치료가 본격적으로 발전하기 시작한 것은 30여 년 전 한국가족치료학회가 결성되면서부터라고 할 수 있다. 그 이전에도 개별적 혹은 부분적으로 가족치료가 시행되고 연구되기는 하였지만 학회가 결성되면서부터 정신의학, 심리학, 사회복지학, 간호학, 가족학 등 다양한 분야의 전문가들이 체계적으로 협력을 시작하게 되었다. 이때 한국가족치료학회 초대회장으로 정신과 의사였던 노동두 박사가 추대되었고, 이후 정신과 의사인 노경선, 이혜련, 간호대학의 김소야자 교수 등이 학회장을 역임하면서 의료인들의 참여가 상당히 적극적으로 이루어졌다. 이와 함께 가정의학과를 중심으로 한 가족 및 가족치료에 대한 높은 관심으로 학회 참여는 물론 가정의학회지에 가족 및 가족치료 관련 논문들이 많이 게재되는 등 활발한 활동들이 있어 왔다. 그런데 전반적인 가족치료 영역에서의 활발한 활동 및 발전과는 동떨어지게 의료 영역에서는 이러한 초기 관심과 활동이 2000년대 들어서면서 급격히 줄어들기 시작하였다. 여기에는 여러 요인이 있겠지만 경직된 보건의료 영역의 특성, 급격히 악화된 의료 수가와 같은 재정적 영향, 그리고 효과적인 전략의 부재 및 후속 전문가 양성의 부족 때문인 것이 크다. 그러나 최근 일어나고 있는 급격한 가족 체계의 변화는 물론 보건의료 영역에서도 만성 질환의 증가, 암을 비롯한 말기 환자 혹은 치매와 같은 많은 돌봄이 필요한 중증 질환의 증가, 연명치료 혹은 호스피스 케어 등 다양한 상황 변화로 인해 다시금 의료가족치료의 필요성이 높아지고 있다.

역자들은 한국가족치료학회의 전 · 현직 학회장으로 자주 만나면서 의견을 나누고 가족치료의 발전 방향에 대해 고민하던 중 정혜정 교수의 제안으로 이 책을 번역, 소개하기로 뜻을 모았다. 그런데 초판이 발간된 지 너무 오래되어 또다시 번역 고민을 하던 차에 반갑게도 2014년에 개정판이 출간되어, 본격적으로 역할을 나누고 번역 작업에 착수하게 되었다. 전공이 서로 다른 분야와의 협업이 힘들다는 것은 익히 알고 있었지만 막상 작업에 들어가 보니 용어와 개념의 번역 및 통일에 있어서 상당한 어려움에 부딪히게 되었다. 특히 의학과 사회복지/아동복지에서 사용하는 용어와 개념에서 이견들이 다수 노출되었다. 하지만 이러한 이견을 나누고 논의하는 과정에서 진정한 의미의 협업을 경험하였고, 다른 분야의 상황을 이해하게 된 것은 커다란 수확이라고 말할 수 있다. 바로 이런 과정이 이 책의 저자들이 강조했던 협업이었고, 현장에서 가족치료사들과 보건의료 전문가가 마주할 점들이며, 우리는 이를 번역과정에서 미리 경험할 수 있었다.

이 책은 저자들이 오랜 시간 현장에서 의료가족치료를 수행하고 슈퍼비전과 교육을 통해 얻은 생생한 경험을 토대로 썼기에 가족치료사들은 물론이고 보건의료 전문가들에게도 많은 도움이 될 것이다. 역자들은 국내 보건의료 영역에서 가족치료사들이 협업할 수 있는 토대를 마련하고 활발하게 발전하기를 기대하는 희망이 있었기에 일 년 이상 소요되고 많은 노력이 들었던 번역 작업이었지만 즐거운 마음으로 임할 수 있었다. 역자들의 이러한 희망이 이루어지길 기대해 본다.

2018년 6월

역자 일동

참고문헌

Hodgson, J., Lamson, A., Mendenhall, T., & Crane, D. R. (2014). *Medical Family Therapy: Advanced Application*. Switzerland: Springer.

추천사

1990년대 초까지만 해도 한 세대의 의료진들은 전문의와 세부전문의에 의한 치료를 목적으로 사람을 인체의 장기에 따라 더 작은 부분으로 나누었던 의료서비스체계의 분절화(fragmentation)라는 엄청나게 잘못된 문제에 대응했습니다. 의사들은 이런 분절화에 따라 일차의료를 만들고 그다음에는 실행하는 것으로 대응했는데, 이는 갈라진 틈과 균열을 망라해서 폭넓게 실행함으로써 분절화를 치유할 것으로 생각하였던 것입니다. 15년 전 George Engel은 생심리사회적(biopsychosocial) 모델을 소개하였고, 사람을 신체, 마음, 가족, 지역사회 등 전인(全人)으로 이해하고 치료하는 확실한 개념적 토대를 확립하였습니다. 1994년 의학연구소(Institute of Medicine)는 일차의료가 '가족과 지역사회의 맥락 안에서 실행되어야 한다.'는 수긍할 만한 정의를 발표하였습니다. 그러나 이러한 이상은 대부분 우리의 손이 미치지 않는 곳에 있었습니다. 우리는 행동주의 교육자 및 임상가들과 함께, 그리고 심리학자, 정신의학자, 가족치료사들과 함께 훈련을 받고 실천을 하였습니다. 그러나 이렇게 깊은 틈의 다른 한편에서 임상가, 교육자, 과학자들은 다른 편의 개념과 방법들을 사용하기가 이상하고 어렵다고 생각했습니다. 사실, 많은 의학적 문제가 심리요인과 가족요인에 영향을 받는다는 것은 너무도 명백했습니다. 많은 가족문제와 심리문제는 신체적 증상을 수반합니다. 그런데도 우리는 여전히 한 편을 다른 편과 매끄럽게 통합하기가 어려웠습니다. 우리는 서로를 적당히 활용할 수 있었지만 실제로 공통분모 위에 서서 작업하지는 못하였습니다.

그러고 나서 1992년 『의료가족치료(Medical Family Therapy)』 원판이 출간되었고, 이 책은 하나의 혁명이었습니다. 처음으로 상담치료사들은 '자신들의' 치료 개념과 원리가 의학적 문제에 적용될 수 있는지 볼 수 있었습니다. 반대로 의사들은 치료에 대한 심리학적 · 체계론적 가족 개념과 원리가 자신들이 수행하였던 의료의 틀에 어떻게 통합될 수 있는지를 처음으로 볼 수 있게 되었습니다. 이 책은 이러한 학문 분야들이 서로를 발견하고 파트너십을 구축함으로써 의료를 엄청나게 향상시킬 수 있도록 하였습니다. 일차의료는 증대되었고 일반 의료 전반이 확대되었습니다. 가족치료와 의료심리학은 새롭고 강력한 적용 현장을 발견하였습니다. 이 책은 마땅히 받을 만한 세계적인 성공을 누렸고, 오늘날에도 폭넓게 쓰이고 있습니다.

그러나 세상은 지난 20년 동안 변해 왔습니다. 연구자들은 생의학 영역과 심리사회적 영역 사이의 상호작용을 광범위하게 연구하였습니다. 그리하여 가족이 건강에 미치는 영향과 건강이 가족에 미치는 영향에 대해 많은 것을 새롭게 알게 되었습니다. 우리는 20여 년 전보다 분자, 유전체, 유전자에 대해 상세한 것들을 더 많이 알게 되었으며, 뇌의 기능에 대해서도 더 많이 알게 되었습니다. 또 우리는 보건의료팀 구성원들 사이, 보건의료체계와 환자가 살고 있는 지역사회 사이, 그리고 환자와 더 큰 보건의료체계 사이의 새로운 균열도 목격하고 있습니다. 이러한 분열은 의료진과 심리치료 임상가들을 연결해 주는 동일한 원칙으로부터 이익을 얻을 수 있습니다. 오늘날 우리는 다른 세상에서 살고 있습니다. 의료비, 치료의 가치, 지역사회 보건, 자신의 건강관리 결정에 대한 환자의 적극적인 참여가 새롭게 주목을 받게 된 그런 세상에 살고 있는 것입니다. 세상이 변한 것처럼 『의료가족치료』 원판을 썼던 세 명의 학자도 변했습니다. 그들도 시간이 지남에 따라 성장하였고, 새롭고 더 훌륭한 『의료가족치료』를 집필하였습니다.

이 두 번째 판은 아주 다른 책입니다. 이 책은 아주 많은 부분을 다시 썼고, 어떤 면에서는 새롭게 썼다고 할 수 있습니다. 그러나 이 책은 여전히 정신-신체의 분리를 통합하는 데 관심이 있는 심리치료사, 가족치료사, 심리사회적 관점에서 실천하는 사람들을 위해서 주로 쓰였습니다. 이 책은 여전히 특정 이론적 성향보다 일반적 원칙에 따라 나누어서 쓰인 책입니다. 또한 이 책은 분절화와 분열을 치유하는 책입니다. 그러나 이번 판은 유전학, 뇌기능, 보건의료서비스 위기와 진행 중인 개혁 노력 같은 오늘날의 문제와 최근에 부상하는 문제들도 다루었습니다. 이 책은 통합과 지역사회 개입을 위해 임상적 · 경제적 · 인구학적 기초를 보강하는 최근의 증거자료를 설명하였습니다.

그리고 1992년과 마찬가지로 『의료가족치료』는 오늘날에도 놀랄 만한 사건입니다. 이 책은 현대의 전략, 기술, 기법을 차용하여 목적에 맞게 고쳐서 분명하게 세분화된 전문 영역에 고루 적용하며, 그래서 임상을 하는 치료사들이 이 원칙을 즉각 그리고 지적으로 적용할 수 있도록 하고, 또 교육자와 학습자가 현재의 이론적 지향을 유용한 기술로 쉽게 바꿀 수 있게 쓰였습니다. 그러나 이전처럼 이 책에는 임상 '의료진'을 위한 내용도 더 많이 담겨 있습니다. 이 책에서 의료진들은 체계론적으로 사고하는 것이 정당한 이유를 찾을 수 있을 것입니다. 이는 환자의 피부 안에 있는 요인만큼 환자의 피부 밖 요인도 똑같이 고려해야 할 중요한 이유이며, 팀을 이루어 협동적으로 작업하기 위한 동기가 되며, 생의학을 넘어 개인의 기술을 넓히기 위한 자극이 되고, 우리의 분절화된 보건의료체계를 전체적이고 건강한 무언가로 변형시키기 위해 반드시 행해져야 하는 실제적인 청사진이 됩니다. 사실상 만성질환이 있는 모든 환자는 여기서 설명한 원칙들과 의료가족치료사들의 서비스로부터 혜택을 볼 것입니다. 의료가족치료사는 복잡한 보건의료체계를 잘 다루기 위한 안내자이자 해설자가 될 수 있습니다. 그러나 이 책은 더 나은 보건의료를 어떻게 실천하는가에 대한 매뉴얼에 불과한 것만은 결코 아니며, 의학 분야의 변화에도 기여할 수 있습니다. 이 책은 의학 분야와 보건의료 세계에 엄청나게 큰 선물입니다. 감사합니다.

Frank V. deGruy, MD, MSFM
덴버 소재 콜로라도 대학교 가정의학과 교수 및 학과장
북미일차의료연구그룹 회장

Macaran Baird, MD
가정의학과교육학회 회장 역임
미네소타 대학교 가정의학과 교수 및 학과장

Thomas Campbell, MD
가정의학회 회장 역임
로체스터 대학교 가정의학과 교수 및 학과장

Robert Cushman, MD
협력적 가정의학회 회장
코네티컷 대학교 가정의학과 교수 및 학과장

1판 서문

이 책은 건강문제를 겪고 있는 환자와 그 가족의 생심리사회적 치료에 대해 새로운 패러다임을 제안하고 있습니다. 오늘날 '의료가족치료'라고 부르는 실천에 대한 우리의 헌신은 1970년대 후반과 1980년대 초반으로 거슬러 갑니다. 이 시기 동안 우리 모두는 가족치료에서 발전한 체계이론의 개념을 현대의 보건의료 영역에 적용하기 위한 작업을 했습니다. 가족치료훈련에 참여하는 것 외에도 우리 각자는 의과대학의 가정의학과에서 1980년대 내내 교육을 하였습니다. 우리의 많은 관심은 우리가 가르쳤던 가정의학의들의 시각을 확장하고 또 그들이 가족과 기타 관련 체계들(다른 의료전문의들 혹은 사회기관들)의 요구와 관심을 그들의 사고와 환자 관리에 통합하도록 돕는 데 초점을 두었습니다. 이 책에서 우리는 동료 치료사들에게 주의를 돌려 건강문제가 환자와 가족에 미치는 영향에 대한 작업을 위해 새로운 모델을 제안했습니다. 이 책은 생물학적 측면과 가족역동 간의 상호작용에서 일어나는 폭넓은 범주의 의학문제에 대해 치료사들에게 가족체계이론적 접근을 설명한 첫 번째 책입니다.

이 책은 우리의 이전 연구를 가족치료 영역으로 확장하였습니다. William Doherty와 가정의인 Macaran Baird가 협력하여 1983년에 획기적인 책 『가족치료와 가정의학(Family Therapy and Family Medicine)』을 출판하게 되었습니다. Susan McDaniel, 가정의 Thomas Campbell, 가족치료사 David Seaburn은 특히 가정중심 의료관리의 실용성을 개발하기 위한 연구를 진행하였습니다. 그 결과, 의료진들을 위해 1990년 『가정중심 일차의료(Family-Oriented Primary

Care)』라는 책을 출판하게 되었습니다. Jeri Hepworth는 의사와 치료사 사이의 협력에 관한 중요한 아이디어를 발전시켰고, 이는 학술지 형태로 출판되었습니다. 그녀는 또한 자신이 몸담고 있는 가정의학과에서 가족치료 인턴십을 시작하였습니다. 이러한 경험 그리고 Susan과 Bill이 자신들이 할 수 있는 훈련 범위의 여력 안에서 공유한 경험은 특히 다른 여러 치료사들을 위해 가족체계, 의료적 질병 그리고 의료체계에 대한 아이디어를 발전시키고자 하는 우리의 소망으로 이어졌습니다.

의학교육자이자 가족치료 훈련가로서의 경험으로 우리는 가족체계 중심의 치료사가 건강문제가 있는 가족을 도울 수 있는 독특한 기회를 구별할 수 있게 되었습니다. 이 책의 독자는 가족치료사, 심리학자, 행동 의료전문의, 의료 및 정신보건 사회복지사, 정신건강의학과 간호사, 정신건강의학과 의사가 될 수 있습니다. 일차의료의사와 간호사들에게도 도움이 되겠지만, 이 책에서 제시한 전략과 기법은 주로 가족체계 치료 분야에서 충분히 훈련받은 치료사들을 위해 고안된 것입니다.

일부 동료와 훈련생은 이 분야에 대한 우리의 관심에 주의를 기울이면서도 적잖은 회의를 표하기도 했습니다. 우리 중 한 명이 가정의학 관련 직업을 수락했을 때, 몇몇 동료 치료사는 "도대체 자네는 왜 그 많은 의사와 함께 그렇게 어울리려 하나?"라고 말하기도 했습니다. 한 사례에 대해 의사와의 협력을 시도할 때, 치료사들의 공통적인 불평은 의사들에게 연락을 할 수가 없고 또 의사들은 통합치료계획에 관심이 없어 보인다는 점이었습니다. 우리 각자의 마음을 끌었던 경험은 의사들도 치료사들과 함께 일하는 것에 대해 똑같은 불평을 한다는 것입니다. 일부 의사는 상담치료가 누군가에게 어떤 도움이 되는지 의문을 제기하지만, 대부분의 의사는 상담치료사들이 의뢰 환자들에 대해 어떤 반응도 하지 않는다고 불평하였습니다("우리가 환자를 보낸 다음에 상담치료사들한테서 한마디도 들은 적이 없어요."). 이렇게 양쪽의 이야기를 듣는 것은 부부싸움에서 한 배우자의 이야기를 듣고 그다음에 다른 배우자의 이야기를 듣는 것과 같습니다.

논쟁의 여지 없이 환자와 가족은 더 훌륭하고 더 포괄적인 진료를 필요로 합니다. 진단과 치료에 대한 치솟는 비용과 새로운 기술의 출현은 너무도 많은 환경에서 분절화되고 전문화되고 또 비인간적인 치료를 하게 하였습니다. 환자와 가족은 그들이 가장 취약할 때 보건의료체계의 미로에서 길을 잃은 것 같은 느낌을 종종 받습니다. 소비자 집단은 자신들의 불평에 대해 점점 더 많은 목소리를 내게 되었습니다. 이에 반응하여 소아과, 내과 그리고 특히 가정의학과라는 일차 의료 분야는 환자들의 공통적인 의료문제에 대해 생심리사회적 접근을 발전시키기 시작하였습니다. 이들 의료집단이 생심리사회적 틀을 향해 자신들의 길을 더듬거리며 찾고 있는 동안 많은 치료사는 '심리사회적'이라는 협소한 이슈에 계속 초점을 두면서 뒤처져 있었습니다. 이 책은 치료사가 보건의료 분야에서 이렇게 더 폭넓은 움직임에 다가가도록 돕기 위해 고안되었습니다.

이 책의 초반부에서 다루었듯이, 가족치료사는 변화하는 보건의료 전달체계의 세계에서 중요한 역할을 할 수 있는 엄청난 기회를 가지고 있습니다. 환자와 가족이 만성질환, 불임, 암 같은 문제에 직면할 때, 가족치료사와 의료진들의 협력으로 더 인간적이고 더 효과적이며 더 포괄적인 치료를 받을 수 있습니다. 우리는 이 책이 치료사가 어떻게 보건의료체계에 생산적으로 참여하고 영향을 줄 수 있는가에 대한 대화의 장을 열어 주고 또 이런 점에 더 많은 주의를 집중시킬 수 있기를 바랍니다. 우리는 정서적 · 대인관계적 과정과 생의학적 사건들 사이의 상호작용에 대해 더 많은 연구가 이루어지기를 바랍니다. 그리고 끝으로 우리는 사람들이 어떻게 질병에 반응하는지, 그리고 가족치료사 Donald Williamson이 제안하였듯이 어떻게 질병을 "의식으로의 초대(call to consciousness)"(1991, p. 229)로 이용할 것인지에 대해 더 많은 혁신과 임상 연구가 이루어지기를 기대합니다.

'의료가족치료'라는 용어에 대해 말해 보겠습니다. '의료'라는 단어는 만성질환, 장애, 건강행동과 같이 건강문제에 대한 초점을 나타내기 위해 사용합니다. '가족치료'는 우리의 모델을 알려 주는 가족체계의 틀을 강조하기 위해 사용합니다. 이런 명칭은 '의료인류학' 혹은 '의료사회복지' 같은 다른 학문 분야와 일치합니다. 그러나 이 명칭이 편리하고 서술적이긴 하지만, 모호하지 않은 것은 아닙니다. 우리는 의료가족치료가 통상적으로 일반의에 의해 실천된다거나 약물 처방을 반드시 포함한다는 점을 전달하고 싶지 않습니다. '의료'라는 말과 일치하지 않는 가정의학과 간호인들을 어떤 식으로든 배제하고자 하는 것도 아닙니다['보건의료 가족치료(health care family therapy)'는 너무 무겁고 모호한 것 같습니다]. 그래서 우리는 '의료가족치료'가 우리가 하는 바로 그것을 정의하기에 가장 좋은 용어라는 결론을 내렸습니다.

이 책은 확실히 협동적인 작업이었습니다. 우리는 함께 각 장의 내용에 대한 계획을 세웠고 브레인스토밍을 하였으며, 아이디어들을 나누고 토론하였고, 각 장의 초고에 대해 개별적으로 책임을 졌습니다. 그러고 나서 각 장에 대해 읽고 수정하고 확장하였으며, 그래서 때로는 또 한 번 신나고 들떠서 토론을 하며 공동의 시각을 갖게 되었습니다. 여담으로 덧붙이면, 이메일이 있기 전이라면 뉴욕, 미네소타, 코네티컷에 사는 세 사람에게 이 정도의 협력이 불가능했을 것입니다. 우리는 이 프로젝트를 하는 동안 하루에 평균 한 번 이상 서로 '대화했습니다'. 이러한 대화로 인해 저술의 상세한 부분까지 주의를 기울일 수 있었고, 실제적이고 효과적이며 효율적이고 또 재미까지 있는 방식으로 아이디어를 발전시킬 수 있었습니다.

이 저술 작업에 대해 우리의 열정을 이해하고 곁에서 계속 응원해 준 가족들에게 감사합니다. 기쁨, 눈물, 도전을 함께해 준 의료진들, 고통의 시간 동안 우리를 그들의 삶에 들어가게 해 준 환자와 가족들에게 특별히 감사의 말을 전하고자 합니다. 의료가족치료에 대해 지금 우리가 알고 있는 것을 우리에게 가르쳐 준 것은 바로 두 집단, 즉 의료진과 가족들이었습니다.

2판 서문

『의료가족치료: 건강문제가 있는 가족에 대한 생심리사회적 접근(Medical Family Therapy: A Biopsychosocial Approach to Families with Health Problems)』이 출판된 지 2년 후, 미국은 보건의료 개혁이라는 거친 파도 속으로 빠져들었습니다.[1] 그때가 1994년이었고, 그해 미국 의회는 Hillary Clinton의 보건의료 계획에 대해 심의하였으며, 국가적으로 분절된 보건의료체계가 정비되어 전국의 누구라도 포함되도록 확장되고 전반적으로 바로잡힐 것이라는 높은 기대가 온 나라를 덮쳤습니다.

1994년 1월 추운 어느 날, 우리 셋은 위스콘신주 레이신의 Frank Lloyd Wright(건축가-역주)가 설계한 집이었지만 나중에 회의장이 된 곳인 윙스프레드(Wingspread)의 따듯한 거실에서 2층으로 된 커다란 벽난로 앞에 앉았습니다. 우리는 협력적 보건의료에 관한 윙스프레드 회의에 참가했던 많은 치료사, 의사, 보건의료 관리자와 신나게 이야기를 나누었습니다. 우리는 아픈 사람들을 돌보기 위한 급진적이고 새로운 방법, 즉 저비용으로 더 높은 성과를 내기 위해 심리치료의 대인관계 기술을 현대 의학과 결합시키는 방법을 궁리하였고, 그러한 혁명은 곧 코앞에 닥쳐온 것 같았습니다.

---

1) 이 서문의 아이디어들은 W. J. Doherty가 『Psychotherapy Networker』 2007년 5-6월호, 제46권(pp. 24-31)에 쓴 '보건의료 바로잡기: 치료사는 어떤 역할을 할 것인가?(Fixing Health Care: What Role Will Therapists Play?)'에 처음 제시되었다.

우리는 10년 이상 일차의료의사들과 함께 일하고 있었습니다. 우리는 가족치료에서 일차의료의 땅으로 바다를 횡단하면서 우리의 훈련에서는 결코 마주치지 못했던 것, 즉 사람들은 신체를 가지고 있다는 것을 발견하였습니다. 물론 우리는 사람들이 성기를 가지고 세상에 왔다(성치료는 필수 과정이었음)는 점을 알았지만, 뇌도 생물학 이상으로 심리학의 영역이었음을 알아 갔습니다. 간, 폐, 심장 같은 다른 장기들도 우리의 박사과정 프로그램에서 다룬 적이 없었습니다. 우리가 가계도를 그렸을 때, Murray Bowen의 정서적 단절과 밀착관계를 모두 다루었지만 세대에 걸쳐 전수되는 암과 심장병은 제외하였습니다. 말하자면 우리는 학교에서나 초기 수습생활에서 의료적 진단을 만난 적이 없습니다.

의료 현장에서 일하면서 받았던 또 하나의 충격은 환자들에게 어떤 치료를 하든 간에 호전되지 않는 경우가 흔하다는 점이었습니다. 우리는 절망에 빠진 레지던트의 사례를 떠올렸습니다. 이 사례에서 치료사는 심각한 크론병이 있는 젊은 여성이 자기 병을 더 건설적으로 다루고 가족과 더 좋은 관계를 발전시키도록 도왔습니다. 결국 환자는 자기 가족과 더 사이좋게 지냈고, 자신을 더 잘 돌봤지만, 어찌됐든 그녀는 사망하였습니다. 치료사는 이 여성의 어머니가 자신을 불러 그 소식을 전했을 때 깜짝 놀랐다고 기억했습니다. 그는 이 여성의 어머니가 그에게 상담치료 덕분에 딸의 삶의 마지막 몇 달이 수많은 세월 중에 가장 평화로웠고 또 자기와 남편은 딸이 죽기 전에 딸과 엉망이었던 관계가 치유되어서 너무 고맙다는 말을 해 주기 전까지 상담의 지표가 실패했다고 느꼈다고 합니다. 상담치료사는 이 모든 것을 듣고 안심이 되었으나 오래된 말(즉, 수술은 성공했으나 환자는 죽었다는 것)에 대한 생각을 하지 않을 수 없었습니다. 그럼에도 불구하고 그날 치료사는 그전과는 다른 치료사, 즉 더 겸손한 사람이 되었습니다. 당시까지 그는 치료, 특히 체계론적인 치료는 무엇이든 '고칠 수' 있어서 등교를 거부하는 아이는 학교에 갈 수 있고, 우울증은 없어질 수 있으며, 부부는 한결같은 행복을 찾을 수 있다고 생각했습니다.

통합적 · 체계론적 보건의료의 이점

그럼에도 불구하고 의료가족치료사로서 우리가 일을 시작한 초기부터 질병을 심리사회적 관점과 신체적 관점 둘 다의 관점에서 고려할 때 일상적으로 이점이 있고, 때로는 극적인 결과가 있음을 목격했습니다. 심한 두통이 있는 9세 소년이 세상에 있는 진단검사를 모두 다 받았지만 아직 아무 원인도 찾지 못했습니다. 우리 저자 중 한 명이 발병의 맥락을 알아보기 위해 부모와 의사를 만났습니다. 더 많은 이력을 찾아보자 이 아이는 또래집단에서 걱정을 하거나 좌절했을 때 두통이 시작되었음을 알려 주었습니다. 이런 발견을 하자 긴장감이 그 방에서 떠나갔습니다. 치료사는 아이가 자신의 감정을 어떻게 알아채고 관리할 수 있으며, 또 부모는 어떻게 아이의 내적 경험에 대해 이야기하도록 도울 수 있는지, 그래서 두통으로 이야기하지 않아도 되도록 도울 수 있는지 몇 가지 팁을 부모에게 주었습니다. 그것이 전부였는데 두통이 없어졌습니다. Jay Haley가 아주 자랑스러워했을 것입니다. 그러나 이는 드물지만 복잡하지 않은 사례 중 하나였습니다.

병원을 수시로 드나드는 대부분의 사람은 이따금씩 찾아와 쉽게 사라지는 방문객이 아닌 영구적으로 따라다니는 문제들과 함께 살아갑니다. 그러던 중에 우리는 환자가 자신을 충분히 잘 돌보지 않고, 너무 많은 시간을 빼앗아 가고, 너무 많은 비용이 들어가기 때문에 종종 실망해 있는 한 무리의 의료진을 우연히 만났습니다. 우리가 환자들에게 해 줄 수 있는 가장 큰 것은 그들이 받았던 카드 패를 가지고 더 잘 살도록 도왔던 것이었음을 알게 되었습니다. 또한 우리는 의사를 위해 우리가 할 수 있는 가장 큰 것은 스트레스를 받고 있는 그들을 지지하여 환자에 대해 보편적인 인류애를 인정할 수 있도록 돕는 것이며, 또 환자와 의사가 같은 팀을 이루도록 돕는 것임을 알게 되었습니다.

당시 의료가족치료에서 일하던 우리들 대부분은 학술기관의 중심에 있다는 호사를 누렸고, 따라서 일상적인 의료의 재정적인 제약에서 어느 정도 벗어나 있었습니다. 이런 온실 환경에서 우리는 의료전문가 및 간호전문가들과의 협력으로 아주 좋은 새로운 작업방식을 개발하였음을 알았지만 때로는 이것이 현실 세계에서 성공할 수 있을지 의심이 들기도 하였습니다.

하지만 1994년까지 의료가족치료는 큰 환영을 받았고, 전국에 걸쳐 지역의 발의와 시도로 밝은 미래가 펼쳐지고 있었습니다. 미네소타의 HealthPartners라는 통합 의료체계, 콜로라도의 Cooperative Care Clinic of the Permanent Medical Group의 집단 진료 같은 대열에서 그러했습니다. 우리는 눈부신 과학적 의학 기술에 행동주의와 가족체계이론 접근이라는 보다 더 미묘한 힘을 가지고 합류하면서 철과 영혼이라는 새로운 조합을 창조하고 있었습니다. 수혜자들 중 많은 사람은 당뇨병, 암, 비만, 천식, 만성통증, 섬유근육통 같은 만성질환 문제가 신체적이고 정서적인 세계 사이의 경계에 걸쳐 있는 환자들이었습니다. 또 말기 환자들에게도 심리사회적 개입이 신체적 건강을 향상시킬 수 있다는 증거가 점차 증가하고 있었습니다. 예를 들면, 존스홉킨스 대학교의 연구는 가족 개입이 혈압 조절을 높였고 사망률을 감소시켰으며(Morisky, Levine, Green, Shapiro, Russell, & Smith, 1983), 당뇨병 조절 효과가 있었음(Gilden, Hendryx, Casia, & Singh, 1989)을 보여 주었습니다. 또한 정신건강문제를 가진 대부분의 사람이 일차 진료를 찾기에 일차의료가 미국에서 사실상의 정신건강치료체계라는 Reiger의 고전 연구(Reiger, Narrow, Rae, Manderscheid, Locke, & Goodwin, 1993; Kessler & Stafford, 2008에서 최근 문헌고찰 참조)도 알게 되었습니다. 이렇게 힘들여 얻은 지식으로 무장한 우리는 이제 중요한 변화, 즉 통합적인 체계론적 진료로 우리 자신의 제한된 실험을 훨씬 더 넘어서는 변화를 기대할 충분한 이유를 가지고 있었습니다. 현존하는 기술 주도의 고도로 의료화된 체계가 심하게 손상되었다는 점이 점점 더 명백해지고 있었습니다. 1990년대 초반 보건의료 비용이 매년 두 자리 수까지 뛰었습니다. 그러나 기본적인 의료서비스에 거의 혹은 전혀 접근하지 못한 사람들이 거의 4천만 명이었으며, 7천만 명은 보험이 충분하지 않았습니다. 국민 개개인은 1970년 9%에서 자기 수입의 약 14%를 보건의료에 지출하고 있었는데, 이는 다른 선진국 시민이 지출한 비용의 약 2배였습니다. 미국인들은 유아사망률과 기대수명 같은 주요 지표에서 더 큰 이득을 보여 주지 못한 채 모든 다른 선진국에 비해 보건의료 비용으로 가장 많은 돈을 지출하였습니다(Starr, 2011). 미국의 '보건의료체계'가 정부 프로그램, 개인 보험, 자유시장의 혼란이라는 체계적이지 못하고 부분적으로 규제된 채 뒤죽박죽이었으며, 높은 비용과 분절화의 무게로 무너지고 있다는 점에 대해 대체로 동의하는 것 같았습니다.

민주당과 공화당은 정비의 필요성에 합의했고, 윙스프레드에서의 회의 두 달 전에 Hillary Clinton의 보건의료 법안이 회기의 마지막 날 국회에 제출되었습니다. 국가적으로 중요한 변화가 진행되었던 것입니다.

윙스프레드 회의에서 우리의 사기는 충만하였습니다. 의학과 상담심리치료의 경계에서 수년 동안 일했던 우리는 새로운 시대가 도래하고 있다고 확신했습니다. 곧 우리는 치료사, 의사, 간호사 그리고 다른 전문가들이 제공하는 보편적이고 통합적이며, 환자와 가족이 중심이 되는 새로운 시스템을 보게 될 것이었습니다. 뿐만 아니라 이전보다 훨씬 더 낮은 비용으로 자본주의의 약점(과잉경쟁, 사람보다 이윤을 우선시함)과 사회주의의 경쟁, 비용 통제 및 책무성의 결여를 결합하여 치료에 대해 보험업이 주도하는 숨 막힐 듯한 접근을 종식시키도록 도울 수 있을 것 같았습니다. 우리는 가족치료의 창시자 중 한 사람인 Lyman Wynne이 회의의 마지막 시간에 했던, "가족치료가 처음으로 만들어진 1950년대의 첫 번째 회의 이후 이런 식으로 느낀 적이 없어요."라는 말을 기억했습니다. 모든 것이 완벽하게 그럴듯했으며, 틀림없이 앞에 놓인 모든 장애물을 없애 버릴 태세였습니다.

황당한 상황의 전개

그런데 우리는 황당한 순간을 맞았습니다. 1994년 9월 보건의료 분야 최고의 지성인들에 의해 만들어졌으며 민간부문을 통한 보편적 보험 적용을 의무화하는 Hillary Clinton의 보건의료 개혁안이 박살 나 버렸습니다. 그로부터 10년이 더 지난 2010년 보건의료 개혁에 관한 논쟁이 그러했듯이 이 논쟁은 광범위했고 격렬했습니다. 물론 그때 건강보험 업계의 압력단체인 미국건강보험협회(Health Insurance Association of America)가 전개한 악명 높은 해리 앤 루이즈 (Harry and Louise) 광고가 있었는데, 이 광고로 인해 제안되었던 개혁안에 대한 대중의 지지가 약화되었습니다. 그 개혁안의 핵심 개발자인 Paul Starr(2004)는 사후 분석에서 롤러코스터에 탄 것 같았다는 경험을 다음과 같이 요약했습니다. "행복이 무너진 지 1년이 지났다. …… Clinton 정부 첫 2년에 보건의료 개혁의 좌절은 미국 역사상 가장 큰 정치적 기회의 상실 중 하나로 기록될 것이다."(pp. 20-21)

2004년 11월 보수 공화당이 새로 의회의 다수당이 되어 정부를 압박하고 산업규제를 줄이려는 시도를 했습니다. 곧바로 보조를 맞추어 민간 의료보험 회사들과 관리의료 회사들이 늘 그렇듯이 정신건강과 신체건강을 분리해서 비용 절감에 전력을 쏟았습니다. 완전히 새롭고 효과적인 치료체계를 만들기 위해 정신건강 서비스를 신체건강 서비스에 포함시키는 대신에 보건의료 산업은 비용 절감을 위해 정신건강 서비스에 외주를 주었습니다. 즉, '잘라내 버렸습니다.' 정신건강 서비스는 점점 지급인들에 의해서 삶의 질을 개선하거나 그것을 감당할 수 있는 사람들의 결혼이나 개인의 성장을 향상시킬 수 있는, 멋있기는 하지만 절대 필수적이지는 않은 하나의 장식으로 규정되었고, 그것이 간 이식, 투석 또는 당뇨병이 있는 사람들의 괴저성 사지 절단과 같은 진짜 사활이 걸린 의학적 문제와는 분명 관련이 많지 않았습니다.

의사, 특히 검사와 수술로 돈을 많이 벌지 못하는 일차의료의사는 점점 궁지에 몰렸고 실망하게 되었습니다. 대형 의료 시스템이 거절할 수 없는 제안들을 했을 때 많은 의사는 개인병원을 접었습니다. 의사의 소득은 인플레이션을 따라가지 못했지만 생산성(시간당 환자 수)에 대한 기대는 증가했습니다. 1990년대 중반에 시작해서 미니애폴리스에 있는 한 개의 가정의학 그룹을 제외하고 모두가 줄어든 보상의 시대에 사무실 경비를 감당할 수 없어서 더 큰 치료기관에 매각되었습니다. 그런데 그 유일한 보루는 현장에서 가장 행복한 개업의사들 그룹이었지만 그들 역시 2010년에 비용 압박에 굴복하여 대형 시스템에 합류하게 되었습니다.

한편, 만성질환이 있는 사람들은 고가의 첨단기술이 적용되었음에도 종종 수준 이하의 치료를 계속해서 받았습니다. 당뇨병 같은 의학적 질병은 종종 우울증과 '순응의 문제'를 수반했습니다. 그들은 식생활을 바꾸지 않았고 혈당을 추적 관찰하지 않았으며 의사가 권장한 다른 변화들을 하지 않았습니다. 전형적으로 이러한 비순응 환자들은 우울해지고, 계속해서 심하게 먹고, 혈당이 치솟는 것을 지켜보고, 자신의 발가락을 잃기 시작하고, 마침내 우울증에는 도움이 될지도 모르지만 당뇨병 관리에 대해서 아무것도 모르는 치료사에게 의뢰되었습니다. 이러한 단편적인 치료 결과, 환자가 우울증을 더 적게 느낄지는 모르지만 당뇨병은 보통 악화되고 결국 꾸준히 진행되는 수술, 심장발작, 절단 그리고 두 눈이 멀어 가는 것에 대한 집중치료에서 의료서비스와 세금에 막대한 돈이 들어가게 했습니다.

이 모든 것은 보건의료 비용 상승과 특히 빈곤층에 대해 의료서비스 삭감으로써 보건의료체계의 비용을 절감하기 위한 추가적인 노력으로 이어졌습니다. 보험 미가입자들은 충분한 치료를 받지 못했거나 전혀 치료받지 못한 만성적인 상태 때문에 중증이면서 때로는 말기인 상태로, 항상 돈이 많이 드는 합병증으로 응급실에 나타나기 전까지 전반적으로 버려진 상태에 있었습니다.

1994년에서 2010년 보건의료 개혁법까지 연방정부와 보조를 맞추었던 제약업계는 진정한 혁신의 길에서 많은 것을 만들어 내지 않고서도 보건의료 분야에서 지배주자가 되었습니다. 『질병을 판매합니다: 세계에서 가장 큰 제약회사들이 어떻게 우리 모두를 환자로 만들고 있는가(Selling Sickness: How the World's Biggest Pharmaceutical Companies Are Turning Us All into Patients)』라는 2005년 저서에서 Moynihan과 Cassels는 시장을 극대화하는 방법을 찾으면서 제약회사들이 "점점 더 많은 건강한 사람을 환자로 재정의하고 있다."(p. 3)는 비평가들의 이구동성에 합류했습니다. 그들은 이것이 제약회사와 자신들이 관심을 가지는 상태를 합법화하기를 원하는 일부 의료 및 환자옹호 단체 사이의 비공식적인 동맹을 통해서 이루어진다고 주장했습니다.

거대 제약회사는 다른 두 개의 교묘한 방법으로 큰 돈을 벌었습니다. 즉, 오래된 화학공식에 있는 분자를 하나 또는 두 개로 바꾸고 그것에 새로운 이름을 척 붙여서 약품에 대한 특허를 유지함으로써 그리고 소비자들에게 직접 처방약을 광고함으로써[여성이 형형색색의 스카프를 두르고 춤을 추며 돌아다니는 획기적인 보라색 알약 광고는 곧 미국에서 상위 3개의 처방약 중 하나가 된 위산 역류제 필로섹(Philosec)을 위한 것으로 밝혀졌습니다] 큰 돈을 벌었습니다. 또는 1990년대 초 취학 전 아동에 대한 향정신성 처방약의 급격한 증가는 말할 것도 없고, TV 광고 속에 늠름하게 생긴 중년 남성이 믿기지 않게도 발기부전으로 고통받으면서 비아그라를 몹시 가지고 싶어 하는 것을 생각해 볼 수 있습니다(Zito, Safer, dosReis,

Gardner, Boles, & Lynch, 2000).

일차의료 진료실에서 대부분의 정신건강 치료가 일어나면서 아동 · 청소년의 복잡한 행동에 어떻게 대처할지 의심스러울 때 시간에 쫓기는 의사들은 처방전 파일을 집어 들고 있었습니다. 옛말에도 있듯이 당신이 가진 유일한 도구가 망치일 때 못이 널려 있음을 보게 되는 것입니다.

이와 같이 1990년대 미국의 보건의료를 바꾸기 위한 전투에서 첫 발이 발사되기 전에 반혁명이 승리했습니다. 보건의료를 통합하고자 한 의료가족치료의 목표는 치료를 분절화하려는 정치적 압력과 시장의 압력에 맞서 싸웠습니다. 2005년 노벨상 수상 경제학자이자 칼럼니스트인 Paul Krugman과 그의 동료 Robin Wells는 보건의료 개혁에서 초기의 실패한 시도들을 검토한 후에 그 상황을 다음과 같이 요약했습니다. "증거는 미국 보건의료체계의 핵심 문제가 분절이라는 것을 분명히 보여 준다."(Krugman & Wells, 2006)

되살아난 꿈

1994년 윙스프레드 회의에서 우리가 느꼈던 조짐이 전국 곳곳의 작은 지역들에서 계속 살아 있었고, 이제 정치적이고 경제적인 추진력을 얻고 있었습니다. 오늘의 큰 차이점은 시장의 영향력 있는 세력들이 변화를 요구하고 있고, 연방정부가 마침내 2010 보건의료 개혁법인 「환자 보호와 적정 진료에 관한 법률(Patient Protection and Affordable Care Act)」을 통해 행동을 취했던 것입니다. 연구는 정신이 몸에 영향을 주고 관계가 면역체계에 영향을 주는 기제를 밝히기 시작하였습니다.

명백한 변화의 초기 신호가 2005년 워싱턴주 시애틀에서의 민간 의료보험회사 대표들과 정부 관리들 및 기업 임원들의 소규모 회의에서 나타났습니다. 윙스프레드에서 시작된 조직인 협력적 가족보건의료협회(Collaborative Family Healthcare Association)가 후원한 이 회의에서 스타벅스(Starbucks)의 보험금 담당 임원은 모인 사람들에게 "올해 우리는 커피 원두보다 보건의료에 더 많은 돈을 썼습니다."라고 말했습니다. 참석한 다른 보험금 담당 관리들을 제외하고 방안에 있던 모든 사람에게서 휴 하는 소리가 터져 나왔고, 그들도 동의하며 고개를 끄덕였습니다. 방어적인 태도를 취하는 대신에 민간 의료보험 회사 대표들은 비용이 통제 불능 상태라는 데 의견 일치를 보았습니다. 경제학과 공공의료 둘 다에 초점을 맞춘 정부 관리들은 이 상황에 대해 스타벅스 임원만큼이나 불만족스러웠습니다.

주목할 만한 것은 집단적인 한탄이 아니라 참석한 모두가 주요 문제, 즉 치료를 위해 별개의 전문직이나 기관이 기대하는 조각으로 사람들을 분할하며 고비용 의료 쪽으로 심각하게 기울어진 보건의료체계에 대해서 동의했다는 것입니다. 그들은 또한 보험에 들지 않은 많은 미국인이 윤리적이며 경제적인 측면에서 모두 비양심적이며 결함이 있는 보건의료체계를 단순히 보편화하는 것이 더 심각한 문제들을 해결해 주지는 않을 것이라는 점에 동의했습니다.

그때 이후로 제너럴 모터스(General Motors)와 같은 회사들은 국민건강보험이 있는 조금 더 계몽된 국가의 제조업체와 경쟁할 수 있도록 통제 불능의 보건의료 비용에 대해 공화당 의원들에게 도움을 간청했습니다. 사용자들이 급증하는 보건의료 비용을 짊어지는 짐을 나르는 노새가 되는 것에 결코 서명하지 않았다는 것이 밝혀집니다. 이것은 몇몇의 회사가 직원들에게 건강보험을 제공함으로써 의무적인 임금 동결 문제를 해결했던 제2차 세계대전 초기에 아주 우연히 일어났습니다. 그 당시에 정착된 이러한 경향은 2000년대 중반에 매사추세츠와 같은 민주당 지지 주와 테네시와 같은 공화당 지지 주가 Clinton의 계획보다 훨씬 더 간단한 형태인 보편적 보건의료 형태로 실험을 시작하기 전까지 뒤바뀌지 않았습니다. 2007년 2월 월마트(Walmart)의 최고경영자 Lee Scott과 국제 서비스직 노동조합(Service Employees International Union) 대표 Andrew Stern이 사용자중심 보건의료체계의 사실상의 폐지와 보편적인 보건의료 계획의 개발을 요구하는 기자 회견을 열었습니다.

걱정이 돼서 변화를 요구하는 것은 민간 기업과 주정부들만이 아닙니다. 연방정부의 메디케어(Medicare) 프로그램은 자유주의자들과 보수주의자들이 모두 인정하는 위기에 직면해 있습니다. 이 쓰나미가 거의 앞바다에 와 있습니다.

즉, 2011년에 베이비 붐 세대가 65세가 되기 시작했고, 이 나라에서 가장 빠르게 증가하는 연령대가 85세 이상입니다. 연방정부와 주정부가 운영하는 메디케이드(Medicaid) 역시 노인 장기 요양 때문에 주요한 문제들에 직면하고 있습니다.

변화를 위한 또 다른 추진력은 우리가 이제 비용 증가의 가장 큰 단일 원인으로 미국에서 가장 이윤이 많은 사업이자 선거 운동에 가장 돈을 많이 쓰는 기부자인 거대 제약회사에 대한 대중의 반발을 목도하고 있다는 것입니다(Angell, 2004; Kassirer, 2005). 아이러니하게도, 일부 치료사가 제약업계의 패권을 받아들이게 되었을 때 대중은 각 문제에 대해서 약이 주는 약속을 싫어하기 시작했습니다. 제약 산업에 대한 대중의 환멸은 더 많은 사람이 이익을 위해 그들이 얼마나 많이 착취당하고 있는지를 알아 가고 있기 때문에 시작되었을지도 모릅니다. 해리스 인터랙티브(Harris Interactive) 여론 조사에 따르면 제약회사에 대한 대중의 신뢰는 매우 낮은데, 이는 담배회사와 석유회사에 대한 대중의 신뢰도와 대체로 비슷합니다(Taylor, 2010). 약물이 유방암과 관련이 있다는 폭로가 있은 후에 여성에 대한 호르몬 대체 요법이 중단되고(Chlebowski et al., 2010), 자살 생각을 증가시켰다는 보도가 나온 뒤 아동 · 청소년에 대한 SSRI(세로토닌 재흡수 억제제-역주) 처방이 감소한 점에 주목해 보면 됩니다(National Institute of Mental Health, 2012).

인구 노령화 외에 보건의료 지평에서 두 번째로 엄청난 파도는 아동 · 청소년 사이에 증가하는 비만문제와 이로 인한 건강상의 파괴적인 결과입니다. '성인 당뇨병'이라고 불리곤 했던 것이 잠재적 실명, 사지 절단 및 중년이 되기 전의 신부전증과 같이 미래 건강에 잠재적으로 심각한 결과를 수반하는 뚱뚱한 젊은이들의 병이 되어 가고 있습니다. 우리가 우리 아이들의 비만 확산을 억제하는 방법을 생각해 내지 못한다면 이들은 부모보다 더 짧고 더 건강하지 못한 삶을 사는 현대사의 첫 세대가 될 수 있습니다.

2006년경에 이 흐름이 분명히 보건의료 개혁을 활성화시키고 있었습니다(Starr, 2011). 현재의 보건의료체계에 대한 좌절감과 미래에 대한 걱정이 결합하면서 2010년의 연방 보건의료법인 「책임의료법(Accountable Care Act)」으로 이어졌는데, 이 법은 의회와 나라가 치열하게 양분된 상황에서 통과되었습니다.

2012년 대통령 선거까지 보건의료 개혁법이 계속 시행될 것인지가 확실하지 않았습니다. 그러나 사회정의를 위해 매우 중대한 보건의료 계획조차도 현재 우리 상황처럼 고비용의 분절화된 의료체계, 말하자면 인간을 부분으로 나누어서 보는 것을 좋아한 나머지 인간을 전체로 보는 것을 등한시하는 의료체계의 또 다른 변형으로 모든 사람을 데려간다면 잘 돌아가거나 효과적으로 작동하지 않을 것입니다. 새로운 보건의료 개혁 환경에 대한 도전은 단순히 새로운 지불 모델이 아니라 새로운 보건의료 전달 모델을 만드는 것입니다.

보건의료 개혁에서 계속 관심을 가질 만할 것 같은 전도유망한 발전은 **메디컬 홈**(medical home) 또는 우리가 선호하는 용어인 **헬스케어 홈**(health care home)으로도 불리는 **환자중심 메디컬 홈**입니다. 이것은 만성적인 건강 상태와 장애를 가지고 살아가는 사람들을 위해 건강상 결과와 삶의 질을 향상시키려는 일반의와 전문의, 환자와 가족이 협력해서 일하는 일차의료 접근방식입니다. 이러한 헬스케어 홈은 의료 제공자들 사이에, 환자와 가족 간에, 그리고 분절 대신 통합에 인센티브를 제공하는 지불 모델과의 긴밀한 조정을 포함할 것입니다. 헬스케어 홈은 Berwick이 보건의료의 '삼중 목표', 즉 주민 건강의 향상, 1인당 비용 감소 그리고 환자 개개인의 보건의료 경험의 향상(Berwick, Nolan, & Whittington, 2008)이라고 불러 잘 알려진 것을 이행하는 주요한 수단으로 생각됩니다. 현재 헬스케어 홈 모델이 의료가족치료와 같은 통합적인 행동건강 서비스를 강조하지는 않지만, 만약에 이것이 약속에 부응하려고 한다면 그렇게 해야 할 것입니다(Edwards, Patterson, Vakili, & Scherger, 2012).

새로운 보건의료체계로의 재편성

그럼 어떻게 현명한 치료사가 향후 20년에 걸쳐서 구체화될 보건의료체계에 대한 새로운 약속에 친밀해질 수 있을까요? 첫 번째 단계는 우리 자신이 보건의료에서 문제가 생길 수 있는 곳에 대해 잘 아는 것입니다. 높은 비용과 전반적으로 낮은 품질 같은 다루기 힘든 문제에 대하여 의료 및 정신건강 전문가의 협력팀이 보건의료체계 전체를 구할 수도 있을 이런 차이를 만든다는 공동의 인식이 생겨나고 있습니다(Edwards et al., 2012). 다음 단계는 우리의 지역사회에서 네트워크를 만드는 것입니다. 이 책은 정신건강 제공자로 분류되는 것에서 보건의료팀의 핵심 구성원이 되는 것으로 우리를 데려가 줄 전환기에 있는 치료사를 돕는 것을 목표로 합니다.

우리가 초판을 쓴 이후 20년 동안 이 영역에서의 많은 발전을 감안한다면 『의료가족치료』의 새로운 판은 이전의 것과는 다른 책입니다. 기본 장들은 처음부터 고쳐 썼고 더 오래된 자료들은 현재의 임상 환경과 똑같이 관련이 있는 경우에만 남겼습니다. 이러한 것에는 이 분야에 대한 개관(1장), 임상 전략(2장), 협력(3장), 건강 위해 행동(7장), 임신 상실, 불임 및 생식기술(9장), 아동(10장), 신체화 환자(11장) 그리고 돌봄과 임종(13장)이 들어갑니다. 새로운 장에는 치료사가 환자의 질병에 대해서 개인적 또는 가족적 경험이 있을 때 질병에 공통적으로 나타나는 경험(4장), 지역사회 관여(6장), 부부 의료가족치료(8장), 유전학과 유전체학(12장), 그리고 의료가족치료의 미래(14장)가 해당됩니다. 새로 쓴 부록은 많은 의료가족치료사의 실천을 개략적으로 알려 줍니다.

보건의료 계획 및 개혁의 다음 단계와 관계없이, 사회의 보건의료상의 문제가 생길 수 있는 곳에 대해 배우며 의료전문가와 협력적 관계를 개발하는 것은 아마도 치료사의 실천에 결코 해가 될 리 없을 것입니다. 그리고 이것은 단지 보건의료의 창조적인 부문에서 새롭게 번영하는 직업을 의미할지도 모릅니다. 이 책은 그러한 희망에 대해 우리가 기여하고자 하는 것입니다.

차례

역자 서문 3

추천사 7

1판 서문 11

2판 서문 15

제1부 의료가족치료의 기본원리

제1장 의료가족치료 개관 — 35

의료가족치료의 토대 … 39

의료가족치료의 지식 기반 … 47

의료가족치료사로서 자신에 대한 지식 … 58

제2장 의료가족치료의 임상 전략 — 61

만성질환의 유병(有病)과 가족에 대한 영향 … 63

만성질환: 질병의 특성 … 66

의료가족치료의 임상 전략 … 70

만성질환으로부터의 배움 … 93

제3장 다른 의료전문가들과의 협력 — 95

협력치료의 증거 … 98

체계적이고 조직적인 협력의 수준 … 100
현장 협력과 원격 협력 … 102
체계적 상담과 협력치료 … 105
다른 의료전문가들과의 소통 … 113
효과적인 협력에 대한 도전 과제 … 120
결론 … 128

제4장 질병에 공통적으로 나타내는 정서적 주제 — 131
질병 체험 이야기 … 133
정서적 주제 … 135
결론 … 144

제5장 의료가족치료사 자신 — 145
질환과 관련된 개인발달 문제 … 147
임상실천에서의 전문성 개발문제 … 154
자기돌봄과 지속성 … 161

제6장 지역사회 관여 — 163
지역사회 관여에서 의료가족치료사의 역할 … 164
위계모델, 협력모델, 주민모델 … 165
주민 건강관리 프로젝트 … 170
주민 건강관리 프로젝트 사례 … 174
결론 … 182

제2부 생활주기별 의료가족치료

제7장 건강 위해 행동 — 187

의료가족치료사 자신 … 189
의료가족치료사와 금연 … 190
의료가족치료와 비만 … 196
비만과 가족 … 199
비만 치료의 가족체계론적 접근 … 201
비만문제가 있는 가족을 위한 상담기법 … 208
건강행동 문제의 협진에서의 특별한 문제 … 213
결론 … 214

제8장 부부와 질병 — 215

건강 걱정이 부부에게 미치는 영향 … 217
임상 전략과 주제 … 222
부부치료 시 건강문제 내력 … 237

제9장 임신 상실, 불임 및 생식기술 — 239

임신 상실 … 244
불임 … 250
21세기의 생식의학 기술 … 257
남성 불임의 치료 … 261
여성 불임의 치료 … 264
가족 내 불임의 해결 … 268
결론 … 272

제10장 아동과 관련한 의료가족치료 — 273

가족에 대한 위험 수준 … 274
만성질환을 앓는 아동을 가진 가족에 대한 특별한 이슈 … 275
아동의 건강에 영향을 주는 가족 역동 … 278
아동의 만성질환은 가족에게 어떻게 영향을 미치는가 … 282
아동기 만성질환에서의 특별한 평가 이슈 … 284
아동기 만성질환에서의 특별한 치료 이슈 … 289
협력에서의 특별한 이슈 … 294
결론 … 295

제11장 신체화 환자 및 가족 — 297

신체화에 대한 문화적 지지 … 300
의뢰하는 의사의 경험 … 301
신체화 환자 및 가족의 이해 … 306
신체화의 발달 및 지속에 관여하는 가족요인 … 309
신체화 환자 및 가족의 치료에 대한 임상 전략 … 311
치료 초기 단계에 합류 확대하기 … 315
치료 중반기 내내 지속하는 것 … 320
치료 후반기에 변화 강화하기 … 325
'질병에 대한 처방' 쓰기 … 326
신체화 가족을 치료하는 치료사에 대한 도전 … 328

제12장 유전체 의학의 경험: 새로운 지평 — 331

유전적 위험과 유전질환 … 333
위험성 인식하기: 유전자검사 이전 단계 … 335
정보 얻기: 유전자검사와 유전자검사 이후 단계 … 338

결과 통합하기: 장기간의 적응 … 344
유전 진료팀과 협력하기 … 348
결론 … 350

제13장 돌보기, 임종에 대한 돌봄 및 상실 — 351
돌보는 사람의 경험 … 353
돌보는 사람을 돕는 임상 전략 … 360

제3부 결론

제14장 의료개혁에 대한 의료가족치료사의 기여 — 379
체계론적 사고 … 381
다중 관점으로 이해하고 작업하기 … 382
의료에서의 체계론적 리더십 … 383
보건의료 전달체계의 외부 살펴보기 … 385
결론 … 386

부록 의료가족치료의 실천 사례 — 387
여성건강센터의 Helen Coons … 388
도시병원 소아과 클리닉의 Olivia Chiang … 390
중산층 대상 소아과 진료에서의 David Driscoll … 392
Sarah Dellinger: 가정의학과 전공의 수련 프로그램에서의 인턴십 … 394
장기요양보호 센터의 Carol Podgorski … 396
암병동의 Carl Greenberg … 399

생식내분비 센터의 Kristie Jewitt … 401
가정의학 클리닉의 Nancy Ruddy … 403
결론 … 405

참고문헌 407
찾아보기 437

제1부

의료가족치료의 기본 원리

MEDICAL FAMILY THERAPY AND INTEGRATED CARE

제1장
의료가족치료 개관

의료가족치료는 기본적으로 건강문제와 관계문제가 모두 본질적으로 생물학적 · 심리적 · 사회적 특성을 갖는다고 가정한다. 생물학적 특성을 갖지 않은 심리사회적 문제는 없으며, 심리사회적 문제를 갖지 않은 생의학적 문제는 없다. 말하자면 모든 치료적 이슈는 생물학적 측면, 심리, 대인관계, 조직, 지역사회, 사회, 문화, 환경 수준 체계들의 복잡한 역동을 포함한다. 그러나 의료진은 대개 좁은 렌즈—그들이 좋아하는 체계—를 통해 문제를 보는 훈련을 받는다. 그리하여 분절되고 비효과적이며 덜 인간적인 진료를 하게 된다.

의료가족치료는 의료서비스를 제한하였던 다섯 가지 '생태체계적 분할(eco-systemic splits)'에서 벗어나는 것을 지향한다. 첫 번째 분할은 몸과 마음, 즉 정신건강과 신체건강의 분할이다. 뇌와 신체의 다른 부분들 간의 연관성, 심리사회적 스트레스 및 지지와 다양한 의료문제 간의 연관성을 보여 주는 과학적 자료는 이제 수도 없이 많다(Cohen, Janicki-Deverts, & Miller, 2007; Fagundes, Bennett,

---

http://dx.doi.org/10.1037/14256-001
Medical Family Therapy and Integrated Care, Second Edition, by S. H. McDaniel, W. J. Doherty, and J. Hepworth

Derry, & Kiecolt-Glaser, 2011). 예컨대, 당뇨병과 우울증 혹은 트라우마와 만성 통증 사이의 관계를 인정하지 않는 전문의는 누구든 21세기 의료서비스를 실천한다고 볼 수 없다. 불행하게도, 대부분의 (상담)치료사는 아직도 협소한 정신건강의 영역에서 훈련을 받고 의료문제와 정신건강 간의 엄청난 상호작용에 대한 이해를 거의 하지 않은 채로 임상 현장에 들어간다.

두 번째 분할은 개인과 가족(혹은 친밀한 관계 영역) 간의 분할이다. 몸과 마음의 통합, 신체건강과 정신건강의 불가분성을 받아들이는 많은 치료사도 건강과 질병을 이해함에 있어서 가족의 중요성을 거의 이해하지 않은 채로 일한다. 이들은 가족을 환자가 살아가고 기능하는 강력한 대인관계적 힘의 장으로 보는 것이 아니라 대개 환자 개인이 속한 하나의 맥락으로 본다. 임상 차원에서 많은 치료사는 가족과 작업하는 데 필요한 체계이론 훈련을 거의 받지 않는다. 여기서도 이러한 분할은 가족과 사회적 관계 그리고 거의 모든 차원의 건강과 질병과 의료 간의 강력한 관계를 보여 주는 과학적 근거(Cohen, 2004; Glaser & Kiecolt-Glaser, 2005)를 공정하게 보여 주지 않는 것이며, 그리하여 환자 진료는 그들의 친밀한 관계가 단절될 때 타격을 받는다.

세 번째 분할은 개인과 가족과 기관, 특히 의료체계 간의 분할이다. 체계이론의 훈련을 받은 치료사(가족치료사)는 어떤 사람이 만성질환이 있을 때, 환자와 가족 역시 의료전문가와 지속적인 관계를 가진다는 점을 잘 알고 있다. 더욱이 그들은 가족 안에서 일어나는 역동, 말하자면 가족의 비밀이나 삼각관계 같은 역동이 가족과 의료팀 간의 관계에 작용할 수 있음을 잘 알고 있다(Imber-Black, 1988). 마찬가지로 가족은 의료진들 사이의 불통과 경쟁에 휘말릴 수 있다. 그러나 대부분의 치료사는 협력을 이끌어 내거나 치료의 교착 상태에서 벗어나기 위해 의료제공자 체계의 역동이 가족의 역동과 어떻게 상호작용하는지를 평가하는 훈련을 받지 못한다. 체계이론의 훈련을 받은 가족치료사들조차 의료제공자 및 가족과의 협력을 위해 의료 제공기관을 충분히 이해하지 못하는 경우가 흔하다.

네 번째 분할은 임상, 재정, 경영 영역 간에 일어나는데, 이는 C. J. Peek(2008)가 '세 가지 영역의 관점(three-world view)'이라고 불렀던 것의 부족을 나타낸다. 대부분의 의료진은 임상 영역, 즉 실천 대상인 사람들에게 임상적으로 적합하고 효과적이라고 하는 영역에서 훈련을 받는다. 그들은 경영 영역, 즉 임상서비스를 전달하기 위해 의료체계가 어떻게 기능하는가의 영역은 관리자들에게 넘긴다. 그리고 재정 영역, 즉 일에 대해 얼마큼 지불하고 또 의료서비스를 경제적으로 어떻게 유지할 것인지의 영역은 최고경영자(CEO)와 회계사에게 일임한다. 물론 개업의들은 늘 이 세 영역 모두에 주의를 기울여야 하지만, 관리자와 회계사처럼 고용한 임상가가 적어도 한 영역을 맡는 경향이 있다. Peek는 중요한 사례들을 더 많이 내놓아서 지속적인 의료 혁신은 세 영역의 요구와 한계를 반드시 반영해야 하며 그렇지 않으면 망할 것이라고 하였다. 또한 그는 임상 사례 수준에서도 동일한 원칙, 즉 효과적인 진료는 "임상의 질, 우수한 경영, 자원의 훌륭한 관리"를 포함한다는 원칙이 적용되어야 한다고 주장했다(Peek, 2008, p. 25). 의료가족치료사들에게 주는 시사점은 보건의료 현장에 대해 진정으로 체계론적 시각을 가져야 하며, 보건의료 현장 영역을 다른 사람의 일이라고 가정하지 않아야 한다는 것이다.

마지막 분할은 임상의료의 편협한 세계와 더 큰 지역사회(이웃, 문화, 더 큰 기관 포함) 간의 대립이다. 의료전문가들은 사회서비스, 문화조직, 종교기관, 정부와 민영 보험회사 같은 '비의료(nonhealth)' 기관과 함께 일할 수 있는 지식과 능력이 별로 없는 상태로 일하는 경향이 있다. 체계이론의 훈련을 받은 치료사들조차 이 집단을 주로 환자 개인과 가족에 영향을 주는 정도로 보며, 지역사회 내 보건의료의 모든 측면에 적극적으로 관여하는 요인으로 보지 않는 경향이 있다(Doherty & Mendenhall, 2006). 비록 점점 더 많은 치료사가 문화적 민감성을 갖도록 훈련을 받지만, 예컨대 몽족(Hmong) 환자와 가족이 수술에 대해 어떻게 생각할지를 이해하는 것과, 임신 후반기의 위기 동안 의료진은 제왕절개 수술을 원하지만 가족은 그것을 인간의 신체에 대한 침해라고 볼 때 몽족의 어떤 지도자를 만날지 아는 것 간에는 큰 차이가 있다.

의료계에서의 이런 모든 분할을 놓고 볼 때, 개념적인 것과 실용적인 것 모두 문제가 된다. 즉, 치료사와 의료전문가들이 환자의 문제와 치료 선택권을 얼마나 폭넓고 깊게 이해하는가, 그리고 이들은 정신, 신체, 가족, 의료팀 및 지역사회의 여러 영역을 넘나들며 작업하기 위해 필요한 어떤 기술(skills)을 가지고 오는가?

오늘날 지금까지 서술하였던 분할, 즉 건강과 질병의 복잡성에 대한 잠깐의 성찰을 개념적으로 지지하는 치료사는 거의 없다. 전문가들이 마주하고 있는 도전은 임상 지식과 세 영역에 대한 실천 기술을 발전시키는 것이다. 물론 우리가 강조했던 세 영역 모두에 대해 높은 지식과 기술을 갖추고 있는 전문가와 전문분과(professional specialty)는 없을 것이다. 이런 사안들을 관리 가능한 수준으로 줄이기 위해서 전문 작업(professional work)에 초점을 둔 영역을 만들 필요가 있다. 대부분의 의사는 가족문제보다 생물학적 이슈에 에너지를 더 많이 쏟을 것이고, 대부분의 치료사는 임상문제의 심리사회적 측면에 더 많은 초점을 둘 것이며, 대부분의 관리자는 치료보다 경영의 효율성에 대해 더 많이 알 것이다. 우리도 마찬가지로 가족문제와 심리적 문제와 신체적 문제 간의 구별 짓기를 계속할 것이다. 이러한 구별이 일상의 담론을 위해 현실적일 수 있지만, 이런 구별은 단지 끝없이 연결되어 있는 인간의 삶의 그물에 '구두점 찍는(punctuate)' 방법을 나타낼 뿐이다. 즉, 신체적 문제와 심리사회적 문제는 경계선으로 구분되는 현실의 별도 영역으로 존재하지 않는다. 문화 역시 문화를 만들고 전수하는 개인 및 가족과 동떨어져 별개로 존재하지 않는다. Gregory Bateson(1979)이 강조했듯이, 지도는 지형이 아니다(the map is not the territory).

그렇다면 실질적인 도전은 모든 것을 다 할 수 있는 슈퍼전문가를 만들어 내는 것이 아니라 **모든 의료진**이 세포에서 문화와 그 이상에 이르기까지 인간 현실의 모든 영역의 중요한 역할을 고려하는 것, 그리고 이 모든 영역에 대한 복합적인 이해와 복잡한 기술 능력을 가진 **의료팀**을 만드는 것이다. 이 책의 목적 중 하나는 치료사들이 새로 출현한 협력진료팀 세계에서 성공적으로 작업하기 위해 무엇을 해야 하는지를 이해하도록 돕는 것이다. 그러나 우리가 제시한 많은 자료는 전형적인 정신건강 영역에서 작업하는 치료사들에게도 적합할 것이다.

우리는 의학적 질병 경험과 의학치료체계의 상호작용을 임상실천에 어떻게 통합하는지에 대해 의도적으로 더 많은 주의를 기울이고 싶어 하는 치료사들을 위해 이 책을 썼다. 그래서 이 책 제목에 '**의료**(medical)'라는 용어를 사용했다. 우리는 건강문제가 있는 사람을 치료하는 것이 가족체계에 주의를 기울이지 않고서는 할 수 없는 일이라고 본다. 그래서 제목에 가족이라는 용어를 썼다. 의료가족치료는 기본적으로 체계론적이며 전인적인 접근이고, 정신, 신체, 관계, 지역사회가 모두 상호작용하고 개인의 건강에 영향을 미친다고 주장한다. 의학에서는 이 접근을 **생심리사회적**(biopsychosocial)이라고 명명하였다.

여기서 말하는 의료가족치료는 특정 이론이나 치료 모델이라기보다 하나의 메타프레임이다. 이는 치료사가 의료가족치료의 원칙과 실천 안에서 자신이 선호하는 임상 모델(예: 체계이론치료, 인지행동치료, 문제해결치료, 정서중심치료)을 사용할 것임을 의미한다. 이 책의 사례연구는 의료가족치료에서 할 수 있는 일부 기법과 기술을 설명하고 있을 뿐이다. 우리는 학위과정의 교육 · 훈련에서 자신의 주요 정체성이 의료가족치료사라고 하는 전문가의 수가 점점 늘어나고 있음을 잘 알고 있으며, 한편 이 책에서는 환자들의 삶에서 건강과 관계의 측면을 진지하게 고려하고자 하는 치료사면 누구든 **의료가족치료사**라는 용어에 포함시킨다. 의료가족치료사는 어떤 자격증이나 직위를 가지고 있든 생심리사회적 · 체계론적 관점으로 접근하면 된다고 간주한다. 이러한 지향의 의료가족치료사는 공동의 조직과 시설을 가지고 통합적인 팀기반 진료를 강조하는 신생 의료계에 특히 더 적합하다. 의료가족치료에서는 환자를 가족의 맥락 안에서 보고, 의료제공자를 더 큰 팀과 의료체계의 맥락 안에서 보며, 이 모든 것을 더 넓은 지역사회와 문화의 맥락 안에서 본다.

이 장의 뒷부분에서는 의료가족치료의 기초를 다루며, 또 이 책의 나머지 장에서 더 자세히 설명하는 쟁점들과 주제들을 일부 다룬다.

의료가족치료의 토대

이미 언급하였듯이, 의료가족치료는 전문직의 한 형태로서 의료문제에 대처하는 개인과 가족에 대한 협진 시 생심리사회적 모델과 체계이론적 가족치료 원칙을 활용한다.

생심리사회적 모델

최고의 학술지 『사이언스(Science)』에 실린 고전적 논문에서 Engel(1977)은 생의학 모델은 복잡성이 부족하기에 비과학적이라고 주장함으로써 의료 분야를 집중 공격했다. 일반체계이론을 기초로 한 생심리사회적 모델은 생물학적 · 심리적 · 개인적 · 가족적 · 지역사회 및 더 큰 체계의 위계적이고 상호 의존적인 관계를 받아들인다([그림 1-1] 참조). 어떤 의료 상황이든 체계의 위계에 속한 다중 수준에 영향을 미칠 뿐 아니라 모든 치료는 비록 한 수준에만 초점을 둔다 하더라도 다중 체계에 고루 반향을 일으킨다. 예를 들어, 심장우회 수술은 기관체계(organ system)에 초점을 두지만, 수술은 더 낮은 수준의 체계(조직, 세포)와 더 높은 수준의 체계(사람, 환자의 사회체계, 수술비용을 대는 기관체계)에도 영향을 미친다. 복잡한 인간체계의 어떤 한 부분이 체계의 나머지 부분과의 관계를 일률적으로 무시한 채 정기적으로 치료를 받으면 의료서비스 제공에 있어서 과학적으로 이해하기 힘든 중대한 문제가 있는 것이다(Doherty, Baird, & Becker, 1987; Engel, 1980). 의료서비스에 포함된 체계들의 위계를 강조하는 것 외에도, Engel은 여러 수준에 걸쳐 일어나는 유사한 체계적 과정(이형동질, isomorphisms)이 있다고 하였다. 그는 연설에서 자신의 만성질환으로 인한 파괴적인 생명현상(disruptive biology)이 자기 가족의 인생 초기 죽음과 관련된 자신의 심리적 스트레스와 어떻게 유사한지에 대한 개인적인 이야기를 하곤 했다.

Engel의 초기 설명 이래, 정신과 신체가 어떻게 상호 연관되며 서로 어떤 영향을 미치는지에 대해 과학적으로 많은 것이 밝혀졌다. 이제 우리는 심리적 스트레스가 부신피질 호르몬 수준에 어떠한 영향을 미치며, 그래서 결국 심장병에 어떠한 영향을 미치는지 알고 있다. 우리는 스트레스가 세포 수준에서 더 취약한 면역기능으로 어떻게 바뀌는지도 알고 있다(Cohen et al., 2007). 마찬가지로 부부기능은 면역체계의 매개변수들(parameters)과 관련 있음이 밝혀졌다(Kiecolt-Glaser et al., 2005). 더 넓은 체계 수준에서, 특히 사회계층과 교육 수준은 이제 신체건강 및 사망률과 강한 관계가 있음이 밝혀졌다(Sturm & Gresenz, 2002). 본질적으로 이제 우리는 Engel의 개략적인 설명이 옳았음을 알게 되었다. 남은 작업은 여러 체계 수준들 간 연결의 메커니즘에 대한 지식을 더 많이 발전시키고 생심리사회적 모델을 보건의료 현장에 어떻게 더 충분히 적용하는지를 밝히는 것이다.

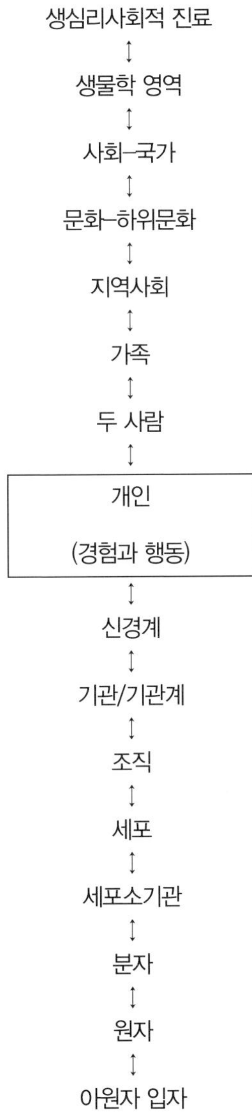

[그림 1-1] 체계의 위계

출처: Engel (1980), p. 537.

체계론적 가족치료 원칙

의료가족치료는 문제 이해와 치료를 위해 **체계이론적 가족치료 원칙**을 사용한다는 면에서 다른 형태의 생심리사회적 실천과 차이가 있다. Engel의 주요 공헌이 광범위한 의료 영역에 일반체계이론을 가져온 것이었다면, 1950년대 가족치료의 창시자들은 일반체계이론(von Bertalanffy, 1976)을 정신건강과 가족관계 이해에 적용하였다. 그들은 체계에 대한 풍부한 개념과 임상 전략을 개발하였는데, 이는 독자들에게 잘 알려져 있다고 생각된다(기본 내용은 Doherty & McDaniel, 2010 참조). 1980년대 이전에 가족체계이론의 기본 원리에 대한 과학적 연구는 거의 이루어지지 않았다. 그러나 그 이후 연구자들은 응집성, 적응력, 동맹, 연합, 경계선 문제, 개인의 안녕과 관련된 기타의 가족역동과 같은 가족체계 역동에 관하여 더 훌륭한 측정도구를 개발하기 시작하였다(Sperry, 2011). 특히 가족체계이론은 가족 수준에서의 상호작용이 개인 수준에서의 적응에 어떠한 영향을 미치는지를 이해하는 데 있어서 발달심리학자들에게 훌륭한 기초가 되었다(McHale & Lindahl, 2011).

체계이론의 최근 변형은 혼돈이론 혹은 역동적 체계이론(Thelen & Smith, 1994)이다. 다중체계들 간의 상호작용 및 새로 발현하는 패턴에 관한 기본 체계이론에 덧붙여, 역동적 체계이론은 비선형적 변화의 개념을 강조한다. 비선형적 변화는 특정 조건에서 단지 안정적이거나 선형적인 변화의 기능이 아닌 뭔가 중요하고 갑작스러운 발현을 뜻한다(**비선형적** 과정의 단순한 예는 물이 열을 가하면 온도가 점점 상승하는데 99.97℃에서 갑자기 끓는다는 점이다). 역동적 체계이론은 사람들과 사람들의 집단을 복잡한 체계로 보는데, 이는 미리 완벽하게 예측할 수 없는 정교한 형상인 날씨 패턴같이 본질적으로 복잡하고 격동적인 체계와 같다. 격동적이고 복잡한 가족 및 의료체계와 일하는 의료가족치료사는 이러한 종류의 사고가 옳다고 직감적으로 느낀다. 무엇보다 비선형적 변화를 인식하여 받아들이면, 가족을 아주 힘들게 하는 스트레스를 한 번 더 겪은 후에도 가족에게 어떤 주요한 병리가 생길 것이라고 짐작하지 않을 수 있고, 또 가족이 그런 환경에서 일련의 격동에 말려 들어가도 고착된 가족체계가 갑자기 호전될 가능성이 있음을 바랄 수 있게 된다.

가족치료의 핵심 원칙은 진료실에 있는 가족구성원의 머릿수를 세는 것이라기보다 사람들과 그들의 관계에 대한 체계이론적 시각이다(Doherty & McDaniel, 2010). 가족치료는 때로 일반체계이론이라는 추상적 세계와 생심리사회적 모델을 임상가들의 일상적 실천에 적용할 수 있는 용어로 바꾼 개념과 치료 전략을 제공한다. 예를 들어, 의료가족치료사는 불안이 환자와 가족, 가족과 의사 사이를 왔다 갔다 하며 영향을 미치고, 환자가 가족을 비판적이며 과잉 반응한다고 보기에 소송당할 것을 염려하는 의사와 환자 자신의 걱정을 직접 나누지 않는 상황에서 독특한 개념적 · 전략적 도구들을 제공해 준다. 생심리사회적 위계의 모든 수준에 대한 인식 안에서 적용될 때, 가족치료 원칙은 의료가족치료의 핵심 차원이 된다.

협력치료

의료가족치료는 치료사가 주로 혼자서 치료하는 상황에서조차도 본질적으로 협력치료의 형태를 띤다. 물론 치료의 주요 당사자인 환자 및 가족과도 협력한다. 더욱이 의료가족치료사는 의료문제가 있는 사람의 삶에 있는 다른 사람들(해당 환자 사례에 개입하는 의료진 포함)에 대해서도 잘 알고 있으며 또 이들과의 협력을 추구한다. 오늘날에는 의사, 간호사, 진료 보조인력, 임상약사 등 환자와 가족의 치료에 적극적으로 개입하는 사람들이 여럿 있을 것이다. 실제로 이런 협력은 단순히 정보를 교환하는 것에서부터 완벽한 팀 회의에 이르기까지 다양할 수 있다. 어떤 전문가도 복잡한 건강문제를 다루기 위해 완벽한 시각이나 도구를 갖추고 있지 못하며, 협력이 이루어지지 않으면 오늘날의 의료체계에서 환자와 가족은 이리저리 끌려 다니거나 배제당하거나 무시당하기도 한다(Blount, 1999).

의료가족치료사는 개인, 부부, 가족, 확대가족 혹은 친밀한 관계망과 함께 작업한다. 이미 강조하였듯이, 의료가족치료사는 개인 환자를 보고 있다고 해서 의료가족치료 '모자'를 벗어던지기보다는 자신을 개인과 체계론적으로 작업하는 사람으로 여긴다. 물론 개인과 작업할 때 그들은 개인심리치료(예: 인지행동치료와 최면치료)의 도구를 사용하는 경향이 있지만, 가족 및 다른 체계에 대한 민감성을 가지고서 작업한다. 그들은 환자에게 도움이 될 수 있을 때 더 넓은 체계와 직접적으로 상호작용할 기회를 찾는다. 물론 의료가족치료의 주요 특징은 환자의 치유와 모든 가족구성원의 안녕을 촉진하기 위해 가족을 소집하여 협력하기 위한 일련의 기술을 갖고 있다는 점이다.

의료문제의 강조

마지막으로, 의료가족치료는 **의료문제**에 초점을 둔다. 여기서 우리는 언어의 문제로 돌아간다. 의료문제는 치료사가 대하는 여러 다른 문제와 차이가 있는 하나의 명확한 범주를 말하는 것이 아니다. 모든 것은 다른 모든 것과 연결되어 있다. 그러나 **의료**(medical)는 강력한 생물학적 근거가 있는 조건에서 일반적으로 사용되는 용어이다. 사람들은 "살면서 나는 정서적 스트레스를 많이 받아." 혹은 "나는 가족문제가 있어."라는 것과는 다른 사안으로 "나는 의료문제가 있어."라고 말한다. 의료가족치료 영역을 구분 짓기 위해서(그래서 그것이 인간의 모든 문제를 위한 치료가 아님을 말하기 위해서) 의료가족치료가 전통적으로 병원에서 일하는 의사와 간호사가 치료하던 문제에 초점을 두며, 이는 전문적인 정신건강 시설에서 주로 치료되던 정신건강문제와 반대된다는 점을 강조한다. 실제로는 의료가족치료사가 의료문제에도 대처하고 있는 조현병 환자들과 작업할 때 그 경계가 더 모호해진다.

의료가족치료의 주요 목표

어떤 치료사든 치료사 작업의 많은 부분은 내담자가 치료에서 원하는 특정 목표를 달성하도록 돕는 것이다. 의료가족치료에서 이러한 독특한 목표는 만성질환이나 장애에 더 잘 대처하기, 의료적 식이요법 조절에 대한 갈등 줄이기, 의사와 더 효과적으로 의사소통하기, 치료될 수 없는 의료문제를 더 잘 수용하기, 혹은 생활습관의 변화를 돕기와 같은 형태일 수 있다. 이러한 특정 목표 아래 의료가족치료에는 두 가지 일반적인 목적, 즉 행동주체성(agency)과 연대감(communion)의 촉진이라는 목적이 있다. 이 용어들을 처음으로 만든 사람은 Bakan(1966)으로, 그의 책『인간 존재의 이중성(The Duality of Human Existence)』에서 그는 인간 경험의 두 가지 기본적인 측면, 즉 한편으로는 개인적 자율성과 자기주장의 중요성, 다른 한편으로는 애착과 연결성의 중요성을 나타내고자 하였다.

Totman(1979)은 의료에 대한 자신의 적극적 개입과 헌신을 서술하기 위한 하나의 방법으로서 **행동주체성**이라는 용어를 사용했다. 우리는 이를 확장하여 행동주체성이란 개인과 가족이 건강, 질병 그리고 의료조직과 관련된 그들의 욕구를 충족하기 위해, 그리고 그들의 지역사회에 기여하기 위해 행하는 활동성을 의미하고자 한다. 강한 행동주체성은 질병과 의료조직을 대하는 데 있어서 개인적으로 선택하는 것을 뜻하는데, 질병과 의료조직은 개인으로 하여금 흔히 수동성과 통제력 부족의 느낌을 갖도록 한다. 전문가들에게 행동주체성의 촉진이란 환자와 가족이 질병이나 장애가 삶에 대해 행사하는 통제력의 양에 한계를 정하도록 돕는 것을 포함하는데, 이는 가족구성원 한 사람이 일부 장애가 있더라도 휴일 행사를 계속하고 싶어 하는 결정에서 그 예를 볼 수 있다. 또 다른 경우는 가족이 더 많은 정보나 더 좋은 관리를 위해 의료진, 병원, 보험회사와 협상하도록 돕는 것을 포함한다. 가족 안에서 치료사는 다른 가족구성원을 통해 환자의 행동주체성을 촉진할 수 있다. 이는 가족구성원들의 도움에 대해 적절한 경계를 설정하거나 적극적으로 도움을 요청하는 형태를 띨 수 있는데, 이는 알츠하이머 환자의 부양자가 다른 가족구성원의 도움을 요청하도록 코치를 받을 때와 같다. 또한 더 넓은 맥락에서 의료가족치료사는 개인과 가족이 서비스의 단순한 수혜자가 아닌 기여자 혹은 시민으로서 더 넓은 지역사회에 적극적으로 개입하도록 촉진한다(제7장 참조).

연대감은 질병과 장애 때문에 자주 약화되는 정서적 유대감 및 의료체계와의 접촉을 말한다. 이는 가족구성원, 친구, 전문가의 보살핌을 받고 사랑을 받고 지지를 받는다는 느낌을 뜻한다. 이러한 사회적 관계의 질은 건강과 질병의 가장 강력한 심리사회적 요인인 것 같다(Ranjan, 2011; Uchino, 2004). 많은 사람에게 심각한 질병이나 장애는 자신을 돌봐 주는 사람들로부터 고립될 수 있는 존재적 위기이다. 의료가족치료에서 가족 부분을 강조하는 주요 이유 중 하나는 심각한 질병과 장애는 가족이 이전에는 결코 경험하지 못했을 가족의 건강한 유대감 수준에 일종의 기회를 제공하기 때문이다. 특히 생명을 위협하는 질병의

발병 단계에서 가족구성원들은 익숙하지 않은 방식이지만 정서적으로 서로 도움이 될 수 있다. 그러나 만성 단계에서는 많은 가족이 공통의 목적의식과 감정을 갖는 것이 어려워진다. 의료가족치료사의 가장 중요한 작업 중 하나는 가족구성원이 질병에 대처하기 위해 함께 뭉치도록 돕는 것인데, 환자에게 최대한의 자율성과 주체성을 허용하는 맥락 안에서 그렇게 하는 것이다. 마찬가지로 퇴행성 근위축증이라는 치명적 질병을 갖고 있는 아동처럼 치명적인 의료 스트레스에 대처하는 가족은 흔히 그런 문제를 겪고 있는 다른 가족과 같은 지지집단을 찾는 데 도움을 필요로 한다. 집단이 제공하는 치료적 연대감은 어떤 다른 관계에서도 채워질 수 없는 것이다. 그러나 슬프게도 부모들은 대개 자신의 확대가족을 상대하는 일에 대해 도움을 받지 못하는데, 확대가족의 구성원들 중 많은 사람은 장애나 심각한 병이 있는 구성원의 가족을 잘못 이해하며 또 정서적으로 외면한다. 의료가족치료사는 이러한 가족들 사이에 대인관계적인 치료적 연대감을 갖도록 돕는 이상적인 위치에 있다.

행동주체성과 연대감에 대한 Bakan의 최초 작업을 가치 있게 확장한 Helgeson(1994)은 행동주체성과 연대감이 인간의 성장에 필요할 뿐 아니라, 다른 하나가 없는 데서 하나만 존재할 때(주체성은 많지만 연대감은 거의 없거나 그 반대의 경우) 건강은 부정적인 결과를 맞게 된다고 주장했다. Helgeson은 남성은 행동주체성을 과장하여 건강이 나빠지는 결과로 고통을 받는 경향이 있고, 여성은 연대감을 과장하여 그런 경향이 있다는 사례를 지지하는 젠더 차이에 관한 연구 결과를 요약하였다. 가족치료사들이 60년 이상 주장하였듯이 인간의 안녕을 도모하는 것은 개별화와 연결성의 균형이다.

보건의료체계는 흔히 환자 자신의 신체와 행동에 대한 통제감을 없애기 때문에, 의료가족치료사들은 환자가 치료에 협력하지 않기로 결정하더라도 환자의 자율성을 최고로 우선시할 필요가 있다. 그러나 개인이 이렇게 확고하게 결정하기로 한 선택은 인간의 생명과 질병의 관계적 본질과 균형을 이루어야 한다. 우리는 혼자서 살아가지 못하며, 개인의 주체성은 타인과의 연대를 포함하는 음악

적 화음의 한 줄일 뿐이다. 환자, 가족구성원, 의료진과 함께 매일 일하는 의료가족치료사는 의료서비스에서 일종의 균형을 옹호하는 입장에 있는데, 이는 현 시대에서 찾아보기가 너무 어려운 입장이다.

행동주체성과 연대감이라는 목표는 치료사인 우리의 핵심 가치와 헌신을 나타낸다. 이러한 작업은 건강문제 치료에 관한 것만이 아니며 인간의 고통에 접근하는 하나의 방법이기도 하다. 길게 이어지는 모든 건강 위기는 불확실성과 모호성을 불러일으키며, 행동주체성과 연대감을 위한 인간의 능력을 요구한다. 의료가족치료사는 사람들이 친밀한 관계의 맥락에서 이러한 부름에 응할 수 있도록 돕는다.

의료가족치료의 지식 기반

의료가족치료사는 생의학적-심리사회적으로 중복되는 전문가 활동 영역에서 일하기 때문에 심리사회적 체계이론 훈련에서 일반적으로 접근할 수 없는 지식을 습득해야 한다. 이러한 지식의 습득은 결국 다른 의료전문가, 생의학 분야의 과학자, 사회과학자들의 작업으로부터 적극적으로 학습하는 것을 포함한다. 더욱이 생심리사회적 영역의 지식은 빠르게 변화하기 때문에 의료가족치료사는 상담치료사처럼 사회화되지 못한 의사 및 기타 의료진과 지속적인 협력자가 되어야 하며, 또 행동의학에서와 같이 다른 종류의 전문 서적에 대한 지속적인 독자가 되어야 한다. 다음에서 우리는 의료가족치료에 고유한 몇 가지 지식 영역에 대해 살펴본다.

주요 만성질환과 장애

의료가족치료사가 주요 만성질환과 장애에 대해 상세한 지식을 가지고 있기를 기대하지는 않지만, 특정 사례를 만났을 때 더 많이 배우기 위해 기본적인 생의학적 사실과 자원에 대해 작업상의 적절한 지식을 갖추어야 한다. 치료사가 가족의 의료문제와 의미 있게 작업하기 위해서는 문제가 치료사에게 '블랙박스' 이상이어야 한다. 의료가족치료사는 의욕이 있는 환자가 자기 병에 대해 가지고 있는 것만큼의 정보를 가지고 있어야 한다. 의료가족치료사가 익숙해야 할 질병과 질병군의 목록은 그리 길지 않다. 기본적인 목록은 다음을 포함할 것이다. 당뇨병, 심장병, 고혈압, 천식과 폐기종 같은 폐질환, 주요 암 그리고 알츠하이머병, 다발성 경화증, 근위축증 같은 가장 흔한 퇴행성 질병들이다. 이러한 질병 목록과 경추 척수손상과 같은 몇 가지 흔한 장애뿐 아니라 그 이상으로 치료사는 특정 사례에 포함된 특정 문제에 대한 정보를 가지고 있고, 또 의료진과 간호진에게 자문을 해야 한다. 흔한 의료문제에 대해 잘 알고 있는 것에 더하여, 의료가족치료사는 주요 치료법과 그것의 심리사회적 시사점에 대해 알고 있어야 한다. 다음은 흔한 의료문제에 대해 의료가족치료사가 가지고 있어야 한다고 생각되는 몇몇 정보이다.

- 고혈압은 일반적으로 증상이 없어 간과하기 쉽다. 일부 항고혈압 약은 발기부전을 일으킨다.
- 아동기와 청소년기에 일반적으로 급성 발병하는 제1형 당뇨병(Type I)은 췌장이 인슐린을 분비하지 못하는 것으로 평생 인슐린 주사를 맞아야 하고 주의 깊은 식이요법을 필요로 한다.
- 제2형 당뇨병(Type II)은 성인당뇨병을 나타내기 위해 사용되었으나, 이 명칭은 소아비만의 증가 때문에 바뀌었다. 이는 인슐린 주사를 보조적으로 요구할 수도 있고 그렇지 않을 수도 있으며, 때로 경구 투약과 더불어 체중 감량 및 식이요법으로 조절될 수 있다.
- 다발성 경화증은 흔히 재발과 차도의 주기를 반복하며, 특정 시점에서 환자의 사회적 상황과는 별개로 정서적 불안정을 보일 수 있다.

요점을 다시 말하자면, 의료가족치료사는 흔한 질병에 대해 전문가적 지식을 갖출 필요까지는 없으나, 이런 문제를 경험하는 환자 및 그 가족과 현실적으로 작업할 수 있을 만큼의 지식을 갖추고 있어야 한다. 의료가족치료사가 알아야 하는 것은 세 가지 중복되는 원천에서 얻을 수 있다. 즉, 의사나 간호사의 설명, 의료 백과사전 읽기와 일차의료전문가를 위한 평생교육 수준의 글, 그리고 다수가 자신의 건강문제에 대해 꽤 전문가 수준에 있는 환자와 가족으로부터의 학습이다. 예를 들어, 다발성 경화증이 있는 한 여성은 눈물 흘림(weepiness)이 병의 일부임에 대해 우리에게 처음으로 가르쳐 주었다. 그녀는 "이 눈물이 내 병을 말하지요. 요즘 저는 아주 잘하고 있는 거예요."라고 말했다. 마찬가지로 유방암의 유전적 소인에 대한 독서는 그런 암이 '암에 걸리기 쉬운 성격' 때문에 주로 걸린다고 단순하게 믿는 치료사들을 바로잡아 줄 수 있다.

행동의학과 사회과학 연구

행동의학은 1970년대 심리학의 한 전문 분야로 출현한 이래 건강과 질병에 대해 상당히 중요한 연구 결과를 내놓았다. 건강심리학이라고도 불리는 이 분야는 사회역학, 의료사회학, 의료인류학, 간호학 같은 전통적인 학문 분야와 결합하여 의료가족치료를 위한 기본 지식과 관점을 제공한다(Suls, Davidson, & Kaplan, 2010). 다음에서 의료가족치료에 특히 적합한 몇 가지 영역을 살펴본다.

스트레스와 질병

심리사회적 스트레스가 신체적 질병에 미치는 나쁜 영향을 입증하는 문헌은 대단히 많다(Antonovsky, 1979; Cohen et al., 2007). 다행스럽게도, 이런 문헌은 환자와 가족이 생활 스트레스와 생의학적 문제의 관계를 연관 짓기 쉽게 할 정도로 문화 전반에 폭넓게 스며들어 있는 것 같다.

사회적 지지와 건강

1980년대로 거슬러 올라가면 House, Landis와 Umberson(1988)은 학술지 『사이언스』의 논문들을 고찰하여 사회적 관계가 건강과 사망률의 핵심 요인임을 확실하게 주장할 만큼의 연구 결과물이 충분히 있다는 결론을 내렸다. 사실 이 연구자들은 빈약한 사회적 지지가 흡연보다 사망률을 더 강력하게 예측하는 요인이라는 결론을 내렸다. 1980년대 이후의 연구는 점점 더 강력하고 더 복잡하게 발전하였다(Uchino, 2004; Umberson & Montez, 2010).

건강행동

행동의학 연구자들과 또 다른 연구자들은 운동과 흡연 같은 건강행동이 건강 전반과 특정 질병에서 발휘하는 강력한 역할을 문헌으로 보여 주었다(Glanz, Rimer, & Viswanath, 2008). 매년 수많은 주요 사망 원인—심장병, 암, 뇌졸중, 폐질환—은 생활습관의 변화로 예방될 수 있다(Danaei et al., 2009).

의료 처방의 순응

투약과 기타 처방에 대한 환자의 불순응은 질병과 사망의 주요 원인이다. 세계보건기구의 보고서(World Health Organization, 2003)는 "선진국에서 만성질환에 대한 장기치료의 준수는 평균 50%이다. 개발도상국에서 이 비율은 더 낮다. 많은 환자가 치료적 권고를 따르는 데 있어서 어려움을 겪고 있음을 부인할 수 없다."(p. xiii)라고 결론지었다. 행동의학 연구자들은 심리학적 · 행동적 관점에서 이 문제를 깊이 검토하였다.

건강의 젠더 이슈

여성 건강에서 심리사회적 이슈는 1970년대와 1980년대 연구의 주된 관심사였고(Blechman & Brow, 1988), 1990년대에는 남성 건강에 대한 관심이 시작되었다. 여성과 남성은 성과 생식 건강, 암, 알코올 중독, 흡연 그리고 아픈 가족원의 돌봄에 대해 특수한 건강문제와 걱정이 있다. Lucy Candib(1999)와 다른 연구자들(McDaniel & Cole-Kelley, 2003)은 의료체계에서 여성과 그 가족의 치료를 살펴보기 위해 페미니스트 관점을 이용했다.

앞서 언급하였듯이, 행동의학 연구자들이 비록 건강과 질병에서 개인의 행동요인에 대한 이해에 실질적인 기여를 하였지만, 가족 이슈에 대해서는 큰 주의를 기울이지 않았다. 이제 우리는 의료가족치료에서 제3의 지식 기반을 제공하는 가족 연구와 이론 문헌에 주의를 돌리고자 한다.

가족과 건강 연구

현재 가족과 건강에 관한 실질적인 연구는 상당히 많다. 이 문헌을 조사한 책에서 Doherty와 Campbell(1988)은 가족과 건강에 관한 상당한 분량의 연구물을 조직하기 위해 **가족의 건강과 질병 주기**(family health and illness cycle)라는 모델을 이용했다. 이 주기는 건강문제가 있는 가족의 경험 단계를 설명하는데, 가족의 건강 증진 및 위기 감소에서 시작하여 질병이나 회복에 대한 가족의 적응으로 이동한다. 여기서 가족의 건강과 질병 주기의 단계들에 상응하는 가족과 건강 분야 연구의 영역을 간단히 소개한다.

가족의 건강 증진과 위기 감소

현재 대부분의 건강한 생활양식의 행동 패턴은 가족에서 학습되고 유지된다는 점에 대해 대부분 동의한다. 흡연의 예를 보자. 흡연자는 흡연자와 결혼하는 경향이 있고 또 이들은 흡연 패턴을 함께 바꾸는 경향이 있다(Franks, Peinta, & Wray, 2002). 더욱이 금연은 하나의 입장으로서 가족과 사회관계망을 통해 사회적으로 전염되는 것으로 밝혀졌다(Christakis & Fowler, 2007). 다양한 건강행동을 바꾸기 위한 준비 측면에서 볼 때, 만일 한 파트너가 체중 감량과 운동 같은 영역에서 각자 이루고 싶은 변화에 대해 자신감을 더 많이 가지고 있다면 그 배우자도 자신감을 더 갖게 된다(Franks et al., 2012).

가족의 취약성과 질병의 발생 혹은 재발

가장 폭넓게 사용되는 심리사회적 스트레스의 측정도구인 Holmes-Rahe 사회재적응척도(Holmes-Rahe Social Readjustment Scale; Homes & Rahe, 1967)는 개인이 생활상의 재적응을 요하는 오십 가지 스트레스 사건 목록에 점수를 부여하였다. 가장 스트레스가 되는 열다섯 가지 사건 중에서 열 가지 이상은 이혼, 배우자 사망, 가족구성원의 건강상의 주요 변화와 같은 가족 사건이다. 가족 스트레스의 생물학적 지표를 찾기 위하여 생심리사회적 연구가 시작되었다. Kiecolt-Glaser와 동료들(2005)은 낮은 결혼만족도 수준이 면역체계의 빈약한 반응과 관련이 있음을 발견하였다. Troxel과 Matthews(2004)의 고찰에서 밝혔듯이, 결혼 스트레스와 갈등은 질병의 증가와 관계되는 생리학적 변화를 가져온다는 증거가 늘어나고 있다. 이러한 현상에 대한 초기의 고전 연구에서 Gottman과 Katz(1989)는 아동의 스트레스 호르몬 수준(특히 부신피질 호르몬 수준)은 부모의 결혼 스트레스 수준에 따라 다르게 측정되었음을 보여 주었다.

질병에 대한 가족의 평가

가족학 분야에서는 건강 사건에 대한 가족의 신념에 점점 더 많은 주의를 기울여 왔다. 가족은 가족 나름의 '질병 역학'을 가지고 있는 경향이 있는데, 이는 특정 질병에 대한 경험, 의료전문가와의 관계, 건강문제에 대한 교육을 받은 정도를 기초로 한다. 병원 방문 같은 가족의 건강 활동은 복잡한 협의과정에서 나오는 경향이 있는데, 그 과정에서 가족구성원들은 한 가족원의 증상에 대한 그들의 신념과 기대를 공유한다. 이 책의 원판이 출판된 이후, 건강에 대한 신념, 그리고 가족과 질병 치료 시 그러한 신념의 역할에 대한 중요한 연구들이 수행되어 왔다. Wright, Watson과 Bell(1996)은 질병의 경험과 치료 가능성을 만드는데 환자의 신념, 가족의 신념 그리고 의료진의 신념 간의 상호작용 역할을 살펴보았다. 또 다른 연구자들은 가족의 신념과 문화 간의 상호작용에 초점을 두었다(Marshall et al., 2011).

가족의 긴급한 반응

가족의 긴급한 반응은 심장병, 암 진단, 혹은 경추 척수손상과 같은 질병이나 장애의 급성 발병에 대한 가족의 반응에 대한 연구를 말한다. 심각한 질병의 이 단계에 있는 가족은 치명적일 수 있는 병이 한 가족원에게 발병함에 따라 즉시 더욱 밀착되는 것 같다(Steinglass, Temple, Lisman, & Reiss, 1982). 이 시기가 바로 의료가족치료사들이 자주 가족에 개입하게 되는 시기로, 긴급한 반응이 일어나는 병원 현장에서 치료사가 직접 일하고 있으면 특히 더 그렇다. 급성 발병 단계의 가족에게 접근하기가 어렵기 때문에 임상적 개입의 지침이 되는 연구는 거의 이루어지지 않았다.

질병 혹은 회복에 대한 가족의 적응

이는 의료가족치료사가 개입하는 경향이 가장 큰 단계이다. 많은 가족이 급성 발병 단계에는 잘 대처하는 반면, 만성적인 재적응 단계에는 더 큰 문제를 겪는 것 같다. 가족이 변경된 역할, 새로운 상호작용 패턴, 변화된 사회적 지지, 가족 생활의 지속적인 스트레스 사건에 어떻게 대처하는가를 살펴본 연구들이 수없이 많이 진행되었다(Patterson & Garwick, 1994). 예를 들어, Rainville, Dumon, Simard와 Savard(2012)는 암이 진행 중인 부모의 청소년 자녀들의 스트레스 수준을 연구하였다. 최근 연구는 질병과 함께 살아가는 동안의 가족 강점과 탄력성에 초점을 두었다(Buchbinder, Longhofer, & McCue, 2009). 만성질환 가족이 마주친 한계와 기회에 대한 이해는 의료가족치료의 기초이다.

이 절에서는 의료가족치료의 뒷받침이 된 경험적 연구의 여러 영역을 요약하였다. 다음 절에서는 몇 가지 주요한 이론적 모델을 다루는데, 이 모델들은 의료가족치료 그리고 의료가족치료사들의 작업에 영향을 미쳤던 기타 다른 영역에서 새롭게 발전한 것들의 기초를 제공하였다.

가족과 건강에 대한 체계이론

우리는 가족체계와 의료문제에 있어서 Minuchin, Rosman과 Baker(1978)가 발전시킨 심리신체적 가족 모델이라는 선구적인 공헌으로 시작한다. 이들의 연구는 구조적 가족치료 이론 그리고 '기질적' 차원의 설명이 배제되었던 통제 불가능한 소아당뇨병 아동의 가족에 대한 임상적·연구적 관찰을 기초로 하였다. Minuchin 팀은 이러한 심리신체 증상 가족이 밀착, 과잉보호, 경직성, 비효과적인 갈등해결, 아동의 삼각화 패턴의 특징이 있다고 설명하였다. 이 모델은 때로 가족 패턴이 곧 질병의 '원인'임을 뜻하는 것으로 잘못 이해되기도 하였지만, 심리신체적 가족 모델은 가족 패턴과 질병이 상호적으로 서로를 유지시킨다는 순환과정의 입장을 취한다(B. Wood et al., 1989). 이 모델은 Minuchin과 동료들(1978)의 연구에서 처음으로 지지를 받았는데, 이 연구는 당뇨병이 있는 특정 아동의 혈당 수준이 가족 상호작용과 관련 있음을 보여 주었다. 이 최초의 연구에 방법론적인 문제가 있기는 하지만, Wood와 동료들(1989)은 이후 크론병 아동의 질병 활동을 설명하는 데 있어서 심리신체적 가족 모델의 요소들, 특히 삼각화와 부부역기능의 관계를 지지하였다.

의료가족치료를 위한 이론의 두 번째 영역은 조지워싱턴 대학교의 David Reiss, Peter Steinglass와 동료들의 연구에서 비롯된다. 이 학자들은 정신병과 병원 환경과 알코올 중독으로 시작하였던 이론과 연구와 함께, 가족이 건강문제를 중심으로 어떻게 조직되었는지를 보여 주었다. Reiss(1981), Reiss, Gonzalez와 Kramer(1986)는 조정(coordination)에 대한 가족의 패러다임이 심각한 질병과 의료전문가의 관계에 대처하는 가족의 능력에 있어서 얼마나 중요한 요인인지를 설명하였다. 조정은 특히 스트레스를 받는 시기에 가족구성원들이 자신들을 하나의 단일한 통일체로 기꺼이 경험하고자 함을 뜻한다. Steinglass, Bennett, Wolin과 Reiss(1987)의 알코올 중독자 가족 모델은 만성질환 가족이 어떻게 해서 일상적인 일과 의례를 질병으로부터 보호할 수 없게 되는지, 그래서 질병이 가족체계를 조직하는 원칙이 되도록 어떻게 내버려두는지를 개념화하는 데 유용함을 입증하였다.

의료가족치료의 기초가 되는 세 번째 이론적 작업은 질병 유형과 가족생활 주기에 대한 John Rolland(1984, 1988)의 심리사회적 모델이다. 학술지 『가족체계의학(Family Systems Medicine)』에 실린 1984년 논문에서 Rolland는 만성질환에서 개인과 가족의 역동을 살펴볼 수 있게 하는 질병 유형—다른 말로 하면, 만성질환의 심리사회적 유형—의 사례를 만들었다. 그가 제안하였던 유형은 네 가지 범주를 사용하였는데, 그것은 발병, 경과, 결과, 그리고 신체적 기능상실의 정도였다. 의료가족치료사들에게 이들 차원은 가족의 일상생활 경험에 직접적인 영향을 미치기 때문에 특정 질병의 특정 병리생태적 요인보다 더 중요한 것 같다. 예를 들어, 파킨슨병과 류머티스 관절염은 둘 다 천천히 발병하고 진행되며, 치명적이지는 않지만 일상생활을 어렵게 한다. 이런 질병이 있는 가족은 궤양성 대장염(병의 경과가 지속적으로 이루어지는 것이 아니라 재발하는 질병)과 같은 다른 심리사회적 프로파일의 질병이 있는 구성원 가족과는 다른 종류의 도전에 직면할 것이다. Rolland(1988)는 이러한 질병 유형과 가족생활 주기를 통합하였고, 질병의 특징과 가족의 발달적 요구 간의 상호작용은 가족이 질병의 자연스러운 과정에서 어떻게 벗어날 수 있는지를 보여 주었다. 예를 들어, 부모의 경추 척수손상은 젊은 성인 자녀가 신체적 · 정서적으로 집을 떠나기 어렵게 할 수 있다. 나중에 우리는 유전과 가족관계에 대한 Rolland의 최근 연구를 살펴본다.

의료가족치료의 네 번째 이론은 가족 조정과 적응 반응(family adjustment and adaptation response: FAAR) 모델(McCubbin & Patterson, 1982; Patterson, 2002)로, 가족스트레스이론과 가족체계이론을 합친 것이다. 의료문제에 적용했을 때, FAAR 모델은 가족 건강과 질병 주기의 조정과 적응 단계를 강조한다. 이 모델은 만성질환과 장애를 관리하기 위한 가족의 자원, 대처 유형과 신념의 측면에서 가족의 노력을 살펴본다. 이러한 대처과정의 결과가 조정 혹은 적응 수준이다. FAAR 모델은 수많은 자기보고식 척도를 사용하여 변수를 조작적으로 정의하였으며, 가족이 만성적이고 장애가 되는 의료 상태에 어떻게 대처하는지에 관한 연구에 성공적으로 적용되었다(Patterson, 1989).

마지막 이론적 모델은 가족 기본적 대인관계지향(family fundamental interpersonal relations orientation: FIRO) 모델로, Schutz의 기본적 대인관계지향 모델을 확장한 것이다(Doherty, Colangelo, & Hovander, 1991). 원래 Doherty와 Colangelo(1984)가 가족치료를 위해 발전시켰던 FIRO 모델은 이후 건강행동과 만성질환에 대한 가족역동에 적용되었다. 이 모델은 가족 상호작용의 세 가지 핵심 차원을 제공하는데, 그것은 포용(inclusion, 구조, 연결, 그리고 의미 공유), 통제(권력과 영향), 친밀성(개인 간의 친밀한 주고받음)이다. 흡연(Doherty & Whitehead, 1986; Whitehead & Doherty, 1989), 비만(Doherty & Harkaway, 1990), 만성질환(Doherty & Campbell, 1988)에 관한 연구들은 건강행동과 장애는 가족이 서로의 삶에 개입하거나 제외되는 방식, 통제를 둘러싸고 싸움터가 되어가는 방식 그리고 친밀감을 위한 기회를 열거나 닫는 방식으로 기능할 수 있다고 가정하였다.

요약하면, 가족체계이론에 관한 다수의 문헌은 의료가족치료의 지식 기반을 위해 초기의 중요한 이론적 기초를 제공하였다.

의료가족치료와 새로운 유전학

이 책의 초판이 출판된 이래, 인간 게놈에 대한 지식의 폭발과 매우 다양한 질병에 대한 유전자 검사의 확산—질병의 원인뿐 아니라 질병에 대한 민감성과 저항력, 질병의 진행, 치료에 대한 반응 등—이 있었다. McDaniel과 Rolland(2006a)가 주장했듯이, 이런 새로운 지식이 환자와 가족체계에 미치는 영향은 생애주기 전반에 걸쳐서 엄청날 수 있다. 가족구성원들이 검사를 받아야 할지, 누구에게 검사 결과를 말해야 할지, 검사 결과가 나온 후 어떤 결정을 해야 할지를 결정할 때의 윤리적 · 임상적 어려움은 아주 많다. 이러한 어려움은 본질적으로 가족의 것들로서 행동주체성과 연대감이 미묘하게 춤출 것을 요한다. 이러한 심리사회적 도전에 민감하게 반응하는 것 외에도, 의료가족치료사는 시간이 흐름에 따라 발생하는 유전적 장애의 심리사회적 측면을 이해해야 한다. Rolland와 Williams(2005)는 이러한 장애들의 심리사회적 유형, 그것의 시간에 따른 단계, 그것과 연관된 가족기능에 대한 유용한 지침을 개발했다. 이 책의 12장에서 이 문제들을 다룬다.

뇌에 대한 새로운 연구

앞에서 언급하였듯이 인간 게놈에 대한 지식의 진전과 더불어 인간 뇌의 사회적 차원에 대한 놀라운 과학적 발전이 이루어져 왔다. 이제 우리는 우리의 사회적 관계가 이미 뇌에 설계되어 있으며, 관계는 뇌에 영향을 미치고 뇌는 우리가 타인과 어떤 관계를 맺는가에 영향을 미친다는 점을 더 깊이 알고 있다. 신경해부학적 차원에서 예를 들면, 거울신경세포(mirrow neurons)의 발견인데, 거울신경세포는 우리가 타인을 관찰하고 타인의 경험을 동일시하며 또 타인의 감정이나 의도를 읽을 때 작동한다(Goleman, 2006). 발달학자인 Daniel Stern(2004)이 대인관계 신경학에 대한 새로운 연구의 일부로서 거울신경세포를 돌아보았을 때 발견하였듯이, "우리의 신경계는 타인의 신경계에 의해 포착되도록 구성되어 있어서 우리는 타인을 마치 우리 자신의 피부 속에서뿐 아니라 그들의 피부 속에서처럼 경험할 수 있다"(p. 76).

Daniel Siegel의 대인관계 신경생물학은 이러한 새로운 과학을 내담자와의 작업에 적용하기 위해 일하는 치료사들에게 중요한 지침이 되었다. 대인관계 신경생물학은 마음이 탄력성을 발달시키게끔 뇌가 형성될 때 관계의 중요성에 초점을 둠으로써 인간 발달과 안녕을 이해하고자 시도한다. 이 모델의 주요 원리는 인간 경험의 삼각형(triangle)은 관계, 마음, 뇌이며, 이는 더 이상 줄일 수 없는 것으로서 서로 에너지와 정보의 흐름을 공유한다. 관계는 에너지와 정보가 사람 사이에 어떻게 공유되는지를 나타낸다(Siegel, 2010). 이 연구의 임상적 적용은 이론과 기초과학보다 더 천천히 발전되었으나, 트라우마와 부부문제에 이르기까지 폭넓은 영역에서 눈부신 발전을 이루고 있다. 의료가족치료사들은 이렇게 뇌에 대한 새로운 연구를 체계이론과 일관성 있는 것으로서 그리고 그들 작업의 핵심 목표인 연대감을 지지하는 것으로서 기꺼이 받아들인다.

가족과 보건의료체계

Doherty와 Baird(1983)는 건강의 최소 기본단위는 임상의사, 환자, 가족을 포함하는 삼각형으로 이루어진다고 주장하였다. Rolland(1988)의 시각에서 볼 때, 질병과 그것의 심리사회적 특성이 치료체계에 추가되는 부분이다. 그래서 그는 치료 삼각형을 의료진, 환자, 가족, 질병으로 구성되는 **치료적 사각형**(therapeutic quadrangle)으로 확장하였다. 만일 의료가족치료를 기타 의료팀과 구별 지으면 오각형이 만들어져서, 치료사는 질병, 환자, 가족, 나머지 의료팀을 포함하는 이슈에 주의를 기울여야 한다.

만성질환이나 장애를 다루는 사람들이 처한 상황에서 가장 스트레스가 되는 측면들은 의료전문가들과의 관계, 민간 의료보험 회사들(HMOs), 보험제공업체, 정부기관이며, 그래서 의료가족치료사는 가족을 돕기 위해 이러한 의료서비스와 지역사회 조직에 대해 실용적 지식을 갖추고 있어야 한다. 1980년대 가족치료 분야는 가족과 더 큰 체계들의 관계에 직접적으로 주의를 기울이기 시작했는데, 이는 Imber-Black(1988)과 Wynne, McDaniel과 Weber(1986)의 연구에서 찾아볼 수 있다. 의료가족치료의 핵심은 평가와 치료 단위에 가족과 치료사와 의료기관의 관계를 포함해야 하는 것이다. Reiss와 Kaplan De-Nour(1988)는 의료팀과의 관계를 분명하게 다루었다. 이 연구자들은 의료진, 가족, 환자가 사회체계 안에서 어떠한 관계를 갖는지 보여 주었는데, 이 사회체계는 각각 자체의 발달과업을 갖는 명확한 단계를 거쳐 간다. 이 단계는 급성 발병, 만성/유지, 말기/사별과 같다. 급성 단계의 중심 과업은 **평가와 지지**이며, 만성 단계의 중심 과업은 **각성**(vigilance) **대 소진, 사기의 유지, 발달, 재활**이다. 말기 단계의 중심 과업은 **위로와 평정**이다. Reiss와 Kaplan De-Nour는 환자, 의료진, 가족의 역할과 이들 간의 상호작용이 각 단계에 따라 어떻게 바뀌는지 설명하였으며, 후기 단계의 대처에 있어서 부양체계의 성공은 초기 단계의 성공에 달려 있다고 하였다.

이 책의 초판이 출판되던 1990년대 초 이후 미국의 의료서비스 제공방식이 엄청나게 변화했다. 이 책의 서문에서 설명하였듯이, 1990년대 초 의료개혁은 실패했고, 초기의 협진팀 약속도 제대로 이루어지지 않았다. 현재 대형 보험조직과 제공기관이 지배하고 있으며, 비보험자들의 수도 공적 · 사적 의료비용의 증대와 더불어 계속 증가하고 있다. 책임의료 조직(의료보험 대상집단에게 통합서비스를 제공하기 위해 함께 일하는 의료공급자와 병원 집단)과 헬스케어 홈은 서문에서 언급한 '세 가지 목적', 즉 국민건강, 비용절감, 좋은 환자 경험이라는 목적에 맞는 서비스를 제공하라는 요청을 받고 있다(Berwick, Nolan, & Whittington, 2008; Edwards, Patterson, Vakili, & Scherger, 2012). 21세기의 의료가족치료사는 현재의 복잡한 의료체계와 미래 전망에 대한 지식을 갖출 수 있어야 하고, 미래를 형성하는 데 적극적 참여자가 되어야 한다.

의료가족치료사로서 자신에 대한 지식

『의료가족치료』의 초판이 출판된 이래 수년에 걸쳐 우리는 의료가족치료사들의 자신에 대한 지식과 연관된 사안들의 중요성을 점점 더 절실하게 자각하게 되었다. 치료사들이 받도록 기대되는 개인 작업과 원가족 작업만으로는 의료가족치료사들이 매일 마주치는 몇 가지 독특한 사안을 충분히 잘 다루지 못한다. 이 사안은 질병과 관련된 치료사 가족의 질병 경험, 건강행동, 건강 신념, 의사 및 기타 의료진들과의 상호작용과 관련된 **의료적 원가족문제**를 포함한다. 모든 가족은 감정과 의미가 담겨 있는 건강 내력을 가지고 있기 때문에, 의료가족치료사가 이런 사안들을 잘 걸러 내서 평안해지는 것이 중요하다. 한 가지 도움이 되는 훈련기법은 훈련생들이 '건강과 질병' 가계도 작업을 하는 것으로, 이는 그들의 가족이 의료문제와 위기에 어떻게 반응했는지에 초점을 둔다.

개인 발달과업을 위한 두 번째 영역은 **질병, 건강행동, 의료진에 대한 치료사의 개인 내력**이다. 자신의 스트레스와 관련된 신체문제를 부끄러워하는 치료사는 비슷한 문제를 가진 환자와 효과적으로 작업하지 못할 것이다. 치료사가 암 생존자라면 암 환자 및 그 가족과 작업할 때 특별한 동정심을 갖겠지만 편견을 가질 수도 있다. 비만이나 흡연과 싸우고 있는 치료사는 건강행동 문제와 작업할 때 이러한 이슈의 의미를 면밀히 살펴봐야 한다. 마찬가지로 의사와 부정적인 경험이 있는 치료사가 의료가족치료에서 의사와 협력할 수 있기 위해서는 이런 감정을 이겨 내야 한다.

의료가족치료사에게 개인적 관심의 세 번째 영역은 **질병과 치료의 신체적 측면들을 다룰 때의 불안**이다. 예컨대, 피, 바늘, 상처, 기형, 냄새, 체액, 자신의 감각을 괴롭히는 다른 것들에 대한 불안이다. 이는 응급진료와 재활병동에서 일하는 치료사에게 특히 문제가 되지만, 가족이 큰 상처를 소독하고, 인공항문 백을 교체하며, 또 가시적 증상에 대한 일반인들의 당혹감을 어떻게 다루는지 상의할 때 의료가족치료사가 마주쳐야 하는 일이기도 하다. 어떤 치료사는 '피와 오물'이 그저 싫어서 의과대학을 가지 않았다고 한다. 의료가족치료를 잘하기 위해서 이들 치료사는 장애, 질병, 치료의 신체적 과정에 둔감해져야 할 것이다.

의료가족치료사에게 개인 작업의 마지막 일반적인 영역은 **의사에 대한 권력과 지위**(power and status vis-a-vis physicians)에 관한 것이다. 치료사들이 의사집단에 대해 분노하고 심지어 적개심을 표현한다는 말을 흔히 들을 수 있다. 이러한 몇 가지 반응은 특정한 부정적 경험 때문에 이해할 만도 하지만, 의사들과의 작업도 치료사들이 전문가로서 그리고 인간으로서 자신의 지위와 권력에 대해 갖는 모든 개인적인 양가감정을 불러일으킨다고 생각한다. 똑같이 유혹이 되는 것은 의사들을 협력자 대신 권위자로 대하거나 혹은 경멸하거나 기피할 인물로 대하는 것이다. 의사들에 대한 부정적 태도는 치료사가 의료가족치료를 할 수 있는 능력을 분명히 손상시킨다.

의료가족치료에 대한 높은 수준의 이론과 일반적인 기초 지식으로 시작하여 이제 곧 실천적 측면, 즉 임상가들의 실천 시 이 작업을 독특하고 에너지 넘치게 만드는 임상 전략으로 주의를 돌린다.

제2장
의료가족치료의 임상 전략

의료가족치료는 환자와 가족의 삶에서 정서적으로 복잡한 측면들에 주의를 기울인다. 치료사는 임상적인 논의와 계획을 유익하게 촉진하는 방법에 대해서 정교하게 알고 있어야 한다. 의료가족치료에도 치료법처럼 전략이 있고 기술이 있다. 또한 탐색을 하고 임상적으로 판단을 한다. 의료가족치료는 이 모든 관점을 통합해서 가족이 대화를 안전하고 솔직하게, 어렵지만 격려도 하며 나눌 수 있도록 돕는다.

이 장에서는 의료가족치료의 체계론적인 핵심 전략들을 제시하고, 실천 사례들을 논의해 본다. 임상 전략의 범위는 각 환자와 가족의 필요에 따라 다룰 수 있는 많은 주제를 반영한다. 임상 전략은 특정 심리치료 모델을 반영하는 것이 아니라 가족 간의 의사소통과 연결, 협력, 그리고 만성질환에 대한 창조적인 적응을 촉진하는 방법들을 포함한다. 많은 이론적 지향(orientation)을 가지고 있는 치료사들은 환자와 가족의 행동주체성과 연대감을 높이기 위해 개입을 조정할 수 있

http://dx.doi.org/10.1037/14256-002
Medical Family Therapy and Integrated Care, Second Edition, by S. H. McDaniel, W. J. Doherty, and J. Hepworth

다. 치료사가 특정 가족에게 임상 전략을 모두 다 사용할 것 같지는 않다. 오히려 임상 전략은 가족이 어떤 건강상의 위기로 일어나는 복잡한 감정과 결정들을 잘 정리하도록 돕는 하나의 도구 상자로 생각해 볼 수 있다.

의료가족치료는 급성 또는 말기 질환에 직면해 있는 환자와 가족에게도 이루어지지만, 만성질환을 겪고 있는 환자와 가족에게서 가장 자주 의뢰가 들어온다. 이런 가족들은 장기간의 혹은 극적인 경험들을 통해서 자신들이 추가적인 지원을 이용할 수 있다는 것을 알고 있거나 담당 의사의 의뢰를 기꺼이 고려한다. 그래서 이 장에는 만성질환에 대처하고 있는 가족들과 많은 만성질환에 유용한 임상 전략에서 뽑은 사례들이 있다. 임상 전략들이 어떻게 실행되는지를 보여 주기 위해 엘먼 씨 가족의 사례가 이 장 전체에서 이용된다. 엘먼 씨 가족에 대한 치료에서 주로 쓰이지 않았던 임상 전략의 이용을 보여 주기 위해 이 장의 여러 곳에 몇 개의 짧은 사례를 제시한다.[1)]

53세의 빌 엘먼은 성공한 변호사로 신체장애에 대한 많은 소송을 법정에서 다루었다. 청소년기에 당뇨병 진단을 받은 그는 자신을 아주 능숙하고도 열심히 돌보았다. 일생 동안 그는 식단과 인슐린 수치 및 신체적 반응을 세심하게 관찰했다. 그럼에도 불구하고 심장동맥 우회로 수술, 엄지발가락 절단과 발기부전으로 이어진 순환계 질환들을 포함해 많은 합병증이 있었다. 최근 들어 그의 당뇨병은 신장 이식을 해야 할 수도 있고 또 신장 투석을 요하는 신부전으로 이어졌다.

빌의 아내 캐럴 엘먼은 49세의 임상 사회복지사로 건강하였고, 지역 아동병원에서 시간제 일을 했다. 그녀가 십대 초반이었을 때 아버지가 심신이 쇠약해지는 뇌졸중에 걸렸고, 어머니는 아버지가 돌아가실 때까지 6년 동안 집에서 아버지를 보살폈다. 캐럴과 빌의 자녀인 23세의 타라와 21세의 마이클은 대학 재학 중이었지만 부모님과 매우 친하게 연락하며 지냈다([그림 2-1]의 가계도 참조).

캐럴은 자신을 위해 치료를 시작했다. 그녀는 오랫동안 빌의 질병에 잘 대처해 왔지만 점점 심각해지는 의료적 위기, 잦은 입원 그리고 친정 부모님의 경험

1) 이 책의 모든 사례는 환자들의 익명성을 보호할 수 있도록 알아보기 어렵게 가려져 있다. 그러나 내용은 가족의 역동과 의료가족치료사의 경험 면에서 정확하고 충실하다.

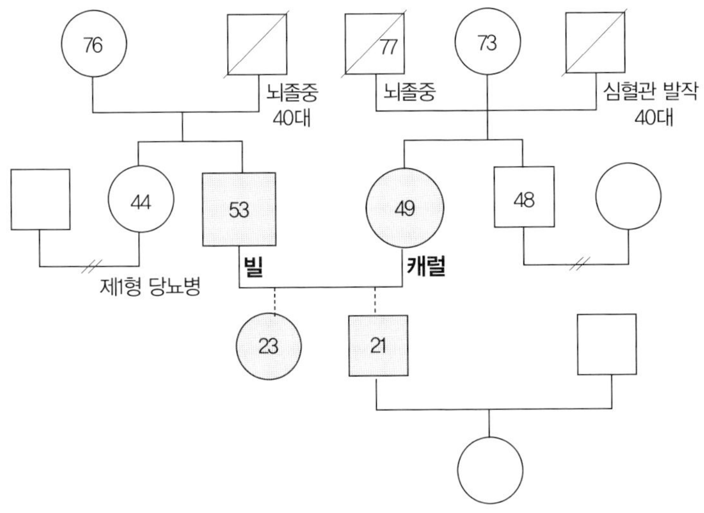

[그림 2-1] 엘먼 씨 가족

에 대한 기억 때문에 어쩔 줄을 몰라 했다. 그녀는 남편이 점점 우울해지고 자신에게서 정서적으로 멀어지고 있다는 점을 걱정했다. 걱정을 더 많이 할수록 그녀는 남편을 보살피는 것에 대해 자신이 더 많이 분하고 화가 나며 동시에 이러한 감정들에 대해서 죄책감을 느낀다는 것을 알게 되었다. 그녀는 남편을 계속 도우면서도 자신의 삶도 즐거울 수 있는 방법을 여전히 찾고 싶어 했다. 주로 자기 자신의 치료에 관심이 있었지만, 캐럴은 필요할 때 남편과 자녀들을 기꺼이 포함시켰다.

만성질환의 유병(有病)과 가족에 대한 영향

만성질환은 대개 서서히 시작된다. 사람들이 초기 증상에 반응하는 방식은 가지각색이다. 어떤 사람들은 처음 알았을 때 치료를 찾아다니지만, 다른 사람들은 가족구성원들이 걱정을 하거나 의료전문가에게 진료를 받으라고 잔소리를 하는 동안에도 치료를 피한다. 검사 기간이 긴 경우가 흔하며 여러 분야의 의사에게 많은 진료를 받게 된다. 그러는 동안 증상이 있는 사람과 가족구성원은 어떤 일이 벌어질 것인지 가설을 세우는데, 그것을 서로 나누기도 하고 그렇지 않기도 한다. 돌이켜 보건대, 많은 사람이 진단 전의 길고도 불확실한 시간이 병명을 마침내 확인할 수 있게 되는 때보다 더 힘든 시기라고 한다.

일단 진단이 내려지면, 그 사람은 환자가 된다. 만성질환으로 인해 새로운 방식의 대처가 필요하고, 환자와 가족의 자기인식에서 변화가 일어나며, 또 적응하는 기간이 필요할 것이다. 시간이 흐르면서, 환자는 신체적 건강과 기능의 상실을 포함한 다양한 상실, 역할과 책임의 상실, 꿈의 상실 그리고 수명 감소의 가능성을 인식한다. 가족들도 상실을 경험하고, '암 또는 당뇨병이 있는 가족' '운이 나쁜 가족' 또는 '더 이상 '정상적이고 건강하지' 않은 가족'으로 자신들을 정의하기 시작할지도 모른다. 진단을 확실하게 받았을 때에도 불확실성과 모호함은 남아 있다.

의료가족치료사는 가족의 복잡한 감정이 다루기 힘든 위기에 대한 정상적인 반응임을 인식하도록 돕는다(4장 참조). 이것은 솔직하게 자신들의 걱정을 이야기하고, 자신들의 경험을 정당화하고, 자신들이 반응하는 것이 이렇게 어려운 상황에 처한 사람들과 비슷하다는 것을 확인하도록 돕는 것이다. 의료가족치료는 가족이 의료팀과 효과적으로 협력하고, 질병에 대응하도록 돕는다. 이것은 가족이 낙담해 있을 때 자신들의 긍정적인 성취뿐만 아니라 강점과 상실을 인정하도록 돕는 것을 의미한다.

의료개혁에 관한 많은 주장은 만성질환에 대처하고 있을 것으로 추정되는 가족 수의 증가를 인용한다. 질병통제센터(Centers for Disease Control, 2008b)에 따르면 미국인의 12%가 만성적인 의학적 상태로 인해 활동에 제한을 받는다. 만성질환에 의해 활동이 제한을 받는 비율은 45~64세 성인은 17%까지, 75세 이상의 노인은 42%까지 증가한다. 이 비율은 공동묘지가 어떻게 현대 의학의 역사를 드러내 주는지를 설명한 의료윤리학자 Daniel Callahan(1991)의 말을 예로 들면 더 현실적이 된다. 그는 19세기까지는 모든 연령대의 사람들이 공동묘지에 묻혔지만 20세기 후반에는 주로 나이가 들어 사망한 사람들이 공동묘지를 채웠다고 말했다. Callahan은 의료기술과 치료에 지불되는 비용이 만성질환에 의해 증가했다고 지적하였다.

만성질환에 대한 다양한 수준의 돌봄이 제공됨에도 일반적으로 만성질환 비용으로 계산되지 않는 가족 비용을 포함하면 만성질환은 의료비 중 막대한 비율을 차지한다. 만성질환의 관리에는 환자, 가족 그리고 보건의료체계가 함께 협력하는 것이 필요하다. 장기치료는 환자와 적어도 한 명 이상의 의사와의 관계가 계속되는 특징이 있는데, 이를 Doherty(1988)는 "보건의료체계와의 장기적인 관계(chronic relationship)"(p. 194)로 규정한다. 가족은 여러 상황에서 많은 의사와 상호작용을 하는 등 의료체계와 빈번한 상호작용을 하는 직접적인 관계를 맺을 것이다. 그리고 가족이 환자와 의사 사이의 '장기적인 관계'에 초대되지는 않았지만 환자가 전하는 것에서 정보를 추정해야 할 때 간접적인 관계도 맺게 된다. 예를 들어, 환자가 진료를 받고 집에 돌아올 때마다 가족은 항상 거의 똑같은 질문을 한다. "의사가 뭐라고 했어?" 잘못 이해할 가능성과 잘못 전달할 가능성은 무한하다.

의료가족치료는 치료사가 가족이 질병 경험에 얼마나 영향을 주고 있는지에 관한 자신의 관점을 평가해 보도록 요구한다. Steinglass와 Horan(1988)은 가족에 대한 자원 관점과 결핍 관점 사이의 차이를 설명했다. **자원** 모델에서는 긍정적인 가족기능과 사회적 지원이 질병의 고통을 완화한다고 추정한다. **결핍** 모델에서는 가족 스트레스와 상호작용 패턴이 질병을 악화시키고 최적의 치료를 방해한다고 간주한다. 그러나 이를 너무 단순하게 구분하면 가족이 지원하려고 노력하는 방식과 환자가 그 지원을 이해하는 방식에 영향을 주는 복잡한 가족 패턴을 설명하기 어렵다. 좋은 의도가 잘못 되어 버린 과거의 가족 패턴과 어떤 지원이 필요하거나 바람직한지에 대한 잘못된 의사소통이 엉뚱하고 때로는 해로운 가족 지원 패턴으로 이어진다(Ell, 1996). 이러한 가족 상호작용 패턴이 질병의 경과와 회복에 어떤 영향을 미치는지에 관한 연구가 부족하지만(Campbell, 2003), 임상 작업은 가족이 어떻게 치료가 제공되기를 바라는지 깊이 생각해 보도록 도와야 한다.

가족이 대부분 지지해 주려고 하는데, 때로는 그 지지가 과잉보호나 침범(intrusion)처럼 보인다. 환자의 자율성을 중요하게 생각하는 가족은 가족구성원을 충분히 돌보지 않거나 관심 없는 것처럼 보일 수도 있다. 대부분의 경우에서, 만성질환의 진단은 일상생활에 요란하게 돌진해 들어오는 토네이도처럼 가족을 강하게 뒤흔든다. 이것은 예기치 않은 일이어서 오랫동안 계속되는 대대적인 손상과 잔해를 남긴다. 환자와 가족의 다양한 반응은 둘 다 안정적이지 못하고 다루기 힘들 수 있다.

가족과 보건의료체계가 치료에 대한 책임을 공유하지만 자신들의 역할이나 치료에 대한 기대를 분명히 하는 방법을 가지고 있지 않을 때 오해나 갈등이 일어나기도 한다. 특히 환자와 가족이 겁을 먹고 질병이나 의료체계에 대해서 많이 알고 있지 못할 때 의사 전달이 잘못 될 수 있다. 의료가족치료사는 잘못된 이해를 분명히 하도록 돕고, 가족이 정보와 자원을 얻도록 도우며, 가족과 보건의료체계 양측의 역할 긴장을 줄여 주고, 가족과 의사가 조금 더 따뜻하고 지속 가능한 의료체계를 구성하도록 돕는 반가운 사람이다.

만성질환: 질병의 특성

모든 새로운 진단은 환자와 가족 모두에게 독특한 경험이다. 그들은 질병, 돌봄을 가장 잘 제공하는 방법 그리고 스트레스가 관계에 어떤 영향을 미치는지에 대해 배워야 할 것이 많다. 그 경험들이 가족에게는 새로운 것인데도, 많은 사람은 자신이 예를 들어, '또 한 사람의 암 환자'로 취급받는다고 불평한다. 독특한 경험을 인식하게 되면서 보건의료체계가 어떻게 치료와 환경을 각각의 환자와 가족의 독특한 요구에 맞추는지를 선전하도록 이끌었다. 의료가족치료는 가족이 이러한 새로운 경험들을 곰곰이 생각해 보는 데 도움이 되는 추가적인 자원을 제공한다. 가족 간의 차이를 인식하고 있지만, 한편으로는 질병과 가족도 모두 공통점을 가지고 있어서 이를 인식한다는 것은 반응을 예측하고 유익한 개입을 장려하는 데 도움이 될 수 있다.

경과와 결과

질병은 신체적 기능상실(incapacitation)의 정도, 질병이 다른 사람 눈에 보이는 정도, 질병이 사망으로 이어질지의 여부 그리고 어떤 의미가 그 질병과 관련되어 있는지에 따라 환자와 가족이 느끼는 중압감에는 독특한 차이가 있다. 가족정신과 의사 John Rolland(1994)는 발병, 경과, 결과 그리고 신체적 기능상실의 정도를 포함하는 유용한 유형 분류체계를 만들었다. 이 유형 분류체계는 심각한 폐암과 같이 진행성이고, 치명적이며, 신체적 기능을 상실하게 하는 질병이 왜 가벼운 심근경색(심장발작)과 같이 급성이지만 치명적이거나 신체적 기능을 상실하게 하지는 않는 질병과는 다른 의미를 가지는지를 분명하게 하는 데 도움을 준다. 이러한 요인들은 왜 생의학적으로 서로 완전히 다른 루프스(lupus)나 파킨슨병과 같은 질병이 가족에게 심리사회적으로 비슷한 영향을 미칠 수 있는지를 설명하는 데 도움이 된다. 이러한 질병들 둘 다 예후가 다양해서 환자와 가족은 악화나 추가적인 증상의 발생 시기나 발생 가능 여부에 대해서 전혀 확신하지 못한다.

발병은 경고 없이 발생하는 뇌졸중(뇌혈관장애)과 같이 급성이거나, 혹은 환자와 가족이 질병과 치료에 친숙해질 시간이 있는 심장질환과 같이 점진적일 수 있다. 질병의 경과는 진행성이거나 지속적이거나 간헐적으로 재발하는 것일 수 있다. 알츠하이머병은 진행성이라고 간주되고, 척추 외상은 지속적일 수 있고, 천식은 재발하는 질병에 해당한다. 결과는 그 질병이 수명을 단축시킬 것인지 여부에 대한 예상을 말한다. 질병의 결과는 많은 전이된 암과 같이 **치명적**이거나, 심혈관계 질환처럼 **치명적일 가능성**이 있거나, 혹은 관절염과 같이 **치명적이지 않은** 것으로 분류할 수 있다. Rolland의 유형 분류체계의 네 번째 특성인 신체적 기능상실은 장애 정도를 나타낸다. 신체적 기능상실의 정도는 그 질병이나 상태가 다른 사람에게 얼마나 눈에 뜨이느냐에 따라 복잡하다. 각 개인의 질병 발현에는 상당한 다양성이 있지만 일반적으로 질병은 파킨슨병처럼 신체적 기능을 상실하게 하는 것이나 고혈압과 같이 신체적 기능을 상실하게 하지 않는 것으로 분류할 수 있다.

빌 엘먼의 당뇨병은 점진적으로 발병했고, 그가 젊었을 때는 영향을 거의 미치지 않았다. 30대에 그의 당뇨병은 진행성으로 악화되었다. 심장 부정맥이나 수술 그리고 결국 하게 된 절단 수술을 위해 입원을 할 때마다 새로운 위기가 되었다. 입원이 가족들의 삶에서 좀 더 주기적인 특징이 되었고, 이것은 추가적인 의학적 위기들이 잇따라 일어날 것이라는 예상으로 이어졌다. 질병이 진행성이라는 것은 새로운 위기마다 장애가 더 많아지고 가족의 삶의 질이 약간 더 변화된다는 것을 의미했다. 가족은 모든 사건에 대해 걱정하고, 입원은 질병이 좀 더 심각해지고 신체적 기능을 더 못하게 되면서 말기로 향해 가고 있다는 표시가 되었다.

질병의 단계

만성질환은 시간이 지나면서 발달하고, 개인이나 가족 발달 단계와 유사한 질병 단계로 이어진다. Rolland(1994)는 질병을 위기 단계, 만성 단계 그리고 말기 단계로 구분했고, 단계별로 가족 관심사와 과업을 구별했다. Reiss와 Kaplan De-Nour(1989)는 이보다 전에 이 단계를 **급성** 단계, **만성** 단계, **말기** 단계로 이름 붙였고, 한 단계에서의 적응적인 대처 패턴이 다른 단계에서는 기능적이지 않을 수도 있음에 주목했다.

급성 또는 위기 단계는 종종 진단 전에 시작되는데, 그때 가족은 무언가 잘못되었다고 느낀다. 일단 진단이나 진단을 확인하기 위한 의학적 검사와 진료를 받게 되면 가족은 새로운 정보에 반응한다. 종종 가족은 당면한 필요를 충족시키기 위해 일시적으로 재구성되고, 가족구성원은 돌봄을 제공하는 방법을 찾고 불확실성을 다루면서 이 질병을 받아들이는 심리사회적 과업을 시작한다. 가족이 어떤 치료 방법을 따라야 할지 또는 어떻게 돌봄을 제공할지에 대하여 갈등을 경험할 수도 있지만, 대부분의 가족은 질병이 급성 단계일 때 함께 협력하는 경향이 있다(Steinglass, Temple, Lisman, & Reiss, 1982).

만성 단계로의 이동은 질병에 따라 다르며(Reiss & Kaplan De-Nour, 1989), 환자와 가족이 질병이 어떤 형태로든 자신들의 삶의 일부가 될 것이라는 것을 받아들일 때 일어난다. 종종 새로운 악화와 위기의 기간을 포함하는 만성적인 단계 동안 환자와 가족은 영구적인 변화가 있다는 것을 받아들이고, 질병 전 자신들의 정체성과 관련해 몹시 슬퍼하며, 장기간에 걸친 돌봄을 위해 역할을 조정한다. 이 단계에서 가족은 일반적으로 아픈 가족을 돌보는 방법을 조금 더 잘 알게 되고, 적극적인 참여자가 되며, 돌봄의 요구와 다른 가족의 요구에서 균형을 잡으려고 노력한다.

13장에서 상세하게 논의될 말기 단계는 사망에 이르는 만성질환에서 일어나고, 그때 죽음의 불가피함이 어렴풋이 나타난다. 말기 단계는 가족이 인정할 수도 있고 그렇지 않을 수도 있다. 만약에 인정한다면, 말기 단계에서는 이별과 애도를 다루고, 미해결 문제를 논의할 기회를 만들며, 죽어 가는 사람이 걱정과 소망을 말하는 것을 돕고, 작별 인사를 할 가능성을 고려한다.

충격적인 진단을 받거나 환자가 말기 단계에 들어갔을 때, 혹은 급성 위기 단계일 때 의뢰되는 사례는 가족이 효과적으로 서로 말하고 경청할 수 있기 전에 가족 내 불안 수준을 낮추기 위한 적극적인 구조화가 필요하다. 만성 단계에서 의뢰된 가족은 종종 질병에 역기능적인 방식으로 대처하여 왔으므로 환자와 가족이 '떨어진(unstuck)' 상태가 되도록 촉진하는 기술이 필요할 수도 있다. 모든 단계에서 다음의 임상 전략(〈보기 2-1〉 참조)은 가족이 서로 간에 그리고 의료진과의 관계를 증진하도록 돕는 본보기가 될 수 있다.

〈보기 2-1〉 의료가족치료의 임상 전략

1. 생물학적인 차원을 알아본다.
2. 가족력과 그 의미를 이끌어 낸다.
3. 방어를 존중하고 비난을 없애며 받아들이기 어려운 감정을 받아들인다.
4. 의사소통을 촉진한다.
5. 발달상의 문제에 주의를 기울인다.
6. 질병이 없던 상태와 관련된 가족 정체성을 강화한다.
7. 심리교육과 정서적 지지를 제공한다.
8. 가족의 행동주체성을 증가시킨다.
9. 가족의 연대감을 증진한다.
10. 가족에게 공감적으로 함께 있어 줌을 유지한다.

의료가족치료의 임상 전략

1. 생물학적인 차원을 알아본다

의료가족치료사는 신체적인 영역을 쉽게 다룰 줄 알아야 하고, 환자의 생물학적인 건강과 때로는 다른 가족구성원의 생물학적인 건강에 관하여 호기심을 가져야 한다. 우리는 환자가 어디에서 그리고 누구로부터 의료서비스를 받는지 그리고 우리 자신과 환자를 교육하기 위해 어떻게 정보를 얻는지 그 방법을 알아야 한다. 그리하여 우리는 우리가 보건의료 절차 내에서 가족치료의 역할을 논의할 필요가 있다.

환자에게 초점을 맞춘다

일부 전통적 가족치료 모델은 고통받는 가족구성원 한 명을 '환자(the patient)'라고 부르는 것을 피한다. 그러나 의료가족치료에서는 환자, 즉 질병이 있는 사람이 있다. 치료는 질병에 영향을 받는 모든 가족구성원의 대처 전략에 대한 고려를 포함하지만, 환자에게 초점을 맞추는 것으로 시작된다. 다른 가족구성원은 환자가 질병에 대처하도록 돕는 자문가로 접근한다(Wynne, McDaniel, & Weber, 1986). 치료사가 일상적으로 다루는 행동 및 관계 문제에 대해서 가족이 문제에 대한 책임을 공유하도록 권유할 것이므로 가족 모두가 원하지 않는 증상을 줄이는 데 도움이 될 어떤 변화에든 참여할 수 있다. 의학적인 문제를 다루는 치료에서 가족은 사랑하는 사람의 질병에 대해 치료사가 분명히 악화시키고 싶어 하지 않는 감정인 비난받는다는 느낌을 받을 수도 있다.

심리치료와 다른 의학적 만남 사이의 차이점을 설명한다

의료 현장에서 환자는 많은 종류의 의료진과 만나는데, 왜 자신이 의료가족치료사를 만나는지 분명히 알지 못할 수도 있다. 환자들은 특정 종류의 상호작용을 기대한다. 아이들은 주사 맞는 것을 예상할 수도 있고, 성인들은 약을 짓는 것을 기대할 수도 있으며, 모든 환자는 대답과 조언을 받기를 기대한다(Seaburn, Lorenz, Gunn, Gawinski, & Mauksch, 1996). 첫 번째 상호작용에서 의료가족치료사는 의학적 치료에 대한 기대를 상담치료에 대한 유익한 기대로 옮기는 절차를 시작한다. 유용한 질문은 다음과 같다. "당신은 치료에서 무엇을 기대합니까?" 그리고 "당신의 치료 목표는 무엇입니까?" 시간을 들여서 협력의 특성, 특히 치료사와 다른 의사와 직원 사이의 정보 공유, 촉진자나 코치로서의 치료사 역할, 그리고 환자와 가족구성원에게 자신들의 어려움에 직면하기 위해 지혜와 자원을 이용하도록 촉구하는 방법을 설명한다.

의뢰한 임상가에게 질병에 대한 설명을 구한다

3장에서 논의되듯이 이상적으로는 치료사는 의료 정보를 가족에게서만 받기보다는 질병, 예후 그리고 특별한 상황에 관한 의료진의 견해를 전자우편이나 의뢰서를 통해 얻어야 한다. 복잡한 사례에서는 이런 대화가 가족면담이나 스피커폰 면담에서 일어날 수도 있는데, 의사, 치료사, 환자 그리고 가족이 모두 똑같은 정보를 듣는다. 의료체계, 치료사 그리고 가족 사이의 치료적 삼각관계에서 치료사는 모든 분리나 기능적이지 못한 연합을 피하기 위해 의료체계와 환자 및 가족과 직접적으로 의사소통을 한다.

생물학적인 변화 가능성에 대하여 겸손한 태도를 보인다

아픈 사람들은 희망이 어느 정도인지 그리고 답이 무엇인지 찾아본다. 치료사는 환자와 가족이 자신들의 특정한 문제에 대처하도록 돕는다. 그러나 치료사는 심리치료가 특정 질병의 경과에 미치는 효과를 예측하지 않는다. 각 환자와 가족이 의사들과 함께 작업하도록 격려하여 도움이 될 수도 있고 안 될 수도 있는 것을 탐색하기 위해 자신들만의 '연구 프로젝트'를 실행하고 성공적인 신체적 및 정서적 결과를 가져올, 가장 가능성 있는 치료계획을 만들어 낼 수 있게 한다.

2. 가족의 질병력과 그 의미를 이끌어 낸다

치료에 오는 어느 가족에게서든지 치료사는 제시하는 호소 문제에서 벗어나 있었던 가족구성원을 처음으로 알게 된다. 이 사람들은 누구인가? 누가 집 밖에서 일을 하고, 그 일의 특징은 무엇인가? 그들은 어떤 취미를 가지고 있는가? 그들은 부부와 가족의 시간을 어떻게 함께 보내는가? 질병에 대해서 상세한 논의에 들어가기 전에 이러한 초기 합류 질문에 응답할 수 있는 가족의 능력이 질병에 대해서 가족이 체계를 세우는 정도에 대한 지표이다. 일단 맥락이 구축되면 치료사는 환자와 가족의 질병 이야기를 공감적으로 경청할 수 있다.

환자는 자신의 질병 이야기를 하리라고 생각하는데, 자신의 이야기를 다른 사람에게 이야기하는 것은 치료적이다(Kleinman, 1988; McDaniel, Hepworth, & Doherty, 1997). 그러나 가족구성원에게는 보통은 질병 이야기에 대해서 질문하지 않는데, 환자와 다른 가족구성원이 서로의 경험을 듣는 것이 서로를 더 이해하게 해 주는 경우가 많다. 그렇게 하는 것이 중요한 감정을 유발할 수 있는데, 그 까닭은 가족구성원이 종종 트라우마 경험을 연상하기 때문이다. 치료사는 어려운 이야기를 듣고 가족의 강점을 존중하고 인식하며 반응할 준비가 되어 있어야 한다. 〈보기 2-2〉는 질병에 대한 각 개인의 인식을 이끌어 내도록 도울 수 있는 질문을 보여 준다.

질병 이야기는 가족과 함께하는 치료를 위해 언어를 공유하기 위한 실마리를 제공한다(Anderson & Goolishian, 1988; Weingarten, 2010). 신체적 질병은 생의학적인 의미와 은유적인 의미 둘 다를 가질 수도 있다. 치료사는 가족구성원들이 사용하는 강력한 표현들을 치료에 활용하여 환자와 가족의 세계로 들어갈 수 있다. 의미에 대한 이해는 변화를 촉진하는 첫 번째 단계들 중의 하나이다.

Wynne, Shields와 Sirkin(1992)은 질병에 대한 의미의 구성을 거래관계로 설명했다. 이것은 질병과 이에 대한 반응을 구성하는 것에 대한 일련의 계속되는 협상을 요구하는 과정이다. 가족 의미는 문화와 개인적 경험을 반영하는 질병에 대한 해석에 영향을 받고, 여러 세대에 걸쳐서 발전했을 수도 있다. 이러한 가족 반응과 신념은 복잡하게 짜여서 가정생활의 구조가 되었고, 각 세대는 중요한 역사

〈보기 2-2〉 환자와 가족구성원의 질병에 대한 인식을 이끌어 내는 질문

환자

1. 무엇이 당신의 문제를 일으켰다고 생각하십니까?
2. 그것이 문제를 일으켰을 때, 왜 그것이 시작되었다고 생각하십니까?
3. 질병이 당신에게 어떤 영향을 주고 있다고 생각하십니까? 어떻게 질병이 그렇게 하지요?
4. 질병이 얼마나 심합니까? 경과가 길까요 혹은 짧을까요?
5. 질병이 당신에게 일으켰던 최고의 문제는 무엇입니까?
6. 질병에 대해서 당신은 무엇을 가장 두려워합니까?
7. 당신이 어떤 종류의 치료를 받아야 한다고 생각하십니까?
8. 이 치료에서 당신이 받기를 희망하는 가장 중요한 결과는 무엇입니까?
9. 합병증을 예상해야 합니까?
10. 확대가족은 질병에 대해 어떤 경험을 했습니까?
11. 가족 중에 누가 당신이 지금 가지고 있는 것과 유사한 질병에 직면해 있습니까?
12. 당신과 당신 가족의 과거 질병 회복 이력은 어떠합니까?
13. 무엇이 당신이 지금 치유되는 것을 힘들게 만들까요?
14. 당신은 자신이 살아갈 이유를 많이 가지고 있다고 생각합니까?

가족구성원

15. 환자의 병 때문에 가족의 책임에서 어떤 변화가 필요할 것이라고 생각하십니까?
16. 환자가 돌봄이나 특별한 도움을 필요로 한다면, 어떤 가족구성원들이 돌봄을 담당할 것입니까?
17. 병이 이미 만성적이거나 만성적이 될 것 같으면, 장기간에 걸쳐서 그 문제를 돌보는 것에 대한 환자와 가족구성원의 계획은 무엇입니까?

주: 처음 8개 질문의 출처는 Kleinman, Eisenber와 Good(1978)이다. 9번과 10번 질문은 Seaburn, Lorenz, Campbell과 Winfield(1996)를 바탕으로 개작했고, 11번에서 14번까지의 질문은 Friedman(1991)을 바탕으로 개작했다. 15번에서 17번까지의 질문의 출처는 Shields, Wynne과 Sirkin(1992)이다.

적 패턴을 되풀이하거나 바꿀 수 있는 새로운 기회를 가진다(Boszormenyi-Nagy & Spark, 1973).

질병에 대한 신념이 치료적 대화의 중요한 부분이어야 한다(Wright, Watson, & Bell, 1996). McDaniel, Campbell, Hepworth와 Lorenz(2005)는 질병에 대한 신념과 기대를 가족이 이전 질병에 관한 자신의 경험, 즉 누가 질병에 걸렸고, 어떤 질병이 가족에게 전해지는지, 그리고 어떻게 돌봄이 제공되었는지를 설명해 주는 질병중심 가계도(illness-oriented genogram)를 통해 얻을 수 있다고 제안했다. 이 가계도에서는 새로운 정보가 많이 드러난다. 부부 각자 원가족에서 휴가를 어떻게 보냈는지에 차이가 있었던 것처럼, 아내는 자기의 원가족에서는 질병을 굳건히 이겨 내도록 기대되었던 반면, 남편 가족에서는 친척의 건강문제가 저녁 식탁에서 흔히 있는 이야기 주제였다. 가족이 이와 같은 질병력의 차이 그리고 의식하지 못했던 가정들에 관한 차이에 대해 논의하면 이전의 가정들을 제쳐두고 그들이 함께 어떻게 반응하고 싶은지를 살펴볼 수 있다.

캐럴 엘먼은 친정 어머니가 아버지를 돌본 것과 자신이 남편을 부양하는 것 사이에 깜짝 놀랄 만한 유사성이 있음을 깨달았다. 캐럴의 아버지가 질병에 걸렸을 때 어머니 역시 청소년과 갓 성인이 된 자녀들을 둔 중년 여성이었다. 남편과 마찬가지로 캐럴의 아버지는 기능이 좋아졌다가 나빠졌다가 하며 변하기는 하지만 결국에는 쇠약해지는 진행성 만성질환을 가지고 있었다. 두 여성 모두 상당한 신체적 · 정서적 돌봄을 제공해야만 했고, 둘 다 다른 사람들과 함께 사회적 활동에 참여할 수 있는 능력을 상실하고 사회적 고립이 증가하는 경험을 했다.

캐럴이 이런 점을 깨닫자 자신은 친정어머니가 했던 방식과 다르게 시도해 보고자 하였다(예: 계속해서 집 밖에서 일하기). 그러나 치료에서 그녀는 온전한 삶을 유지하려는 자신의 의식적인 시도가 어머니에게서 목격했던 것과 똑같은 실망감과 분노감으로부터 자신을 충분히 보호하지 못했다는 것을 깨달았다. 청소년이었을 때 캐럴은 자신이 아버지를 신체적으로 너무 많이 도와야만 했던 것에 화가 났다. 그래서 그녀는 딸 타라가 타라 아버지를 열심히 돌보는 역할을 떠맡지 않도록 보호했다. 그런데 캐럴이 기억하기에 자신이 과거에 어머니에게 했던 것과 똑같은 지원을 타라가 제공하지 않았을 때, 타라가 이기적이라고 말하면서 딸에 대해 비판적인 느낌이 들었다. 시간이 지나면서 캐럴과 타라는 돌봄과 지원 사이의 균형이 이전 세대와 현재 세대에서 어떻게 다루어졌는지를 논의할 수 있었고, 각자 자신들의 욕구를 조금 더 명확하게 말할 수 있었다. 논의를 통해 그들은 돌봄의 복잡한 특성을 받아들일 수 있었고, 그 양가감정은 그들이 어떤 선택을 하든지 여전히 일어날 수 있었다.

3. 방어를 존중하고 비난을 없애며 받아들이기 어려운 감정을 받아들인다

의료가족치료는 신체 기능이나 심지어 생존 위협에 대처하는 환자와 가족이 발전시키는 대처방식을 잘 존중할 것을 요한다. 환자와 가족은 자주 자신들의 일정을 바꿔야 하고, 정서적이고 재정적인 자원을 확장해야 하며, 심각한 질병의 도전에 직면하도록 신체적 · 정신적으로 스스로 채찍질해야 한다. 이러한 스트레스 요인 때문에 부적응적인 대처방식이 종종 발전한다는 것이 놀라운 일은 아니다. 이러한 대처방식을 바꾸려는 시도에 너무 빨리 개입하기보다는 가족이 보여 주는 강점에 먼저 초점을 맞추는 것이 중요하다. 예를 들어, 치료사는 처음에 가족 모두가 서로를 얼마나 잘 돌보는지 알고서 가족을 지지할 수 있다. 그러고 나서야 비로소 치료사는, 예컨대 다른 일과 사회적 책임에 지장을 받지 않으면서 가족이 어떻게 아픈 사람을 돌보는 순번을 정할 것인지를 해결하는 데 도움을 주기 시작할 수 있다.

부정

부정이 항상 부적응적인 것은 아니다. 종종 부정은 환자와 가족이 스트레스와 불안 그리고 질병에 대한 초기 적응문제를 다루도록 돕는 데 유용하다(Livneh, 2009). 때로는 환자가 자신의 질병 혹은 질병을 돌보기 위해서 자신이 살아온 방식을 바꿔야 할 필요성을 부정한다(예: 심각한 심장마비에 걸린 후 3주 만에 스트레스가 많은 직장에 복귀한 환자). 때로는 질병을 부정하는 사람이 바로 가족구성원이다(예: 의사가 남편의 시력이 심각하게 손상되었다고 설명한 뒤에도 남편이 계속해서 자신을 직장에 태워다 줘야 한다고 요구하는 아내). 변화가 노화나 죽음을 의미할 때, 변화를 인정하는 것에 대한 저항은 특히 강력할 수 있다. 그러면 가족은 전문적인 관찰자가 보기에 건강한 방식으로 질병이나 장애에 적응하지 못할 수도 있다. 부정을 수용하고 그런 다음 지지와 긍정적인 재구조화를 제공하는 것이 가족이 질병과 환자의 미래에 대해 좀 더 현실적인 시각으로 이동하는 데 도움이 될 수 있다(4장 참조). 이 과정은 저항의 감소를 수용하면서도 치료사가 가족에게 잘못된 기대를 조장하지 않게 하는 균형을 요한다. 예를 들어, 너무 서둘러서 직장에 복귀한 환자가 가족 회기에 참여했을 때 그 회기에서 치료사는 환자의 직업에 대한 헌신을 강조했고, 그런 다음에 어떻게 그가 이러한 헌신을 유지하고 여전히 신체적인 건강을 잘 돌볼 수 있는지에 대하여 매우 궁금해했다. 환자와 가족은 그가 매일 아침에는 일하고 오후에는 심장 재활 프로그램에 참여하는 계획을 협의했다. 의학적 치료계획에 대한 저항에 대하여 초기의 지지와 긍정적인 의미부여가 없었다면, 환자는 전문가 또는 가족구성원이 제안한 어떠한 대안적 계획에도 맞설 것처럼 보였다.

비난과 죄책감

대부분의 사람은 질병이나 장애가 어떻게 혹은 왜 일어나는지에 대하여 몇 가지 개인적인 의견을 품는다. 예를 들어, 나이 든 한 노인이 폐암에 걸렸다는 말을 들었을 때 일부 사람들은 곧 그 사람이 흡연자였는지를 궁금해할 수 있다. 왜 질병이 생겼고, 어떻게 질병이 예방될 수 있었는지, 그리고 심지어 어떻게 우리가 스스로 그것을 피할 수 있었는지를 밝히려는 것이 일반적이다. 개인적인 습관이 분명히 질병과 건강에 영향을 줄 수 있고, 현재의 서구 문화는 건강에 대한 개인의 책임을 강조한다. 대중 서적은 올바른 식생활, 운동 및 태도로 심장병, 암 그리고 다른 위험한 질병을 심지어 피할 수도 있다는 것을 암시한다. 이러한 접근법은 일부 질병을 예방하거나 지연시킬 수 있는 긍정적인 건강행동을 장려하는 데 중요하지만, 이것은 질병이나 사망이 일부 행동 탓이라는 입장으로 바뀌게 하기 쉽다.

비난의 다른 측면은 죄책감이다. 사람들은 자신들이 '질병을 일으키는' 무언가를 했다고 생각한다면, 그들이 그것을 자신이 스스로 그렇게 했고, 가족에게 어려움을 주었다는 것에 죄책감을 느낄 수도 있다. 질병이 없는 가족구성원은 아픈 사람을 향한 분노감에 대한 갈등뿐만 아니라 건강한 것에 대하여 종종 죄책감을 느낀다.

치료사를 만나기 전까지 가족은 무슨 일이 일어났는지를 이해하려고 노력하는 데 많은 시간을 쓰고, 종종 은밀하게 또는 큰 소리로 서로를, 그리고 나쁜 유전자와 환경적 사건을, 혹은 의료체계를 비난한다. 어떤 가족들은 질병에 대하여 숙명적인 태도를 취한다. 그들은, 예를 들어 질병이 신의 더 큰 계획의 일부이며,

그래서 자신들의 힘으로 어찌 해 볼 수 없다고 믿는다. 다른 가족구성원은 자신의 건강에 대해 책임감을 느끼고 올바른 음식을 먹지 않은 것과 일반적으로 '자기 자신을 돌보지 않은 것'의 결과가 질병이라고 믿는다. 종종 이러한 주제는 몇 세대에 걸쳐서 발견될 수 있다.

치료사는 치료적 대화의 특성상 우연히 비난을 강화할 수 있다. 가족이 죄책감에 대하여 걱정하기 때문에, 종종 임상가들이 그들을 비난하고 있다는 문제에 대해 매우 민감하다. 의료전문가의 비난하며 창피를 주는 의사소통은 사소한 말조차도 높은 수준의 우울 및 불안과 관련이 있는 반면에, 긍정적인 의사소통은 치료 참여의 증진과 관련이 있다(Bennett, Compas, Beckjord, & Glinder, 2005). 그러므로 치료사는 "왜 조금 더 일찍 치료를 받지 않으셨어요?"와 같은 비난을 암시하는 질문을 하는 데 조심할 필요가 있다. 그 대신에 의료가족치료사는 가족이 최선을 다하기 위해 노력하고 있었다는 것을 재확인해 줄 수 있는 방법을 찾을 수 있다. "이 상태가 이전의 증상과 비슷해서 사라질 거라고 생각했던 것처럼 들려요. 일이 어떻게 풀려 갈 것인지를 알 수 있는 수정 구슬을 가지고 있다면 더 좋겠지요?" 가족역동이 제대로 된 반응을 주고받지 않는 상황이 분명한 때에도, 환자와 가족이 비난받지 않는다고 느낄 때 변화는 가장 일어나기 쉽다.

어떤 한 가족에서는 어머니가 뇌졸중 후에 의학적인 위험이 없게 된 이후에도 오랫동안 성인 자녀와 남편이 계속해서 그녀 주변을 맴돌았다. 그녀는 일상 활동을 재개하지 않고 대신에 가족과 함께 그녀의 기력 쇠퇴를 받아들이는 것처럼 보였으며, 나머지 가족이 더 많이 일했고 따라서 그녀는 더 적게 일했다. 치료사가 가족구성원이 어떻게 환자가 활동을 더 적게 하도록 '할 수 있었는지'에 초점을 맞춘다면, 가족구성원은 비난받는 것처럼 느껴 변화에 저항할 수 있다. 대신 의료가족치료사의 접근법은 모든 가족구성원이 뇌졸중 때문에 얼마나 깜짝 놀랐는지 그리고 만약에 그들이 조심하지 않았다면 더 많은 손상이 일어날 수도 있었다며 얼마나 걱정스러웠는지에 초점을 맞췄을 것이다. 의료가족치료사는 회복기 초기에 가족이 추가적인 책임을 떠맡아서 환자를 쉬게 하는 것이 얼마나 도움이 되는지 설명해 줄 수 있다. 그러나 회복이 계속될 때나 상태가 만성적이 될 때 가족은 뇌졸중이 있는 사람이 일정한 한도 내에서 활동하는 것을 늘려 가도록 도와야 한다. 질병의 발달 단계와 단계별 과업에 초점을 맞추는 것은 비난을 제한하고, 도움이 되는 가족 반응의 가능성을 높이는 데 도움이 된다.

부정적인 감정을 정상화한다

질병이 생겼을 때 가족 내에서 일상적으로 일어나는 많은 감정(예: 화, 분노, 슬픔, 죄책감)이 받아들일 수 없는 것처럼 보인다. 심각한 질병은 사람들에게 사소한 불평들이 그저 하찮다는 것을 일깨워 줄 수 있기 때문에 그렇게 감정을 제한적으로 받아들이는 것이 종종 건설적이기도 하다. 어떤 때는 환자나 가족구성원이 아픈 사람을 자신의 진짜 감정으로부터 보호해야 한다고 느낀다. 만약에 그들이 감정을 받아들일 수 없는 것으로 생각한다면 그들은 감정을 전혀 인정하지 않을 수도 있고, 이는 엉뚱한 화나 설명되지 않은 슬픔으로 이어질 수 있다. 의료가족치료사는 감정들이 부적절한 것처럼 보일 때조차 가족원들이 자신들의 감정을 인정하도록 도우며 그 감정이 이렇게 탐탁하지 않은 상황에 대해서 예상할 수 있는 반응이라는 것을 깨닫도록 돕는다.

개별 회기에서 캐럴 엘먼은 레스토랑에서 다른 커플들을 보고, 어떻게 자기와 남편에게는 없는 자유를 그들이 가지고 있었다고 생각했는지 말했다. 치료사는 "당신과 같은 상황에 있는 사람들과 이야기한 적이 있는데 그들은 타인들에 대해 때로 화가 나고 분개한다고 하더군요. 그 낯선 사람들은 좀 더 편안한 시간을 갖고 있는 것 같아서 말이지요. 당신도 그런 적이 있나요?"라고 반응했다.

캐럴은 이 질문에 깜짝 놀란 것처럼 보였지만 그녀가 활동적인 삶을 살아갈 수 있는 다른 커플들을 향해 때로는 얼마나 분한 느낌이 들었는지 이야기하기 시작했다. 그녀는 자신의 삶이 얼마나 불공평하다고 느꼈는지를, 그리고 이것이 남편의 잘못은 아니지만 그를 향해 얼마나 화를 품고 있었는지를 표현했다. 그녀는 또한 남편이 부부로서 다른 종류의 삶을 원했을 것이라는 것을 알았고, 그래서 자신의 화를 남편에게 직접적으로 표현할 필요가 없었다. 다른 사람들도 비슷하게 느낄 것이라는 말로 이야기를 시작한 치료사는 캐럴에게 그녀가 가진 걱정의 일부를 쏟아 낼 수 있게 해 주었다.

가족들은 그들이 어떻게 대처하고 있는지에 대하여 치료사에게 확인받고 싶어 한다. 그들은 우리가 그들을 '제정신이 아니다'라고 생각하는지 궁금해하고 그 판단의 신호들에 익숙해 있다. 가족이 받아들일 수 없는 감정을 스스로 표현하도록 격려하는 대화를 시작할 때, 우리는 사람들에게 부정적인 감정이 정당하고 일반적이며 그래서 허용될 수 있다는 것을 받아들일 기회를 제공한다. 받아들일 수 없는 혼합된 감정의 실체를 인식하면, 내담자는 매우 상처를 줄 수 있는, 받아들일 수 없는 감정의 의도치 않은 '누출(leakage)'에 어떻게 대응하고 이를 제한할지 결정할 수 있다.

4. 의사소통을 촉진한다

의사소통을 촉진하는 것은 모든 치료의 기술이지만 의료가족치료에서는 몇 가지 체계가 고려된다. 의사소통은 일반적으로 환자와 가족구성원 사이에서, 그리고 환자, 가족 및 의료진 사이에서 향상될 필요가 있다.

가족구성원 사이의 의사소통

각 가족구성원은 질병, 증상의 의미, 질병이 가족에 미치는 영향에 대해 고유의 이야기를 한다. 가족구성원이 다른 사람의 생각을 들었을 때 많은 이득이 있다. 한 청소년이 자기와 아버지가 말싸움을 하고 나서 곧바로 아버지가 뇌졸중 증상을 보였다고 조용히 중얼거릴 때, 가족구성원은 서로를 안심시키고 비난을 줄일 수 있다. 서로의 이야기를 듣는 것은 가족 내에서 공감을 증진한다. 서로의 이야기를 들으면 가족들 간에 공감을 더 잘하게 된다. 치료사는 서로 다른 관점을 이끌어 냄으로써 많은 반응이 받아들여질 수 있으며 가족구성원이 서로 다르게 느끼고 행동할 것으로 예상된다는 것을 강조할 수 있다.

자신의 걱정에 대해 더 많이 이야기하고 싶어 하는 가족원이 있는 한편, 자기 이야기를 하는 것이 별 도움이 되지 않는다고 생각하는 가족원도 있다. 여전히 사람들은 질병에 대하여 언제 이야기하고 싶은지에 차이가 있다. Lisa Baker(1987)는 어떻게 이러한 '적응의 리듬'을 자산으로 생각할 수 있는지 설명했다. 즉, 만약에 각 가족구성원이 서로 다른 시기에 반응한다면, 이로 인해 환자와 다른 구성원에게는 중요한 휴식이 허용된다는 것이다. 가족이 개인의 차이를 기대하면 가족구성원은 별 관여를 안 하거나 인정 없는 것으로 오해하지 않는다.

명확한 의사소통은 피할 수 없는 불확실성의 기간 내내 가족을 돕는다. 앞날을 예상한 논의는 위기 발생 전에 가족이 계획을 짜거나 적응을 하는 데 도움이 될 수 있다. 의사소통은 만성질환 관리의 예측 가능한 측면에 대하여뿐만 아니라 생전 유언장과 같이 정서적으로 격한 주제들에 대해서도 이루어질 수 있다.

크론병이 있는 25세의 마이클과 병원에 온 부모가 마이클의 응급 입원과 수술 후 가족 회기에 참석했다. 가족은 크론병이 소화기 및 배설기 계통에 영향을 미치는지, 그리고 병의 악화가 식단 및 기타 삶의 변화와 어떤 관련이 있을 수 있는지를 이해했다. 부모는 아들의 자율성을 존중했고, 그가 새로운 도시로 이사 와서 흥미 있는 직업을 찾았다는 것이 기뻤지만 혼자 사는 스트레스가 그의 불안정한 몸 상태에 기여했다고 걱정스러워했다. 가족구성원들이 서로를 존중하는 것이 분명했지만, 가족구성원 간의 상호작용을 조심스럽게 하는 것도 명확했다. 일단 치료사는 부모가 아들의 자율성을 존중하는 것에 대한 감사를 전하고, 이어서 가족원들이 서로의 주변에서 달걀껍질 위를 걷는 것처럼 보였다고 말하였다. 치료사는 때로는 부모가 아마도 아들에게 밥은 잘 먹었는지 또는 너무 자주 술을 마셨는지 같은 '부모'로서의 일들을 물어보고 싶었지만 이것이 발달상 적절한지에 대하여 걱정했음을 암시했다.

부모와 아들은 어떻게 좀 더 효과적으로 서로에게 걱정을 제기할 수 있을지 논의했다. 그들은 부모가 자신의 걱정을 이야기할 수 있고, 아들도 어떤 문제에 대하여 이야기하는 것이 편안하지 않을 때는 이를 말할 수 있다는 데 동의했다. 치료사는 독립기 성인 자녀의 일반적인 생활주기 스트레스가 질병 때문에 얼마나 더 복잡해졌는지 말했는데, 이는 가족에게 위로가 되면서 또한 가족을 자유롭게 해 주는 설명이 되었다.

다른 사람을 보호하려는 소망은 종종 의사소통 장벽으로 언급된다. 환자는 다른 가족구성원에게 '부담'을 주거나 가족 구조를 불안하게 하고 싶지 않기 때문에 진단에 대하여 숨기는 것으로 보일 수도 있다. 모든 환자와 가족은 새로운 진단에 반응하고 대응하는 데 시간을 들일 만하지만 일부 환자는 다른 가족원에게 자신의 질병에 대한 사실을 상의하기 위해서 지지와 격려를 필요로 한다. 종종 논의의 회피나 비밀 유지가 좀 더 명확한 인정보다 더 스트레스가 되기도 한다(Imber-Black, Roberts, & Whiting, 2003).

환자, 가족 및 의료진 사이의 의사소통

대부분의 만성질환 환자는 의료체계 내 누군가와 다소 부정적인 의사소통 경험이 있다고 할 수 있다. 이것은 힘든 질병 단계 동안 가족과 의료진 모두 스트레스가 쉽게 쌓이기 때문에, 그리고 많은 의사와 환자가 서로 다른 관점에서 질병을 보기 때문에 발생한다.

예후, 질병의 경과 그리고 치료계획에 관한 의료진의 직접적인 의사소통은 환자에게 중요한 정보를 제공한다. 그러나 의료진은 생의학적인 측면의 질병에 대하여 환자에게 말하는 것에서 차이가 있다. 즉, 어떤 의료진은 긍정적인 측면의 예후를 강조한다. 또 어떤 사람들은 잠재적인 부작용이나 부정적인 결과에 관한 광범위한 정보를 알린다. 그런데 다른 사람들은 환자와 가족이 원하는 것처럼 보이는 것에 기초해 정보의 양에 균형을 맞추려고 노력한다. 의료진이 질병 경과에 대하여 불확실해서 모호함을 이야기하는 것이 어렵다고 생각할 때 의료진 개인의 의사소통 선호는 복잡해진다.

의사소통 과정을 더 복잡하게 만드는 것은 나쁜 소식 혹은 예상치 못한 소식일 때 환자나 가족구성원이 종종 모든 것을 다 듣는 것은 아니라는 것이다. 수시로 의료진은 환자나 가족구성원들이 이해하기까지 질병에 대한 사실을 여러 번 전달해야 할 것이다. 의학 언어와 일반 언어 그리고 문화 사이에 있는 차이들 그리고 높은 수준의 두려움과 부정 사이에 있는 차이를 감안한다면 오해가 있을 법하다.

R. M. Epstein과 Peters(2009)는 특히 낯설고 감정이 북받친 상황에서 그리고 상상할 수 없는 결과 때문에 환자가 선호하는 것에 쉽게 접근하기가 어렵다고 강조했다. 그들은 비언어적 단서를 통해서뿐만 아니라, 정보 그리고 있을 수 있는 이익과 부작용을 제시하는 방법이 어떻게 환자가 선호하는 것을 '구성하도록' 돕는지에 대해서 의사들이 얼마나 모를 수도 있는지를 설명했다. 이 연구자들은 함께 심사숙고하는 것이 정보 제공 이상의 임상적 기술이라는 것을 임상가

들에게 상기시켜 준다.

의료가족치료사는 이렇게 중요한 의사소통을 직간접적으로 촉진할 수 있다. 직접적인 개입은 치료사와 나머지 의료진 간의 명확한 의사소통과 협력으로 일어난다. 의사소통을 촉진하는 간접적인 방법은 가족이 의료진에게 제기할 수도 있는 질문 목록을 만들어 보면서 어떤 정보를 원하는지 확인하도록 돕는 것을 포함한다. 이것은 종종 가족이 어떤 정보를 받고 싶어 하지 않을지에 대한 주의 깊은 논의를 필요로 한다. 예를 들어, 다수의 심장전문의를 난처하게 만들 정도로 심전도상의 이상이 있기 시작했을 때 63세의 여성 루스는 심장 이식 대기자 명단에 있었는데, 그때 서로 다른 약물을 복용해 봤지만 의미 있는 변화가 없어서, 증상이 줄어들지 않는다면 더 이상 이식 수술 대기자가 아닐 수도 있다는 이야기를 들었다. 오랜 시간 진행된 한 치료 회기에서 그녀는 만약에 심전도가 변하지 않는다면 어떤 추가적인 조치를 해 볼 수 있는지, 또 예후가 어떨 것인지 알고 싶다는 것에 대한 자신의 복잡한 감정을 설명했다. 그녀는 이러한 복잡한 감정이 의사에게 답변을 받아 내지 못하게 했음을 깨달았다. 부부가 함께 상의한 뒤에 그들이 함께 하고 싶었던 것들(특히 여행)이 있다는데, 그리고 만약 진짜로 루스의 수명이 짧아질 것이라면 루스가 알고 나서 부부가 몇 가지 계획을 추진하고 싶다는 데 부부 모두가 뜻을 같이했다. 루스와 남편이 자신들의 목표에 대해서 조금 더 명확해진 후에는 그녀가 의사와 어려운 논의를 시작하는 것이 조금 더 쉬워졌다.

5. 발달상의 문제에 주의를 기울인다

가족이 질병과 상실을 다루는 것을 결코 선호할 리는 없지만, 대부분은 질병과 장애가 발생하는 가족생활의 시기가 있다는 것을 인정한다. 나이 든 가족구성원에게 심각한 질병이 생겼을 때는 슬프지만 놀랄 일은 아니다. 그러나 어린 자녀나 청년이 만성질환이나 생명을 위협하는 질병에 걸릴 것이라고는 생각하지 않는다. 이는 이러한 '예상치 못한' 시기에 질병이 발생할 때 가족 지원체계가 조금 더 많은 붕괴를 경험한다는 것을 의미한다.

Combrinck-Graham(1985)은 어떻게 가족이 상대적으로 친밀한 기간과 분리된 기간 사이를 왔다 갔다 하는지 설명했다. Combrinck-Graham의 나선형 모델은 결혼, 자녀 출생이나 노인에 대한 임종 돌봄과 같은 시기 동안에 지역사회와 가족으로부터의 구심력이 어떻게 서로를 향해서 여러 세대를 끌어당기는지를 보여 준다. 청소년기와 청년기 같은 발달상 분리된 단계에서 이 모델은 구성원과 여러 세대를 서로에게서 더 멀리 떼어 놓는 원심력을 보여 준다. 분명히 이 모델은 가족 및 문화에 따라 다르지만, 가족이 분리 기간보다 구심력의 기간에 만성질환에 반응하는 것이 얼마나 더 쉬운지를 예측한다. 가령 이전에 건강했던 청소년이 당뇨병 진단을 새롭게 받았을 때의 어려움이다. 그 청소년이 어머니가 자신의 식단, 손끝에서 혈당 검사하기, 혹은 질병 관리와 관련된 여러 활동에 친밀하게 관여하는 것을 원하지 않을 수 있다는 것은 놀랄 일이 아니다.

다른 가족 발달주기에서의 한 예는 50세 여성의 조기 알츠하이머병 진단의 영향이다. 만약 딸들에게 자신의 어린 자녀들이 있거나(구심력 기간) 혹은 그 딸들이 이제 막 집을 떠나려고 하고 있다면(원심력 기간) 각 경우에 딸들에게 미치는 영향이 다르다. 젊은 부모인 딸은 추가적인 스트레스를 받고 시간에 쫓기지만, 그들이 조금 더 일정이 잡힌 예측 가능한 삶을 살기 때문에 역설적으로 집을 떠나려고 하는 청년기 딸들보다는 돌봄에 도움이 되기에 더 유용할 수도 있다.

질병이 발달주기에 따라 어떤 다른 영향을 미치는지에 대한 사례들을 논의해 보는 것은 가족에게 도움이 된다. 다른 가족들 사례 혹은 만약에 다른 발달주기였을 경우라면 상황이 어떻게 달라졌을 것인지 생각해 보는 것은 가족이 이 특정한 시기에 왜 그렇게 질병 때문에 부담을 느끼거나 책임감 때문에 스트레스를 느낄 수 있는지 이해하는 데 도움이 된다. 그와 같은 사례는 또한 가족의 경험을 정상화하는 데 도움이 된다. 발달상의 문제들은 10장에서 더 논의한다.

엘먼 씨 가족의 사례로 돌아가서, 빌의 장애는 자녀들이 대학 때문에 집을 떠났을 때 심해졌다. 부모는 자녀들이 자신들의 삶을 찾아가도록 격려했지만 가족 구성원 모두가 복잡한 감정을 가지고 있었다. 빌과 캐럴은 어떻게 친구들이 '빈 둥지에 남게 된 부모'로서 자신들의 새로운 자유를 누리고 있는지를 보았다. 친구들이 조금 더 자유롭게 여행을 하고 또 조금 더 자발적으로 산다고 느꼈던 것만큼 빌과 캐럴은 조금 더 제약을 받는다고 느꼈다. 만약에 빌이 나이가 조금 더

들었다면 건강에 제약이 있는 친구들이 더러 있었을 것이다. 대신에 빌과 캐럴은 자신들이 친구들에게 부담을 주고 있을까 걱정을 해서 사회적으로 관계를 맺는 일부 상황을 피해 조금 더 떨어져 지내는 것으로 반응했다.

부모가 입원할 때마다 자녀들이 집에 오는 것을 기대하지 않았지만, 때로는 자신들이 마땅한 지지를 받지 못하여 몹시 화가 난다는 것을 알게 되었다. 마찬가지로 청년이 된 자녀들은 부모 모두에 대한 자신들의 지지를 보여 주고 싶어 했지만, 때로는 걱정이나 죄책감 없이 그들 자신만의 삶을 누릴 수 없다는 것에 분개했다. 자신들의 삶과 '질병이 있는 삶' 사이의 조화에 대한 대화는 구성원들이 자신들의 복잡한 감정이 전적으로 예상된 것이었음을 이해하는 데 도움을 주었다.

6. 질병이 없던 상태와 관련된 가족 정체성을 강화한다

만성질병 혹은 심각한 질병은 대부분의 환자와 가족에게 통제 불능의 경험이어서 가족생활을 침해하고 큰 부담이 된다. Gonzalez, Steinglass와 Reiss(1987)는 한 가족이 장거리 자동차 여행을 막 떠나려고 준비하는 생생한 이미지를 들어 설명했다. "질병은 추가적인 짐으로 가족을 복잡하게 하면서, 5마일마다 간식 먹으러 멈추자고 또는 화장실을 쓰겠다고 요구하면서, 그리고 어느 순간에든 응급 처치가 필요하다고 위협하면서 함께 간다."(p. 20) 가족들은 우리가 이 은유를 사용할 때 크게 웃지만 그것이 또한 사실처럼 들린다. 이것은 가족들이 왜 가족의 다른 목표나 정체성 표시들에 의해서보다는 질병에 의해서 자신들이 규정된다고 느끼기 시작하는지를 설명하는 데 도움이 된다.

'질병이 자신들의 삶을 차지하고 있다.'고 느낄 때 가족은 낙담하게 되고 다른 활동들을 축소하기 시작하며 질병이 지배적인 식별요인이 되는 순환을 만든다. 하나의 유용한 전략은 가족구성원에게 질병이 얼마나 많이 자신들의 삶을 차지하고 있는지를 1에서 10까지의 척도로 평가해 보도록 요청하는 것이다. 그런 다음 어떤 숫자를 선호하는지 묻는다면 가족은 종종 낮은 숫자를 원한다. 우리는 어떻게 질병이라는 현실이 가족의 상당한 주의를 요구하는지 논의해 볼 수 있지만, 가족이 그 영향을 예를 들어 8에서 6으로 변화시키는 것이 가능할 것인가?

이 척도와 같은 구체적인 틀로 가족은 삶의 목표를 질병과 별개로 고려해 보고 의도적으로 질병을 제자리에 놓을 수 있는 방법을 협의할 수 있다(Gonzalez et al., 1987). 이것은 가족이 질병의 요구에 주의를 기울이지만 질병이 가족의 일정을 지배하거나 정서적인 삶을 조직하도록 허용해서는 안 된다는 것을 의미한다. 의료가족치료사는 어떻게 질병이 불필요하게 삶을 제한하거나 고립시키고 있는지 그리고 어떤 관계와 활동이 회복되거나 시작될 수 있는지에 대하여 가족이 창조적으로 생각하는 데 도움이 된다.

이러한 과정은 가족의 일상적인 일, 활동 그리고 우선순위를 종종 제쳐두었기 때문에 쉽지 않을 수도 있다. 부부치료사가 티격태격하는 부부에게 관계 초기에 함께 즐겼던 활동에 대하여 물어볼 수도 있는 것과 같이, 의료가족치료사는 가족이 질병 이전에는 자신들을 어떻게 정의했고 지금은 자신들을 어떻게 정의하고 싶은지에 대해 접근하도록 도울 수 있다. 가족은 자신들이 무엇을 하고 싶은지 그리고 어떻게 적응할 수 있을 것인지에 초점을 맞추는 대화를 진심으로 즐긴다.

한 가지 관련된 전략은 질병을 아픈 사람으로부터 분리시키는 '질병의 외재화'(M. White & Epston, 1990; Wynne, Shields, & Sirkin, 1992)라는 개념이다. 환자에게 질병을 의인화해서 마치 또 다른 사람이나 동물처럼 묘사하도록 요청하여 이 전략을 높일 수 있다. "이것이 어떻게 생겼나요?" "이것은 어떻게 행동하나요?" "이것이 환자에게 무엇을 하나요?" "이것이 다른 가족구성원에게 무엇을 하나요?" "무엇이 이것을 제멋대로 행동하도록 만드나요?" "어떤 것이 이것을 진정시키는 데 효과가 있나요?" 이 '질병이란 녀석(illness creature)'은 종종 환자인 사람과 구별될 수 있고, 가족은 어떻게 '질병을 길들여서' 질병에 의해서 규정되지 않을 수 있는 방법들을 찾을 것인지를 고려해 볼 수 있다.

7. 심리교육과 지지를 제공한다

심리교육은 치료의 소중한 구성요소이다. 치료사는 정보나 전략을 공유해서 환자와 가족이 자신들의 문제를 경험하고 있는 유일한 사람이 아니라는 것을 보여 주는 방법을 찾을 수 있다. 치료사가 다른 익명의 가족에 대한 이야기를 들려

줄 때, 가족은 받아들이기 어려운 자신들의 감정을 논의하는 것이 조금 더 편안해진다는 것을 알게 될 수도 있다.

가족에 대한 지지의 유용성이 이 책의 이전 판이 출판된 이후 증가했다. 우리는 인터넷을 거의 언급하지 않았고, 모든 종류의 만성질환이나 그 상태에 있는 사람들이 이용 가능한 온라인 커뮤니티를 상상할 수 없었다. 사람들은 질병의 경과, 검사 선택사항, 수술 절차 및 치료 선택사항의 범위에 대한 정보에 즉각적으로 접근할 수 있다. 더 의미 있는 것은 사람들이 비슷한 건강 상태와 경험을 하고 있는 다른 사람들과 이야기를 나눈다는 것이다.

자료와 지지가 무제한으로 많이 제공될 수 있지만 많은 이용 가능한 정보가 여과되지 않기 때문에 이 모든 것을 꼼꼼하게 추려 내는 방법에 어려움도 있다. 가족은 사실이 아니거나 질병의 경과에 대해서 걱정하게 만드는 것을 알게 될 수도 있다. 치료사는 가족에게 어떻게 그들이 정보와 지지를 얻는지, 특히 온라인 자료를 이용하고 있는지, 그리고 어떤 물음을 가지고 있는지에 대하여 질문해야 한다.

많은 대도시나 병원에는 질병이 있는 환자와 가족을 위한 전통적인 지지집단이 있다. 심장질환, 유방암, 소아암 그리고 인간면역결핍바이러스(HIV)가 일반적인 예이다. 많은 질병에는 또한 정보, 지지 그리고 옹호를 위한 가족단체가 있다. 어느 지지집단에도 해당되겠지만 어떤 환자와 가족이 장애에 초점을 두는 특정 집단 또는 질병이 조금 더 진행된 단계에 있는 환자들로 구성된 집단 때문에 낙심할 수도 있으므로, 치료사는 가족의 경험을 관찰해야 한다.

『의료가족치료』 초판 이래 이루어진 두 번째로 중요한 변화는 일차의료 현장 내에서 당뇨병, 천식 그리고 심장질환과 같은 만성적인 상태의 질병 관리와 산전 진료를 위한 집단진료(group visit)의 발전이다(Noffsinger, 2009; Wagner et al., 2001). 집단진료에서는 환자에 대한 몇 가지 개인 평가, 질병에 대한 교육, 관리 가능한 일, 환자와 가족이 서로 정보와 지지를 공유하는 기회를 제공하도록 계획한다. 집단은 종종 의사, 간호사, 진료지원 관리자(care manager) 및 정신건강 전문의를 포함하는 다학제팀이 이끌며, 의료가족치료사를 위한 새로운 기회가 된다.

어떤 환자와 가족은 블로그를 통해 또는 인터넷 지지집단을 운영함으로써 많은 사람들을 지지한다. 이것은 만성질환의 일부 단계에 도움이 될 수도 있지만 질병에 대해 광범위하게 초점을 맞추다 보니 질병이 아닌 상태의 활동까지도 제한할 수 있다. 한 전직 교사는 신경 경로 재설정을 시도하기 위한 상당한 마취 때문에 일정 기간의 입원이 필요한 희귀하고 고통스러운 신경근육질환을 앓고 있었다. 그녀의 긍정적인 반응과 낙관적인 개인 성향을 고려해서 전문의는 다른 환자들을 그녀에게 보내 지지하도록 하였다. 자신의 이야기를 다른 환자들에게 매우 많이 이야기한 후에 그녀는 자신의 치료와 경험에 대하여 온라인 저널을 쓰기로 결심했다. 치료에서 그녀는 비슷한 증상이 있는 모르는 사람에게 얼마나 책임감을 느꼈는지, 그리고 자신의 주의를 질병에서 벗어나 딴 데로 돌리길 바랄 때조차도 자신의 경험에 대하여 글을 써야 한다는 압력을 얼마나 느꼈는지에 대해 이야기했다. 치료는 다른 사람들에 대한 그녀의 지지가 실제로는 어떻게 그녀를 악화시켰는지에 대해 깨닫도록 도왔다. 그녀는 질병과 무관한 활동에 초점을 맞출 수 있기를 원하며 이따금 댓글을 달기만 할 것이라고 공표하고서 자신의 온라인 게시물에 변화를 줬다. 그녀는 다른 사람들이 이해했기를 그리고 그들도 질병이 자신들의 삶에 침입해 들어옴을 제한하기 위해 노력하기를 바랐다. 그녀는 온라인으로 많은 지지 메시지를 받았다.

8. 가족의 행동주체성을 증가시킨다

질병은 통제 불능의 경험이다. 많은 사람은 질병을 벗어나기 위해 싸워야만 하는 덫으로 경험한다. 그들은 지배 또는 통제를 추구하지만 질병은 일반적으로 그와 같은 통제감에 도전한다. 행동주체성은 사람들이 질병과 싸우거나 질병을 통제하려는 시도를 줄이고, 치료계획에 적극적으로 참여하며, 질병이라는 현실 속에서 자신들의 삶을 구성해 가는 방법에 대한 의도적인 선택을 할 때 향상된다.

가족구성원들은 질병에 의해 완전히 덫에 걸린 듯 느끼지는 않을 때 조금 더 풍요로운 삶을 구성해 갈 더 큰 열정을 가진다. 가족이 대안적인 대처방법을 발견하도록 돕는 것이 하나의 도화선이 되어 우리가 가족치료를 할 수 있게 한다. 이것은 가족치료사를 위한 전문적인 지식의 영역이므로 이 절에서는 환자와 가족이 선택권을 확대하고 행동주체성을 증가시키도록 돕는 데 유익한 임상적 고려사항의 일부를 간단히 확인한다. 행동주체성에 대한 주목은 치료계획 협의에 대한 참여를 늘리는 것, 일상적인 활동을 계속하거나 대체하는 것, 그리고 가족이 잘 대처하고 있는 방법을 강조하는 것을 포함한다.

치료계획을 협의한다

치료사는 올바른 결정을 하는 가족의 능력을 신뢰한다고 말할 수 있다. 이것은 앞서 논의한 바와 같이 가능한 한 많은 의료 정보를 수집하고, 가능한 선택사항을 논의하는 데 도움을 주며, 추정하건대 의료전문가와의 의사소통을 촉진할 때 가족을 지지하는 것을 의미한다.

환자와 의사 사이의 갈등은 의사의 권고가 환자의 자신에 대한 인식("나는 도움이 필요 없고, 분명히 약물치료도 필요 없어요."), 강하게 지니고 있는 가족의 가치("우리는 조부모님과 식사를 함께 해요. 이것은 우리 전통의 일부예요."), 혹은 환자의 세계관("지금이 내가 떠나야 할 시간이라면 나는 준비되어 있어요. 나는 수술이나 약물치료 또는 나에게서 돈을 벌어 가는 어떤 의사든 필요 없어요.")과 충돌할 때 발생할 수 있다. 치료 관련 논의는 환자와 가족이 종종 이런 숨겨진 관점을 확인하고, 자신들이 의료적인 권고사항의 일부와 진짜로 양립할 수 없는지를 결정하는 데 도움이 될 수 있다. 때로는 기한을 정해 놓고 협의나 결정을 진행하는 것이 도움이 된다.

가벼운 심장발작 후 치유되고 있는 한 남성이 자신은 아내의 요리 그대로를 매우 좋아한다고 분명히 말하면서 자신의 식습관을 바꾸는 것을 거절했다. 그의 아내는 기꺼이 다르게 요리하려고 했지만 그는 요지부동인 것처럼 보였다. 치료사는 한 달 동안 그들이 수정된 식습관을 시도해 보는 것을 고려해 보고 그런 다음 다시 생각해 보자고 제안했다. 다시 고려해 보면 영광이겠다는 명확한 기대가 있어서 그 남성은 한번 시도해 볼 만한 가치가 있을 수 있다는 데 동의했다.

어떤 심각한 질병이든지, 질병과 그 결과로 생기는 희생에 대한 환자의 생각은 종종 시간이 지남에 따라 변한다. 검토해 볼 날짜에 대한 결정을 잠시 제쳐두면서 치료사는 환자의 결정할 권리를 인정한다. 이것은 환자와 가족이 질병에 대한 정보를 이해하고, 시간이 흐르면서 자신들의 반응을 바꿀 수 있다는 것을 알 수 있는 시간을 준다.

질병과 돌봄의 많은 영역이 바뀔 수는 없지만, 치료사는 가족이 조정할 수 있는 영역을 확인하고 상호 간에 받아들일 수 있는 결정을 하는 데 도움이 될 수 있다. 또한 치료사는 특히 가족이 다른 사람들로부터 상반되는 압력을 느낄 때 자신들의 결정에 대하여 편안하게 느끼도록 도울 수 있다. 예를 들어, 가족은 병원에서나 집에서 자신들이 신체적 돌봄에 대한 책임을 얼마만큼 질 것인지 정할 수 있다.

심사숙고 끝에 빌과 캐럴 엘먼은 절단 수술 후 장기간의 상처 치유를 위한 대부분의 돌봄을 방문 간호사가 제공하도록 결정했다. 그들은 양가 어머니 모두에 의해 비난받을 결정, 즉 캐럴이 직장으로 복귀해야 한다는 것에 동의했다. 부부가족치료에서 캐럴은 남편에게 자신이 간호사가 아니라 배우자가 되고 싶다고 분명히 했다. 그는 동의했고 자신의 어머니와 장모님 모두에게 이 결정이 자신들 모두가 원하는 것이며 논쟁의 대상이 되지 않는다고 말할 수 있었다. 이러한 논의의 예상치 못한 이득은 빌이 더 이상 많은 돌봄을 필요로 하는 남성이 아니라 양가 부모에 맞서서 아내를 지킬 수 있는 남편이라는 것이었다.

질병이라는 현실에 맞춰 활동을 조정한다

일단 가족이 가치 있는 활동을 계속할 수 있는 방법을 찾으면, 가족은 일반적으로 자신들의 삶을 조금 더 충만하게 살아갈 방법을 기꺼이 의도적으로 선택하고자 한다. 행동주체성은 치료사가 가족이 자신들에게 과거에 중요했던 것이나 지금 중요한 것을 결정해서 그것을 자신들의 삶에 다시 통합하는 방법을 찾도록 도울 때 증진된다. 이것은 상실과 실망을 인정하는 것과 창조적인 대처를 장려하는 것 사이에 균형을 필요로 한다. 한 부부가 아내가 관절염이 있는데도 어떻게 자신들이 매일 산책을 계속할 수 있는지를 들려줬는데, 그들은 아내가 벤치에 앉아서 윈도우 쇼핑을 즐기거나 커피를 마시는 동안에 남편은 쇼핑몰에서 더 오래 걷는다는 것이다.

캐럴 엘먼은 빌이 신장 투석이 필요해서 자신들이 휴가를 떠나지 못한다고 낙담하였다. 휴가에서 그리워하는 것이 무엇인지를 논의했을 때, 그들은 여러 풍경을 볼 수 있다는 점과 다른 사람들과 어울리는 것임을 확인했다. 그들의 절충안은 캐럴이 오후에는 수영을 하고 사람들과 어울릴 수 있으며 부부가 가끔 식사를 하고 계획된 사교 활동에 참여하는 것이 가능한 컨트리 클럽에 가입하는 것이었다. 빌은 회원권 비용에 대해서 염려했지만, 그것은 휴가비가 들지 않는 것과 부부가 얻는 이익으로 상쇄되었다.

긍정적인 가족 반응을 강조한다

의료가족치료사는 가족이 실제로 얼마나 잘 기능하고 있는지를 일깨워 줄 수 있다. 가족은 보통 그들이 잘하고 있다—아픈 사람의 필요를 충족해 주고 있고, 사회적 · 경제적 · 신체적 변화에 적응하고 있으며, 가족의 다른 책임들을 해내고 있다—는 말을 듣지 못한다. 잘 되어 가는 일에 대한 지지 때문에 가족은 추가적인 변화를 시도하는 것에 대한 새로운 열정을 가질 것이다. 다음 사례에서처럼 때로는 가족의 역량을 증명하기 위해 유머를 효과적으로 이용할 수 있다.

한 아내가 자신이 암 수술과 방사선치료 후에 남편의 우울을 더 이상 참을 수 없다고 느꼈다. 통제 불능이라고 느낀 그녀는 부부싸움에서 어떻게 '완전히 정신을 잃어버리는지'를 설명했다. 즉, 남편의 셔츠들을 옷장에서 꺼내 창문 밖으로 던져 버렸다는 것이다. 치료사는 그녀가 그것들을 던져 버리기 전에 옷을 가위로 자르거나 잡아 찢어 버렸는지 물었다. 아내는 처음에는 충격을 받은 것처럼 보였지만, 자신이 전혀 통제가 되지 않는다고 느낄 때조차 자신의 분노폭발을 조정해서 부부가 거의 손상되지 않아 입을 만한 옷들을 쉽게 회수할 수 있었다는 점을 깨닫고서 크게 웃었다.

다른 사람들과 정보를 공유한다

친구들과 이웃들은 아픈 사람의 건강에 대하여 물음으로써 자신들의 염려를 표현한다. 이것은 종종 고마운 일이기는 하지만 때로는 침범으로 인식되기도 한다. 지역사회 구성원들은 누군가의 질병에 대하여 듣고 염려를 표현하고 싶어 하지만 우체국에서 우연히 만났을 때 하는 그들의 질문은 고맙지 않을 수도 있다. 동시에 아픈 사람과 가족은 다른 사람들이 일반적으로 사려 깊다는 것을 알고, 그래서 때로는 자신들이 선호하는 것보다 더 많은 정보를 결국 공유한다. 치료는 사람들이 누구와 무엇을 공유하고 싶은지를 다룰 수 있다. 치료사는 가족이 질병에 대해 모든 것을 다 상의하고 싶어 하지 않는다는 것이 결코 결례가 아니라는 점을 가족에게 일깨워 줄 수 있다. 가족이 무례한 느낌을 받지 않으면서 정보를 누구에게 어떻게 공개할지 선택권을 가지게 하는 약간의 상투적인 대답을 만드는 것이 도움이 될 수 있다.

캐럴과 빌 엘먼은 심각해지는 빌의 장애에 대해서 이야기해 달라는 요구에 놀랐을 때 준비가 되어 있도록 응답을 연습하면서 즐거워했다. 그들은 무례한 응답들을 생각하며 크게 웃었지만, 그들이 정한 응답은 "물어 주셔서 감사하지만 지금은 다른 것들에 집중하고 싶어요. 어떠세요?"였다. 2주 후의 부부 회기에서 그들이 비슷한 말들을 얼마나 자주 사용했는지, 그리고 사람들이 어떻게 잘 응답했는지를 설명했다. 가장 중요한 것은 다른 사람들의 물음이나 관심에 항상 응답할 필요는 없다는 것이 얼마나 자신들을 자유롭게 해 주는지를 설명했다는 것이다.

9. 가족의 연대감을 증진한다

연대감은 사람들이 고립에서 다른 사람들이 자신들의 삶의 일부가 되는 것을 허용하고 초대하는 것으로 이동할 때 증진된다. 환자와 가족에게는 이것이 때로는 위험하게 느껴지기도 하고, 다른 사람들이 초대를 받았지만 동의하지 않을 수도 있는 가능성이 항상 있다. 그러나 우리의 경험에 의하면 가족이 본의 아니게 어떻게 다른 사람들을 배제하기 시작했는지를 깨달았을 때 그 사람들은 다시 초대받은 것에 대해서 감사해한다.

빌과 캐럴은 친구들과의 향후의 사교적인 약속을 점점 더 거절했다. 빌의 건강이 좋지 않았기 때문에 그들은 너무 많은 계획을 취소해야 한다고 느꼈다. 캐럴은 자신이 항상 똑같은 말을 되풀이하였으며 그래서 사람들을 싫증나게 하고 있다고 걱정했기 때문에 자신이 친구들에게 제한적으로 전화하고 있음을 발견했다. 치료사가 만약에 가장 가까운 친구가 그들 부부와 계획을 세웠는데 취소를 해야 한다면 기분이 어떨 것인지를 물었을 때, 그들은 물론 언짢게 여기지 않을 거라고 재빨리 응답했다. 이 논의를 통해 부부는 친구들이 변경 가능한 계획을 세우도록 그 부부를 충분히 신뢰한다면, 사실 영광일 것이라는 점을 깨달았다.

엘먼의 경험은 다른 사람들과의 정서적 연결이 어떻게 질병에 의해 종종 점점 손상되는지를 증명한다. 우리 내담자 중 많은 이가 다른 사람들에게 부담이 되는 것에 대하여 걱정한다. 그러나 만약에 형제자매가 아프다면 내담자들이 무엇을 원할 것인지를 질문 받았을 때, 그들은 항상 다른 사람을 돕고 싶어 할 거라고 한결같이 말한다. 우리는 치료사로서 다른 사람들에게 도움이 되는 것에 대한 이와 같은 보편적인 관심을, 질병이 있는 사람이 다른 사람이 자신을 돕도록 허락할 때 사실은 그가 선물을 주고 있는 것이라는 인식으로 표현해 줄 수 있다.

일단 빌과 캐럴이 다른 사람들과의 관계에 스스로 선을 긋는 역할을 하고 있음을 보게 되자, 그들은 다른 사람들에게 작은 부탁을 하는 쉬운 방법을 발견했고, 사람들은 그 부탁의 대부분을 선뜻 들어줬다. 그들이 가장 좋아하는 말 중의 하나는 치료 회기에서 연습했던 것이었다. "우리가 그날 저녁에 당신과 함께하고 싶어요. 하지만 빌이 그날 저녁에 함께 할 수 없을 가능성이 좀 있어요. 우리가 계획을 바꿀 수도 있을 가능성을 가지고 그 계획을 세워도 괜찮을까요?"

10. 가족에게 공감적으로 함께 있어 줌을 유지한다

만성질환이 있는 환자와 가족처럼, 의료가족치료사는 불확실성과 쉽게 통제되지 않는 상황을 견디는 법을 배워야 한다. 치료사는 가시적인 변화가 가족 의사소통과 상호작용 패턴에서 일어나는 치료 초기 단계에서 가장 편안하게 느낄 수도 있다. 어떤 가족은 이러한 변화에 만족해서 곧 치료를 중단한다. 다른 가족은 아마도 가끔씩 치료를 계속하기로 결정하고, 치료사는 계속해서 정서적 지지의 중요한 원천이 된다.

의료가족치료의 종결은 종종 유연하며, 미래의 쟁점이나 문제의 치료를 위한 문을 열어 둔다. 가족구성원은 그들이 만든 변화에 대한 성취감과 치료 없이도 변화를 지속할 수 있다는 자신들의 능력에 대한 자신감을 가진다. 그들은 또한 원하는 경우 치료사가 추가 상담에 응할 수 있음을 안다. 흔한 예는 진단을 받아들이거나 자녀들에게 질병을 설명한 자신들의 경험을 논의하고 싶어 했던 질병 초기의 부부와 함께한 치료이다. 이런 부부들의 일부가 자신들의 성적인 관계나 의사소통 갈등에서의 변화를 논의하기 위해 2~3년 뒤에 치료를 다시 찾는 경우가 많다고 할 수 있다.

치유 또는 변화가 일어날 것 같지 않을 때 치료사가 가족에게서 물러나지 않는 것이 필수적이지만, 이렇게 공감적인 방식으로 환자 및 가족과 함께 있는 것은 정서적으로 힘든 일이다. 치료사는 건강 상태가 더 좋은 시기에는 응원하고 위기의 시기에는 낙담을 공유하면서 내담자에게 애착을 느끼게 된다. 우리가 5장에서 치료사의 자기돌봄의 역할에 대해 논의하지만, 우리는 자기돌봄이 학습된 기술이자 좋은 의료가족치료를 위해서는 필수적인 전략이라는 것을 알고 있다. 자기반영, 내러티브 작업(Charon, 2001) 그리고 다른 창의적인 작업(Lorenz, 2011)을 이용하여 임상가들이 어떻게 오랜 시간에 걸쳐 공감을 유지할 수 있는가에 대한 문헌이 증가하고 있다. 우리 중의 한 명은 의사들에게 위기 상황에서의 자기돌봄과 인식에 대하여 가르치기 위해서 다음의 은유를 사용한다. "응급실 혹은 위기 상황에 들어가기 전에 재어야 하는 첫 번째 맥박은 우리 자신의 것입니다. 만약에 우리가 긴장하고 주의가 산만해지거나 자신에 대하여 걱정한다면, 우리는 환자를 위해 효과적인 치유자가 되지 못할 것입니다." 이 은유는 치료사에게도 똑같이 유용하다.

우리는 응급 상황이자 위기 시에 가족과 만난다. 치료사는 자신의 가족과 관련된 건강 경험으로 인한 동요나 편견을 피해야 한다. 그러나 질병 위기의 보편성은 때로는 우리가 자신이나 사랑하는 사람의 건강에 대하여 걱정하게 될 것을 의미한다. 우리 자신의 질병에 대한 걱정과 내담자의 걱정을 분리하는 것은 중요한 기술이고, 이것을 4장에서 광범위하게 논의할 것이다. 치료사로서의 업무와 별개로 삶을 풍부하게 살아가기 위해 우리의 삶을 창조적으로 꾸려 가는 것은 사치가 아니다. 좋은 치료를 위해서는 이것이 필수적이다.

만성질환으로부터의 배움

만성질환에 대처하는 것은 환자, 가족 그리고 치료사에게 아주 힘든 일이다.

가족은 고립될 수 있고, 환자와 돌보는 사람은 일상적인 돌봄, 책임 부담 그리고 좌절감과 상실감으로 기진맥진할 수 있다. 그러나 이런 일들을 끈질기게 꾸려 가는 사람들에 대한 보상과 이익이 있다.

만성질환이 있는 환자들은 종종 건강한 사람들이 당연하게 여기는 삶의 여러 측면을 고맙게 생각한다. 누군가에게는 간헐적으로라도 통증 없이 걸을 수 있을 때 통증 없이 걷는 날이 특별한 날이 된다. 신체적 장애가 있을 때조차도 새롭거나 좋아하는 활동에 참여하는 것이 마음 설레게 하는 중요한 사건이 될 수 있다. 가족은 또한 이러한 인식을 공유하고 삶에서 무엇이 중요한가에 대한 신중한 관점을 발전시킬 수도 있다. 우리는 임상가로서 만성질환을 가지고 살아가는 사람들에게 배운 것에서 도움을 받는다.

건강과 삶에 대한 감사를 배우는 것이 만성질환이 있는 사람들의 고통을 어떤 면에서 상쇄해 준다는 의미는 아니다. 환자와 가족이 경험하는 실망과 상실은 중요하다. 그렇지만 가족과 의료진이 서로를 지지할 때 더 많은 사람들이 정서적 및 신체적 요구를 공유할 수 있고 체계의 각 구성원이 압박감을 받을 가능성은 더 적어진다. 더 많은 사람이 문제 해결자로 참여하면 의미를 찾고, 새로운 꿈을 규정하고, 행동과 관계 맺기에 대한 새로운 가능성을 고려해 보는 것이 더 쉬울 수 있다.

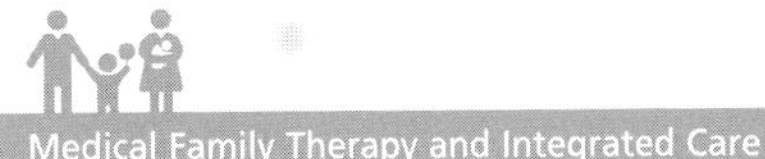

제3장
다른 의료전문가들과의 협력

이 책의 초판에서는 다른 의료전문가들과의 협력이 의료가족치료사와 의사나 전문간호사 또는 의사보조원 간의 이원적 관계로 개념화되었다. 그러나 이는 더 이상 그렇지 않다. 이제 협력은 더 광범위하다. 21세기 들어서, 보건의료가 전문가 팀들에 의해서 제공됨에 따라 의료가족치료사의 협력도 특정 환자 및 그 환자의 문제와 관련된 보건의료팀의 전문가들과의 협력으로 개념화된다. 환자가 의학적 질환으로 고통받고 있을 때, 가족치료사가 관련 의사들과 소통하거나 협력하지 않으면 가족치료는 불완전하거나 해로울 수 있다. 의료진과 협력하지 않고 의료가족치료를 하는 것은 위험한 것이다. 이는 배우자 중 한 명하고만 부부치료를 하는 것과 유사하다.

환자 및 가족과의 협력처럼, 다른 의료진들과의 협력은 의료가족치료 실천의 필수요소이다. 이러한 협력은 가족치료사가 의사보다 위계상 우월하다거나, 의사가 치료사보다 우위에 있다는 것과 같은 관계가 아니다. 서로의 기술을 존중하

---

http://dx.doi.org/10.1037/14256-003
Medical Family Therapy and Integrated Care, Second Edition, by S. H. McDaniel, W. J. Doherty, and J. Hepworth

고 환자의 치료를 향상시킬 방안을 위해 서로 소통하는 두 명 이상 전문가의 파트너십이며, 보건의료가 신체건강과 정신건강 서비스들을 통합함에 따라 더욱 중요해진 관계이다. 이러한 파트너십은 의료가족치료사 및 다른 심리사회적 서비스 제공자와 더불어, 보건의료팀(의사, 간호사, 영양사, 약사, 물리치료사 및 작업치료사) 전체에 걸쳐 형성된다.

협력의 범위는 부분적으로는 환자와 가족문제의 특성에 달려 있다. 실제로는, 복잡하지 않은 문제의 일상적인 보건의료에서는 전문가들이 그냥 서로를 인정해(tolerate) 줄 때, 즉 각자가 제공한 치료의 기본적인 정보를 서로 교환하기만 하면 제대로 된 치료를 제공할 수 있다. 협동(cooperation)은 서로의 치료에 적응하는 것을 의미하며, 완전한 협력(collaboration)은 서로 간의 의사소통과 치료계획의 조정과 공유(협력치료 또는 통합치료로 알려진)를 포함한다. [그림 3-1]을 참조하라. 문제가 복잡하고 어려울수록 관련 전문가들이 서로를 인정하고, 협동하고, 협력하는 연속적 단계를 따르는 것이 더욱 중요하다.

최근 수십 년 동안 공동치료가 발달함에 따라 용어도 발전되어 왔다. C. J. Peek (2011)은 관련 용어들을 유용하게 정리하였다. 병치(colocation)는 치료를 통합하기 위한 공통의 틀이나 실습 없이도 관행적으로 같이 치료를 하는 행동건강(그리고 의사, 전문간호사 등 의료진)을 의미한다. **협력치료**(collaborative care)는 환자에 대한 치료계획의 공유로 이어지는 임상가(예: 행동건강전문가와 의료전문가)들 간의 지속적인 의사소통을 설명하는 매우 중요한 용어이다. 이 용어는 치료팀 간의 협력은 물론 환자 및 가족과의 협력을 의미한다. **통합치료**(integrated care)는 하나의 통합된 치료계획을 가진, 현장에서의 팀워크를 말한다. 이는 때로 프로그램, 재정, 또는 기타 체계적 조직기반 수준에서의 통합을 말하는데, 이러한 방식의 통합치료는 현재 예를 들어, 미국 국방부 보훈처 산하의 일차의료기관 같은

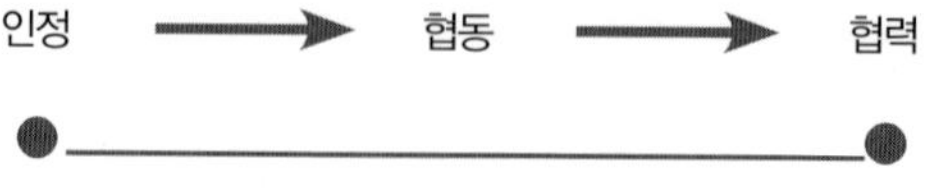

[그림 3-1] 함께 일하는 수준의 연속성

곳에서 빠르게 발달하면서 표준화되고 있다.

다른 의료진과의 협력적 파트너십을 수립하기 위해서 의료가족치료사들은 합류하고 연계하며 자문하는 기술들과 더불어 더 큰 규모의 체계를 평가하고 개입하는 기술을 개발해야 한다. 이러한 기술들을 적용함으로써 의료가족치료사는 문제와 관련된 신체적, 생물학적 측면을 더 많이 배우게 되고, 혼자 일함으로써 생길 수 있는 경직성, 소진 또는 '심리사회적 고착'(McDaniel, Campbell, & Seaburn, 1989)을 예방할 수 있는 기회를 갖게 된다. 가족치료사와 의사 또는 다른 의료전문가들은 서로의 다양한 관점과 전문성을 활용하여 도전적이고 다면적인 사례들을 함께 치료하고 책임질 수 있다.

의료전문가들과 가족치료사들이 서로에게 많은 것을 줄 수 있음에도, 1980년대가 되어서야 비로소 의사와 가족치료사 간의 긴밀한 협력이 보편화되었다. 협력에 대한 Doherty와 Baird(1983)의 초창기 설명은 가족치료사를 자극하여 병원, 진료실 및 기관에서 근무하는 의료전문가와의 새로운 관계를 모색하도록 하였다. 이러한 초창기의 열정은 또한 치료사와 의료진과의 문제에 대한 접근방식의 차이—인정받지 않거나 승인되지 않는다면 성공적인 협력을 방해할 수 있는—를 밝혀내었다.

시간이 흐르면서 의료가족치료사가 협력할 수 있는 독특한 임상적 역할이 개발되었다. 여기에는 체계적 행동건강상담, 단기적 가족체계치료, 집중적 의료가족치료뿐만 아니라 의료진 및 팀을 위한 자문도 포함된다. 일차의료기관과 전문병원에서 임상팀들이 개발됨에 따라 팀 자문이 특히 중요해졌다. 의료가족치료사는 또한 의사나 기타 의료전문가 및 그 가족을 환자로 치료하게 될 수도 있다.[1)]

---

1) 의사를 포함한 의료전문가들은 종종 지인들을 직접 진찰하기도 하기 때문에, 자신의 정서심리적 치료가 필요한 경우에도 가까운 사람들(예: 현장에서 함께 일하는 동료들)을 찾아갈 수가 있다. 그러나 심리치료는 지인이나 동료로부터 받지 않도록 가족치료사들이 그들에게 알려 줄 필요가 있다.

협력치료의 증거

의료가족치료는 가족체계를 비롯한 더 넓은 체계적 접근으로의 자연스러운 확장이므로, 『의료가족치료』 초판에서 협력치료는 그러한 접근의 초석으로 개념화되었다. 그 후 이 개념을 점검하기 위한 연구 프로그램이 개발되었다. 어떤 유형의 협력이, 어떤 종류의 문제가 있는 어떤 유형의 환자에게 맞을까? 이 질문에 대한 명확한 답을 얻기 위해서는 앞으로 더 많은 연구가 이루어져야 하겠지만, 우리는 이미 그 답을 찾아가기 시작했다(M. Butler et al., 2008).

대다수의 연구는 개인의 행동이나 정신적 개입에 관한 것이며 체계적 개념의 적용 또는 관련 치료법에 관한 연구는 드문 편이지만, 보다 넓은 범위를 대상으로 하는 이 연구들은 협력치료에 필요한 중요한 요소들을 제시한다. 서로 다른 곳에서 일하는 일차의료의사와 정신건강전문가들의 협력에 관해 하와이에서 수행된 대규모의 어떤 초창기 연구에서는 보건의료체계의 이용 빈도와 비용이 크게 감소한 것을 보여 주었다(Cummings, Dorken, Pallak, & Henke, 1990). 하와이주는 임상가들이 같은 물리적 공간에서 일하지 않아도 의사소통과 협력이 상당히 잘 이루어질 수 있도록 경제적, 지리적으로 지원해 주었다.

일차의료의사와 정신건강전문가(주로 정신과의사) 간의 상호 소통(공동 초기 회기, 팀 회의, 전화 접촉 및 전자메모)에 관한 메타분석은 협력이 치료 효과의 향상과 상관관계가 있음을 제시하였다(Foy et al., 2010). 협력치료에 관한 많은 연구에는 또한 단계별 치료적 개입이 포함되었는데, 이는 약물치료와 심리치료에 대한 환자의 선호도와 선택을 허용하는 것이다. 만약 초기 치료가 성공적이지 않으면 환자는 '강화된 한 단계 위'의 다른 형태의 치료를 받게 되는 것으로 나타났다.

만성적이고 지속적인 증상을 가진 환자에게는 처음부터 종합적인 접근법을 사용하는 것으로 나타났다. 이에 관한 많은 연구는 약물치료와 일차의료의사 및 가족치료사와의 약속에 대한 순응성 그리고 환자와 전문가가 강한 연계를 갖도록 보장해 주는 사례관리자의 역할도 포함되었다. 보다 큰 범위의 실험에서는 우울증(Katon, 2009; Katon et al., 1995), 산후우울증(Gjerdingen, Crow, McGovern,

Miner, & Center, 2009), 일차의료에 대한 불안감(Roy-Byrne et al., 2005)과 같은 정신건강문제들에 관한 협력치료의 효과성이 입증되었다. 이 협력치료 모델은 당뇨병(Ell et al., 2010), 관절염(Lin et al., 2003) 등의 만성질환의 일반적인 합병증으로 우울증이 나타나는 경우에도 효과적이며, 그 외의 다양한 집단(Vera et al., 2010)에도 효과적인 것으로 나타났다. 현장에서의 협력치료는 또한 정신건강 및 행동건강 치료서비스에 대한 환자의 접근성을 더욱 향상시키고, 의사의 만족도를 높이고, 치료 시간을 줄이며, 진료 예약 횟수를 줄이므로 다른 곳에 위치한 정신건강센터에 의뢰하는 기존의 방법에 비해서 비용이 적게 드는 것으로 나타났다(Blount et al., 2007; Katon & Unutzer, 2006; van Orden, Hoffman, Haffmans, Spinhoven, & Hoencamp, 2009).

협력치료를 시행하는 의료가족치료사의 많은 장점을 보여 주는 한 사례연구에서, Larry Mauksch는 농촌 지역의 가난한 주민들에게 일차의료를 제공하는 미국 콜로라도주의 Marillac Clinic을 평가하였다(Cameron & Mauksch, 2002). 마릴락 주민의 51%는 한 종류 이상의 정신건강 장애를 갖고 있어서, 일반 인구의 28%에 비해 유병률이 매우 높았다. 그 평가를 토대로, Mauksch는 환자-가족-중심치료(patient-and-family-centered care)에 대해 Marillac Clinic의 직원들을 훈련하였다. 이 진료소에서는 우울증과 같은 일반적인 문제의 검진을 실시하고, 정신건강 및 행동건강 서비스를 제공하고, 이들 환자를 위한 관련 서비스들의 연계를 강화하기 위한 기관 간 컨소시엄을 개발했으며, 그 결과를 연구하기 위해서 조사를 실시하였다. Mauksch와 동료들은 총괄책임자인 Janet Cameron과 함께 진료소 및 의료공동체의 문화를 변화시키는 데 성공했으며, 운영체계를 재구성하였고, 전문가들 간의 의사소통 패턴을 개선하였다. 또한 환자의 90%가 이러한 유형의 협력치료를 선호한다는(정신건강문제의 전통적 의뢰 치료에 반하여) 사실을 발견했다.

현재까지의 연구에서 조사된 변수들은 협력치료의 기존 성격을 반영하며, 작업이 이루어지는 지리적 위치, 사용된 모델, 전문가들 간의 소통방법에 따라 다양하다. 이 연구들은 또한 보건의료 분야에서 협력치료적 접근을 대규모로 시행하는 것에 많은 도전 과제가 있음을 드러내었는데, 특히 임상, 운영, 재정 분야에 대한 주의를 필요로 하는 것으로 나타났다(Peek, 2008). 이 장의 나머지 부분에서는 실용적이고 임상적인 관점에서 이러한 변수들과 과제에 초점을 두고자 한다.

체계적이고 조직적인 협력의 수준

특정 환자의 진료 시에 가능한 협력의 정도는 의료가족치료사의 협력기술, 다른 의료진의 수용성, 관련 의료 시스템이나 기관이 제시하는 방향성 및 인프라에 따라 결정된다. 〈표 3-1〉은 어느 정도 협력이 가능한지를 보여 준다(Doherty, McDaniel, & Baird, 1996). 이 표는 협력이 발생하는 정도를 설명하며, 보건의료 장면 전반에서 협력을 증가시킬 수 있는 범위를 나타낸다.

수준 1 또는 **최소 협력**(minimal collaboration)은 정신건강전문가와 의료전문가가 서로를 인정하는 것을 의미한다. 그들은 각자 별도의 기관(민간기관이나 정신건강센터 등)에서 일하고, 거의 소통하지 않으며, 서로의 활동을 잘 인식하지 않는다. 이 단계는 간단하고 복잡하지 않은 문제를 가진 환자들에게 적절하다.

수준 2 또는 **원격 기본협력**(basic collaboration from a distance)은 따로 위치하지만 능동적인 의뢰 및 연계 체계를 갖고 있는 기관들의 정신건강전문가들과 다른 의료전문가들을 나타낸다. 이 단계는 경증-중등도 생심리사회적 문제를 가진 사례에 적절하다.

수준 3 또는 **현장 기본협력**(basic collaboration on-site)은 정신건강전문가들과 의료전문가들이 별도의 체계하에 있지만 동일한 시설(일부 의료보험기관, 재활센터 또는 병원 등)을 공유하며, 정기적인 의사소통을 하지만 서로의 역할은 잘 알지 못하는 경우를 의미한다. 그들은 권한의 불균형을 관리할 수 있는 공통의 언어나 패러다임 또는 방법을 갖고 있지 않다. 전문가들 간의 교류와 협의에 의해 도움을 받는 중등도 수준의 생심리사회적 사례들에 적절하다.

수준 4 또는 **부분적 통합체계 내의 긴밀한 협력**(close collaboration in a partly integrated system)은 동일한 시설, 체계, 생심리사회적 패러다임(일부 의료보험기관, 재활센터, 가족치료기관, 팀워크를 하는 호스피스 등)을 공유하는 정신건강전문가

〈표 3-1〉 가족치료사와 다른 의료전문가들 간의 체계적 협력

수준	내용	위치	적절한 대처	부적절한 대처
1. 최소 협력	• 별도 시설 및 시스템 • 소통이 거의 없음.	개인 사무실, 대부분의 기관	일상적인 의료나 심리사회적 문제	끈질긴 문제 또는 생심리사회적 상호작용이 있는 사람
2. 원격 기본협력	• 별도 시설 및 시스템 • 환자, 연계, 치료 계획에 대한 주기적 소통	능동적 의뢰 및 연계 환경	중간 정도의 생심리사회적 상호작용이 있는 환자 (예: 당뇨병, 우울증)	상당한 생심리사회적 상호작용 문제
3. 현장 기본협력	• 동일 시설 내에 별도 정신건강 및 다른 보건의료 시스템 • 규칙적인 소통 및 상대방 업무 이해 • 잘 구축되지 못한 팀, 공통 언어 부재 • 의사가 더 많은 권력과 영향력 보유, 다른 전문가는 불평	협력이나 상호자문, 팀 구축에 관한 체계적 접근 방식이 없는 일부 의료보험기관(HMOs), 재활기관, 의료 클리닉	가끔 제공자 사이의 대면 상호작용과 조정된 치료 계획을 필요로 하는 중간 정도의 생심리사회적 상호작용이 있는 환자	상당한 생심리사회적 상호작용 문제와 지속적 · 도전적인 관리 문제
4. 부분적 통합체계 내의 긴밀한 협력	• 장소와 시스템 공유 • 규칙적인 상호작용과 상호자문 • 체계적, 생심리사회적 패러다임 공유 • 문제가 복잡한 환자를 위한 팀 구축에 일부 주의 기울임. • 의사의 상위 권력과 팀에의 영향력에 관한 긴장이 해소되지 않음.	체계적으로 팀을 구축하는 일부 의료보험기관(HMOs), 지역사회건강센터(CHC), 재활기관, 호스피스, 가정의학과, 기타 의료기관	상당한 생심리사회적 상호작용 문제와 치료 합병증이 있는 환자(예: 만성 질환, 신체화)	복수의 의료진들과 시스템을 이용하는 복잡한 환자들, 특히 의료진들 간에 상충되는 의제나 환자나 가족과 삼각관계가 있는 경우
5. 완전 통합체계 내의 긴밀한 협력	• 장소, 체계 및 생심리사회적 비전 공유 • 팀 기반 예방 및 치료에 대한 기대 공유 • 규칙적인 팀 회의 • 환자의 수요와 전문성에 따라서 전문가들의 권한과 영향력의 균형을 갖도록 지속적으로 노력함.	일부 폐쇄적인 대형 의료시스템, 일차의료병원, 호스피스 등	도전적인 관리문제가 있는 가장 어렵고 복잡한 생심리사회적 상호작용 문제	팀 자원이 부족하거나 대형 시스템의 혜택을 못 받는 환자들

출처: Doherty (1995).

CHC=community health center

와 기타 의료전문가들에 대한 설명이다. 그들은 복잡한 문제를 가진 환자들에 대해 서로 자문해 주며, 치료계획을 협의하기 위해 정기적인 대면 교류를 갖는다. 그러나 팀 구축에 관한 관심은 크지 않다. 힘의 불평등에 대한 긴장이 해소되지 않지만 처리하기는 쉽다. 이 단계는 상당한 생심리사회적 상호작용과 치료 합병증이 있는 사례를 적절하게 다룬다.

수준 5 또는 완전히 통합된 체계에서의 긴밀한 협력(close collaboration in a fully integrated system)은 정신건강전문가와 다른 의료전문가가 동일한 장소와 체계 및 생심리사회적 패러다임[예: 미 국방부 보훈처, 시애틀의 집단의료협동조합(Group Health Cooperative), 메이요 병원(Mayo Clinic), 테네시주의 체로키 의료체계(Tennessee Cherokee Health) 및 메디케이드체계(Tenn-Care)]을 공유하는 것을 나타낸다(M. Butler et al., 2008; National Academy for State Health Policy, 2010).

이렇게 고도로 통합된 팀에서는 전문가들이 서로의 역할과 문화를 심층적으로 이해하고 공통적인 언어를 사용하는 팀기반 치료에 대한 강한 참여 의지가 있다. 환자의 문제와 전문가들의 전문 지식에 준해서 힘이나 영향력을 적절히 행사하려는 의식적 노력을 하며 정기적인 팀 회의를 개최한다. 5단계는 복수의 문제와 전문가들이 관여된 가장 복잡한 생심리사회적 사례들을 다룬다. 물론 우리의 의료체계가 사회서비스, 학교 및 주택과 같은 다른 돌봄체계들과 통합되어 있지 않기 때문에 환자가 지역사회의 여러 체계와 상호작용해야 하는 경우에는 여전히 장애가 발생할 수 있다. 다음 절에서는 협력의 단계에 따른 특정 문제들과 시사점을 자세히 설명한다.

현장 협력과 원격 협력

현장 협력(on-site collaboration)에 관한 대부분의 연구는 특정한 질병의 실체에 초점을 맞춘다. 실제로 협력은 모든 질환에 대해, 그리고 통합치료 환경에서 일하는 전문가뿐만 아니라(Seaburn et al., 1996) 서로 다른 장소에서 일하는 전문가들(Ruddy, Borresen, & Gunn, 2008) 간에서도 이루어질 수 있다. 양해각서 작성과 협력의 현실적인 측면을 지원하기 위해서 컴퓨터 프로그램들이 등장하기 시작했다(Integrated Behavioral Health Project, 2009). 현장이든 아니든 효과적인 치료를 위해서는 치료팀에 대한 접근성은 필수적이다.

1990년 미국 결혼가족치료학회(American Association for Marriage and Family Therapy)와 가정의학교수학회(Society for Teachers of Family Medicine)의 대표로 구성된 가족치료 및 가정의학특별위원회(Task Force on Family Therapy and Family Medicine)는 협력관계에 동참한 60명의 가족치료사와 의사를 대상으로 비공식 설문조사를 실시했다(Campbell & Williamson, 1990). 이 설문조사에서 드러난 주요 주제는 가족치료사들은 의학계 동료로부터 존중받기를 원하고, 의사들은 그들이 필요로 할 때 치료사에게 쉽게 접근할 수 있기를 원한다는 것이었다. 의사들은 또한 치료사가 자신들의 시간 제약과 의사로서의 실력을 존중해 주고, 심리치료를 하는 동안 의사-환자 관계를 지지해 주기를 원했다. 이러한 점에 관해 지금까지 달라진 것은 별로 없다.

변화된 점은, 아직까지 지배적 패러다임은 아니지만, 일차의료 및 전문의 치료 환경에서 가족치료사들을 의료진에 통합하는 것이 이제는 별난 일이 아니라는 것이다. 팀기반 치료는 **환자중심의 헬스케어 홈**(Health Care Home; 6장 참조) 또는 **상급 일차의료**의 중요한 부분이며, 많은 사람은 행동건강 및 정신건강 전문가들이 팀의 핵심 구성원이라고 주장한다(Council of Academic Family Medicine, 2012; McDaniel & Fogarty, 2009). 협력치료는 또한 암센터, 심장재활, 뇌전증센터, 인공수정센터, 장기이식센터 및 여러 의학 분야에서 발생한다. 이런 시스템들의 정신건강전문가가 모두 의료가족치료사는 아니지만, 통합치료를 향한 움직임은 의료가족치료사가 환자와 그 가족의 건강관리 개선에 참여할 수 있는 중요한 기회를 제공한다. 많은 의료체계가 환자와 가족의 관계를 개선하는 데 초점을 두고 있으며(Johnson, Ford, & Abraham, 2010), 일단 그 내용에 관해 교육을 받게 되면 의료가족치료사의 지식과 전문성을 인정하게 된다.

의사나 전문간호사 그룹과 진료실 공간을 공유함으로써, 또는 지역사회건강센터나 관리의료기관에서 근무함으로써, 병원이나 재가치료시 같은 장소에서 가족치료가 이루어질 수 있다. 이러한 배치들은 가족치료사가 쉽게 의뢰를 받을 수 있게 하며 의사나 다른 의료진도 쉽게 자문을 받고 환자가 행동건강상담 또는 정신건강치료에 쉽게 접근할 수 있게 만든다. 의료가족치료사가 같은 건물에서 일하든 도시 건너편에서 일하든 간에(Driscoll & McCabe, 2004), 접근할 수 있다는 것은 조수나 자동응답 서비스 또는 호출기가 있어서 신속하게 전화로 회신하고, 이메일 또는 차트에 생긴 전자메모에 즉시 응답하고, 예약된 시간이나 하루 중 일정한 시간에 만날 수 있도록 시간을 조정하여 다른 의료진이 필요에 따라 연락할 수 있음을 의미한다. 또한 환자의 진료에 도움이 될 때 팀 회의에 참석하는 것을 의미한다.

현장에서 근무하든 떨어져서 근무하든, 이 전자시대에도 의뢰 자원들을 개인적으로 아는 것보다 더 나은 것은 없다. 이는 환자와 그 가족을 만나는 것만큼이나 의료가족치료의 전반적인 성공에 필수적일 수 있다. 가정의학의인 Maracan Baird는 처음 의료가족치료를 시작했을 때 지역사회의 의사, 가족치료사, 경찰 및 사회복지사와 만나서 개인 네트워크를 개발하였던 방법을 설명했다(Doherty & Baird, 1983). 그는 비교적 적은 시간을 투자해서 지역사회의 다른 전문가들과 만나고 난 뒤에 전화를 통해 협력하거나 의뢰하였으며, 그들 중 다수에게 효율적이고 효과적으로 도움을 요청할 수 있었다.

의료가족치료사도 같은 방법을 택해야 하며, 처음 시작할 때는 특히 더욱 그렇다. 가족치료사들은 종종 의사에게 시간을 내달라고 요청하는 것을 꺼리기 때문에 존경받는 의학계 동료의 소개를 받는 것이 도움이 될 수도 있다. 팀 회의나 점심시간에 의사들이나 직원들에게 자신을 소개할 수 있는 모임을 찾아갈 수도 있다. 많은 의사나 전문간호사들이 환자의 행동 및 정신 건강관리의 필요성을 심각하게 인식하고 있지만 신뢰할 수 있는 서비스에 접근하지 못해서 좌절하고 있다. 임상의들은 치료나 환자와의 관계에 대해 소통하고 지원해 줄 유능한 가족치료사가 필요하기 때문에 공통 관심사를 논의하자는 요청을 존중한다. 이러한 만남에서는 가장 어려운 환자나 문제에 대해 물어보는 것이 꽤 도움이 될 수 있는데, 그런 사례들이 종종 의료가족치료에 매우 적합한 경우로 판명되기 때문이다. 또한 의사와 가족치료사는 치료의 철학, 공통적 치료전략, 의뢰 후의 소통방법 등을 논의할 수도 있다. 가족치료사가 현장에서 근무하든 별도로 근무하든, 이러한 상호작용은 후속 협력에 대한 청사진을 분명히 제시한다.

동일 장소에 근무함으로써 의뢰가 실제 상담이나 치료로 전환되는 비율이 증가하긴 하지만, 서로 가까이 근무한다고 해서 효과적인 협력이 보장되는 것은 아니다. Crane(1986)은 한 의료보험기관(HMO) 연계 병원에서 의료전문가들과 함께 근무하면서 가졌던 기대와 경험을 자세히 설명한 바 있다. 그녀는 제한된 토론 시간과 명확한 역할의 부재가 전문가들 간의 마찰 및 갈등과 환자의 좌절을 초래하였다고 했다. 협력모델이 성공하기 위해서는 효과적인 의사소통과 역할의 명료화가 포함되어야 하는 것이다.

체계적 상담과 협력치료

일차의료의사들은 환자에 대해 전문의들의 자문을 구한다. 이 자문과정에서의 예의는 자문가인 전문의가 자신의 전문 분야 내에서만 환자의 문제를 취급하며, 의뢰한 의사와 환자 간의 관계를 지속적으로 지지해 주는 것이 중요하다는 것을 아는 것이다. 많은 의사는 종양내과나 안과에 의뢰하듯이 행동건강이나 정신건강을 위해 의뢰를 하며 가족치료사도 이러한 전통적인 의료적 예의를 지켜 줄 것을 기대한다. 체계적 상담(자문) 모델(systemic consultation model; Wynne, 1989)은 가족치료사로 하여금 체계이론과 기법을 의료적 예의에 부합하는 상담자 역할에 적용할 수 있게 해 준다. 협력적 관계의 세 가지 공통적인 유형은 행동건강 상담, 합동회기, 그리고 의뢰다(Hepworth & Jackson, 1985; McDaniel, Campbell, Hepworth, & Lorenz, 2005).

체계적 행동건강 상담

개인중심의 행동건강과 심리건강 측면에서 건강행동의 변화를 촉진하기 위한 개입을 주로 다루는 행동건강 상담에 관해 많은 문헌이 발표되고 있다(Hunter, Goodie, Oordt, & Dobmeyer, 2009; Robinson & Reiter, 2007; Strosahl, 1994). 체계적 행동건강 상담자는 치료팀뿐만 아니라 환자 및 가족에게 필요한 개입을 고려할 때 보다 넓은 체계적 치료의 틀 안에서 다양한 치료기법을 적용할 수 있다. 또한 상담자로서의 가족치료사는 상담 또는 자문의 성격을 명확히 하고 적절한 경계선과 각자의 역할(Wynne, 1989)—의료진과 팀에 대한 자문이든, 환자와 가족을 위한 상담이든, 간략한 치료나 집중적인 의료가족치료든 간에—에 대해 협의할 책임이 있다.

체계적 행동건강 상담자로서 의료가족치료사는 많은 잠재적인 역할을 수행할 수 있다(〈보기 3-1〉 참조)

- **환자의 의료적 · 정신적 건강의 결과를 추적한다.** 예를 들어, 가족치료사는 전자의무기록(electronic health record)을 통해 당뇨병과 우울증을 가진 환자의 헤모글로빈 A1C 수치에 주의를 기울이며, 첫 접수 때 '환자건강설문지(Patient Health Questionnaire: PHQ9)'를 환자가 작성하게 하고, 올 때마다 우울증 점수를 체크하여 이를 환자와 의뢰한 담당자에게 알려 준다(당뇨병 환자의 우울증 치료는 당뇨병의 치료를 개선시키는 것으로 나타났다; Ell et al., 2010).
- **부작용을 포함하여, 투약 및 치료의 순응도를 추적한다.** 예를 들어, 항우울제 치료를 시작하는 환자는 전형적인 부작용이 발생할 때 종종 사용을 중단한다. 환자 및 의료전문가와의 긴밀한 협력은 약의 효과가 사라지거나 다른 약물

〈보기 3-1〉 체계적 행동건강 상담자의 역할

- 환자의 의료적 · 정신적 건강의 결과를 추적한다.
- 부작용을 포함하여, 투약 및 치료에 대한 순응도를 추적한다.
- 환자와 일차의료의사 및 기타 관련 의료진과의 관계를 지원한다.
- 진단에 관해 환자와 가족에게 심리교육을 시킨다.
- 환자의 활동성 강화 및 자기관리를 권장한다.
- 변화와 치료에 대한 환자의 동기를 명확하게 하기 위해 동기강화 상담기법을 사용한다.
- 환자, 가족 및 전문가들 간에 서로 동의할 수 있는 치료계획을 협의한다.
- 가족에 대한 지원을 촉진한다.
- 정신건강문제가 개선되지 않으면 약물치료나 정신과 상담을 권장한다.

을 시도할 필요가 나타날 때까지 환자가 복약을 유지하게 할 수 있다.

- 환자와 일차의료의사 및 기타 관련 의료진과의 관계를 지원한다. 환자들은 종종 자신의 담당 의사에 대해서 의료가족치료사에게, 그리고 가족치료사에 대해서 의사에게 피드백을 준다. 전자의 경우, 의사에게 직접 피드백을 주는 방법을 환자에게 지도해 주는 것이 좋다. 후자의 경우에는 가족치료사는 항상 피드백에 관심이 있다는 것을 의료전문가들(의사 등)이 알고 있다고 말해 주면서 환자와 가족들이 가족치료에 대해 솔직하게 말하게 권유하도록 다른 의료진에게 요청한다.
- 진단에 관해 환자와 가족에게 심리교육을 시킨다. 의료가족치료사는 다양한 질병에 대한 최첨단 교육을 제공하는 미 국립보건원 웹사이트를 환자 및 가족에게 소개할 수 있다. 또한 심각한 질환에 동반되는 피할 수 없는 격한 감정에 대한 정보를 제공할 수 있다(4장 참조).
- 환자의 활동성 강화 및 자기관리를 권장한다. 환자 및 가족 기능의 증진은 의료가족치료의 중심 신조이다. 운동이나 식이요법, 약물복용, 질병에 대한 정서적 대응(예: 경험에 대해 일기를 쓰는 것; Bodenheimer, Wagner, & Grumbach, 2002) 등 환자가 자신의 건강행동 변화를 주도적으로 담당하여 책임지도록 도울 수 있는 어떤 계획도 모두 유용하다.
- 변화와 치료에 대한 환자의 동기를 명확히 하기 위해 동기강화 상담기법(motivational interview techniques)을 사용한다(W. Mille & Rollnick, 2002). 환자가 아직 변화를 깊이 생각하지 않고 있는지, 고려 중인지, 또는 행동할 준비가 되었는지의 여부를 결정하는 것이 중요하다. 환자가 심사숙고해 가는 초기 단계에 있을 때는 행동에 옮기려는 계획이 실패할 수밖에 없다. 또한 가족구성원들이 환자를 방해하거나 강요하지 않고, 환자가 최선을 다하도록 지지해 주게끔 변화할 준비가 되었는지를 평가하고 확인하는 것이 중요하다.
- 환자, 가족 및 전문가들 간에 서로 동의할 수 있는 치료계획을 협의한다(McDaniel, Campbell, Hepworth, & Lorenz, 2005). 치료계획에 대한 각자의 관점이 나머지 치료팀원들의 관점과 얼마나 유사한지에 따라서 이 과정이 짧거나 길어질 수 있다. 첫 단계는 의사가 권장하는 치료계획을 이끌어 내어 그것에 대

해 환자와 가족의 반응을 결정하는 것이다. 어떤 이유에서든(예: 비용, 종교적 신념, 비의료적 건강 신념) 환자나 가족이 그 계획에 동의하지 못한다면, 털어놓고 그 어려움을 의논하고 모두가 동의하거나 적어도 받아들일 수 있는 계획을 재협상하기 위한 합동회의가 유용할 수 있다.

- **가족에 대한 지원을 촉진한다.** 어떤 가족은 의료적 위기가 발생했을 때 잘 대처한다. 어떤 가족은 환자를 너무 많이 도와주어 혼자 의사결정을 하지 못하거나 스스로 충분히 할 수 있는 일을 못하게 만든다. 또 어떤 가족은 자신이 문제를 만들까 두려워서 회피한다. 의료가족치료사는 환자가 가족으로부터 어떻게 지원받기를 원하는지에 대한 논의를 촉진할 수 있다.
- **정신건강문제가 개선되지 않으면 약물치료나 정신과 상담을 권장한다.** 예를 들어, 환자건강설문지(PHQ9) 점수가 높거나 개선되지 않으면 정신과 상담이 적절할 수 있다.

많은 통합적 장면에서 의료가족치료 상담은 의사, 의사보조원 또는 전문간호사가 의료가족치료사를 사무실에 데려오고, 소개하고, 환자 및 가족들과의 작업을 정당화하고 지원하는 '원활한 이관(warm handoff)'을 포함한다. 이 과정은 치료적 만남을 촉진하고 향후의 가족치료 방문을 증가시킨다. Apostoleris(2000)는 일차의료의사가 소개를 해 주는 경우에는 환자들 대다수가 행동건강치료의 첫 예약을 지켰다는 것을 발견했다. '원활한 이관'이 없으면 44%만 첫 예약을 지킨 것으로 나타났다.

행동건강 상담은 10~15분 정도로 짧거나 전통적인 심리치료 회기만큼 길 수도 있다. '비공식적 복도(informal hallway)' 상담(Hepworth & Jackson, 1985)은 지리적으로 가깝게 있거나, 전화나 컴퓨터에 쉽게 접근할 수 있어서 동선이 서로 교차되는 전문가들에게 가능하다. 예를 들어, 의사가 거식증을 선별하는 방법을 알고 싶으면 청소년과 어머니의 추후 방문 이전에 가족치료사에게 전화할 수 있다. 한편, 치료사는 복도에서 의사를 붙잡고 특정 증상에 대한 의학적 평가가 적절한지를 물어볼 수 있다. 이러한 논의는 후속 논의, 공식적 상담 또는 의뢰를 가져올 수도 있고 그렇지 않을 수도 있다. 이는 지속적이고 상호 지지적이며 서로 존중하는 동료들 간의 관계를 반영한다. 전형적으로, 환자가 참석하지 않는 이러한 협력의 대가는 미국의 행위별 수가제와 비인두제[2] 환경하에서는 직접적으로 보상받지 못한다. 협력이 안전성과 치료 수준을 매우 명백하게 향상시키기 때문에 일부 보험사가 협력에 대한 의료비 상환을 고려하기 시작했지만, 확립되기 전까지는 문서 작성 업무와 마찬가지로 청구서에 내포된 것으로 간주할 수밖에 없다.

가족치료사와 의사 간에 또는 치료사 및 의사와 가족 간에 정식 상담이 행해질 수 있다. 이는 의뢰과정처럼 이루어질 수도 있지만, 단기간 동안 집중적인 질문에 답하는 과정으로 진행된다. 일부 통합치료는 간단한 행동건강 상담만 제공하고, 1~3회 정도의 치료로는 관리될 수 없는 행동문제나 정신건강문제는 모두 외부 기관에 의뢰한다. (다른 기관에서는 행동건강뿐만 아니라 정신과 상담 및 지속적인 치료를 제공한다. 부분입원, 집중적 약물남용 치료 또는 입원과 같은 더 높은 수준의 정신건강 치료가 필요한 환자는 외부에 의뢰한다.)

덴버 소재 살루드 지역사회건강센터(Salud Community Health Center)의 목표는 모든 환자가 적어도 일 년에 한 번씩 행동건강상담자를 만나는 것이다. 행동건강전문가가 예약 환자로 바쁘지 않을 때는, 어떤 병실이든 들어가서 환자의 심리사회적 상태를 확인하고 의료진들에게 알려 준다. 이와 비슷하게, 로체스터 종합병원에서도 의료가족치료사는 종종 육아상담을 받으러 온 부모와 아동을 소아과 의사보다 먼저 만나서 병원 방문 이전의 발달 및 심리사회적 문제에 관해서 직접 물어보거나 또는 전자의무기록을 통해서 이를 알아본다. 이 두 기관에서는 가족치료사를 만나기 위해 의뢰를 받아야 하거나 병증을 필요로 하지 않는다. 더 많은 기관들이 예방에 초점을 두게 되고 가족치료사가 통합적 지불체계의 봉급수령 대상에 포함되면 이러한 업무는 더욱 보편화될 것이다.

---

2) 인두제(capitation)는 건강서비스에 대한 비용을 사람 수에 따라 일시불로 지급하는 것을 의미한다. 1980년대 들면서 일반화될 것으로 예상되었던 이러한 유형의 재정 조달은 미 국방부 보훈처와 같은 대규모 조직과 Kaiser와 같은 대형 의료보험기관을 제외하고는 행해지지 않았다. 의료서비스 제공자가 치료비를 많이 확보하게끔 권장하는 행위별 수가제(fee-for-dervice: 환자와 직접 대면하면서 치료 내용에 따라 비용을 지불하는 것)와는 달리, 인두제 계획은 의료진들으로 하여금 건강 개선에 필요한 다수의 건강증진 사업, 협력 등 무엇이든 할 수 있게 한다. 통제하지 않을 경우, 행위별 수가제는 과다 치료의 위험이 있고 인두제는 과소 치료의 위험이 있다.

노르웨이의 가족치료 정신과 의사 Andersen(1984)은 자신의 사무실 없이 북부 노르웨이 지역의 병원들을 방문하면서 일반의들을 자문해 주고 환자들을 만난 내용을 기술하였다. Coons, Morgenstern, Hoffman, Striepe와 Buch(2004)도 이와 유사하게, 여성의 건강과 산부인과 진료실 업무에 초점을 두고 필라델피아로 제한된 지역에서 수행한 내용을 기술하였다. 인터넷과 화상회의는 또 다른 방식으로 가족치료사와 다른 의료진 간의 상담 기회를 제공한다.

합동치료 회기

합동치료 회기는 사전에 준비될 수도 있고, 병원 방문 중에 그 필요성이 제기될 수도 있기 때문에 의료가족치료사의 일정에 융통성(때로는 중지)이 필요하다. 환자 치료와 관련된 이러한 유연성과 조절의 정도는 전통적 정신건강기관에서 시행되는 것과는 다르다. 이는 치료사에 따라 매우 흥미롭거나 혼란스럽게 받아들여질 수 있으며 의료가족치료사 훈련에 있어서 중요한 측면이다. 합동치료 회기에서는 두 전문가들이 각자의 역할을 협의하고, 협력자 간의 관계에 대해 솔직하게 토론하며, 회기의 진행과정과 내용을 지속적으로 평가해야 한다.

전문의료진과 환자 및 가족구성원과의 초기 관계망 구축은 어려운 의료가족치료 사례를 시작하기에 가장 유력한 방법이다. 이는 모든 당사자가 의뢰 사유, 치료목표 그리고 질환치료와 상담치료 계획의 상호작용에 대해 토론할 수 있게 한다. 전문가의 역할이 빠르게 명료해질 수 있으며, 의학적 목표와 심리치료 목표 간의 양립성이 보장될 수 있다. 협력을 위한 이러한 가시적인 노력은 의사나 다른 의료진들이 가족치료사와 함께 작업하면서 가족이 목표를 달성하도록 돕는 것을 가족에게 보여 주게 된다. 의뢰받는 것을 담당 의사가 자신을 비판하거나 포기하는 것으로 환자가 느낄 수 있는 것을 완화하는 데도 도움이 된다. 관계망 회기(network session)는 Wynne, Shields와 Sirkin(1992)이 묘사한 '환자와 가족구성원 및 의료진들이 필연적으로 나타내는 질병에 관한 서로 다른 관점'을 공개적으로 명확히 하고 협상하는 과정으로 시작된다.

한 사례를 예로 들면, 어떤 심장병전문의와 결혼가족치료사는 남편의 심장마비 후에 성생활과 결혼생활의 장애를 경험한 부부를 위해 치료계획을 조율해야 했다. 이 사례는 중대한 의학적, 심리적 대인관계 문제를 수반했기 때문에 두 전문가가 함께 부부를 만나는 것이 도움이 되었다. 어떤 의사들은 자신의 지적 호기심, 환자에 대한 헌신, 또는 치료를 저해하는 개인적 갈등문제로 인해서 의료가족치료사와 긴밀히 협력하는 것에 관심을 갖는다. 또 어떤 의사들은 업무 시간의 제약 때문에 또는 회의가 필요하지 않거나 자신의 참가가 중요하지 않다고 생각하기 때문에 협력치료를 거부할 수도 있다.

합동치료 회기는 진단 결과를 많이 의심하거나 그에 동의하지 않는 가족('질병의 모호성'; Wynne et al., 1992), 보건의료 서비스를 많이 이용하는 환자, 의사와의 관계에 문제가 있는 경우, 질환이 만성적이고 다양한 경우, 가족들이 신체화 문제에만 과하게 초점을 두는 경우 등에 효과적이다(Frey & Wendorf, 1984; McDaniel et al., 2005; Sargent, 1985). 이러한 점에서, 의사와 가족치료사들의 동시 참여는 생물학적, 심리사회적 과정을 함께 논의하고, 정보를 공유하고, 삼각관계[3]를 최소화할 수 있도록, 밀접하게 통합된 생심리사회적 접근방법을 가능하게 한다.

대부분의 협력치료는 가족치료사가 외부에서 따로 근무하더라도 환자가 진료를 받는 동안에는 의사의 진료실이나 병원에서 이루어진다. 때로는 의사가 면담 전체 과정에 참석하지 않아도 된다. 의사는 회기 초나 마지막에 합류해서 진단 내력과 절차를 설명하거나 질문에 답하고 치료의 협력적 성격을 강조하기도 한다. 치료사와 의사가 같은 장소에 동시에 있을 수 없는 경우에는 기술의 도움을 받을 수 있다. 스피커폰이나 인터넷 회의를 이용하여 의뢰를 한 의사가 첫 회기 초반에 치료사와 가족에게 전화를 해서 의뢰 이유를 설명하고, 상호 관심사에 대해 논의할 수 있다.

합동치료 회기는 협력치료를 위한 우수한 교육훈련 수단이며, 가족치료사가

---

3) 삼각화 또는 삼각관계(triangulation)는 한 사람이 어떤 사람과 갈등이 있을 때 상대방에게 직접 얘기하기보다는 제삼자에게 얘기함으로써 문제를 다루려 하는 것이다. 협진과정에서도 이런 일이 발생할 수 있는데, 예를 들면 환자가 의사에게 치료사에 관해 불평을 할 때이다. 의사는 가족치료나 치료사에 대해서 왜곡된 관점을 가지게 될 수 있고, 환자는 치료사와 관련된 문제를 해소할 수 없게 된다. 이상적으로, 의사는 환자가 직접 치료사에게 자신의 걱정을 얘기하게 하여 치료사가 상황을 깨닫게 도울 수 있다. 이를 탈삼각화라고 한다.

교육과 임상진료에 참여할 수 있는 전공의 훈련프로그램에서 쉽게 이용할 수 있다. 예를 들어, Campbell과 McDaniel(1987)은 합동치료 회기를 이용하여 만성질환과 신체화 장애 환자를 위한 가족체계치료를 진행한 것에 관해 기술한 바 있다. 이러한 합동치료는 사설 상담기관에서는 덜 이루어지만 선구자들에 의해 꽤 흥미롭게 진행된 경우도 있다. 한편, Dym과 Berman(1986)은 가정의와 가족치료사가 함께 모든 환자와 초기 만남을 갖는 합동진료팀(joint health care team)에 관해 설명하였다. 체계적 관점에서 증상과 스트레스 요인을 평가한 후, 두 전문가는 각자 따로 일하면서 자주 단시간의 합동회의를 가졌다. 가정의학과 의사인 자신의 임상 경험에 근거하여, Glenn(1987)도 이와 유사하게 가정의와 가족치료사가 일차의료팀의 주축이 되고 필요에 따라 다른 전문가들을 참여시키는 협력모델을 제안한 바 있다.

의료 및 행동건강 전문가가 함께 제공하는 최신의 치료는 요즘 일차의료에서 흔히 볼 수 있는 의료집단 방문이다(Noffsinger, 2009). 이는 산전 치료, 당뇨병, 우울증과 같은 다양한 문제에 대처하기 위해 의학적 개별검사, 심리교육, 지지집단이 결합된 것이다.

두 명의 전문가가 같은 서비스에 대해 동시에 치료비를 청구할 수 없는 행위별 수가제 환경에서는 두 명의 전문가를 동시에 만나는 것을 지원받기가 어려울 수 있다. McDaniel은 합동치료로 분명한 혜택을 받는 환자를 위한 서비스에 대해 가끔씩 의사와 번갈아 가면서 대금을 청구한다. 인두제가 실시되거나 의사가 봉급을 받는 의료사회주의 환경에서는 이러한 집중적 협진방식에 의해서 확실한 혜택을 받을 수 있는 희귀하고 복잡한 문제를 가진 환자들에게 이 서비스에 대한 지원이 더 쉽게 이루어진다.

의뢰

많은 경우, 가족치료사와 의사 간의 협력적 관계는 단기적이든 집중적 치료를 위한 것이든 간에 의뢰를 기반으로 한다. 의뢰를 통해서, 가족치료사와 의뢰한 의료진은 같은 곳에서 일하든 다른 곳에 위치하든 간에 서로 다른 종류의 치료를 동시에 제공한다. 모든 전문가가 각자 자신의 치료를 책임지며, 서로 간의 역할을 명확히 구분하는 것은 필수적이다.

병원에서 가족치료사는 일반적으로 의료진의 일원으로 의뢰를 받고 팀의 다른 구성원들과 긴밀히 접촉한다(McCall & Storm, 1985). 차트를 공유하고, 환자와 가족과 상의하며, 치료계획을 조정한다. 전문가 수련과정의 가족치료사(Hepworth, Gavazzi, Adlin, & Miller, 1988; Seaburn et al., 1996) 또한 의뢰를 받으면 별도의 치료 회기를 갖기도 하지만 의사나 다른 가족치료사들과 긴밀한 접촉을 유지한다. 병원 외부의 독립적 가족치료사들도 의사 또는 간호사들로부터 의뢰를 받을 수 있지만 아직 자신을 협력 파트너로 생각하지는 않는다. 이 경우 의료진은 그들이 서로 다른 장소에서 일하지만 어떻게 한 팀으로 소통하고 기능하는지를 가족에게 알려 준다(Driscoll & McCabe, 2004). 의뢰 질문에서부터 예후 및 치료 결과에 이르기까지 전문가들 간의 의사소통은 협진의 성공 여부와 사례의 성과를 자주 결정짓는다.

다른 의료전문가들과의 소통

협력관계의 구조나 지리적 위치에 상관없이, 환자에 관한 의사소통은 협력의 중심에 있으며 가족치료사나 의료진 중 누군가가 도움을 요청할 때 시작된다.

상담 질문 또는 의뢰 질문의 탐색

McDaniel의 초기 의료가족치료 의뢰 사례들 중 하나는 첫아이를 갖기 위해 기증자 인공수정 절차를 요구한 39세 독신 여성의 '심리적 평가'를 산부인과 의사가 요청한 것이었다. 그 의사는 스스로를 보호하기 위해서, 또한 요청한 내용과 예상되는 결과에 대해 환자와 가족이 토론할 수 있는 기회를 갖게 해 주기 위해서 모든 독신의 산부인과 환자들에게는 가족치료사를 만날 것을 요구한다고 하였다. McDaniel은 이러한 요구가 직접적이고 솔직하다고 생각했고 절차를 의논하기 위해 환자와 어머니 및 여동생과의 상담 시간을 잡았다. 상담 중에 환자가 인공수정 절차에 대해 양가감정을 갖고 있고 실제 아이를 키우는 것보다는 자신이 '어른'임을 가족에게 증명하는 데 더 관심이 있음이 분명해졌다. 그녀는 자신이 인공수정을 원하지 않는다는 것을 깨달았고, 가족은 더 잘 의사소통하기로 합의하고 회기가 종결되었다.

그 결과가 의뢰한 의사에게 보고되었을 때 그는 화를 내면서 가족치료사가 '그 여자가 아기를 가질 수 있는 마지막 기회를 없앴다.'고 암시했다. McDaniel은 의사가 의뢰를 해 왔을 때 그의 견해를 알아보지 않았다는 것을 깨달았다. 수년이 흐른 후에야 그 의사는 McDaniel에게 다시 의뢰를 해 왔다. 그 결과, McDaniel은 의뢰 초기 단계에 의사의 견해를 요구하고 예상되는 상담 결과를 토론하는 데 시간을 들여야 한다는 것을 배웠다.

의뢰의 타이밍이 중요할 수 있다. 의뢰가 시기상조일 때는 의뢰자가 환자 또는 가족보다 치료에 대한 동기부여가 더 높을 수 있어서 환자 또는 가족이 치료를 받으러 오지 않을 가능성이 높다. 이런 경우에 의료가족치료사는 환자의 변화 동기를 알아보기 위해서 의뢰자와 비공식적으로 상의하기를 원할 것이다. 가족치료사는 의사가 환자를 어떻게 더 잘 치료하면서 상담 의뢰에 관해서 서서히 소개할 것인지를 제시할 수 있다(Seaburn et al., 1996). 여러 환자를 위한 의뢰 절차를 수립하기 위해서는 의사나 의료진들이 의료가족치료사의 지원을 통해 복잡한 사정 및 면담 기술을 연마해야 한다.

때로 심각한 질환의 진단과 치료에 상당한 스트레스가 수반되는 경우에는 환자 또는 의사로부터 의뢰가 오는 경우가 있다. 대다수의 의사는 질병을 치료하는 수련을 받지만 질환 경험을 치료하는 훈련은 받지 않는다(Kleinman, 1988; Wynne, Shields & Sirkin, 1992). 환자와 가족이 의사와 문제를 서로 다르게 진단하여 갈등이 생겨서 의뢰로 이어질 수도 있다. 의료진이 환자의 질환 경험을 인식하지 않거나 인정하지 않을 때 가족치료사에게 의뢰하기도 한다.

의료진이 의료가족치료사에게 의뢰를 하면 치료사는 환자와 가족에 대한 정보를 얻거나 찾아야 한다. 공유 전자의무기록에서 정보를 이용할 수도 있으며, 의뢰할 때 차트에 첨부된 전자메모를 참조할 수도 있다. 의료가족치료사는 차트에서 관련 정보를 찾고, 의무기록을 읽으며, 환자의 건강 상태에 관해 질문하는 등 컴퓨터 기반 문서체계를 사용하는 방법을 배워야 한다.

역할의 명료화

역할 혼란은 치료적 관계를 모호하게 한다(Wynne, 1989). 환자들은 생의학적 문제를 가족치료사에게, 심리사회적 문제는 의사에게 가져올 수 있다. 따라서 관계의 특성과 환자관리 계획을 서로 조정하여 명확히 하는 것은 효과적 협력을 위해 중요한 필요조건이다. 예를 들어, 만성두통이 있는 환자의 경우, 의사는 검진과 약을 처방하고 가족치료사는 스트레스 감소와 상담을 맡기로 한다. 그리하면 환자의 남편이 가족치료사에게 아내가 어떤 약물치료를 받는지 물을 때는 비교적 쉽게 그를 의사에게 다시 돌려보낼 수 있다. 마찬가지로 가족치료사는 자신이 다루기를 원하는 특정 문제의 범위에 대해서도 의사에게 알려 주어야 한다. 의사와의 감정적 문제를 제기하는 환자 또는 가족에게는 다음 치료 때 그들의 걱정을 토로하게 하도록 의사에게 제안하는 것이 도움이 될 수 있다. 이러한 역할의 명료화는 파괴적인 삼각관계를 막는다.

의료가족치료에는 때때로 다른 정신건강전문가와의 협력이 포함된다. 신체적 질환을 앓고 있는 환자의 심리사회적 치료를 위해서는 다양한 방법이 활용될 수 있다. 우울증이 있으면 정신과의사 또는 일차의료의사로부터 약물치료 필요성을 검사받을 수 있다. 만성통증을 가진 환자는 침술이나 바이오피드백의 도움을 받을 수 있다. 만성질환을 앓고 있는 환자는 심리교육을 위한 가족집단 모임의 도움을 받을 수 있다(Gonzalez, Steinglass, & Reiss, 1987). 의료기관에서의 이상적 행동건강 팀에는 의료가족치료사, 정신과의사, 사례관리자 등이 포함될 수 있다.

여러 명의 의료전문가 및 정신건강전문가들이 같은 한 사례에 참여할 때는 역할 혼란, 삼각관계 및 의사소통 부족의 가능성이 증대된다. 의료가족치료사는 누가 무엇을 할 것인지에 대해 명확히 하도록 협상하는 것을 도우며, 다른 전문가들과 긴밀한 소통을 유지할 필요가 있다. 복잡하거나 다루기 어려운 문제가 있을 때는 정신건강전문가들, 가족, 그리고 의료전문가들과의 관계망 회기가 유용할 수 있다(Speck & Attneave, 1972).

의뢰 예절

많은 의사들은 자신이 의뢰한 외부 기관의 가족치료사로부터 연락을 받지 못한다고 보고하였다(Ruddy, Borresen, & Gunn, 2008). 가족치료사들은 물론 의사가 바쁘고 연락하기 어렵다고 불평하지만, 대부분의 의사는 계속 연락을 시도하면 응답한다. 서로 소통이 없는 치료는 경주장에 있는 눈을 가린 두 명의 운전자와 같아서 서로 부딪히지 않는 것이 행운이다. 소통은 성공적인 협력의 토대이다.

대다수의 의사들은 전문의에게 의뢰할 때의 관례대로, 환자와 의뢰 이유에 대해 설명한 편지나 전자노트를 가족치료사에게 보낸다. 그 대가로 그들은 문제사정, 가족치료 내용, 추천할 치료 내용과 관련된 실용적인 소통을 가족치료사로부터 기대한다. 이러한 소통은 환자의 의료적 치료에 유용한 체계적 역동에 관한 간략한 정보뿐만 아니라 전통적 정신의료모델(예: 정신상태 검사)에도 의미 있는 정보를 제공할 수 있다. 전화 통화도 때로는 필요하지만, 의사가 환자를 진료하는 중에는 이미 시간이 모자라기 때문에 짧게 이루어져야 한다. 가족치료사들과 의료진들은 비밀보장에 대한 신념과 의사소통 방식이 서로 다를 수 있다.

비밀보장

정보 공유의 필요성에 대한 문제는 간호학, 의학, 가족치료학의 차이 때문에 발생하는데, 환자의 비밀보장 유지에 관해서 각 분야의 연수생들이 서로 다르게 배우기 때문이다. 가족치료사는 대개 의료진을 포함한 다른 사람들과 치료의 세부사항을 공유하지 않도록 훈련받는다. 일반적으로 가족치료사들은 가족치료적 관계는 의료전문가들과 환자의 관계와 다르며 심리치료에서 환자의 비밀보장은 신성시되는 것으로 배운다. 자신의 삶을 개선하는 데 도움이 될 수 있는 부끄럽거나 사적인 내용을 환자와 가족이 안전하게 의논하도록 격려하기 위해서 가족치료사들은 당사자들의 동의서명이 없이는 환자나 가족에 관한 이야기를 다른 사람들에게 전하지 않는다.

반면, 의료전문가들은 진료에 협조하고 치료과정을 촉진시키기 위해 관련 정보를 공유해야 하는 팀에서 일하도록 훈련받는다. 일차의료의사와 같은 많은 의료전문가들도 자기 환자에 관한 정보와 심리사회적 욕구에 관심을 기울이기 때문에 환자들에게 정보 공개를 승낙하도록 권유하지 않거나 정보를 공유하지 않는 가족치료사들의 관행을 불쾌하게 여긴다. 치료의 분절화가 발생할 수 있다고 보며, 한 치료사가 동일한 환자에 대한 다른 치료사의 치료계획을 알고 있지 못하는 것은 안전과 질 관리에 관한 중요한 문제로 간주된다. 전자의무기록은 이러한 의사소통 문제를 개선하였지만 비밀보장에 관한 새로운 과제를 가져왔다. 「미국 건강보험이동 및 책임에 관한 법(The U.S. Health Insurance Portability and Accountability Act of 1996: HIPPA)」의 관련법에 따라 비밀보장은 모든 의료진과 직원에게 결정적인 것이며, 이를 위반하는 것은 심각한 결과를 초래하는 중대한 위법행위로 간주된다. 전자의무기록을 사용하면 누가 차트를 보았는지 추적할 수 있는데, 환자팀에 속하지 않은 의료진이나 직원이 환자의 차트를 볼 경우에는 일반적으로 해고를 당하게 된다.

비밀보장의 특권은 환자의 것이지 전문가의 것이 아니다.[4] 가족치료사는 환자로부터 이 협력에 동의한다는 양도서명을 받을 수도 있는데, 일부 전자의무기록은 환자를 만나는 의료진만 접근할 수 있게 되어서 정신건강기록을 읽으려면 추가 단계나 암호를 필요로 한다. 거의 대부분의 환자들은 자신의 치료를 담당하는 전문가들이 서로 소통하고 치료계획에 협조하는 것을 좋아한다. 만약 그렇지 않을 경우, 가족치료사는 문제에 대한 비밀보장이 환자의 의학적 치료에 도움을 주지 못한다면 과연 비밀보장이 합리적인지, 또는 그 문제가 삼각관계나 상호작용 문제와 연관되어 있어서 가족치료에서의 파괴적인 가족 비밀처럼 다루어야 할 필요가 있는지를 파악해야 한다(Imber-Black, 1993).

때로는 시스템 자체로 인해 비밀보장 문제가 해소되지 않아서 일이 어렵게 된다. 예를 들면, 어떤 의료센터에서 근무하는 의료진이 가족치료를 포함한 정신건

---

4) 의료계는 환자가 자기 의료기록에 부분적으로 또는 전체적으로 접근할 수 있게 하는 환자 포털 사이트나 여타 메커니즘을 급속도로 추진하고 있다.

강서비스를 제공하는 그룹과 긴밀하고 통합적인 관계를 맺기를 원했다. 두 서비스는 지리적으로 떨어져 있고 별도의 차트 작성 시스템을 사용했다. 두 곳에 근무하는 전문가들은 서로 협력이 부족함을 아쉬워했다. 의사소통의 부족으로 인해서 의사들과 전문간호사들은 정신건강서비스 그룹이 전반적으로 별 실질적인 도움이 되지 않는다고 생각했다. 또 치료사들은 의료진이 환자의 정신건강에 관심이 없다고 느꼈으며 의뢰가 왜 그렇게 적은지 의아해했다.

정신건강부서의 책임자와 의료부서의 책임자가 의료가족치료를 위한 자문가와 함께 이 문제를 논의했을 때, 비밀보장 문제가 두 부서 간의 협조에 주요 장벽으로 작용하는 것이 확인되었다. 만약 어떤 환자가 스스로 어떤 치료사를 찾아온다면, 상담을 받고 있다는 사실을 의료진에게 알릴지는 환자 본인이 결정하게끔 하는 것이 기본 방침이었다. 그러나 이는 환자들에게 거의 권유되지 않았으며, 치료사들은 의료진과의 협력에 관해서 환자들과 전혀 의논하지 않았다. 또한 의료진 측에서는 스스로 가족치료를 요청한 환자들이나 치료의 진전이 없는 환자들만 치료사에게 의뢰하였다.

그 자문가가 의학적 문제를 가진 심리치료 환자들에 관해 물었을 때, 유능하고 선의를 가진 부서장들과의 토론이 가열되었다. 예를 들어, 어떤 환자가 HIV 검사를 받을 필요가 있었을 때 두 부서가 협력했는가? 정신건강부서의 책임자는 환자들을 때때로 의료부서로 의뢰하지만 AIDS는 비밀보장 문제가 매우 중요하기 때문에 환자의 사생활을 보호하기 위해 보건국에서 검사를 받도록 추천했다고 하였다. 의료부서 책임자는 이에 격분하였고, 의학적 문제는 이런 환자의 치료와 직접적으로 관련되어 있기 때문에 치료사의 행동이 비윤리적이라고 말했다. 이러한 방침은 직원 중 일부가 HIV 양성인 환자를 모르고 치료할 수 있어서 환자들을 제대로 돌보지 못한다는 것을 의미했다. 확실히 신경이 곤두서는 일이었다.

부서 책임자들이 차츰 진정되면서 자문가는 환자 보호를 위한 두 책임자의 강한 의지를 칭찬해 주었다. 그들은 여러 차례의 회의를 거쳐서 협력을 저해한 양측의 관행을 조사한 후, 의료와 정신건강의 공통 문제를 위해 협력하면서 앞에서 제시한 것과 같은 환자와 가족의 비밀을 보장하는 정책을 수립했다. 이러한 정책은 전문가들 간의 신뢰와 이해를 증진하는 데 도움이 되었다. 양측 모두에게 필수적인 전자의무기록의 최종적인 도입은 정신건강서비스를 보다 신중히 기록하게 했고 두 서비스 간의 협력을 더욱 충분하게 지원해 주었다.

의사소통 방식

의사들은 환자를 진료할 때는 중요한 문제를 강조하고 시간을 절약하도록 직접적이고 간결하게 의사소통하는 방식을 사용하도록 교육받는다. 환자와 가족의 역동이나 가능한 치료 전략에 관해 길게 설명하는 것을 대개는 불필요한 시간 소모라고 생각한다. 따라서 의료가족치료사는 의뢰한 의사에게 예를 들어 다음과 같은 전자의무기록 메모를 보낼 수 있다.

> Brown 씨 부부는 지난 3주간 30분씩 두 번 방문했습니다. Brown 씨의 최근 심근경색이 그들의 관계에 미치는 영향에 대해 논의했습니다. Brown 씨 부인은 심장 건강에 좋은 식단을 요리하고 매일 남편과 같이 걷기 시작했습니다. Brown 씨는 성적 활동을 언제 재개하는 것이 안전한지 염려하고 있습니다. 그는 다음 주에 당신과 이 문제를 상의할 것입니다.

또한 환자가 의무기록을 보는 것이 점점 더 가능해지고 있으므로 독자(의뢰자든 또는 환자와 가족이든)를 고려해야 한다. 일부 의료가족치료사는 의사들처럼 환자나 가족과 함께 의무기록 노트를 작성하고 회기가 끝날 때 사본(방문요약지)을 제공한다. 이 과정 자체가 개입이다.

의사가 돌보기 어려웠던 환자들을 위해서는 때로 더 많은 의사소통과 상담이 중요하다. 의료가족치료 훈련을 받은 가정의학과 의사인 Jeffrey Harp(1989)는 가족치료사에게 의뢰되는 세 가지 범주의 환자들과, 의뢰하는 의사가 가족치료사에게 갖는 의사소통에 대한 기대치를 설명했다(〈표 3-2〉 참조). 앞에서 설명했던 것처럼, 환자들을 위한 적절한 의사소통은 대부분 초기 접촉 후의 간단한 메모를 포함한다.

환자들의 심리사회적 문제에 정통한 의사들 중 일부는 스스로 상담을 시도한 후 난관에 부딪힐 수도 있다. 그들은 대개 환자 및 가족 평가에 관해서 자문을

〈표 3-2〉 정신건강서비스 의뢰 후 의사소통에 관한 의사들의 기대

의사와 환자의 친밀도	의뢰 제안	본인의 역할에 대한 기대치	가족치료사에 대한 기대치
적음	의사 또는 환자	최소	초기 접수 및 치료 종료에 대한 메모
중간	의사	환자에 대한 평가와 지속적 관여	수행된 치료에 대한 지지, 월례 피드백
아주 가까움	의사	치료계획의 동반자로 환자를 취급	잦은 피드백, 치료나 완치에 관한 자문

주: 이 내용은 Harp(1989)의 발표 내용을 바탕으로 구성함.

구하거나 현재까지의 치료에 대해 설명하면서 더 많이 참여하기를 원한다. 이들은 가족치료 초기의 접수 내용과 종결 후 전체 과정에 대한 요약 외에도 더 많은 내용에 관해서 알고 싶어 하기 십상이다. 세 번째 경우에 대해서 Harp는 환자가 의사의 개인적 문제를 자극하여 의사가 환자에게 화가 난 상태이거나(예: 의사의 형제처럼 과음을 중지하기를 거부하는 환자), 가족치료를 시작하는 것에 대해 환자나 가족보다 의사가 더 동기부여가 된 상태(예: 병적으로 과체중인 환자가 아직 마음의 준비가 되어 있지 않음에도 불구하고 체중을 줄일 것을 주장하는 의사) 등의 강렬한 의사-환자 관계를 설명했다. 이러한 상황에 처한 의사는 환자나 가족과의 상호작용으로 인해 스트레스를 받을 것이고, 의료가족치료사가 '이 환자를 고쳐 줄 것'이라는 희망을 크게 가질 것이다. 환자와 가족은 물론 의사와의 밀접한 의사소통과 지지가 중요한 열쇠이다. 합동치료 회기들이 의료적 치료의 성공에 실질적으로 중요할 수 있다.

효과적인 협력에 대한 도전 과제

현장중심 통합치료의 확대 및 마음과 몸의 연관성에 대한 인식의 증가로 인해서 1992년 이후 치료적 협력이 매우 크게 증가하였지만 아직도 상당한 장벽이 남아 있다. 이러한 장벽들은 서로 다른 패러다임, 학문 분야별 편향, 부적합한 전

문직 간의 훈련, 그리고 청구서 작성 및 공간이나 규제장벽과 같은 실용적인 문제를 포함한다(Kathol, Butler, McAlpine, & Kane, 2010). 비슷한 문제를 가진 환자들을 치료하더라도, 의사와 가족치료사가 한 의료기관에서 함께 일하지 않을 때는 서로 간의 명확한 의사소통과 긍정적인 관계가 일상적이지는 않다는 것을 양측 모두가 보고하였다. 이러한 문제는 그 역사가 길다.

일반적으로 심리치료, 특히 가족치료는 초기 발달사에서 볼 때 문제에 대한 의료적 접근을 불신하거나 인정하지 않곤 했다. 1980년대 초반 가족치료사들이 체계이론을 가족을 초월하여 의료적 치료체계 및 가족과 관련된 더 광범위한 체계에 적용하기 시작했을 때, 의사들이 종종 문제의 일부로 간주되곤 했다. Palazzoli, Boscolo, Cecchin과 Prata가 1980년에 발표한 논문은 의료적 치료체계에서 의뢰자에 주의를 기울이는 것의 중요성에 관한 내용으로 주목을 끌었다. 그러나 이 논문의 제목인 '의뢰자의 문제'는 의뢰한 전문가(의사)가 환자가 겪는 곤경의 일부라는 것을 시사하였고, 이에 따라 의뢰자를 가족치료사의 개입 대상으로 보았다. 이러한 접근은 협진을 촉진하는 대신 가족치료사들이 의사 자신에게 환자들 문제의 책임을 돌릴 것이고 자신에게 용기 있게 찾아오는 사람들을 모두 '주눅들게' 만들 것이라는, 의사들이 갖고 있던 기저의 우려를 영구히 지속되게 만들었다. 이는 의사나 의료진(또는 가족치료사)이 환자들의 문제에 휘말리게 되지 않는다고 말하는 것이 아니다. 이는 발생할 수 있고 또 실제로 발생한다. 사실, 협력의 가치 중 일부는 모든 유형의 협력자들로 하여금 자신의 편견을 인식하게 함으로써 환자의 건강과 복지 증진에 대해 포괄적인 접근방식을 취할 수 있게 하는, 새로운 관점을 제공할 수 있는 기회에 있다.

팀치료는 업무의 상호 의존성을 기반으로 한다. 즉, 팀 내의 다른 구성원들의 직무를 이해하는 것이 필수적이다(Cooke, Salas, Kiekel, & Bell, 2004). 훈련, 언어, 이론적 모델 및 문화의 차이는 정신건강전문가와 의료전문가가 성공적인 협력관계를 구축하는 것을 전통적으로 어렵게 만들었다(McDaniel & Campbell, 1986). 〈표 3-3〉은 두 전문가 그룹 간의 긴장을 초래하는 업무 방식의 뚜렷한 차이점 일부를 나열한 것이다(McDaniel et al., 2005). 이러한 차이점들이 인정되지 않는다면 협력은 어려워지게 된다.

〈표 3-3〉 일차의료의사와 행동건강전문가 간의 문화 차이

	일차의료의사	행동건강전문가
언어 또는 전통적 패러다임	의학적, 생의학적	인본주의적, 정신분석적, 체계적
새로운 패러다임	생심리사회적	인지행동적, 정신역동적 가족체계
전문적 방식	행동 중심, 조언 제공, 의사가 주도	과정 중심, 조언 회피, 환자 주도
치료의 지향점	해결	촉진
표준 회기 시간	10~15분	45~50분
서비스 요구도	항상	정해진 회기(응급 상황 제외)
약물치료 사용	자주	가끔
개인과 가족 내력의 이용	기초적인 부분	광범위하게
위험 요소	신체적 문제에 고착	심리사회적 문제에 고착

출처: McDaniel, Campbell, Helworth, &. Lorenz (2005), p. 436.

의료전문가들을 위한 가족중심치료 책에서 McDaniel 등(2005)은 업무 방식, 언어, 이론적 패러다임 및 기대치의 차이가 어떻게 협력을 방해할 수 있는지를 설명하기 위해 다음과 같은 매우 상투적인 시나리오를 사용하였다.[5)]

P 박사: 안녕하세요, 저는 사이코 박사입니다.

M 의사: 안녕하세요, 수지? 저는 가족의료센터의 메딕 박사입니다. 당신이 상담해 주었으면 하는 환자가 있습니다. 그런데 제 스케줄이 이미 45분이나 밀려서 환자에 대해 아주 잠깐만 설명하겠습니다. 그녀는 임신 34주에 자궁 내 태아의 성장 지연과 경도의 자간전증이 복합된 16세의 초임부입니다. 문제는 이 임산부가 산전 치료나 필요한 검사를 받으러 병원에 오지 않는다는 것입니다. 저는 그녀를 데려오기 위해

---

5) McDaniel, S. H., Campbell, T. L., Hepworth, J., & Lorenz, A. (2005). *Family-Oriented Primary Care* (2nd ed.; pp. 435-437). New York, NY: Springer-Verlag. Copyright 2005 by Springr Science+Business Media. 허가 후 게재.

모든 것을 다해 보았습니다. 그녀는 정말로 구제 불능입니다! 나는 그녀에게 내가 하라는 대로 하지 않으면 아기가 죽을 것이라고 계속 얘기하고 있습니다. 그녀를 만나 주시겠습니까? 어쩌면 당신은 그녀가 병원에 오도록 설득할 수 있을 것 같네요.

P 박사: 네. 메딕 박사님, 정말로 화가 나신 것 같네요. 무슨 일이 벌어지고 있는 것 같습니까? 그녀가 우울증에 빠진 걸까요?

M 의사: 모르겠습니다. 그건 당신네 소관 아닙니까? 그녀는 그리 행복해 보이지는 않지만, 그 상황이라면 누구라도 그렇지 않을까요? 항우울제를 복용하게 하실 생각이라면 제게 알려 주세요. 임신에 안전한 것인지 확인하겠습니다.

P 박사: 약 처방을 좀 빨리 고려하시는 것 같습니다, 박사님. 약물요법을 서두르기 전에 환자와 가족에 대해 알아야 할 것 같습니다. 환자 가족에 대해 아시는 게 있습니까?

M 의사: 나는 그럴 시간이 없습니다. 의학적 문제를 다루는 것만으로도 충분히 힘듭니다. 그녀의 남자 친구를 만났는데 그가 마약을 하고 있다는 것을 확신한 것이 내가 아는 전부입니다. 그녀의 AIDS 검사 결과는 음성으로 나왔습니다만, 협조를 하지 않고 있습니다.

P 박사: 아이구, 이 사례가 박사님을 진짜 힘들게 하는 것처럼 들리네요. 환자에게 꽤 화가 나셨군요.

M 의사: 지금 제가 환자가 아닙니다. 환자를 보시겠습니까, 안 보시겠습니까? 병원에 다시 와서 검사받도록 설득만 하세요.

P 박사: 진정하세요. 메딕 박사님, 저는 이 환자를 충분히 평가할 시간이 필요합니다. 제가 2주 후에 시간이 납니다.

M 의사: 2주라~~ 그때가 되면 태아가 죽을 것입니다! 게다가 환자는 나타나지도 않을 것이고요. 제가 지금 환자를 위한 예약 전화를 하려고 하는데요, 사회복지사에게 얘기해서 환자가 당신에게 꼭 가게 만들 수 있을 겁니다.

P 박사: 그건 너무 지시적입니다. 환자 자신이 약속을 지키게 해야 하고 변

화 동기를 찾도록 스스로 상담실에 오게 해야 합니다. 환자를 졸라서 오게 할 수는 없지요. 이건 환자의 결정에 달려 있습니다.

M 의사: 보세요, 저는 이럴 시간이 없습니다. 환자를 만나시지 않아도 됩니다. 아동보호전문기관에 연락하겠습니다. 거기서 무슨 조치를 취하겠지요.

P 박사: 미안하지만 메딕 박사님, 저는 도와드리려고 애쓰고 있습니다. 박사님께서 의사의 일부라고 할 수 있는 돌봄과 민감성을 보여 주시는 대신 강압적 방법으로 빠지는 것이 걱정스럽다고 말씀드려야겠군요.

M 의사: 큰 도움을 받았네요. 고맙군요.

P 박사: 안녕히 계세요.

의사와 가족치료사의 방식에 대한 이 풍자가 암시하는 것은 이 두 돌봄 직업의 이론과 실제에 대한 가설이 다르다는 것이다. 의사와 가족치료사의 업무 방식의 차이로 인해 오해가 발생할 수 있다. 전문가로서의 경쟁심이나 어려운 문제들 또한 성공적인 협력관계의 발전을 저해할 수 있다.

용어 차이 극복하기

전문 분야에서 사용되는 언어는 그 분야 구성원들의 세계관을 반영한다. 의학용어를 의학적으로 훈련받지 않은 가족치료사들이 이해할 수 없는 것처럼, 가족치료사와 여타 정신건강전문가가 사용하는 어떤 말들을 의사들이 이해할 수 없음을 기억할 필요가 있다. 또한 동일한 단어가 다른 직업군에서 다른 의미로 사용되어, 의사소통의 오류가 증폭되는 경우가 계속 발생하기도 한다. **질환**(illness)과 **질병**(disease)이라는 용어의 일관되지 않은 사용이 하나의 예다. Kleinman, Eisenberg와 Good(1978)은 환자의 경험인 질환과 이를 생의학적으로 이해하는 질병을 구분하였다. 많은 의사들은 질병에 집중하고 치료사들은 질환에 집중하는 것으로 일반화하는 것은 단순할지 모르나 정확할 수 있다.

의료가족치료사가 의학적 용어에 관해서 잘 모를 때는, 의료진에게 의학 용어나 절차를 설명해 줄 것을 자유롭게 요청해야 한다("실례지만, 그 용어를 잘 모르겠습니다."). 이런 방법으로 가족치료사는 잘 배울 수 있을 뿐만 아니라, 환자와 가족에 대해 필요한 정보를 요청할 때도 적용할 수 있다. 심리적 또는 체계론적 용어와 관련하여, 다른 의료진과 소통할 때는 행동건강 전문용어보다는 쉬운 말이나 통용되는 표현을 사용하는 것이 중요하다.

이론적 모델 인식하기

의사와 가족치료사가 모두 생심리사회적 '관계중심 보건의료'(Frankel & Inui, 2006; Frankel, Quill, & McDaniel, 2003) 교육을 받은 경우에는 협력이 비교적 쉽다. 그러나 대부분의 의사는 병리를 확인하고 병리적 과정을 제거하거나 중단하는 것을 강조하는 생의학적 모델을 훈련받는다. 이 기계론적 지향성은 광범위하게 실용적이지만 인간행동의 복잡성과는 맞지 않는다. 이런 경우에 의사와 가족치료사가 사용하는 서로 다른 모델은 환자와 가족에 대해 서로 다른 평가를 낳게 된다.

예를 들어, 어떤 의사가 가족치료사에게 천식을 앓던 아들과 가족을 의뢰한 것은, 부모가 분명 아들을 돌보기는 했지만 부서진 콘크리트와 먼지투성이의 저소득층 임대주택에서 좀 더 안전한 환경으로 옮기는 것에는 소극적인 것에 낙담했기 때문이다. 의사는 부모가 행동하지 않는 것은 그들이 게으르기 때문으로 보았다. 가족치료사는 부모가 걱정을 하고 있지만 심한 무력감 때문에 주변 환경을 조금도 변화시키지 못하고 있다고 보았다.

문제를 다르게 사정하면 대개는 치료법도 달라지게 된다. 이 사례에서 의사는 부모의 생활 조건이 자녀의 호흡에 어떻게 영향을 미치는지에 대해 부모를 교육하는 데 주력했다. 반면에, 가족치료사는 부모들이 삶의 다른 측면을 어떻게 변화시켜서 생활 상황을 변화시킬 수 있는 자신감을 획득할 수 있는지에 초점을 두었다. 의사와 치료사는 서로를 지지하고, 역할을 명확히 하고, 공동 치료계획을 협의하기 위해 질병과 질환에 관해서 서로 의사소통할 필요가 있었다.

서로 다른 모델들과 기대치를 감안할 때, 의료전문가들은 환자나 가족을 교육하고 직접적인 조언을 하는 반면, 가족치료사들은 전통적으로 그들이 스스로 해결책을 찾도록 돕는 법을 배운다. 환자들은 종종 의사에게 가는 것을 전문가와의 짧은 만남으로, 조언은 의료과정의 일부로 여긴다. 환자들도 정신건강전문가들이 조언해 주기를 바란다. 치료사들은 잘 훈련되고 시간도 충분히 할애하기 때문에 환자와 가족들이 전문가로부터 상담과 돌봄을 받고 있다고 느끼면서 자신의 해결책을 찾을 수 있도록 더 잘 도울 수 있다.

시간 제약이 다른 상황에서 일하기

아마도 업무 방식의 가장 분명한 차이는 시간 사용일 것이다. 의료가족치료사는 보통 환자를 15~50분 정도 볼 수 있지만, 의사나 간호사는 일반적으로 대부분의 환자와 5~15분을 보낸다. 시간관리는 의사와 다른 의료서비스 전문가들에게 중요한 과제이다. 매일 가능한 한 많은 환자를 치료하고 문서 작성 기준을 적절하게 충족시키면서 효율성과 질을 유지하기 위해 지속적으로 노력한다. 각 환자나 가족에게 허용되는 시간은 만나는 목표에 따라 결정되며 이는 자연히 수집되는 심리사회적 정보의 질에 영향을 미치게 된다.

의료가족치료사, 특히 의료기관 현장에서 일하는 사람들은 시간에 대한 자신만의 압박감이 있다. 봉급을 받는 행동건강상담사로 일할 때 의료가족치료사는 행동건강 변화에 초점을 맞춘 10~15분간의 짧은 방문으로 하루에 10~15명의 환자를 볼 수 있다. 또는 이런 짧은 상담은 30~50분간 이루어지는 일반상담의 회기와 회기 사이나 시간이 많이 걸리는 문서 작업 사이에 이루어질 수도 있다. 어쨌든 대다수의 가족치료사들은 의료계 동료들보다는 환자와 가족에게 시간을 더 많이 할애한다. 각 분야에서 경험하는 시간 압박을 이해한다면 의료진 간에 효율적인 의사소통 규칙을 준수하는 것이 매우 중요하다는 것을 이해할 수 있다.

의료전문가들과 가족치료사는 또한 치료 기간에 대한 기대가 다를 수 있다. 일반적으로 가족치료사들은 빠른 치유보다는 시간 경과에 따른 점진적 개선을 기대하는 반면, 환자와 의사가 만날 때는 환자나 의사 모두 가능한 한 더 빨리 완치되기를 바란다. 최근 수십 년 동안 이러한 기대 차이는 일부 수정되었다. 즉, 의학의 성공으로 인해서 완치될 수 없는 만성질환이 있어도 건강한 행동과 생활방식으로 관리하면서 오래 살 수도 있게 되었다. 만성질환의 관리는 가족치료사와 다른 의료진이 같은 보트를 타고, 장기간에 걸쳐 환자의 행동 변화를 증진시키기 위해 작업하는 것과 같다. 만성질환이 재발하거나 치료법에 어려움을 겪을 때, 환자는 의사를 만나는 것처럼 정기적으로 의료가족치료사를 만날 수 있다. 어떤 경우든, 의뢰가 이루어질 때는 가족치료사는 치료팀 간의 또는 가족과의 오해를 방지하기 위해서 예상되는 치료 기간에 관해 의사들과 의논해야 한다.

권한 다툼에 대처하기

의사와 가족치료사는 누가 환자를 가장 잘 이해하고 잘 돌보는지에 대한 경쟁적 노력에 빠질 수 있다. 이러한 다툼은 교육, 언어, 이론의 확연한 차이뿐만 아니라 보건의료의 경제학, 그리고 각 직군에 영향을 미치는 문화적 계층 구조에 뿌리를 두고 있다(McDaniel, 1995). 의료가족치료사들은 때로 일부 의사들의 전형적인 재정적 또는 사회적 권한을 불쾌하게 생각할 수도 있다. 의사들은 자신이 필요하며 가치 있는 일을 한다고 생각하고, 다른 사람들도 그들이 그런 일을 하는 것으로 용인하곤 한다. 우리가 병원 엘리베이터에서 문을 잡고 안팎에서 대화를 하는 두 명의 의사 때문에 기다리고 있을 때, 다른 어떤 의사가 그들에게 엘리베이터 밖에서 말하라고 말했다. 그러고 나서 그는 우리에게 의사들이 경솔한 것처럼 보였겠지만 "환자를 돌보다 보면 의사들은 다른 것에는 신경을 못 써요." 라고 설명했다. 의사들의 대화가 정원 가꾸기에 관한 것일지라도 그들의 무례함은 의료적 책임의 무게 때문에 이런 식으로 면제되곤 한다.

의사의 권한 남용에 관한 이야기들은 풍부하지만, 그것은 또한 일부 기관에서 발생하곤 하는 의사들의 특권에 대한 위협감이나 부러움을 반영하는 것일 수도 있다. 따라서 문화적 위신, 권한, 급여의 차이를 공개적으로 인정하지 않는다면 이러한 불공평함은 가족을 위한 효과적 협력과 협동치료의 장애물로 남을 수 있다.

가족치료사들 또한 바람직하지 않게 행동하는 경우가 있는 것으로 알려졌다. 일부 치료사는 의료기관에서 일하지 않거나 환자에 관해 다른 의료진과 연락하지 않음으로써 권한 불평등에 관한 자신의 우려를 회피한다. 또 어떤 치료사는 공손하게 행동하면서도 수동 · 공격적으로 행동하거나, 경쟁적이거나 적극적으로 공격적인 행동을 함으로써 의사들과의 재정적 또는 권한적 차별에 대응한다. 이러한 방어방식은 모두 바람직하지 않은 의사의 행동으로 이어질 수도 있고 협력적 상호작용보다는 일련의 경쟁적인 상호작용을 초래할 수도 있다. 의견의 불일치가 해소되지 않거나, 다른 의사에 대한 일반적인 적개심으로 인한 의견 충돌은 의뢰 빈도를 줄이고 치료의 성공이 저해되는 결과를 가져올 수 있다. 이는 또한 삼각관계를 발생시킬 수 있다. 예를 들면, 환자가 의료적 처치에 대해 불평을 할 때, 가족치료사가 자료를 직접 보지 않은 경우에는 판단을 유보하고 환자가 의사를 다시 만나 보도록 권유해야 하는데, 그렇게 하지 않고 환자의 불만에 무조건 동의하는 경우가 그렇다.

불평등은 미국에서 의료비가 상환되는 방식에도 존재하지만 대규모의 재정적 문제들은 전문적 기구에 대한 우리의 정치적 옹호와 적극적 참여에 의해 다루어지는 것이 최선이다. 환자와 가족에 관한 의사와 치료사 간의 일대일 상호작용은 상호 지지와 존중을 기반으로 할 때 최선으로 작동한다. 소아과 의사이며 아동-가족 정신과 의사인 John Sargent(1985)는 가족치료사는 의사의 주도를 따라가는 보조 역할자로서가 아니라 자신의 업무에 가치를 두고 일련의 기술을 실천하는 전문가로서 일을 수행하는 것이 중요하다는 것을 강조하였다. 역할과 책임을 분명하게 정하는 것이 가족치료사들이 의사나 다른 의료진의 성공적 환자 치료를 지원하도록 돕고 의사들이 가족치료사들을 지원하도록 돕는 것이다. 자신의 영역을 포기하지 않고 다른 전문가의 영역을 존중하는 것이 전문가들 간의 건강한 협력을 위한 토대를 제공한다.

결론

정신건강전문가들 중에서 체계적 가족치료사는 훈련, 업무 방식, 전문성 경쟁에 의해 생겨난 다른 의료진과의 협력에 대한 장애물들을 유일하게 잘 극복할 능력이 있다(다양한 상황에서의 실제 협력의 사례는 부록 참조). 가족치료사들은 여러 체계 및 어떤 상황에서 발생되는 사건의 다면적 관점들을 잘 이해한다. 따라서 환자, 가족, 의료진의 경험을 잘 이해하는 위치에 있을 수 있다. 의료진과 협력하는 의료가족치료사는 끈기와 창의력이 필요하다. 가족치료사들은 의료계 동료들과 공통된 관심사를 찾아내고, 그들의 신뢰를 얻고, 의료가족치료가 그들과 환자들에게 도움이 될 수 있음을 보여 주어야 한다. 이러한 장애를 극복한 협력자들은 고품질의 치료를 가족에게 제공하기 위해 함께 일하면서 얻은 전문가로서의 자극과 열정을 즐길 수 있다. 의료가족치료사와 다른 의료진 간의 협력관계는 종종 지역사회 참여에 의해 확대되면서, 환자와 가족의 건강한 생활방식을 지원하고 필요시에는 환자와 가족을 성공적으로 치료할 수 있는 토대를 형성한다.

제4장
질병에 공통적으로 나타나는 정서적 주제

모든 인간의 삶과 모든 가족의 내러티브에서 질병은 하나의 중요한 특성이다. 우리가 심각한 질병이나 부상을 스스로 피하기는 하지만, 그것이 가족생활과 친구관계에 미치는 영향에서 벗어날 수는 없다. 질병은 돌봄을 제공할 때 우리를 서로에게 더욱 가깝게 다가가게도 하지만, 장애와 죽음을 통해 우리를 갈라 놓기도 한다. 그 질병을 통해 우리는 삶을 이해하기도 하지만 혼란과 의심이 들기도 한다. 질병은 용기와 두려움, 분노와 수용, 희망과 절망, 평온과 불안이 생기게 한다. 어린 시절부터, 질병에 대한 개인적 경험과 가족 경험이 먹는 음식과 사랑 경험이나 거절 경험처럼 분명히 우리의 모습을 만들어 준다.

그러나 『의료가족치료: 건강문제가 있는 가족에 대한 생심리사회적 접근법(Medical Family Therapy: A Biopsychosocial Approach to Families with Health Problems)』 초판에서, 우리는 질병과 매우 일반적으로 관련이 있는 이러한 정서에 대하여 거의 언급하지 않았다. 정서는 의료가족치료 기법 영역에서 평가하고

---

http://dx.doi.org/10.1037/14256-004
Medical Family Therapy and Integrated Care, Second Edition, by S. H. McDaniel, W. J. Doherty, and J. Hepworth

정상화해야 하는 어떤 것으로 갑자기 툭 다루었고, 우리가 **의사소통**이나 **관계**보다는 조금 더 감정이 묻어나는 용어인 **연대감**(communion)과 같은 용어를 사용할 때 함축적으로 다시 툭 다룬 정도였다. 그러나 질병과 정서의 보편적인 관련성을 감안할 때, 우리는 정서에 대해 너무 적게 언급했다. 왜? 그 당시에 많은 가족치료사처럼 우리는 우선 질병에 영향을 받는 관계와 의사소통에 중점을 두었고, 환자와 가족의 경험과 관련된 필연적인 정서에 대해서는 거의 중점을 두지 않았기 때문이다.

정서의 중요성이 겉으로 드러난 것은 바로 우리의 사례집 『질병 경험의 공유(The Shared Experience of Illness)』(McDaniel, Hepworth, & Doherty, 1997)를 위해 의료가족치료의 실례들과 질병에 대한 치료사들의 이야기를 읽은 경험에서였다. 그 결과, 우리는 생심리사회적 관점을 통해 정서 경험을 찾으면서 그 이야기들을 조금 더 체계론적으로 조사했다. 그 이후 우리는 또한 건강과 질병에 대해 전적으로 생의학적인 접근법에 입각해 구성된 보건의료체계에서 정서를 다루는 것이 얼마나 힘든 것인지에 대해 알게 되었다. 정서는 환자와 가족 경험의 지배적인 부분이지만 지배적인 생의학적 모델의 일부는 아니다. 정서적 경험을 인식하고 정당화하지 않으면 환자와 가족의 고통이 악화될 수 있다.

최근의 연구들은 의료 커뮤니케이션(health communications)과 의사결정에 영향을 주는 정서의 중요성을 지지한다. 정서는 과도한 불안을 유발하고, 두려움은 예를 들어 유방암 환자에 대한 특정 치료나 재발에 대한 위험을 과대평가하는 것으로 이어질 수 있다. 이것은 또한 치료를 피하는 것으로 이어질 수 있고, 중요한 교육적인 정보에 집중하지 못하게 할 수 있다(Peters, Lipkus, & Diefenbach, 2006). 또한 연구의 초점이 환자와 가족의 건강한 적응을 돕는 요인들을 파악하는 것으로 바뀌었다. 특히 이 주제에 대한 de Ridder, Geenen, Kuijer와 van Middendorp(2008)의 연구 고찰은 심리적 적응이 정서를 표현함으로써 촉진된다는 것을 시사한다.

> 환자는 당연히 가능한 한 능동적인 상태로 있어야 하고, 환자가 자신의 삶을 통제하고 자기관리에 관여하며 자신의 질병에 대한 잠재적인 긍정적 결과

에 초점을 맞추는 방식으로 자신의 정서를 인정하고 표현해야 한다. (p. 246)

이 연구 결과에서 정서, 행동주체성과 연대감의 중요성에 주목하라. Susan Johnson과 같은 가족치료사는 부부와 가족의 정서에 초점을 맞춘 접근법들을 개발해서 질병에 적용했다(Kowal, Johnson, & Lee, 2003). Kaethe Weingarten (2012)은 종종 만성질환이나 영구적인 장애가 있는 사람들에게 동반되는 만성적인 슬픔, 자기상실 및 내러티브 혼란에 대한 '연민 어린 증인 되기(compassionate witnessing)'의 치료적 중요성을 감동적으로 기술했다. 우리가 동료들과 함께 알게 된 점은 통합치료에서 치료사 역할의 일부로서 다양한 영역의 정서를 목격하고 정상화하는 것이 가치 있다는 점이며, 그래서 우리가 이런 정서적 측면의 돌봄을 의료가족치료의 전면으로 가져온 것을 기쁘게 생각한다.

의료가족치료에 대한 오늘날의 도전 중의 일부는 지속 가능한 효과적인 시스템을 만드는 것이다. 의료비 상환 시스템이 이제 받아들이게 된 점은 의료가족치료사의 도움으로 혜택을 받은 많은 환자와 가족이 심각한 질병에 대해 정서적으로 반응하는 것을 당연히 예측할 수 있지만 신체건강뿐만 아니라 정신건강 진단에 대해 꼬리표가 붙는 것을 바라지 않는다는 것이다. 미국심리학회(APA)가 개발한 건강 및 행동 코드(Health and Behavior Codes: 의료비 청구 코드—역주)는 정신건강 장애로 부적절하게 진단받지 않고 질병이 있는 환자가 의료가족치료 서비스에 접근할 수 있도록 하는 노력의 일환이다.

질병 체험 이야기

질병 체험 이야기에서 공통적인 메시지는 질병에 대처하는 것이 격렬한 경험, 즉 기진맥진하게 하면서도 힘을 북돋아 주는 정서적인 롤러코스터 타기일 수 있다는 것이다. 가족의 강점과 낙관주의가 비극적이고 슬픈 반응과 함께 존재한다. 이러한 정서적인 주제는 가족치료, 가족 구조 그리고 가족 신념이 전통적으로 초점을 맞추는 주제이기도 하며 함께 나타난다. 일단 질병을 정서적인 도가니

(emotional crucible)로 보고 초점을 두면 우리는 가족이 심각한 질병과 함께 사는 동안 경험하는 많은 다양한 정서를 목격한다. 이러한 초점은 우리가 가족의 정서적인 경험이 종종 기진맥진하게 하면서 동시에 힘을 북돋아 주고 있다는 것을 이해하도록 돕는다. 가족은 정서가 외견상으로는 서로 모순되는 것처럼 보이지만 더 깊은 수준에서 인간으로서 풍부한 질병 체험을 하게 하는 그러한 정서와 함께 살아가는 것을 배운다.

이 장에서 우리는 질병이나 부상에 대한 반응으로 8개의 정서적인 주제와 3개의 공통적인 정서기반 행동에 대해 설명한다. 이러한 주제와 행동은 의료환경이나 의료 외 현장(outside practice)에서 통합치료의 일원으로서 일하고 있는 의료가족치료사가 환자와 치료사의 질병 이야기에 대한 비공식적인 질적 분석을 한 결과 제공한 것이다. 정서적 주제는 부정 대 수용, 분노 대 평온, 절망 대 희망, 죄책감 대 용서, 부담 대 안도감, 두려움 대 용기, 상실 대 회복, 그리고 황당함(senselessness) 대 의미(meaning) 등이다. 사람들이 이러한 정서에 대처하려고 할 때 가족 내에서 자주 발생하는 행동 반응은 비밀 대 공유, 고립 대 연결, 그리고 수동성(passivity) 대 책임지기(taking charge)를 포함한다.

이 장을 빨리 읽어 보면 이러한 정서와 행동이 질병이 부정되든 또는 수용되든 그리고 비밀이든 또는 공유되든 간에 범주적임을 믿게 될 수 있다. 그러나 정서와 행동은 내적 그리고 대인관계상 분투 모두를 의미하는 복잡하면서도 종종 모순된 정서들을 내포한 긴장인데, 조금 더 정확하게 하면 변증법적이라고 표현할 수 있다. 환자와 가족은 어떤 측면은 부정하고 다른 측면은 수용하면서 정서를 표현하는 각 주제에 대하여 연속선상의 어느 지점에 위치해 있다고 할 수 있다. 어떤 한 개인이 어느 순간에는 절망적이고 또 다른 순간에는 희망에 찬 느낌이 들 수도 있고, 혹은 복잡한 질병 경험의 일부로서 둘 다를 동시에 경험할 수도 있는데, 이는 한 아동 서적에서 '이중감정(double-dip feelings)'이라는 말로 알려져 있다(Cain & Patterson, 2001).

이러한 정서적 주제와 반응은 여러 질병 체험에서 나타난다. 그래서 그것들은 예견된 질환뿐만 아니라 급성질환에서도, 노인뿐만 아니라 청소년에게도 발생한다. 정서적 주제들은 삶의 의미, 인간관계 그리고 영성에 대한 인간의 관심 중에 가장 근원적인 것을 활성화하는 긴장, 즉 질병이 유발할 수도 있는 보편적인 긴장을 설명해 준다. 물론 모든 가족이 이 모든 정서적 주제로 고심하는 것은 아니다. 오히려 가족마다 나름의 독특한 내력을 가지고 있어서 가족에 따라 어떤 질병의 도전은 쉽게 넘어가지만 다른 것은 거의 이겨 낼 수 없다는 것을 알게 될 것이다. 가족을 무력하게 한 정서적 주제와 반응들은 치료의 초점이 된다.

정서적 주제

Harry Stack Sullivan(1974, p. 7)이 "우리 모두는 다름 아닌 인간이다."라고 말했듯이, 가족의 질병 이야기에서 눈에 띄는 주제들은 보편적인 인간의 분투이다. 그 주제들이 반드시 혹은 대개 정신병리학을 나타내는 것은 아니다.[1] 보편적이지만 각자의 경험은 독특하며 고유한 반응으로 취급할 만하다. 게다가 각 정서적 주제는 가족의 역사와 문화적 경험을 통해 걸러진다. 각각의 정서적 주제들을 조금 더 자세히 살펴보자.

부정 대 수용

심각한 질병에 걸렸다는 말을 듣는 것은 한 양동이의 찬물을 흠뻑 뒤집어쓰는 것과 같다. 어떤 사람들은 초기의 충격이 가라앉을 때까지 소리를 지르고 몸을 흔들어 대는 것으로 반응한다. 그런 후에 젖은 몸이 마르고 따뜻해지면서 재적응하며 삶을 계속 살아간다. 다른 사람들은 중요한 무언가가 일어났다는 것을 부정하는 것처럼 얼어붙거나 위축되어서 자기 안에 틀어박힌다. 새로운 현실에 대한 적응은 항상 시간이 걸린다. 심각한 진단명을 들었을 때 모든 환자와 가족

---

1) 건강 및 행동 코드(http://www.apapracticecentral.org/reimbursement/billing/index.aspx)는 이 일에 대해 상환하기 전에 『정신질환의 진단 및 통계 편람(Diagnostic and Statistical Manual of Mental Disorders: DSM)』의 정리병리학적 진단을 요구하기보다는 오히려 환자가 심각한 질병에 대처하는 정상적인 정서 및 행동 반응을 다루는 것을 치료사가 돕도록 한다.

구성원은 질병이 수반하는 것을 이해하려는 분투를 경험한다.

가족구성원 그리고 전문가조차도 종종 부정에서 수용까지의 연속선상에서 자신이 있는 지점을 조정한다. 이것은 마치 가족 내에 어떤 사람은 질병을 부정하고 그냥 살아가도록 옹호해야 하고, 또 다른 사람은 가족이 어려운 현실을 이겨내려고 노력하는 것을 도와야 하는 것과 같다. 물론 사람들은 양극화되어 서로 중대한 갈등에 빠질 수도 있다. 의료가족치료사는 분투의 먼지가 가라앉게 하고 질병의 도전에 대한 각 개인의 반응을 끌어내 정상화해서 가족의 이야기에 더 명확히 초점을 맞춘다. 부정과 수용 사이에서 어쩔 수 없이 왔다 갔다 한 결과, 종종 나타나는 것은 문제에 대한 새로운 이해로서, 가족원 모두가 부정에서 수용까지의 연속선상에서 함께 이동한다.

예를 들어, 60세 여성인 케이트는 가슴에 심한 통증이 있은 후 이틀을 기다렸다가 의료적 치료를 받았다. 그녀는 심장발작으로 입원했고, 8명의 성인이 된 자녀들은 어머니에게 어떻게 자신의 증상을 부정했냐며 몹시 화를 냈다. 자녀들이 어머니가 자신의 심장 상태를 인정하도록 더 많이 주장할수록 어머니는 의료적 개입을 더 많이 거부했다. 의료가족치료사는 가족의 다양한 관점을 존중하며 정당화할 목적으로 케이트와 자녀들 그리고 일차의료 의사를 만났다. 치료사는 케이트가 1년 전 남편의 죽음에 대한 큰 슬픔과 관련이 있는 생각과 감정을 표현할 수 있는 공간을 만들었다. 그런 다음에 자녀들은 어머니가 손자들에게 도움이 되었으면 좋겠다는 소망을 이야기했다. 35분의 만남 후에 케이트는 의료적 개입을 제한적으로 받고자 하는 자신의 소망과 모든 가능한 치료를 다 받기를 바라는 자녀들의 소망 사이의 절충을 의미하는 치료계획을 의사와 함께 만들어 냈다.

분노 대 평온

많은 사람은 자기 자신 또는 가족구성원에게 화를 내며 심각한 진단명에 대해서 반응한다. 그런데 그 화는 가족구성원처럼 가장 많이 돌보는 사람들 또는 의료전문가처럼 진단의 메시지를 전하는 사람들에게 표현된다. 분노 대 평온은 질병에 대해 보이는 가장 가시적인 반응으로서, 흔히 타인들이나 환자 자신이 쉽게 알아챈다. 분노와 관련된 행동은 분노를 안으로 삭이거나 철회하는 것에 이르기까지 그 폭이 다양하다. 그러나 분노와 평온은 또한 명백하기보다는 조금 더 미묘할 수 있다. 예를 들어, 평온해 보이는 사람도 의식하지는 못하지만 상당한 분노를 가지고 있어서 여타의 활동에 조금 더 충분히 참여하지 못할 수 있다. 의료가족치료사는 환자와 가족이 질병과 관련된 피할 수 없는 감정의 혼합을 인식하거나 받아들이도록 돕는다.

케이트의 사례에서, 병원에서 그녀를 돌보는 수련의사들 중의 일부는 그녀가 얼마나 적대적이었는지, 그리고 첫 24시간 동안 그녀가 어떻게 모든 치료를 거절했는지에 대해 불평했다. 입원 후에 몇 번의 개인 회기에서 남편을 잃은 것에 대해 케이트가 느꼈던 깊은 슬픔과 그것이 분노를 통해 어떻게 표현되었는지에 초점을 맞췄다. 케이트가 자신의 질병을 부정했던 반면에, 자녀들은 아버지의 죽음이 어머니에게 미쳤던 깊은 영향을 부정했다.

절망 대 희망

질병이나 부상에 적응하는 것은 어두운 구름이 가득 찬 폭풍우가 치는 여정 중에 놀랍도록 햇빛 찬란한 지점을 만나는 것과 같다. 혼란스러운 날씨 패턴처럼 절망의 구름은 희망의 밝은 하늘로 예고 없이 바뀌고, 그런 다음에 아주 빨리 다시 폭풍우로 변한다. 이러한 희망과 절망 사이를 계속 왔다 갔다 하는 것이 예측할 수 없는 것처럼 보인다. 환자와 그 가족은 질병의 초기 단계 동안에 대체로 낙담하게 된다. 그러나 그들은 또한 예전에 몸 상태가 비슷했던 사람에 대한 긍정적인 이야기를 열심히 찾는다. 질병이 안정된 것처럼 보였을 때 의료진, 환자 그리고 가족은 종종 안심하게 되고 희망을 갖게 된다. 질병이 안정된 경과를 보이고 재활이 진전될 때조차 기능이 상실되거나 호전이 이루어질 때 피할 수 없는 실망의 파도가 돌아온다. 환자는 이러한 감정들이 계속 왔다 갔다 하는 것에 좌우된다는 느낌을 받거나, 아니면 그 폭풍우의 고저를 조절하는 방법을 발견하면서 감정이 계속 왔다 갔다 하는 것을 예측하고 대처하는 법을 배울 수 있다. 의료가족치료사는 이러한 감정을 정상화하고 가족과 가족의 미래에 대한 희망을 강조한다.

남편을 잃은 것과 자신의 심장발작 사이에서 케이트는 절망하고 있었다. 그녀는 치료에서 자신의 분노와 슬픔 그리고 두려움을 표현하는 시간이 필요했다. 그녀가 그렇게 했을 때 희망의 표현이 천천히 나타나기 시작했다. 가족치료 회기에서 치료사는 케이트가 고통을 표현했을 때 뒤이어서 자녀들이 케이트가 살아 내기 위해 했어야 했던 모든 것을 지적하는 순환 고리를 중단시켰다. 치료사는 자녀들이 어머니의 이야기를 귀 기울여 듣고 어머니의 감정을 받아들이도록 힘주어 말했다. 점차적으로 케이트는 자녀와 손자들을 포함해서 자신에게 귀중한 삶의 여러 측면을 인정하기 시작했다.

죄책감 대 용서

질병은 많은 사람에게 개인적인 실패감과 심지어는 도덕적으로 잘못한 느낌이 들게 한다. '이렇게 되게끔 내가 뭘 했던 거지?'는 질병에 걸리거나 부상을 입었을 때 스스로에게 흔히 하는 질문이다. 개인적인 숙달감(mastery)을 매우 높이 평가하는 서양에서 많은 사람은 자신을 신체적으로나 심리적으로 더 잘 돌보지 않은 것에 대해서 죄책감을 느낀다. 죄책감은 심하게 아픈 자녀의 부모들이 더 크게 갖는데, 이들은 '왜 내가 아이를 잘 보호하지 못했을까?'라고 자문한다. 폐암에 걸린 흡연자나 자녀의 초기 증상을 무시했던 부모의 사례에서처럼 약간 후회하는 정도는 이해할 수 있다. 그러나 과도하거나 비현실적인 죄책감은 환자와 가족을 해친다. 의료가족치료는 그 해독제가 자기 자신을 용서하는 것, 즉 자신의 실수를 받아들이고 우리 자신이나 우리가 사랑하는 사람들의 건강을 보호하기 위해 스스로 할 수 있는 것의 한계를 이해하는 과정임을 강조한다.

케이트의 심장발작 후 입원 전의 처음 며칠 동안 자녀들 중 누구도 방문하거나 전화하지 않았다. 아버지가 돌아가신 후 어머니의 부정적인 태도에 어느 정도는 좌절해서, 또 어느 정도는 자녀들이 바쁘게 살기 때문에 이런 상황이 벌어졌다. 자녀들이 병원에 오지 않았음을 이야기할 때 죄책감이 확실하게 느껴졌다. 케이트는 분명히 화가 나 있었다. 그러나 시간이 흐르면서 그녀가 자신의 슬픔과 분노에 대한 감정을 받아들였을 때, 자녀들 모두 엄마가 괜찮은지 확인하지 못하고 지내게 되는 각자의 삶이 있다는 것을 이해한다고 말하면서 자녀들을 용서하기 시작했다. 의료가족치료 회기 동안 일단 죄책감이나 용서의 감정이 표현되자 자녀들은 교대로 방문하는 일정표를 만들었고, 그 결과 매일 자녀들 중 누군가가 케이트를 방문하게 되었다.

부담 대 안도감

부담은 돌봄(caregiving)과 거의 동의어이다. 이것은 가족에게 부과된 만성질환과 장애의 보이지 않는 무게에 대한 무거운 느낌이다. 부담감은 돌보는 사람에게 매일 2교대 또는 3교대 근무를 맡을 것을 요구하므로 신체적이며, 동시에 가족이 어떤 건강문제는 결코 사라지지 않을 것임을 인식하고 있기 때문에 심리적이다. 돌보는 사람은 부담감으로부터 안도감을 경험할 수 있도록 작업량에 대해서는 신체적인 도움을 필요로 하고, 고통스러운 정서와 몰두에 대해서는 심리적인 도움과 같은 정기적인 지지를 필요로 한다. 때로 진정한 안도감은 아픈 사람이 죽거나 돌봄시설로 거처를 옮겨갔을 때에만 오는데, 그 경우에 돌보는 사람이 상실감 외에 안도감과 죄책감을 모두 경험할 수도 있다.

어머니를 돌보기 위해서 준비한 교대 방문 일정표는 어느 한 자녀에게만 불편부당한 부담이 되지 않으면서 어머니가 돌봄을 받고 있다고 자녀들이 느끼는데 도움이 되었다. 케이트와의 개인치료 회기는 그녀가 평생 동안 남편과 자녀들을 돌보는 역할을 했던 점에 초점을 두었다. 그녀는 남편이 사망했을 때와 자신이 병이 들었을 때의 정체성 상실과 돌보는 역할을 그만두었을 때의 안도감 모두를 인정했다.

두려움 대 용기

두려움은 심각한 질병과 함께 가족에 파고들어 온다. 나는 어떻게 되고 혹은 내가 사랑하는 사람은 어떻게 될까? 내가 고통이나 치료에 잘 대처할 수 있을까? 내가 돌보는 것을 지속할 수 있을까? 우리 가족이 무너질까? 내가 죽을까 혹은 내가 사랑하는 사람이 세상을 떠날까? 뇌종양과 싸우는 동안 에드워드 케네디 상원의원에게 일어난 것처럼 유명 인사들은 말기 질환에 직면하는 그들의 용기 때문에 영웅이 될 수도 있다. 사람들은 질병에 직면하여 용기를 발견할 때 두려움을 없애거나 물리치려고 하지 않는다. 오히려 그들은 두려움과 함께 살아가는 힘을 발견한다. 가족구성원들은 질병이 진행되는 동안 종종 두려움을 나누기도 하고 서로 용기를 북돋우기도 한다. 그들은 이 두 경험이 얼마나 필요하고 서로 의존하는지를 이해하는 데 도움이 필요할 수 있다.

놀랍게도, 의료가족치료 회기는 케이트가 가진 가장 큰 두려움이 가족 내 어르신처럼 장애가 있게 되고 관절염으로 고통받는 것이라는 것임을 분명하게 해 주었다. 그녀는 남편이 심장발작으로 빨리 별세한 것이 자기 가족에게서 봤던 것보다 세상과 하직하는 훨씬 더 좋은 길이라고 느꼈다. 치료사는 재활계획에 전념해 남편 없이 새로운 삶을 구성해 가는 케이트의 용기를 강조했다.

상실 대 회복

질병 사건은 우리가 언젠가는 죽을 수밖에 없음을 일깨워 주는 이정표이다. 대부분의 만성질환은 능력이나 꿈의 상실과 같은 일종의 상실을 가져온다. 만성질환은 우리 모두가 직면한 더 큰 상실, 즉 죽음을 통한 피할 수 없는 영구적인 상실이 있음을 암시한다. 상실에 초점을 맞추면 무기력해지고 의기소침해지는 사람이 있는 반면에, 상실을 경험함으로써만이 진정으로 삶의 모든 즐거움을 인식할 수 있다고 주장하는 사람이 있다. 가까스로 죽음을 면한 사람들이 사랑하는 사람들에 대한 새로운 감사와 삶의 중요한 측면들을 느끼는 일은 흔하다. 따라서 상실의 고통은 종종 감사의 기쁨과 삶의 목적과 가치에 대한 새로운 헌신과 관련이 있다.

케이트와 자녀들이 함께한 의료가족치료 회기의 대부분은 남편(아빠)의 사망 때문에 그들 모두가 느꼈던 계속되는 슬픔과 첫 번째 부모를 잃은 후 너무 빨리 두 번째 부모를 잃을 것에 대한 자녀들의 상실 위협에 초점을 두었다. 가족치료사는 가족에게 기본적인 경청기술을 가르쳐서, 가족원 각자가 누구의 방해도 받지 않고 자신의 가장 깊은 감정을 표현할 수 있고 또 각자 이해받는다고 느낄 수 있게 했다.

황당함 대 의미

의미 탐색은 심리치료를 받는 많은 환자의 마음을 끈다. 심각한 질병이나 장애가 우리 또는 우리가 사랑하는 사람을 덮쳤을 때, 이것은 삶과 죽음을 이해하는 우리의 능력에 도전한다. 질병에 직면한 어떤 사람들은 가령 어린아이에서의 암 진단이라는 그 황당함에 의문을 제기하면서 깊은 절망에 빠진다. 결국 케이트와 자녀들은 그녀의 심장발작이 그들 각자에게 삶에 대한 새로운 시각을 주었고, 남편의 사망 후 불편했던 가족관계 면에서 정서적인 친밀감을 증가시켰다고 느끼게 되었다. 게다가 케이트의 자녀들 중에 두 명이 미국심장협회(American Heart Association)를 위한 자원봉사자로서 모금을 하기 시작했다. 다른 두 명의 자녀는 다시 성당에 적극적으로 나가기 시작했다. 이런 식으로 자녀들은 행동주체성을 발휘했고, 어머니와 아버지 모두와 함께한 자신들의 경험의 의미를 구체화하기 위해 작업했다.

어떤 질병이든지 환영받지 못하는 것은 확실하지만, 의미 탐색을 통해 삶이 주는 선물에 대한 인식이 자연스럽게 증진된다. 많은 사람에게는 이러한 의미 탐색이 영적인 탐색의 모습으로 나타날 수 있고, 매우 귀중한 가족 논의의 기회가 될 수 있다. 의료가족치료사가 인생에서 가장 중요한 질문에 대한 해답을 제공해 주지는 않는다. 그보다 의료가족치료는 환자와 가족 그리고 치료사가 함께 생물학적 경험에 의미를 가져다주는 이야기를 구성할 때 분노, 가치, 희망 그리고 두려움을 공유할 수 있도록 토론의 장을 제공한다.

비밀 대 공유

심각한 질병이나 장애와 관련된 정서는 종종 행동주체성 및 연대감과 연관된 예측 가능한 대처행동을 촉진한다. 환자나 가족이 해야만 하는 첫 번째 결정 중의 하나는 공개에 관한 것, 즉 누구에게 밝히고 누구에게는 밝히지 않을 것인가이다. 각자는 자신과 질병, 그리고 사랑하는 사람들을 돌보는 측면에서 특성상 수동적이거나 능동적인 방식으로 반응할 수도 있다. 질병은 실존적인 문제들을 자극해서, 그 결과 외로움 아니면 의미 만들기, 단절 아니면 친밀감 증진으로 이어질 수 있다.

질병에 대해 그렇게 비밀을 지켜야 할 필요는 우리 몸을 사적으로 여기게 한 학습의 연장일 수 있고, 혹은 용감하게 굴어 사랑하는 사람에게 부담을 주지 않으려는 하나의 방법일지 모른다. 많은 미국인에게 질병은 섹스와 돈과 같이 비밀로 유지되어야 하며, 이것은 존 에프 케네디 대통령의 에디슨병이나 프랭클린 루즈벨트의 소아마비로 인한 장애 정도에도 해당되었다. 어떤 사람들에게 질병을 비밀로 한다는 것은 질병이 개인적인 실패이거나 죄가 있음을 나타내는 징표라는 믿음을 반영하는 것이다.

극단적으로 토크쇼의 인기와 일부 토크쇼의 저속함에 대한 비판은 질병과 부상에 대한 우리의 환상과 혐오를 모두 보여 준다. 의료가족치료의 초석은 질병의 여정이 다른 사람들과 공유되었을 때 완화된다는 생각이다. 치료적 과업은 가족의 사생활 보호에 대한 선호와 다른 사람에게 도움과 위로를 받고 싶은 욕구 간에 균형을 잡는 것이다.

예를 들어, 진행성 유방암을 앓고 있는 캐서린은 여섯 형제자매가 있고 친구들이 많다. 그녀가 심각한 수술 후 감염 때문에 중환자실에 있을 때, 가족은 누구에게 그녀의 상태를 말해야 할지 그리고 누구에게 방문을 허용해야 할지의 문제를 해결하려고 노력했다. 의료가족치료사와 함께한 가족회의에서 그녀의 남편과 자녀들은 환자와 가장 가까운 세 명의 형제자매가 방문해서 의사와 의료팀과 함께 하는 가족회의에 참여할 수 있도록 결정했다. 수년 동안 상당한 갈등이 있었던 다른 세 명의 형제자매 그리고 그녀의 친구들에게는 이메일을 통해 그들이 매일의 최신 정보를 받게 될 것이지만 그녀는 현재 너무 아파서 많은 수의 문병객을 받을 수 없다고 말했다.

수동성 대 책임지기

질병은 최고로 통제가 불가능한 경험이다. 어떤 정체불명의 이물질이 이전에는 건강했던 사람에게 침입해서 종종 영원히 그 사람을 바꿔 놓는다. 영양 섭취나 흡연과 같은 생활양식 요인이 발병에 기여할 때조차도, 우리는 질병을 예상치 못한 반갑지 않은 손님으로 경험한다. 병원이나 요양원에 있는 사람들은 자주 인간으로서의 정체성을 박탈당하고 신체기관들로만 묶여진 시스템으로 취급당한다. 가족구성원은 종종 주변인으로 밀려나, 지정된 시간에만 면회가 허용되고 치료를 받는 중에 필요한 돌봄과 의사결정에 너무 적게 참여하게 된다. 환자 그리고 때로는 가족이 질병에 대한 수동적이고 의존적인 접근에 굴복하기 쉽다.

우리의 보건의료체계는 대부분 의료진의 편의와 업무 효율성을 위해 구성되어 있다. 그럼으로써 그것은 불행하게도 병에 걸린('병에 걸리다'라는 문구에 내재된 수동성에 주목하라) 사람들로부터 수동적이고 '착한 환자' 역할을 요청하는(이른바 요구하는) 데 강력한 역할을 한다. 고정관념상 '착한 환자'는 질문은 거의 안 하고 의사가 하라고 한 것을 그대로 한다. 이러한 역할은 우울증이 있는 무력감에 빠진 절망적인 사람들을 위한 처방이다. 의료가족치료사는 환자와 가족이 해야만 하는 것은 받아들이고, 그들이 할 수 있는 것을 바꾸기 위해 일하도록 도움으로써 환자와 가족의 행동주체성을 높이기 위해 일한다. 이러한 치료는 임상 결과를 극대화하고 삶의 질을 높이며 이 과정에 대처하기 위한 환자와 가족의 노력을 지지한다.

캐서린이 마침내 병원에서 정신이 들어 상호작용할 수 있었을 때, 그녀는 자신에게 무슨 일이 일어났는지 알고서 충격을 받았다. 이런 두려움이 해야 할 필요가 있는 모든 의사결정에 관하여 그녀를 평소답지 않게 수동적으로 만들었다. "의사 선생님, 선생님이 생각하시는 것은 무엇이든지요."가 그녀의 주문이 되었다. 그러나 어떤 결정에는 명확한 답이 없었다. 몇 번의 의료가족치료 회기에서 캐서린이 자신의 두려움을 표현했다. 치료사와 남편의 지지를 받으면서 서서히 그녀는 자신이 선택할 수 있는 것에 대하여 조금 더 많이 질문하기 시작했고, 자신의 암에 대처하는 데 필요한 의사결정에 조금 더 많이 참여하기 시작했다.

고립 대 연결

질병이 개인에게 들이닥치는 것이기에 외로울 수밖에 없고 자기 스스로 정의할 수밖에 없는 경험이다. 어떤 환자들은 이러한 경험을 유대관계가 긴밀한 가족과 지역사회 속에서 시작한다. 케이트의 경우에서처럼 가족이 주위를 맴돌며, 보호하고 돌봄으로써 실존적인 도전에 반응할 수도 있다. 극단적인 상황에서는 환자를 무능력하게 하고 돌보는 사람을 소진하게 할 위험을 무릅쓰면서 가족의 해체를 막으려고 했으나 효과가 없게 되면서 가족들이 환자를 정서적으로 숨막히게 할 수도 있다. 질병이라는 위협에 겁먹고 죽음이 모두에게 온다는 현실에 직면하게 된 다른 가족들은 환자에게서 거리를 두는 것으로 반응한다. 그들의 두려움은 사랑과 충성심을 압도한다. 캐서린의 아들에게도 이런 일이 일어났다. 그녀의 딸만이 결국에 자신과 함께 병원에 가자고 그를 설득할 수 있었다. 의료가족치료는 친밀감과 이해를 위한 기회를 만들어 주면서 친구들과 가족이 환자의 독특한 경험과 가족구성원의 복잡한 감정을 인식할 수 있는 연대감을 위한 기회를 제공한다.

결론

이러한 정서적 주제와 반응의 풍부함은 가족 내에서 질병에 대처하는 것과 관련된 폭넓은 영역의 경험을 설명하는 데 도움이 된다. 이러한 경험은 가족에게 정상적으로 기대되는 것들이다. 의료가족치료사의 과업은 각 개인의 경험의 복잡성을 정당화하고 대화가 극단적으로 흐르는 것을 막는 것이다. 그렇게 함으로써 의료가족치료는 궁극적으로 친밀감을 증진하며, 오래된 대인관계 상처를 치유하고, 건강이 좋지 않아서 스트레스와 긴장이 많은 시기에 지지를 제공할 수 있는 가족을 위한 장(場)이 된다.

제5장
의료가족치료사 자신

태어난 사람은 모두 건강한 자의 왕국과 아픈 자의 왕국에서 이중 국적을 가지고 있다. 우리 모두는 좋은 여권만 사용하기를 원하지만, 조만간 우리 각자는 어쩔 수 없이 잠깐씩이라도 다른 곳의 시민임을 인식하게 되지 않을 수 없다.

– Susan Sontag, 『은유로서의 질환(Illness as Metaphor)』

우리는 같은 아픔을 앓고 있기 때문에 서로를 매우 좋아한다.

– Jonathan Swift, 『스텔라에게 쓰는 일기(The Journal to Stella)』

현대 문학이든 고대 문학이든, 문학은 우리의 죽음을 상기시켜 준다. 질환은 행동의 주체성 및 타인과의 연대에 위협이 되는 동시에, 환자와 가족, 가족치료사나 의료진의 삶의 영역에 깊이를 더해 주는 "깨달음으로의 부름"(Williamson, 1991,

http://dx.doi.org/10.1037/14256-005
Medical Family Therapy and Integrated Care, Second Edition, by S. H. McDaniel, W. J. Doherty, and J. Hepworth

p. 229)이다. 의료사회학자 Arthur Frank(2004)는 "아픈 사람이 먼저 그 부름을 듣지만, 모두가 부름을 듣게 된다."(p. 69)고 말했다. 의료가족치료의 주요 특성인 공감과 동정심은 이렇게 환자와의 동일시에서 시작된다. 즉, 우리 자신의 생명의 유한함을 받아들이면 아픈 환자로부터 느끼는 소원한 거리감을 방지할 수 있다. 아픈 사람들과 일하는 것은 이런 실존적 문제를 자극하므로 이에 건강하게 적응하기 위해서는 치료사 자신에게 주의를 기울일 필요가 있다.

이 책의 초판과 같이 나온 사례집의 제목은 『질환 경험의 공유(The Shared Experience of Illness』(McDaniel, Hepworth, & Doherty, 1997)이다. 이 책에서는 저명한 가족치료사들이 사례 소개를 통해 자신의 업무를 설명하고, 자기 가족의 질환에 관한 이야기를 하고, 개인적인 경험을 가족치료와 연결시킨다. 이 매혹적인 이야기들은 가족치료사가 의료가족치료에 대해 특정한 접근방법을 사용하는 배후 동기를 잘 드러낸다. 이 장에서 우리는 질환과 그 의미에 대한 자신의 이야기를 발견하도록 여러분을 초대하고자 한다. 의료가족치료사의 질환 경험의 중요성에 대한 일반적인 언급으로 시작하여, 개인적 발전과 관련된 문제를 탐색하고, 다른 의료전문가들과의 협력과 관련된 자기인식의 문제를 다룬다. 그리고 의료가족치료를 계속할 수 있고 보람 있는 경력을 쌓을 수 있게 만드는 자기돌봄을 위한 제안으로 결론을 맺는다.

대다수 비의료적 심리치료사의 훈련은 서양의 마음-몸 분리 문화로 집약된다. 치료사는 주로 심리사회적 영역에 집중하고 생물학적인 영역은 의사와 간호사에게 남겨 둔다. 많은 가족치료사들에게 있어서 생물학은 뇌에서 시작하여 뇌에서 끝나며 가족은 생물학적, 심리적, 사회적 영역이 수렴되는 대상이 아닌 하나의 사회적 집단으로 일반화된다. 그 예외적인 경우는 건강심리학(대개는 체계론적 또는 가족지향적 접근법을 가르치지 않음)과 의료가족치료에 관한 과목이나 강의 및 학위과정 프로그램들이다.

전통적인 심리치료 프로그램들이 거의 예외없이 심리사회적 관점에만 집중하기 때문에, 대다수 가족치료사들은 자신이 겪은 질환의 생물학적 원리가 자신의 삶뿐만 아니라 환자 및 그 가족과의 관계에 어떻게 영향을 미치는지를 점검하도록 훈련받지 않는다. 역전이를 해결하는 과정은 신체가 아닌 정신을 점검하는 것이다. 발달적 또는 역전이적 함의를 위해서 개인적이고 가족적인 정서적 단절이나 갈등 경험은 검토되지만 암, 당뇨병 또는 알츠하이머와 같은 경험은 거의 언급되지 않는다. 부모나 교사에 대한 태도는 탐색되지만, 질환을 앓는 동안에 겪는 권위자로서의 의사에 대한 태도는 제외된다. 즉 정서적 고통의 돌봄은 검토되지만, 신체적 고통의 돌봄은 검토되지 않는다. 그러나 의료가족치료에서는 이 모든 정보가 중요하다.

질환에 관한 가족치료사들의 개인적 경험이 그들의 공감력과 선택의 폭을 넓힐 수 있다면 이는 환자의 치유를 위한 좋은 자원이 될 수 있다. George Engel(1977)이 의학에서 전통적 생의학 모델의 대안으로 생심리사회적 모델을 제안했을 때, 그는 의학의 인간적인 측면, 그리고 환자의 질환 경험 및 의사 자신의 환자 경험의 중요성을 강조하였다. 의료가족치료사들은 자신의 질환 경험과 환자들의 질환 경험 사이의 연계를 이해할 뿐만 아니라 몸, 마음, 가족 그리고 지역사회가 촘촘하게 연결된 하나의 그물망으로 이루어진 것으로 본다.

질환과 관련된 개인발달 문제

심각한 질환에 직면한 환자 및 가족과 일할 때는 가족치료사의 보편적인 자기인식 정도나 원가족과 관련된 개인발달 문제로는 충분한 도움이 되지 않을 수 있다. 즉, 의료가족치료에서 가족치료사는 죽음과 상실의 위협을 수용하고 대응할 수 있는 역량을 유지해야 한다. 불확실성과 상실감을 견뎌 내는 것과 원가족의 건강에 대한 신념과 질환 경험 그리고 자신과 현재 가족의 질환 경험에도 특히 주의를 기울여야 한다.

불확실성 및 상실에 대한 용인

의료가족치료사가 직면하는 가장 중요한 과제는 불확실성, 상실 그리고 죽음을 받아들이는 것인데, 이는 가족구성원의 질병에 직면한 가족의 경험에도 영향을 미치게 된다. 가족과 의료진은 질병의 진단과 치료에 수반되는 불확실성과 씨름한다. 의학교육의 많은 부분은 알려지지 않은 것보다는 알려진 것을 강조할 따름이다. 대부분의 환자와 가족은 의료진이 자신의 질병을 치료해 주고, 아직 과학적으로 설명되지 않는 현상이라고 변명하지는 않기 바란다. 이런 불확실성의 어려운 문제에 직면할 때, 비교적 침착한 가족치료사들은 의료계 동료들에게 유용한 자문을 제공할 수 있으며, 예후와 치료과정, 또 "왜 나야?" "왜 지금이야?"와 같은 질문으로 어려움을 겪고 있는 환자와 가족을 위한 역할 모델이 될 수 있다(의학 분야에서 불확실성의 중요성에 관한 우수한 논의는 Bursztajn, Feinbloom, Hamm, & Brodsky, 1981을 참조하라).

질환이나 상실 또는 죽음을 다룰 때, 의료가족치료에서의 영성적인 차원은 매우 강렬하며 보람이 있다(Walsh, 2009). 의료가족치료는 추상적이 아닌 현실적인 죽음의 불안을 직접 다루게 된다. 치료사들은 환자들의 죽음뿐만 아니라 자신의 죽음에도 직면한다. Donald Williamson(1991)은 "죽는 사람은 자신을 바라보고 있는 사람보다 조금 일찍 죽는 사람"(p. 234)이라고 썼다. 이러한 문제에 직면하면, 치료사들과 가족들은 인간이란 무엇이며, 산다는 것, 사랑하는 것 그리고 죽는다는 것은 무엇인가에 대한 삶의 의미를 통찰하게 된다. 중년의 위기(생명의 유한함도 같이 다루는)에서와 마찬가지로, 의료가족치료사는 환자와 가족들이 삶의 우선 순위와 무엇이 가장 의미 있는 삶의 방식인지를 평가하는 것을 도울 수 있다.

가족치료사는 환자와 가족이 이러한 문제를 탐색할 수 있도록 안전하고 지지적인 환경을 제공하는 것과 마찬가지로, 아픈 구성원이 있는 가족들과 일하면서 얻는 보람뿐만 아니라 스트레스, 긴장 및 불확실성도 동료들과 나누고 상의할 수 있는 안전하고 지지적인 환경의 혜택을 누릴 수 있다. 일부 의사들은 환자와 일함으로써 생기는 개인적인 경험을 공유하는 '발린트 집단(Balint groups)'에 참여하는데, 정신분석학과 타비스톡(Tavistock) 교육의 영향을 받은 영국 의사 Michael Balint(1957)의 연구에 따르면, 이 집단모임은 미국과 유럽의 일차의료 훈련프로그램에서 인기가 있었다. 발린트 집단은 보통은 의사들을 위한 모임이지만 가족치료사들과 다른 의료전문가들도 많이 참여하였다. McDaniel, Bank, Campbell, Mancini와 Shore(1986)는 어느 발린트 집단의 의사와 가족치료사들이 가족체계론적 지향을 서로에게 적용한 것에 관해 보고한 바 있다.

원가족의 질환문제

의료가족치료 과정에서 불확실성, 상실 및 죽음을 다루는 것은 치료사 원가족의 의료문제를 필연적으로 자극한다. 넓게 말하자면, 이 문제들은 치료사 자신의 가족질환, 상실, 건강행동, 건강신념, 그리고 의사 및 다른 의료진과의 상호작용 경험들과 관련된다. 확실한 한 예를 들자면, 아버지나 어머니가 의사인 가족치료사는 의학적 문제와 일반적 원가족문제들을 분명하게 연결할 수 있을 것이다. 그러나 의료전문가든 아니든 모든 가족은 감정과 의미가 실린 건강문제의 역사를 지니고 있다. 우리의 가설은 의료가족치료사들이 이러한 문제들을 잘 해소하고 편안해지는 것이 중요하다는 것이다. 1장에서 언급했듯이, 그 유용한 훈련기법 중의 하나는 연수생들에게 자기 가족이 어떻게 건강과 질환을 규정하고 건강문제와 위기에 대처하는지에 초점을 둔 '건강 및 질환' 가계도를 그려 보게 하는 것이다. Susan H. McDaniel의 이력은 이러한 개념의 일부를 설명한다.

McDaniel은 산부인과 의사인 아버지 밑에서 자란 의료가족치료사이다. 그녀의 아버지는 거의 감정을 표현하지 않는 예민한 사람이었으며, 죽어 가는 사람들을 일상에서 상대하지 않으려고 산부인과를 선택했다고 말하는, 심리사회적 훈련을 거의 받지 않은 우수한 외과 의사였다. McDaniel은 환자들의 심리사회적 문제를 다루도록 의사들을 훈련시키는 데 헌신하게 되었다. 그녀에게 있어서 가족과 직업적 초점 간의 연관성을 찾기는 어렵지 않았는데, 신입이었을 때 McDaniel은 심리사회적 접근법을 의사들에게 강요하려는 실수를 여러 차례 하였다(McDaniel et al., 1986). 그녀는 자신의 '건강 및 질환' 가계도를 동료들에게 발표하면서, 자기가 아버지와의 문제를 해소하기 위해서 의사들에게 전치(convert)하려 하고 있다는 것을 깨닫게 되었다.

이 역동을 인정하면서 McDaniel은 자신의 내적 우려를 아버지와 직접 연결시키게 되었고, 심리사회적 개념이나 기술의 습득을 힘들어하는 의사들을 더 천천히 교육하게 되었다. 그녀는 또한 산부인과를 선택함으로써 죽음을 회피하려던 아버지의 두려움을 인정하였고, 임종 환자들이나 자신 및 타인의 죽음에 대해 덜 불안해지도록 자신을 둔감화하는 작업을 하였다.

의료가족치료사들 각자는 또한 치명적 사건, 힘들고 고통스러운 순간, 그리고 상실이 포함된 가족의 건강과 질환의 내력을 갖고 있으며, 이러한 경험은 의료가족치료사의 공감력과 기술에 긍정적으로 기여할 수 있다. 환자들의 경험을 방해하지 않기 위해서는 다른 역전이 문제들처럼 이러한 경험 또한 검사와 모니터링이 필요하다.

『질환 경험의 공유』(McDaniel et al., 1997)에서, Hepworth는 1995년에 아버지의 AIDS 진단과 사망이라는 개인적인 경험이 AIDS 환자들이나 문제를 겪는 부부들과 일하는 자신의 능력에 어떻게 긍정적으로 또는 부정적으로 영향을 주었는지 설명하였다. 그녀는 1985년 초에 AIDS를 어떻게 알게 되었는지를 설명했는데, 그것은 인기 있는 동성애자 여름 공동체이며 AIDS로 인한 급속하고 끔찍한 죽음을 경험하기 시작한 초기 공동체들 중의 하나였던 뉴욕의 파이어섬을 아버지와 그의 친구들과 함께 방문했을 때였다.

그때의 느낌이 자주 떠오르면서 그녀는 AIDS에 대해 배워 다른 가족들이나 환자들을 돕겠다고 스스로와 약속하게 되었는데, 그렇게 한다면 아버지를 AIDS로부터 안전하게 지킬 수 있을 것이라고 생각한 것이다. 그래서 그녀는 수년 동안 AIDS 교육에 참여했으며 자신의 상담을 통해 많은 환자와 부부가 HIV에 대처하는 것을 지켜보았다. 그러나 그러한 계약이 작동하지 않고 아버지가 AIDS에 걸려 버렸을 때는 자신도 AIDS에 대처하는 가족의 일원이 되었고, 비슷한 위기에 처한 다른 가족들에게 객관적으로 임상치료를 할 수 없게 되었음을 깨달았다.

인생과 마찬가지로, 우리의 직업적 활동이 항상 예상대로만 진행되는 것은 아니다. Hepworth는 더 이상 새로운 AIDS 환자를 받지는 않았지만 동성애자 부부를 치료하다가 그중 한 명인 마이클이 AIDS에 걸렸음을 알게 되었다. 그러나 그들은 그 병이 그들 삶의 큰 문제가 아니라고 했고, 실제로 마이클은 가족을 비롯한 많은 사람들에게 자신의 병을 공개하지 않았다. Hepworth는 『질환 경험의 공유』에서 부부가 질환을 '받아들이고' 대처하도록 얼마나 많이 그들을 설득했는지에 관해 가족치료사로서의 어려움을 자세하게 설명하였다(Hepworth, 1997).

다행히 그녀는 자문을 구할 수 있는 좋은 동료가 있었는데, 그는 그녀가 자신의 가족 경험을 드러내어 수용하고 자신을 부부의 입장으로부터 분리하도록 도와주었다. 이 가족치료의 사례 분석에서 입증된 바와 같이 그 당시에도 지금도 정답은 없다. 그러나 Hepworth가 자신의 감정에 주의를 기울인 것이 그 부부와 계속 일할 수 있게 만든 필수적인 요소였음은 명백하다.

개인적 건강문제

자기개발 작업의 세 번째 영역은 가족치료사 자신의 질병, 건강행동 및 보건의료전문가로서의 이력에 관한 것이다. 치료사들은 어떤 정서적 주제에 다른 사람들보다 쉽게 반응하는 경우가 있는데, 이는 일부 질병과 상실에 대한 개인적 경험 때문이다. 자신의 신체적 문제로 스트레스를 겪으면서 이를 부끄러워하는 치료사는 비슷한 문제가 있는 환자들과는 효과적으로 일할 수 없다. 그러나 예를 들어, 당뇨병을 앓고 있는 치료사는 자기돌봄(self-care) 문제를 다루거나 심각한 만성질환에 때로 수반될 수 있는 부정(denial) 문제를 다루는 데 특별한 기술을 가지고 있을 수 있다. 암을 극복한 치료사는 암 환자와 가족을 다룰 때 특별한 공감과 선입견을 둘 다 가질 수 있다. 과체중이나 흡연으로 어려움을 겪는 치료사는 환자의 건강행동 문제를 다룰 때는 이러한 문제들의 의미에 대해 정리해야 할 것이다.

좋은 치료법은 Mony Elkaim(1990)이 환자와 가족의 강점과 투쟁에 대한 치료사의 **공명**(resonance)이라고 불렀던 것에서 분명히 드러난다. 치료사는 자연스레 자신의 건강 및 질병 경험과 환자 가족의 경험을 비교하면서, 환자와 가족이 질병으로 인한 새로운 과제에 대응할 새로운 대처방법을 찾도록 돕는 질문을 시작하는 데 그 공통점을 활용한다. 자신의 가족이 죽음 앞에서 용기를 내게 된 것을 자랑스러워하는 치료사는 환자의 말기 질환을 두려워하는 가족들에게 특히 도움이 될 수 있다. 이와 대조적으로, 치료사는 불일치에도 유의해야 한다. 죄책감에 빠진 가족으로 하여금 말기 질환에 직면하는 용기를 갖게 하는 것에 상담의 초점을 두는 것은 사실, 그 가족이 침묵하고 있는 비합리적인 비난의 두려움을 표현하는 것을 막게 되어 상담이 가족에게 필요하기보다는 치료사의 필요를 충족하는 것으로 작동할 수 있다.

Bill Doherty는 삶의 스트레스가 건강에 어떤 영향을 미치는지 모르는 환자들을 다루던 시기에 자신의 의사가 복부 통증의 원인을 찾으면서 그때가 스트레스를 특히 많이 받고 있는 때가 아닌지를 물었던 것을 기억한다. 치료사-환자인 그는 즉시 아니라고 대답했고 생의학적 문제로 토론을 되돌렸다. 그는 운전해서 집에 가는 동안 최근에 이사와 아픈 친척 문제, 대규모 연구비 신청 마감 등으로 많은 스트레스를 겪고 있었음을 깨달았다. 그는 생심리사회적 모델을 자기 자신에게 적용하는 데 얼마나 쉽게 실패했는지에 놀랐는데, 그러한 경험은 같은 어려움을 겪는 다른 사람들에 대해 동질감을 느끼게 하는 데 도움이 되었다.

환자에게 의사 자신의 건강문제를 노출할지의 여부는 미묘한 문제로, 연구주제가 되기도 하고 의사들 간에도 자주 논쟁거리가 된다. Morse, McDaniel, Candib와 Beach(2008)는 일부 의사들은 자기노출이 의사와 환자 간의 관계를 강화하고, 공감도를 높이며, 대처의 본보기가 될 수 있다고 생각한다고 보고하였다. 예를 들면, "담배를 끊는 것이 얼마나 힘든 일인지 안다, 나도 직접 경험했다."와 같은 종류의 **공감적 정당화**(empathetic validation)는 의사와 환자가 어려운 경험을 공유할 때 일어날 수 있다. 이는 환자에게 안도감, 동정심 또는 과제에 대한 이해심을 제공할 수 있다. Morse 등은 자기노출이 환자의 걱정과 관련이 있고, 간략하며, 환자의 문제로 즉시 되돌아오는 경우에만 긍정적인 영향을 줄 가능성이 높다고 결론지었다. 일차의료의사들을 방문하는 환자들 대상의 무작위의 표준화된 한 연구에서 이러한 형태의 절제된 자기노출은 드문 것으로 나타났다. 세 번 방문 중에서 한 번은 의사의 자기노출이 포함되었으나(McDaniel et al., 2007), 100% 전부 환자에게 도움이 된 것을 보여 주지는 못했다. 대부분은 무해한 훼방거리에 불과했다. 예를 들면, 다음과 같다.

환자: '임대' 표지판을 봤을 때 걱정했습니다. 선생님이 이사하실지도 모른다는 생각이 들었습니다. 여기 계속 계실 건가요?

의사: 그럼요. 위층에 다른 사무실이 두 개 있습니다. 둘 다 지금은 세를 주고 있는데 한 사무실이 9월 중에 이사 나갑니다. 세를 주기가 매우 어려울

때도 있습니다. 어떤 때는 운이 좋아서 누가 금방 들어오기도 하고 다른 때는 그렇지 않지요. 왜요, 임대하고 싶으세요?

환자: 아니요.

의사: 잘해 드릴게요.

환자: 아니요, 그냥 무슨 일이 일어나고 있는지를 알고 싶었습니다. (McDaniel et al., 2007, p. 1324)

11%의 경우에는 환자에게 부정적인 것으로 평가되었다. 예를 들면, 다음과 같다.

환자: 제 키가 180cm인데, 조금 전에 간호사가 체중이 92kg이라고 했습니다.

의사: 체중이 좀 느신 것 같지요?

환자: 몇 킬로 는 것 같기도 하네요. …… 예전에는 조깅을 했는데…… 요즘은 못했어요.

의사: 왜냐하면 제 체중은 78kg이고 키는 180cm인데…… 아직도 조깅을 합니다. …… 5, 10, 15km를 달리지요. …… 하프 마라톤도…….

환자: 그러니까…… 제가 선생님보다 14kg이 더 나간다는 거지요?

의사: 네, 지금은 그렇다는 겁니다. (McDaniel et al., 2007, p. 1324)

무작위의 표준화된 환자의 기록을 사용한, 타당도 높은 이런 연구가 심리치료사들에게 적용된 적은 없었다. 반면, 치료사의 자기노출에 관해 잘 설계된 연구들의 결과는 혼재되어 있다. 몇몇 연구는 환자의 만족도가 향상되었음을 보였지만(Barrett & Berman, 2001; Hill et al., 1988), 대부분은 치료사의 자기노출을 치료 결과의 향상과 관련짓지 못했다(Hill & Knox, 2001; Kushner, Bordin, & Ryan, 1979). 치료사가 환자와 비슷한 질환 경험을 얘기하는 것이 가족들로 하여금 충분히 이해받는다고 느끼게끔 돕는 상황이 있을 수 있다. 예를 들어, 치료사 자신이 당뇨병을 앓고 있거나 암으로 배우자를 잃었음을 밝히는 것은 환자와의 관계 및 이해 증진에 도움이 될 수도 있다. 그러나 McDaniel 등의 연구(1997)는 이

점에 대해 매우 주의할 것을 알려 준다. 이런 공유는 환자와 가족의 탐색을 방해하거나, 비현실적인 희망을 갖게 하거나, 특정 결과에 대한 비관론을 주입할 수 있고, 환자와 가족이 자신들의 건강보다는 치료사의 건강에 집중하는 역할 전환을 초래할 수도 있다. 의료가족치료사의 사적 경험은 공개적으로 공유되든 잠재적으로 공유되든 상관없이, 면담 내용을 조성하고 환자 및 가족과 공감대를 형성하는 데 유용할 수 있다. 훈련과 상담을 진행하면서 치료사 자신의 인생을 인도하고 자극하는 정서적 주제들을 지속적으로 인식하는 것은 치료사의 책임이다. 의료가족치료의 예술은 이미 부담을 갖고 있는 가족들에게 치료사 자신의 고통까지 부담 지우지 않으면서 환자의 경험과 인간적인 접속을 유지하는 것이다.

임상실천에서의 전문성 개발문제

의료가족치료사로 일하게 되면 질환과 신체적 외상 및 다른 생물학적 측면을 포함하여 우리의 몸에 주의를 기울여야 한다. 개인이 겪는 고통스러운 문제를 다루는 의사와 간호사들의 분야는 보통 많은 가족치료사들이 훈련받지 않은 문제들을 자극할 수 있다. 직업적 정체성, 정신건강 분야 동료들로부터의 소외감, 역할 혼란, 권한과 지위에 관련된 문제 그리고 팀워크 기능에 대한 우려가 이에 포함된다.

질환에 대한 불안

이 책의 앞부분에서 언급했듯이, 의료가족치료사는 질환과 치료의 신체적 측면에 대해 자주 불안감을 갖는다. 효과적인 의료가족치료를 제공하기 위해서 치료사들은 장애와 질환 그리고 치료의 물리적 과정에 대해 예민하지 않아야 한다. 대부분의 의사는 회진 시 치료사가 동반해 주기를 원하거나 오후의 정기 환자 치료 시간에 치료사가 자신을 참관하게 한다. 이러한 경험은 T 씨가 설명한 것처럼 교육 및 둔감화 과정에 도움이 될 수 있다.

T 씨는 병 치료과정, 혈액이나 주사에 대한 평생 동안의 불안에도 불구하고 병

원에서 가족치료사로 일하게 되었다. 그의 어머니는 그가 사춘기 때 암으로 사망했는데, 사망 전에 병의 심각성을 아무도 말해 주지 않았고 입원한 어머니 방문이 허락되지도 않았다. 어머니의 죽음은 의사들과 치료과정에 대한 신뢰를 깨뜨릴 만큼 충격을 주었다. 그는 일을 시작하고 첫 6개월 동안 여러 의료계 동료들과 함께 회진을 돌았고 매주 외래 진료를 참관하였다. 의료계 동료들이 환자 및 가족들과 정보를 공유하는 것을 지켜보게 되었고, 그러한 경험을 통해 그들에 대한 신뢰감을 구축할 수 있었다.

그 기간이 지난 후에도 그는 혈액이나 주사 및 치료에는 여전히 겁을 먹었지만 동료나 가족과 이야기하거나 토론할 때 더 이상 얼굴이 창백해지지는 않게 되었다. 연례 업무 검토의 일환으로 그와 슈퍼바이저는 이 둔감화를 계속하기 위한 계획을 세웠다. 그는 또한 새로운 업무로 자극이 된 자신의 미해결된 슬픔에 관해 의료가족치료사의 상담을 몇 회기 받았다. 이 문제에 대한 적극적인 관심과 참여로 이 신참 의료가족치료사는 기술도 연마했을 뿐만 아니라 개인적인 치유도 하게 되었다.

정신건강 동료들로부터의 잠재적 소외

의료가족치료사가 보건의료의 최전선에 참여하는 것은 보람 있고 흥분되는 일이다. 정신건강전문가로서만이 아닌 의료전문가로서의 정체성을 가지게 될 때, 의료가족치료사는 가족치료 및 기타 정신건강 동료들로부터의 잠재적인 소외감을 경험할 수 있다. 생심리사회적인 틀은 의료가족치료사들을 정신건강 동료들의 '심리사회주의'로부터 거리를 두게 할 수도 있다. 그러나 가족치료사와 의사들 간의 문화 및 교육의 차이(3장에서 자세히 설명하였음)로 인해서, 특히 의료적 환경에 처음 입문할 때, 의료가족치료사는 의사들 사이에서 소외되고 인정받지 못한다는 느낌을 가질 수 있다.

의료가족치료사, 특히 병원환경에서 일하는 치료사는 의학적 체계를 가치 있게 느끼는 동시에 이질적으로 느낄 수 있다. 역할의 명료화는 필수적이며, 의료적 환경에 익숙한 지지적인 동료들도 꼭 필요하다. 의료가족치료사는 동료 슈퍼비전 집단이나 교육과정을 통해 더 전통적인 장면에서 일하는 가족치료 및 정신건강 분야 동료들과 지속적인 관계를 맺음으로써 도움을 받을 수 있다. Hepworth, Gavazzi, Adlin과 Miller(1988)는 슈퍼바이저가 의료적 환경에서 가족치료 인턴을 훈련할 때 전통적 가족치료의 뿌리를 유지하면서 새로운 역할을 받아들이게 하는 방법을 설명하였다. 이러한 측면은 통합적 치료에 대한 훈련을 받는 심리학자 또는 의사들에게도 마찬가지로 적용될 수 있다.

의사나 간호사가 아닌 소외된 가족치료사들은 의학적 지식과 그 복잡성 또는 의료가족치료를 하기 어려운 상황에 의해 압도될 수 있다. Cole-Kelly와 Hepworth (1991)는 의료적 환경에서 가족치료사들이 문제의 심각성과 시간 부족 때문에 자신 돌보기 전략을 간과하고 방어적이거나 부적절하게 권위주의적 방식으로 대응하게 될 수도 있음을 확인하였다. 예를 들어, 자신의 효용성을 보여 주고자 할 때 그들은 듣기보다는 설교를 하는 경우가 많다. 동료들에게 자신의 능력을 입증해야 한다는 압박감에 무의식적으로 반응할 때는 그들의 모든 힘을 그 의료시스템에 다 쏟아붓는 것처럼 일을 하기도 한다.

의료적 환경에서의 권한과 지위

의료가족치료의 토대가 되는 협력은 환자 및 가족과 권한을 공유하고, 또 진료팀 내에서 권한을 공유하는 개념을 기반으로 한다(McDaniel & Hepworth, 2003). 이는 보건의료 관계에서 전통적, 위계적 권한을 사용하는 것에 대한 대안적 접근이다. 의료가족치료사는 의사 및 기타 의료전문가와의 관계에서 자신의 독자성, 권한, 지위문제에 대한 느낌을 모니터링해야 한다. 치료사들이 집단적으로 의사들에게 분노와 심지어 적대감을 표현하는 것을 듣는 것은 드문 일이 아니다. 의사와 일하는 것은 자신의 신분과 권한에 관해 치료사가 갖고 있는 전문가로서 그리고 인간으로서의 개인적 양가감정 중 어떤 것이라도 촉발시키기 마련이다. 가장 쉽게 일어나는 것은 의사를 협력자로 보는 대신, 협박적인 권위자나 경멸할 또는 기피할 대상으로 취급하게 되는 것이다. 사회적 신망, 권한 및 급여의 다름을 용인하거나 토론하는 것은 어렵다. 그러나 공개적으로 용인하지 않는다면 그 다름이 환자와 가족을 위한 효과적인 협력 및 보다 협동적인 진료의 장벽이 될 수 있다.

가족치료사의 개인적인 측면은 Donald Williamson(1991)이 **세대 간 위협**(intergeneration intimidation)이라고 명명한 것과 관련있을 수 있다. 그는 그것이 부모와의 문제가 해결되지 않은 전문가들은 통제에 대한 두려움이 있고 힘 있어 보이는 동료들과 교류할 때는 개인적 권한을 주장하는 데 어려움을 겪을 수 있다는 의미라고 했다. Williamson은 이 문제를 세부 전문의들과 교류해야 하는 젊은 일차의료기관 의사들에게 적용했지만, 이는 의사와 교류하는 치료사들에게도 적용된다. Williamson의 주장을 바꾸어 말하자면, 의료가족치료사가 자기 원가족에서의 세대 간 위협을 해소하면 직업적인 위협문제를 다루는 데도 더욱더 심리적인 준비가 된다는 것이다.

의사에 대한 부정적인 태도는 치료사의 의료가족치료 능력을 저하시킨다. 협력을 위해서는 개인적 감정에 대해 솔직하게 평가하고 자신의 편견을 인식하며 정직하고 정중한 관계를 유지하기 위한 의식적인 시도가 필요하다. 긴밀한 협력은 환자 돌봄에 대한 보람과 좌절감을 서로 나눌 수 있게 하므로 의료가족치료사들과 의료계 동료들이 서로에게 제공해야 하는 절대적인 것이다. **긍정적인 관계는 고정관념과 과거의 경험을 뛰어넘는다.**

성별문제와 위계는 권한과 지위의 다른 측면들이다. 역사적으로 의학은 남성 중심의 지휘-통제 직업이었다. 외과의가 남성인지 여성인지에 관계없이 수술실에서는 위계적 접근이 적절할 수 있다. 그럼에도 불구하고 팀원들이 안전과 질 관리에 대해 교육받고 누구든지 우려를 제기할 책임이 있는, 오늘날의 수술실에서는 분명한 역할과 팀워크가 목표이다. 수술 시의 이러한 팀 접근은 각 전문가가 책임지고 맡은 절차를 완료했음을 보증하는 점검표를 사용함으로써, 결과의 성공률을 높이고 의료 실수를 줄이는 것을 보여 주었다(Haynes et al., 2009).

일차의료와 같은 의료 부문들은 의료진 간의 협력적 팀워크에 초점을 두고 있다. 이렇게 변한 것은 아마도 여성들이 현재 보건의료계에서 우세를 보이고 있는 덕분일 것이다(U.S. Department of Health and Human Services, 2008). 여성이든 남성이든, 의료가족치료사는 호기심을 갖고, 협조적이고 직접적으로, 환자의 성별 또는 의료진의 성별 혼합 및 권위 구조와 관련되는 문제들을 다루는 것이 좋다. 인종, 연령 또는 장애 상태와 마찬가지로, 성별과 역할은 환자 및 동료에 대한 우리의 인식을 편향시킬 수 있다. 의료가족치료사는 이러한 일상적 편견 문제가 관련될 때, 팀이 그것을 더 잘 깨닫고 다루도록 도울 수 있다(McDaniel & Hepworth, 2003; Prouty Lyness, 2004).

역할의 명확성과 임상적 실천의 범위

〈보기 5-1〉은 의료가족치료사의 연장통(tool box)의 일부이고 역할과 임상의 범위를 규정하는 기술에 관한 설명이다. 환자치료, 자기돌봄 및 건강한 팀 역할의 증진을 위한 기술들을 포함한다. 환자치료에 가장 기본적인 것은 환자의 건강문제 진단 및 치료에 가족과 가까운 사람들을 참여시키는 기술이다. 의료가족치료사는 당뇨병, 심장질환 및 암과 같은 가장 흔한 만성질환에 대한 기본 정보를 습득해야 한다. 치료사는 우울증, 공황 및 기타 불안 등 흔한 정신건강 장애를 식별하는 것과 조기개입을 포함한 증거기반실천에 대해 잘 알고 있어야 한다(Patterson, Peek, Heinrich, Bischoff, & Scherger, 2002). 의료가족치료사는 협력을 촉진하기 위해 의료팀 구성원들의 직무와 역할뿐만 아니라(3장 참조), 건강한

〈보기 5-1〉 의료가족치료사의 자기돌봄 및 팀돌봄 기술

자기돌봄

- 식습관, 운동, 수면, 건강한 관계를 포함하여 자신의 건강문제에 집중한다.
- 가족력이 있는 만성질환의 예방 전략을 수립한다.
- 불확실성, 상실, 사망, 임종과 관련된 자신의 가족력을 탐색한다.
- 의료가족치료사로서의 역할을 명확히 한다.
- 자신의 실천 범위를 인식한다.
- 자문집단을 만든다.

팀돌봄

- 건강한 팀 기능을 촉진한다.
- 다른 의료인의 자기돌봄을 돕는다.
- 의료인들과 직원들이 업무 스트레스에 어떻게 대처하는지 점검한다.

생활방식을 유지하기 위한 예방 및 개입 전략에 대해서 알아야 한다(7장 참조).

의료가족치료사는 이러한 전문 분야에 대한 정보를 습득하되 자신의 한계도 기꺼이 인정할 책임이 있다. 그들은 특정 환자들과 그 질환의 의학적, 심리사회적 문제에 대해서 의료계 동료들에게 질문을 해야 한다. 의사나 가족은 가족치료사가 관련 의료 정보를 이미 알고 있는 것으로 잘못 추측할 수 있으므로 치료사는 자신의 경험이 많은 영역과 한계들을 명확히 해야 한다. 예를 들어, 당뇨병을 다루는 사람들과 함께 일하는 의료가족치료사는 환자의 혈당치가 급격히 떨어져서 비합리적으로 행동하기 시작할 때(예: 오렌지 주스를 즉시 마시라는 배우자의 지시가 있은 후) 효과적인 대처 전략을 사용하도록 돕는 것을 포함해서, 건강한 식이요법과 정기적인 인슐린 주사를 유지하는 어려움에 대처하는 능력이 있어야 한다.

다시 말해서, 유능한 의료가족치료사는 당뇨병의 생물학적, 심리사회적 측면이 얽힌 복잡한 삶의 문제를 다룰 수 있어야 한다. 그러나 다른 질환 때문에 새로 처방받은 약이 인슐린의 효과를 제한할 수 있는지와 같은 순전히 의학적인 질문을 환자가 제기할 때는, 치료사는 환자를 의사나 간호사에게 다시 의뢰해서 답을 듣게 해야 한다. 즉, 온전한 생물학적 정보와 조언을 위해서는 환자를 의료전문가들에게 다시 의뢰해 주어야 한다.

역할의 명확성은 환자 및 동료들을 위해 필수적이다. 의사 또는 간호사로 훈련받지 않은 의료가족치료사는 의학적 조언을 하고 싶은 유혹에 저항해야 한다. 치료사에게 치료법이나 약물처방을 평가해 주도록 요청한 가족은 의사나 간호사에게 다시 의뢰될 수 있다. 혼란이나 갈등이 지속되는 경우에 치료사는 가족의 질문을 명확히 하도록 돕거나 합동치료 회기를 추진할 수 있다. 의료계 동료들과의 사례 토론은 가족치료사가 새로운 용어와 절차에 대해서 질문하고 배우는 기회이다. 이는 자신의 무지함을 보여 주는 것이 절대 아니며, 그런 질문을 통해 역할을 분명히 하고 의료전문가에 대한 존중을 나타내며 치료사 자신의 기술도 드러내어 입증할 수 있다.

팀워크와 환자중심 메디컬 홈

역할의 명확성은 일차의료의 대부분을 차지하는 환자중심 메디컬 홈 모델(patient-centered medical home model)에서도 중요하다(McDaniel & Fogarty, 2009). 소아과, 가정의학과 및 일반 내과에서는 환자중심치료, 연속성, 협조, 팀 치료를 기반으로 하는 모델을 채택해 왔다. 의료가족치료사의 경우, 이는 행동건강에 초점을 맞추고, 건강한 팀 기능을 촉진하고, 팀의 결정 과정에 환자를 참여시키며, 팀 구성원들 간의 관계에 적극적으로 참여하면서 팀에 기여하는 구성원이 되는 것을 의미한다. 환자에게 가족이 있듯이 의료진에게는 팀이 있기 때문에, 의료가족치료사는 환자와 가족의 관계를 위해서뿐만 아니라 개인과 팀의 기능을 향상시키기 위해서도 가족체계론적 기술을 많이 적용할 수 있다.

의료가족치료사인 세라는 당뇨병 환자 치료에 관심이 있는 것으로 팀에 알려졌다. 그녀는 자신이 청소년 당뇨 환자였기 때문에 대부분의 환자(예: 청소년기)가 자가치료에 어려움을 겪는 여러 단계를 이해했다. 진료팀 C에는 당뇨병을 앓던 십 대 환자 마린이 있었는데, 인슐린을 적절하게 투여하지 않고 식이요법을 모니터하지 않아 계속 어려움을 겪었다. 이 행동으로 그녀는 1년에 수차례씩 병원을 찾아야 했다. 마린의 부모와 의료진이 미리 예방할 수 있었다고 후회하게 되었을 때, 세라는 마린과 연결되었다. 의사는 마린에게 식이요법을 교육하기 위해 열심히 노력해 왔기 때문에 특히 좌절이 심했다. 마린을 같이 진료한 전문간호사는 자신의 청소년 시절을 떠올리면서 의사가 너무 심하게 마린을 대한다고 주장했다. 세라는 그 두 가지 관점을 모두 인정해 주고, 마린이 자신의 건강관리에 대한 책임감을 갖도록 자기가 몇 달간 돕겠다고 제안했다. 세라가 환자와 가족과 밀접하게 소통하게 되면서 의사와 간호사는 점점 편안해졌고 마린과 싸우지 않아도 되었다.

딸의 질환을 걱정하던 마린의 부모 또한 그녀와 부딪치면서 음식 섭취량을 점검하고 충고를 해 주었다. 어떤 충고를 하든 마린은 저항했으므로 친구들처럼 음식과 과자를 먹을 수 없다는 것을 스스로 경험함으로써 깨달아야 했다. 세라는 마린과 개별적으로 또는 가족들과 함께 상담 회기를 진행했다. 세라는 마린이 자신의 식습관을 책임질 수 있을 때만 질환을 다스릴 수 있도록 도와줄 것이라고 말해 주었다. 마린이 무책임하게 음식을 먹었을 경우에는 부모가 한 달 동안 그녀에게 충고할 권리를 가지도록 가족상담 회기에서 함께 결정하였다. 세라는 마린의 부모를 지지해 주고 몇 가지 어려운 사건이 생겼을 때는 의료진과 긴밀하게 협력하면서, 마린이 자신의 질병을 더욱 잘 관리할 수 있을 때까지 1년여 동안 부정기적인 만남을 지속하였다.

임상팀들이 함께 일하면서 환자를 돌볼 수 있는 최선의 방법을 배워 감에 따라 의료가족치료사들의 역할은 진화하고 성장하고 있다. 의료가족치료사는 다양한 방법으로 팀의 기능을 향상시키기 위해 팀과 협력할 수 있다. 예를 들면, 다음과 같다.

- 팀원들이 자기 가족의 건강과 질환 내력을 조사하고 보건의료를 이용하게 하기(McDaniel, Campbell, Hepworth, & Lorenz, 2005)
- 모든 팀원들이 적극적으로 참여하도록 권장하여 효과적인 회의를 조직하도록 돕기(Pigeon & Khan, 2013)
- 의사소통 기술을 향상시키는 연습 제공하기
- 어려운 환자 역할을 해 보는 역할극 하기
- 팀원들과 서로 상대방 역할을 해 보는 역할극 하기
- 팀이 자체 기능을 평가하게 하기(Lurie, Schultz, & Lamanna, 2011)
- 팀의 성장에 필요한 영역에 초점을 둔 품질개선 계획 수립하기 또는 팀의 정기적인 사회적 관계망 분석하기(Meltzer et al., 2010)

자기돌봄과 지속성

환자의 심각한 질환을 관리하는 것은 환자, 가족 및 기타 의료진들의 감정뿐만 아니라 우리 자신의 힘든 감정을 다루는 것을 의미한다(McDaniel et al., 1997). 죽음에 관한 문제와 함께, 의료가족치료사는 질환을 치료하거나 환자의 행동을 변화시키는 팀 능력의 한계에 직면한다. 소진은 정신건강전문가(Paris & Hogue, 2010; Rosenberg & Pace, 2006) 및 여타 의료전문가(Leiter, Frank, & Matheson, 2009) 모두에게 중요한 문제일 수 있다. 지지적인 팀은 심각한 건강문제에 직면한 환자 및 가족과 일하면서 수반되는 책임감과 힘든 순간을 나누는 데 도움을 준다.

앞서 언급했듯이, 의료가족치료사는 소진의 위험을 줄이고 업무를 유지할 수 있는 자기돌봄 계획이 필요하다. 환자에 대한 자신의 행동을 검토하기 위해서 사례 자문을 받거나 다른 의료계 동료들과 발린트 같은 집단모임에 참석하는 것은 매우 유용하다(McDaniel et al., 1986). 마음챙김 훈련 또한 스트레스를 줄이고 집중력과 주의력을 향상시키며 자기인식을 증진시키는 데 도움이 될 수 있다(Didonna, 2009; Krasner et al., 2009; Ludwig & Kabat-Zinn, 2008). 명상, 글쓰기, 운동 또는 영성적 실천을 통해 마음을 진정시키는 것은 보람도 있지만 스트레스가 많은 직무에서 자신을 지탱하는 데 도움이 된다. 스스로 자신의 건강행동을 돌보고 필요하면 자신을 위해 심리치료나 가족치료를 받는 것은 의료가족치료사 자신의 성장과 건강을 지원해 줄 것이다. 우리가 가족을 돌보는 이들에게 조언하는 것처럼, '우리는 자신을 먼저 돌보지 않으면 다른 사람을 돌볼 수 없다.'

제6장
지역사회 관여

지난 20여 년 동안 환자 및 가족 건강관리의 알려진 동인으로는 역량강화(empowerment)가 하나의 중요한 추세였다. 그 이전 수십 년 동안에는 '의사가 가장 잘 안다.'는 전통적인 접근방식에서 벗어나려는 움직임이 증가하였는데 인터넷은 의사-환자 관계의 균형을 바꾸는 데 결정적 역할을 하였다(Forkner-Dunn, 2003; Griffiths, Lindenmeyer, Powell, Lowe, & Thorogood, 2006). 현재 환자가 마우스 클릭만으로도 접근할 수 있는 것을 살펴보면 다음과 같다.

- 저명한 의료기관의 웹사이트에 있는 신뢰할 수 있는 의료 정보
- 의학 저널 논문들
- 자신의 의무기록의 중요한 내용
- 의료진 및 병원의 수준에 대한 평가
- 비슷한 건강문제를 가진 많은 사람의 경험으로부터 오는 지원과 정보

---

http://dx.doi.org/10.1037/14256-006
Medical Family Therapy and Integrated Care, Second Edition, by S. H. McDaniel, W. J. Doherty, and J. Hepworth

임상적 수준에서 의사와 전문간호사는 이제 인터넷으로만 알게 된 사람들로부터 얻는 질문뿐만 아니라 의학 정보와 조언들을 인쇄해서 병원에 들고 오는 환자들을 훨씬 많이 접하고 있다. 세대차나 사회계층에 따른 디지털 격차가 여전히 존재하므로 모든 사람이 접근하지는 못하지만, 인터넷망은 많은 의료 상황에서 부가적 역할을 하게 되었다(Baker, Wagner, Singer, & Bundorf, 2003).

지역사회 수준에서도 이와 관련한 추세가 발생하고 있다. 질병을 예방하고 질환을 관리하는 가장 중요한 기회는 진료소가 아닌 더 큰 지역사회에 있다는 대중과 전문가들의 인식이 증가하고 있다. 공중보건 분야는 물론 여러 세대 동안 지역사회에 초점을 맞추어 왔지만, 이제는 의료 자체의 지역사회 접근으로의 항해에 더 많은 바람이 불고 있다. 1장에서 논의된 건강과 사회적 전염에 관한 연구로 인해, 우리가 크고 작은 사회적 집단을 통해 서로 영향을 주고받음으로써 건강하거나 불건강한 실천을 하게 된다는 생각이 경험적 지지를 얻게 되었다. 질병통제예방센터(Centers for Disease Control and Prevention, 2010)의 '건강한 지역사회(Healthy Communities)'에 대한 발의는 미국 전역의 지역사회 보건에 혁신을 가져왔다. 중요한 것은 지역사회 활동에 대한 이러한 새로운 접근이 전통적인 공중보건 구호에만 의존하는 것이 아니라 지역 내의 일반인 지도자 육성을 강조한다는 것이다.

지역사회 관여에서 의료가족치료사의 역할

환자 및 가족과의 협력은 항상 의료가족치료의 초석이었다. 현재의 차이점은 의료가족치료사들이 의학적 만남에서 보다 깊은 상호 협력을 증진하려 할 때, 인터넷 등에 의해서 환자가 점점 더 많은 권한을 갖게 되는 중요한 문화적 파도를 타고 있다는 것이다. 다시 말해, 점점 더 많은 환자와 가족이 건강관리의 동반자로 대우받기를 주장하고 있다. 이 장에서 우리는 의료가족치료에서 더 부각되기 시작하는 영역, 즉 지역사회 구성원으로서의 환자와 가족들에게 종사하는 것에 초점을 두고자 한다.

모든 조력전문가가 지역사회 관련 업무를 배울 수 있지만, 체계이론을 교육받은 가족치료사들은 독특한 어떤 것을 제공한다. 그들은 가족구성원 집단과 일하는 데 익숙하기 때문에 각기 다른 욕구와 과제들을 갖고 오는 다양한 사람과 연결되는 방법을 안다. 그들은 다양한 이해관계를 아우르는 공통의 목적을 창출해내는 기술이 있다. 그들은 모든 사람이 각자의 목소리를 내며 힘있는 이들이 대화를 지배하지 않는 과정을 만드는 방법을 알고 있다. 그들은 한 집단의 구성원들에게 핵심적인 질문을 하고, 그 상호작용이 예상치 못하는 놀라운 곳으로 흘러가도록 하는 방법을 안다. 어떤 과정을 생산적으로 유지하기 위해서 필요한 경우에는 그 과정의 핵심이 되는 방법과 방해가 되지 않도록 주변에 머무르는 방법을 알고 있다. 다시 말해서, 의료가족치료사의 지식 및 기법들과 다음에 설명할 지역사회 및 주민의 활동들 사이에는 밀접한 관련이 있다.

이 장에서 **지역사회**(community)는 근린 또는 보다 큰 지리적 단위의 위치에 의해서 또는 일반적인 공통문제(예: 당뇨병)나 특정 인종적 과제에 의해서 서로 연결된 사회적 관계의 집합을 뜻한다. **지역사회 관여**(community engagement)는 문제를 함께 해결하기 위해 비위계적 방식으로 지역사회와 더불어 일하는 것을 의미한다.

우리는 우선 건강관리에 대한 위계모델, 협력모델, 주민모델을 구별하였다(〈표 6-1〉 참조). 그리고 지역사회에서의 작업에 체계이론 원칙들을 적용함으로써 주민 건강관리의 이론과 실천을 기술하고자 한다.[1]

위계모델, 협력모델, 주민모델

전문적 권위에 관한 위계모델(hierarchical model)은 전문직의 역할과 실천에

1) 이 논의는 Doherty와 Mendenhall(2006), Doherty와 Carroll(2002), 그리고 Doherty, Mendenhall과 Berge(2010)가 발표한 내용들을 인용한 것이다. 주민 건강관리 프로젝트는 Willam Doherty, Tai Mendenhall과 Jerica Berge가 주도하였다.

〈표 6-1〉 전문가들을 위한 파트너십 모델

실천 차원	위계적	협력적	주민
실천 영역			
• 실천 범위는 무엇인가?	개인 및 가족	개인, 가족 및 그룹	지역사회
리더십 과정			
• 환자와 가족의 역할은?	수동적 소비자, 환자, 클라이언트	능동적이고, 참여하는, 그러나 여전히 소비자, 환자, 클라이언트	공동창작자, 공동제작자
• 누가 과정을 주도하는가?	전문가	전문가 주도, 그러나 공동 결정 전문가는 항상 과정의 1차 책임을 짐.	협력적 전문가 리더십으로 시작하나 가족 주도로 됨
• 누가 문제를 확인하는가?	요구를 평가한 후, 전문가	전문가가 평가하고, 환자 및 가족과 의논하고, 문제를 조율	전문가의 조언을 참조해 환자 및 가족 공동체가 정의
• 누가 개입이나 이수과정을 개발하는가?	전문가	어떻게 진행할 것인지 전문가가 제안하고, 의논하고, 결정을 공유	초기에 공동으로 개발
장소 및 기간			
• 작업이 어디에서 이루어지는가?	전문가 지정 장소	전문가 지정 장소; 가족 요구에 맞춤.	공동으로 장소 및 위치 결정
• 작업의 시간 틀은?	조밀하게 짜인 예약 전문가가 기간 결정	환자 가족의 요구와 선호도를 고려해 전문가가 보통 스케줄과 기간 설정	공동으로 회의시간 결정, 이니셔티브 기간은 자주 정하지 않음.

관한 우리의 현 시대적 사고의 많은 부분을 특징 지어 왔다. 지난 20세기 후반에 등장한 전문적 파트너십의 협력모델(collaborative model)은 임상적 교류에서 전통적인 계층구조를 해체하려는 전문가들의 노력을 보여 주었다. 그 목표는 사람들을 적극적 참여자 및 의제 선정자로 참여시키는 것이다. 주민모델(citizen model)은 협력모델을 아우르면서 문제해결을 위한 전문가들과 가족들 간의 민주적 파트너십을 강조하고, 또한 그 해결책을 지역사회 차원에서 공동으로 마련함으로써 한 걸음 더 나아간다.

우리는 이 모델들을 (a) 실천 영역, (b) 리더십 과정, (c) 업무장소와 기간, (d) 모델이 지향하는 이상 등 네 가지 측면에서 구분하고자 한다. 이 유형들은 평가적이고 비평적인 것이 아니라 주로 서술적이며 상대적인 것으로 간주되어야 한다. 모든 모델들은 각자 적합한 특정 영역이 있고, 환자와 가족들의 복지에 각각 기여하는 것으로 인정된다. 마찬가지로 전문가들은 가족에게 제공되는 전문적 서비스의 범위와 성격이 정해진 다양한 기관에서 일한다. 특히 주민모델은 임상 진료의 협력모델을 완전히 포함한다. 협력모델에서의 전문가들만으로는 지역사회 주민의 건강관리 업무를 수행할 수 없다는 것이다. 그 이유는 협력적 치료에서는 환자와의 임상적 관계를 당연한 것으로 여기게 되는 반면, 주민 건강관리를 위한 지역사회의 문제해결을 위해 집단이 모일 때는 의사나 환자 역할만 하는 사람은 없기 때문이다.

실천 영역

실천 영역(domain of practice)은 개입의 단위 또는 체계로 간주되는 것을 의미한다. 파트너십의 위계모델은 거의 대부분 개별 환자와 가족들을 대상으로 한다. 실제로, 대부분의 위계적 체계는 삶의 사적 영역과 공공 영역을 뚜렷하게 구분하고, 사적 영역을 중심으로 개인 및 가족과 관계를 맺는다. 협력모델도 대개는 개인 및 가족과 개별적으로 일하는 경향이 있지만 그들의 집단과 작업하기도 하는데, 예를 들어 환자들이 지지그룹을 형성하면서 전문가가 운영하는 서비스의 소비자가 되는 의료집단 참석이 그렇다. 한편, 주민모델의 뚜렷한 특징은 지역사회 구성원 집단들과 함께 일하는 것이다. 이 지역사회 구성원들은 진료소가 추진하는 프로젝트의 환자일 수도 있지만, 의료서비스 소비자로만 주로 참여하는 것은 아니다. 다시 말해서, 주민모델에서의 전문적인 노력은 지역사회 주민으로서의 역할을 수행하는 환자 및 가족들과 함께 지역사회 수준의 변화를 촉진하는 데 그 목표를 두고 있다.

리더십 과정

위계모델과 협력모델은 근본적으로 전문가가 주도하지만 차이점이 있다. 전자의 경우 전문가는 사람들이 겪고 있는 문제와 과제를 확인하고 전문적으로 개발된 개입방법과 과정을 실행하는 경향이 있다. 협력모델에서도 의사들은 자신들이 치료모델을 적용하여 협력과정을 이끌 책임—질문을 하고, 치료가 실패하지 않도록 예방하고, 취약한 가족을 보호하는 등—이 있다고 일반적으로 생각하지만, 치료 회기의 내용과 결과에 대해 일방적인 책임을 지는 것은 아니다. 그들은 환자가 의료진 없이 잘 지낼 수 있을 때까지 모든 단계에서 환자와 치료과정을 공유하고자 한다. 지역사회 주민모델에서의 의료전문가들은 초기 단계에는 리더이지만(예: 모델의 제공, 회의 진행의 촉진) 시간이 지나면서 일을 인계해 줄 새로운 리더를 발굴한다. 목표는 전문적 서비스의 제공을 자원으로 하되, 이 작업을 지역사회가 주도하고 감독하게 하는 것이다. 반복하자면, 주민모델의 근본적인 패러다임 이동은 환자, 고객, 학생으로서의 수동적 소비자(위계모델) 또는 개인치료 및 집단치료나 교육의 능동적인 파트너(협력모델)로서가 아닌, 가시적 공공작업의 공동 창작자 및 제작자로서 가족들과 상호작용하는 것이다.

업무 장소 및 기간

협력관계의 전통적 패러다임은 제한적이고 사전 결정적인 방식으로 공간(장소)과 시간(기간)의 요소들을 정의하는 경향이 있었다. 대부분의 업무는 전문적으로 결정된 일정에 따라 전문가의 사무실, 진료소나 기관에서 이루어진다. 주민과의 작업에서는 의료진과 지역사회 구성원들의 집단이 진료소, 학교, 종교기관, 직장, 주택 또는 지역사회센터 등 어디에서 모일지를 공동으로 결정한다. 따라서 주민모델을 결정짓는 특징은 업무 장소가 미리 정해진 것이 아니라 민주적으로 결정된다는 점이다. 종종 정치적 고려사항이 이 결정에 포함되는데, 모이는 장소에 따라 어떤 메시지를 지역사회에 보내려고 하는 경우가 있다. 예를 들어, 미국 인디언과 의료가족치료사 집단은 병원이나 진료소보다는 인디언 사무국 건물에서 만나기로 결정할 수 있다(이 장 후반부에 기술되는 당뇨병가족교육시리즈 프로젝트 참조). 진료소와의 연계망 구축이 목표인 또 다른 경우에는 진료소에서만 모이기로 결정할 수도 있다(후반부에 기술되는 주민 헬스케어 홈 프로젝트 참조).

장소보다 훨씬 더 어려운 것은 주민모델의 실천 기간에 대한 개념이다. 위계모델 및 협력모델에서는 개입 기간(또는 적어도 외적 제약 요건)이 종종 처음부터 알려지며 환자가 아닌 의사나 보험회사가 결정한다. 지역사회 기반 주민모델의 실천 기간에 대한 접근은 보다 유동적이다. 문제를 확인하고 행동을 전개하는데 환자와 가족이 직접 관여하기 때문에 전체 기간과 종결시기가 처음부터 정해진 것이 아니며, 실제로 프로젝트가 영구적이 되거나 다른 것으로 변하면 끝나지 않을 수도 있다. 이러한 개방적 전개과정은 주민들의 작업에 필요한 것이다.

지향적 이상

핵심적으로, 전문적 관계의 모든 모델은 임상가를 고무시키는 지향적 이상(orienting ideal)을 따른다. 이 이상은 그 일이 무엇에 관한 것이며 임상가가 가족의 복지를 위해 무엇을 성취하고자 하는지를 잘 보여 준다. 어떤 모델이 지향하는 이상은 옳은 전문적 실천을 명확히 하고 전문적 성공과 역량의 기준을 제시한다. 위계모델이 지향하는 이상은 전문적 지식이 제공할 수 있는 최상의 도움을 줌으로써 환자를 잘 돌보는 것으로 짜여 있을 수 있다. 협력적 제휴모델의 경우, 그 지향적 이상은 환자 및 가족의 복지 향상을 위한 창의적인 동반자 관계다. 주민모델이 지향하는 이상은 개인과 가족이 자신의 삶을 활발하게 구축하는 것을 돕기 위해 지역사회와 창의적인 동반자 관계를 개발하는 것이다. 주민모델은 지역사회 내에서 기관과 치료적 공동체의 지속성을 촉진하는 것을 목표로 한다. 이를 위해 주민 전문가들은 자신들의 참여가 줄거나 끝난 후에도 지속적으로 가족들에게 영향을 줄 수 있도록 지역사회 리더십의 개발과 활동을 계속 유지할 수 있는 과정을 발전시키고자 노력한다.

의료가족치료사들은 지역사회 참여를 통해 사무실이나 진료소 밖에서 자신들의 효과성을 높일 수 있는 좋은 위치에 있다. 체계적 관점과 협력의 기술을 갖고 있는 것에 더하여, 많은 의료가족치료사들은 지역사회의 건강 욕구를 해결하기 위해 사람들을 모을 수 있도록 지역사회의 신뢰를 받아왔다. 그들이 필요로 하는 것은 수평적 위계에서 집단과 함께 일하는 주민 전문가로서의 '공적 기술(public skills)'의 개발이다. 즉, 지역사회 구성원들과 전문가들이 특유의 필요한 지식과 기술들을 통합하기 위해 질서 있고 민주적인 과정으로 함께 작업하며 직업적 전문성이 '꼭대기에 있는' 것이 아니라 '항상 쓸 수 있는' 관계를 의미한다. 우리는 이제 **주민 건강관리**(citizen health care)라고 부르는, 이런 종류의 작업에 대한 접근 방법을 설명하고자 한다.

주민 건강관리 프로젝트

주민 건강관리는 환자, 가족 및 지역사회를 건강 및 건강관리의 공동제작자로 참여시키기 위한 조직적인 방법이다. 이는 활동적 환자를 넘어서 활동적 지역사회로 나아가는 것이다. 즉, 스스로를 단지 의료서비스의 소비자가 아닌 건강관리 주민(진료소와 지역사회의 건강 증진자)으로 여기는 개인 및 가족들과 함께 일하며, 이에 필요한 지역사회조직 기술을 습득한 전문가들과 더불어 일한다. 주민 건강관리는 다양한 분야의 과업에서 생겨났다. 첫째, 가족과 사회체계의 확대된 맥락에서 개인을 바라보는 체계 지향적 가족치료이다(Imber-Black, 1989; Minuchin, 1974). 둘째, 의료가족치료와 협력적 가족 건강관리로, 이는 생심리사회적 차원을 가족체계이론에 추가하고 가족치료사를 더 확대되고 통합된 치료팀의 일원으로 보는 것이다. 세 번째의 주요 영향은 보건의료의 외부 영역인 정치적 이론으로부터 왔다. 미네소타 대학교의 민주주의 및 시민센터(Center for Democracy and Citizenship)의 공적작업 모델이 Harry Boyte, Nancy Kari와 Nancy Shelton 및 그들의 동료에 의해서 개발되었다(Boyte, 2004; Boyte & Kari, 1996).

〈보기 6-1〉 주민 건강관리의 원칙

1. 모든 개인의 문제를 공공의 문제로도 바라본다.
2. 가족과 지역사회 자원을 먼저 찾는다.
3. 가족과 지역사회를 단지 고객이나 소비자가 아닌 생산자로 본다.
4. 전문가를 단지 제공자가 아닌 주민 및 파트너로 본다.
5. 프로그램이 주민에게 서비스를 제공한다기 보다는 주민이 프로그램을 움직이게 한다.
6. 모든 계획이 반드시 지역 문화를 반영하도록 한다.
7. 지도자를 키운다. 그런 다음 더 많은 지도자를 키운다.
8. 모든 결정을 민주적으로 한다.
9. 행동을 취하기 전에 깊이 알아본다.
10. 크게 생각하고, 실용적으로 행동하고, 모범이 된다.

〈보기 6-1〉은 이 모델의 주요 원칙을 설명한다. 주민 건강관리는 제한적인 건강관리시스템에서는 별로 이용되지 않는 자원(일상생활에서 어려운 건강문제에 직면한 개인과 가족, 지역사회의 지식과 지혜 및 에너지 같은)을 참여시키는 것을 목표로 한다. **주민**(citizen)이라는 개념은 지역사회에 변화를 일으키기 위해 비슷한 건강문제에 직면한 이웃 및 다른 사람들과 함께 능동적이 되는 사람을 의미한다. 일반 주민들이 건강관리의 자산이 되며, 자신과 지역사회 건강의 공동 제작자가 되는 것이다. 그들은 더 이상 자신이나 가까운 사람의 건강을 돌보는 서비스의 단순한 소비자가 아니다.

리더십과 수평적 위계 구조의 이러한 결합은 주민 건강관리의 특징이다. 목표는 주민 지도자들을 육성하는 것이지만, 처음에는 의료전문가가 비전을 제시하고 일련의 민주적 공적 기법을 도입해서 지역사회의 주요 관심사를 파악하는 과정을 거치고, 시민단체를 동원해서 이러한 관심사를 담당하도록 해야 한다. 전문가는 주민 주도 과정의 원칙을 정하여 온전히 민주적으로 운영되게 함으로써 집단 내 지배적인 구성원에 의해 그 과정이 좌지우지되거나 환자와 전문가가 기존의 익숙한 공급자-소비자의 역학관계로 빠지지 않게 한다. 그러나 전문가는 다른 사람들이 대응할 수 있는 행동계획을 제기함으로써 집단과정의 결과를 통제하지 않는다. 만약 미리 확립된 계획이나 프로그램으로 시작한다면, 주민들이 '소유하고 운영하는' 솔선성으로는 이어지지 않을 것이라는 것이 주민 건강관리의 원칙이다.

주민 건강관리를 이행하는 데 있어 핵심적 결정사항은 프로젝트에 참여할 지역사회에 대한 구분이다. 여기서 이 모델은 지역사회조직 전통의 영향과 사람들이 서로 직접 접촉할 수 있는 상대적으로 작은 지역사회의 동원을 강조하는 것을 반영한다. 우리는 종종 진료소를 방문하는 주민들 수의 규모가 주민 건강관리 계획을 위한 관할 지역의 경계와도 잘 일치되는 것을 발견하였다. 어떤 지역사회에서든, 주민 건강관리 계획은 다른 프로젝트가 진행한 것을 단순히 채택하기보다는 각자의 고유한 특성을 갖고 있어야 한다(다른 그룹의 성공 사례를 통해 배우기를 권장하지만). 지역사회는 건강과 치유에 관한 역사적, 문화적, 종교적 전통을 되찾아야 하고, 현대적 의료시스템과도 연결되도록 해야 한다. 이는 의료진들이 이미 확립된 프로그램을 받아들이고 이를 실행하기 위해 지역사회 구성원들을 채용하는 표준적 보급 모델들과는 다르다.

주민 건강관리에 있어서 모든 지역사회 대화의 핵심은 '나'와 '우리'가 섞여 있다는 것이다. 즉, 건강문제가 집단 내의 개인뿐 아니라 전체 지역사회에 어떻게 도전하며, 일반인이 어떻게 단결하여 더 큰 지역사회가 직면하고 있는 문제를 처리할 수 있느냐이다. 지역사회 구성원의 리더십은 그 프로젝트가 지역의 욕구와 자원에 적합하게 이루어지는 것을 보장하는 데 도움이 된다.

1999년 이래 15건이 넘는 주민 건강관리 프로젝트가 있었다. 이 프로젝트들의 핵심 요소들은 다양한 사회경제적 및 인종적 집단에 걸쳐 일관되게 적용되었지만, 그 시행은 지역사회와 문제 영역에 따라서 각각 다르게 이루어졌다. 주요 시행 전략에 대한 요약은 〈보기 6-2〉에서 볼 수 있다. 다음 두 절에서는 주민 건강관리 모델의 두 가지 완성된 적용 사례를 설명한다. 세 번째 사례는 새롭게 등장한 모델이다. 각 사례는 주민 건강관리의 지침이 되는 원리 및 전략을 설명한다.

〈보기 6-2〉 주민 건강관리 행동 전략

1. 주요 전문직 지도자들 및 행정가들의 지지를 얻는다. 이들은 건강관리기관의 목표 중 하나를 충족시킬 가능성이 있는 프로젝트를 지원해야 하는 주요 관련자들이다. 그러나 적정 결과가 도출될 수 있을 정도로 프로젝트가 충분히 육성될 때까지는 그들이 시간을 조금 들이는 것 외에는 예산을 거의 또는 전혀 요구하지 않는 것이 최선이다.

2. 특정 지역사회(예: 진료소, 이웃 같은 지리적 위치의 문화적 집단)의 전문가들과 주민들 모두가 가장 걱정하는 건강문제를 확인한다. 달리 표현하면, 그 문제는 주민공동체가 관심을 가져야 한다고 우리가 생각하는 것이 아니라 그들이 실제로 관심을 가지는 것이어야 한다. 프로젝트를 시작하는 전문가들은 시간이 지나도 그 문제를 위해 일할 수 있는 충분한 열정을 가져야 한다.

3. 건강문제에 개인적 경험이 있고 전문가 팀과 관계가 있는 잠재적 지역사회 리더들을 확인하고 만난다. 전반적으로 이 리더들은 정상적인 지역사회 일원이어야 하며, 어떤 식으로든 자신의 삶의 건강문제에 숙달하고 지역사회에 환원하고자 하는 열망이 있는 사람들이어야 한다. 일반적으로 지역사회 기관을 대표하는 '지위 있는' 지도자들은 기관의 우선순위나 제약 때문에 이 단계에서 최선의 그룹이 아니다.

4. 초기 자문집단을 구성한다. 이 팀은 3~4명의 지역사회 일원들로 구성된 집단으로, 전문가 팀과 여러 번 만나서 문제를 탐색하고 대규모 지역사회 프로젝트를 계속 진행하는 것에 대한 합의가 이루어졌는지 확인한다. 이는 주민 건강관리 프로젝트가 실현 가능한지를 결정하고 전문가-주민지도자 집단의 설립을 시작하기 위한 예비토론 과정이다. 이 집단은 프로젝트를 시작하기 위해 더 큰 집단의 지역사회 지도자(10~15명)들을 어떻게 초빙할 것인지를 결정한다. 이 소규모의 초기 자문집단의 주요 임무는 회원의 확산 범위를 결정하는 것인데, 예를 들면 진료소 공동체 내 또는 그 이상, 문화적 공동체에 연결되어 집단 일원들이 아는 사람, 또는 건강전문가들에게 추천을 받는 경우 등이다. 필요한 기준 중 하나는 초빙된 사람들이 지도자로서의 잠재력을 갖고 있어야 하는 것이다.

5. 안건 제출을 계획하고 실행할 주민 행동집단(약 12명)을 모집해서 시작한다. 전문가가 회의를 촉진한다. 이 계획 단계 동안 전문가는 자기 시간의 대부분을 격주제 정기회의의 계획과 진행, 그리고 집단의 진척 상황을 계속 알려 주기 바라는 다른 이해관계자들과의 필요한 연락을 유지하는 데 사용한다. 그 후 9개월에서 12개월간 회의를 진행하는 동안, 집단은 다음 단계를 수행한다.

   - 사안의 지역사회와 주민 차원에 관해 깊이 탐색한다.
   - 적절한 경우, 다양한 이해관계자들과 일대일로 인터뷰를 한다.
   - 이름과 사명을 결정한다.
   - 가능한 시범행동을 창출하고, 주민 건강관리모델 및 기존 지역사회 자원 이용의 실현성 관점에서 이를 처리한다.
   - 특정 시범행동을 결정하고 이를 이행한다.

6. 이 과정 동안 전문가의 전문성을 '꼭대기에서'가 아닌 '언제든 쓸 수 있게' 선별적으로 사용한다. 이러한 작업 방식에서 모든 지식은 공개된 지식이며, 유용할 때는 민주적으로 유지되고 공유된다. 전문가들은 주민 건강관리의 시범사업에 고유한 지식 및 경험을 제공하고 현재 연구에 접근할 수 있게 한다. 그러나 전문가 주변의 모든 사람들도 고유한 지식과 기술을 제공한다. 공급자-소비자 작동 방식의 강력함을 경계하여, 전문가들은 상황에 맞을 때만 자신의 고유한 전문지식을 나누고 다른 사람들이 문제에 대해 충분히 말할 수 있을 때는 조용하게 있는 것을 배워야 한다. 지역사회조직(community organizing)의 통칙이 여기에 적용된다: 지역사회 누군가가 할 수 있는 말은 절대 하지 말고, 지역사회의 다른 누군가가 할 수 있는 것은 절대 하지 말라.
7. 당면 문제와 지역사회를 넘어서 더 큰 목적을 지속적으로 표명한다. 이 일이 건강관리의 변혁에 어떻게 기여할 수 있는지에 대한 비전을 품고, 민주적으로 참여한 사람들이 무엇을 할 수 있는지를 보여 준다.

주민 건강관리 프로젝트 사례

인디언 업무과 및 당뇨병가족교육시리즈(FEDS)

미니애폴리스-세인트폴 지역에 있는 미국 인디언 원주민(American Indian: AI) 지역사회 지도자들과 부족 원로들은 점점 증가하는 당뇨병 유병률과 사람들에게 미치는 영향을 우려하고 있었다. 많은 인디언들 사이에서 당뇨병은 예정되어 있고 예방할 수 없는 것으로 회자되며 묵인되어 온 패배의식은 당뇨병의 이환율 증가에 더욱 경종을 울리고 있었다. 인디언 지역사회 일원들과 일하는 실무자들도 비슷한 걱정을 갖고 있었고 전통적인 관리와 교육 프로그램의 실패로 좌절하고 있었다.

의료가족치료사 Tai Mendenhall과 세인트폴 지역교회협의회의 인디언 업무과(Council of Churches' Department of Indian Work: DIW)의 지도자들(Nan LittleWalker, Betty GreenCrow, Sheila WhiteEagle, Steve BrownOwl)은 주민 건강관리모델을 지침으로 적용한 지역사회기반 참여연구 접근방법으로 이러한 도전에 접근하였다. 기존의 하향식 관리모델과는 다른 협력적 체계를 의료전문가들과 같이 설계하는 데 상당한 노력을 기울였다. 인디언 원주민 지역사회 구성원들은 임상 연구자들로 하여금 인디언 집단과의 신뢰 구축 과정과 속도, 중요성을 잘 깨닫게 해 주었다. 연구팀이 일련의 회의와 토론, 인디언 지역사회 이벤트에 참여하면서 이러한 신뢰는 증가하였다. 연구자들은 인디언 문화, 대규모 종족 체제(예: Dakota, Ojibwe, Hocak) 내의 문화 및 부족들의 다양성, 건강과 '균형 잡힌 삶'에 대한 신념체계, 대인 예절과 태도를 배웠는데, 이 모두는 그들이 인디언 지역사회에 들어갈 수 있었기 때문에 가능했다. 그리하여 지역사회 일원들은 서양의학의 지향점에 대해 더 많이 이해하게 되었고, 의사들의 습성과 관점에 대한 통찰력을 얻게 되었다.

인디언 업무과의 당뇨병가족교육시리즈(Family Eucation and Diabete Series: FEDS) 프로그램은 당뇨병에 걸린 인디언 지역사회 주민들에 대한 관리 기준을 보완하기 위해서 고안되었다. 환자들과 가족들(배우자, 부모, 자녀), 서비스 실무자들(의사, 간호사, 영양사, 정신건강 요원)은 동지의식, 교육, 지지를 위해서 격주로 저녁에 모인다. 일반적으로 6~7명의 실무자, 4~5명의 부족 원로와 40~50명의 지역사회 주민들이 참석한다. 회의는 서로의 혈당, 체중, 체질량지수, 혈압을 측정하고 발을 검사하는 것으로 시작된다. 참가자들은 미국 인디언 문화와 전통에 부합하는 음식을 함께 요리하고, 음식의 재료와 양, 당뇨병과의 연관성에 관해 많은 논의를 한다. 참가자의 관심과 필요에 따라 설계된 교육 프로그램들이 뒤를 잇는데, 둥글게 앉아 진행하며 활발한 활동이 다양하게 수반된다(예: 전통 및 현대 음악, 의자 댄스와 에어로빅, 드럼 연주와 노래 부르기, 즉흥연극, 역할극 등). 학습 주제도 비슷하게 다양하다(예: 기본적인 당뇨병 교육, 비만, 발 관리, 스트레스 관리, 운동, 가족관계, 망막증, 치과 진료, 의료적 서비스나 물품에 쉽게 접근할 수 있는 자원). FEDS의 저녁 모임은 비공식적인 나눔과 지지의 시간으로 끝난다. 이러한 격주제 정기 모임은 3시간 예정이지만 대다수의 참가자들은 일찍 도착하고 늦게까지 머무른다.

FEDS의 정량적 평가를 통해 중요한 객관적 당뇨병 관련 수치들(예: 체중, 대사조절)이 전반적으로 상당히 개선되었음이 확인되었다. 정성적 평가에서는(문화적으로 일치하도록 둘러앉아 대화하면서 도출된) 지역사회가 프로그램을 소유한다는 특성이 사회적 지지와 대인관계적 책임감을 포함하여 당뇨병의 개선과 변화의 주요 동인으로 인식되는 것이 발견되었다.

FEDS에 참석한 임상 실무자들과 일반인들이 이 시범 프로그램 개발의 모든 단계마다—관계 구축과 상호 존중 및 신뢰 구축을 위한 초기 단계부터 프로그램 설계, 교육의 초점과 형식, 공공 가시성, 실행 그리고 지속적인 수정을 위한 브레인스토밍까지—협력적으로 작업한 것이 분명하다. 이제 인디언 업무과와 임상 협력자들은 주정부 지원 또는 보호구역 지원 의료체계가 쉽게 접근할 수 없는 미국 인디언의 다른 지역사회(예: 도심, 저소득 인디언 지역)를 위해서 새로운 프로그램을 개발하는 시도를 확장하려 한다. 또한 지역의 청소년들을 위해서 인디언 초등학교 및 중등특성화 학교와 협력하여 문화적으로 매력이 있고 청소년 발달에 적합한 남녀공학, 공동체 및 대인관계 지원체제를 만들어 실행하고, 성인 인디언 남성 및 아버지들—역사적으로 기존의 또는 지역사회기반 참여연구(Community Based Participatory Research: CBPR) 시범사업에의 접근성이 떨어졌던—과 협력하여 설계한 새로운 프로그램도 만들 예정이다.

반 니코틴담배중독 학생단체

미네소타주 세인트폴 지역의 휴버트험프리 잡코어센터[2](Hubert H. Humphrey Job Corps Center)는 16세부터 24세 사이의 고위험 청소년들을 위한 연방 직업훈련 프로그램이다. 현장관리자, 교사, 의사 및 학생들은 지역 내에서 흡연이 문제가 되고 있는 것을 오랫동안 알고 있었다. 증거가 자주 나타남에 따라 2006년에 캠퍼스 차원의 설문조사를 실시하였는데 그 결과, 학생들의 흡연율이 전국 평균의 두 배가 되는 것이 밝혀졌다(61% 이상). 후속 조사에서는 흡연자의 거의 70%가 금연하기를 원했고, 대부분 여러 번 금연을 시도하였으나 성공한 학생들은 몇 명 없는 것으로 나타났다.

잡코어센터의 실무자들(관리자 1명, 교사 3명, 상담자 1명)과 학생들(흡연자 8명

2) 역주: Job Corps Center는 미국 직업훈련단을 말한다. 16세에서 24세의 취약계층 청소년을 대상으로 직업 관련 교육과 훈련 및 고용서비스를 포괄적으로 제공하는 프로그램과 단체이다.

과 비흡연자 8명) 그리고 미네소타 대학교 교수들(의료가족치료사 1명, 가정의학과 의사 1명)이 함께 주민 건강관리모델을 지침으로 사용하여 지역사회기반 참여연구(CBPR) 방식으로 이 문제에 접근했다. 기존의 하향식 금연서비스 및 교내관리 모델과는 달리, 학생들과 전문가들 간의 협력관계를 설계하는 데 상당한 노력을 기울였다. 학생들은 잡코어센터의 실무자들과 임상서비스 제공자들이 그들의 사회적 문화와 학교생활의 스트레스 요인에 민감해지도록 했으며, 자신들 또한 학생들의 흡연율을 낮추려는 연방정부의 압력(고용력을 높이기 위한)과 행동 변화를 촉진하려는 의료진들의 노력에 대한 통찰력을 얻게 되었다.

반 니코틴담배중독 학생단체(Students Against Nicotine and Tobacco Addiction: SANTA) 프로젝트에는 모든 참여자가 함께 목표를 확인하고, 행동단계와 해결책을 개발하고, 개입을 실시하고, 결과를 평가하고, 개입방법을 개선하는 5년 동안의(지금도 계속되는) 협력과정이 포함되었다. SANTA는 흡연의 주요 선행요인에 대한 캠퍼스 차원의 첫 설문조사 이후, 기존에 하던 대로 금연에 관한 문헌들을 제공하고 '금연 계획'을 지원하는 것보다는 학생들의 스트레스와 지루함을 줄여주는 것을 목표로 삼는 것이 더욱 필요하다는 것을 확인했다. 그리고 캠퍼스 환경의 여러 측면을 바꿨는데, 예를 들면 사교 및 운동 활동(요가, 춤, 미술, 공예, 배구, 농구, 역기 운동, 연극 및 랩 대회)을 만들어 활성화하고, 캠퍼스의 지정 흡연구역을 구석진 곳으로 옮기고, 미성년자들의 학생증을 밝은 빨강색으로 바꿔서 18세 미만이라는 것이 잘 보이게 하고, 직원 흡연자에 관한 정책도 변경하였다(구체적으로, 휴식 중 흡연하고자 하는 모든 직원은 지정된 흡연구역에서 학생과 같이 하지 말고 자기의 차 안에서 하도록 한다). SANTA는 계속해서 잡코어 및 학생들이 더욱 발전하고, 잘 받아들여지는 활동을 지속하고, 새로운 활동을 설계하고 실행하도록 지원하고 있다. 캠퍼스 차원의 자료수집을 계속해 본 결과, 학생들이 프로젝트에 지속적으로 연계되면서 흡연율이 감소한 것이 확인되었다.

SANTA가 다음 단계로 나아가면서, 주민 건강관리 방식이 고위험 인구에 개입해서 흡연을 줄이는 확실한 방법이라는 초기 및 예비 결과를 더욱 발전시켜 나갈 것이다. SANTA는 향후 몇 년 안에 지역 내의 잡코어센터들을 금연시설로 전환하라는 연방정부의 요구를 충족시키기 위해 노력하고 있다. 이 단체는 또한 학생과 관리자가 문제라고 인정한 다른 건강 관련 행동(예: 알코올 및 마약 남용)을 목표로 삼기 시작했으며, 그 이름의 'A'를 '중독(Addiction)'에서 '남용(Abuse)'으로 개정하고 알코올의 'A'를 추가하는 것을 고려하고 있다. 그러면 SANTA의 새 이름이 SANTAA(반 니코틴담배알코올남용 학생단체, Students Against Nicotine, Tobacco, and Alcohol Abuse)로 바뀐다. 프로젝트의 구성원들은 흡연과 그 폐해, 관련 건강행동과 결과를 미네소타주의 개입 현장과 인구통계학적으로 유사한 현장들과 비교하기 위해서 계획적으로 통제된 실험연구를 전국적으로 시행할 계획이다. 이러한 노력은 학생들의 건강을 개선하는 임무를 가진 다른 사람들의 작업에 도움이 될 것이다.

주민 헬스케어 홈 프로젝트

이 절에서는 개발 단계에 있는 한 프로젝트를 설명하고자 한다. 이 책의 서문에서 언급했듯이 환자중심의 메디컬 홈(medical home) 또는 헬스케어 홈(health care home)은 미국의 일차의료기관에서 유망한 혁신이다. 미 연방의 보건의료연구 및 질관리기관(Agency for Health Care Research and Quality: AHRQ)은 '헬스케어 홈'을 포괄적이고, 환자중심적이며, 조정이 되며, 접근 가능하며, 고품질이며, 안전성이 높은 여섯 가지 관리 특성을 포함하는 의료서비스 전달방식이라고 특징짓고 있다(AHRQ, 2012). 이상적 형태의 헬스케어 홈에서는 만성질환 및 장애가 있는 사람들의 건강과 삶의 질을 향상시키기 위해서 환자 및 가족과의 협력팀에서 일하는 다양한 범위의 임상가들이 참여한다. 의료수가 지불체계에서 조금 더 지원이 이루어지면, 헬스케어 홈 모델은 이 책에서 우리가 주장하는 통합적이고 협력적인 치료를 위한 경로를 만들어 낼 수 있다.

현재의 헬스케어 홈에서 취약한 부분은 어떻게 환자들을 자신의 건강관리에 개별적으로 참여하게 하면서 동시에 헬스케어 홈의 사업에 집단적으로 참여하게 하는가이다. 이는 일반적으로 '소비자 참여'라고 불린다(Nutting et al., 2009). 지금까지 이루어진 헬스케어 홈 작업의 대부분은 서비스 제공자 체계를 구축하고 환자를 찾아가는 데 초점을 두었고, 환자들이 자신의 건강관리에 적극적으로 참여하게 하는 데 두지는 않았다. 전통적으로, 보건진료소에는 인내심 있는 지도자들이 없었으며 사람들이 자신의 개인 건강관리 이상의 광범위한 사업에 관여할 수 있는 통로가 없었다. 이는 학교에 학부모-교사 위원회가 없는 것과 같다. '우리'가 없는 것이다. 이는 작은 차이가 아닌데, 환자와 가족들이 자신의 건강증진과 건강관리에 더 많은 책임을 지지 않으면 건강관리 재정이 유지되지 못할 것이라고 생각하기 때문이다. 건강관리의 변화를 위한 이러한 핵심 요인을 해결하기 위해서 주민 건강관리 프로젝트는 미네소타주 세인트폴에 있는 대규모 일차의료진료소인 HealthPartners' Como Clinic과 함께 헬스케어 홈을 설립하기 위한 작업을 시작했다.

주민 헬스케어 홈의 목표는 건강 증진을 위한 진료소의 사업에 환자들이 깊이 참여할 새로운 방법을 고안하고 지역사회의 건강을 위한 공동의 책임의식을 창출하는 것이다. 그 핵심 아이디어는 소비자들이 헬스케어 홈 공동체의 주민이 되는 통로를 만드는 것이다. 이러한 주민의식에는 두 가지 수준이 있다. 즉, 전문가팀과 관계하면서 자신의 건강을 관리하는 개인 및 가족의 책임과 헬스케어 홈 공동체 내에서의 리더십이다. 그 일은 2010년 한 의료가족치료사가 세인트폴 Como Clinic의 의료과장에게 접근했을 때 시작되었다. Como Clinic은 헬스케어 홈 체제로 옮겨가고 있는 대규모 보건의료기관인 HealthPartners와 연계된 일차의료 진료소이다. 의료과장은 의사 두 명을 모집하여 의료가족치료사로부터 주민 건강관리모델에 관해 오리엔테이션을 받게 하였다. 그리고 이 의사들 세 명은 자신들의 환자 명부에서 '지도자 환자' 여러 명을 초빙해서 함께 실무집단을 형성했다. 환자 10명과 의사 3명으로 구성된 이 집단은 '활동회원 프로젝트(Active Member Project)'를 개발하여 시범운영을 하였다.

의료가족치료사가 전체 과정을 지도하면서, 이 주민 행동집단은 1년 동안 격주로 회의를 열고 다음과 같은 일련의 질문에 대해 논의하였다.

① 우리가 건강을 유지하고 질환을 잘 관리하는 데 있어서, 심지어 접근이 수월하고 수준이 높은 전문적 관리를 받을 때라도, 직면하게 되는 도전 과제들은 무엇인가?

② 이러한 도전 과제에 직면하고 있는 사람들을 돕기 위한 전통적 건강관리 방식에는 어떤 것들이 있으며, 그 한계는 무엇인가?
③ 우리는 어떻게 함께 일상생활에서의 건강을 관리하는가?
④ 주민 건강관리 방식에 따르는 이러한 도전 과제들을 해결하기 위해 우리는 어떤 행동계획을 만들 수 있는가?

첫 번째로 나온 행동 발의는 활동회원 프로젝트였다. **활동회원**은 자신을 자기 건강관리의 주체로 보고 의료진과 협력하며 개인 및 가족을 위한 건강관리를 보다 광범위한 지역사회와 연결된 것으로 보는 사람으로 정의하였다. 핵심적 변화는 환자들과 의사들이 서로 기대를 갖게 되는 것과 더불어 활동회원 공동체의 회원 자격과 진료소의 활동회원으로서의 공식적인 지위나 역할이 생겨난 것이다. 지금까지의 '활동회원 프로젝트'의 핵심 요소는 다음과 같다.

① 잠재적인 활동회원들을 위해 주민환자 지도자와 의료진들이 지도하는 예비 교육 모임
② 개인 또는 가족 건강을 위한 행동에 대한 자기평가 기준(목표, 도전 과제, 자원, 행동 우선 순위)
③ 다음 해의 건강목표와 목표 달성에 도움이 되는 자원을 결정하기 위한 서비스 제공자들과의 회의(미리 계획된 후속 회의들 포함)
④ 후속 모임, 그리고 활동회원들의 목표와 관심사를 중심으로 한 건강목표 집단의 결성

지금까지 두 개의 집단이 형성되었는데, '활동적인 삶' 집단과 '건강한 식생활' 집단이다. 이 두 집단은 주민-환자가 주도하며, 과정을 제안하고, 의료가족치료사로부터 자문을 구하고, 참여자들 스스로 의제와 활동을 결정한다. 예를 들어, 건강한 식생활 집단은 초기에는 진료소 주방에서 함께 건강식을 조리하고, 조리법을 공유하며, 다양한 건강 식습관의 실천을 서로 격려하는 작업에 집중하였다(체중 감량 집단은 아님). 활동적인 삶 집단은 같이 걷는 모임을 시작했고, 이메일

을 이용하여 서로 책임의식을 고취하며 격려하였다.

이 프로젝트가 일반 건강 증진 프로그램들과 다른 점은 의료진과의 제휴를 통한 환자들의 지도력이다. 지도자 집단은 지속적으로 프로젝트를 조정하고, 서서히 성장시키며, 작동하는 것과 하지 않는 것으로부터 배우며, 추가 시범사업을 언제 시작할 것인지를 결정한다. 활동회원 프로젝트 시범사업을 시작한 후, 그들은 두 번째 사업인 경력환자 프로젝트(Experienced Patient Project)를 개발하기로 결정하였다. 이 프로젝트는 질환을 먼저 경험한 이들의 살아있는 지혜로부터 도움을 받을 사람들과 고참 환자들을 짝지어 주는 것을 목표로 삼았다. 지도자 개발이 강조된 예를 들면, 주민 환자 중의 한 명이 자신을 대규모 환자단체인 건강파트너위원회(Board of Health Partners)의 위원 후보로 지명하고, 다른 환자들에게 자신을 찍어 줄 것을 요청한 것이다. 그녀는 이 위원회에서 수십 년 만에 처음으로 자신을 스스로 지명하여 선출된 위원이 되었다. (대부분의 보건의료기관 위원회는 차기 위원들을 지명하여 정하며, 자신을 지명하는 사람이 선출되는 경우는 드물다.) 이러한 방식으로, 그녀는 지역 진료소 프로젝트보다 더 큰 규모에서 주민환자 지도자가 되었다.

2012년 봄, '주민환자 프로젝트(Citizen Patient Project)'는 사명, 초점, 지도 원칙으로 다음과 같은 사항들을 공식화하였다.

- 사명: 환자들을 자기 건강관리의 적극적 행동 주체이자 Como Clinic 공동체의 주민으로 참여하게 한다.
- 초점: Como Clinic의 모든 환자가 활동회원 프로젝트를 이용할 수 있게 하고, 경력 환자들의 경험으로부터 혜택을 받을 수 있는 사람들을 연결시키는 두 번째 프로젝트를 개발한다.
- 중심 전제: 건강과 건강관리를 개선하기 위한 가장 큰 미개발 자원은 일상생활에서 어려운 건강문제에 직면하는 개인, 가족, 공동체의 지식과 지혜 및 에너지이다.

결론

체계중심 가족치료사에게 있어서, 지역사회 수준에 참여하는 것은 공식적 주민 건강관리 프로젝트든 덜 공식적 방식이든 상관없이 전문성의 기여가 확장되는 느낌과 지역사회와 밀접한 관계를 유지하는 즐거움을 가져다준다. 보통 이러한 프로젝트들의 초기 단계에는 가용 자금이 거의 없다. 의료전문가들은 대개 지역사회 주민들과 같은 방식으로 그들의 시간을 기부한다(주민 건강관리 프로젝트 착수를 위해 관련 전문가들은 평균적으로 각자 한 달에 6~8시간을 기부한다). 시설 지원은 일반적으로 진료소나 기관들에 의해서 회의 장소, 웹사이트 개발 그리고 일반적 의사소통을 위한 방편으로 제공된다. 프로젝트가 원숙해지고 지역사회에서 긍정적인 평가와 좋은 평판을 얻게 되면 전문가들의 시간을 포함하여 일부 프로젝트 경비를 충당할 자금 조달 자원이 종종 생겨나게 된다. 그러나 프로젝트가 진정으로 그 지역사회에 속하게 될 때, 지역사회 구성원들은 자금 조달의 기복을 이겨 내는 방법을 찾아내게 된다.

〈보기 6-3〉은 주민 건강관리 프로젝트를 시행하며 얻은 또 다른 '교훈'에 관한 것이다. 명심해야 할 중요한 점은 주민 건강관리가 단지 사람이 사람을 돕는 것에 관한 것만은 아니다. 이는 건강관리 체계 및 보다 넓은 문화적 차원에서 주민들이 더욱 활동적이 되는, 사회 변화에 관한 것이다. 이러한 이해는 주민 건강관리 프로젝트 구성원들로 하여금 자신들이 하는 일에 더 큰 의미를 둘 수 있게 한다. 또한 미디어 및 기타 저명한 지역사회 구성원들의 주의를 끌어들여서 주민 건강관리 프로젝트를 이해하게 하고, 알리고, 확산시킨다.

보다 넓은 수준에서 미국의 현 보건의료체계가 변화되어야 한다면, 진료소와 병원을 위한 새로운 임상 전략과 더욱 공정한 비용 상환체계 이상의 변화 또는 (이러한 변화만큼이나 중요한) 보편적 건강관리에 대한 접근의 변화까지를 필요로 할 것이다. 자신과 지역사회의 건강을 책임질 힘이 없는 사람들을 치료하는 일선 의료진에게만 의지한다면 질 관리 및 비용 문제는 우리의 보건의료체계를 계속 압도할 것이다. 의료가족치료가 계속해서 의료체계 속으로 더 깊숙이 옮겨지

〈보기 6-3〉 주민 건강관리 프로젝트: 핵심 교훈

1. 이 일은 기술을 배우는 것뿐만 아니라 주민전문가로서의 정체성 전환에 관한 것이다.
2. 특정 문제나 행동보다는 지역사회의 지도자를 발굴하고 개발하는 것이다.
3. 일회성 사건이 아닌 지속적인 시도에 관한 것이다.
4. 주민에 의한 시도는 그 태동기에는 종종 느리고 어수선하다.
5. 기관에 영향을 줄 수 있는 챔피언이 필요하다.
6. 어떤 기관의 문화와 관행에 녹아들 때까지는 이러한 시도는 조직 맥락을 바꾸기에 취약하다.
7. 너무 많은 시간을 프로젝트에 투입하는 전문가는 과잉기능을 하며 이론을 적용하지 않는다. 전문가들의 평균적인 참여 시간은 수년에 걸쳐서 한 달에 약 6~8시간으로 밝혀졌다.
8. 착수기의 외부 자금은 일정과 결과물에 묶여서 덫이 될 수 있지만, 일단 프로젝트가 개발되고 나면 이 모델에 대한 학습 역량을 키우고 주민 프로젝트의 범위를 확장하는 데 유용할 수 있다.
9. 전통적인 공급자-소비자 모델의 영향력은 모든 면에서 강하다. 따라서 민주적 의사결정은 끊임없는 경계를 요한다.
10. 멘토링 없이는 이러한 접근법을 배울 수 없으며, 익숙해지는 데는 2년이 걸린다.

는 동안, 의료가족치료사들 또한 지역사회 실천을 통해 동료인 주민들과 관계를 맺도록 노력해야 한다.

제2부

생활주기별 의료가족치료

MEDICAL FAMILY THERAPY AND INTEGRATED CARE

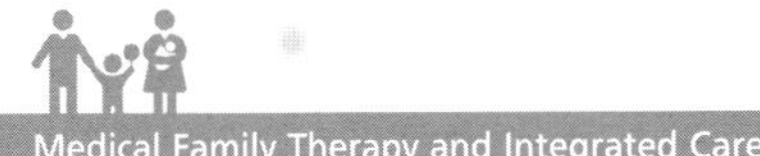

제7장
건강 위해 행동

우리는 우리 자신의 건강에 대한 적이었다. 공중위생국 장관의 「건강증진 및 질병예방에 관한 보고서(Report on Health Promotion and Disease Prevention)」가 "미국에서 고위험군의 사람들이 식이습관, 흡연, 운동 부족, 알코올 남용, 항고혈압제 복용의 다섯 가지 습관을 향상시킨다면 상위 10위를 차지하는 사망 원인 중에서 적어도 7개의 원인은 상당히 감소될 수 있을 것"을 입증했던 1979년에 1차 경고음이 울렸다(U.S. Department of Health, Education and Welfare, 1979, p. 14). 오랜 인류의 역사를 통해 볼 때 인류를 가장 쇠약하게 만들고 죽음에 이르게 한 것은 공기와 물, 우연한 신체 접촉을 통해 전염되는 전염병이었다. 유기동물에 의해 피부에 상처를 입으면 세균 감염에 의해 쉽게 조기 사망에 이르기도 했고, 유럽의 인구 밀도가 높아지면서 물이나 공기를 매개로 한 전염병들이 수백만의 사람을 사망에 이르게 했다.

그러나 이제는 상황이 달라졌다. 21세기에 들어서서 경제적으로 발달된 국가

---

http://dx.doi.org/10.1037/14256-007
Medical Family Therapy and Integrated Care, Second Edition, by S. H. McDaniel, W. J. Doherty, and J. Hepworth

에서 건강을 가장 괴롭히는 것은 만성질환이다. 만성질환은 현재 세계 인구 사망 원인의 63%를 차지하고 있으며, 선진국에서는 훨씬 더 높다(World Health Organization, 2012). 대부분의 만성질환은 개인의 행동과 강한 연관성이 있는데, 특별히 흡연, 식이습관, 알코올이나 약물 사용, 수면장애 및 AIDS 감염에 이르게 되는 성행위 등과 연관되어 있다. 그러나 흡연율의 감소를 제외하고는 최근 수십 년 동안의 개선이 별 진전을 보이지 않았으며, 비만 예방은 더 좋지 않은 상황으로 바뀌었다(Kumanyika & Brownson, 2007).

건강 관련 행동에 대한 논의는 으레 가족에 대한 논의이다. 왜냐하면 우리는 가족 안에서 처음으로 건강습관을 학습하게 되고, 삶을 사는 동안 계속해서 습관을 반복하게 되기 때문이다. 이러한 것이 가족이나 의료전문가들 모두 오랫동안 지속되어 온 건강습관을 어떻게 개선할 것인가의 복잡한 문제들을 다루는 데 도움을 주기 위하여 의료가족치료사들이 중요한 역할을 하게 되는 이유이다. 우리 가족치료사들은 가족들과의 작업을 통해 심리사회적 고통으로 이끄는 가족의 상호작용 패턴을 변경시키도록 돕는 일에 대한 훈련을 받았다. 우리는 치료사들이 일반적으로 잘 다루지 않는 건강행동과 관련된 문제들에 대하여 어떻게 가족들과 작업할 것인가를 배우고 있다. 이 장에서는 의료 상황에서 흔히 만나게 되는 두 가지의 중요한 건강문제인 비만과 흡연에 대해 논의할 것이다.

일반적으로 의료가족치료사들은 생활습관 때문에 고혈압, 당뇨병, 심장질환, 폐질환 등의 의료적 문제를 함께 갖고 있는 환자들에서 비만과 흡연 문제를 만나게 된다. 가족구성원의 행동 변화를 다루는 데 좌절한 의사들이나 가족들이 도움을 구하기 위하여 의료가족치료사에게 의뢰를 하게 된다. 다른 경우로는 환자 스스로가 행동 '조절'을 할 수 없어서 무기력과 수치심으로 인하여 치료사를 찾아오기도 한다. 그러므로 치료사가 흡연과 비만에 대해 작업하는 것은 평가와 치료와 관련된 더 광범위한 이슈들의 한 부분일 수 있다. 의료가족치료사가 특화된 금연 프로그램이나 비만관리 프로그램 안에서 상담하게 되는 경우는 드물다.

이 장의 내용은 이 책에서 만성질환, 우울증, 결혼문제의 치료에 관해 토론하는 다른 내용들을 보완해 줄 것이다. 의료가족치료사는 건강행동 문제들이 화제가 될 때, 이런 문제에 일정 시간 초점을 맞춘 후 관심을 두고 있지 않다가 적절한 타이밍에 다시 그것으로 돌아가서 다루게 되는데, 항상 상담치료가 환자에게 다른 방식의 건강행동을 취하도록 강요하는 노력으로 바뀌게 되는 함정을 피하면서 문제들을 수용하게 된다. 특별히 매력적인 체중을 갖는 것이 문화적 강박관념이 되어 버렸기 때문에 비만문제의 상담은 심리적 · 사회적으로 복잡해질 가능성이 다분히 있다.

이 장에서는 이 책의 초판이 출판된 이후에 두드러진 건강행동 변화를 위한 상담 작업을 강조할 것이고, 그다음에 환자와 가족과 상호작용하는 다른 팀원들을 포함하는 의료가족치료의 맥락에서 비만의 임상적 측면에 초점을 맞출 것이다. 우리는 의료가족치료의 두드러진 특징들 중의 하나를 강조할 것인데, 이 장에서는 요즘 각광받는 환자중심적 접근법들 중에서 가장 좋은 것의 일부를 향상시킬 수 있는 가족중심적 접근을 포함하여 기술할 것이다.

의료가족치료사 자신

치료사는 체중, 식이습관, 흡연, 움직이지 않는 생활습관에 대해 강한 감정이나 신념을 갖고 있을 수 있다. 사실, 이러한 문제들에 대한 치료사 자신의 내력이나 미국의 문화적 규범에 의해 영향을 받지 않는다는 것은 거의 불가능하다. 저자 중의 한 명은 두 명의 여성 치료사가 함께 보고 있는 어떤 여성 환자가 '약간 과체중'인지, 아니면 '역겨울 정도로 심하게 비만'인지에 대해 열띤 논쟁을 하는 것을 들은 적이 있다. 이 논쟁은 꼭 임상적인 내용만은 아니었다. 흡연이 점점 사회적으로 낮은 계층에서 일어나는 현상이 되면서, 치료사들이 저소득층의 사람들에 대한 부정적인 사회적 고정관념을 점차 의식하게 되었다. 치료사들이 비만과 흡연에 대한 자신의 가족적 · 문화적 기반의 생각들을 주의 깊게 살피지 않으면 환자를 '돕기' 위한 시도를 적극적으로 하면서 그들 자신의 문제를 해결하려는 시도를 하게 되고, 결국 다른 가족구성원들이나 의료전문가들과 연합하여 내담자에게 자제심을 강요하는 결과에 이르게 되는데, 이런 방식은 아무리 좋게 표현해도 불확실한 해결방식이다.

의료가족치료사는 문화적 강박관념에 대한 치료가 때때로 '질병'에 대한 치료보다 더 좋지 않은 결과를 가져올 수 있다는 것을 인식해야 하는데, 가장 분명한 예는 신경성 식욕부진증이다. 어떤 경우에는 치료사가 할 수 있는 최선이 환자나 가족 또는 의료전문가들이 현재로서는 변화시킬 수 있는 것이 없다는 것을 받아들이도록 돕는 것일 수도 있다. 또 다른 경우에는 치료사의 필요, 문화적 문제들과 환자, 가족 및 의료전문가들의 문제들을 주의 깊게 분리함으로써, 우리는 건강행동에 대한 상담이 의미 있는 행동 변화로 나타나고 모든 관련된 사람의 신체적 · 정서적 건강 향상으로 나타나도록 할 수 있을 것이다.

의료가족치료사와 금연

흡연이 건강에 미치는 영향에 대한 통계 수치들을 보면 놀랍다. 질병통제예방센터(Centers for Disease Control and Prevention, 2010c)로부터 나온 몇 개의 수치들을 살펴보고자 한다.

- 세계적으로 담배의 사용으로 1년에 500만 명 이상이 사망한다.
- 현재의 추세가 지속되면 담배 사용으로 2030년까지 매년 800만 이상의 인명을 잃을 것이다.
- 평균적으로 흡연가는 비흡연가에 비하여 13~14년 정도 수명이 짧다.
- 미국에서 흡연은 사망 원인 중 가장 예방 가능한 것으로, 매년 사망 건수의 1/5에 대한 원인을 제공하며, 연간 44만 3,000건의 사망 원인이 되며, 이 중 4만 9,000건은 간접흡연에 의한 사망으로 추정된다.

흡연에 의한 사망은 주로 폐암, 기타 암으로서 구강암과 췌장암, 심장 및 동맥질환과 같은 심혈관질환, 기관지염과 폐기종과 같은 호흡기 질환에 기인한다. 가족치료 분야의 위대한 개척자인 Nathan Ackerman과 Murray Bowen도 흡연 때문에 이른 나이에 사망한 것으로 추정된다. 흡연으로 인해 인류가 치러야 할 비용은 상당하다.

공중보건적인 접근법을 떠나서 흡연의 시작과 유지에 가족 요인들이 중요하다는 근거들이 많아짐에도 불구하고, 금연에 대한 연구와 상담적 개입은 주로 개인 흡연가에게 초점을 맞추어 왔다. 예를 들면, 부모의 흡연 여부, 흡연에 대한 부모의 태도가 자녀들이 장차 흡연가가 될 것인가에 영향을 준다는 것이 알려졌고(Chassin et al., 2005), 가족이 규칙적으로 식사를 같이 하는 습관을 유지하는 것이 청소년들의 흡연 가능성을 낮춘다는 것도 알려졌다(Franko, Thomson, Affenito, Barton, & Striegel-Moore, 2008). 흡연가는 흡연가와 결혼하는 경향이 있고(Sutton, 1980), 상대 배우자의 흡연의 시작과 중단의 유형에 영향을 준다(Homish & Leonard, 2005). 배우자나 파트너의 지지가 금연 성공률을 높일 수 있다는 훌륭한 연구 근거들도 있다(Mermelstein, Lichtenstein, & McIntrye, 1983; Ockene, Nuttall, & Benfari, 1981; Park, Tudiver, Schultz, & Campbell, 2004). Shoham, Butler, Rohrbaugh와 Trost(2007)의 흥미로운 관찰연구에 의하면, 양쪽 배우자가 모두 흡연가인 경우에는 담뱃불을 붙일 때 긍정적인 감정이 커지는 반면에 양쪽 배우자 중 한 명이 흡연가이고 다른 한 명은 비흡연가일 경우에는 흡연가인 배우자가 담뱃불을 붙일 때 부정적인 감정을 느끼게 된다고 보고하였다. 이러한 연구 결과는 흡연행위가 부부관계의 역동 속으로 휘말려 들어갈 수 있다는 Whitehead와 Doherty(1989)의 관찰 결과와 일치된다. 정리해 보면, 흡연행위가 사회적 · 가족적 성격을 갖는다는 것을 보여 주는 좋은 근거들이 있다.

흡연과 연관된 또 다른 사회적 요인이 최근 크게 부상하고 있다. 환경성 담배연기(environmental tobacco smoke: ETS, '간접 흡연')가 중요한 건강 관심사가 되어서, 법률이나 사회 관습의 변화를 요구하고 있다. 환경성 담배 연기는 역시 가족과 연관된 문제인데, 가정이나 승용차가 아동들이 담배 연기에 노출되는 중요한 장소이며, 담배 연기에 노출되는 것은 천식을 앓고 있는 아동에게 특별히 위험성이 크다. 이런 이유로 흡연가의 가족이 어떻게 담배 연기 없는 가정을 만들 수 있을까가 흡연문제 연구자들이 우선순위를 두는 주제이다. 도시에 거주하는 인구를 대상으로 한 연구에서 현재 흡연가의 40%만이 담배 연기 없는 가정에서 살고 있는 반면에(이런 가정은 흡연가들이 집 밖으로 나가서 담배를 피우는 가족 규칙을 갖고 있다), 동일 표본집단에 속한 비흡연가의 61%, 과거 흡연가의 77%가 담배 연기 없는 가정에서 살고 있다고 보고하였다(Hymowitz et al., 2003). Pyle, Haddock, Hymowitz, Schwab과 Meshberg(2005)는 한 소아과 클리닉에 연계되어 있는 가정들이 어떻게 담배 없는 가정을 만들기 위한 규칙을 만들었는지를 연구했으며, 의사들에게 간접 흡연의 문제를 더 강조해 줄 것을 요구했다.

금연 프로그램에서뿐만 아니라 매일매일의 임상에서도 의료가족치료사들은 금연 치료의 필수적인 부분으로서 흡연문제를 다루기보다는 환자, 가족, 의료제공자들에게 금연과 관련하여 자문하고 코칭하는 역할을 더 자주 하고 있다. (금연문제는 비만문제하고는 다른데, 비만문제는 가정 내의 권력, 조정, 친밀감 문제와 더 강하게 연루되는 경향이 있다. 이에 대해서는 이 장의 뒷부분에서 논의할 것이다.) 임상심리학 분야의 두 모델이 의료가족치료사들이 흡연문제를 코칭하고 자문하는 데 유용할 것이다. 첫째는 변화의 단계에 관한 Prochaska의 범이론적 모델이고, 둘째는 동기강화 상담이다. 우리는 각각의 모델에 대해 간략하게 설명한 후에 체계론적 관점을 갖고 있는 의료가족치료사들이 이 모델들의 약점을 어떻게 수용할 수 있을지를 언급할 것이다.

Prochaska의 범이론적 모델

1970년에 처음 개발된 James Prochaska의 범이론적 모델(transtheoretical model)은 사람들의 행동 변화를 일으키기 위하여 연구와 임상에 폭넓게 활용되었다. 핵심 개념은 환자 개인이 변화에 대한 관심과 의지의 연속선상에서 서로 다른 심리적 위치에 있다는 것과 의료제공자가 변화를 일으킬 방법에 대해 개입하기 전에 어떤 환자가 변화에 대해 어느 정도 수용적이며 준비되어 있는지를 알 필요가 있다는 것이다. 그렇지 않으면, 의료제공자들은 환자를 교육하거나 동기 유발을 하는 데 모든 사례에 동일한 방법을 적용하는 오류에 빠질 수 있다. Prochaska 모델(〈보기 7-1〉 참조)에서 변화는 6단계를 거쳐서 진전되는 일련의 과정이다(Prochaska & Velicer, 1997).

각각의 단계에 적용할 수 있는 구체적 개입방법들에 관한 연구 근거들이 일치

〈보기 7-1〉 **Prochaska의 범이론적 모델: 변화의 단계**

- 고려 전 단계: 환자가 가까운 미래에 행동 변화를 일으키는 것에 관심을 갖고 있지 않다.
- 고려 단계: 환자가 가까운 미래에 행동 변화를 일으킬 의향이 있다(예: 6개월).
- 준비 단계: 환자가 아주 가까운 시간에 행동 변화를 취할 의향이 있다(예: 1개월).
- 행동 단계: 환자가 건강을 위해 행동에서 변화를 보이기 시작했다.
- 유지 단계: 환자가 건강을 위해 행동이 재발되지 않도록 노력하고 있다(이 단계는 수년간 지속될 수 있다).
- 종결 단계: 환자가 행동 변화를 일으키는 데 성공했으며, 행동 변화를 유지하는 데 자신감이 있다.

하지는 않지만(Aveyard, Massey, Parsons, Manaseki, & Griffin, 2009; Prochaska et al., 2008), 이러한 변화의 단계 모델은 치료사들이 언제 담배를 끊을 것인가(혹은 언제 실천하기 어려운 다른 행동 변화를 이룰 것인가)를 생각하는 과정에서 환자보다 너무 앞서 나가는 흔한 함정에 빠지는 것을 피할 수 있도록 돕는다. 어떤 의사가 의료가족치료사에게 자문을 구하며 만성 심장질환의 초기 단계에 있는 60세 여성 환자가 금연에 대해 심각하게 생각하고 있지 않다고 이야기하였다. 가족치료사는 환자의 삶에서 다른 일은 없는지 물어보았다. 의사는 환자가 딸의 결혼이 임박했다고 언급한 사실을 알려 주었다. 의료가족치료사는 아마도 지금은 환자가 흡연과 같은 스트레스를 감소시키는 행동을 중지하는 것을 생각하기에는 어려운 때인 것을 이해해 주고, 결혼식 후에 다시 와서 금연에 대해 이야기할 수 있겠는지를 환자에게 물어보도록 제안하였다. 환자는 이런 제안에 기꺼이 동의했다. Prochaska 모델에 따르면 환자는 고려 단계에 있었으며, 행동 변화를 위한 준비 단계는 아니었다. 그러나 시간이 지나면 이 단계로 넘어갈 수 있었다.

Prochaska 모델의 제한점은 이 모델이 개인 지향적이라는 것이다. 의료가족치료사들은 가족들이 그들이 사랑하는 사람의 금연에 대해 갖고 있는 관심의 단계가 어디쯤인지도 결정할 수 있다. 배우자나 파트너가 아직 흡연을 하고 있다면 환자의 행동 변화를 위한 그들의 도움은 매우 제한적이거나 경우에 따라서는 변화에 방해가 될 수도 있다(Whitehead & Doherty, 1989). (금연에 관한 이 절의 마지막에 나오는 사례를 참조하라.)

동기강화 상담

동기강화 상담(motivational interviewing)은 알코올 중독 등의 문제를 쉽게 치료하기 위한 초기 단계로 W. Miller와 Rollnick(2002)이 개발한 것으로서 현재는 금연, 식이요법, 운동, 인간면역결핍바이러스(HIV) 치료, 약물치료를 위한 독립적인 단기 중재방법으로 사용되고 있다. 이 방법은 탐색과 양가감정의 해결을 통해 행동 변화의 동기를 강화시키는 데 초점이 맞추어져 있다. 이 방법의 중요 핵심은 환자가 "그렇긴 하지만……" "선생님은 이해하지 못하실 겁니다." 등의 언급으로 저항하고 있는 환자의 행동 변화를 강제로 이루려고 하기보다는 변화를 원하는 환자의 의견을 이끌어 내고, 지지하고, 강조하는 것을 중요하게 여긴다. 동기강화 상담은 비지시적인 상담에 비해서는 조금 더 구조적이고 초점이 맞추어진 상담법이다. 이 방법은 의료에서 자주 시행되는 설득적 방법과도 차이가 있다. 동기강화 상담의 일반적 원리는 다음과 같다.

- **공감을 표현하라.** 환자에게 금연이 얼마나 힘든지, 행동습관의 변화가 얼마나 힘든지 치료사가 이해하고 있다는 것을 알게 할 필요가 있다. 이 단계는 임상가들이 금연상담에서 생략하기 쉬운데, 금연의 유익에 대한 '근거'가 매우 분명하고 임상가들이 거의 담배를 피우지 않기 때문일 것이다.
- **현재의 행동과 도달해야 할 목표와 가치 사이의 차이를 밝히라.** 사람들은 대부분 더 건강해지기 위해 금연을 원한다. 환자에게 금연을 원하는 이유에 대해 물어보면 환자는 행동 변화가 왜 중요한지 스스로 말할 수 있는 기회를 갖게 될 것이다. 환자는 담배 불을 붙이는 잠깐의 기쁨보다 흡연이 앞으로 나의 건강에 줄 해로움과 금연을 통해 나의 손자들이 성장하는 것을 볼 때까지 살 수 있다는 목표는 훨씬 더 중요함을 말하게 될 것이다.
- **행동 변화의 저항을 넘어서라.** 환자가 행동 변화를 망설이다가 부정적인 방향으로 되돌아가면("변화가 너무 어려워요." "나는 전에도 여러 번 실패했습니다.") 치료사는 "그래도 금연하셔야 합니다."라고 말하기보다는 공감하기로 되돌아가는 것이 좋다. 망설임은 정상적인 것으로서 행동 변화과정의 한 부분이다.

- **자기효능감을 지지하라.** 환자가 행동 변화에 대한 생각이 분명하면 치료사는 금연이 환자가 결정한 것이며, 금연을 실천하고자 결정했다면 실행할 수 있는 능력을 갖춘 것이라고 강조할 필요가 있다. 환자의 행동주체성을 지지하는 것은 지금 이 시점에서는 금연하지 않겠다는 결정도 수용한다는 것을 의미한다.

연구에 의하면 동기강화 상담 접근법이 알코올이나 약물 문제의 치료에 효과가 있다는 근거는 강하고, 흡연, 식이요법, 운동습관 등의 건강행동 변화의 상담 효과에서는 강하지는 않지만 어느 정도의 근거가 있다고 한다(W. Miller & Rolnick, 2002). 동기강화 상담은 변화 단계 모델과 함께 일차의료의사들에게는 친숙한 상담방법인데, 이 방법의 장점은 지향점을 조금 더 환자 중심적인 접근으로 전환해야 한다는 요구는 있겠지만 다양한 의료제공자들에게 가르쳐질 수 있으며 상담치료 기술을 요구하는 것이 아니라는 점이다. 동기강화 상담의 원리와 실제는 가족치료사들과 의사들이 변화를 거부하는 환자들에 대해 토론하기 위한 공통적인 언어를 제공할 수 있다. 의료가족치료사들은 의사들과 함께 환자를 방문하여 세련되게 동기강화 상담의 시범을 보일 수 있으며, 이런 과정을 통해 의사들은 의료가족치료사들의 환자 상담과정을 이해할 수 있게 될 것이다.

그러나 Prochaska의 변화 단계 모델처럼 동기강화 상담은 개인중심이라는 한계를 갖고 있다. 의료가족치료사들은 변화에 대해 망설이거나, 변화를 강요하거나, 변화를 방해하는 사람들과의 복잡한 관계망 속에서 변화에 대해 망설이고 있는 환자를 이해함으로써 이러한 한계를 극복할 수 있을 것이다. 예를 들면, 치료사들은 환자와 함께 생활하는 주변의 사람들이 흡연에 대해, 환자의 금연 시도에 대해 어떻게 이야기하고 있는지를 물어볼 필요가 있다. 다음의 사례는 체계론적인 접근방법이 변화에 대해 준비가 되어 있었던 환자가 실행 단계로 넘어가도록 어떻게 도움을 주었는지를 보여 준다.

가족치료사가 가정의학과 의사로부터 남편이 반복해서 금연에 실패하는 문제로 갈등에 빠져 있는 부부의 치료를 도와 달라는 요청을 받았다. 남편은 몇 주간 금연을 시도했다가 실패를 반복하곤 했다. 부인은 임신하기를 원했는데, 자신이나 아기가 남편의 '지저분한' 담배 연기에 노출되는 것을 원치 않았다. 남편의 흡연 상황을 알아본 결과, 남편은 집 안에서는 담배를 피우도록 '허락되지' 않아서 저녁 식사 후에 담배를 피우기 위해 집에서 가까운 커피숍으로 갔으며 거기서 친구들도 만났다(이때는 커피숍에서 담배를 마음대로 피울 수 있는 시절이었다). 남편은 건강을 위해 금연하기를 원했다. 그러나 금연하게 되면 친구들을 만나는 것도 중단하게 되어 결국에는 부부관계에만 '갇히는' 느낌을 갖게 되는 것이 싫었다. 의료가족치료사는 남편의 자율적인 금연 결정을 지지해 주면서 행동 변화의 목표가 무엇인지를 이끌어 내고 부인의 염려에도 귀를 기울였다. 의료가족치료사는 흡연은 남편이 사적인 자유를 찾을 수 있는 방법이라는 것을 지적하고, 부부가 흡연을 하지 않으면서도 사적인 자유를 찾을 수 있는 다른 새로운 방법을 찾기 위해 협의하도록 하였다.

의료가족치료사와 가정의학과 의사는 남편의 흡연문제의 어려움을 조금 더 협동적인 방법으로 협의할 수 있도록 부부를 코칭하였다. 남편에게는 담배를 피우게 되면 직접적이고 솔직하게 말하도록 하였고, 부인에게는 남편의 흡연을 감독하고 비난하는 역할을 하지 않도록 하였다(남편은 커피숍에서 담배를 피우지 않으면서도 서로 사귈 수 있는 금연가들이 있다는 것을 알게 되었다). 그들은 남편이 전처럼 담배를 꾸준히 피우게 되는 상태로 가게 되면 다음 단계로 어떻게 할 것인가를 의논하기 위해 부부가 가정의학과 의원을 다시 방문한다는 것에 동의하였다. 이 부부는 흡연문제를 통해 결혼 초기의 경계와 조정 과정을 다루는 방법을 알 수 있게 되었다.

의료가족치료와 비만

성인의 경우 비만이 진료를 받으러 오는 주된 이유인 경우는 많지 않으나, 당뇨병 등의 만성질환과 관련된 문제들의 한 부분일 수는 있다. 소아의 경우는 체중문제가 자문과 의뢰를 위한 일차적 이유가 될 수 있는데, 과체중으로 인하여 심리사회적으로 상처를 받았거나 신체적으로 위험한 상태의 연속선상의 어느 시점에 있기 때문이다. 이런 이유로 일반인의 비만문제에 대해 먼저 전반적으로 살펴본 후에 소아 환자와 가족에서의 비만 치료문제에 초점을 맞추도록 하겠다. 어른의 경우 흡연의 자문에 대해 이미 논의한 방법들(변화 단계, 동기강화 상담, 경계와 조정 문제의 인식, 가족 맥락 살피기 등)이 비만문제에도 적용될 수 있을 것이다.

우선 몇몇 용어의 정의를 살펴보자. 성인 비만의 정의는 체질량 지수(body mass index: BMI)가 30 이상인 경우이다(BMI는 어떤 사람의 체중과 신장 수치로 계산하는데, 건강문제의 원인이 될 수 있는 체지방과 체중의 범주를 정할 수 있다). 비만은 의료비용의 상승, 삶의 질 감소, 조기 사망 위험도 증가와 연관되어 있다. 비만과 연관된 흔한 건강문제들은 심혈관질환, 고혈압과 뇌졸중, 제2형 당뇨병, 몇몇 유형의 암질환이다. 과체중은 어린 연령에서 시작되는 경향이 있고, 많은 사람의 경우 평생 건강문제로 진행될 수 있으며, 가족에게도 유전될 수 있다. 비만에 관한 광범위한 역학적 문헌들을 살펴보기 원한다면 Hu(2008), Bagchi와 Preuss(2012)의 문헌을 참고하라.

미국에서 비만문제가 다루기 어려운 문제인 것은 명백하다. 성인 비만 인구는 1990년에서 2010년 사이에 상당히 증가하였다. 2009~2010년의 미국의 비만 유병률은 남성 35.5%, 여성 35.8%였다(Flegal, Carroll, Kit, & Ogden, 2012). 비만 유병률은 아프리카계 미국인에서 가장 높았다. 주별로 보면, 2011년 통계에서 비만 유병률이 20% 이하인 주는 없었다. 유병률의 범위는 콜로라도주가 가장 낮은 20.7%이었고, 미시시피주는 가장 높은 34.9%였다(http://www.cdc.gov/obesity/data/trends.html).

소아와 청소년의 비만은 특히 좋지 않은 경향을 보인다. 소아청소년의 비만율은 1980년 이후 3배로 증가하였다. 2011년 통계에 의하면 2~19세의 소아청소년의 비만율은 대략 17%(1,250만 명)였다. 건강 수준의 격차가 지속되고 있는데, 히스패닉계 남아와 아프리카계 여아의 비만율은 백인계의 그것과 비교하여 훨씬 높다. 사회경제적 수준이 낮은 계층의 학령 전 소아의 경우 7명 중의 한 명이 비만인 상태이다(http://www.cdc.gov/obesity/data/trends.html 참조).

소아청소년 비만은 심혈관질환과 사망 위험 등의 장기적 성인병 위험인자로 생각되어 왔다. 그러나 최근에는 과체중인 소아청소년들이 현재의 심각한 건강 위험에 당면하고 있다. 소아청소년에서 혈압 상승, 콜레스테롤과 지질 이상, 혈당 상승 등의 기준으로 진단되는 대사증후군이 증가할 뿐만 아니라, 제2형 당뇨병의 유병률이 상당히 증가하였다(Centers for Disease Control and Prevention, 2010b; Gold, 2008).

비만의 원인들은 유전적 요인과 가족 및 사회 환경적 요인 모두를 포함하는 것으로 추정된다. 일부 사람의 경우는 대사적 · 내분비학적 질환의 영향을 받는다(Hu, 2008). 성인과 소아 모두가 고열량의 식품, 특히 지방, 설탕, 소금을 많이 함유하고 있는 패스트푸드를 너무 많이 소비하고 있으며, 이러한 과도한 소비에는 식품회사들이 기여하는 바가 크다(Kessler, 2009).

식이요법은 과체중을 조절하기 위한 중요한 수단이다. 그러나 식이요법 후의 재발률은 상당히 높다. 많은 학자는 생물학적 · 심리학적 기전이 작용하여 식이요법을 하는 사람들의 경우 결국 감소한 체중만큼 체중이 다시 늘어나게 된다고 결론 내리고 있으며, 이러한 현상은 양질의 치료 연구에 포함된 환자들의 경우에도 마찬가지였다(Butryn & Lowe, 2008). 식이요법에 의한 체중감량 프로그램이 실패함으로써 더 건강한 음식을 먹고 운동을 더 많이 하게 하는 예방 프로그램을 더 강조하게 되었다. 그러나 청량음료에 세금을 더 부과하고 학교에서의 청량음료의 소비를 제한하는 지금까지의 소규모 예방적 방법들이 청량음료 소비를 억제하거나 소아의 체중을 호전시키는 데 효과적이지 못했다(Fletcher, Frisvold, & Tefft, 2010). 아마도 2010년에 Michelle Obama가 제안한 것처럼 조금 더 광범위한 국가적 노력이 소아 비만을 초래하는 문화와 관습을 변화시키기 위하여 필수적일 것이다.

이와 동시에 공중보건적인 노력이 마른 체형을 유지하려는 문화적 강박증을 부추김으로써 비만한 사람들에게 사회적 낙인을 찍고, 낮은 자존감, 우울감, 식이장애와 같은 문제들을 야기할 수 있다는 염려가 커지고 있다. 이러한 이유로 공중보건의 초점이 체중 감량을 핵심 목표로 삼는 것에서부터 건강한 식사습관과 활동적인 생활습관을 강조하는 것으로 변하게 되었다(Bacon & Aphramor, 2011).

비만과 가족

비만이 가족 대대로 대물림된다는 것이 오래전부터 알려져 왔지만 Hilde Bruch의 비만과 가족에 대한 선구적인 연구 분석(Bruch & Touraine, 1940)이 나온 이후 거의 40년이 지난 1980년대에 와서야 가족체계와 비만의 문제가 다시 주목을 받게 되었다. 체중 감량을 위한 배우자나 부모의 지지에 대한 행동심리학자들의 관심 덕분에 몇몇 연구가 이루어졌고, 체중 감량에 가족이 포함되는 것이 도움을 줄 수 있을 것이라고 제시하게 되었다(Brownell, Kelman, & Stunkard, 1983; L. H. Epstein, Valoski, Wing, & McCurley, 1990). 1980년대 중반에 이르러서는 가족치료사들이 비만에 관심을 보이게 되었다(Ganley, 1986; Harkaway, 1983, 1986; Hecker, Martin, & Martin, 1986; Stuart & Jacobson, 1987).

그러나 1990년대의 관리의료(managed health care) 체계는 임상 현장에서 진단이 가능한 질환들에 주로 초점을 맞추게 됨으로써, 소아와 성인에서의 의학적 · 심리사회적 비만 치료에 대해서는 보험 급여를 거의 해 주지 않았다. 소아비만에 대해 생의학적 치료를 지향하는 센터에서조차 환자가 별도의 의학적 이상을 갖고 있지 않으면 보험 급여를 해 주지 않았다. 그러나 21세기에 들어와서는 국가적으로 비만을 의료적인 문제, 경제적인 문제로 중요하게 생각하면서 다면적인 비만 치료방법에 대한 관심이 증가하였다. 몇몇 소아비만 치료센터에서는 가족치료사들이 소아 환자의 다학제적 비만 치료 프로그램에 포함되기 시작하였다(Pratt & Lamson, 2009).

연구 분야에서는 Berge(2009)가 지난 수십 년 동안에 임상의들에서 어떤 발전이 있었는지를 알아보았다. 2000년이 되어서야 비로소 연구자들이 가족체계론적 구성으로 소아 비만을 연구하기 시작하였다. Berge는 2000년 이후에 출간된 80개의 논문을 조사하여, 권위 있는 양육 유형(즉, 사랑과 제한)이 소아청소년의 낮은 체질량지수, 건강한 식습관, 신체 활동의 증가와 연관성이 있다는 상당한 근거를 발견하였다. 또한 가족 식사에 대한 연구 결과에서 가족 식사의 빈도가 증가할수록 소아와 청소년들의 체질량지수가 낮았고 건강한 식습관을 갖는다는 상관성이 일관되게 나타남을 보고하였다. 실제로 패스트푸드에 반대하며 가정에서 준비된 가족 식사의 중요성을 강조하는 것은 가족치료사들이 비만의 위험에 직면한 가족들에게 적용할 수 있는 가장 유용하고 실천적인 예방 전략일 것이다.

비만에 영향을 주는 가족 요인들에 대한 연구뿐만 아니라 가족에게 정보를 제공하는 치료(주로 배우자와 부모 대상)가 소아와 성인의 비만 치료를 위하여 효과적일 것이라는 중재 연구 근거들이 많아졌다(McLean, Griffin, Toney, & Hardeman, 2003). 최근에는 많은 연구에서 심각한 소아비만 환자를 특화된 다학제적 환경에서 치료하는 것에 초점을 맞추고 있다. 2007년도에 이루어진 메타분석 연구에 의하면 가족치료를 포함한 비만 치료가 그렇지 않은 치료에 비하여 더 효과적이었다(Young, Northern, Lister, Drummond, & O'Brien, 2007). 실제로 부모나 가족체계 전체를 능숙하게 치료에 포함시키는 가족치료 방법을 훈련받지 못한 비만 중재 연구자들 간에 상당한 불확실성이 있기는 하지만, 현재 부모를 소아비만의 치료에 포함시키는 것이 필수적이라는 공감대가 형성되어 있다(Latzer, Edmunds, Fenig, Golan, et al., 2009). 좋은 소식은 부모나 가족구성원들이 연구자를 대신하여 아동 중심의 치료계획을 실행하는 일을 할 수 없다는 것을 연구자들이 이해하게 되었다는 점이다. 더욱이 새로운 세대의 가족치료사들(예: Keeley Pratt, Angela Lamson)은 개인의 행동 변화에만 초점을 맞출 때 한계가 있었던 치료 영역에 가족체계와 가족생태학적 관점들을 도입하고 있다(Pratt et al., 2009).

마지막으로 사회 연결망 분석 연구의 흥미로운 결과는 비만이 사회 연결망을 통해 어떤 방식으로 확산되고 있는지를 잘 이해하도록 도움을 주었다. Christakis와 Fowler(2007)는 수십 년간 이루어진 프래밍햄 지역의 심장질환 위험인자들에 관한 연구 결과를 이용하여 체중 증가가 가족이나 친구 그룹의 사회적 영향을 통하여 어떻게 나타나고 있는가를 밝혔다. 체중 증가의 사회적 영향은 친밀한 상보적 관계를 맺고 있는 사람들에게서 가장 강하게 나타났다. 그러나 어떤 사람을 잘 알지 못하는 제3자에게도 체중 증가의 효과가 나타났다. 예를 들면, 형제 중 한 사람의 친구가 체중이 증가하였는데 그 친구를 알지 못하는 다른 형제도 체중이 증가하는 경향을 보이는 것이다. 동일한 효과가 금연과 관련해서도 발견되었다. 금연은 긍정적 '전염'으로 사회집단 내에서 확산될 수 있다(Christakis &

Fowler, 2007). 이러한 일련의 연구 결과는 건강에 대해 가족체계론적으로 접근하는 것과도 일치하는 것이다. 우리는 이러한 효과를 다면적인 상보적 사회 영향 측면에서 생각한다. 이러한 연구 결과들은 비만 치료 프로젝트에 참여하지 않은 배우자들이 '파급 효과'를 통해 그들 스스로 체중을 줄이는 효과를 보이는 이유도 잘 설명하고 있다(Gorin et al., 2008).

비만 치료의 가족체계론적 접근

이 주제에 대한 다음의 논의는 Doherty와 Harkaway의 협력으로 이루어졌는데, Harkaway는 가족치료사로서 심각한 비만을 가진 소아의 가족상담 전문가이다. Doherty와 Harkaway(1990)는 비만의 진단과 치료를 위해 가족 FIRO(fundamental interpersonal orientations) 모델을 만들었다. 이 모델은 비만 가족의 치료에 흔히 사용되는 행동치료 방법들을 보완할 수 있을 것이다(Keeley & Lamson, 2009).

가족 FIRO 모델

가족 FIRO 모델은 이 책의 앞부분에서 언급한 것처럼, William Doherty와 Nicholas Colangelo(1984)가 개발하였으며, Will Schutz(1958)의 FIRO 모델을 수용한 것이다. 이 모델은 비만, 흡연, 만성질환 문제에 대한 가족체계론적 관점을 제공하고 있다(Doherty & Campbell, 1988; Doherty & Harkaway, 1990; Doherty & Whitehead, 1986; Whitehead & Doherty, 1989). 여기에서는 모델에 대해 간단히 설명한 후에 비만문제를 갖고 있는 가족에게 그것을 적용해 볼 것이다. 이 모델의 개념적 구성은 Doherty, Colangelo와 Hovander(1991)의 논문에 가장 자세하게 기술되어 있다.

가족 FIRO 모델은 가족관계의 핵심적인 세 영역으로 포용, 통제, 친밀감을 제시하고 있다. **포용**(inclusion)은 가족의 결합, 구조화, 의미 공유와 연결되어 있는 상호작용을 말한다. 포용은 가족을 구성하는 데 있어서 '접착제'와 같다. 가족의 구조가 어떻게 이루어져 있고, 가족구성원이 정서적으로 어떻게 연결되어 있으며, 가족이 가족 자체에 대해 그리고 주위 환경에 대해 어떤 의미를 공유하려고 하는지를 나타낸다. **통제**(control)는 갈등이 있을 때 가족이 갖게 되는 영향력 및 조정력과 연결되어 있는 상호작용을 말한다. 다르게 표현하면, 가족 상호작용의 통제 영역은 가족구성원이 겉으로 드러난 혹은 숨겨져 있는 갈등이나 의견 차이를 어떻게 다루고 있는지를 나타낸다. **친밀감**(intimacy)은 자기개방, 가까운 사람들과의 개인적 교류와 연결되어 있는 상호작용을 말한다. 친밀감은 가족구성원 간의 개방적이면서도 상처를 주고받을 수 있는 대화들로 이루어지는 심도 있는 영역이다. FIRO 모델에서 친밀감의 상호작용은 포용-연결의 상호작용과 비교해 볼 때 자기개방의 심도에서 차이가 있다고 할 수 있다. 그러므로 어떤 관계가 결합력이 강하고 헌신적으로 보일지라도 정서적으로 친밀한 상호작용을 갖는 경우는 많지 않다.

건강행동과 관련된 가족 FIRO 모델의 핵심 개념은 포용, 통제, 친밀감이 중요한 가족 변화를 다루기 위하여 순서적인 발달 단계를 밟는다는 것이며, 포용이 가장 먼저 오고, 그 후에 통제, 친밀감 순으로 온다. 그러므로 가족의 친밀감 문제는 통제에서 중요한 갈등이 있으면 해결되기 어렵고, 통제에서 해결되지 않은 갈등은 친밀감에 좋지 않은 영향을 주게 된다. 뿐만 아니라 통제의 문제는 관계를 위한 헌신의 결여, 경계의 불명확성, 과도한 관여의 유형과 같은 포용의 문제가 있다면 해결되기 어렵다. 친밀감의 문제는 가족 안에서 통제의 갈등을 일으킬 수 있기 때문에 통제의 문제를 의미 있게 해결하기 전에 먼저 수용될 필요가 있다. 예를 들면, 환자가 식이 처방을 잘 따르지 않거나 처방된 약물을 잘 복용하지 않는 것에 대한 배우자와 환자 부부의 갈등은 환자의 건강 추구 행동에 배우자가 과도하게 개입한 반면에, 환자는 자신의 문제에 대한 책임감이 너무 적기 때문에 생길 수 있는 것이다. 가족 FIRO 모델에 따르면 가족원의 역할과 경계와 연결된 포용문제는 부부에게 긍정적인 변화를 가져오기 위해 가족치료사가 해결해야 할 첫 단추가 되어야 한다. Doherty와 Colangelo(1984)는 가족 FIRO 모델에서 치료 우선순위를 정하는 방식은 치료를 시작할 때 어떤 문제를 먼저 다루고 어떤 문제를 나중에 다루어야 하는지를 알고 있는 경험 많은 치료사들 다수가 은연중에 사용하고 있다고 믿었다.

의료가족치료를 위한 가족 FIRO 모델의 치료적 함의는 진단적 평가와 치료 우선순위 정하기에 있다. 진단적 평가를 위해 FIRO 모델은 가족치료사가 포용 문제에 특별히 관심을 가져야 한다고 제안하고 있다. 포용문제에 관해서는 의료문제나 건강행동 문제가 가족 구조 속에서 어떻게 나타나고 있는지(예: 역할 유형 또는 동맹에서), 의료문제나 건강행동 문제가 가족의 결합이나 분리에 어떤 역할을 했는지, 가족들은 이런 문제들에 대해 어떤 신념들을 갖고 있는지를 파악할 필요가 있다. 통제문제에 관해서는 의료문제가 어떻게 조정력과 영향력을 갖기 위한 갈등을 제공했는지를 파악할 필요가 있고, 친밀감 문제에 관해서는 의료문제가 가족 간의 솔직한 대화를 방해했는지, 솔직히 대화할 수 있는 기회를 제공했는지를 파악할 필요가 있다.

여기에서 임상적으로 중요한 함의는 여러 가지의 다양한 가족문제를 해결하기 위해 우선순위를 잘 정하는 것이 중요하다는 것임을 다시 한 번 강조한다. 가족 FIRO 모델에 의하면 강제형, 수동적 공격형 등 통제의 문제를 상담하기 이전에 정서적 친밀감을 증진시키기 위한 작업에 집중하는 것은 일반적으로 잘못된 접근이다. 왜냐하면 통제의 문제는 친밀감에 좋지 않은 영향을 주는 원인이 되기 때문이다. 마찬가지로 가족 간에 갈등을 부추기는 포용의 문제(예: 배우자에게 버림받았다는 느낌, 질병으로 인해 가족의 역할 변화가 필요하다는 것에 대한 동의 부족)를 체계적으로 수용하기 전에 통제나 갈등 유형을 수정하려고 집중하는 것은 일반적으로 잘못된 접근일 수 있다. 초점을 맞춘다는 것을 여기서 강조할 필요가 있는데, 가족치료사가 내담자와 상담을 진행하면서 가족 FIRO 모델의 원칙을 지키려고 상담 중 드러나는 우선순위가 낮은 문제들을 무시할 필요는 없다는 것이다. 가족치료사는 내담자 가족과의 연결점을 찾기 위해 비록 논리적 순서는 아닐지라도 때때로 가족들이 가장 먼저 호소하는 것을 다루어야 할 것이다. 예를 들면, 자녀가 약을 잘 복용하지 않는 문제를 통제의 문제라고 주장한다면 가족치료사는 초기에는 가족을 상담에 끌어들이기 위해 이런 접근 구도를 수용할 수도 있다. 이런 경우에도 능숙한 치료사는 겉으로 드러난 문제와 잘 드러나지 않은 문제들을 어떻게 상담할 것인가를 알고 있다.

마지막으로, 가족 FIRO 모델은 가족 단위를 넘어서 가족치료사, 가족, 타 의료 전문가들로 구성되는 치료체계에도 적용된다. 이런 임상적 체계에도 포용, 통제, 때때로 친밀감의 고유한 유형이 나타난다. 가족 FIRO 모델은 이와 같은 임상적 체계의 분석과 중재를 위한 언어와 상담방법을 제공한다. 만일 어떤 의사가 환자에게 강압적으로 행동하고 환자가 반응적으로 반응할 때, 가족치료사는 저변에 있는 환자와 의사의 경계의 문제, 진단이나 치료계획을 세우는 일에서 의미를 공유하지 못함의 포용성의 문제를 볼 수 있어야 한다.

소아나 성인에서의 비만문제가 항상 가족체계에 기능적 영향을 줄 것이라고 가정하지 않아야 한다는 점에 주의할 필요가 있다. 어떤 사례에서는 유전의 영향, 개인적 식이습관과 운동습관이 비만 위험을 상당히 높일 것이며, 환자의 체중문제가 아무런 문제 없이 가족의 상호작용 유형에 포함될 수 있다. 만일 이런 환자가 체중을 줄이려고 시도한다면 가족은 지지를 할 것이고 위협감을 느끼지 않으며, 음식, 식이습관, 체중문제에 대해 통제의 갈등 없이 지낼 수 있다. 이러한 가족을 위한 가족치료사의 역할은 환자와 가족이 환자의 건강에 줄 수 있는 과체중의 부정적인 영향을 가능한 한 낮추기 위해 최선을 다하도록 돕고, 사회적 낙인 때문에 환자가 가질 수 있는 부정적 자기이미지를 최소화하도록 돕는 것이다. 이런 상황에서는 직접적인 행동기법이 효과적일 것이다.

그러나 비만문제로 인해 가족이 역기능적으로 조직화되었다고 치료사가 확신하게 되는 상황도 있을 수 있다. 즉, 비만한 가족구성원이 심각한 심리적 문제를 갖고 있는 경우, 성인이 되어 집을 떠나야 하는 가족생활 주기의 전이를 달성하지 못하는 경우, 음식이나 체중에 대해 강박적 태도를 보이거나 음식이나 체중문제로 끊임없이 가족과 갈등을 갖는 경우, 의료인과의 관계에서 문제가 있는 경우 등이다. 다음의 분석 내용은 어려운 가족의 사례들과 관련된 내용이다.

비만과 포용 유형

어떤 가족에서 비만은 포용기능에 다음과 같은 영향을 미칠 수 있다.

가족에 대한 충성

어떤 가족에서 비만은 자기정체성을 규정하는 다세대에 걸친 주제가 될 수 있다. 이런 가족에서 비만은 가족에게 충성을 다하는 것이며, 체중이 주는 것은 비만하려고 계속 노력해 온 다른 가족원들에게는 모욕적인 것으로 여겨질 수 있다. 체중을 줄이려고 시도하지만 그렇게 되지 않음으로써 가족에 대한 충성은 더 잘 지켜질 수 있게 된다. Doherty와 Harkaway(1990)는 이와 같은 가족 역동을 고도 비만 청소년이 체중 세계기록 보유자 삼촌의 모델을 따랐던 사례를 통해 잘 설명하였다. 가족 모두가 과체중이었고, 그 삼촌은 가족의 영웅이었다.

가족 내 연합

부모 중 한 사람이 과체중이고 다른 한 사람이 마른 형일 때, 자녀가 자신의 체중에 관하여 정략적인 언급을 할 수도 있다. 자녀가 의식적으로 부모 중 한 사람과 일치되도록 체중을 조절하지는 않겠지만, 체형을 유사하게 만들고 체중 과다의 문제를 갖는 것은 가족 내 연합의 징후일 수 있다. 마른 형의 부모가 비만한 부모와 동일한 행동을 하고 있다고 비만한 자녀를 비난하지는 않는지 주의 깊게 관찰할 필요가 있다.

세상으로의 진입 지연

비만한 자녀들은 사회집단에서 받는 낙인 때문에 정서적 지지를 받기 위하여 종종 가족에게 더 밀착할 수 있다. 어떤 가족에서는 이러한 상황이 용납되고 심지어 격려된다. 자녀가 성인으로서 세상에 진입하는 것이 지연되면, 비만은 가족의 경계를 더 경직되게 만든다. 실제로 자녀가 배우자를 만나게 되는 '결혼 시장'에서 소외됨으로써 비만한 자녀는 결코 집을 떠날 수 없을 것이다.

부부관계 보호하기

저자 중의 한 사람이 오하이오주의 유료 고속도로 게시판에서 다음과 같은 글귀를 본 적이 있었다. "통통한 부인과 꽉 찬 헛간은 어느 남자에게도 해롭지 않다." 이와 같은 성차별적인 속담이 부부관계에서 비만이 줄 수 있는 보호 효과의 의미를 잘 전달하고 있다. 배우자 중 한 사람 혹은 모두가 체중을 줄이게 되면 그들은 혼외정사로 부부관계가 불안정해질 것을 더 염려하게 된다는 의미이다.

비만과 통제 유형

비만은 문화적으로 자기통제의 문제라고 여겨지는 경향이 있다. 비만한 사람들이 그렇지 않은 사람들에 비하여 음식을 더 많이 섭취한다는 근거가 없음에도 불구하고, 일반적으로는 비만한 사람들이 음식을 탐닉한다고 생각한다. 비만한 사람들은 식욕을 억제할 능력도 없고 의지도 없다고 생각하기 때문에, 가족들은 비만한 가족원을 통제하는 경향이 있다. 이런 경우에 체중 조절은 은유적으로 관계의 통제를 의미한다. 다음에 제시한 통제적 가족관계 상호작용의 예들은 Doherty와 Harkaway(1990)가 임상적으로 관찰한 것이다.

체중 조절을 상실함으로써 통제력을 유지하기

비만문제를 다루고 있는 가족에서 역설적인 힘겨루기가 나타날 수 있다. 배우자 중 한 사람이 비만한 상대 배우자의 체중문제를 통제하려고 하고, 비만한 배우자는 환영받지 못하는 과체중을 해결함으로써 더 좋게 되자는 데 동의한다. 하지만 시간이 흘러가면서 상대 배우자의 도움이 강압적으로 느껴지고 비만한 배우자는 체중 감량을 거부하거나 항의하게 되면서 결국 상대 배우자는 더 통제하고자 노력하게 된다. 결국 비만한 배우자는 식이요법을 포기하고 상대 배우자도 불쾌한 상태에서 통제를 포기한다. 비만한 배우자는 상대 배우자가 물러가게 함으로써 통제의 힘겨루기에서는 승리했으나 체중 조절에는 또 한 번 실패한 것이다. 이러한 부조화의 위계질서(Haley, 1976)는 의료전문가, 체중감량 프로그램 직원, 가족치료사와의 관계에서도 나타날 수 있으며 관련된 모든 사람을 좌절시킨다.

맞불로 반항하기

부모와 자녀 관계에서 나타날 수 있는 역설적 힘겨루기의 한 형태이다. 아이의 체중이 상당히 나가고, 부모는 아이에게 단것을 적게 먹고 간식을 먹지 말라고 이야기한다. 아이는 부모가 이야기한 것을 모두 거부하고 이전보다 더 먹기도 함으로써 반항한다. 부모가 아이의 행동을 통제하면 할수록 아이의 체중은 더 늘어난다. 이런 형태는 겉으로는 성공적인 반항처럼 보이지만 가짜 반항이다. 아이가 간섭하는 부모로부터 자율성을 유지하고자 노력하지만, 실제로는 부모와 힘겨루기를 계속하면서 비만에 따른 사회적 낙인 때문에 고립됨으로써 부모에게 더 가까이 밀착하게 된다.

너무 많은 힘을 가진 비만한 자녀

경우에 따라서는 자녀의 체중문제가 강한 포용의 기능을 하지 못하기도 한다. 체중이 가족에 대한 충성, 연결, 협동과 관련된 것이 아니라 자녀가 너무 많은 힘을 갖고 있다는 것을 나타낸다. 힘겨루기는 음식을 둘러싸고 벌어지고, 아이가 부모 중 한 사람에게 떼를 쓰게 됨으로써 간식을 얻는 데 성공한다. 부모는 의견이 제각각이어서 아이의 요구에 대해 효과적으로 대응하지 못하며, 아이의 비만 문제에 관해서도 큰 관심을 갖지 않는다. 이런 사례는 가족 포용의 문제가 강한 경우에 비하여 더 쉽게 다루어질 수 있다.

비만과 성문제 유형

성욕은 체중 및 체형과 밀접한 관련이 있다. 가족 FIRO 모델에서 성관계는 포용(예: 부부간의 정절)과 통제(예: 힘겨루기)의 관점에서 이해될 수 있지만, 여기에서는 정서적으로 친밀한 성적 만남과 비만과의 관련성을 다루어 보고자 한다. 체중이 성적 친밀감과 소원함을 다루기 위해 사용될 수 있다. 정서적 친밀감의 문제를 갖고 있는 부부의 경우 마른 체형이 더 호감을 줄 수 있다는 가정하에 비만해진다는 것은 성적 친밀감을 원하지 않는다는 메시지를 줄 수도 있다. 역으로, 비교적 마른 배우자가 상대 배우자의 체중 증가를 성관계를 줄이기 위한 구실로 삼을 수도 있다. Stuart와 Jacobson(1987)은 미국인 부부들의 비만과 결혼에 관한 횡단연구에서 부부관계에 약간의 불만을 갖고 있는 부인들이 남편과의 정서적 · 성적 거리감을 두기 위하여 자신들의 체중을 이용하는 경향이 있음을 발견하였다. 부부관계에 만족하는 부인들은 성적 거리감을 원하지 않았고, 강한 불만을 갖고 있는 부인들은 성적 거리감을 두기 위하여 어떤 구실을 만들 필요가 없었다.

비만문제가 있는 가족을 위한 상담기법

가족체계론적 맥락에서 비만상담을 위한 몇 가지 특별한 점들을 강조하고자 한다(〈보기 7-2〉 참조). 기법의 다수가 다른 건강행동 변화를 위한 상담에도 적용될 수 있다.

〈보기 7-2〉 비만에 대한 가족상담 기법

1. 체중에 대한 상담자 자신의 편견에 주의한다.
2. 초기에는 체중 감량에 대한 환자의 결정에 초점을 맞춘다.
3. 의료적 문제를 일으킬 수 있는 체중과 문화적으로 정의된 이상 체중을 구분한다.
4. 체중 감량의 실패를 수용적 태도로 받아들인다.
5. 가족이 지지적 태도를 보이도록 하되, 체중 감량을 위한 노력에 지나치게 관여하지 않도록 한다.
6. 중요한 통제 역동에 참여하고 있는 가족원들이 지역사회 프로그램에 참석할 수 있도록 격려한다.

자신의 비만문제를 해결하기

과거의 경험 혹은 자신이나 가족구성원의 현재 체중의 평가, 앞으로 비만해질 것에 대한 걱정 등으로 인하여 환자의 비만문제가 자신의 개인적 문제와 동일시되는 것이 염려되는 치료사는 비만한 내담자를 상담하는 일에 지나치게 열심이거나 변화의 가능성에 대해 지나치게 부정적인 경향을 보일 수 있다. 비만을 의식하지 않는 치료사의 경우도 상담치료가 자신이나 가족의 체중, 자기탐닉이나 자기통제의 문제에 대해 작업을 하고, 이런 작업에 대해 비용을 받는 일이 될 수도 있다. 그러나 내담자가 체중을 다시 증가시키면(많은 내담자는 치료 초기에 몇

파운드의 체중을 줄임으로써 의사나 치료사를 기쁘게 해 준다), 치료사는 강압적이 되거나 포기하게 된다. 치료사가 걸려 있는 어떤 문제에 대해서도 치료사는 다른 치료사에게 자문을 받거나 사례에 대한 슈퍼비전을 받아야 한다. 상담 의뢰가 필요하다는 중요한 신호는 치료사 개인의 좌절 수준이 상당히 높아지는 것이다.

환자의 결정에 초점 맞추기

의료가족치료사는 상담 초기에 환자의 행동 변화 결정과정에 초점을 맞추고 환자가 체중을 줄일지 여부에는 전략적으로 중립적인 입장을 취할 수도 있는 동기강화 상담기법을 사용함으로써 환자가 체중 감량을 시도하는 이유를 분석하고 식이요법에 의한 급격한 체중 감량의 시도를 피하도록 돕는 입장에 서도록 한다. 비만한 사람이나 그 가족은 만일 체중을 줄이게 되면 얼마나 멋진 삶을 살게 될 것인가에 대한 마술 같은 생각을 하는 경향이 있다. 때때로 비만한 사람은 자기혐오나 다른 사람의 강요 때문에 체중 감량을 결정하는데, 이런 이유에 의한 체중 감량은 바람직한 결과를 얻지 못하게 된다. '천천히 체중을 감량하는' 접근법을 사용함으로써 치료사는 비만과 연계된 포용의 문제를 효과적으로 다룰 수 있다. 만약 체중을 줄인다면 환자는 누구에게 충성을 다하지 못하는 것인가, 어떤 인간관계가 방해를 받겠는가, 환자는 누구와 식사를 함께하는 것을 중단하겠는가, 환자는 성생활의 새로운 가능성을 어떻게 다루겠는가?

의학적 문제와 문화적 문제를 분리하기

치료사는 의학적 문제를 일으킬 수 있는 체중과 문화적으로 정의된 목표로 결국 좌절감에 빠지게 만드는 체중을 구분할 필요가 있다. 어떤 환자의 당뇨병이 15파운드의 체중 감량으로 잘 조절될 수 있지만, 그 환자는 19세 때의 체중을 다시 회복하기 위하여 40파운드의 체중 감량을 원할 수도 있다. 치료사는 환자가 당뇨병을 조절할 수 있는 체중의 목표를 진정으로 받아들인다면 체중을 더 많이 감량하기 원하는 환자의 선택에 대해서는 중립적인 입장을 취하면서 건강 체중목표를 분명히 할 수 있다. 의료전문가에게서 체중 도표의 이상적인 표준치에 맞추도록 강요받은 경험이 있는 환자들은 현실적인 치료사가 의료적 위험을 벗어나기에 충분한 만큼의 체중만 감량하도록 주의를 기울이면 해방감을 느낄 수도 있다.

실패를 겸손히 수용하기

치료사는 체중 감량의 실패를 환자의 삶에서의 타이밍의 관점에서 다루는 것이 좋고, 항상 환자의 행동주체성을 강조할 필요가 있다. 사람들은 누구나 삶의 다양한 우선순위를 갖고 있는데 만성질환을 조절해 가는 것이 항상 삶의 최고의 우선순위가 아닐 수도 있다. 의료가족치료사는 환자의 체중이 비록 안전한 혈당 수준을 유지하기 위해 의학적으로 요구되는 것보다 더 무거운 수준에서 유지되고 있을지라도, 환자를 담당하는 의사와 간호사들과 협력하여 환자와 가족이 우선순위를 분명히 정하도록 도울 수 있다. 이런 경우에는 체중이 더 늘어나지 않도록 주의하는 더 현실적인 목표를 세우도록 환자를 격려할 수도 있다.

가족의 적절한 지지의 유지 돕기

배우자들이 비만한 파트너의 체중 감량을 지지할 수 있는 가장 좋은 방법은 조용히 지지하면서 물러나 있는 것이다. 음식이나 식이습관, 체중에 대해 언급하는 것은 비만한 사람의 문제를 복잡하게 만드는 포용이나 통제의 역동을 일으킬 수 있다. Faricy(1990)는 배우자 중 한 명이 체중 감량 프로그램에서 25파운드 이상을 성공적으로 감량한 25쌍의 부부를 분석한 질적 연구에서 대부분의 경우 상대 파트너가 거리를 두고 지지하는 태도를 유지했으며 치료의 과정에 참여하지 않았다는 사실을 발견하였다. Epstein 등(1990)의 비만 아동 연구에서는 부모들이 자신의 체중문제를 다루는 방법에 대해 교육받았고, 아이들과 함께 행동 변화방법을 해 보도록 교육받았다. 이 프로그램에서 부모와 자녀는 체중 감량과정에 중등도 수준으로 참여하였고, 아이들의 문제뿐만 아니라 자신의 비만문제에도 집중하도록 도움을 받았다.

지역사회 프로그램 이용 격려하기

식이습관과 체중에 관한 중요한 심리적 가족 통제의 문제를 갖고 있는 만성적으로 과체중인 사람들에게 익명의 과식자 모임(Overeaters Anonymous)이 식이습관과 체중문제를 해결하기 위해 도움을 줄 가능성이 많다. 이 프로그램은 익명의 알코올중독자 모임(Alcoholic Anonymous)의 원리를 이용하여 개인이 음식에 대해 통제할 힘이 없다는 것을 강조함으로써 참여자들이 음식 섭취와 관련된 통제의 문제를 피하게 한다. 이런 재구성 작업은 힘겨루기의 느낌을 줄일 수 있고, 그룹 안에서의 친밀감으로 사회적 고립도 줄일 수 있다. 익명의 과식자 모임은 체중 감시자(Weight Watchers)와 같은 대부분의 상업적 체중 감량 프로그램과는 다르게 체중 감량보다는 개인적 성장에 더 큰 목표를 두고 있다. 치료사는 상업적 체중 감량 프로그램에 관심이 있는 환자들에게는 그 프로그램을 선택하여 참여하도록 지지해 줄 수 있고, 도움이 되지 않는 프로그램에 대해서는 죄책감 없이 중단하도록 도울 수 있다.

비만문제에 대해 가족치료를 시행한 다음의 두 사례는 Harkaway가 상담한 것으로, Doherty와 Harkaway(1990)의 자료에 기술되어 있다.

조앤은 12세 환아로 비만과 강박적인 섭식문제로 의뢰되었다. 조앤은 부모가 이혼하고 아버지가 재혼한 후에 체중이 급격히 증가하는 증상이 나타났다. 가족은 조앤의 아빠가 조앤의 행동 이상을 이해하고 해결할 수 있는 유일한 사람이라고 생각했는데, 아빠 자신이 강박적 과식증을 갖고 있었기 때문이었다. 조앤이 식사 조절을 하지 못하고 체중이 늘어나는 것이 분명해지면서, 조앤의 아빠는 조앤과 전 부인과 지속적으로 시간을 함께 보내게 되었다. 조앤의 아빠는 일이 끝나면 새 부인에게로 가지 않고 매일 조앤과 전 부인의 집을 방문하여 저녁 식사를 함께 하면서 조앤이 폭식을 하지 않는다는 것과 적절한 식이요법 음식을 먹고 있다는 것을 확인하려고 하였다. 그는 매일 전화를 했으며 주말에도 조앤과 전 부인과 함께 시간을 가졌다. 결과적으로 조앤의 아빠는 분명한 경계를 정하고 새로운 부인에 맞추어 살아가야 함에도 불구하고 아이의 문제 때문에 옛 가정의 일원으로 남아 있게 된 것이다.

치료사의 목표는 가족원들이 포용의 문제들을 잘 해결하여 새로운 가족의 경계를 분명히 설정함으로써 가족의 전환이라는 과업을 완수하도록 돕는 것이다. 이 사례에서 치료사는 조앤에 대한 아빠의 헌신적 노력을 인정해 주었고, 아빠의 현재 노력에도 불구하고 조앤의 증상이 좋아지지 않는다는 사실을 이용하여 조앤이 부모의 이혼을 애도하고, 아빠와 지속적으로 관계를 유지하며, 부모가 서로 매일 만나게 하고자 하는 방법으로 폭식행동을 이용하고 있다는 것을 조앤의 아빠나 전 부인이 이해하도록 도왔다. 상담의 목표는 가족이 아빠가 과거 역할을 하지 않도록 허락하고, 딸이 강박적으로 과식하는 증상을 보이지 않아도 아빠가 다른 방법으로 조앤과의 관계를 유지하는 방법을 찾는 것이었다.

두 번째 사례는 35세인 린다가 어려서부터 지속된 고도 비만의 치료를 받고자 한 사례였다. 린다는 한 남자를 사귀게 되었는데, 그는 린다를 사랑하였으며 린다가 체중을 줄이기를 원했다. 린다는 체중이 너무 나간다는 사실에 동의했으며, 그를 위해 체중을 줄일 것이라고 약속했다. 결과적으로 그들은 불행한 결과에 고착되었다. 그 남자가 린다의 체중 감량을 위해 도움을 주려고 노력하면 할수록 린다의 체중은 더 늘어났다. 린다는 그 남자뿐만 아니라 자신을 위해서도 체중을 감량하고 싶은데 잘 되지 않는다고 절망적으로 이야기했다.

치료사는 두 번째 면담에서 두 사람이 결혼에 대해 한동안 이야기해 오고 있었는데, 체중문제에 대한 염려와 체중문제가 두 사람의 관계에서 갖는 의미가 두 사람에게 고통과 혼동을 주고 있다는 것을 알게 되었다. 혼동을 주는 메시지는 '린다가 나를 사랑한다면 체중을 감량했을 것이다.'와 '그가 나를 사랑한다면, 그 사람은 내 몸무게가 얼마나 나가느냐에 개의치 않을 것이다.'였다. 체중문제에 관한 갈등으로 두 사람은 체중 조절에 과도하게 참여하고 있었으며, 정서적으로는 분리되어 있는 상태에 있었다.

체중문제에 대한 힘겨루기가 그 커플이 치료를 받게 한 '티켓'을 제공했고 체중이 통제와 관련된 중요한 논쟁점이었지만, 치료사는 경계와 충성(포용의 문제)을 중요한 문제로 보고 그에 치료의 초점을 맞추었다. 이 문제가 성공적으로 다루어진 후에 린다는 체중의 문제를 건강과 자기이미지와 관련된 개인적인 문제로 다루게 되었고, 결혼을 위한 충성도의 상징으로는 생각하지 않게 되었다. 이와 같은 사례에서 의료가족치료의 '성공'은 몇 킬로그램의 체중을 감량하였는가에 있는 것이 아니라 정서적 상처를 줄이고 관계를 좋게 만드는 데에 있는 것이다.

건강행동 문제의 협진에서의 특별한 문제

건강행동 문제를 상담하다 보면 전통적 · 위계적 의료 접근방법과 환자 중심적 및 가족 중심적 접근방법 사이의 현저한 차이가 잘 드러난다. 의료가족치료사가 심장병이나 암질환과 관련된 심리사회적 스트레스를 다루기 위해 생의학 지향적인 의사와 협력하는 것은 과식, 흡연, 운동 안 함과 같은 환자의 고의적 행동 선택이 환자의 건강과 환자의 질병을 다루는 의사의 능력을 직접 약화시키는 사례에 비하여 더 쉬울 것이다. 의료 문화가 발전하면서 의사가 환자의 임상 결과에 대한 책무성을 갖게 됨으로써 의사들은 정보를 길게 설명하거나, 이미 효과가 없다고 알려진 위협 전략을 사용하거나, 환자를 충분히 짜증나게 만들어서 결국 환자가 진료를 받지 못하게 만드는 행동 변화의 비효과적인 방법들을 '거듭해서' 택하게 된다. 의료인의 좌절감이 잘 다루어지지 않으면 이는 양질의 진료를 해치는 잠재적 위협인 것이다.

의료가족치료사는 의료인과의 협진을 통해 이해가 가능한 어려움을 체계적으로 이해하도록 도울 수 있다. 환자에 대해 비판하는 태도를 금하듯이 의사에 대해 비판적인 것은 가장 먼저 금해야 한다. 환자와 가족과 마찬가지로 의료인들도 공감을 받을 자격이 있고, 또 행동 변화의 좌절감과 어려움에 대한 맥락적 이해를 받을 자격이 있다. 의료가족치료사들은 건강행동 문제의 상담에서 필수적인 건강한 경계를 설정하는 모범을 자신의 말과 행동에서 보일 수 있어야 한다. 즉, 환자와 가족의 행동의 결과들에 대한 적절한 염려를 나타내는 것, 실제로 통제력은 의료인에게 있는 것이 아니라 환자와 가족에게 있다는 것을 이해하는 것, 강압적이지 않은 전략들을 사용하여 환자와 가족이 현재 할 수 있는 변화를 실천하도록 돕는 것 등이다. 결국 의료가족치료사는 관련된 모든 사람, 즉 환자, 가족, 의료제공자, 의료팀, 치료사 자신의 행동주체성과 치료적 연대감을 증진시키려고 노력하게 된다. **행동주체성**은 무엇을 변화시킬 수 있으며, 무엇을 변화시킬 수 없는가에 대해 책임을 지는 것을 의미한다. 치료적 **연대감**은 성공과 실패를 경험하면서 인간적 결합을 유지하는 것을 의미한다. Pratt 등(2011)이 소아 비만과 관련하여 주장한 것처럼 효과적인 협진을 위해서는 이 책의 앞부분에서 이미 언급한 대로 세 가지 영역의 관점이 필요하다. 즉, 다학제적 팀의 임상적 · 경영적 · 재정적 처리과정의 통합이다.

결론

일반적으로 개인적인 문제로 정의되는 건강행동 문제에 체계론적으로 접근하는 것은 환자나 전문가 모두에게 매우 새로운 접근이다. 이런 체계론적 접근은 행동 변화를 위한 새로운 방법을 제공할 뿐만 아니라, 건강행동 문제에 대한 폭넓고 복합적인 이해와 치료의 목표를 제시할 수 있다. 건강행동 변화는 팀 경기와 같다. 가족치료 관점에서 본다면, 효과적인 치료적 개입은 체계 속의 한 구성원(환자 혹은 가족), 혹은 체계 속의 한 관계(부부관계, 부모-자녀 관계 또는 의사, 간호사, 치료사를 포함하는 관계)가 건강한 방향으로 변화하는 것이다. 몇몇 경우에서는 과체중인 당뇨 환자가 체중을 줄이지 못하고 혈당 수준도 높게 유지할 수 있다. 그러나 이런 경우에도 가족과 의사는 결국 누가 환자의 건강에 책임이 있는가에 대한 교훈을 얻게 된다. 흡연가가 때때로 가족이나 의료제공자의 포용, 통제 역동의 부담에서 벗어나게 되면 비로소 편안한 마음으로 금연을 결정하게 된다. 여기에서 진정한 승리는 어떤 행동을 절제하는 것이나 폐나 심장의 기능이 좋아지는 것에만 있는 것이 아니라, 환자와 환자를 돌보는 사람들의 행동주체성과 치료적 연대감이 증가하는 것에도 있게 된다.

제8장 부부와 질병

서양의 결혼식 서약에서 쓰는 '아플 때나 건강할 때나'라는 일반적인 표현은 부부들이 자주 인용하기는 하지만 이런 단어에는 별로 주의를 기울이지 않는다. 가장 해로하는 커플—게이든 일반 커플이든, 법적 부부든 그렇지 않든—에게 헌신하는 관계란 인생의 어떤 위기에도 잘 대처할 것이라는 믿음이다. 이러한 낙관적 믿음은 실제로 건강상의 위기가 일어날 수 있다는 현실에서 멀어지기 쉽게 한다. 부부치료사는 이러한 문화적 부인에 무심코 참여할 수 있으며, 부부의 병력에 대해 살펴보지 않고서 의사소통과 성적인 문제, 금전문제, 일-가정 양립의 스트레스 문제를 아무렇지 않게 다룰 수 있다.

질병은 외도, 중독 혹은 학대만큼이나 관계에 심한 스트레스가 될 수 있다. 부부에게 스트레스가 되는 발달 단계, 예컨대 임신, 자녀의 사춘기 혹은 만성질환에 대처할 때와 같은 시기는 모두 취약성이 아주 높은 시기이다. 그러나 이 시기가 취약하기도 하지만, 이 시기에 관계를 강화하고 건강을 향상시킬 수 있는 기

---

http://dx.doi.org/10.1037/14256-008
Medical Family Therapy and Integrated Care, Second Edition, by S. H. McDaniel, W. J. Doherty, and J. Hepworth

회가 찾아오기도 한다(Staton, 2009). 거의 예외 없이 부부 중 한 사람이 다른 한 사람보다 더 오래 살 것인데, 상실 이전의 시기에는 대개 중요한 질병이나 장애가 있게 마련이다. 이 장에서는 부부가 질병의 위기에 어떻게 영향을 받는지 설명하며, 또 이렇게 보편적인 삶의 경험 동안 특별히 유용한 임상 전략을 파악하는 다양한 방법을 설명한다. 여기에는 경험적으로 입증된 임상 전략에 대한 연구 결과와 주제가 포함된다. 이 장은 의료가족치료사뿐 아니라 부부치료사를 위한 장이기도 하다. 왜냐하면 부부는 질병을 하나의 스트레스 요인으로 인식하지 못하거나 건강문제 때문만으로 도움을 요청하지 않을 수 있기 때문이다. 부부들은 질병이 아닌 다른 무언가에 대한 불평으로 부부치료를 요청할 수 있는데, 그 예는 다음의 사례에서 볼 수 있다.

부부치료의 첫 회기에서 마거릿은 "폴, 당신이 얘기해요. 난 내가 이 모든 것을 도맡아 하는 데 지쳤어요."라고 말했다. 그래서 일반 회기처럼 보이는 것으로 시작해서 각자 불평에 대해 말하고 서로 탓을 했다. 폴은 마거릿이 자신의 힘든 일을 이해하지 못한다고 느꼈고, 마거릿은 폴이 학교간호사인 자기 일을 가볍게 여겨 집안일 하는 것을 당연하게 여긴다고 느꼈다. 활발한 자녀들이 중학교에 다녀 시간의 압박을 받던 시기에 둘은 부부로서 많은 시간을 함께 보내지 못했다. 사실, 놀랄 만한 수의 부부들이 '결국 각방을 쓰게 되었다'고 어쩔 수 없이 털어놓았다.

가사노동의 분배에 대해 질문했을 때, 둘은 '실제적인 이유' 때문에 그렇게 되었고, 둘이 상호 간에 헌신을 하지 못했음을 인정했다. 7년 전 폴은 악성이 아닌 뇌종양 진단을 갑자기 받았다. 진단 이후 그는 수술, 감염, 합병증으로 몇 개월을 보냈고, 그동안 그는 멸균환경이 필요한 간호를 받으며 병원, 재활시설 혹은 집에 있었다. 폴이 회복하는 기간에 별도의 방을 쓰는 것이 실제로 필요했다.

폴은 5년 전에 완치되었지만, 부부는 더 이상은 같은 침실로 돌아가지 못했다. 그들은 이를 중요한 문제로 생각하지 않았고, 각자 이해받지 못했다고 느꼈던 방법들을 설명하는 데 열심이었다. 의료가족치료사이기도 했던 부부치료사는 건강상의 중요한 위기는 흔히 관계에 장기적인 영향을 미친다고 부드럽게 말했고, 폴의 질병이 부부관계에 어떤 영향을 미쳤는지 생각해 보는 것이 도움이 되겠다고 제안했다.

공개적으로 의사결정을 하지는 않았지만, 마거릿과 폴의 일시적인 수면계획은 질병 이후에도 남아 있던 관계상의 상처처럼 영원히 굳혀지는 형태가 되었다. 질병이 수면 패턴을 새롭게 제공했을 가능성이 있으며, 이는 아마 다른 어떤 이유로 더 선호되었을 수도 있으나 질병 때문에 부부관계가 영원히 변형되는 상태가 관찰될 수는 있지만 눈에 잘 드러나지는 않는다. 어떤 부부는 건강상의 위기 동안 혹은 바로 그 이후에 도움을 요청할 것이다. 많은 부부가 폴과 마거릿 같을 것이며, 한참 후 질병이나 사고와의 연관성을 보지 못한 채 '의사소통'이나 다른 문제 때문에 부부치료에 온다. 그들은 질병 위기에 대처할 수 있어야 한다고 생각하며, 질병 결과가 긍정적일 때는 특히 그렇다.

건강 걱정이 부부에게 미치는 영향

부부는 평생 동안, 그리고 양가 가족의 평생 동안 건강상의 위기를 접한다. 우리는 질병이 부부에게 미칠 수 있는 영향의 시기를 세 시기로 구분하는데, 그것은 늙어 가거나 병든 부모의 부양, 자녀의 질병 대처, 배우자가 병에 걸렸을 때의 반응 시기이다. 이 장에서 설명한 임상 사례는 이런 각 상황에 대해 부부가 걱정하는 예를 보여 준다.

예상한 시기: 부부의 부모 질병

대부분의 부부는 한 부모 또는 양 부모 모두의 노화, 질병 그리고 상실을 경험한다. 부부는 각자 노인 돌봄에 대해 서로 다른 기대와 자원을 가지고 있는 각자의 가족에서 성장한다. 흔히 이런 기대는 짐작되기는 하나 논의되지는 않으며, 부부간에 서로 의식하지 못한 차이는 마음속의 불평이나 명백한 갈등을 일으킬 수 있다. 부부가 이런 이슈를 논의할 수 있고 책임에 대해 동의할 때조차도, 이런 이슈로 인해 할 일이 많아지는 것과 감정적인 긴장으로 큰 타격을 입는다.

로즈 미아노와 에드 컨([그림 8-1]의 가계도 참조)이 갈등 그리고 정서적으로 멀

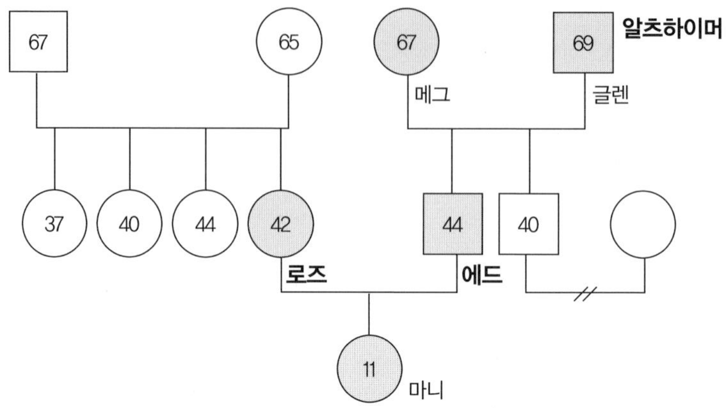

[그림 8-1] 미아노의 가계도

어진다는 느낌이 높아지는 사안을 다루기 위해 부부치료를 찾았다. 목사인 에드와 사회복지사인 로즈는 늘 든든하고 보살피는 관계를 맺고 있으며, 11세 된 딸 마니가 커 가면서 행복했다고 느꼈다. 에드의 부모님은 몇 개 주 떨어진 곳에 살았고, 아버지는 2년 전 알츠하이머 진단을 받았다. 에드는 매달 이틀간 부모님을 방문했고, 거의 매일 전화로 어머니를 무척 지원했다.

로즈는 에드가 자기 가족에게 헌신하는 것이 자랑스러웠고, 에드의 남동생이 시부모님에게 특별히 도움이 되지 못했음을 잘 알고 있었다. 동시에 그녀는 에드가 집을 떠나 다른 곳에 주의를 돌렸던 사실에 화가 나고 상처가 되었음도 알게 되었다. 그녀의 양가감정은 에드의 신자들을 여러모로 보살펴야 하는 책임 때문에 더 당혹스러웠다. 사회사업가로서 그녀는 그의 입장을 완전히 이해했고 또 존중했다. 하지만 배우자로서 그녀는 무시당했다고 느꼈고, 그래서 자기의 이런 감정에 죄책감을 느꼈다.

늙어 가는 부모를 돌보는 일은 부부의 위기나 갈등이 되기 쉬우며, 이것은 의료가족치료의 지원과 개입의 주요 초점이다. 성인 자녀가 역할을 바꾸어 부모를 돌볼 때 역할 긴장, 상충되는 충성심, 초기 부모-자녀 관계의 어려움이 재현될 수 있다. 한 배우자가 노부모를 방문하여 돌볼 때 그는 상대 배우자나 자녀들과 함께 활동하고 있지 않다는 것이다. 또 다른 책임이 쌓이면 스트레스가 더 많이 생기고, 부부는 자기들이 더 자주 다투고 있음을 알게 될 수도 있다. 언쟁보다 더 복잡한 것은 흔히 시인하지 않는 분노의 감정이다. 에드 같은 배우자는 자기가 아내와 함께 있기를 더 좋아한다는 것을 아내가 이해하지 못하는 것에 대해 배신감을 느낄 수 있으나, 그래도 그는 부모님을 보살펴야 한다.

노부모 부양의 필요성은 흔히 부부가 자녀 양육을 마치고 부부만의 새로운 시간을 가지고 싶을 때 일어난다. 대신 노부모 부양은 오히려 배우자가 부모의 인정을 완전히 받았는지 여부 혹은 양가 부모 다 휴일에 방문해야 했는지와 같은 부부관계 발달의 초기 문제를 다시 불러일으킬 수 있다. 부부가 오래전에 이미 협상되었다고 생각했는데도 이러한 충성심 이슈가 다시 일어난 것에 대해 몹시 당황스러웠다고 치료에서 말하기도 한다.

부모를 부양하는 모든 부부가 서로와 긴 역사를 가지고 있는 것은 아니다. 부부가 늦게 결혼한 경우 한쪽 배우자는 노부모를 모를 수 있고, 힘든 부양의 의무를 더 쉽게 만들 수 있는 애착을 형성하지 못하였을 수도 있다. 두 번째 아내는 남편의 20년 된 첫 번째 아내가 시어머니와 아직도 가깝게 지내기 때문에 새 시어머니의 부양을 돕는 것이 환영받지 못한다고 느낄 수도 있다. 아니면 반대로 새 배우자는 노부모를 즐겁게 기분을 전환하는 대상으로 볼지 모르며, 또 파트너가 어렸을 때 아버지가 정서적으로 도움이 되지 못했다고 느꼈다는데 이제 아버지를 돌보는 일이 얼마나 힘든지에 대해 불평하는 이유를 이해하지 못할 수 있다. 13장에서 더 자세히 논의되는 부양의 위기는 이러한 문제들을 중심으로 일어나게 되며 치료의 중요한 자료를 제공한다.

예상하지 않은 시기: 자녀의 질병

토냐와 매뉴얼 헌터([그림 8-2]의 가계도 참조)는 토냐의 일차의료의사가 의료가족치료를 받아보게 하였다. 이는 토냐가 자기와 매뉴얼이 토냐의 아들인 마이크를 어떻게 다루어야 할지에 대해 자주 언쟁을 한다고 털어놓은 후였다. 토냐와 매뉴얼은 4년 전 결혼하였고, 토냐의 전혼에서 낳은 두 자녀와 함께 살았다. 계부인 매뉴얼은 토냐와 그 자녀들과의 관계에서 부모 역할 갈등을 피하려고 노

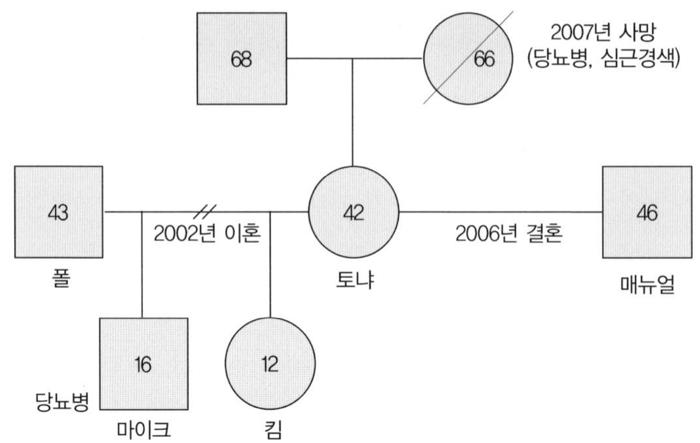

[그림 8-2] 헌터의 가계도

력하였다. 그러나 지난 몇 달 동안 그는 토냐와 마이크 간의 싸움에 대해 점점 더 불만스러워졌다.

이제 16세인 마이크는 10세에 당뇨병 진단을 받았다. 많은 학동기 아동처럼 그도 처음에는 '모범적인 환자'였다. 그는 혈당 수치를 꾸준히 기록했고, 혼자 주사 놓는 법도 배웠으며, 필요할 때마다 엄마에게 알려 주기도 하였다. 엄마는 마이크가 지난 1~2년간 자기 병에 대한 책임감이 줄어들었다고 하였다. 엄마가 이 문제에 대해 마이크에게 말하려 하면, 마이크는 화를 내고 뒤돌아섰다. 지난 학기에 그는 육상 경기에 나갔는데 아무것도 먹지 않은 후에 의식을 잃었다. 토냐는 청소년은 자주 건강한 식사를 무시하고, 술도 먹어 보려 하며, 독립적으로 자기 결정을 하려고 한다는 점을 잘 알고 있었으나, 친정어머니가 몇 년 전에 당뇨 합병증으로 사망하였다. 토냐는 마이크가 자기 병을 관리하는 데 무신경할 형편이 아니라고 느꼈다.

말싸움을 해 봐야 마이크가 더 책임감 있게 되는 데 아무런 도움이 되지 않는다고 매뉴얼이 말했을 때 토냐는 화를 냈고, 매뉴얼은 마이크의 친아빠가 아니기 때문에 자기 입장을 이해할 수 없다고 반응했다. 그리고 질병관리에 대한 갈등은 다른 사안들, 예컨대 재혼에서 특히 중요한 포용과 수용에 관한 사안들에 대한 부부 갈등으로 자주 비화되었다.

부부는 종종 자녀의 질병을 어떻게 다루는지에 대해 견해차를 보이며, 또한 그러한 개인적인 스트레스를 서로 지지할 수 없는 것으로 경험한다. 의료가족치료에서 이러한 패턴 중 한두 가지를 다룰 수 있다(아동기 질병의 영향은 10장에서 더 자세히 다룸). 여기서 우리는 부부들이 치료를 받으러 오기는 하지만 자녀들의 질병에 대한 스트레스가 부부 갈등과 친밀감의 감소에 어떤 영향을 미치는지를 잘 인식하고 있지 못함을 강조하고자 한다. 의료가족치료사는 부부와 작업할 기회를 가지고, 그들의 경험을 부부관계의 중요한 붕괴로 보는 대신에 건강 위기에 대한 정상적인 반응으로 보도록 도울 수 있다.

변함없는 동반자: 배우자의 질병

의료가족치료사의 담당 건수는 배우자 중 한 사람이 만성 혹은 진행성 질병을 가진 부부들로 많이 채워진다. 한쪽 배우자가 질병으로 심하게 기능하지 못할 때, 질병의 영향은 부부가 치료에 오는 바로 그 이유가 되며, 논의와 개입의 더 쉬운 초점이 된다. 치료사가 이 장의 앞에서 소개되었던 마거릿과 폴 같은 부부에게 질병의 내력에 대해 질문하지 않는 한, 건강상의 중요한 위기에 대해 알 길이 없다.

부부는 질병의 위기를 겪고 난 후에 걱정거리가 남아 있을 수 있는데, 이는 잘 다루어지지 않지만 부부관계의 성격에 중요한 영향을 미칠 수 있다. 실제로 위기에 처할 때 부부는 질병에 대해 둘이 함께 어떻게 반응할지 이야기한다. 나중에 특히 위험이 사라지고 나서야 부부는 자신의 위기를 다루는 방법에 대한 절망, 분노 혹은 갈등을 표현하기 시작한다. 이러한 반응은 사람들이 자동차 사고가 나면 그 즉시는 분명하고 효율적으로 반응하지만 나중에 후들거리고 울 것 같음을 알게 되는 그런 반응과 비슷하다. 이러한 이유로, 부부는 건강 위기 동안 그리고 그 후에 의료가족치료의 도움을 받을 수 있다.

임상 전략과 주제

2장에서 다룬 많은 일반적인 임상 전략은 부부를 대상으로 하는 의료가족치료에도 도움이 된다. 특히 행동주체성과 연대감의 촉진 그리고 '질병을 제자리에 놓기(putting the illness in its place)' 전략이 도움이 된다. 2장에서 논의한 주요 사례는 빌과 캐럴 엘먼 부부의 사례로 점점 더 쇠약해지는 빌의 당뇨병과 말기 신장병에 대처하였던 사례이다. 이 장에서는 각 구성원의 기대와 대처양식의 차이를 다루는 임상 전략(〈보기 8-1〉 참조), 그리고 그것이 부부관계에 미치는 영향을 강조한다. 마거릿과 폴의 사례는 이러한 전략 사용의 예를 보여 준다. 물론 로즈와 에드의 이야기가 도움이 되었던 첫 번째 임상 전략의 예를 제외하고 말이다.

〈보기 8-1〉 부부를 위한 임상 전략

- 가족사와 기대 탐색하기
- 질병에 대한 다양한 이야기 끌어내기
- 정서에 주의 기울이기
- 선호하는 대처양식과 지지양식 파악하기
- 질병 통제의 춤(dance) 이야기하기
- 성에 대한 논의 시작하기
- 탄력성(resilience)에 초점 두기

가족사와 기대 탐색하기

휴일을 어떻게 보내고 돈을 어떻게 사용하는지에 대해 가족이 의견을 달리할 수 있는 것처럼, 아프거나 나이 든 가족원을 보살피기 위해 어떤 기대를 해야 할지에 대해서도 의견이 다를 수 있다. 어떤 가족에서 성인 자녀는 계모가 아버지를 집으로 모시고 온 직후에야 늙은 아버지의 입원에 대한 이야기를 들을 수 있다. 또 다른 가족에서 아들은 비교적 건강한 어머니의 모든 의료 관련 약속을 잡고 관리한다. 때로 이러한 패턴은 가족이 너무 지나치게 혹은 너무 불충분하게 서로에게 주의를 기울이기 때문에 일어난다. 더 흔하게는 이런 여러 다른 패턴은 흔히 가족의 선호, 자긍심, 내력, 가정(假定)을 나타난다.

각 배우자는 기대에 대해 어느 정도 토론하여 기대가 좀 더 명백한 가족에서 성장하거나, 기대에 대한 토론이 부족하여 기대가 좀 더 암묵적인 가족에서 성장한다. 배우자의 각 역사를 비교하는 임상기술은 사람들이 자신과 파트너의 역사를 이해하도록 도와서 그들이 은연중에 하는 추정에서 벗어나 그들 간의 차이가 그들의 현재 선택과 관계에 어떤 영향을 미치는지 고려하도록 돕는 것을 포함한다.

로즈와 에드는 사회복지사와 목사이며 원가족의 차이를 자주 이야기하곤 하였으나, 그 차이가 질병과 노부모 부양에 대한 반응에 어떤 영향을 미쳤는지를 정작 생각하지는 못했다. 로즈는 이탈리아의 대가족 출신으로 네 딸 중의 세 딸과 가족이 부모와 한 시간 거리에 살았고 부모를 자주 방문했다. 로즈의 부모님은 건강 상태가 비교적 좋았고, 그녀와 자매들은 부양문제에 직면하지 않았다. 비록 그들이 부양문제에 대해 많이 상의하지는 않았지만, 로즈는 부모님이 그런 문제를 갖게 되면 자매들 모두가 마땅히 응할 것이라고 생각했다. 할머니는 돌아가시기 전 몇 년 동안 부모님과 함께 살았고, 로즈는 때가 되면 자기 부모도 자매 중 한 명이나 자기와 함께 살 것이라고 생각했다.

반대로 에드의 부모는 자랑스럽게도 늘 독립적으로 살았다. 부모님은 아들들에게 부담을 주지 않을 것이라고 말씀하였다. 부모님은 최근 은퇴자 마을로 이사해서 친구들을 사귀게 되었고 여러 활동을 할 수 있게 되었으며 운전을 자주 할 필요가 없게 되었다. 에드의 남동생은 부모님의 집과 멀리 떨어진 주에 살았고, 경제적으로 여유가 없어서 자주 방문하지 못했다. 어머니는 아들들이 부모에 대해 걱정하지 않기를 바란다고 자주 말했으나, 자상한 아들이 자주 전화하고 방문하는 것을 고마워하고 또 이에 의지하기 시작했다. 에드는 어머니가 도움을 필요로 하며 자기야말로 도울 여력이 있는 아들이라고 생각했다.

에드와 로즈는 이러한 가족사와 기대의 차이로 인해 말다툼을 하게 되었다. 부부치료에서 로즈는 가족의 상이한 기대를 인정함으로써 에드의 어머니가 독립적이라고 주장하였지만, 아들 에드가 자기와 충분히 있지 않았음을 은근히 말함으로써 아들들에게 너무 많은 압력을 가하였다는 점에 대해 로즈 자신이 어떻게 느꼈는지 알 수 있었다. 로즈는 에드의 남동생이 도울 만한 여력이 못됨을 이해하였지만, 에드의 부모님을 그들이 사는 지역으로 이사시킬 수 있으면 더 쉬울 것이라고 제안하였다. 에드는 어머니가 독립심을 너무 많이 잃게 되는 것은 아닌지에 대해 말했으며, 자기는 어머니가 '너무 많은 것을 포기하는' 것이 주저된다고 했다. 치료는 로즈와 에드가 언쟁을 중단하고 둘의 상이한 우선순위를 고려하여 모두에게 더 효과적인 해결책을 찾도록 했다.

에드는 어머니가 돌아가실 즈음에 자신이 어머니의 독립심을 지켜 드리기 위해 얼마나 애썼는지를 깨닫게 되자, 어머니와 솔직히 이야기하는 것이 어머니의 품위를 높여 주는 한 가지 방법임을 깨달았다. 그와 로즈는 여러 선택을 고려했고, 에드는 어머니를 방문해서 그런 여러 선택에 대해 상의하고 어머니의 도움을 청했다. 에드가 자신의 삶을 어떻게 더 잘 관리할 수 있는지를 결정하는 데 있어서 어머니를 포함시키자, 어머니는 에드와 로즈 가까이의 새로운 지역으로 이사하는 것이 도움이 될 것이라고 결정하셨다. 가족의 모든 차이가 이렇게 쉽게 협상될 수 있지는 않지만, 부부는 치료를 통해 그들의 상이한 시각 뒤에 있는 핵심 신념, 가치, 가정을 확인하고 인정할 수 있다. 그러면 자신의 가치를 존중받으려고 싸우는 대신 해결책을 더 자유롭게 찾을 수 있다.

질병에 대한 다양한 이야기 끌어내기

의료 트라우마를 겪고 오랜 시간이 지난 다음에야 파트너들은 모두 그 사건과 자신의 경험을 더 자세히 설명할 수 있다. 대부분의 부부문제처럼 파트너들은 자신이 겪은 것을 서로 다르게 보며, 각자 상대방이 설명하는 자세한 사항을 별로 들으려 하지 않을 것이다. 배우자 모두 자신의 고유한 시각을 설명하고 또 각자의 경험에 부여했던 의미를 감안한다는 것을 보여 줄 수 있다. 이야기를 끌어낼 뿐 아니라 각 파트너의 경험을 강화하기 위해서 시간을 충분히 들일 필요가 있다.

폴의 회상은 자신의 의료 상태에 대해 가능한 한 많이 통제하기를 원했다는 점을 확인해 주었다. 폴은 자기의 증세가 심각하였음을 처음으로 알았던 날짜들을 금방 알아냈을 뿐만 아니라 그가 가정의, 신경전문의, 외과전문의를 방문했던 날짜들도 금방 알아냈다. 그는 첫 번째 수술과 수술 후 감염에 따른 재수술에 대한 상세한 내용을 의대생들처럼 시간순으로 알고 있었고, 그의 진단, 치료, 예후에 대해 너무도 잘 파악하고 있었다. 그는 의사들과 사이가 좋았고 마치 의료팀의 한 구성원인 것처럼 정보를 쭉 잘 받았다고 느꼈다고 말했다.

남편이 아팠던 시기에 그가 행동주체성, 적극적 관여, 현실적으로 긍정적인 태도를 보였던 기억과 반대로, 마거릿은 대부분 자신의 두려움을 기억했다. 그녀는 폴이 신경외과 의사를 보기로 약속되어 있음을 처음으로 알았던 날과 부부가 대기실에서 의사를 기다리고 있을 때 자신이 얼마나 안절부절못하였는지 기억했을 때 몸서리가 났다. 그녀는 매일 밤 가족원들과 친구들에게 폴의 상태에 대해 새로운 사실을 말해 주느라 몇 시간씩 전화에 매달리는 것이 얼마나 지치는 일인지 말했다. 그녀는 긍정적인 태도를 유지하려고 노력하였으나, 간호사인 자신은 폴의 미래를 두려워하면서 간호대학 시절에 머리를 밀고 인지기능을 잃고 예후가 좋지 않았던 사람들에 대한 기억과 얼마나 싸워야 했는지 말하였다.

폴은 그녀의 두려움을 이해하려 애쓴다고 주장하였지만, 마거릿이 초기부터 두렵다고 말했을 때조차 폴 자신의 종양은 사라졌고 재발을 겁낼 이유가 없음을 그녀에게 확신시키고자 애썼다. 마거릿은 전혀 마음이 안 놓였다. 그녀는 폴의 확신이 부러웠다고 말했고, 그가 위험하지 않기를 바랐지만, 그가 직장에서 늦거나 휴대폰을 받지 않을 때 아직도 걱정이 된다고 하였다. 더 많은 이야기를 나눈 다음 마거릿은 울기 시작했다. 그녀는 자기와 아이들에게 그것이 얼마나 힘든 일이었는지 폴이 이해하지 못한다고 말했다. 폴이 거의 대부분의 시간 동안 의식하지 못했기 때문에 말이다. 폴과 마거릿은 폴의 상태가 최고로 나빴던 기간에 그녀가 가진 경험에 대해 직접 이야기한 적이 한 번도 없었다.

몇 년 전의 트라우마가 현재 문제와 많은 관계가 있을 수 있다는 점이 폴과 마거릿에게는 떠오르지 않았다. 그들은 '폴의 종양과 수술 같은 심각한 질병은 집을 덮치는 큰 나무와 비슷하다.'는 은유에 잘 들어맞았다. 그것은 갑자기 부서져 버린 것처럼 어디선지 모르게 많은 피해를 입히고, 많은 잔해를 남겨서 고치고 치워야 하는 것이다. 이는 위험하며 치명적일 수 있다. 덮치는 나무를 탓하고 싶은 유혹이 있을 수도 있고 병에 안 걸릴 수도 있지 않았을까 하고 강박적으로 생각할 수도 있지만, 대부분은 그것이 그저 불운이고 아무한테나 일어날 수 있는 사건으로서 그 누구도 예측하거나 예방할 수 없다는 데 동의한다. 그러나 나중에 관여된 사람들은 그 사건을 계속 재경험하고 논의하며, 나무 주위를 걷는 것(또는 신체적 피해를 최소로 줄이는 것)을 겁낼 수 있다. 몇 년 후에도 그들은 여전히 나무가 처음에 무섭게 쓰러졌음(혹은 처음으로 진단을 받았음)을 기억하고 언제든 위기가 닥칠 수 있음을 떠올린다.

정서에 주의 기울이기

폴과 마거릿의 대화는 정서의 차이를 드러냈고, 또 질병 사건과 그에 대한 반응에서 그들 간에 차이가 있음을 확인해 주었다. 이 대화에서 폴은 질병에 대한 유능감과 완치의 자신감을 가지고 있는 것 같았다. 마거릿은 심지어 몇 년 후에도 신체적인 스트레스 신호를 보였고, 이에 대해 폴은 그녀를 편안하게 안심시키려는 노력으로 반응했다. 힘들었던 점에 초점을 두었을 때는 없었던 온정이 그들 사이에 생겼다.

가족치료사는 사이 나쁜 부부가 보이는 일말의 부드러움을 강화시킬 수 있는 기회에 뛰어들 수 있다. 가장 사이 나쁜 부부조차 이전에 있었던 가족의 상실이나 질병의 시기 동안 서로에게서 받은 따듯한 지지를 쉽게 인정할 수 있다. 사실, 서로에게 매우 비판적인 부부들도 한쪽 부모가 심각하게 아프거나 가까운 사촌이 사망했을 때 그들 사이가 어떠했는지에 대해 질문을 받으면 예외를 말할 수 있다. 아픈 동안 부부가 서로 얼마나 지지했는지를 회상하는 논의를 하면 그들의 첫 만남이나 약혼에 대한 이야기에서 나오는 것과 똑같은 종류의 긍정적인 감정을 느낄 수 있다.

그러나 폴과 마거릿이 기억했듯이 모든 부부가 긍정적인 방식으로 반응하지는 않는다. 과거의 위기 동안 파트너가 충분히 지지하지 못했다고 느끼는 사람들은 일반적으로 그 시간을 신뢰나 관계가 상당히 깨진 시간으로 여긴다. 가족치료사는 외도처럼 신뢰가 무너진 것 같은 상황을 다루기 위해 사용되는 부부치료의 절묘한 기술로 반응해야 한다. 이는 슬픔, 신뢰, 화해, 용서, 미래계획에 주의를 기울이는 것을 포함한다.

저자 중 한 사람이 "결혼생활에서 남은 것은 아무것도 없으며, 이제 아이들은 다 컸습니다."라고 말하면서 가족치료에 왔던 부부와 작업을 하였다. 집안 내력을 대대적으로 조사한 후에야 남편이 전립선암으로 전립선을 완전히 절제했고, 이로 인해 부부 모두가 삶이 크게 달라지지 않기로 결정하였음이 드러났다. 그들은 부부로서 삶이 계속 안정적으로 유지되는 데 초점을 두었는데, 정작 되돌아보니 남편은 아내가 진단, 치료, 성기능에 미치는 영향의 어려움을 이해하지 못했다고 느꼈다. 부부는 성적 친밀감을 피했고, 또 그것이 그들에게 중요하지 않다고 말함으로써 이 상황에 대처했다. 그들은 언쟁을 하는 동안만 성관계가 줄어들었다고 서로에게 불평하였으며 이에 대해 서로 상대방을 비난하였다.

부부가 그들의 좌절감과 성관계를 가족치료사와 기꺼이 논의하기까지는 꽤 많은 시간이 걸렸다. 남편의 좌절감이 조사되고 나서야 부부는 다음 단계를 상의하였다. 치료사가 전립선 절제 수술이 성관계에 미친 영향을 물었을 때, 남편은 발기가 잘 될 때도 있고 그렇지 않을 때도 있었으며, 흥분하는 동안 소변을 볼 것 같았고, 그래서 성관계를 어떻게 하면 더 쉽게 피하는지 그 방법을 찾았다는 말을 하였다. 아내도 남편을 당황시키고 싶지 않았으며 그래서 성관계를 얼마나 피했는지에 대해 말하였다. 더욱이 아내는 과거의 편안했던 성관계를 그리워하였다. 부부가 좌절감을 말하고 과거의 편안했던 성관계를 애석해하기까지는 몇 회기가 더 필요했다. 부부가 대안적인 성관계를 찾게 되자 드디어 서로에게 더 편안해졌다. 부부는 후반부 회기에서 "결혼 초기에 우리는 페서리(피임용 격막-역주)를 가지고 실갱이를 했는데, 이제는 수건하고 실갱이 해야 합니다."라고 말했다.

정서에 주의 기울이기는 질병 위기 시 반드시 따라오는 일련의 강한 감정을 부부가 표현할 기회를 만드는 것을 포함한다. 화, 분노, 죄책감 모두가 중요한 주제로 제시된다. 사람들에게 가장 혼란스러운 것은 감정이 따로 존재하지 않으며 동시에 일어나고 모순된 것처럼 보일 수 있다는 것이다. 남성은 파트너가 뒤로 물러서는 것에 대해 분노를 느낌과 동시에 좀 더 강해지지 못한 것에 대해 죄책감을 느낄 수 있다. 아들이 당뇨병이던 가족에서 토냐는 친정어머니와 아들 간 당뇨병의 유전관계를 알게 되어 죄책감을 느꼈다. 동시에 그녀는 자기 '잘못'이 아닌 무언가에 대해 죄책감을 가져야 하는 것에 대해 화가 났다.

아픈 파트너는 제약이 있음에 좌절감을 경험할 수 있고, 파트너가 자기를 밀어붙이거나 자신이 정상생활이 불가능함을 이해하지 못하는 것에 대해 파트너에게 잘못을 덮어씌울 수도 있다. 부부는 이전 관계의 상실을 아쉬워할 수도 있고, 상대방의 죽음 가능성에 대해 가슴 아파 할 수도 있다. 부부가 자주 이렇게 복잡한 감정을 주의 깊게 걸러 내는 방법들을 갖고 있지 못하면 부부치료는 격렬한 감정과 격한 말들을 쏟아 낼 수 있는 기회가 된다.

정서중심 치료(S. M. Johnson, 1996; S. M. Johnson & Whiffen, 2005)는 부부가 자신들의 정서 경험을 처리하고 인정하고 정상화하도록 도우며, 또 서로 위안을 찾도록 돕는다. 경험적으로 지지된 치료는 내담자가 힘겨운 정서들을 경험하고, 그 경험들을 이해하고, 또 배우자와 치료에 대해 긍정적인 애착을 포함하여 새로운 관점으로 그러한 정서를 관리하도록 돕는다. 정서중심적 치료의 창시자들은 이 모델이 애착에 주의를 기울인 점이 의료가족치료의 목표와 특히 일치한다고 했는데, 그 이유는 상실과 애착문제가 심각한 질병이 있을 시 특히 중요하기 때문이다(Kowal, Johnson, & Lee, 2003).

선호하는 대처양식과 지지양식 파악하기

모든 부부에게 맞는 유일한 의사소통 전략은 없다. 한쪽 배우자가 암인 부부들의 경우, 의사소통 양식이 일치하는 부부들이 갈등과 스트레스를 가장 적게 보고했다(Dakof & Liddle, 1990). 파트너 모두 자신의 감정에 대해 말하고 싶었던 부부는 괜찮았고, 둘 다 병에 대해 이야기하지 않기를 희망하는 부부도 마찬가지였다. 상이한 의사소통 양식을 가진 부부들은 병과 그들의 관계에 대해 갈등과 스트레스를 더 많이 보고했는데, 그래서 병에 대해 솔직한 것보다 의사소통 양식의 일치가 더 중요했다. Rolland(1994)는 선호하는 의사소통 양식의 차이가 관계 왜곡(relationship skew)의 하나인지에 대해 설명했다. 병에 직면한 부부들의 친밀감을 향상시키기보다 분리시킬 수 있는 또 하나의 공통적인 관계 왜곡은 각 구성원이 진단을 수용하는 시기의 차이, 혹은 질병에 대해 부부가 걱정을 서로 나누는 어떤 것으로 여기는지 아니면 아픈 파트너에게만 속하는 것으로 보는지의 차이를 포함한다.

다양한 만성질환에 대한 부부 반응 연구의 광범위한 고찰(Berg & Upchurch, 2007)은 개인의 대처양식이 아닌 부부의 공통된 반응에 초점을 두었다. 평가의 공유, 즉 부부가 질병의 위기를 부부 모두에게 일어나는 것으로 보는 것은 부부와 치료사로 하여금 그들이 '질병에 맞서 싸우는 우리'로서 어떻게 협력할 수 있을지 생각해 보도록 하며, 따라서 질병을 외재화할 수 있게 한다. 질병에 대한 경험을 나타내기 위해 '우리(we)'와 '우리를(us)'이라는 용어를 사용하는 데서 볼 수 있듯이, 경험을 나누는 것 같아 보이는 부부는 심리적 스트레스를 덜 느낀다(Scott, Halford, & Ward, 2004). 이 연구 고찰에 의하면 부부가 질병에 대한 평가를 서로 나누고, 배우자가 통제하고 과잉 보호하거나 과소 개입하기보다는 지지적이고 협력적일 때 더 잘 적응하였다.

마거릿과 폴은 폴의 뇌종양에 각자 어떻게 대처했는지를 논의했다. 둘 다 마거릿의 두려움이 부부 대화의 주제가 아니었음을 알게 되었다. 건강한 배우자가 자신의 염려와 걱정을 숨기고 갈등을 피하기 위해 아픈 파트너에게 일방적으로 맞추는 이러한 공통된 패턴을 **보호적 완충**(protective buffering)이라고 한다(Coyne & Smith, 1994). Coyne과 Smith(1994)가 파악한 두 가지 다른 대처양식은 아픈 배우자에 대한 **과잉보호**와 **적극적 개입**으로, 환자를 계획과 문제해결에 관한 논의에 포함시킨다. 몇몇 연구는 보호적 완충 전략이 일반적으로 별 도움이 되지 않는 것으로 여겨지며(Manne et al., 2007) 낮은 수준의 결혼만족도와 관련이 있다(Hagedoorn et al., 2000)는 임상적 직관을 지지한다. 이 양식들이 단독으로 존재할 수도 있지만, 보호적 완충 전략은 공통적으로 아픈 파트너에 대한 과잉보호와 함께 사용된다(Kuijer et al., 2000). 이 패턴은 새롭게 나타난 위기 동안에 도움이 될 수 있지만, 시간이 지나면서 건강한 파트너의 과잉기능과 그에 따른 분노뿐 아니라 아픈 파트너의 유능감을 감소시킬 수 있다.

아내의 적극적 개입 전략은 심근경색 후 남편의 건강행동이 변화하도록 돕는 데 도움이 될 수 있다고 보고되었다(Vilchinsky et al., 2011). 이는 아내들이 남편의 변화를 긍정적으로 지원하고 바람직하지 않은 행동을 비난하지 않는다는 것을 의미한다. 흥미롭게도, 아내의 긍정적 반응은 남편이 아내를 지지적이라고 지각할 때 영향력이 더 있었다. 임상가들은 부부가 어떻게 지지를 주고받는지 그리고 부부가 공동의 지지와 문제해결을 어떻게 고려하도록 돕는지를 평가할 수 있다.

마거릿과 폴은 이러한 보호적 완충과 과잉보호 패턴이 어떻게 유지되었는지 깨달았을 때 그들이 더 잘 반응하지 못했음에 낙담하였다. 다른 치료에서처럼 부부가 과거의 몇 가지 상호작용을 살펴보면 좌절감을 느낄 수 있다. 의료가족치료사는 과거를 돌아보고 분석하게 되는 자기비난을 제한해야 한다. 질병은 트라우마가 되는 혼자만의 경험으로서, 부부가 그에 어떻게 반응해 갈지를 그려 볼 이정표를 가지고 있는 경우는 거의 없다.

가족치료사는 부부의 반응을 정상적이라고 말할 수 있고, 여러 반응이 때에 따라 얼마나 적응적일 수 있는지 강조할 수 있다. 예를 들어, 폴이 건강, 미래, 치유에 초점을 둔 것은 최고의 선택이었을 것이며, 당시에 마거릿에게도 도움이 되었을 것이다. 가족치료사는 부부의 초기 반응이 수년 전에는 괜찮았던 것 같지만 이제 상황이 변했고, 부부는 더 이상 질병의 위기에 마주하고 있지 않음을 확신시켰다. 이 시기에는 다른 대처양식을 고려해 보는 것이 도움이 될 것이다.

그들은 질병에 대한 양가감정이 부부에게서 얼마나 자주 표현되는지 논의하였다. 한 사람이 걱정하는 사람 역할을 하는 한편, 다른 한 사람은 건강을 확신하는 목소리를 낼 수 있다. 이렇게 하는 것이 부부의 양가감정을 '공유하는' 한 가지 방법이지만, 각자 한 가지 입장에 집착할 때 극단적으로 갈 수 있다. 폴이 두려움에 대해 깊이 생각하지 않았다는 말은 마거릿으로 하여금 비록 그가 두려움을 표현하지 않았다고 하더라도 그 역시 어떤 불확실성을 경험하였음을 살펴보게 했다. 이는 그녀가 그들을 위해 모든 불확실성을 다 떠안고 있을 필요가 없었음을 편안하게 깨닫게 했다. 의료가족치료의 한 회기에서 부부는 '걱정 나누기'를 실험해 볼 수 있다.

마거릿과 폴은 비록 서로 다른 경험을 했지만, 둘 다의 경험이 타당함을 깨닫게 되자 부부치료에서 더 많은 모험을 하였다. 이들은 한쪽 파트너가 다른 파트너에게 오랜 돌봄을 제공할 때 나타나는 공통 패턴을 살펴보았다. 비록 간호사라는 마거릿의 직업이 그들의 역할을 더욱 극단적으로 만들었지만, 그것은 부양자-환자

관계에서 공통적으로 나타나는 것으로, 파트너십의 균형을 자주 무너뜨린다. 이런 패턴을 논의하면 마거릿과 폴이 이 시간 동안 평등한 파트너십을 어떻게 유지하였는지에 주목할 수 있는데, 이는 부부로서의 유능감에 도움이 되는 인식이다.

질병 통제의 춤 이야기하기

자신의 당뇨병 식이요법에 주의를 기울이지 않는 남편의 배우자가 자신이 '돌봄을 제공하는 유일한 사람이 되는 것'이 얼마나 피곤한 일인지에 대해 말했다. 파트너는 공통적으로 배우자가 자기 병을 너무 쉽게 받아들이고 병에 대항해 싸우지 않는다고 느낀다. 이런 일이 있을 때, 병이 있는 배우자는 할 수 있는 한, 병을 잘 관리하고 있으며, 배우자가 자기에게 약을 먹으라고 하고 식이요법을 감시하느라 '따라다니며 괴롭히는 것'에 지쳤다고 항변한다.

이러한 '통제의 춤(dance of control)'은 가족의 많은 하위체계에서 관찰된다. 병이 있는 청소년과 부모는 자주 질병 통제와 관리를 둘러싸고 생산적이지 못한 싸움에 개입한다. 부부 역시 공통적으로 이러한 패턴을 보이는데, 이는 주변 사람들을 좌절시킬 수 있고 그들이 상담치료에 오게 되는 주요 이슈가 될 수 있다. 이 패턴은 한 파트너가 상대방의 질병관리에 요구되는 활동들에 대해 질문할 때 다소 순수하게 시작될 수 있다. 한 사람의 '돌봄'이 파트너에 의해서는 흔히 비난이나 통제로 인식된다. 이때 만일 한 파트너가 상대방의 '돌봄'을 인정하지 않기로 선택하고 자신의 행동을 선택하면, 돌보는 배우자는 무시당하고, 외면당하고, 배제되었다고 느낀다. 이 패턴은 쉽게 증폭되어 배우자 둘 다 무시당하고 존중받지 못했다고 느끼며 좌절감을 느낀다.

Rohrbaugh와 동료들(2001)은 이를 **모순되는 과정**(ironic processes)이라고 설명했는데, 이 과정에서 다른 사람들을 변화시키려는 시도는 파트너가 변화시키고자 하는 행동을 오히려 영속시킬 수도 있다고 설명하였다. 파트너들이 그런 행동이 도움이 되지 않다는 것을 알고 있을 때에도 이 과정은 계속되는데, 그 이유는 사람들이 성공적이지 못한 동일한 방법으로 문제를 반복적으로 해결하고자 시도하기 때문이다. 예를 들어, 배우자의 음주나 흡연 행동을 조절하거나 제한하려는 배우자들의 시도는 흔히 그런 행동을 더 증가시키는 것으로 나타났다(Lewis & Rook, 1999). Rohrbaugh 등(2001)은 부부가 모순되는 과정을 확인하는 데 도움이 되는 가족자문 모델을 설명하고, 부부 중 한 사람이 그 과정을 단계적으로 감소시키기 위해 어떻게 덜 관여할 수 있는지 결정하도록 도왔다.

어떤 부부에게는 도와주기, 통제하기, 비난하기 사이에 아주 좋은 경계선이 존재한다. 비난과 적대감은 가족과 정신병, 특히 조현병에 관한 **정서표현**(expressed emotion: EE) 연구에서 중요한 요인으로 인정되었다(Leff & Vaughn, 1985). 비난과 또 다른 의료적 질병 간의 연관성은 덜 분명하다. 의료 분야에서 정서표현 연구에 관한 고찰은 비난과 적대감이 비만관리 같은 행동이나 스트레스 관련 건강에 부정적인 영향을 미칠 수 있음을 보여 주었다(Weardon, Tarrier, Barrowclough, Zastowny, & Rahill, 2000). 마찬가지로, 류머티스 관절염이 있는 아내들은 배우자가 더 비판적일 때 적응적인 대처행동을 덜 하고 또 심리적인 적응을 잘 하지 못하였다(Manne & Zautra, 1989). 정서표현이 건강행동에 영향을 미칠 수는 있지만, 정서표현 혹은 비난이 질병의 경과(Weardon et al., 2000) 혹은 생존(Benazon, Foster, & Coyne, 2006)과 연관이 있다는 증거는 없다. 그래서 가족치료사들은 질병의 결과에 영향을 미치지 않을 수 있는 중요 행동을 파악하는 데 초점을 덜 두어야 하고, 대신 행동 변화와 질병에 대한 적응을 촉진할 수 있는 긍정적인 부부행동을 확대해야 한다.

의료가족치료사의 도전은 도와주고자 하는 파트너가 얼마나 어려울지 인식하는 것이다. 통제하는 것, 심지어 비판적이고 적대적으로 보이는 사람들이 행동을 상기시키기란 쉽지 않다. 배우자들의 경우 위험은 크고, 그들이 할 수 있는 일은 거의 없다고 자주 느낀다. 병에 대처하고 있는 사람에게 배우자가 끼어들었다는 인식은 의사결정과 행동 선택을 더 복잡하게 한다. 질병 통제를 둘러싼 밀고 당김 혹은 '춤'은 멈추기가 어려울 수 있지만 부부는 함께 더 잘 춤출 수 있는 법을 배울 수 있다. 즉, 병을 그들 밖에 두고 그 어려움을 더 효과적으로 관리하기 위해 어떻게 함께 작업할 수 있는지 생각할 수 있다.

성에 대한 논의 시작하기

성에 대한 논의를 시작하는 것은 일반적으로 가족치료사에게 달려 있다. 부부가 병이 나면서 성관계가 감소하거나 중단하는 경우가 흔하기 때문이다. 성관계를 제한하는 것은 항상 그런 것은 아니지만, 때로 부부간 친밀감의 감소와 상관관계가 있다. 어떤 연구에서는 신체적 친밀감을 유지하고 있는 부부가 질병이 심리사회적 적응에 미치는 영향을 완충할 수 있었다(Druley, Stephens, & Coyne, 1997).

그러나 신체적 친밀감을 유지하기란 늘 쉽지만은 않다. 근치적 전립선 절제술을 받은 남성에 대한 연구는 연구 대상자의 80% 이상이 성기능장애를 보고했고(Badr & Taylor, 2009), 더불어 성기능과 소변기능에서 중간 수준의 어려움을 보고했다(Perez, Skinner, & Meyerowitz, 2002). 파트너들은 성적 만족의 감소를 보고했다(Badr & Taylor, 2009; Neese, Schover, Klein, Zippe, & Kupelian, 2003; Shindel, Quayle, Yan, Husain, & Naughton, 2005). 상호 간 높은 수준의 건설적 의사소통을 보고했던 배우자들은 각자의 만족 수준과 상관없이 더 높은 수준의 부부 적응을 보고했다. 성문제에 대한 논의를 상호 간에 더 많이 회피했던 파트너들은 더 높은 수준의 스트레스를 보고했다.

남성의 고환암이나 전립선암처럼 여성의 유방암은 성생활에 대한 관심과 만족에 영향을 주는 신체적인 함의를 갖는다. 성(sexuality)과 연관된 신체 이미지에 대한 염려는 유방 절제 및 다른 암 치료를 한 여성에게 더 높으며(Hopwood et al., 2000), 파트너의 반응, 특히 부정적 반응에 대한 여성의 지각은 심리적 · 성적 적응에 영향을 미친다(Manne & Badr, 2008). 파트너가 자신을 긍정적으로 수용한다는 여성의 지각, 특히 유방 절제 혹은 흉터에 대한 파트너의 초기 반응은 여성의 성적 관심 및 일반적인 만족과 연관이 있었다(Wimberly, Carver, Laurenceau, Harris, & Antoni, 2005).

초기 반응에 대한 이러한 민감성은 강조할 만한데, 그 이유는 수술이 끝난 후 오랫동안 갈등이 계속될 수 있기 때문이다. 여성은 남편이 자기를 사랑한다는 것을 알고 있으며, 또 유방암 수술치료 내내 남편이 함께했지만 흉터 혹은 유방 절제 때문에 남편이 흥미를 잃었다고 생각한다고 공통적으로 말한다. 이러한 염려에 대해 남편은 아내에게 끌리지 않아서가 아니라 아내가 신체의 큰 부분을 제거했다는 점이 혼란스러웠고 수술 후 처음 봤을 때 너무 심란했다고 아내에게 말하고 싶어 했다. 남편이 초기에 걱정을 하고 스트레스를 받았을 때조차 부부가 치료 시의 초기 반응이 영원히 지속되지는 않을 것임을 이해하도록 도울 수 있다.

이 연구에서 얻은 실소득은 발기부전 혹은 변화된 자기 이미지의 영향에 관한 것이 아니라 건강 위기 후 부부 의사소통과 관계의 중요성에 관한 것이다. 성, 친밀감, 갈등관리, 의사소통, 신체적 적응은 모두 연관성이 있다. 민감한 의료가족치료사는 부부가 이러한 복잡한 상호작용을 인식하도록 도울 기회를 확실하게 갖는다. 거의 5,000명의 동성애 혹은 양성애자 남성이 매년 전립선암 진단을 받는다고 추정되는데(Blank, 2005), 이성애자 미혼 남성뿐 아니라 동성애 혹은 양성애 남성이 경험하는 성기능과 관계 이슈에 대해 알려진 바는 거의 없다.

가족치료사들은 부부마다의 고유한 경험과 염려에 대해 호기심을 가져야 한다. 치료사는 많은 부부가 건강의 위기 동안 성적 상호작용을 피하거나 제한하며, 그래서 성적 친밀감을 재개하는 것이 어렵거나 어색하다고 말함으로써 대화를 시작할 수 있다. 이러한 경험을 정상화하고 또 그것이 부부에게 걱정거리였는지 질문함으로써, 치료사는 부부가 이런 문제에 대해 보다 자유롭게 논의할 수 있도록 초대한다.

폴과 마거릿이 병이 성관계에 미친 영향을 기꺼이 논의하기까지는 몇 회기가 소요되었다. 폴이 신체적으로 더 건강하다고 느꼈고 또 성관계를 다시 시작하기를 원했을 때조차 별 말을 하지 않았다. 어떤 이유에서든지 성관계가 중단된 후에 다시 시작하는 것이 자주 어색하지만, 병에 대한 나름의 독특한 걱정이 있다. 파트너는 수술이나 장애 후에 또 다른 고통이 생길 수 있음을 두려워할 수 있으며, 혹은 폴의 경우처럼 책임감이 늘어나 이미 지쳐 버린 아내를 압박하게 되는 것에 대해 불안해할 수 있다. 때로는 낭만적 파트너에서 돌보는 사람과 환자로 역할이 변화되어 혼란스러워할 수도 있다. 역할의 변화는 부부관계에 천천히 들어가는 하나의 패턴으로서, 역할을 바꾸기 위해서는 논의와 주의가 필요할 수도 있다. 이러한 과정을 논의하면 부부가 다른 부부들도 삶에서 이렇게 중단을 경험한

적이 있고, 또 자신과 서로를 비난하기를 멈출 수 있었음을 깨닫는 데 도움이 되었다. 즉, 부부가 '정상적인 결혼생활'로 되돌아갈 수 있다는 희망을 제공하였다.

마거릿과 폴은 그들의 기본적인 신뢰와 친밀감의 유대가 방임, 사랑의 상실, 헌신의 부족, 혹은 개인적인 실패 때문에 깨진 것이 아니라 안녕감의 핵심을 뒤흔들었던 병 때문에 깨졌음을 깨닫고서 안심이 되었다. 생명을 위협하는 병이나 사건을 경험하는 것은 많은 경우 존재적 위기로서 개인과 부부의 기본적인 안전감과 친밀감을 바꿀 수 있으나, 신뢰감과 정체성이 기본적으로 존재할 때 가장 잘 유지된다. 부부는 자주 친밀감과 신뢰를 회복하기 위해 의도적으로 노력할 필요가 있는데, 여기에는 성관계를 창의적으로 시도하는 데 주의를 기울이는 것도 포함된다. 치료사는 이 과정 동안 중요한 창조적인 협력자가 될 수 있다.

탄력성에 초점 두기

이 장에서 질병에 대처하는 부부를 위해 몇 가지 중요한 스트레스 사건과 치료적 반응을 파악하였다. 이러한 어려움을 놓고 볼 때, 부부 중 한 사람이 생명을 위협하는 질병으로 진단을 받을 때 이혼율이 증가하는 것 같지는 않다는 점에 주목할 만하다. 일단의 종양전문의(Glantz et al., 2009)가 신경종양학과, 일반종양학과, 다발성 경화증과의 세 클리닉에 515건의 의뢰 사례의 자료를 연속적으로 수집하였다. 5년 동안 평균 이혼율은 11%였는데, 이는 이전 연구와 일치하였고 건강한 부부의 이혼율과도 일치하였다.

그러나 이 연구는 발병 후 이혼 가능성에서 성별 차이에 대한 몇 가지 시사점을 제시하였다. 별거 부부의 88%는 아픈 파트너가 여성이었다. 아내가 심각하게 아플 때 부부의 20%가 별거했고, 남편이 아플 때는 부부의 2.9%만 별거했다. 젠더가 가장 중요한 변수였지만, 이 연구에서 결혼생활 역시 주요 요인으로서, 별거한 부부는 결혼 지속 기간이 평균 14.4년이었고 질병이 있는 동안에도 결혼생활을 유지했던 부부는 발병 당시 평균 27.4년의 결혼생활을 했다.

다양한 이유 때문에, 장기간의 결혼생활과 돌봄에 대한 더 전통적인 성역할 기대는 부부가 힘든 질병 상황에 직면하여 결혼생활을 유지하느냐의 여부에 영향을 주었을 수도 있다. 그러나 치료사는 어려움에 대처하며 여러 책임과 역할 변화의 균형을 맞출 방법을 찾으려는 부부들을 볼 가능성이 가장 크다.

이 장에서 서술한 부부들은 부모, 자녀, 혹은 부부 중 한 명의 질병이라는 스트레스에 잘 대처하지 못한다고 느껴서 치료를 받으러 왔다. 그들은 실패감을 느꼈고, 정상적인 생활 사건과 명백한 전환기에 대처할 수 없었다고 느꼈다. 토냐와 매뉴얼은 복합가족에서의 갈등, 특히 토냐의 아이들을 다루는 것에 대한 갈등을 어떻게 관리할지에 대해 결혼 전에 의도적으로 많은 상의를 하였기 때문에 낙담한 상태였다. 그들은 토냐 아들의 당뇨병 관리에 대한 토냐 가정의 정서적 강점을 감안하지 못하였다. 로즈와 에드가 화가 났던 이유는 둘 다 에드의 어머니 지원이 우선순위였지만 그래도 에드가 부담감을 느끼게 되는 건 로즈가 무시당한다고 느낀다는 점을 알았기 때문이었다. 둘 다 이해받지 못했다고 느꼈다. 이전에 상의하지 못했던 것을 살펴봄으로써, 마거릿과 폴이 낙담했던 이유는 폴의 암에 대한 그들의 초기 반응이 지속적인 패턴이 되어서 그들 사이의 친밀감과 솔직한 의사소통이 줄어들도록 두었기 때문이었다.

가족치료사는 이러한 실패감, 좌절감, 자기비난의 감정에 주의를 기울이고, 또 부부가 반응하였던 특별한 성공방식을 분명히 해 줄 수 있다. 부부의 강점을 확인하는 것은 질병 위기에 반응하였던 긍정적 방식을 알게 해 주는 새로운 내러티브를 만들 수 있게 한다. **탄력성**은 Walsh(1998)가 포괄적으로 설명했던 용어로서, "역경에서 회복할 수 있도록 역량이 강화되고 풍부해지는 것"을 말한다. 부부치료를 통해 각 부부는 실제로 그들이 탄력적이었음을 알게 되었다. 또한 치료는 부부가 미래의 스트레스에 더욱 탄력적이 되도록 도왔던 것 같다. 부부는 각자 걱정, 좌절감, 두려움을 표현하고 의료 트라우마가 부부관계에 미친 영향을 인정할 기회를 가졌다. 그러나 그들은 또한 다중의 위기와 책임을 어떻게 다루었고, 상대방의 새로운 자질을 얼마나 고마워했으며, 헌신과 사랑을 계속해서 어떻게 보여 줄 수 있었는지를 인정할 기회도 가졌다. 또한 그들의 노력에 대한 인정과 확인도 받았는데, 이는 어떤 다른 상황에서도 일어날 수 없을 것 같은 것들이었다.

부부치료 시 건강문제 내력

의료가족치료를 고려하는 것은 부부를 대상으로 한 치료에 단지 하나를 추가하는 것이 아니라 모든 치료의 통합 부분이 되어야 한다고 제안한 바 있다. 오래사는 부부라면 누구나 부모의 질병과 상실 그리고 부부 중 한 명의 주요 질병 같은 것에 직면하거나 그에 대처할 것이다. 이미 서술하였듯이 건강의 위기는 부부가 반드시 협상해야 하는 몇 가지 중요한 사안을 악화시킨다. 예를 들면, 부부 각자 원가족과의 관계, 각 파트너가 지지받는다고 느끼는 방법, 의사소통의 차이, 성, 애착과 상실 같은 사안을 들 수 있다. 이러한 사안들은 부부가 치료에 오게 되는 핵심 이슈이다. 질병과 상실의 내력에 대해 질문하지 않는 부부치료사는 부부가 이러한 핵심적인 걱정에 접할 수 있는 기회를 놓치는 것이다. 건강문제에 대한 부부가족치료 개입에 대한 광범위한 연구 고찰에서 Shields, Finley와 Chawla(2012)는 대부분의 개입이 어떻게 부부치료가 아닌 가족심리교육 프로그램인지에 주목하였다. 그러나 이 연구자들은 또 가족치료적 개입이 배우자의 스트레스를 줄이고 약 복용을 더 잘하고 부부관계를 강화할 가능성이 있음을 보여 주었다.

가족치료사는 질병, 상실, 돌봄 책임을 부부 병력의 일부로 쉽게 포함시킬 수 있다. 부부가 노부모를 어떻게 돌보았는지 혹은 파트너의 질병 사건에 어떻게 반응했는지는 부부가 열 받고 있는 다른 사안을 살펴볼 수 있게 하는 무대가 된다. 가족치료사는 이런 내용을 부부가 과거에 서로 어떻게 지지했는지를 깨닫도록 돕는 데 사용할 수 있다. 부부 중 한 명이 지지받지 못했다고 느끼거나 느꼈다면 치료사는 가족이 구성원을 돌보는 방식의 차이를 정상화하고 서로 치유를 촉진하기 시작하게 할 수 있다. 가장 중요하게는 가족치료사가 부부로 하여금 과거 경험에 대해 말하도록 돕고, 인정하지 않았던 걱정이 더욱 명확하게 드러나도록 도우며, 또 서로를 돌보는 동안에도 다른 사람들을 어떻게 돌볼 수 있는지 협상하도록 할 수 있다는 점이다.

제9장
임신 상실, 불임 및 생식기술

어렸을 때 우리는 임신하면 안 된다고 여러 번 가르침을 받았다. 그런데 이제는 임신을 할 수 없게 되었다.

—Holly Finn, 『아이 추적하기: 불임에서의 모험(The Baby Chase: An Adventure in Infertility)』

임신 상실, 불임 및 생식기술은 의료가족치료에서 수용해야 할 가장 흔한 문제들과 최첨단의 기술 중 몇 가지를 포함하고 있다. 최소한 다섯 번의 임신 중 한 번은 유산으로 끝난다(Covington, 2006). 자녀를 갖기 원하지만 임신과 분만이 쉽게 이루어지지 않는 사람들에게 21세기의 과학은 놀라울 정도로 다양한 가능한 개입방법을 개발해 냈는데, 이러한 방법들은 과학적 진보에 흔히 수반되는 윤리적 · 심리사회적 딜레마도 야기하고 있다. 이러한 생식의 문제들은 의료가족치료에 포함되어 있는 흔하면서도 명시적인 어려움이기 때문에 우리는 이 장에

http://dx.doi.org/10.1037/14256-009
Medical Family Therapy and Integrated Care, Second Edition, by S. H. McDaniel, W. J. Doherty, and J. Hepworth

서 조금 더 깊이 있게 알아보고자 한다.

자녀를 갖는 것은 대부분의 남성과 여성이 몹시 기대하는 목표이다. 많은 종교(예: 힌두교, 고대 그리스 정교, 켈트교, 나바호교)는 임신에 대한 믿음과 희망이 갖는 역할에 대해 말하고 있는 다산의 신, 다산의 상징물을 갖고 있다. 퓨 센터(Pew Center)에 의하면 현재 결혼하지 않고 자녀가 없는 18~29세의 사람들 중 74%는 자녀를 갖기 원한다고 이야기했다(Wang & Taylor, 2011).

현재 생식을 위한 다양한 가능성이 있다. 생식을 위한 선택을 고려하는 사람들 중에는 자발적으로 배우자와 성공적으로 임신하여 부모가 되는 사람들, 생식기술, 대리모나 입양을 통해 부모가 되는 사람들을 비롯하여 부모가 되기를 원하지는 않았지만 임신이 되어 자녀를 양육하기로 선택한 사람들, 의도하지 않게 부모가 되어 자녀를 입양시키게 된 사람들, 자녀를 갖고 싶었으나 임신 상실이나 불임으로 의도하지 않게 자녀가 없는 사람들, 자녀를 원하지 않아 의도적으로 유산을 시키거나 임신하지 않는 사람들까지 다양한 사람이 있다.

많은 전문가와 조부모가 되기를 기다리는 사람들은 생활주기에서 생식(자녀 출산) 단계는 성인기의 중요한 표식이라고 생각한다. 이 단계는 자녀 출산으로 새롭게 부모가 되고 이로써 곧 원가족 부모와의 관계가 변화하며, 청소년기의 독립과 초기 성인기의 소용돌이를 경험한 후 관계를 회복하고 화해할 수 있는 기회를 제공하는 연장된 가족생활 사건이다. 20세기의 많은 심리학, 가족학 교과서는 가족 연속성의 핵심으로서 전통적이고 생물학적인 재생산에 초점을 맞추었다. 예를 들면, Boszormenyi-Nagy와 Spark(1984)는 "가족 충성심은 특징적으로 생물학적이고 유전적인 가족관계에 기초한다."(p. 42)라고 기술하였다. 가족을 형성하는 과정이 무엇이든, 유전적이든 비유전적이든, 가족 정체성, 가족 유산, 가족 신화를 형성하는 것은 세대와 세대를 통해 이어지는 자녀에 대한 성인의 애착이다.

여성들은 흔히 엄마가 되는 것을 오랜 시간 동안 기대한다. 어린 소녀들은 인형을 갖고 놀 수 있는 시기부터 다음 세대를 돌보고 양육하는 것을 가치 있게 여기도록 교육받는다. 사회화와 생물학적 변화로 말미암아 여성들은 자녀를 출산하고, 많은 경우에 자녀 양육의 책임을 가장 크게 지며, 또 40대의 어느 시기에는 생식 능력이 끝나기 때문에 자녀 출산과 양육이라는 여성들이 선택할 수 있는 것들이 시간적으로 제한을 받는다는 것을 강하게 인식하게 된다. 남성들도 자녀를 갖는 것에 큰 가치를 두도록 교육을 받는다. 고대 유대법에서는 아버지가 되지 않은 남자는 불완전한 상태이다. 남성들은 흔히들 가계를 계승하라는 기대를 받는다. 오래전부터 자녀가 있다는 것은 한 남자의 정력을 나타내었다(Edelman, Humphrey, & Owens, 1994).

그러나 세계적으로 열 쌍 중 한 쌍은 불임의 문제로 생물학적인 자녀를 갖지 못하게 되는 것이 현실이다. 개발도상국에서는 불임의 원인이 성 매개 질환, 영양실조, 기타 치료되지 않은 질병들과 연관되어 있을 가능성이 크다(Butler, 2003).

국가별로 불임률은 차이가 크다. 미국에서는 15~44세의 여성 중 12%가 임신이 되거나 임신을 유지하는 데 문제가 있었고, 730만 명의 여성이 삶의 어느 시점에서 불임 진료를 받았다[Centers fir Disease Control and Prevention(CDC), 2011]. 40~44세의 여성 가운데 자녀를 갖지 못하는 비율이 18%까지 이르고 있다(Chandra, Martinez, Mosher, Abma, & Jones, 2005). 질병통제예방센터(CDC)는 330~470만 명의 남성이 아이를 임신하는 것과 관련된 도움을 구했다고 추산하였다. 미국에서는 약 20%의 여성이 첫아이를 35세가 넘어서 얻게 되는데, 35세가 넘는 여성 중 1/3은 임신의 어려움을 경험한다(CDC, 2011).

불임 사례의 약 1/3에서는 남성과 관련된 요인이 원인이고, 약 1/3에서는 여성과 관련된 요인이 원인이다. 나머지 1/3은 불임이 부부 모두에서 문제가 있거나 원인이 잘 설명되지 않는 경우들이다(American Society for Reproductive Medicine, 2008). 보조 생식기술로 35세 이하 여성의 임신 성공률은 41%였고, 여성의 나이가 더 많을수록 성공률은 감소하였다(CDC, 2011).

불임을 경험하는 개인, 부부 그리고 그들의 가족에서 생식의 생물학적 과정은 배우자의 선택, 성적인 표현, 임신, 분만으로 이어지는 간단한 과정이 아니다. 오히려 임신의 과정에 정체성의 혼동, 외상에 따른 손실과 슬픔, 열등감과 질투심, 부부의 생활에 밀접하게 포함되는 의료전문가들과의 오랜 기간 만남의 문제가 포함될 수 있다. 게다가 임신 상실이나 불임 스트레스를 경험하는 부부들은 성생활, 통제, 상실과 관련된 문제들을 공유할 수도 있고, 또 이로 인해 불화를 경험할 수도 있다.

대부분의 불임 클리닉에서는 현재 심리 평가와 상담이 표준 진료가 되었다(Domar & Prince, 2011). 부부들은 종종 불임 치료가 정서적 삶에 미치는 영향에 대해 인식하지 못한다. 한 부부가 상담에 왔는데, 부부는 부인의 남동생의 문제에 휘말려 있었다. 남동생은 자신의 어린 딸에게 접촉하려고 시도했지만, 남동생의 부인은 남편이 접촉하는 것을 허락하지 않으려고 하였다. 아이의 고모와 고모부로서 이 부부는 상실감을 느꼈고, 남동생이 아빠로서의 역할을 하지 못하게 된 것에 대해서도 강하게 공감하고 있었다. 그런데 그들은 이러한 상황이 왜 그들을 그렇게도 꼼짝 못하게 만드는가를 알지 못해 당혹해했는데, 그들은 자신들이 정신적으로 유능한 유형의 사람이라고 생각했기 때문이었다. 치료사가 상담이 거의 끝나갈 때에 나이가 30대 후반이었던 부부에게 자녀를 갖지 않은 이유에 대해 질문하였다. 그들은 7년 동안 불임 치료를 받았던 내력을 이야기했다. 그러나 그들은 이 경험을 그들이 왜 정서적으로 남동생의 상실과 연루될 수 있었는가와 연결시키지는 못했다.

불임문제의 최초 진단부터 스트레스가 많은 치료 시술, 불임이나 임신 상실과 관련된 해결되지 않은 이슈들로부터 생기는 관련 없어 보이는 문제들까지 이 과정의 어떤 단계에서든 행동의학적 자문 혹은 심리치료 의뢰가 이루어질 수 있다. 어떤 클리닉에서는 의사들, 조산사들, 전문간호사들이 상담을 위해 생식문제가 있는 환자를 일상적으로 의뢰하게 되는 여성 진료 클리닉이나 불임 클리닉 안에 의료가족치료사들을 구성원으로 받아들이고 있다. 다른 산부인과 전문의들이나 불임 전문의들은 진단과정이나 상실에 대해 심한 정서적 반응을 보이는 환자들을 의뢰하기도 한다. 일부 환자는 스트레스를 받는 기간에 전문가의 지지를 받거나, 치료 방법을 선택하여야 할 때 도움을 받기 위해 자발적으로 의뢰를 하기도 한다. 심리치료사들과 다른 의료전문가들의 협진은 환자가 의료 시스템의 이용을 협의하는 데 도움을 줄 수 있으며, 어려운 작업을 수행하고 있는 생식의학 의사들이나 치료사들에게 상보적인 지지를 제공할 수 있다.

불임의 심리사회적 개입의 효과에 대한 증거는 점점 많아지기 시작했다. 이러한 연구 문헌들의 조사 결과는 불임상담이 관계기능을 개선시키기보다는 부정적인 영향을 줄이는 데 더 성공적이라는 것을 보여 주고 있다. 과거의 연구에 의하면 임신율은 심리사회적 개입에 영향을 받지 않는 것으로 생각되었다. 그러나 시험관 수정을 경험한 여성들이 10회기의 정신신체 상담(예: 부정적인 생각을 바꾸고, 스트레스를 줄이고, 긴장을 완화시키는 것)을 받은 후에 대조군과 비교하여 더 높은 임신 성공률을 보였다. 정서적 표현과 지지를 강조하는 집단보다 심리교육과 기법 훈련(행동주체성을 증가시키고, 스트레스를 줄이는 것)을 강조한 집단이 조금 더 효과적인 경향이 있다(Boivin, Griffiths, & Venetis, 2011). 긴장완화 훈련, 사회적 지지를 이끌어 내는 것, 자신과 타인에 대한 기대의 조절은 불임과 연관된 난제들을 다루는 데 모두 도움이 되는 방법일 것이다. 불임과 생식기술들에 대한 심리사회적 개입이 환자와 배우자, 자녀, 확대가족에게 미치는 영향에 대한 연구가 대조군을 잘 갖추어 과학적으로 엄격하게 이루어질 필요가 있다.

이 장의 뒷부분에서 다루는 것처럼 의료가족치료에서는 생식의학의 윤리적인 문제가 자주 생기는데, 이는 깊이 생각해 볼 필요가 있는 문제로서 때로 기관윤리위원회의 자문을 요구한다(Horowitz, Galst, & Elder, 2010). 임신 관련 어려움을 겪고 있는 부부들은 그들의 가족생활의 핵심을 공격하는 복잡하고 어려운 개인적 · 상호적 · 윤리적 모순점들을 표출한다. 특히 불임을 치료하는 기술들이 꾸준히 변화하고 있어서, 불임, 상실, 생식기술의 심리사회적인 영향은 이제야 충분히 이해되기 시작했을 뿐이다. 의료가족치료사들은 부부, 가족, 의료제공자들이 부부의 의사소통과 부부가 직면하는 결정들에 대한 통제감을 증가시키기 위해 이러한 문제들에 대한 접근방법을 개발하도록 도울 수 있을 것이다.

임신문제가 있는 환자들이 성별, 임신, 상실과 관련해서 치료사들로부터 강한 반응을 일으킬 수 있다. 여성 치료사들은 생식은 남성보다 여성에게 더 책임이 있다는 생물학적 · 문화적 편견 때문에, 또한 여성 치료사들이 생식문제들에 대해 더 공감적이고 지지적일 것이라는 많은 환자의 신념 때문에 남성 치료사들보다 이런 사례들을 더 많이 볼 수도 있다. 그러나 사회가 아이를 낳고 양육하는 데 여성과 남성 모두의 중요성을 인식하게 되면서, 더 많은 남성 치료사들이 이러한 영역에 그들의 관심을 나타내게 되고, 이러한 문제들을 도와주기 위한 체계론적 치료사들이 더 많이 필요해질 것이다. 많은 치료사가 임신 상실과 불임 상담에 전문성을 갖추게 되었다. 그러나 상당수의 부부가 임신 상실과 불임문제를 경험하고 있기 때문에 대부분의 치료사는 그들의 전문성과는 무관하게 이러한 문제를 경험하고 있는 부부들을 상담하게 된다. 부부들은 임신 상실 문제를 일차적 관심사로 표현할 수도 있고, 다른 문제로 상담을 받는 중에 임신 상실과 불임을 해결하지 못한 또는 다시 새롭게 드러나는 걱정거리로 표현할 수도 있다. 그래서 9장에서는 의료가족치료사들이 부부에게서 보게 되는 다양한 종류의 관심사들을 기술할 것이다. 우리는 우선 유산, 자궁 내 태아 사망, 임신 중절 등의 임신 상실을 비롯한 구체적인 관심사들을 알아볼 것이다. 그 후에 남성, 여성, 부부, 치료사들의 불임 경험들을 기술할 것이다. 그다음에는 불임 치료의 유형, 보급률, 인공수정(자궁 내 정액 주입), 체외수정, 대리모를 포함하는 남성과 여성의 보조 생식기술들에 대해 논의할 것이다. 평가와 개입을 위한 의료가족치료의 기법들에 대한 논의는 각각의 부문들에 포함될 것이다.

임신 상실

우리 사회는 최근 유산과 여러 임신 상실의 중요성에 대해 인식하기 시작했다. 이러한 상실의 중요성을 부정하는 것은 때로는 여성, 배우자 그리고 그들에 대해 걱정하는 사람들을 고립시키는 결과를 낳는다. 많은 경우에서 보듯이, 부모들은 임신 상실에서 회복되기 위하여 몇 달에서 몇 년이 걸릴 만큼의 엄청난 슬픔을 겪는다. DeFrain(1991)은 유산 후에 가족이 회복되는 데 걸리는 시간이 9~15개월, 사산이나 영아돌연사망증후군(sudden infant death syndrome: SIDS)의 경우에는 3년 이상이 걸린다는 것을 알아냈다. Blackmore 등(2011)은 영국에서 진행된 1만 3,000명 이상의 여성을 대상으로 한 연구에서 유산이나 사산을 경험한 여성들이 다음 임신에서 현저하게 높은 불안과 우울 증상을 경험하였고, 이러한 증상들은 건강한 아이를 출산한 후에도 나아지지 않는다는 것을 알아냈다. 7,700명의 미국 여성을 대상으로 한 또 다른 연구에서는 성공적인 임신을 한 부부들과 비교했을 때 20주 이전에 유산이나 임신 상실을 경험한 경우에 이혼율이 22% 증가한 것으로 나타났다(Gold, 2010). 이러한 사실은 의료가족치료사나 다른 진료팀원들에 의한 조기의 심리사회적 지지나 개입이 건강한 애도 반응을 용이하게 하는 데 중요하다는 것을 나타낸다. 임신 상실을 경험한 자조집단들의 지지도 도움이 될 수 있다(Leff, 1987; Leppert & Pahlka, 1984).

임신 상실의 슬픔은 임신을 소망한 정도, 임신 기간, 부부에게 가능한 의학적 · 사회적 지지 정도, 부부가 서로를 지지해 줄 수 있는 능력, 부부의 나이, 임신력에 따라 달라질 수 있다. 오랜 기간의 불임 치료의 결과로 임신이 이루어진 나이든 부부가 임신 상실을 경험하는 것은 비교적 젊고 건강한 부부의 경우와 비교하여 다른 의미를 줄 수도 있다.

의료가족치료는 상실의 경험을 정상화하고, 부부가 상실을 기념하는 나무 심기와 같은 의식을 하도록 도울 수 있다. 다른 위기 상황에서와 마찬가지로, 가족치료는 개인과 부부가 서로 협력하고, 그들의 삶의 목표를 점검하고, 어려운 경험에 함께 대처해 감으로써 행동주체성과 치료적 연대감을 높이는 기회가 될 수 있다. 가족치료사들은 상실 직후에 아마도 전문가 집단으로 부부를 만날 수도 있고, 복합적인 애도 반응 때문에 부부를 상담할 수도 있다. 지금까지 임신 상실에 대한 사회적 지지가 부족했기 때문에 이러한 잊힌 슬픔은 환자들이 임신 상실과 관련이 있다고 인지하거나 인지하지 못할 수도 있는 다양한 개인적 · 상호적 문제들을 일으킬 수 있다. 따라서 치료사들은 임신 상실과 지연된 슬픔의 영향을 평가하기 위하여 가계도를 그리고 가족력을 물어볼 때에 항상 유산, 사산 그리고 다른 임신문제들에 대한 날짜와 자세한 내용을 물어보아야 한다.

유산

유산(임신 20주 이전의 임신 상실로 정의됨)이나 자연유산은 매우 흔한 사건으로서 모든 임신의 20~50%는 결국 유산된다고 추정된다(Covington, 2006). 몇몇 유산은 너무 초기에 발생해서 여성이나 그녀의 배우자가 인지하지 못한 채 진행되기도 한다. 보조 생식기술들은 새로운 범주의 임신 상실을 새롭게 보여 주었다. 예를 들면, 시험관 내 수정 시술주기의 실패, 다태임신에서 한 태아의 사망, 다태임신에서의 한 태아의 계획된 제거 등이다. 전통적 개념의 임신 상실이나 보조 생식기술에 의한 임신 상실은 모두 충격, 커다란 슬픔, 애도 반응이 일반적으로 나타나며 1년이 넘게 지속된다.

몇몇 부부에게 조기 임신 상실은 고통스러운 일이며, 임신에 대해 알지 못하거나 상실의 중요성을 이해하지 못하는 주위의 가족들과 친구들이 그들을 충분히 정서적으로 지지해 주지 못함으로써 더 힘들고 고통스러울 수 있다. 이러한 종류의 애도 반응은 **사회적으로 인정받지 못한다**. 다시 말해, 사회적으로 눈에 띄지도 않고 인식되지도 않는다(Harvey, 2002). 몇몇 여성과 배우자는 임신 상실의 시간이 다가오면 큰 슬픔을 경험한다. 가족치료는 상실의 경험을 정당화하고 애도과정이 충분히 진행되게 하는 의식(ritual)을 촉진시켜 준다. 다른 위기 상황에서와 마찬가지로, 가족치료는 개인과 부부가 서로 협력하고, 그들의 삶의 목표를 점검하고, 어려운 경험에 함께 대처해 감으로써 그들의 행동주체성과 치료적 연대감을 높이는 기회가 될 수 있다.

28세 된 부인 트레이시가 첫째 아이를 유산한 직후에 부부가 부부치료를 받기 위해서 왔다. 트레이시는 유산 후 6주 동안 심란하고 밤에 잠을 못 이루었으며 체중이 상당히 감소했다. 49세인 남편 밥은 부인의 괴로움에 주목했다. 이번이 그의 두 번째 결혼생활이었으며, 이 결혼은 그의 첫 번째 결혼생활 중에 있었던 외도로 시작되었다. 밥은 첫 번째 결혼에서 얻은 십대 자녀 둘이 있었지만, 트레이시가 임신하여 어머니가 되기를 매우 갈망하기 때문에 아이를 갖기로 동의했다. 처음 임신 소식을 들었을 때 부정적인 반응을 보였지만, 유산 직전까지 밥은 아기 용품을 사 왔고, 아기 요람을 만들기 시작했으며, 아이에 대해 긍정적으로 이야기했다. 그러나 유산 이후에 밥은 그의 양가감정이 아이를 잃게 했다고 염려의 말을 하였다. 치료를 받는 동안 이 부부는 사적인 추모 예배를 드리기로 결정했다. 밥과 트레이시 모두가 잃어버린 아이에게 보낼 메시지를 작성했다. 가까운 가족과 친구들이 음식을 가져와서 함께 저녁 식사를 했다. 트레이시의 심각한 증상들은 곧 해소되었지만, 부부가 느끼는 슬픔은 유산 후 1년간 간헐적으로 지속되었다. 가족치료는 부부관계 초기부터 해결되지 않은 상태로 있었던 신뢰의 문제를 다루었다.

자궁 내 태아 사망

사산에 이르게 되는 자궁 내 태아 사망(fetal death in utero: FDIU)은 임신 말기에 일어나는 상실이다. 이 시기는 오랜 시간 동안 부인과 배우자가 태아와 연결되어 있었고, 아직 태어나지 않은 아기에 대한 희망과 꿈을 키워 온 시기이다. 자궁 내 태아 사망의 어떤 사례에서 산모는 태아가 사망했다는 것을 안 이후에도 임신을 유지해야 하기 때문에 삶이 황폐화되는 경험을 한다. 산모는 살아 있는 아기를 얻지도 못한 채 진통과 출산을 견뎌 내야만 한다. 자궁 내 태아 사망을 인지하지 못한 경우에는 진통과 출산 직후에 사산이 충격으로 다가올 수 있다. 이런 상실은 급성의 예기치 못한 상실로서 충격, 분노, 우울, 죄책감과 같은 감정이 예상되고 또 실제로 수반된다. 많은 경우에 태아의 사망과 사산의 원인은 알 수 없으며, 이것은 부부에게 더 큰 절망감을 주게 된다.

대부분의 병원에는 이런 상실에 대한 위기 개입과 지지를 위한 **애도작업팀**이 있다(L. Cohen, Zilkha, Middleton, & O'Donnahue, 1978; Leff, 1987). 가족의료치료사들은 이런 팀의 중요한 구성원이다. 많은 부부는 분만 후에 사산된 아기를 바라보고 지지집단과 함께 그 아기의 장례 예배와 같은 의식을 행하는 것이 유용하다고 느낀다.

임신 중절

의료가족치료사들은 임신 중절 가능성이 있는 여성, 배우자 그리고 가족들이 원하는 대로 결정을 용이하게 하도록 도와줄 수 있다. 대부분의 여성에게는 임신 중절, 즉 낙태가 행동적 건강문제를 지속적으로 야기하는 경우가 거의 드물다(Munk-Olsen et al., 2011). 임신 여부를 확인하려고 병원을 방문한 십대들을 대상으로 한 연구에서는 임신 중절을 선택한 집단이 아기를 낳았거나 임신반응 검사에서 음성이 나온 집단에 비해 2년 후에 사회적 · 심리학적 기능에서 더 높은 점수를 보였다(Zabin, Hirsch, & Emerson, 1989). 임신 중절에 따른 문제의 위험성이 가장 컸던 여성은 우울, 불안 혹은 다른 정신질환의 과거력을 가지고 있었던 사람들이었다(Munk-Olsen, Laursen, Pedersen, Lidegaard, & Mortensen, 2011). 또 다른 어려움의 원인으로는 여성과 배우자 사이에서 혹은 그 가족 안에서 임신 중절 시술에 대한 의견이 일치하지 않는 것이다.

임신 중절의 결정에 대해 고민하는 여성과 배우자의 특정 집단으로서 유전학적 기형 검사에서 양성 반응이 나오고 태아에게 심각한 문제가 있어 보이는 경우를 생각할 수 있다. 의료가족치료사들은 임신을 유지하고자 결정하는 부부들에게 질환이나 장애를 지닌 아이를 갖는다는 것이 어떻게 향후 가족의 삶의 행로를 변화시키겠는가에 대해 의논해 볼 수 있는 안전지대를 제공한다. 의료가족치료는 이런 경우의 모든 여성과 가족에게 임신 상실과 연관된 복잡하고 때로는 모순된 감정들을 인지하고, 유산으로 유발된 과거의 트라우마 혹은 상실 경험을 다루고, 그 슬픔에 대해 지지해 줄 장소를 제공할 수 있다.

의료가족치료사들은 중절 시술 전이나 시술 후에 개인이나 부부를 만날 수 있다. 대부분의 중절 시술이 임신 초기에 이루어지며 의학적 관점에서는 더 빨리 할수록 더 좋기 때문에 가족구성원들은 이 문제를 빨리 해결하려는 압박감을 강하게 느끼게 된다. 시간적 압박감은 불안감을 증대시키고 가족구성원들 사이의 의사소통이 잘못될 위험성을 높일 수도 있어서, 상담하는 치료사들에게는 어려운 사례가 될 수도 있다. 개인적인 신념상 부부들이 유산을 하도록 허용하는 치료사는 어떤 결정을 편들지 않고도 의사소통을 명확하게 하기 위한 조력자로서의 기능을 할 수 있어서, 여성과 배우자가 가능한 한 가장 좋은 결정을 할 수 있다. 때로는 다음의 사례가 보여 주는 것처럼 이러한 문제에 대한 가족 간의 갈등이 해결되지 못할 수도 있다.

뮤지카 씨 부부는 뮤지카 부인의 임신과 관련된 논쟁을 하는 중에 부부치료를 받기 위해 왔다. 이 부부는 여섯 살 이하인 자녀 셋이 있었고, 뮤지카 부인은 네 번째 임신을 원하고 있었다. 뮤지카 씨는 그들의 결혼생활이 불안정하다고 느꼈고, 이번 임신은 종결되어야 한다고 생각했다. 부부는 이번에 임신을 한 타이밍이 스트레스를 주고 있다는 것에 대해서는 모두 동의했다. 그러나 임신 중절 수술을 해야 할지에 대해서는 의견이 나뉘었다. 뮤지카 부인은 그녀의 남편에게 격분해 있었고, 남편이 자기를 지배하고 통제하려는 위치에 있다고 생각했다. 뮤지카 씨는 임신과 관련된 결정과정에서 배제되는 느낌을 받았고, 부인이 임신과 관련된 결정 시 남편의 요구를 고려하지 않는 입장에 있다고 생각했다. 거의 연속적으로 두 회기 상담 후에 뮤지카 부인은 이 문제에 대해 더 이상 논의하는 것을 거절하였고, 그녀가 임신에 대해 독립적으로 결정할 수 있는 권리가 있음을 주장하였다. 그녀는 아이를 낳았고, 그 결혼은 2년 안에 끝났다. 이혼 이후에 가족치료는 그 부부와 네 아이 사이에서 긍정적인 양육관계를 유지하는 데 도움을 주었다.

가족치료사들은 임신 중절 결정과 관련된 문제로 부부를 상담할 뿐만 아니라, 임신 중절 이후에 정신적인 괴로움이나 해결되지 않는 애도 반응을 겪는 환자와 배우자들을 상담하게 된다. 임신 중절이 선택에 따라 이루어진 것이기 때문에 몇몇 여성은 엄청난 죄의식을 갖게 된다. 때때로 성직자에게 의뢰하는 것이 도움을 줄 수도 있다. 또 다른 경우에는 의료가족치료사들이 부부들로 하여금 지나간 일에 대한 후회를 다시 다루어 보는 비공식적인 의식을 하게 하여 치유되도록 도와줄 수 있다. 한 여성이 두 아이를 데리고 결혼하였는데, 지금의 남편과 만나기 전에 있었던 다섯 번의 임신 중절에 대한 죄의식으로 괴로워하고 있었다. 그녀는 천주교 신자였고, 남편과의 관계가 만족스럽지 않을 때조차도 아이를 갖고자 하는 강한 열망이 있었다. 임신 중절에 대한 그녀의 악몽은 그녀가 믿을 만한 신부에게 긴 고해성사를 하고 나서 지속할 수 없었던 임신들을 존중하는 의미로 남편의 도움을 받아 뒷마당에 다섯 그루의 작은 나무들을 심은 이후에 멈췄다.

임신 중절문제를 가진 환자 및 가족과 상담하는 것의 어려움 중의 한 가지는 각 여성과 배우자가 그들에게 가장 좋은 결정을 나름대로 내려야 한다는 것을 강조하면서도 임신 중절에 대한 치료사 자신의 입장을 명확히 하고 그것을 환자에게 명확히 의사소통하는 것이다. 예를 들어 보면, 다음과 같다.

> 저 자신은 임신 중절문제에 반대하지는 않습니다. 하지만 저는 이런 결정이 각 부부에게 중요하고 특별한 결정이라고 생각합니다. 저는 당신들이 이 문제에 대해 토론하여 당신과 당신 가족에게 가장 좋은 결정을 할 수 있도록 돕고 싶습니다.

몇몇 치료사는 임신 중절이 옳지 않다고 생각하여 임신 중절 결정을 하게 되는 치료에 참여하고 싶지 않기 때문에 임신 중절 결정을 내려야 하는 사례들의 상담을 원하지 않을 수도 있다. 이러한 치료사들은 비슷한 신념체계를 가지고 있어서 임신 중절 이외의 다른 방법을 찾을 필요가 있는 여성과 부부들에게 유용할 수 있다. 어떠한 경우에도 이러한 상황들에 대한 치료사들의 가치 판단이 배제될 수는 없으며 그것이 치료과정의 일부분이 되어야 한다. 이러한 사실을 공개적으로 인정함으로써 환자들이 영향을 받기 쉽고 갈등하고 있는 시기에 치료사들이 환자들의 의사결정에 은밀하게 영향을 미치는 것을 방지할 수 있을 것이다.

불임

임신 중절의 결정을 내려야 하는 여성과 배우자는 종종 부적절한 시기에 임신한 것에 대해 고민한다. 불임의 문제를 겪고 있는 부부들은 그들이 훨씬 더 통제할 수 없는 다른 고민을 가지고 있다. 불임은 부부가 임신에 대한 기대를 갖고 있다가 생물학적으로 자녀를 갖지 못할 수도 있다는 것을 인식하면서 각 개인과 배우자로서의 정체성에 대해 재정의하게 되는 의학적 · 심리학적 · 사회적인 경험이다. 아이를 가질 준비가 되어 있는 상태에서 그들은 생식이 어렵거나 불가능할 것임을 알게 된다. 대부분의 불임 전문의는 불임에 대해 1년 동안 임신을 시도한 후에도 아이를 갖지 못하는 것으로 정의한다. 35세가 넘은 여성들은 임신 시도 후 6개월 이내에 임신이 되지 않을 경우에 의사와 상담을 받도록 권유된다(American Society for Reproductive Medicine Practice Committee, 2008). 그러나 Cook(1990)은 불임을 좀 더 경험적으로 정의하여, 부부가 스스로 선택한 시간 내에 임신하지 못하는 것으로 정의하였다. 성공적인 임신을 위한 전제 조건은 다양한 장기와 호르몬의 상호작용을 포함하는 생물학적으로 복잡한 과정이다(심리치료사가 쓴 불임의 평가와 치료에 관한 간결한 기술은 Keye, 2006 참조).

불임의 가장 흔한 원인들은 복잡하고 다양하다. 약물, 항암치료 그리고 다른 질병들이 남성과 여성에서 불임문제를 야기할 수 있다(Mayo Clininc Staff, 2012).

불안과 스트레스와 같은 심리학적인 요인들도 완전히 이해하기 어려운 기전으로 임신을 방해할 수 있는데, 불임 자체가 환자와 가족에게 상당한 스트레스를 주기 때문에 이런 연관성을 연구하기도 어렵다. 20세기 전반의 연구들은 불임이 여성의 임신에 대한 부정적인 태도와 강한 연관성이 있음을 보여 주었다. 이러한 결과에 대해서는 꽤 오랫동안 이의가 제기되어 왔다(Noyes & Chapnick, 1964). 최근의 대부분의 심리사회적 연구와 불임의 치료는 불임 환자를 비난하는 것을 피하고, 불임의 심리학적 선행 조건들보다는 심리학적 결과들에 초점을 맞추고 있다.

불임의 경험

불임의 심리사회적 경험은 어떤 면에서는 사랑하는 누군가를 잃었을 때 대처하는 것과 유사하고, 또 다른 면에서는 만성질환의 진단에 대처하는 것과도 유사하다. 죽음의 단계에서와 같이 환자들은 진단을 받은 후에 부정, 충격, 분노, 타협, 우울, 수용의 애도 단계를 거칠 수 있다(Kübler-Ross, 1969; Myers, 1990). 치료의 과정에서 매번 28일마다 반복적으로 희망과 상실의 주기를 견뎌 낸다. 만성질환의 경우와 유사하게, 진단과 치료의 과정을 수용하기 위해 생활습관의 적응이 이루어져야 한다. 진단과정은 침습적이고 당혹스러우며 스트레스를 줄 수 있다(예: 남성은 정자 수를 확인하기 위해 빈 병에다가 자위행위를 해야 하고, 여성은 성관계를 한 후 몇 시간 지나서 사후 검사를 받기 위해 의사의 진료실로 가야만 할 수도 있다).

실패감과 무력감이 현저하게 느껴질 수 있다. 많은 환자가 스스로에게 '왜 나에게 이런 일이 생긴 거지?'라고 묻게 된다. 불임의 평가와 치료로 성생활이 불안정해지고 의구심이 생기기도 한다. 어떤 사람들은 그들의 불임이 성생활이나 다른 잘못 때문에 신에게 벌을 받는 것이라고 믿는다(Menning, 1977). 불임의 원인이나 불임에 대한 설명을 찾는 것뿐만 아니라 많은 부부는 불임을 스트레스를 주는 경계의 모호성으로 경험하게 되는데, 그들이 갖기를 희망하는 자녀가 심리적으로는 존재하지만 물리적으로는 존재하지 않는 상태를 경험하기 때문이다(Burns, 1987). 모든 스트레스의 원인이 잘 드러나지 않기 때문에 비밀로 남아 있고 부부를 사회적으로 고립시킬 수 있다.

남성과 여성은 불임에 대한 경험을 서로 다르게 이야기한다. 불임의 진단적 평가는 여성보다 남성이 훨씬 더 쉽고 덜 침습적이다. 성역할의 사회화뿐만 아니라 이러한 기술적 · 생물학적 요인들이 남성과 여성의 불임에 대한 경험의 차이에 영향을 미친다.

여성이 경험하는 불임

특별히 새롭게 개선된 피임기구들이 사용된 이후로 세계의 많은 여성이 그들의 생식 능력을 훨씬 더 잘 조절할 수 있다고 생각하게 되었다. 많은 수의 여성들이 교육과 직장생활을 위해 현재 임신을 늦추고 있고, 그들과 가족은 임신하려고 결정했을 때 바로 자녀를 가질 수 있을지에 대해 염려하고 있다. 또 다른 여성들은 중년에 재혼하고 아이를 갖기를 희망한다. 하지만 여성의 생식 능력은 제한적이다. 여성들은 그들의 생물학적 시계가 '돌아가는' 소리를 듣는다. 배란은 여성의 나이에 의존하는 기능이므로, 임신은 여성의 나이가 많아질수록 감소하고 35세 이후로 급격하게 감소한다. 첫 임신을 35세까지 지연시킨 여성의 약 1/3이 임신에 문제를 가질 것이다. 40세가 지나면 50%의 여성이 임신을 성공적으로 하는 데 어려움을 겪을 것이다(Petok, 2006).

여성들은 생식 실패를 경험하며 개인적인 잘못이라고 생각할 수도 있다. 그들은 성적 매력의 부족, 성욕 결핍이나 다른 성적 기능 이상에 대해 걱정할 수도 있고, 기본적인 관계를 전반적으로 회피할 수도 있다. 불임 여성은 대조군과 비교했을 때, 우울증 유병률이 높은 것을 포함해서 더 높은 수준의 심리적인 고통을 경험했다(Chen, Chang, Tsai, & Juang, 2004; Greil, 1997). 불임의 상처와 관련된 스트레스는 지금까지의 문헌에서 잘 기술되었고(Benyamini, Gozlan, & Kokia, 2005), 상담은 이러한 고통을 경감시켜 주는 것으로 나타났다(Smeenk et al., 2001). 여성은 전형적으로 그들의 배우자보다 고통을 더 잘 표현하며(McCartney & Wada, 1990), 일반적으로 불임의 가능성이 의심될 때 의료적인 상담을 받기를 처음으로 제안한다(Matthews & Matthews, 1986). 심리적 요인들은 개입에 의해 개선될 수 있기 때문에 상담이 추천된다.

남성이 경험하는 불임

문화 전반에 걸친 연구에 따르면 여성들은 불임에 대해 곤혹스러워하는 반면에 많은 남성은 불임에 크게 영향을 받지 않는다고 보고되고 있다(E. W. Freeman, Boxer, Rickels, Tureck, & Mastroianni, 1985; Lee & Sun, 2000). Kraft 등(1980)의 연구에 따르면 한 남자는 그의 불임에 대해 "불임문제는 나를 20분 정도만 당황시켰을 뿐이에요."(p. 625)라고 말했다. 남성들은 종종 불임의 가장 힘든 부분은 부인의 고통이라고 말한다. 많은 남성은 자신의 부인을 위해서 강해져야만 한다고 주장한다. 그러나 Myers(1990)가 "생식과 관련한 남성의 침묵을 수용, 협력과 동일시하는 것은 위험이 있다."(p. 34)라고 언급한 것처럼, 일부 남성에게 부정과 침묵은 불임이 한 남자로서, 한 남편으로서 그들에게 용납될 수 없다는 강한 감정을 나타내는 것일 수도 있다. 실제로 여성 요인에 의한 불임보다 남성 요인에 의한 불임이 더 많은 낙인을 줄 수 있다고 지지하는 증거들이 있다(Miall, 1994). Cella와 Najavits(1986)는 호치킨 림프종으로 방사선 치료와 약물치료를 받은 남성들 중 치료를 받으면 80~90%가 불임이 될 수도 있다는 예고를 받은 남성들에 대한 연구 결과를 보고하였다. 40%에 가까운 남성이 권고를 받았음에도 불구하고 치료 전에 정자를 보관하지 않았다. 정자 보관을 하지 않은 남성들 중 압도적인 대다수(93%)가 자신들은 수정이 계속 가능할 것이라고 믿는다고 말했다. 아마도 일부 남성이 불임에 대한 고통을 인정하지 않는다는 사실로 미루어 볼 때, 불임 남성은 정상적인 남성보다 신체화 장애의 발생률이 더 높을 것이다(Covington, 2006).

사회가 종종 남성들이 감정을 표현하거나 생식과 관련된 역할에서 소유권이 있음을 주장하도록 지지해 주지 못하기 때문에, 몇몇 남성은 불임에 대해서 동떨어져 있거나 비밀스럽게 될 수도 있고 그들이 느끼는 고통은 간과될 수도 있다. 반면에 여성은 누가 의학적 진단을 담당했는지와 관계없이 종종 불임의 문제를 '돌보게' 되며, 부부의 고통을 표현하는 배우자가 될 수 있다. 불임 배우자가 있는 몇몇 여성은 남편을 보호하고 배우자의 정력을 보호하기 위해 자신이 문제가 있다고 친구나 가족에게 거짓말로 이야기하기도 한다(Czyba & Chevret, 1979).

몇몇 남성은 불임 진단으로 인한 감정을 부정하거나 회피하려고 하는 한편, 다른 남성들은 낮은 자존감과 개인적인 실패감을 경험하게 되고 그들이 남성으로서 적절한가에 대한 생각에 집착하게 된다. 몇몇 연구에서는 불임 진단을 받은 남성이 발기부전(Zolbrod & Covington, 1999)이나 다른 성적 문제의 위험성이 크다는 것을 보여 주고 있다. 불임문제의 복합성과 그에 대한 남성의 반응을 고려할 때, 의료가족치료사들은 말로 언급되지는 않았지만 남성들의 정당한 정서적 스트레스와 고통을 수용해 줄 수 있을 것이다.

29세 남자인 마이크는 직장에 계속 다니는 데 어려움을 가진 이력이 있었다. 그는 장난스럽고 애정이 많았으며 매우 수동적이었는데, 외향적이고 적극적이며 일처리 수완이 좋은 아내 린다 옆에 있을 때는 더 수동적이 되었다. 린다는 마이크가 학교를 제대로 졸업하지 못했고 집안일도 잘 끝내지 못하는 것에 실망하여 부부치료를 받는 중에 불임검사도 받기 시작했다.

특이하게도, 린다는 진단검사를 열심히 받았지만, 마이크는 계속해서 진료 예약 시간을 잊어버리곤 했다. 8개월 동안 여러 번 진료를 받은 결과, 린다의 검사 결과는 한 건의 외래 수술을 포함해 모두 음성이었다. 마이크는 외래 진료를 한 번 받으러 와서 정자 수가 부족하다는 의심이 가는 결과를 얻었다. 담당의사는 그에게 정자 수가 적은 것을 확인하기 위해 두 번 더 정액 샘플을 가져오도록 요청했다. 마이크는 린다의 분노에도 불구하고 검사를 하지 않았다. 그는 예약 날짜를 잊어 버렸고, 예약 날짜를 기억했을 때에도 정액 샘플을 가져오는 것을 잊었다. 치료사는 마이크와의 대화에서 마이크가 이야기하지 않은 고통을 가지고 있음을 인지했다. 치료사는 그를 존중해 주었고, 어린아이처럼 병약해지는 것과 아버지나 아내로부터 한 남자로서 대접받지 못하는 것에 대한 고통이 불임검사를 견디기 어렵게 만들었다는 것에 대해 이야기하였다. 마이크는 불임 검사에서 그가 오랫동안 정서적으로 두려워했던 것, 즉 남자로서의 성적 능력이 부족하다는 것을 생물학적으로 확인하게 될 것이라고 생각하는 것처럼 보였다.

결국 상담을 받으면서 린다는 남편이 불임검사를 계속 받는 것을 원하지 않는다는 사실을 받아들였다. 부부는 입양을 신청했고 예쁜 여자 아기를 입양했다. 마이크는 만족한 듯 보였고, 딸과 많은 시간을 보내며 딸을 보살피고 딸과 놀아

주고 딸의 행복에 신경을 쓰는 부모가 되었다. 그는 행복해했고 아버지로서의 자신의 능력에 자부심을 가졌다.

부부와 불임

여느 위기와 같이 불임은 부부를 더 돈독하게 만들거나 혹은 심각한 문제를 일으킬 수도 있다. 성적인, 재정적인 그리고 정서적인 긴장감은 불임 부부의 공통적인 어려움이다. 불임의 진단과 치료 과정은 부부관계에서 가장 친밀한 영역인 성생활에서 중대한 사생활 침해를 일으킬 수 있다.

몇몇 연구는 불임과 수정과 관련된 치료가 부부의 성적인 친밀감에 손상을 줄 수 있다는 위험성에 대해 기술하였다(Boxer, 1996; Saleh, Ranga, Raina, Nelson, & Agarwal, 2003). Sabatelli, Meth와 Gavazzi(1988)는 불임 자조집단 표본군의 60%에 가까운 여성과 남성이 불임 진단 이후에 성교의 빈도가 줄었고 성적인 만족감이 감소하였다고 보고하였다.

불임 진단 이후에 다른 관계에서의 문제도 발생할 수 있다. 몇몇 부부에서는 육아가 결혼 계약의 매우 기본적인 구성요소였기 때문에, 불임이 결혼 개념 자체를 위협한다(Kraft et al., 1980). 이런 사람들의 경우 불임 진단 이후에 결혼 계약을 재타협하는 것은 어렵거나 혹은 불가능할 수도 있다. 일부 부부에게 아이를 낳는 것은 암묵적으로든 혹은 명시적으로든 그들이 '가족을 이루기' 위해 의존하는 방법이다. 많은 부부에게 아이를 낳는 것은 원가족에 대한 충성심을 부부 서로에 대한 충성심으로 옮기는 것이다.

일부 부부는 이런 위기 중에 서로의 유대감을 증대시켜 줄 수 있는 보완적인 방법을 갖고 있다. McEwan, Costello와 Taylor(1987)는 여성이 배우자와 신뢰관계를 갖고 있다면 불임에 적응하기가 훨씬 더 좋다는 것을 발견했다. 다른 부부들은 그들의 대처방법이 상충하는 것을 알게 된다. 남편은 '한번 시도해 보고 잊어버리기'를 원하는 반면에, 부인은 스트레스에 대해 이야기하기를 원한다.

일반적으로 동등한 수준의 불임 스트레스를 느끼는 부부들이 스트레스 인지 수준이 서로 다른 부부들과 비교해서 부부생활의 적응 수준이 더 높다. 부모가 되고자 하는 비슷한 욕구를 가진 부부에 속한 여성들이 의견이 일치하지 않는 부부들보다 적은 우울 증상을 보였다(Peterson, Newton, & Rosen, 2003). 부모가 되는 것이나 임신의 스트레스에 대한 불일치가 불임문제에 추가적인 부담을 줄 수 있다. 이것은 부부가 더 잘 이해하도록 돕고, 부부 한 사람 한 사람의 경험과 대처방식에 공감하려고 하는 의료가족치료의 중요성을 잘 나타내고 있다.

Matthews와 Matthews(1986)는 불임 진단을 받은 배우자가 죄책감을 느끼거나 다른 배우자의 애정에 대한 의구심을 가질 수 있다는 것을 발견했다. 그 사람은 만일 배우자가 다른 파트너를 만났더라면 임신할 수 있었을 것이라고 상상할지도 모른다. 때때로 배우자들이 외도를 하거나 약물 남용을 하거나 식습관의 문제를 일으킬 수도 있다. 이러한 증상들은 그 부부가 통제할 수 없다고 생각하는 상황에서 나타나는 통제 이상으로 이해할 수 있다.

가족치료사와 불임

불임은 치료사에게 중요한 주제일 수 있다. 특히 자신이 임신하려고 노력하고 있거나 배우자가 임신하려고 노력하고 있는 가임 연령의 치료사들에게는 더욱 그렇다. 임신한 상태가 환자들을 부정적으로 자극할 수도 있기 때문에, 임신 중인 치료사들은 불임문제가 있는 부부를 상담하지 않으려고 할 수도 있다. 오랫동안 상담을 받아 온 환자들은 지금까지의 상담자와의 관계가 유익했던 경우에는 임신한 치료사에게 지속적으로 상담을 받을 수도 있다.

치료사들의 생식과 관련된 문제들이 환자에게 문제가 될 수도 있고 그 반대일 수도 있다. McDaniel은 불임 검사와 치료를 받고 3년 만에 다시 임신하게 된 이차성 불임 부부를 상담한 적이 있다. 이 기간에 McDaniel은 자신이 둘째 아이를 갖기 원한다는 것을 알았고, 그 부부의 어려움이 그녀에게 특히 가슴 아프게 느껴졌다. 이러한 사실이 치료과정에서 수용되었다. 동료가 정기적으로 자문해 주었고, 동료 자문은 치료사가 동료들과 함께 자신의 염려를 표현하고, 그 이후에 치료에서 환자의 목표에 집중하도록 하는 데 유용하였다. 다행히 치료사와 환자 부부 모두 몇 달 간격을 두고 둘째 아이를 출산하였다.

자신이 불임문제를 갖고 있는 치료사들은 불임 부부들에게 가치 있는 정보뿐만 아니라 특별한 공감을 줄 수 있다. 다시 말하지만, 문제의 초점은 치료사 자신의 불임 경험보다는 환자의 불임 경험과 요구에 맞추어져 있는 것이다. 치료사가 자신의 경험을 밝힐 것인가는 각각 특정 사례의 구체적 상황에 따라 달라진다. 불임을 경험하고 이러한 위기를 극복한 치료사들은 의학적 · 정서적 지식 모두를 갖춘 전문가의 식견을 발달시키기 위하여 자신의 어려웠던 경험을 이용할 수도 있다.

21세기의 생식의학 기술

생식기술은 개인이나 부부가 부모가 되기 위해 가능한 방법들을 변형시켜 왔다. '나의 실제 현대 가족을 만나보라'라는 제목의 2011년 2월 2일 『뉴스위크(Newsweek)』 지 기사를 고려해 보라. [그림 9-1]의 가계도는 한 가족이 체외수정 기술과 대리모를 사용하여 대규모 확대가족을 만든 사례를 보여 주고 있다.

2010년 초반(1월 2일) 『뉴욕타임즈 매거진(New York Times Magazine)』은 Melanie Thernstrom이 쓴 '대리모 쌍둥이를 만나다'라는 제목의 기사를 게재했다. 41세의 멜라니와 36세의 마이클은 늦은 나이에 결혼했다. 그들은 임신이 쉽지 않아서 호르몬 치료를 시작했고, 이후 체외수정 시술을 받았다. 체외수정이 여섯 번 정도 실패한 이후에 그 부부는 대리모를 선택했다. 부부는 동일한 나이의 두 아이를 갖기 원해서 자신들의 수정체의 대리모가 될 두 명과 협의했다. 그 대리모들은 다른 여성의 난자들과 마이클의 정자를 사용했다. 그들의 가족 사진에는 두 명의 대리모인 파이와 멜리사, 멜라니와 마이클, 5일 간격으로 태어난 두 명의 아이들인 바이올렛과 키에런이 포함되었다. 난자 공여자는 비록 가족의 일원으로 남아 있지는 않았지만, 이 생식을 나타내는 그림 속의 한 명이다.

우리는 불임문제를 해결하려고 애쓰는 부부에서 시작하여 이러한 21세기 가정생활의 두 가지 예까지 어떻게 도달할 수 있었는가? 자녀가 없는 상태에서 부모가 되기까지는 긴 여정이다. 이 절에서는 가장 보편적인 생식기술들과 그것과 관련된 심리적이고 대인관계적인 문제들 그리고 다루기 어려운 경계의 문제

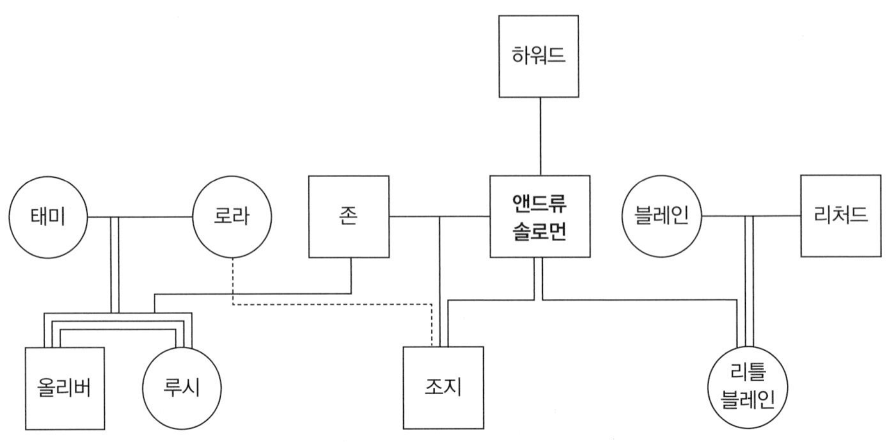

[그림 9-1] 21세기 현대 가족의 가계도의 예시

좌측 상부부터 시계 방향으로 태미(그녀와 로라는 올리버와 루시의 어머니들이다. 앤드류의 배우자인 존은 두 자녀들의 생물학적 아버지이다), 로라(앤드류와 존의 아들 조지를 위한 대리모이다), 리틀 블레인(앤드류와 대학 친구였던 블레인의 딸이며 체외 수정으로 임신했다), 블레인(앤드류의 대학 친구였고, 리틀 블레인의 어머니이다), 올리버(로라와 태미의 아들, 존의 생물학적인 자녀), 리처드(블레인의 배우자), 하워드(앤드류의 아버지), 조지(앤드류와 존의 아들, 로라가 난자를 공여했으며, 앤드류가 생물학적인 아버지이다), 존(앤드류의 파트너, 조지의 아버지, 올리버와 루시의 생물학적 아버지), 루시(태미와 로라의 딸, 존의 생물학적인 자녀).

중의 일부에 개입하기 위한 의료가족치료사들의 역할에 대해 기술할 것이다. 생물학적인 자녀를 원하고 재정적인 자원을 갖고 있는 부부들은 성교 이외의 다른 많은 방법을 선택할 수 있다. 그것은 파트너의 정자를 채취해서 주입하는 것, 공여자에 의한 인공 정액 주입, 체외수정, 미래의 이식을 위한 배아 동결, 한 여성에서 다른 여성으로의 배아 이식, 공여자 난자 제공, 합법적인 지역에서의 대리모 임신 등이다.

미국에서는 2006년에 보조 생식기술에 의한 이식 시술로 44%가 임신에 성공했고, 36%는 출산에 성공했다(Sunderam et al., 2009). 시술 성공률의 정확한 예측은 진단명에 따라 다양하다. 부부가 임신에 성공하기 위해 과학기술적인 치료의 사다리를 하나씩 올라갈 때마다 각각의 새로운 시술들은 신체의 침습 정도를 증가시키고, 비용을 증가시키고, 성공률은 떨어뜨린다. 그 과정은 몇 달에서 몇 년까지 걸릴 수도 있다.

저소득층 부부가 불임일 가능성이 더 높지만, 임신을 위한 생물기술학적인 개입은 비용이 많이 드는, 중산층 혹은 고소득층을 위한 사회현상이다(U.S. Office of Technology Assessment, 1988). 시험관 시술 1회의 성공률은 약 30%이지만, 비용은 1만 2,400달러에 이른다. 불임 치료의 비용을 지급하는 보험법은 주마다 매우 다양하다(American Society for Reproductive Medicine, 연도 미상). 어떤 의료보험 정책은 약물치료비를 지급하지만, 많은 경우에는 지급하지 않는다. 불임 시술들은 대부분 보험 지급이 되지 않는다.

또한 새로운 생식기술들은 아이를 얻는 과정에서 새로운 윤리적 · 정서적 문제들을 야기한다. 몇몇 환자는 이러한 시술들의 결정에 직면했을 때 종교적인 신념과 관련하여 어려움을 겪는다. 천주교는 생식과 관련된 모든 대안적인 방법에 반대하고 있으며, 유대법은 부부의 생식체를 사용하는 인공수정이나 체외수정은 허용하지만 공여자 정자 주입은 인정하지 않는다. 반면에, 대부분의 비근본주의적 개신교들은 이러한 시술들을 허용하고 있다(Schwartz, 1991). 불임 치료에 직면하고 있는 많은 부부에게는 옳거나 틀린 답은 없고 오직 어려운 선택만이 있을 뿐이다. 의료가족치료는 가족들이 선택 가능한 방법들과 그러한 방법들의 예상할 수 있는 결과에 대해 의논할 수 있는 공간을 제공해 줄 수 있다.

가족 안에서의 생식체 공여는 부부에게 유전적 연속성은 제공하지만, 그것은 가족구성원들 사이의 복잡한 역동을 일으킬 수도 있다. 평가와 상담은 결정이 강압적으로 이루어지지 않았다는 점과 관련된 사람들이 미래의 자녀와의 기능적인 역할에 대해 분명히 이해하고 있는지를 확인하기 위해 중요하다. 일반적으로 세대 내의 생식체 공여(예: 자매간의 난자 공여, 형제간의 정자 공여)는 세대 간(예: 딸이 어머니에게 난자 공여, 아들이 아버지에게 혹은 아버지가 아들에게 정자 공여)의 공여보다 심리학적으로나 윤리적으로나 덜 복잡할 것으로 생각된다.

불임 치료를 시작하는 부부의 의료가족치료는 부부가 선택 가능한 방법들을 주의 깊게 살펴보게 하고, 치료과정의 진행에 대한 배우자 양쪽의 동기를 알아보는 것을 포함한다. Sadler와 Syrop(1987)은 불임 치료를 찾는 모든 부부가 아이를 갈망하는 것은 아니라고 지적했다. 몇몇 부부는 확대가족으로부터의 압력, 결혼 불화, 상실감의 대체, 또는 그들의 인생 단계에서 '정상적인' 무엇인가를 하고자 하는 욕구가 불임 치료의 동기일 수 있다. 의료가족치료는 부부가 아이를 갖는 것을 추구하고 있는지 혹은 그들의 문제가 다른 치료를 필요로 하는지를 결정하도록 도울 것이다. 그들이 불임 치료를 받기로 동기부여가 되어 있다면, 의료가족치료는 그들의 현재 상태가 어떠한지, 다음에 무엇을 해야 할 것인지, 또 언제 치료를 끝내야 할지에 대한 부부의 협상과 재협상의 과정으로 넘어가게 된다. 이런 과정에는 시술과정에서의 스트레스, 발생할 수 있는 윤리적 갈등 그리고 이러한 시술에 동반될 수 있는 위험 요인들을 인정하는 것이 포함된다. 증거를 기반으로 하여 의료가족치료는 개인과 부부에게 부정적 요인과 불안을 줄여주고, 건강한 행동을 증진시키고, 긴장 완화 운동을 시키고, 심리교육을 제공하기 위해 교육한다. 몇몇 기술은 새롭게 발전한 기술들이라 불가피하게 환자의 경험에 대해 잘 알려져 있지 않고, 특히 아이와 부모가 긴 시간 동안 어떻게 적응하는지에 대해 알려진 것이 없다.

중요한 역동으로 부부와 불임치료팀의 관계를 고려해야 한다. 이 팀에는 의사, 간호사, 유전상담사, 실험실 관리직원이 포함된다. 가장 좋은 상황을 가정해 볼 때, 부부와 의료팀은 공통의 목표와 공통의 '적'을 갖게 된다(Covington, 2006). 그러나 불임 부부를 치료하는 의사는 특히 임신을 시킬 수 있는 능력이 있는 것으로 여겨질 수 있다. 담당의사나 경우에 따라 의료팀은 시술이 성공적일 경우에는 평생토록 감사의 대상이 되겠지만, 그렇지 않을 경우에는 분노의 대상이 될 수도 있다. 때때로 담당의사나 담당의료팀에 대한 실망이 낙담한 부부를 하나로 만들어 주는 잠재적 기능을 할 수도 있다. 의사와 의료팀에게는 치료 초기에는 임신의 성공을 이상적으로 생각하다가 성공적인 임신이 이뤄지지 않으면 분노하게 되는 반복적인 일들이 스트레스가 될 수도 있다. 이 경우 의료가족치료사와 직원들 간의 협동이 상호 보완적인 지지와 정보를 제공해 줄 수 있을 것이다.

의료가족치료사는 부부를 상담하는 작업을 통해 치료, 희망 그리고 실망이라는 정서적 롤러코스터의 여지를 줄여 줄 수 있다. 상담 전략은 의사소통 기술에 초점을 두어서 부부가 치료의 불확실성에 대한 상대 배우자의 대처방법을 이해하고, 임신 치료 이외에도 그들의 삶에서 얻는 보상에 초점을 맞추고, 치료에서 벗어나 휴식을 취하게 하는 것을 포함한다.

남성 불임의 치료

인공 정자 주입

남성 불임의 가장 흔한 치료는 파트너의 정자(성공 확률을 높이기 위해 '씻겨지고' '모아진' 정자) 또는 공여자의 정자의 주입이다. 남성 요인 불임 치료의 가장 중요한 진보적 기술은 세포질 내 정자 주입으로서 하나의 정자를 하나의 난자에 주입하여 수정체를 만드는 것이다. 이러한 진보는 정자 수가 부족한 남성이 한 아이의 아버지가 되게 하기 위해 중요하다. 이 외에도 약물치료를 포함해서 수술, 반복된 정자 수 측정을 포함하는 힘들고도 효과가 불분명한 남성 불임 치료 방법들이 많이 있다.

공여자 정자의 인공 주입

공여자의 정자 주입은 환자에게 심리적으로나 대인관계에서 복잡한 문제를 일으킨다. 공여자 정자 주입(donor insemination: DI)에 대해서는 몇몇 이견이 있다. 정자의 인공 주입은 부부 자신들에 의해 이루어져서 칠면조 요리에 사용되는 스포이트를 이용한 자가 인공수정 아기를 생산할 수도 있고, 의료적인 도움을 받아 이루어질 수도 있다. 후자의 경우에는 의사와 정자은행이 공여자들의 정자 풀(pool)을 선택하는 데 중요한 위치에 있다. 대부분의 정자은행은 목록을 가지고 있어서 부모가 되려는 사람들이 신체적 특성, 혈액형, 특별한 흥미, 기술 등에 따라 공여자를 고를 수 있다. 공여자는 인도주의적이고 재정적인 이유로 정자를 제공한다. AIDS나 다른 질병을 위한 선별검사를 시행하는 것을 제외하고는(정자는 전형적으로 냉동 상태로 보관되고, 6개월 동안 공여자가 성 매개 질환을 갖고 있지 않다는 것을 확인하기 위해 격리된다) 전통적인 정자은행들은 공여자로부터 거의 아무런 정보도 기대하지 않는다. 일반적으로 정자 기증은 남자에게는 심리학적으로 복잡한 문제는 아닌 것으로 여겨지며, 그들의 신상 정보는 익명으로 유지된다. 그러나 익명의 공여자 정자 주입으로 태어난 아기를 가진 성인들의 '유전적 모호성'에 대한 항의가 늘어나면서, 일부 정자은행은 미래의 자녀들이 정자를 기증한 사람의 이름과 연락처에 접근할 수 있게 허락하기 위하여 이제 정보를 공개하고 있다.

일부 종교적 전통(예: 로마 가톨릭, 정통 유대교, 근본주의 개신교, 무슬림)은 임신이 반드시 결혼한 남성과 여성의 난자와 정자에 의해서만 이루어져야 한다는 생각을 고수하고 있어서 공여자 정자 주입에 반대하고 있다(Christian Apologetics & Research Ministry, 2012; Dietzen, 2010; Shirazi & Subhani, 연도 미상; U.S. Office of Technology Assessment, 1988).

부부들은 때때로 공여자 정자 주입에 대해 주저하면서 관련된 문제를 조심스럽게 생각해 보기 위해 상담을 신청할 수도 있다. 공여자 정자 주입을 선택할 때, 여성은 자신의 남편의 생물학적인 아이를 갖지 못하는 것에 대한 상실감에 슬퍼할 수도 있고, 남성은 생식 능력을 상실했다고 느끼며 아내와 공여자 모두를 시기할 수도 있다. 전형적으로 공여자 정자 주입에서 나타나는 정서적 문제들은 아이가 태어나고 엄마와 아빠가 새로운 아이와 교감을 시작하면서 사라진다. 초창기 연구(Levie, 1967)에서 공여자 정자 주입을 한 부부들이 11년이 지난 시점에서 만족감이 높았다고 말했다. 96% 이상의 부부가 이러한 방법을 다시 선택할 것이라고 말했다. 또한 이러한 부부들은 결혼생활이 공고해지고 좋아졌다고 평가했다.

공여자 정자 주입은 불임문제가 있는 이성 부부가 아이를 갖게 할 뿐만 아니라 독신 여성과 레즈비언 커플들이 아이를 갖는 것을 가능하게 하였다. 의료가족치료사들은 공여자 정자 주입을 요청하는 독신 여성이나 레즈비언 커플의 평가나 상담을 요청받을 수도 있다. 공여자 정자 주입을 요구하는 독신 여성들은 대개는 고학력자이며, 재정적으로 여유가 있고, 나이가 30대 후반이며, 자신들의 생물학적인 시계가 다하기 전에 아이를 원하는 여성들이다. 이러한 여성의 상당수는 결혼이나 헌신하는 관계가 부모가 되는 것보다 더 복잡하고, 어렵고, 혹은 바람직하지 않다고 생각할 수도 있다. 상담은 이러한 여성들이 공여자 정자 주입의 진행을 원하는지 아닌지의 현실적인 결정을 내리도록 도와줄 수 있다. 레즈비언 커플과의 상담은 어느 파트너가 임신 성공에 가장 적합할 것인가에 대한 토론을 포함시킬 수 있다(European Society of Human Reproduction and Embryology, 2001).

공여자 정자 주입에 대한 비밀 유지의 문제는 논쟁의 여지가 있다. 공여자 정자 주입은 부부의 불임문제에 대한 사생활 보호를 가능케 할 수 있다. 공여자 정자 주입으로 태어난 아이는 가족이나 친구에게 부부가 함께 결합하여 얻은 생물학적인 아이처럼 보일 수 있다. 초창기에는 몇몇 의사와 정신건강 전문가가 공여자 정자 주입 아이들에게 그들의 기원을 알리지 않아야 한다고 권고했다(Waltzer, 1982). 최근에는 성인이 된, 공여자 정자 주입으로 태어난 아동들의 모임이 만들어져서 입양의 경우와 비슷하게 공여자 기록의 투명성을 요구하게 되었다(Noble, 1987). 정신건강전문가들은 아이들이 알 권리를 갖는다는 것과 가족 내 비밀은 정서적으로 파괴적일 수 있다는 것에 대해 오랫동안 논쟁해 왔다(Shapiro, 1988). 이혼한 아버지가 분노한 순간에 아이에게 공여자 정자 주입 사실을 폭로하는 충격적인 시나리오가 발생할 수도 있다. 2004년에 미국생식의학회(American Society for Reproductive Medicine)는 부부가 자녀의 생물학적인 기원과 출생 이야기에 대해 일찍부터 솔직해야 한다는 것을 권고하기 시작했다(American Society for Reproductive Medicine Ethics Committee, 2004). 이러한 권고들이 건전한 이론과 임상 경험에 기초하고 있기는 하지만, 최근까지의 연구는 제한적이며 사실을 알려 주는 것이 자녀들에게 정서적으로 더 건강한 결과를 준다는 것을 보여 주지는 않는다. 184명의 샌프란시스코 부부의 연구 결과는 사실을 알려 준 아동군과 그러지 않은 아동군이 부모와의 유대감이나 관계의 질에서는 차이가 없음을 보여 주었다(Nachtigall, Tschann, Quiroga, Pitcher, & Becker, 1997). 영국에서 시행한 30가족을 대상으로 한 종단연구의 결과에서는 사실을 알려 주는 것이 가족의 기능이나 자녀의 적응에서 현저한 어려움을 일으키지는 않았다고 보고하였다(T. Freeman & Golombok, 2012).

의료가족치료사들은 부부가 사랑과 지지가 가득 찬 아이 이야기를 만들어 가고 아이의 출생 배경에 대한 정보를 기록해 가도록 도울 수 있다. 이러한 이야기들을 아이 임신 이야기부터 시작해서 육아일기에 기록하고, 아이에 관한 특별한 것의 한 부분으로서 이 아이가 얼마나 원했던 아이이고 사랑스러운 아이인지를 보여 주기 위해 아이가 어렸을 때부터 공유할 수 있다.

여성 불임의 치료

여성 불임을 위한 치료에는 약물치료, 수술, 체외수정 그리고 대리모가 포함된다. 확실한 진단명이 없이도 많은 치료법이 시도되고 있지만, 치료의 선택은 진단명에 따라 달라진다. 임신을 성공시키기 위한 생물공학적인 개입들은 신체적 · 정서적으로 부담을 줄 수 있다. 많은 시술은 직장 여성들의 일시적인 휴직을 필요로 한다.

약물치료

불임의 원인에 대해 분명한 진단을 받지 못한 몇몇 여성이 클로미펜, 타목시펜과 같은 배란 유도 호르몬과 약물치료를 받기도 한다. 60~70%의 여성이 이러한 치료로 배란을 하고, 30~40%의 여성이 6개월 내에 임신한다(Keye, 2006). 골반 내 염증질환 후의 유착과 난관폐색으로 진단받은 여성들은 난관 복원을 위한 미세수술로 치료를 받을 수도 있다. 이러한 시술에 의한 임신 성공률은 50%에 이른다(Keye, 2006). 의료가족치료는 임신에 성공하지 못한 여성들을 위해 부부간에 이견이 있는 문제들에 개입하고, 자기비난을 줄이며, 임신 가능성을 극대화하기 위해 모든 필요한 진료 일정을 따르면서도 성생활의 자발성과 친밀감을 보호하기 위한 방법들을 이야기하고, 애도 감정을 이끌어 내기 위해 유용하게 활용될 수 있다.

체외수정

체외수정(시험관 수정)은 정자와 난자를 시험관에서 수정시키고 다시 착상시키는 방법이다. 이 방법은 혈액검사, 초음파 검사, 수정을 위한 약물 그리고 수술을 포함하는 복잡하고 비용이 많이 들고 스트레스가 많은 시술방법이다. 부부들은 그들의 성공 가능성을 증가시킬 것을 희망하면서 한 명 이상의 전문의에게 진료를 받을 수도 있다. 의료가족치료사들은 체외수정과 관련된 불확실성을 이해하고 수용하면서, 부부가 선호하고 신뢰하는 전문의에게 연결되게 하기 위해 노력해야 한다. 일반적 성공률은 대략 네 명 중 한 명꼴이며, 젊은 여성의 경우에는 성공률이 더 높고 나이 든 여성에서는 더 낮다(Lalwani et al., 2004; WebMD, 연도 미상). 이러한 체외수정 과정으로 도움을 받지 못하는 대다수의 개인이나 부부에게는 상당한 비용과 고통이 수반된다.

심리 평가는 보통 공여자(그들 자신의 것보다)의 생식체를 사용하는 부부에게 요구되는데, 환자가 사전 동의를 할 수 있는지 확인하고, 관련된 신체적 · 심리적 · 대인관계적 문제들을 충분히 고려하였는가를 확인한다(Verhaak, Lintsen, Evers, & Braat, 2010). 이러한 평가들은 보통 인성검사(Personality Assessment Inventory: PAI; Blais, Balty, & Hopwood, 2010) 같은 심리검사와, 여성(공여자와 수여자), 부부(공여자와 수여자) 그리고 공여자가 알려진 경우에는 여성과 관련된 파트너 모두에 대한 개인면담을 포함한다. 개인면담은 공여자의 동기를 탐색하고(재정적인 부분을 넘어서), 생식체는 선물과 같은 것으로서 이식이 이루어진 후에는 더 이상 어떠한 청구도 하지 않을 것이라는 기증자의 의지를 알아보는 것을 포함한다. 부부면담은 체외수정 방법을 결정한 부부 각자의 동기를 확인하는 것을 포함한다. 미래에 이루어질 임신과 아기에 대한 반응을 완전히 예상하는 것은 어렵기 때문에, 가족면담은 열린 의사소통을 강조한다. 훈육(공여자가 수여자의 훈육방식을 인정하지 않는다면 어떻게 할 것인가?), 대부(부모에게 어떤 일이 생긴다면 누가 아이를 키울 것인가?), 그리고 공여자의 자녀와 다른 확대가족 구성원들에게 공개하는 문제들에 대해 이야기해야 한다(McDaniel, 1994; McDaniel & Speice, 2001). 의료가족치료는 체외수정 과정에서 부부가 스트레스를 주는 과정을 잘 견딜 수 있게 지지해 주고, 그들이 성공적으로 임신하지 못했을 때 새로운 치료주기를 진행할 것인가 혹은 멈출 것인가와 같은 어려운 결정을 수월하게 하도록 하는 데 유용할 것이다.

2000년 이후로 두 가지의 새로운 발전 결과인 난자 동결방법과 착상 전 진단법으로 생식기술이 확장되었고 효과적 체외수정을 위한 가능성이 열렸다. 난자 동결방법은 연령과 관련된 요인들, 난소 기능부전, 암 치료 같은 질병과 관련된 염려가 있을 때 여성이 그들 자신의 생식체를 사용하는 것을 가능하게 한다. 여성이 자신의 난자를 사용할 수 있는 기회를 보존한다는 점에서 분명한 이점이 있지만, 동결방법은 냉동 배아가 남아 있을 가능성도 갖는다. 몇몇 부부는 이러한 배아를 없애는 데 어려움을 가질 수 있는데, 특히 그들의 다른 복제 배아가 아기가 되는 경우에는 더욱 그렇다. McDaniel은 오랫동안 친한 친구로 지낸 부부에게 동결 배아를 주기를 원하는 한 부부를 상담했는데, 한 부부는 백인이었고 다른 부부는 흑인이었다. 양측 부부 모두 그 과정과 부부간의 연결을 위해 헌신적이었다(흥미롭게도, 백인 부부는 흑인 이웃들 사이에서 성장했고, 흑인 부부는 백인 이웃들 사이에서 성장했다). 의료가족치료는 이러한 상황에서의 가능한 어려움들을 알아내기 위해 개별 부부상담과 합동 부부상담으로 이루어졌다.

착상 전 유전자 진단은 심각한 유전질환의 위험성이 있는 아이를 출산할 가능성이 적은 배아들을 선택하는 것을 가능하게 한다. 다른 유형의 임신 중절에서와 마찬가지로, 몇몇 종교와 부부는 이러한 과정을 지지하지 않는다. 그러나 종교적 입장에도 불구하고 배우자 중 한 명이 쇠약성 만성질환을 겪는 많은 부부는 유전질환의 가능성으로부터 자신들의 아이를 보호하고 싶어 한다(유전질환에 대한 더 많은 정보는 12장 참조). 이것은 논쟁의 여지가 있으며 모든 불임센터가 착상 전 유전자 진단을 시행하고 있는 것은 아니다. 논쟁의 여지가 훨씬 더 있는 것은 **가족 균형**이라고 불리는 과정이며, 자녀의 성별을 고려하여 배아를 선택하는 것이다. 몇몇 센터는 만일 가족이 한쪽 성별의 아이를 이미 갖고 있고 다른 성별의 아이를 희망할 때 이것을 허용하기도 한다. 이런 어려운 윤리적 문제들의 해결은 다른 의학전문가들뿐만 아니라 의료가족치료사가 함께 가족 토론을 함으로써 도움을 받을 수 있다.

스트레스와 불임 사이의 관계는 수년간 논란의 대상이 되었다. 몇몇 연구는 정신적 고통과 체외수정의 좋지 않은 결과의 연관성을 보여 주었지만(Ebbesen et al., 2009; Klonoff-Cohen, Chu, Natarajan, & Sieber, 2001), 한 메타분석 결과는 둘 사이에 연관성이 없음을 보여 주었다(Boivin et al., 2011). 정신적 고통은 여성이 치료의 중단을 원하는 가장 흔한 이유였다(Domar, Smith, Conboy, Iannone, & Alper, 2010).

심리치료가 체외수정의 임신 성공률을 증가시킬 것인가의 근거는 분명하지 않다(Hämmerli, Znoj, & Barth, 2009). 개인 및 집단 대상의 문헌연구(Domar & Prince, 2011)에서는 교육과 인지치료가 정서 중심의 지지보다 더 효과적이라고 보고되었다. 대부분의 효과적인 개입은 최소 5회의 회기로 이루어진다. Domar와 동료들(2011)은 첫 번째 체외수정을 받으려는 여성을 대상으로 10주 동안의 정신-신체 스트레스 관리를 위한 집단상담을 계획했다. 그 상담은 인지행동치료, 건강행동 변화, 이완 훈련, 사회적 지지를 포함했다. Domar 등은 143명 여성에 대한 무작위 대조군 임상시험 연구에서 두 번째 치료주기에서 치료군의 임신율이 유의하게 상승하였음을 발견하였다. 향후 연구들이 이러한 결과를 지지할 것인가와는 무관하게, 의료가족치료는 이러한 증거기반 치료를 위한 체계론적 메타구조를 제공할 수 있을 것이다.

대리모

[그림 9-1]에서 보여 준 것처럼, 여성 불임의 치료와 게이 커플에게 아이를 갖게 하기 위한 대리모 방법은 미디어의 많은 관심을 받아 왔다. 대리모가 모든 지역에서 합법적인 것은 아니다. 대리모가 합법적인 지역에서는 자매 등의 가족구성원들이 사랑과 관심으로 아이를 임신하기 위해 자원할 수도 있다(언니나 동생의 난자를 형부나 제부의 정자와 수정시키거나 혹은 자기 자신의 난자를 형부나 제부의 정자와 수정시킨다). 정서적인 연결이 없는 가족구성원 밖의 사람이 대리모가 될 수도 있는데, 이런 방법은 보통 비용이 많이 든다. 가족구성원이건 아니건 간에 대리모가 임신 후에 아기를 수여자 부부에게 돌려줄 수 있을지가 가장 중요한 것으로서, 이런 방법의 결과는 심리적 · 대인관계적으로 복잡해질 수 있다. 대부분의 경우에는 후회 없이 그렇게 할 수 있을 것처럼 보인다(Jadva, 2003). 의사와 관련 변호사 간의 협력이 중요하다(Hanafin, 2006). 이러한 사례들은 임신 전과 분만 이후에 주의 깊은 평가와 의료가족치료를 받음으로써 도움을 받을 수 있다.

가족 내 불임의 해결

비용이 많이 들고 복잡할지라도 가족 내에서 이루어지는 생식체 공여 또는 대리모는 부부에게 적어도 배우자 한 사람의 유전적 연속성을 유지하게 할 수 있다. McDaniel은 불임 남성에게 남자 형제가 정자를 제공한 사례들과 불임 여성의 아이를 여성 자매 혹은 시누이나 올케가 출산한 몇몇 사례를 초기의 평가부터 분만 후 수년 동안 관찰하였는데, 모든 사례가 꽤 성공적이었다(McDaniel, 1994).

가족 공여자

공여자 정자 주입의 사례에서는 익명의 공여자를 이용할 것인지 혹은 가족 공여자를 이용할 것인지에 대한 신중한 고려가 치료에 포함된다. 몇몇 사례에서는 아이가 아버지 가족의 유전적 형질을 갖게 하기 위해 가족 공여가 선택된다. 치료는 보통 4~6개월이 넘게 걸리고, 누구에게 공여자가 되도록 부탁할 것인가, 누구에게 가족 공여의 계획을 밝힐 것인가, 아이에게는 어떻게 말할 것인가의 문제를 다루어야 한다. 한 사례를 예로 들면, 고환암으로 인해 이차적으로 불임이 된 환자와 그의 아내가 관련 문제들을 상의하기 위해 확대가족 회의를 열었다. 앞에서 언급한 체외수정의 사례에서와 비슷하게, 이 부부는 정자 공여를 선물을 주는 것으로 조심스럽게 표현하였고, 공여자는 가족관계에서 태어날 아이와 삼촌의 관계가 될 것임을 강조하였다. 만일 잠재적 공여자나 그 가족이 상당히 주저한다면 배제되었다. 대부분의 가족은 그들의 형제가 아이를 갖도록 도움을 줄 방법에 대해 지지적이고 가슴 찡한 방식으로 반응했다. 환자의 확대가족은 시간이 지날수록 가족이 공여자가 되는 계획을 지지하게 되었으며, 가족들과 아이들은 성공적으로 해냈다. 가족구성원이 공여자가 되어 정자 주입을 함으로써 한 가족이 다수의 자녀를 갖게 된 것이다.

자매간 대리모 양육

이 장의 앞에서 언급한 예들이 성공적이었다 할지라도, 가족 내의 대리모 양육은 신체적으로나 정서적으로 복잡할 수 있고, 몇몇의 경우에는 대여섯 번의 가족치료 회기에 참석한 이후에는 대리모 임신을 진행하지 않기로 결정하기도 한다. 우리의 상담에서는 대리모가 자신의 친구들뿐만 아니라 친자녀들과 새로운 임신을 어떻게 다룰 것인가에 관한 우려가 제기되었다. 또 다른 부부는 그들의 집이 화재로 타 버린 이후에 그 과정을 포기했다. 여하튼 이러한 가족들에게는 대리모 방법이 임상 실제보다는 이론적으로 더 좋은 생각처럼 보였다. 의료가족치료는 가족들이 관련된 많은 문제를 탐색해 보고 그들이 열린 눈을 가지고 대리모 방법을 중단할 것인지 혹은 유지할 것인지를 결정하도록 하였다.

대리모 임신에 성공한 가족들은 모두 매우 가깝게 지내는 여자 형제들을 포함하고 있었는데, 그 대리모는 안정적인 결혼생활을 하였고 이미 자신의 아이들을 갖고 있었다. 몇몇 사람은 대리모 방법을 통해 출생한 아이들이 시간이 오래 지난 후에 어떠할지에 대해 염려한다. 3세, 7세, 10세의 아이들을 평가한 초기 연구들은 심리적인 어려움이 있다는 것을 전혀 밝혀내지 못했다(Golombok, Blake, Casey, Roman, & Jadva, 2012). 전국적 규모의 신문 · 잡지사에서 사람들에게 자신들의 비전통적 가족에 대해서 편지를 달라고 했을 때 한 성공 사례가 나타났다(White, 1990). 데브라 화이트는 대리모였던 여동생과의 경험을 설명한 편지를 써 보냈다. 여동생 리즈에게 데브라 남편의 정자가 주입되었고, 리즈는 언니를 위해 임신을 유지했다. 그 가족은 개방적이었고, 대리모 임신과정에 대해 서로 토론했다. 데브라는 리즈의 임신을 코치했다. "때때로 솔직히 나는 내가 임신한 것이 아니라는 사실을 잊곤 했어요. 이런 사실이 리즈가 나를 얼마나 많이 참여하게 해 주었는지를 말해 주지요."

저드슨이 태어난 후에 리즈는 저드슨의 이모로서 가까운 관계를 유지했고, 확대가족도 수용하는 태도를 보였다. 아홉 살이 될 때까지 저드슨은 외부인의 반응이 특이하다는 경험을 하기도 했다. 한번은 저드슨이 그의 주일학교 교사로부터 다음과 같이 적힌 쪽지를 가지고 집에 온 적이 있다.

> 화이트 부인, 사랑 이야기에 대해 이야기하자고 아이들에게 요청했을 때 댁의 아드님이 어머님의 배가 고장이 나서 자신은 이모의 배에서 자랐고 이모가 자신을 낳았다고 이야기했습니다. 아드님이 혼동하고 있는 것처럼 들렸습니다. 아마도 어머님께서 아이에게 잘 이야기하시는 것이 좋겠습니다.

의료가족치료는 아이들에게 사실을 알려 주는 문제에 대해서 부모들이 어떻게 반응할 것인지를 스스로 계획하고, 아이들이 대리모 방법이나 다른 보조 생식기술들의 정보에 대한 외부인의 반응에 대해 어떻게 응해야 할지 코치해 줄 기회를 제공할 것이다.

우리는 임신 상실, 불임, 불임 치료에 대한 토론을 통해 공감을 표현하고, 부부가 자신들의 이야기를 말할 수 있게 해 주며, 때때로 갈피를 못 잡게 하는 선택이나 결정을 협의하는 데 도움을 주기 위해 부부와 함께 다룰 수 있는 문제들을 살펴보았다. 〈보기 9-1〉은 의료가족치료의 기법들이 어떻게 부부들에게 이러한 문제들에 대처하는 데 특별히 도움을 줄 수 있을지를 보여 주고 있다.

〈보기 9-1〉 불임문제가 있는 개인이나 부부를 돕기 위한 임상 전략

스트레스와 상실을 인정한다

- 종종 언급되지 않는 상실들을 적극적으로 인정한다.
- 상실에 대해 기념 의식이나 예배를 드린다.
- 가능하면 임신 상실 후 1년이 지나서 다음 자녀의 임신을 시도한다. 특별히 여성이 분만 우울증이나 불안증을 경험한 경우에는 더욱 필요하다(Hughes, Turton, & Evans, 1999).

경험을 정상화한다

- 과거의 가족과 개인의 상실들을 생각해 본다.
- 부부 사이에 '일치하지 않는 애도'를 정상화한다.
- 어려운 윤리적 · 종교적 문제들을 논의한다.
- 불임이나 임신 상실의 '비밀'에 대해 이야기한다. 개인 혹은 부부가 다른 사람에게 무엇이 가장 지지적이라고 느끼겠는지를 말할 수 있도록 코치한다.
- 가족의 압력에 대해 어떻게 반응할지를 논의한다.

- 불임이 부부 각자와 부부관계에 주는 구체적 의미를 이해하기 위하여 부부의 이야기를 경청한다.
- 부부 사이에 차이가 있는 것을 정상화한다.

교육받는 것을 격려한다
- 부부나 개인이 불임팀에게 질병에 대한 자세한 정보를 요청하도록 격려한다.
- 국립보건원 웹사이트에서 정보를 찾아본다.
- 불임이 있는 사람들을 위한 지부가 있는 전국적 조직(RESOLVE, http://www.resolve.org), 신생아 사망을 경험한 부모 모임(PEND)과 같은 지지집단 모임에 참여한다.
- 부부가 실제적 재정 계획을 세우도록 격려한다.

신체적 · 정서적 건강을 관찰한다
- 강한 애도 반응이 다른 질병처럼 나타날 수도 있고 숨겨질 수도 있다.
- 망상, 자살 충동, 환각, 결과적 위기에 대한 과도한 반응들과 같이 심하고 지속적인 애도 반응이 없는지 살핀다.

불임문제를 외재화한다
- 개인의 불임문제가 환자의 다른 역할들을 지배하거나 자신이 부족하다는 느낌을 갖게 하지 않도록 한다.
- 부부가 불임으로 인해 삶의 습관을 바꾸어 가기보다는 항상 즐겨 왔던 취미 생활이나 다른 활동을 지속하도록 격려한다.
- 성생활이나 삶의 다른 면에서 불임을 정력과는 구분하여 생각한다.

불임 치료에 대한 동기를 탐색한다
- 자녀가 없는 삶을 선택하고 자녀 출산 욕구를 일이나 다른 활동 무대로 전환하는 대신에, 불임 치료를 받는 스트레스를 견디거나 입양과정의 스트레스를 견디고자 하는 배우자 각각의 동기 상태를 탐색한다.

한계를 설정한다
- 부부가 임신을 위해 적극적으로 노력하는 것에서 벗어나 주기적으로 휴식 시간을 갖도록 격려한다.
- 부부가 임신 시도를 언제 중단할 것인가를 의료팀과 의논하여 결정하도록 돕는다.

불임팀과 협력한다.

사랑 이야기를 만들어 간다

- 임신에 성공한 부부가 태어날 자녀에게 그 아이가 어떻게 태어나게 되었는지를 들려줄 사랑 이야기를 만들어 갈 수 있도록 도와주고, 육아일기에 기록하는 것부터 시작하도록 한다.

치료사 자신의 개인적 반응들을 살핀다.

결론

과거에는 과학적 허구였던 것이 이제는 사실이 되었다. 의료가족치료사들은 부모가 되는 변천과정을 이루어 나가는 데 어려움을 경험하는 개인, 부부, 가족들에게 많은 것을 제공할 수 있다. 생식기술을 이용하고 있는 개인이나 부부들을 상담할 때, 21세기의 최첨단 과학적 진보를 이용하면서 나타나는 윤리적 · 심리적 · 대인관계적인 어려움을 많이 다루어 주어야 한다. 의료가족치료사에게는 이와 같은 놀라운 진보에 참여하여 환자, 의사, 의료팀이 생식의학 기술들이 줄 수 있는 심리적이며 대인관계적인 윤리적 영향을 이해하도록 도와주고, 부모가 되기를 열망하는 사람들이 행동주체성과 치료적 연대감을 고양시키도록 도와줄 기회와 책임이 있다.

제10장
아동과 관련한 의료가족치료

심한 아동기 만성질환은 치료사에게 정서적으로 어려움을 줄 수 있다. 이런 가족을 대하는 것은 치료사 자신의 아이들이나 친척들에 대한 개인적인 두려움, 아동들을 보호하고자 하는 우리의 소망, 어린아이들이 고통받고 죽어 가야만 하는 불공정함에 대한 치료사의 감성, 그리고 아픈 아이들을 위해 최선의 치료를 제공하지 못하고 있다고 볼 수도 있는 부모, 의사 및 그 외의 어른들에 대한 우리의 분노를 촉발한다. 즉각적인 연민과 동일시는 치료사들에게 이 아이들을 돕기 위한 강한 인센티브를 제공하지만, 지나치게 관여하는 경향과 부모나 다른 의료전문가들을 희생양으로 삼을 수도 있다. 이 장에서는 만성질환을 앓는 아동을 가진 가족들과 함께하는 치료의 몇 가지 특유한 점을 이야기하고, 성인에게 나타나는 치료, 협력 및 만성질환에 대해 이전 장에서 이야기한 것을 부가적으로 기술한다.

대부분의 아동은 건강하지만, 만성질환은 놀라울 정도로 아동기에 흔하다. 약 7.3%의 아동이 만성적인 건강상의 문제로 활동에 제약을 받는 것으로 추정된다

---

http://dx.doi.org/10.1037/14256-010

Medical Family Therapy and Integrated Care, Second Edition, by S. H. McDaniel, W. J. Doherty, and J. Hepworth

[Center for Disease Control and Prevention(CDC), 2008a]. 진단받은 질병 가운데 천식이 일반집단의 9.5%, 약 700만 명의 아동이 앓고 있는 가장 흔한 아동기 만성질환이다(CDC, 2013). 성인기 만성질환의 대부분은 세 가지 질환, 즉 심혈관성 질환, 당뇨병 및 암에 따른 것인 데 비해, 아동기 만성질환은 성인 질병의 '빅 3'보다는 드물지만, 유병률에서 훨씬 다양하다. 예를 들면, 경련성 질환, 뇌성마비, 소아 관절염, 혈우병, 낭포성 섬유증(cystic fibrosis), 당뇨병 등이 있다. 이렇게 아동기 만성질환의 다양함으로 인해 의료가족치료사는 그들이 치료하는 사례의 의학적 측면에 대해 배우기 위한 부가적 연구를 시행하여야만 한다.

가족에 대한 위험 수준

아동기 만성질환이 흔하기 때문에, 의료가족치료사의 서비스는 그 수요가 아주 크다는 것을 인지하는 것이 중요하다. 사실, 많은 가족은 아동기 질병에 잘 대처하고 있으며, 일부는 치료사를 필요로 하지 않고도 그들의 지역에서 어려움을 해결하기도 한다. Kazak과 Noll(2004)은 심각한 질병으로 아동의 죽음을 직면하고 있는 가족들의 심리사회적 위험 수준을 범주화하는 데 국립정신건강연구소(National Institute of Mental Health: NIMH) 예방 틀로부터 차용한 유용한 틀을 제시하였다. 3개의 범주는 **일반적**(universal) 위험, **선별적**(selective) 위험 및 **표적**(targeted) 위험이다. 모든 가족은 아동이 심한 질병으로 처음 진단받고 치료하는 것에 스트레스를 받는다. 많은 가족, 특히 이미 존재하는 심리사회적 문제가 없었던 이들은 시간이 지남에 따라 적응하고 치료를 필요로 하지 않는다. Kazak과 Noll은 아동기 암에 관한 연구에서 심각한 질병을 가진 아동의 가족 60%는 일반적 범주에 속하는 것으로 추정하였다. 이들 가족은 적절한 사회적 지지 및 질병에 대한 현실적인 믿음을 가졌으며, 진단받기 전에 전반적으로 좋은 기능을 가지고 있었다.

다른 가족들(Kazak과 Noll의 2004년 연구의 참가자 약 1/3)은 상당한 적응상 어려움의 가능성을 높이는 선행 요소들을 가지고 있었다. 이 집단은 선별적 위험군이다. 그들의 적응기술은 도전을 받았으며, 의학적 처치를 따르는 데 문제를 가지는 경향이 있었으며, 그들의 기능을 약화시킬지 모르는 다른 생활 스트레스 요인을 가지고 있었다. 전문가들과의 과거 경험에 따라, 그들은 일차의료 환경에서 일상적으로 제공되는 의료가족치료 서비스를 받아들일 수도 있고, 제공자들 사이의 밀접한 협력에 고마워할 수도 있다.

나머지 가족(7%)은 높은 스트레스 및 낮은 대처 자원을 갖는 표적 위험군이다. 이 가족들은 진단받기 전에 이미 어려움을 겪고 있었으며 이후에 압도당하고 있다. 그들은 치료를 받는 데 있어 심각한 어려움을 가지며, 의료전문가들과의 관계에서도 문제를 가질 수 있다. 어떤 가족원은 심리적 장애를 가질 수도 있다. 이들은 의료가족치료가 가장 필요한 집단이지만, 의학전문가와 심리사회 전문가 사이의 고도의 협력을 필요로 하기 때문에 치료에 참여하기가 어려울 수 있다.

이 같은 위험 틀은 건강 관련 환경에서 의료가족치료사의 역할에 대해 생각하는 데 유용하다. 일반적 위험 가족은 아동의 질병으로 인한 어려움을 이야기해 주는 것과 같은 교육 및 지지적 제공만으로 도움이 될 수 있어, 집중적인 치료 자원을 필요로 하지 않는다. 선별적 위험 가족은 '자발적' 의료가족치료의 경우로, 종종 그들이 어려움을 겪는 것을 발견한 의사 및 간호사에 의해 의뢰되곤 한다. 표적 위험 가족은 어려움을 겪는 의료진에 대한 자문으로 시작해서 점차 치료사 및 가족이 함께 오는 '비자발적' 의료가족치료의 사례가 될 가능성이 많다. 표적 위험 가족은 또한 의료가족치료사에게 의뢰하기를 거부하지는 않지만 제공자들 사이의 삼각관계에서 많은 정신건강전문가에게 도전장을 선사하는 '베테랑'일 수도 있다. 그들은 최고 수준의 기술과 전문가팀에 대한 굳건한 믿음을 필요로 한다. 하지만 그들의 성공은 그들과 함께하는 모든 이에게 최고의 만족감을 줄 것이다.

만성질환을 앓는 아동을 가진 가족에 대한 특별한 이슈

모든 가족은 가족원 중 누구라도 만성질환을 앓는 것에 대해 스트레스를 받지만, 아동기 질병의 경우에 특히 몇 가지 이슈가 제기된다.

부모의 죄책감

부모는 자신들을 아동의 생명을 보호하는 수호자로 여기기 때문에, 아동의 질병에 대해 종종 어떤 방식으로든지 개인적으로 책임이 있다고 여긴다. 이러한 죄책감은 부모를 의기소침하게 만들 수도 있고, 다른 가족원 혹은 의료인들에 대해 아동을 잘 돌봐 주지 못한다고 분노를 보일 수도 있다. 한 아버지는 자신이 느끼는 격분이 자신이 딸을 백혈병에 걸리도록 '둔' 것에 대해 스스로를 용서할 수 없음에서 시작되었다는 것을 깨달았다.

'정상적인' 아동기의 상실 및 예상되는 장래에 대한 슬픔

가족원들이 질병 혹은 장애가 만성으로 간다는 것, 즉 병이 이 상태에 머무른다는 것을 알게 되면, 그들은 건강한 아이를 갖는 꿈을 포기해야만 하는 것에 슬퍼한다. 이 슬픔이 여러 유전적 장애 및 출산 시 외상 장애의 경우와 같이 아이의 출생부터 시작한다면, 아동과의 유대(bonding) 과정을 복잡하게 할 수 있다. 가족원들은 질병으로 인해 아이가 오래 살지 못하거나 성인이 되어서도 좋아지지 못할 것이라는 것을 알게 될 때 장래 희망과 계획이 기만당했다고 느끼는 것을 넘어 깊은 슬픔과 분노를 갖게 된다. 이러한 반응은 성인들의 질병에서도 흔하지만, 아동기 질병 혹은 장애의 경우에 수십 년간 건강하게 살 수 없다는 점에서 특히 가슴을 저리게 한다. 치명적인 형태의 근위축증(muscular dystrophy)으로 진단받은 아이의 어머니는 그녀가 결코 손자를 가질 수 없다는 것을 깨달았을 때 예상치 못한 극심한 슬픔이 그녀를 압도했다고 이야기하였다.

'전염되는 것'에 대한 두려움

두려움과 무지로 인해, 다른 부모들 및 심지어는 친척들도 아이의 심한 질병(예: 암, 발작장애, AIDS)이 자기 아이를 오염시킬지도 모른다는 두려움 때문에 아이와 가족을 피하기도 한다. 저자 중 한 사람의 가족은 1950년대 소아마비가 유행하던 십여 년간 소아마비를 앓는 아이의 숙모 및 삼촌들이 질병을 자기 아이들이 있는 집으로 옮길지 모른다는, 이해는 가지만 잘못 알려진 두려움으로 인해 아이가 있는 병원을 방문하지 않는 것을 경험하였다.

발달학적 이슈

아이의 발달학적 위치에 따라, 만성질환의 발병 및 악화 시기는 심각한 장기적 영향을 가질 수 있다. 질병 혹은 가족들에 의해 어떻게 다루어지는가는 아동을 발달학적으로 '얼어붙게(freeze)' 할 수 있다. 저자 중 한 사람은 초기 청소년기에 크론병(Crohn's disease)을 앓기 시작하여 결코 심리사회적으로 성장하지 못한 젊은 성인 환자를 치료한 적이 있다. 개인적 발달에 대해서와 같이, 예상되는 가족 전이(family transition)도 아동의 질병으로 지연되거나 멈출 수 있다. 아동이 집을 떠나는 것과 같이 다른 가족들에게는 정상적으로 일어나는 전이가 다운증후군을 가진 아이의 부모에게는 심한 괴롭힘을 주는 결정이 될 수 있다.

의료전문가의 취약성

부모들은 아동을 살리고 가능한 한 건강하게 해야 하는 과제를 가진 의료전문가들로부터의 비난이나 지지 부족에 취약성을 경험한다. 이러한 취약성은 특히 낭포성 섬유증 및 당뇨병과 같은 만성질환에서 발생한다. 거기에서는 흔히 부모의 행동과 슈퍼비전이 아동의 상태에서 측정 가능한 결과로 나타나기 때문이다. 부모가 좋지 않은 결과에 대한 책임을 지고 있을 때, 그들은 마치 자신이 나쁜 부모라고 이야기하는 것처럼 느낀다.

이런 역동의 한 예가 가족의 정서적 분위기와 강하게 연결된 질병인 심한 천식을 앓는 아동의 가족에서 일어난다(B. L. Wood et al., 2006). 7세인 타냐와 11세, 13세인 언니들은 4년 전 입양되었다. 타냐는 천식 약을 정기적으로 복용했으며, 급격하게 나빠지면 흡입제를 사용하였다. 부모는 여러 번의 의료 위기로 인해 그녀를 응급실로 데려왔다. 타냐의 천식 삽화는 주로 알레르기 반응에서 유래하였지만, 또한 스트레스, 특히 학교에 가거나 혹은 보모와 남겨졌을 때와 같이 부모로부터 분리될 때 유발되곤 하였다. 부모는 치료사에게 타냐는 2세 때 중국에서 버려진 채 발견되었다고 설명하였다. 부모가 가진 스트레스의 일부는 타냐를 입양기관에 의해 속여서 가족에게 떠맡겨진 '손상된 물건(damaged goods)' 취급하는 확대가족의 지지 부족에서 유래하였다. 타냐는 대부분의 시간에는 건강해 보였기 때문에, 이 가족원들은 부모가 과잉 보호하고 아이의 상태에 대해 지나치게 걱정한다고 믿고 있었다. 부모가 응급실에서 의사들이 제대로 해 주는 것같이 보이지 않는다고 생각했기 때문에 타냐를 진료하는 알레르기 전문의 및 호흡기 전문의가 주로 관여하게 되었다. 부모는 집에서 키우는 고양이에 대한 알레르기 반응이 일어날지도 모르는 아이를 친한 친구 집에서 하는 생일 파티에 가도록 할 것인지와 같은 어떤 위험 요소가 용납될 수 있는지에 대해 서로 논쟁하였다.

타냐의 가족은 만성질환을 가진 아이의 가족에서 있을 수 있는 몇 가지 특별한 주제의 예를 보여 준다. 딸아이의 천식이 환경에서 유도되고, 부모는 환경을 통제해야 하기 때문에 아이가 발작을 일으키면 죄책감을 갖는다. 그들은 그들이 아이를 보호할 수 없는 곳에 있게 되는 그녀의 장래와 그녀가 독립적인 미래를 가질 수 있을까에 대해 걱정한다. 비록 친척들이 전염에 대해 두려워하지는 않지만, 그들은 아이의 문제를 이해하지 못하고 부모가 과잉 보호한다고 간주한다. 그들 편에서 보면, 부모는 타냐가 사회적 행사에 참여할 수 있는지 여부보다는 천식에 대해 관심이 더 많은 의료전문가로부터의 비난에 더 취약하다.

아동의 건강에 영향을 주는 가족 역동

아동기 만성질환에 대한 연구에서 가장 주목받는 분야 가운데 하나가 어떻게 부모 상호관계가 아동의 생물학적 활동에 영향을 주는가에 대한 것이다. 많은 연구가 아동의 행동적 적응문제와 결혼 갈등이 연관된다는 점에 주목하였는데, Gottman과 Katz(1989)는 4세 및 5세 아동들의 생리적 건강, 생리적 각성, 스트레스 관련 호르몬 및 또래관계에 미치는 결혼 불화의 영향을 연구하였다. 결혼 및 가족 상호작용을 측정하기 위한 다양한 생리적 측정치를 이용하는 복잡한 실험실 절차를 사용하여, 그들은 결혼생활에서 고통받는 부부의 아동들이 높은 수준의 스트레스(소변에서 스트레스 관련 호르몬의 수준이 증가된 것으로 지표화하여), 높은 수준의 질병(어머니의 보고에 의해), 높은 수준의 생리적 각성(실험실 상호작용 과제 동안의 측정)을 나타낸 것을 알아냈다. 다른 말로, 아동에서 건강과 관련한 생리적 과정은 부모의 관계의 질과 관련됨을 보여 주었다.

'정신신체 가족' – 최신 경향

최신 평가도구들을 이용한 이 연구에서, Gottman과 Katz(1989)는 이미 11년 전 Minuchin, Rosman과 Baker(1978)가 시작했던 연구 전통을 따랐다. 그들은 자신들의 저서 『정신신체 가족(Psychosomatic Families)』에서 정신신체 질환의 가족체계이론을 제안하였다. 그들은 실험연구를 통해 당뇨를 앓는 아동에 대한 부모의 삼각화 행동과 아동에서 스트레스와 관련된다고 생각되는 지방산의 혈중 농도 간의 연결을 보여 주었다. 원래 정신신체 가족모델은 다음 유형의 가족 상호작용이 아동기 만성질환에 영향을 주고 또 만성질환의 영향을 받는다고 제안하였다.

- 지나친 관여 및 과잉 반응을 뜻하는 밀착
- 지나친 양육과 자율성 제한을 뜻하는 과잉 보호
- 작동하지 않는 고정된 패턴을 유지하려는 경향성을 뜻하는 경직
- 불량한 갈등해결 혹은 갈등 회피
- 아동의 질병에 대한 초점이 결혼 혹은 가족 갈등을 우회하는 삼각화

정신신체 가족모델은 아동기 만성질환의 가족 역동에 상당한 관심을 불러일으켰지만, 아동의 질병에 대해 부모를 비난하며 불충분한 경험적 기반을 갖고 있다는 비판 속에 있다(Coyne & Anderson, 1988; 하지만 Rosman & Baker, 1988의 답변도 함께 참조). 의료가족치료가 1990년대 세부 전문과목으로 공식화될 때까

지, 일부 가족치료사에게 아동기 질환의 심리사회적 측면에 유일하게 익숙했던 것은 정신신체 가족모델이었으며, 그들은 대체로 이 모형에 대해 피상적으로 이해하고 있을 뿐이었다. 이 치료사들은 부모에 대해 판단적이고 비난하는 자세를 취하고, 당뇨병 및 천식과 같은 질병의 생물학적 차원을 무시하고, 가족 역동이 특정 아동기 질환을 '일으킨다는(cause)' 개념적으로 단순화한 견해를 받아들임으로써 모델을 오용하는 경향이 있었다. 여전히 나쁜 것은 일부는 심지어 아동이 병을 앓아야 하는 가족의 '필요(need)'가 원래의 질병을 창출한다는 임상적 자세를 취한 것이다. Minuchin과 동료들(1978)이 의도했던 생심리사회적 구조가 없다면 정신신체 가족모델은 위험할 수 있다.

Beatrice Wood와 동료들은 원래의 정신신체 가족모델을 더 이론적으로 정교화하고 더 정확한 연구방법을 사용하여 새롭게 하였다(B. L. Wood et al., 2006, 2008). 이들은 어떻게 가족과정이 아동기 질병—크론병, 궤양성 대장염, 기능성 재발성 복통증후군—과 상호작용하는가를 조사하였다. 가족들은 표준화된 비디오 촬영을 하는 가족 상호 과제 수행, 점심시간 및 면접과정 동안 평가되었다. 또한 저자들은 예후의 측정치로 질병 활성도에 대한 실험실 점수[예: 혈소판 수치, 적혈구 용적률(hematocrit) 및 알부민 수치]를 사용하였다. 연구를 통해 그들은 질병 활성도(disease activity)가 삼각화, 결혼 역기능, 정신신체 가족 전체 점수와 상관관계를 가짐을 발견하였다. 정신신체 가족모델에 대해 시사하는 두 가지 중요한 소견이 있다. 하나는 세 개의 질병이 질병 활성도와 관련된 가족 유형이 달라, 크론병에서 정신신체 가족 수준이 가장 높은 소견을 보이는 차이를 보였다는 것이다. 다른 하나는 결혼 역기능과 삼각화가 밀착, 과잉 보호, 경직, 갈등 회피 및 불량한 갈등해결보다 더 강력한 요소였다.

가족문제와 위중한 아동기 질병의 결합에 따른 영향은 아동이 회복한 후까지지도 계속되는 듯 보인다. 심각한 만성질환(이 경우는 소아암)의 장기적 결과를 연구하는 방법으로 애착이론을 이용한 연구에서, Alderfer, Navsaria와 Kazak(2009)은 가족기능과 청소년의 외상후 스트레스장애(posttraumatic stress disorder: PTSD)의 강한 상관관계를 발견하였다. 위기에 처한 가족들은 아동에 대해 지나치게 관여하거나 혹은 관여가 부족하였으며, 정서적 소통을 잘 하지 못하였고, 문제를 잘 해결하지 못하였다. 저자들은 소아암 생존자들이 질병의 트라우마 영향 및 치료를 경험하고 있는 가족체계에서 어떻게 성장해 가는지에 대해 부모 및 아동에 대한 장기적인 관점에서 더 많은 관심을 기울일 필요가 있다고 결론짓고 있다.

특정 가족 상호작용 과정과 아동의 심리적 안녕은 물론 신체적인 것 사이의 연계에 대해서는 아주 많은 근거가 있다. 원래의 정신신체 가족모델이 이 분야에서의 많은 유용한 임상적 작업 및 일부 후속 연구와 이론적 발전을 촉진했지만, 더욱 정교해진 이론 및 경험적 작업이 그것을 능가하였다. Gottman, Wood, Katz와 같은 학자들은 가족관계와 아동의 건강 간 연결에서 복잡한 수준의 치밀함을 보여 주었다.

당뇨병

특정 질병의 관점에서, 소아 당뇨병은 가족 및 건강 관련 문헌에서 가장 많은 주목을 받아 왔다. 미국에서 20세 미만 인구 가운데 18만 6,300명이 당뇨병을 앓고 있는데, 이는 이 연령 인구의 0.2%에 해당한다(Centers for Disease Control and Prevention, 2010b). 아동 · 청소년기 당뇨병의 대부분은 I형(Type I)으로 이 병은 신체의 면역체계가 췌장에 위치하는 베타세포들을 파괴하여 췌장이 더 이상 인슐린을 만들지 않기 때문에 발생한다. 이 병을 앓는 사람은 만일 적극적으로 치료하지 않으면 당뇨성 혼수상태와 사망에 이를 수 있는 당뇨 케토산증(ketoacidosis)을 일으킬 수 있다. 하지만 최근 수십 년 사이에 청소년 및 청소년전기 아동들에게서 II형(Type II, 예전에는 성인기 발병 당뇨병으로 불림) 당뇨병을 앓는 수가 점차 늘고 있다. 이 병은 여러 기관(organ)에서 인슐린 저항성이 발생하고 점차로 췌장이 저항성을 물리칠 만큼의 인슐린을 만들어 내지 못하게 된다. 결국 췌장은 자주 식사에 반응할 만큼의 충분한 인슐린을 분비하는 능력을 잃게 되고, 환자는 혈중 당 수준이 지나치게 높아지고 각종 합병증을 경험하게 된다. 비만은 II형 당뇨병의 흔한 위험 요소이고, 최근의 아동 · 청소년기 비만이 증가함으로써 이 형태의 질병의 위험에 처한 아동의 수가 매우 커졌다(Kumanyika & Brownson, 2007; Sperry, 2009).

갈등 수준이 높은 가족의 아동 및 청소년들은 당뇨병 조절에 어려움이 더 많다는 것이 연구에서 밝혀졌다(Sander, Odell, & Hood, 2010). 그들은 심각한 저혈당 및 케토산증의 재발 삽화를 경험한다. 가족 갈등은 또한 당뇨병을 앓는 청소년들에서 아주 흔한 식이장애의 발병을 가져올 수 있다(Gonder-Frederick, Cox, & Ritterband, 2002). 자주 부모의 침습(intrusiveness)을 수반한 가족 갈등을 관찰하면서, 치료사는 부모들을 비난하고 아동을 구출하려 하게 된다. Coyne, Wortman과 Lehman(1988)이 소개하고 Harris 등(2008)이 확장시킨 **실패한 도움**(miscarried helping)이라는 임상적으로 유용한 개념을 통해 치료사는 이러한 덫에서 벗어날 수 있다.

실패한 도움은 좋은 돌보미가 되려는 데 있어 부모의 투자와 부모가 주는 도움이 아동에게 더 좋은 건강 상태를 가져올 것이라는 믿음에서 나온다. 아동의 건강이 호전되지 않을 때(당뇨병의 경우 혈당 조절이 잘 안 되었을 때), 부모는 실패한 것으로 생각하고 아동에 대해 좌절과 실망을 나타낸다. 그리고 강요당하고 비난받았다고 생각하는 아동은 분노하며 적개심을 갖게 된다. 잇달아 일어나는 갈등으로 인해 스트레스가 많은 환경이 되고, 아동이 부모에게 반항하게 되며, 의학적 처방을 따르지 않게 되면서 질병이 악화된다. 그것이야말로 가끔 대인관계 및 생물학적 결과를 파멸에 이르게 하는 빗나간 선한 의도(good intentions gone awry)에 대한 고전적인 가족체계 역동이다(Harris et al., 2008).

아동의 만성질환은 가족에게 어떻게 영향을 미치는가

다음은 Hobbs, Perrin과 Ireys(1985)의 책 『만성질환 아동과 그 가족(Chronically Ill Children and Their Families)』에서 인용한 것으로 이러한 가족이 직면하는 여러 가지 동시다발적인 어려움을 요약하고 있다.

> 만성질환을 앓는 아동을 가진 가족은 다른 가족들은 알지 못하는 어려움에 부닥치고 짐을 지고 있다. 처음 진단받는 것에 대한 충격과 시급하고 억지로

> 알아야만 하는 필요성, 끊임없이 계속되는 돌봄과 예측할 수 없게 일어나는 위기로 인한 기진맥진, 크고 지속되는 재정적 걱정, 아동의 통증을 계속해서 지켜봐야 하는 것, 만성적인 돌봄에 지쳐 악화될 수 있는 배우자와의 긴장, 다른 자녀의 안녕에 대한 우려, 시간, 돈, 걱정을 가족 내에서 적정하게 배분해야 하는 것에 관여된 무수한 질문 등이 만성질환을 앓는 아동의 부모들이 직면해야 하는 어려움이다(p. 80).

진단이 내려진 후, 질병의 급성기에는 가족이 상호 지지와 위기를 이겨 내기 위한 결정을 하는 데 있어 서로 끌어 주는 단계일 수 있다(Alderfer & Kazak, 2006; Doherty & Campbell, 1988). 하지만 치료가 시작됨에 따라 업무와 의사의 예약에 대한 새로운 가족들의 현실이 생겨남으로써 가족은 재조직화되어야만 하고, 스트레스가 증가하고 가족의 응집력과 융통성이 도전받게 된다. 이로 인해 가족기능 스펙트럼의 밀착된 혹은 유리된 관계의 양극단으로 빠져들기 십상이다.

양 부모 가족에서 아동기 만성질환이라는 마라톤을 달리는 동안 결혼관계는 긴장이 고조된다. 예로, Berge와 Patterson(2004)은 낭포성 섬유증과 가족기능에 대한 연구들의 고찰에서 다음과 같이 보고하였다.

> 낭포성 섬유증을 앓는 아동의 부모(특히 어머니)는 심리적 문제, 역할 긴장 및 낮은 결혼만족도를 보였다. 낮은 결혼만족도는 함께 보낼 시간의 부족, 저하된 소통기술, 저하된 성적 친밀감 및 양육과 돌봄 사이의 역할 긴장과 관련되어 있다(p. 87).

Patterson(1988)은 가족 적응 및 조화 반응모델(family adaptation and adjustment response model; McCubbin & Patterson, 1983)이라는 표제 아래 가족에 대한 아동기 만성질환의 영향에 대한 정보를 정리하였다. 이 모델에서 가족들은 한 세트의 신념 및 의미 내에서 그들의 요구와 능력을 균형 맞추는 것으로 간주된다. 아동기 만성질환은 요구—신체적 · 정서적 · 사회적 · 재정적—의 한쪽 편을 향하여 균형을 뒤집을 수 있고, 가족의 자원 능력을 고갈시키고 불충분한 채로 남길 수 있다. 다음에 가족은 위기에 빠지고, 스스로 새로이 균형을 잡는 방향을 찾아야만 한다.

의료가족치료사는 가족이 균형을 잃을 때 가족에게 관여하기 쉽다. 그리고 치료는 질병과 다른 생활 요구 모두를 관리하는 가족의 능력을 높이는 한 요소가 될 수 있다. 가끔 가족들은 그들이 아픈 아동을 잘 다루지 못하기 때문이 아니라 결혼관계나 형제들이 고통스러워하기 때문에 치료를 찾기도 한다. 아동기 만성질환은 여러 영역에서 가족의 균형을 깨뜨리기 때문에, 치료사가 하는 가족 내 하위체계와의 작업은 헤아릴 수 없을 만큼 값질 수 있다.

타냐와 그녀 가족의 사례에서는 천식을 다루는 데 어떻게 가족 역동과 천식이 서로 영향을 미치는지가 명확해졌다. 부모들은 타냐의 천식 증상과 그녀의 불안에 대해 경계를 늦추지 않았고 그녀는 부모와의 분리에 대해 경계를 늦추지 않았다. 더불어 타냐는 갈등이 일어났을 때 다른 가족원들의 스트레스를 떠맡았고, 가끔 이 스트레스는 그녀의 호흡문제로 변환되었다. 이것이 일어났을 때, 부모는 타냐에게 약 주는 것을 빠뜨리거나 혹은 가끔 그녀를 응급실로 데려갔다. 예전 치료사는 타냐의 부모에게 데이트를 하러 나가고 즐거운 결혼생활을 위해서 그들을 위한 시간을 가질 필요가 있음을 제안하였다. 타냐는 부모가 떠난 후에 불안발작을 일으켰고, 이것이 천식발작으로 이어졌다. 부모에게 딸아이와의 분리는 죽고 사는 주제와 같이 여겨졌다. 그들은 아이를 위해 어머니가 일대일 교습을 하면서 홈스쿨링을 하기로 결정했다. 뒤이어 이것은 타냐가 사회적 위기를 넘기고, 새로운 친구를 사귀고, 새로운 성인과 함께하는 능력을 약화시킨다. 그래서 천식에 대한 아동의 소인(경향, predisposition)은 유기의 과거력과 밀착되고, 과잉보호하는 가족 역동과 결합하여 문제가 많은 의학적 및 심리사회적 상황을 만들었다.

아동기 만성질환에서의 특별한 평가 이슈

평가에 대한 논의와 치료에 대한 다음 절의 논의는 2장에서의 임상 전략에 대한 논의를 확장한 것이다. 논의는 만성질환 혹은 장애를 가진 가족원이 아동일 때 가족과 작업하는 데 있어 몇 가지 중요한 측면을 강조한다(〈보기 10-1〉 참조). 이들에 대한 의료가족치료사의 두드러진 기여는 아동, 부모, 형제, 치료팀 및 가족을 둘러싸고 있는 사회적 관계망의 서로 맞물린 요구와 기여를 바라보는 체계 관점을 취하는 것으로부터 나온다. 의료가족치료사에게 특히 가족체계는 치료에서 고려해야만 하는 아동의 인생 맥락에서가 아니라, 그 안에서 아동기 질환의 드라마가 상영되는 중심적인 바탕이다.

〈보기 10-1〉 아동기 만성질환에서의 특별한 평가 이슈

1. 가족구성원들은 아동의 건강문제에 대해 어떠한 믿음과 의미를 가지고 있는가?
2. 아동의 질병이 가족 내 역기능적 삼각관계의 일부가 되었는가?
3. 다른 관계들에도 수반되지 않는가?
4. 형제들은 어떻게 기능하는가?
5. 문제의 어느 부분이 발달학적이고, 어느 부분이 질병과 관련한 것인가?
6. 부모들은 의료전문가들과 어떻게 관계하고 있는가?
7. 가족들의 사회적 관계망은 얼마나 지지적인가?

가족 신념

가족원들은 아동의 건강문제에 대한 신념과 의미를 가져온다(Wright, Watson, & Bell, 1996). 가장 중요한 것은 아동들이 발달학적으로 부모 및 의료전문가들의 방식으로 자기 병을 이해할 수 없을 거라는 점이다. 예로, 낭포성 섬유증을 앓는 아동은 그들이 아무런 불편을 느끼지 못할 때 병이 존재한다는 것을 믿지 않을 수도 있고, 자기 병과 등을 두드리는 것(폐에서 물을 배출시키기 위해서)—하루에도 몇 번씩 부모로부터 받는 것에 대해 화가 나는—에서 아무런 관련성을 보지 못할 수도 있다. 부모, 조부모 및 다른 친척들과 가까운 친구들의 건강에 대한 신념도 가족에게는 중요한 요소가 될 수 있다. 비슷하게, 가족원들 사이에서 신념이 대립하거나 논란이 있는 것에 대해서도 평가하는 것이 중요하다. 아동의 건강 및 생존이 위기에 처했을 때, 성인들의 신념은 아주 강하게 작용할 수 있다.

역기능적 삼각관계

가끔 아동의 질병은 가족 내에서 역기능적 삼각관계의 일부가 된다. 가족치료사는 일반적으로 삼각화(triangulation) 및 부모 갈등이 아동에게 **우회하는 것**(detouring)을 평가하는 데 잘 준비되어 있다. 만성질환 혹은 만성장애는 이러한 가족 역동이 꽃피우기 좋은 비옥한 토양을 제공한다. 이러한 삼각관계는 부모가 아동에게 집중함으로써 자신들의 연합을 유지하는 우회의 형태 혹은 한쪽 부모가 다른 부모에 대항하여 아동과 연대하는 형태의 **세대 간 연합**(cross-generational coalition)의 형태를 취할 수도 있다.

타냐의 가족에서, 부모는 천식에 대한 조절을 '강하게' 혹은 '약하게' 할 것인지에 대해 논쟁하는 것으로 자신들의 갈등을 다루어 왔다. 이 갈등은 친구의 고양이가 타냐의 천식발작을 유발시킬 수 있는 위험에도 불구하고 친구의 생일 파티에 참석할지 여부에 대한 논쟁에서 정점에 달했다. 아버지가 어머니의 조심성에 대해 우기고 '이겼다'. 타냐는 파티에 갔다. 하지만 종국에는 어머니가 '승리하였다'. 타냐가 급성발작을 일으켜서, 어머니가 밤새도록 그녀 곁을 지켰으며, 다음날 아침 의사는 어머니의 의견에 동의하였다. 이러한 갈등은 부모의 결혼에서의 관계 이슈와 다른 발달적 요구—이 경우는 정상적인 또래 활동 및 관계를 갖는 것의 중요성—에 비추어 천식을 어떻게 관리할 것인가에 대한 다른 건강에 관한 신념에서 유래했다. 다른 말로 하면, 부모는 타냐의 생활 및 가족생활에서 어떻게 질병을 대해야 하는가에 있어 차이를 보였다. 아버지는 수용 가능한 위기의 범위 내에서 가능한 한 '보통 하는 대로' 하기를 원했던 것이고, 반면에 어머니의 관심은 천식이 나빠지는 것을 예방하는 것이었다.

다른 관계

아동기 만성질환에서 가장 흔한 가족 상호작용의 어려움은 한쪽 부모(흔히 어머니)가 아동의 주된 돌보미가 되면서 시작한다. 아버지 혹은 다른 성인들은 모-자녀 이중관계에서 시간이 지남에 따라 점점 더 개입하게 되고, 가족 내 다른 관계들—결혼, 부-자녀, 부모-다른 자녀들, 확대가족, 친구—은 서서히 파괴되기 시작한다. 모-자녀 관계에는 압력이 온다. 다른 이들은 그녀가 아이를 과잉 보호한다고 책망하기 시작한다. 어머니는 다른 이들이 이해하지도 않고 도와주지도 않는다고 책망한다. 결국 관계가 균형이 깨질 만큼 멀어질 때, 누군가 혹은 어떤 관계가 무너지게 된다.

형제

형제는 종종 만성질환 아동의 가족에서 무시되는 인물들이다. Milton Seligman (1988)은 얼마나 자주 형제들이 가족 내 정보 고리 밖에 버려지는지, 얼마나 그들이 돌봄 책임을 생각할 수도 있는지, 얼마나 그들이 질병 혹은 장애에 '걸릴지 모른다는 것'을 두려워하는지, 얼마나 그들이 자기 형제의 상태에 대해 분노와 죄책감을 가지는지에 대해 묘사하였다. '우는 자식 젖 준다(the squeaky wheel gets the grease).'라는 속담이 있듯이, 건강한 형제들은 부모의 관심을 얻는 데 어려움을 가질 수도 있다. 가끔 그들은 그들의 걱정에 부모들이 관심을 갖도록 하기 위한 방법으로 행동문제의 형태로 '삐걱거림(징징거림)'을 일으킨다. 하지만 부모는 이러한 잘못된 행동을 '아무 이유도 없이' 비협조적이고, 이미 긴장이 높은 가족에게 주어지는 아동의 배신행위로 보기 쉽다. 이런 경우, 가족은 만성질환 아동이 아닌, 형제를 '지목된 환자(identified patient)'로 치료사에게 데려올 수도 있다.

발달학적 및 질병 관련 문제

문제는 발달학적인 것과 질병 관련 요소 모두를 갖는다. 당뇨병을 가진 불순종하는 청소년이 부모에 대한 전형적인 청소년기 저항에 질병행동(illness behavior)을 사용할 수 있다. 만성질환 아동들은 때때로 자연스럽게 자신의 제한점과 의학적 처방에 도전을 하곤 한다. 비슷하게, 아픈 아동은 동생의 출생과 같은 가족의 발달학적 전이 시기에 병이 심해지는 것을 경험할 수 있다. 치료사는 아동의 문제행동이 반드시 질병과 관련해 문제가 되는 가족 역동에서 유래하는 것으로 추정할 필요는 없다. 가끔 질병은 정상이지만 단지 귀찮은 가족들이 버둥거리는 활동의 장일 수 있다.

부모 및 의료전문가

가족 중에 만성질환을 앓는 이가 있을 때, 가족은 역시 의료전문가들과 '만성적인 관계'를 갖는다. 그들 모두 상당히 오랫동안 가족생활의 일부가 된다. 앞에서 언급한 것처럼, 부모는 의료전문가에게 특히 취약하며, 그들의 지지적이지 않은 행동에 대해 분개할 수 있다. 부정적인 증폭됨이 두 가지 시나리오에서 흔하고 서로 좌절하는 의료진과 분노하고 저항하는 부모로 이어진다. 진단이 불확실하거나 혹은 치료가 잘 되고 있지 않을 때, 부모들은 충분히 도와주지 않는다고 의료진에게 화를 내기 쉽다. 부모는 의료진이 지지적이고 기술적으로 유능하게 아이를 돌볼 때 자기 자녀의 양육자로, 보호자로 들어앉았다고 느낄 수 있다. 상황은 심지어 부모가 의료진을 가족 갈등 속으로 삼각화할 때 더 힘들어진다. 이렇게 전문가들과 망가진 관계를 갖는 가족을 돕는 것은 유능한 의료가족치료사임을 증명하는 하나의 징표이다.

가족의 사회적 관계망

궁극적으로, 아동들은 부모들에게서만 키워지는 것이 아니라 가족, 친구, 이웃, 학교, 교회 및 지역사회에 의해 키워진다. 만성질환이나 만성장애를 가진 아동을 키우는 것은 대부분의 부모에게 아주 힘들기 때문에 그들을 지지하는 관계망이 적극적이고 헌신적이어야만 한다. 특히 중요한 자원은 만성질환 또는 만성장애를 가진 다른 아동의 부모들이다. 왜냐하면 그들이 정말로 만성질환을 이해하기 때문이다. 가족이 얼마나 잘 지지하는 관계망을 얻을 수 있는지를 평가하는 것은 중요하다. 그들은 어떻게 도움을 요청할 수 있는가? 그들은 도움을 어떻게 받아들이는가? 그들은 질병 맥락 밖에서 다른 사람들과 관계를 맺을 수 있는

가? 즉, 그들은 아동의 질병이 주된 초점이 아닐 때 다른 사람들과 서로 지지를 주고받을 수 있는가?

타냐의 가족은 아동기 만성질환에 대처하는 가족과 일하면서 일어나는 많은 특별한 평가 이슈들을 보여 준다. 부모의 결혼이 타냐와 다른 두 자녀에게 집중됨에 따라, 그들의 결혼관계에서 남아 있는 것들이 거의 없었기 때문에 건강 신념에 대한 불일치가 더욱 문제가 되었다. 13세인 큰아이는 부모 모두가 집에 없을 때 돌보는 사람 역할로 남겨졌다. 큰아이는 타냐가 분리불안 발작을 일으킬 때면 언제나 무력감을 느꼈고, 다음에는 자기에게 책임을 떠맡기고 남겨 둔 것에 대해 분개하였다. 11세인 둘째 아이는 타냐가 받는 관심의 양에 대해 분개하고, 부모에게 사소한 반항을 자주 하였다. 둘째는 어머니가 얼마나 타냐를 과잉 보호하는지에 대해 아버지와 동맹을 맺었다. 뒤이어 어머니는 11세 딸에 대한 통제력을 상실했다고 생각하였다. 의료전문가는 그들이 아버지는 의사들이 타냐에 대해 이야기한 것을 왜곡한다고 믿고 있다는 어머니만을 다루면서, 원치 않은 상태에서 가족의 연합에 삼각화로 끼어들게 되었다. 마지막으로, 타냐의 가족은 처음부터 입양에 대해 동정적이지 않았던 자기 원가족들로부터, 다음에는 타냐를 집에서 어머니가 가르치면서 아동을 위한 주요 지역사회 기관(즉, 학교)으로부터 고립되었다.

하지만 가족은 다른 중요한 강점을 가지고 있었다. 교회가 가족들에게 지역에 대한 감각을 제공해 주었으며, 가족들은 그들의 문제에도 불구하고 돌봄과 헌신적인 관계를 유지하는 데 훌륭한 탄력성을 보였다.

아동기 만성질환에서의 특별한 치료 이슈

의료가족치료가 구조를 넘어선 것이고 특정 임상 모델이 아니라는 우리의 견해가 주어짐으로써, 이 장은 아동기 만성질환이 가족 내에 존재할 때 치료를 하는 데 있어 단일한 방법을 장려하지는 않는다. 그들이 생심리사회적 체계 관점(의료가족치료의 징표)을 갖는 한, 치료사는 광범위한 임상 모델과 기법을 성공적으로 사용할 수 있지만, 그들은 다음의 특별한 이슈들을 마음속에 새기고 그들의 치료 방법에 적합한 방식으로 천명하여야 한다.

아동의 질병 수용하기

부정과 미해결된 슬픔의 유형은 종종 아동의 질병에 적절하지 못하게 적응하는 가족이 새로운 현실에 적응하는 것을 방해한다. 그들은 자신들의 생활에 질병이 들어갈 자리를 만들지 못하고, 필연적으로 역시 그들의 생활에 들어가는 의료전문가를 받아들이지 못한다. 치료사는 가족이 그러한 행동 유형을 변화시키는 것을 돕는 전주곡으로서 부정과 슬픔의 이슈들을 다루어 왔다. 한쪽 부모가 질병을 받아들이고 그것을 위한 자리를 마련하기 시작하는 것은 드문 일이 아니다, 반면에 다른 부모 혹은 조부모들은 그러한 적응을 배신으로 생각한다. 종종 의료전문가들은 아동의 심각한 의료적 문제의 현실을 인지적으로 이해할 수 없거나 혹은 정서적으로 받아들일 수 없는 가족들을 무책임한 것으로 간주한다.

진행성 질병의 현실과 한계를 수용하는 것은 반복적인 재평가를 요구한다, 그리고 재평가의 각 주기는 막힌 슬픔, 부정 및 부모의 불화 가능성을 가져온다. 듀센병(치명적인 근육 위축이 일어나는 진행성 질병)을 가진 아동의 엄마가 자기 어머니에게 아들이 휠체어를 탈 시간이라고 말할 때, 할머니는 엄마가 이런 방식으로 아들을 '포기했다'는 것에 놀랐다. 치료사는 그들의 인생에서 질병의 존재와 힘을 수용하기 위한 은유로 휠체어가 차지할 자리를 가족들이 마련하도록 도와야 했다.

아동의 질병 제자리에 두기

아동기 만성질환 혹은 만성장애에 적응한 가족에게 다음 도전은 질병의 요구에 직면해서 본래 상태의 가족관계, 의례 절차, 세계관을 유지하는 것이다(Gonzalez et al., 1989). 질병은 본질적으로 가족을 불균형하게 하고, 질병 혹은 장애가 심하면 심할수록 불균형은 심해진다. 불균형은 아동이 적절한 발달학적 책임과 도전이 주어지지 않았을 때 일어날 수 있다. 그런 경우, 아동은 질병 뒤에 사라져 버린다. 불균형은 부모의 관계가 아동에 대한 논의와 걱정에 포함되었을 때 양 부모 가족에서 일어날 수 있고, 한부모 가족에서는 부모가 집 밖의 즐거움과 흥미가 너무도 없을 때 일어날 수 있다. 형제는 가족의 정서적 단란함 밖에 내버려지거나, 정상적인 아동기 경험이 줄어들고 책임이 주어질 수 있다. 아동의 질병에 자리를 만들지 않는 부모들이 무책임한 유형을 발전시키는 것과 마찬가지로, 질병을 제자리에 집어넣지 못하는 가족들도 아동의 문제를 다루는 데 지나친 책임을 갖는 유형을 발전시킨다.

우리는 질병으로부터 자신을 보호하는 것에 대해, 심지어 집에 질병에 대한 방—아마도 2층에 있는 여분의 침실, 하지만 가족의 가장 친밀한 장소인 부엌이나 거실은 아닌—을 마련해 주라는 식의 은유를 사용해서라도 가족들과 이야기를 나누는 것이 도움이 되는 것을 발견하였다. 그런 후에 치료사는 가족원들이 질병을 돌보는 것을 기반으로 하지 않은 활동들을 계획하도록 돕는 일을 구체적으로 할 수 있다. 질병을 제자리에 놓아두는 또 다른 기법은 아동의 현재 문제에 대한 정상적인 발달학적 측면을 강조하는 것이다. 예를 들면, 연령에 적합한 반항적인 것 혹은 무책임한 것, 그리고 그것으로 아동을 질병이 아닌 아동으로서 치료한다.

개방적 의사소통의 촉진

질병이나 장애에 대한 개방적 의사소통은 아동의 건강문제에서의 최우선 응급사항 중의 하나이다. 부모는 아픈 아동 혹은 형제들의 마음을 어지럽힐까 봐 두려워한다. 아동들도 마찬가지로, 부모와 서로의 마음을 다치게 할까 봐 두려워한다. 아동의 상태는 금기 주제가 되고 “괜찮아.” “잘 되고 있어.” “기다려 보자.”와 같은 말만을 쓰게 된다. 의료가족치료사의 주된 과제 가운데 하나가 질병에 대한 가족원들의 신념, 기대, 두려움 및 희망에 대해 그들과 열린 대화의 형태로 마음의 교류를 촉진하는 것이다. 이것은 치료사가 각 가족원에게 차례로 질병과, 그것이 가져오고 다음에는 불가피한 여러 반응을 수용하고 정상화하게 되는 어려움에 대한 각자의 생각과 느낌에 대해 질문하는 가족치료 회기의 형태를 띨 수 있다. 가끔 이러한 회기는 가족 전체와, 부모 혹은 아동 단독으로 가질 수도 있다. 한 사례에서는 공개적으로 괴로워하는 아내에 대해 강해지려고 노력했기 때문에 자신의 장애 자녀에 대한 깊은 우려에 대해 한 번도 개방적으로 표현해 본 적이 없었던 아버지가 아내에게 그가 지하층 '작업'을 할 때 자주 정말로 슬프고 장래가 걱정되었다는 것을 말할 기회가 있었다(치료사의 공손한 질문을 통해서). 이렇게 드러내는 것이 자녀를 돌보지 않는 것으로 보여서 남편을 비난해 왔던 아내를 누그러뜨렸다. 의료가족치료사의 존재와 지지를 통해 가족원들을 멀어지게 하고 혼란스럽게 하는 침묵의 벽을 그들이 무너뜨리도록 도울 수 있다. 이런 순간에 의료진이 참여할 기회가 있다면 그는 자주 다른 가족들이 비슷한 경험을 통해 나아갈 수 있다는 것을 더 잘 이해하고 지원할 수 있다.

의료전문가 및 학교와 가족이 타협하도록 돕기

어떤 부모들에게 의료전문가와의 상호작용은 아동기 만성질환의 가장 고통스러운 하나의 측면이 된다. 의료가족치료사는 특히 가족의 신념과 기대를 형성한 결정적인 사건들을 찾으며, 가족과 전문가들 사이의 과거 및 현재 상호작용을 주의 깊게 분석해야만 한다. 예를 들어, 근위축증을 가진 아동의 가족은 의사가 자기들에게 진단에 대해 이야기하는 방식이 가슴에 박힌 것이 의사를 싫어하게 된 소인이라고 이야기하였다. 한 가족은 심지어 담당의사가 진단을 한 후에 바로 그들을 찾아온 전공의가 부검 동의에 대해 물어봤다고 하였다. 장애 및 만성질환 아동의 부모는 의료 시스템은 물론 교육 시스템과도 손을 맞잡아야 한다. 그들은 자녀를 일반학급에 합류시킬 것인지, 아니면 교실 이외 학교서비스나 가정에서의 교육서비스를 제공할 것인지 대해 학교 교직원들과도 힘든 타협을 이루어야 한다. 이러한 논의는 자주 학교와 의료전문가들 사이의 협조와 의사소통 부재로 인해 꼬이게 된다(Doherty & Peskay, 1993).

의료가족치료사에게 도전은 의료전문가 혹은 학교 교직원을 희생양으로 삼거나 삼각화하지 않으면서 부모를 경청하고 지지하는 것이다. 치료사는 의료전문가의 업무와 의료 문화를 이해할 필요가 있다. 가족들은 의료전문가에 대해 실례를 범하지 않으면서 스스로 힘을 키우도록 코치받을 수 있다. 즉, 가족들은 질문하는 것을 배울 수 있고, 합법적인 요구를 할 수도 있고, 자문 및 다른 견해를 찾아볼 수 있고, 약물 및 의학적 의사소통의 정확성을 점검할 수 있다. 그리고 필요하다면 특정 전문가와의 관계를 청산하고 새로운 인물을 찾을 수도 있다. 비록 가족들이 공립학교 시스템을 떠나 다른 곳으로 가는 데는 그들의 선택이 다소 제한적이기는 하지만, 학교 시스템에도 똑같은 기술이 적용된다.

타냐의 사례에서 결정적인 사건은 의료가족치료사가 가족들이 의료 시스템과 학교 시스템과 상호작용하는 데 있어 어떻게 그들과 작업하는지의 예를 보여 준다. 타냐는 가끔 다치기는 했지만 천식처럼 가족생활에 영향을 주지는 않는 만성적인 선천성 무릎 문제로 수술을 받기로 되어 있었다. 타냐와 부모는 의과대학 학생들과 외과 전공의들이 팔에 정맥주사를 놓기 위해 45분이나 걸렸던 과거 수술의 고통스러운 경험을 반복할까 봐 걱정하였다. 그녀는 마치 고깃덩어리같이 느껴졌는데, 이는 수술과 이후의 회복보다도 더 나쁜 경험이었다. 부모는 아이의 혈관이 의사들이 처리하기에 안 좋은 것을 알고 있었기 때문에 그 상황에 대해 아무것도 할 수 없어 무력감을 느꼈다.

의료가족치료사는 가끔 응급 상황을 포함해서 매일 그 일을 하고, 흔히 어려운 환자에게 정맥주사가 필요할 때 다른 과 의사들로부터 요청을 받는 마취과 전공의들이 대부분 정맥주사를 잘 놓는다는 점을 지적하였다. 치료사는 부모에게 필요하다면 제일 연배가 높은 마취과 전공의가 정맥주사를 놔 줄 것을 요청하고, 또한 주장하도록 코치하였다. 외과 의사도 반대하지 않았고, 전공의는 한 번에 주사를 성공하였다. 타냐는 가슴을 졸였고 부모는 의료 시스템 내에서 그들이 선택할 수 있는 힘이 생겼다는 것을 느꼈다.

딸의 수술과 그 이후(부모가 처방 실수를 예방했을 때)에 대해 부부가 함께 힘을 합침으로써 부모로서의 긍정적인 경험이 입증되었다. 딸의 천식에 대한 문제를 위한 것과 같이, 치료사는 딸이 위험을 받아들이도록 결정하게 내버려두고자 하는 그들의 바람으로 타냐를 보호하려는 그들의 요구를 균형 잡는 데서의 어려움을 일깨웠다. 치료사가 지적했던, 부모들이 일치하지 않은 것의 일부는 어머니와 타냐가 대부분 호흡기 전문의사를 단독으로 방문했기 때문에 다른 정보를 가진 것에서 비롯된 것이다. 부모는 의사와의 핵심적인 논의에 함께 참여하고 그들이 의사에게 직접 의학적 정보와 조언을 함께 들은 후에만 공동으로 결정을 하는 것에 동의하였다.

의료가족치료사는 부모와 타냐가 스스로 약물을 복용하는 것을 책임지고, 학교에 출석하도록 하는 것을 포함해서 다른 쪽으로 균형을 옮겼다. 치료사의 제안에 따라, 부모는 딸의 의학적 상태와 분리불안을 설명하기 위해 타냐의 담임교사와 교장을 만났다. 어머니는 타냐가 스스로 학교를 걸어서 가는 것이 준비될 때까지 몇 달간 등하교 때 타냐를 데리고 다니기로 하였다. 그다음에 치료사는 형제들 이슈, 즉 큰딸의 책임에 대한 한계를 명확하게 하는 것, 다른 형제들보다 더 많은 관심을 받는 여동생에 대한 자신의 분노를 공개적으로 이야기하는 것, 11세 딸과 부모의 경계를 재설정하는 것으로 넘겼다.

이렇게 의학적으로 관련되고, 양육과 관련된 이슈로 진행한 후, 부부는 때때로 다시 드러나는 의료 이슈로 돌아오기는 했지만, 결혼관계 및 원가족관계에 대해 더욱 강력하게 다루기를 원했다. 부모 모두 자신들의 부모 및 형제들과의 긴장된 관계에서 중요한 진전을 이루어 나갔고, 그리하여 고립된 관계에서 다소나마 벗어날 수 있었다.

협력에서의 특별한 이슈

아동기 만성질환의 문제를 둘러싸고 의사 및 다른 의료전문가들과 협력하는 치료사에게 특별한 이슈는 전문가들이 심각하게 아픈 아동 및 가끔 역기능적인 가족과 직면하여 경험하는 예외적인 수준의 취약성 및 보호성이다. 이들 사례가 논의될 때, 의사 및 간호사들이 아동의 상태에 대해 정서적 괴로움을 보이는 것은 드문 일이 아니다. 가끔 가장 도움이 되는 협력적 활동은 치료사가 경청하고 정서적 지지를 제공하는 것이다(협력에 관한 일반적 논의는 3장 참조). 물론 치료사는 또한 아동이 병들고 죽어 갈 때 지지를 필요로 할 수도 있다. 이러한 고통의 감정은 자신이 부모인 전문가에게서 특히 심한 것 같다.

고뇌와 비애와 연결된 것은 자기 자녀에게 '올바르게 행동하지 않은' 부모를 향한 분노 및 분개의 감정이다. 어려운 의학적 및 가족 사례가 논의될 때, 어떤 의료진은 그것이 지나친 정서적 관여, 탈진, 부모와의 좌절, 복잡한 인간 행동 및 가족 역동의 이해 부족에서 유래할 수 있다는 제안으로, 집에서 아이를 데려와 떼어 놓는 것을 요구할 수도 있다. 의료가족치료사가 처한 어려움은 의료전문가의 느낌과 정당한 우려를 지지하는 반면에 부모들을 희생양으로 삼거나 강압적으로 억압당하지 않도록 하는 것이다. 시스템적으로 수련된 치료사는 가족을 대표하여 의료전문가를 희생양화하지 않는 것을 확실하게 함으로써 이 문제를 반복하는 것을 피할 수 있다. 타냐 가족의 사례에서와 같이, 치료사는 아동 및 가족과 상호작용하는 학교 및 다른 체계까지도 나아갈 수 있다. 가족과 전문가 간 간극이 너무 커서 가족이 도움을 기꺼이 따를 수 없을 정도가 된 '재앙' 같은 사례에서조차, 치료사는 의료진이 사례로부터 배우는 것을 돕고, 장래에 비슷한 사례에서는 다르게 하게끔 노력하도록 도울 수 있다. 이렇게 어려운 사례들과의 시간이 지나면, 의료진은 체계론적 관점을 뜻하는 핵심 질문을 할 수 있다. '우리는 어떤 방법으로 이 문제를 유지하도록 돕고 있지?'

결론

만성질환 아동 및 그 가족과 작업하는 것은 의료가족치료의 사명(mission)의 중심이다. Salvador Minuchin과 동료들이 필라델피아에 있는 아동병원에서 당뇨병 클리닉 책임자로부터 비공식적인 도움 요청을 받고 나서 1970년대 중반 정신신체 가족모델로 시작하였다(Minuchin et al., 1978). 1970년대 중반 이래 우리가 배워 온 것은 아동의 건강은 가족관계의 심리사회적인 부분은 물론 생물학적인 부분이라는 것이다. 우리 모두에서와 같이, 아동의 신체는 가족 리듬에 공명하여 조화를 이루고 아동들 신체의 어떤 것이 잘못되면 반향이 가족들의 의식 속으로 그리고 의료전문가에게도 깊게 파고든다. 우리는 진료에서 그들에게 우리가 주고 있는 것보다 더 많이 아이들에게 빚을 지고 있다(더 좋은 출생 전 돌봄,

더 좋은 예방적 돌봄 및 치료의 획득, 더 건강한 환경에 대해). 우리는 또한 아동의 생활에 아주 많은 영향을 미치며, 전문가들로부터 적절한 지지와 안내도 없이 쩔쩔매는 가족들이 전혀 예상하지 못한 충격과 만성질환 아동에 대한 부담에 대처하도록 더 많은 도움을 줘야 하는 빚을 지고 있다.

제11장
신체화 환자 및 가족

브라운: 허리가 아파요. 머리가 쑤시고요. 그리고 목구멍이 좁아져서 먹을 수가 없네요. 내 생각에는 암에 걸리지 않았나 생각돼요. 목구멍에도 암이 생길 수 있는 건가요?

닥터 M: 브라운 씨, 당신이 오늘 아주 불편한 것은 이해합니다. 댁의 주치의가 당신이 암을 갖고 있다고 생각하지 않는 것을 알고 있습니다만, 당신은 그와 어떤 새로운 증상이라도 논의해야 합니다. 몇 분 전, 우리가 당신의 가계도를 그렸는데, 당신은 아이 둘이 태어나자마자 곧 사망했다고 이야기를 했습니다. 내게 그에 대해 좀 더 자세히 이야기해 줄 수 있습니까?

브라운: 그 애들이 갔지요. 내 등이 너무 아파 죽을 지경이었기 때문에 곧바로 입원을 했어야만 했지요. 허리 디스크 수술을 받았어요. 그 이후로 정말로 제대로인 적이 전혀 없었어요. 일을 전혀 할 수 없었고, 아

---

http://dx.doi.org/10.1037/14256-011
Medical Family Therapy and Integrated Care, Second Edition, by S. H. McDaniel, W. J. Doherty, and J. Hepworth

내는 내게 게으르다고 비난했어요. 선생님은 『뉴스위크』에 나온 새로운 약이 내게 도움이 될 수 있다고 생각하십니까?

신체화하기(somatizing)는 불안, 우울 혹은 대인관계 문제가 아니고, 수많은 신체 증상과 같은 어려운 생활환경에 처한 브라운 씨와 같은 사람들에 의한 과정으로 개인이 살아가는 데 가장 짜증나게 함과 동시에 가장 흥미진진한 것 가운데 하나이다. 정신과 신체의 경계 면에 존재하기 때문에, 신체화 행동은 온전히 이해되지 못하고 있다. 우리는 그것을 예상대로 다룰 수 없다. 우리는 심지어 그것을 무어라고 부르는지조차 합의할 수 없다. 그리고 신체화 행동은 우리가 기존에 부담하는 보건의료 시스템 내에서 커다란 경제적 비용을 부담하는 문제이며, 창조성, 연구 및 협력적 치료를 부르는 문제이다.

신체화 환자는 정서적 및 신체적 경험을 구분하지 않으며, 정서적 고통을 표현하는 데 정서적 언어를 사용하지도 않는다. 대신, 그들은 신체적이든 정서적이든 모든 어려움을 묘사하는 데 있어 신체적 언어를 사용한다. 어떤 사람에게, 신체화(somatization)란 다른 신체적 및 정서적 스트레스에 따라 덜해졌다 심해졌다 하는 만성질환과 같이 기능하는 일생 동안의 적응 방식의 일부이다. 이 장의 서두에서 예를 든 브라운 씨는 둘째 아들이 죽고 난 후 곧바로 디스크 파열을 경험하였다. 그의 문제에서 정서적인 요소는 그가 완전히 회복하지 못하도록 하는 데 상당한 역할을 하였다.

신체화하기는 『정신장애 진단 및 통계 편람』(American Psychiatric Association, 2000)에 건강염려증 및 신체화 장애와 같은 **신체형 장애**(somatoform disorders)로 명명하는 문제를 포함하지만,[1] 의사들의 진료실에서 흔히 관찰되는 신체화 행동의 더 넓은 스펙트럼도 포함한다. 어떤 사람들은 이러한 문제를 '신체화하기'란 환자들이 경험하지 않은 신체적 및 심리적 증상 사이를 인위적으로 분리하는 것을 암시한다고 주장하면서, 나아가 신체화란 '품위를 손상시키는 진단'이라고 하

1) 이 용어에 대해 DSM 가장 최신판을 참조하라. 예로 DSM-5에서는 병력에서 증상이 30세 이전에 시작할 것과 수년에 걸친 다음 네 가지 통증관련 증상—2개의 위장관 증상, 1개의 성 관련 증상, 1개의 가성 신경학 증상—을 포함할 것을 요구한다.

였고(S. K. Johnson, 2008), **의학적으로 설명되지 않는 증상들**(medically unexplained symptoms)(R. M. Epstein et al., 2006)이라고 부르기를 선호한다. 다른 사람들은 **기능성 장애**(functional disorder), **정신생리성 장애**(psychophysiological disorder), 혹은 **논쟁거리 질환**(contested illness)이라고 부르기도 한다. 이러한 명명의 제한점을 인식하고(Creed, 2010), 우리는 그들이 상호작용적 과정을 암시하기 때문에 이 장에서는 **신체화하기** 및 **신체적 고착**(somatic fixation)이라는 용어를 사용한다.

의학적으로 설명되지 않는 증상들은 일차의료 현장에서 마주치는 가장 흔한 질환들이다(Kroenke et al., 1997). 그것은 공존하는 정신장애 혹은 기질성 장애가 동반할 수도 있고 그렇지 않을 수도 있으며, 결국 의사들을 찾게 한다. 신체화 환자들은 기질적 질병을 앓고 있다고 강하게 믿고 있기 때문에 자주 진료를 받게 되고, 의료진들에 대해 도전을 안기게 된다. 그들의 신체 증상 어느 것도 생리적 감각을 주지 못하거나 신체적 소견에서 기대되는 것에서 심하게 지나치게 된다. 항상은 아니지만, 어떤 경우 신체화 환자들은 자신의 문제에는 정서적 요소가 조금도 없다고 크게 부정하기도 한다.

이 환자들 중 많은 이는 '걱정하며 잘 지내는 사람(the worried well)'이라고 불리기도 하며([그림 11-1] 참조), 의료진으로부터의 약간의 안심시키기(reassurance)와 시간을 필요로 한다. 한 연구에 의하면 설명되지 않는 증상을 가진 일부 환자의 경우 심리사회적 혹은 스트레스 관련 걱정에 대해 이야기할 기회가 마련되지만, 환자들에게는 일반적으로 의사들이 이런 기회를 무시하여 '목소리는 내지만 듣지 못하는 것'이었다(Salmon, Dowrick, Ring, & Humphris, 2004). 의료인들의 전문적 기술과 의료 시스템의 급증하는 비용은 심리사회적 걱정에 대해 거의 목소리를 내지 못하는 심각한 신체화 장애를 가진 소수의 환자로 인해 도전에 직

[그림 11-1] 환자들의 신체적 고착 범위

출처: McDaniel, Campbell, Hepworth, & Lorenz (2005), p. 126.

면하고 있다. deGruy, Columbia와 Dickinson(1987)에 따르면 신체화 장애[2)]가 더 심한 환자들의 경우 진료실 방문이 50% 더 높았고, 50% 이상 비용을 지불했고, 진료 기록이 두 배 이상 두꺼웠으며, 대조군에 비해 더 많은 진단명을 받았다. 이 환자들은 비싸고, 위험 가능성이 더 높고, 불필요한 처치 및 치료를 받을 가능성이 있다. 신체화 장애를 가진 환자들이 수많은 입원 및 수술을 받은 병력을 갖고 있는 것은 유별난 것이 아니다. 보건의료 시스템에서 이 환자들이 차지하는 전체 비용은 막대하다. Barsky, Orav와 Bates(2005)는 보건의료 비용 내에서 연간 2,560억 달러(한화로 환산하면 약 281조 원, 1달러=1,100원으로 추정할 경우—역주)가 신체화 환자에게서만 귀인하는 것으로 추정하였다.

신체화에 대한 문화적 지지

데카르트의 정신-신체 이분법은 우리가 질병 경험을 묘사하는 구성개념(construct)의 구조 및 의미에 스며들어 있다. 신체 증상은 반드시 일차적으로 기질적 원인을 가져야만 하고, 혹은 정서는 일차적으로 어떤 심리학적 경험에 따라 결정된다는 인식이 우리 사회에서 널리 받아들여지고 있다. 정신과 신체가 통합적이고, 관련되고, 소통하는 통일체라는 개념은 주류 서양 사회에서 아주 최근에 잠정적으로 고려되어 왔다. 신체화 장애의 복합성은 우리 문화가 인생의 신체적 및 정서적 측면의 통합 및 상호 의존성을 인식하는 투쟁을 상징한다. 의료인류학자 Arthur Kleinman(1986)은 신체화를 "문화적으로 권위를 부여받았으며, 사회적으로 유용하고 개인적으로 쓸모가 있는 것"(p. 151)으로 묘사하였다. 신체화는 문화에 따라 발생률에 차이를 보인다. 아시아 문화에서는 비록 서구 문화에 비해 심리사회적 설명을 덜 수용하고 있음에도 불구하고 서구에 비해 신체화의 발생이 훨씬 많아 보인다(Bhatt, Tomenson, & Benjamin, 1989; Ryder et al., 2008).

---

2) 신체화 장애는 30세 이전에 신체적 호소의 병력과 알려진 의학적 상태에 의해 충분히 설명되지 않는 8개를 포함하는 DSM 진단명이다. 이 증상들은 의도적으로 아픈 척하거나 만들어 내는 것은 아니다.

라틴계도 역시 앵글로 인종에 비해 신체화 발생이 높은 경향이 있다(Willerton, Dankoski, & Martir, 2008).

서구 문화도 개별적 책임과 질병 사이의 관계에서 투쟁하고 있다. 또다시 우리는 이분화하고 있다. 우리는 사람들이 질병이나 질환에는 책임이 없는 통일체라고 믿는 반면에 그들의 정서적 문제에 대해서는 책임을 지우는 경향이 있다. 문제를 신체화 환자에게도 마찬가지로 '신체적인' 것으로 규정함으로써 대부분의 사람이 용인하는 수동적-의존적 환자 역할을 허용한다.

의료 및 심리치료 영역은 우리 문화가 통일체로서 했던 것과 마찬가지로 정신-신체 이분법과 투쟁을 한다. 의학이 생명공학에 더 많이 의존할수록 의사 및 환자들은 신체화로 고착되고 생의학이 환자의 진단 및 치료에서 유일하게 중요한 요소가 되는 의학으로 귀결되고자 하는 유혹에 빠진다. 우리가 보여 주었듯이, 신체화 행동에 대해 전적으로 생의학적 접근을 적용하는 것은 증상을 더 고조시키고, 환자와 의사를 좌절시키고, 진료 횟수 및 비용을 증가시킬 것이다. 심리치료 분야에서도 마찬가지로, 심리사회적 주제에 전적으로 초점을 맞추게 되면 신체화 환자들은 치료를 거부하고, 치료사들도 환자를 거부하는 결과를 자주 야기하게 된다.

신체화 행동에 대한 생심리사회적 접근은 정신-신체 이분법에 대한 문화적 지지에 대항한다. 이러한 접근은 의사 및 치료사 모두 모든 신체 증상이 일부 생물학적, 일부 심리적, 그리고 종종 일부 사회적 요소를 갖는다는 것을 당연하게 여기도록 해 준다. 생심리사회적 접근은 어떤 증상이 '기질적' 혹은 '모든 것이 네 마음에 달린' 것인지를 밝히려는 환원주의를 피할 수 있다. 신체화 행동은 신체적 · 정서적 · 상호작용적 과정의 가장 복잡한 혼합체이다.

의뢰하는 의사의 경험

신체화는 의학의 '맹점'이라고 부르기도 한다(Quill, 1985). 지속적인 신체 증상 문제가 환자 및 환자 가족들을 좌절시키고 있다면, 치유로부터 만족을 얻는 의사의 경험도 심하게 좌절된다. 신체화 환자를 만난 오후에 자신의 직업 선택에 대해 회의를 품게 된 한 의사가 쓴 다음 시를 보자.

다른 생각

지금 오후 5시이다.
하루가 거의 다 지난다.
모든 환자를 다 보았는데,
한 사람을 제외하고.

나는 문 밖에 서 있다.
진료실 문 밖에.
간호사의 메모를 읽는다.
전율 속에서.

"새로 온 환자는 말한다.
밤새 치통이 있었다고,
신발을 너무 꽉 조일 때
배가 아프다고.

"무릎에서 시작하는
다리 저림,
1963년부터 시작된
어지럼증.

"음식물이 내려가는 대신
올라오고,
항상 피곤하고,
아무렇게나 뒹굴거린다……"

눈물이 흘러내린다.
나는 눈물을 감출 수가 없다.
메모는
끝없이 이어진다.

"……계단을 올라가는데
방귀가 나오고,
아무 냄새도 느끼지 못하네
속도를 내는데.

"왼쪽 손에 고통이 오고
오른쪽 손은 힘이 없고,
재채기는 고통스럽고
손에서부터 발끝까지.

"지난주
가슴에 통증이……"
그만! 더 이상은 그만!
나머지는 더 읽을 수 없어!

나는 경영대학을 가는 게
더 현명했을 거라 생각한다,
그들은 신체화 환자를
보지 않을 테니까.

- Tillman Farley, MD[3)]

---

3) 저자의 허가 후에 게재함.

일부 의사는 의료에서의 그들의 접근에서 스스로 신체화에 고착되어 있다. 즉, 그들은 복잡한 문제의 신체적 측면에 전적으로 초점을 맞춘다(van Eijk et al., 1983). 그들은 신체화 행동을 통해 전달되는 간접적인 의사소통을 이해하지 못하고, 호소를 이해하고 치료하는 데 생의학적 틀을 사용한다. 이러한 의사들은 신체화 환자에게 그들은 건강하다고 이야기하거나 혹은 그들의 증상에 대해 상대적으로 약한 설명을 하게 되고, 환자들은 이해되지 못하고 있다고 느끼게 되고, 지속적으로 호소와 요구를 하게 된다(반대로, 대부분의 다른 환자는 이러한 소식에 안도하기도 한다). 신체화 환자들은 이들 의사가 잘못된 것을 발견할 수 없으며 그들을 돌보기를 원치 않는다고 믿는다. 뭔가 부족하다는 것을 느끼는 생의학적

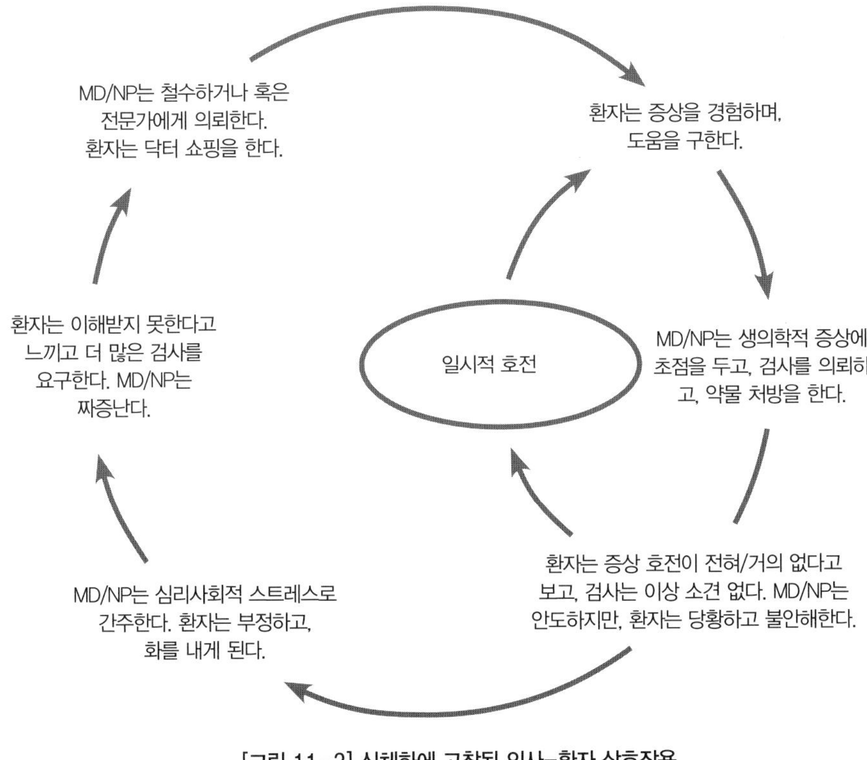

[그림 11-2] 신체화에 고착된 의사-환자 상호작용

MD/NP = 의사/전문간호사(nurse practitioner, 미국 일부에서는 간호사들이 의사와 비슷하게 진료를 하고 처방을 할 수 있도록 자격을 부여하기도 함—역주).

출처: McDaniel, Campbell, Hepworth, & Lorenz (2005), p. 133.

경향의 의사는, 다음에 환자의 요구에 대해 화를 내거나("이것은 모두 당신 마음에 달린 겁니다."), 거리를 두거나(예: 전화 응답을 하지 않는 것), 더 많은 검사를 하거나, 다른 전문가에게 의뢰하거나 하는 반응을 할 것이다([그림 11-2] 참조). 환자와 함께 신체화에 고착된 믿음을 공유하는 가족원들도 자신들의 사랑하는 사람을 완쾌시키지 못하는 의료 시스템에 대해 그들 자신의 좌절을 표현하기도 한다. 일부 환자 및 가족은 동종요법(homeopaths) 및 심령치료사(curanderos)와 같은 비주류 건강돌봄 제공자에게 도움을 구하기도 한다.

의사 혹은 전문간호사들이 이러한 사이클을 벗어나는 길은 환자를 진료하는 데 있어 시작부터 생심리사회 접근을 택하는 것이다([그림 11-3] 참조). 이 접근으로, 의사는 생의학적 및 심리사회적 질문들을 포함한 인터뷰를 시행함으로써 포괄적인 평가를 한다(Doherty & Baird, 1983). 의사는 환자 및 가족들과 권위적이기보다는 협력적 관계를 이루고, 불확실성을 견디도록 모범을 보이고, 환자의 고통을 알아 주고, 치료팀에 의료가족치료사를 합류시키도록 제안할 수 있다(McDaneil, Hepworth, & Doherty, 1995). 동시에 의사와 치료사는 한정된 목표를 설정하고, 의료진은 증상보다는 환자의 기능을 모니터하게 된다. 치료사는 의사가 가능성이 있는 심리사회적 요인들을 고려하도록 도울 수 있다(이러한 협력의 예는 Taplin, McDaniel, & Naumburg, 1987 참조). 일단 합당한 의료전문가와 가족 간의 협력적 관계가 성립되면, 의료가족치료사는 의료진이 환자의 증상을 이해하도록 하는 통합적 접근을 발전시켜 나가고, 문제의 신체적 요소를 치료하고, 가족들이 환자의 건강과 안녕을 지지하고, 환자가 자신의 신체적 및 정서적 요구를 모니터하고 관리해 나가는 데 있어 역량과 자신감을 발전시키도록 도울 수 있다. 의료진은 가족들이 치료사와의 상담을 종결한 후에도 계속 이용 가능하다.

전통적인 정신건강 접근법은 이들 환자에게서 성공적이지 못하다. 정신역동 이론은 신체화를 환자의 성격 구조의 일부—환자가 끔찍한 정서적 경험에 대해 방어하는 방법의 일부—로 이해한다. 신체화를 깊숙이 뿌리를 두고 있는 것으로 간주하고, 이들 치료사가 신체화 환자들과의 실행 동맹(working alliance)을 이루기가 어려운 것으로 인식하기 때문에 이 환자들은 전통적으로 '심리치료를 하기에 좋지 않은 대상자(poor candidates for psychotherapy)'로 생각되어 왔다

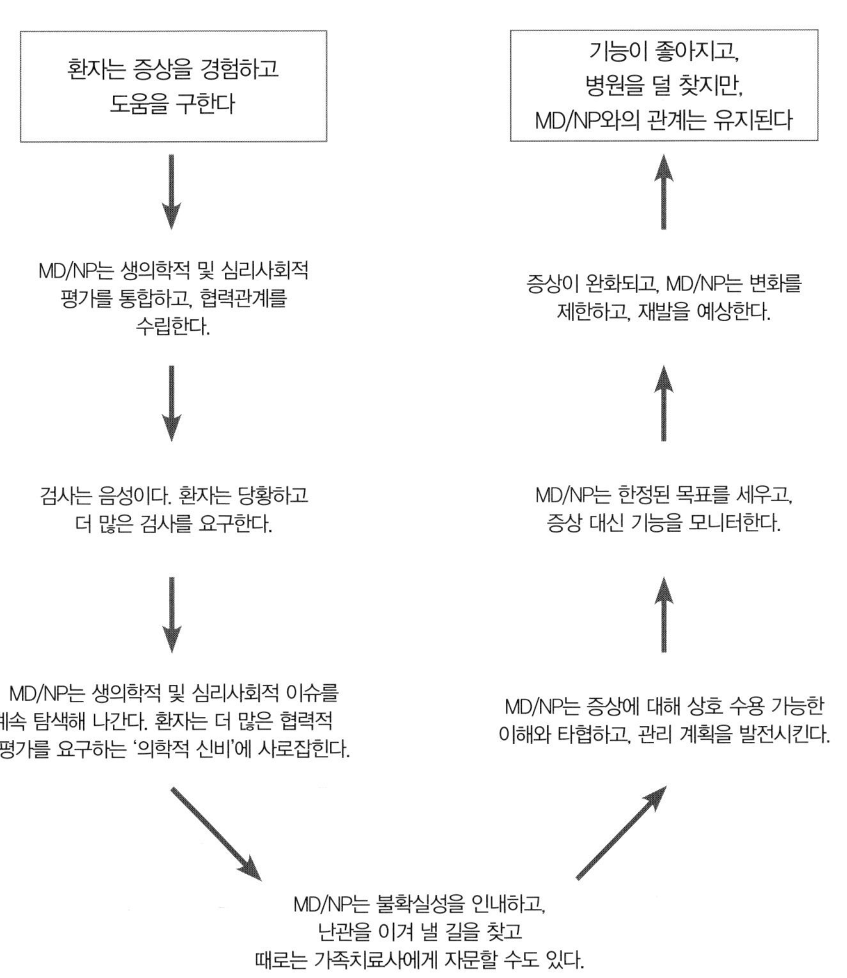

[그림 11-3] 신체화 고착에 대한 생심리사회적 접근

출처: McDaniel, Campbell, Hepworth, & Lorenz (2005), p. 135.

(Greenson, 1965). 우리는 일차의료의사들로부터는 도저히 도움을 줄 수 없다면서 의뢰를, 그리고 정신과 의사들로부터는 이 환자들이 근본적으로 치료 불가능하다는 이야기를 들어 왔다. 신체화는 가족과 의료진의 협력은 물론, 환자가 경험하고 기능하는 데서의 문제로, 진단보다 더 핵심적일 수 있다(Epstein, Quill, & McWhinney, 1999). 인지행동적 접근법이 일부 환자에서 성공을 거두기도 하지

만(Allen & Woolfolk, 2010), 지나치게 자주 개인치료에서 이 환자를 치료하는 것은 환자의 증상과 치료 사이의 전투에서 패배하게 할 수 있다. 신체화 행동을 둘러싼 가족 맥락과 상호작용적 주제를 다루는 것이야말로 성공적인 치료에 필요한 영향력과 필요 강도를 제공할 수 있다.

신체화 환자 및 가족의 이해

신체화 환자는 신체적 신호(cues)에 극도로 민감하다(Barsky, 1979). 일지를 이용하여 신체적 증상들을 기록하도록 하였더니, Kellner와 Sheffield(1973)는 건강한 사람들 중 60~80%가 일부 신체 증상을 경험함을 발견하였다. 물론 그들 대부분은 이들 증상을 의사의 개입이 필요한 문제로 여기지 않았다. 하지만 증상에 대한 개인들의 지각(perception)은 다양했다. 여러 연구에서 비슷한 정도의 조직 병리(tissue pathology)가 개인에 따라 기능적 장해와 주관적 고통을 매우 다양하게 산출함이 밝혀졌다(Eisenberg, 1979). 신체적 신호에 민감하고, 더 많은 장해와 고통을 경험하는 사람은 이들 증상을 치료가 필요한 문제로 간주하는 경향이 높았다. [그림 11-1]은 신체적 부정부터 다른 한 극단인 신체적 망상까지 환자들의 신체화 고착의 스펙트럼을 보여 준다.

수지는 28세의 별거 중인 여성으로 여러 신체적 호소를 하고 있다. 그녀는 머리, 팔에 통증을 가지고 있으며, 머리 및 다리에 쏘는 듯한 통증, 잦은 위경련, 새벽에 깨는 것을 호소하였다. 그녀는 자신이 의사들이 미처 발견하지 못한 심각하고 위독한 병을 앓고 있다고 확신하고 있었다. 수지는 원인을 찾기 위해 그녀가 알고 있는 모든 피검사와 진단적 처치(아주 비싼 MRI검사를 포함해서)를 요구하였다. 그녀가 가장 걱정하는 것은 다섯 살짜리 아들이었는데, 그 아이도 그녀가 앓고 있는 증상들과 거의 비슷한 증상을 보인다고 생각하고 있었다. 그녀는 자기 '병'이 전염될 수 있고, 자기가 아이에게 그것을 전해 주었다고 걱정하고 있었다. 여러 번, 그녀는 다른 어떤 사람들도 이 병을 앓고 있지 않다는 것을 밝히기 위해 검역을 해야만 하는 것 아닌가 하고 미심쩍어 했다.

수지는 대부분 아주 잘 지냈다. 그녀는 큰 회사에서 아주 능력 있고 일을 잘하고 있었다. 또한 그녀는 근무가 끝나면 일주일에 5일은 격렬한 에어로빅 교실을 다녔다. 이 환자의 내적인 경험과 외적인 모습 간 간극에 대해 고민하던 주치의는 그녀를 의료가족치료사에게 의뢰하였다.

치료를 하면서 수지의 이야기를 알게 되는 데는 수개월이 걸렸다. 그녀가 이야기한 그녀의 증상은 별거하던 시기에 시작하였다. 수지는 부분적으로 남편과의 관계에서의 불만과 직장에서의 한 남자와의 열렬한 관계로 인해 남편을 떠나게 되었다. 별거 후, 그 남자는 그녀와의 성관계를 지속하기는 했지만, 진지한 약속을 원하지 않는다는 것을 분명하게 밝혔다. 이 이야기를 들은 후, 수지는 가볍게 만난 남자들과 두 차례 사랑을 나누는 애정 행각을 이어 갔지만, 이로 인해 바로 괴로워하였다. 이 일이 있은 직후, 수지는 바이러스 감염에 심하게 걸렸다.

수지는 주치의에게 모든 성병에 대한 검사를 요구하였다. 검사는 이상이 없었지만 바이러스 증상은 계속되었고, 그녀가 위독하다고 걱정하게 만든 증상들로 발전하게 되었다. 그녀가 처음 '병'이라고 걱정한 것은 성병으로, 결국은 죽게 되는 AIDS와 비슷한 어떤 것이었다. 약 1년 가까이 증상을 겪고 난 후, 만성피로증후군(chronic fatigue syndromes)의 증상에 관한 기사가 언론에 보도되기 시작하였다. 수지는 자신의 증상이 '피로가 동반되지 않은 만성피로증후군'이라고 생각하였다. 그녀는 자신의 별거 혹은 이어진 애정 행각과 관련한 어떠한 스트레스 혹은 정서적 어려움도 부정하였다. 단지 아무도 진단하지 못하고 치료를 못해 주기 때문에 '스트레스'를 받는다고 이야기하였다.

수지는 자신의 문제에 대해 치료를 받기 위해 애쓰는 가운데 자신의 질병 경험과 좌절 속에 있는 많은 신체화 환자의 전형이다. 그녀는 또한 어떠한 기분장애도 부정하고 있음에도 불구하고, 우울 및 불안의 신체 증상 중 많은 것을 갖고 있다는 점에서도 전형적이다. [수지는 별거 후, '오로지 안도감(only relief)'만 경험하였고, 우울감을 전혀 경험하지 못했다고 굳게 믿고 있었다.] 신체적 고착은 강박장애 혹은 강박 경향의 일부일 수 있다(Okasha, Saad, Khalil, El Dawla, & Yehia, 1994). 신체화 환자는 항불안 효과를 포함하든 하지 않든 항우울제를 포함하는 치료로 효과를 볼 수도 있다. 수지는 결국 항우울제가 만성피로증후군에 도움이 된다는 근거 때문에 항우울제 시도에 동의하였다. 약물이 그녀의 문제를 완쾌시키지는 못하지만, 그녀는 통증이 가라앉는 도움을 받았다고 보고하였다. 또한 신체 증상을 가진 환자들은 인지행동적 기법(Kroenke & Swindle, 2000; 가족원들에 의해 강화됨), 혹은 마음챙김 기반 스트레스 경감(mindfulness-based stress reduction; Baslet & Hill, 2011; Bohlmeijer, Prenger, Taal, & Cuijpers, 2010) 클래스(가장 좋은 것은 환자 단독보다는 환자 및 파트너 혹은 돌보는 사람이 함께하는 것이다)를 통해서 좋아질 수 있다.

수지와 같이, 모든 신체화 환자는 주요우울장애 및 공황장애에 대한 선별이 필요하다. 이 두 장애는 이들 환자에게서 흔하고, 의뢰하는 의사들이 종종 빠뜨리는데, 항우울제 치료에 반응한다(Katon & Russo, 1989). 약을 처방하지 않는 가족치료사들은 치료계획에서 이러한 점을 촉진하기 위해 환자의 일차의료의사 혹은 자문 정신과 의사와 협업할 수 있다.

신체화 행동은 어떻게 발전하는가? Kellner(1986)는 많은 신체화 환자에게 그가 생각하는 사이클이 일어난다고 다음과 같이 묘사하였다.

> 건강 염려 반응의 흔한 순서는 불안 혹은 우울의 시간에 새로운 신체 증상의 경험이 있은 후, 신체 감각의 선택적 지각이 뒤를 잇고, 병에 대한 두려움과 더 많은 신체 증상을 동반하는 불안이 점차 증가하게 된다. 이들은 잦은 반복으로 과잉 학습된 악순환의 사이클에 연결되게 되고, 고리는 예측 가능해진다(pp. 10-11).

이러한 행동을 강화하는 데 있어 가족원과 의사들의 상호작용을 떠올리는 것은 어렵지 않다.

신체화의 발달 및 지속에 관여하는 가족요인

많은 가족요인은 신체화 행동을 강화 혹은 지지할 수 있다(Phillips, 2008). 일부 가족은 정서적 경험에 대한 언어가 결여된다. 즉, 모든 가족원은 감정표현불능증(alexithymic)일수도 있고, 신체적 경험에 대한 언어만이 허용될 수도 있다. 아동들은 정서적 고통에 대해서는 아무런 주목도 받지 못하고 오로지 신체적 고통에 대해서만 주목받는다. 이러한 것은 아동들이 어떠한 요구나 문제도 신체적인 것으로만 경험하도록 조건 지으며, 신체 증상들은 여러 경험의 언어가 되어간다. 정서적으로 빈곤한 환경에서는 학대가 드문 일이 아니다. 심한 신체화 행동과 초기 박탈, 신체적 및 성적 학대, 혹은 트라우마와의 관련성을 밝힌 연구는 여럿이다(Fiddler, Jackson, Kapur, Wells, & Creed, 2004; Katon, 1985; E. A. Walker et al., 1999). 이 환자들에게 초기 정서적 트라우마는 의미 있는 신체적 요소를 갖는다. 아동 및 청소년에서 신체형 장애의 발생 연구에 관한 체계적인 검토에서 다음과 같은 추가적 가족 위험 요인—부모의 신체화, 주요 인물의 기질성 질병, 가까운 가족원의 정신병리 및 역기능적 가족 분위기—이 발견되었다(Schulte & Petermann, 2011).

임상적으로 심하게 신체화하는 사람들은 정서적 고통을 회피하거나 무감각해지는 것을 추구하는 상호작용의 유형을 공유한다. 신체화 성인의 상당수는 다른 신체화 성인과 결혼한다. 이러한 커플들은 신체적 불편함의 언어를 공유한다. 다른 신체화 성인들은 돌보는 배우자와 결혼한다. 돌보는 사람들은 자신 스스로가 아프지 않을지 모르지만, 그들도 신체적 사건에 대한 의사소통을 우선적으로 두고 대부분의 정서적 경험을 부정한다. 신체화란 또한 알코올 중독이나 알코올 중독의 가족력과 연관하여 발생한다.

수지는 어떠한 신체적 혹은 성적 학대의 과거력도 부정하였다. 그렇지만 그녀의 어린 시절은 어려웠다. 그녀의 아버지는 알코올 중독자였고 예측 불가능했다. 그녀는 어머니가 '항상 아팠다.'고 했다. 수지는 아주 어렸을 때부터 신체화 행동을 배웠다. 이후 그녀는 항상 증상을 가진 것으로 여겨지는 남자와 결혼했다. 남자는 전기회사 선로에서 일하는 직업에서 발생한 병과 잦은 사고로 인해 자주 수지에게 돌봐 줄 것을 요구했다. 수지는 돌보는 사람으로서의 자기 역할에 대해 화가 나기 시작했고, 드디어 부부는 그녀가 남편을 돌봐야 할 만큼 남편이 아픈 것인지에 대해 말다툼하였다. 남편과 헤어지고 난 다음에 만난 남자 친구는 신체적으로 건강했지만, '술을 너무 많이 마시는 경향이 있었다.' 이 관계에서 그녀는 환자가 되고 남자 친구가 돌보는 사람이 되었다.

신체화 환자의 가족원을 포함하는 것은 단지 신체 증상에만 근거한 의사소통 유형을 끊고, 여유를 찾고, 정서적 경험에 근거한 추가적인 의사소통을 허용하도록 하는 데 필수적이다. 치료 후기의 수지와의 의미 있는 한 회기에 그녀의 남자 친구와 만성피로 지지집단의 두 친구를 포함시켰다. 회기 끝 무렵, 수지는 "이 집단은 더 이상 나와 맞지 않아요. 나는 우정을 지키고 싶지만, 지금 나는 내 실행 프로그램에 초점을 맞출 필요가 있어요."라고 하며 집단에서 나가겠다고 하였다. 몇 주 후, 그녀는 남자 친구가 알코올 중독 치료를 거부했기 때문에 그와도 헤어졌다. 1년의 추적 관찰 시기에, 수지는 새로운 남자 친구를 사귀고 있었으며, 새로운 직업을 얻었고, 단지 가끔 두통을 호소할 뿐이었다.

신체화 환자의 가족원들은 흔히 신체적 안녕 및 증상을 호소하는 사랑하는 이의 불행에 대해 우려한다. 이 우려 때문에 가족원은 특히 환자가 가장 크게 저항할 수 있을 초기 단계에 치료를 위해 중요한 지원을 제공할 수도 있다. 수지의 여동생과 어머니는 "우리가 최선을 다하지 않으면 그녀는 죽을지도 몰라요."라며 초기 회기에 그녀를 데려왔다. 사실, 신체화 환자들의 수명은 일반 인구에 비해 짧지 않다(Coryell, 1981). 그렇지만 환자 및 다른 가족원들의 인생은 신체 증상, 대인관계에서의 분투 및 과도한 진료로 가득할 수 있다.

Smith, Monson과 Ray(1986)는 일차의료의사를 위한 권고와 짝지어진 정신의학적 자문을 통해 신체화 장애 환자의 의료비용이 53%까지 감소하는 것을 발견하였다. 통합적 협력치료의 초기 경험에서, Huygen(1982)은 진료실에서 가족치료사에 의뢰한 결과, 의료서비스의 과도한 이용이 훨씬 줄어들었음을 발견했다.

한 의료보험 기관(HMO)의 292명의 성인 대상 연구에서, Law와 Crane(2000)은 진료 이용의 21.5%가 감소하는 것을 발견하였다. 정상 출산아에 비해 고도 미숙아의 후향적 연구에서, 그들이 4.5세에 이르렀을 때, 초기 입원 및 통증을 겪은 미숙아들에서 그들의 양육이 '적절하지 않다면(nonoptimal)', 신체화 장애로 발전하기 쉬운 것을 발견하였다(Grunau, Whitfield, Petrie, & Fryer, 1994). 미숙아 출산의 트라우마를 경험한 일부 부모가 흔히 아동들이 아파하는 것이나 통증에 대응하여 어떻게 부적절한 양육을 하는지, 그리고 의료가족치료가 어떻게 이것을 바로잡고 장차 있을 문제의 발생을 예방하는지를 이해하기 쉽다. 통제되지 않은 여러 연구를 통해 신체화 성인(Hudgens, 1979) 및 아동(Mullins & Olson, 1990)의 경우 가족치료가 성공적인지를 보여 주었다.

신체화 환자 및 가족의 치료에 대한 임상 전략

의뢰과정에서 협력하기

정신건강 혹은 행동건강 전문가에게 의뢰하는 것을 쉽게 수용하는 대부분의 신체화 환자는 정의상 심각한 신체화 문제를 갖지는 않는다. 치료 개시를 위한 계약은 의뢰하는 의사와 한다. 환자 및 가족원들은 치료사를 만나는 것에 대해 흔히 회의적이거나 적극적으로 저항하는 사이 어딘가에 위치한다. 그래서 의사 혹은 전문간호사 및 치료사에게 있어 의뢰하는 것은 대부분 창의성, 인내심 및 추가적인 에너지를 요구한다. 의뢰와 관련하여 치료사가 하는 일의 대부분은 과정 초기에 가능한 의뢰하는 의사와 밀접한 협력관계를 수립하는 것을 자문하고, 가능한 한 부드럽게 손을 떼고 넘겨주도록 계획하는 것이다. 다음 제안들은 치료사가 신체화 환자의 의뢰과정 중 의뢰하는 의사와 작업하도록 하는 것을 도와줄 수 있다.

공감하기

먼저 의사가 의뢰를 할 때까지 흔히 느끼는 좌절을 표현하도록 한다. 이런 환자를 의학적으로 다루는 데 있어서의 불확실성을 인내하는 것이 얼마나 어려운 일인가에 대해 의사와 공감한다. 모든 일차의료의사가 알고 있듯이, 신체화 환자는 다른 어떤 환자들과 마찬가지로 심각한 질병으로 발전할 수 있다. 의사는 중대한 의학적 진단을 놓치지 않는다는 전제하에 진료를 하고 있다고 생각하는 것이 보통이다. 하지만 신체화 행동 속으로 빠져들거나, 환자에게 정서적 기반의 문제에 대해 고가의 생의학적 검사를 제공한다고는 생각하지 않는다.

협력적 치료

의사 및 치료사가 환자 및 가족과 정기적이고 지속적인 참여를 하는 통합적 팀 접근을 제안한다([그림 11-3] 참조). 일부 의사는 여러 번에 걸쳐 좌절을 경험한 후에 이런 환자들을 '쫓아 버리기(dump)'를 원할 수도 있다. 치료사는 책임감을 기대하고 싶어 할 수 있다. 어떤 새로운 혹은 심각한 증상들에 대해, 특히 치료가 진행 중일 때 환자와 가족들을 평가하고 안심시키는 의사 역할의 중요성을 강조한다. 두 전문가가 정기적으로 스케줄에 따라 환자를 보는 것을 지속한다면 환자들은 전문가를 만나게 만들 증상을 나타내지 않게 되므로 가장 성공적일 수 있다. 종종 이것을 이해하는 것으로 의사들이 철수하는 것을 예방한다. 이를 통해 의사들이 환자가 '완쾌(cure)'를 요구하는 것을 지속적인 돌봄에 대한 요구로서 바라보도록 도울 수 있다(Kaplan, Lipkin, & Gordon, 1988).

'의학적으로 설명되지 않는 증상들(medically unexplained symptoms: MUSs)'을 갖고 있으면서, 극단적으로 심각하게 신체화하지 않는 환자들에 대해서는 그들 생활에서의 심리사회적 스트레스 요인, 즉 '들어주지 않는 의제들(unheard agendas)'을 탐색한다. 이 환자들은 자신들의 신체적 경험에 대한 지각을 바꾸고, 열정적으로 고통에 집중함으로써 명상, 요가, 마음챙김 기반 스트레스 경감과 같은 치료에 반응할 수도 있다. 마음챙김 원리는 물론 커플 혹은 가족 치료에 통합될 수도 있다(Gehart & McCollum, 2007).

지원에 대해 묻기

의사에게 환자 및 가족을 적극적으로 의뢰하는 것을 지원할 것인지에 대해 물어본다. 의사로부터의 계속적인 지원은 의뢰에 성공하는 데 종종 결정적이다. 이러한 지원의 중요성을 보여 주는 사례에 대해서는 Taplin, McDaniel과 Naumburg(1987)를 참조한다. 그렇지만 의사는 환자가 의뢰를 받아들이도록 설득하는 동안 너무 많은 것을 약속하지 않는다는 것을 알아야만 한다. 오히려 그는 다음과 같이 말할 수 있다,

> 내 동료는 분명하지 않은 의료적 문제를 가진 환자를 진료하는 데 특별한 관심을 가진 치료사입니다. 많은 환자와 가족이 그와의 작업에서 도움을 받았지요. 당신과 나는 많은 것을 노력해 봤습니다. 나는 당신이 그를 만났으면 좋겠고, 당신이 이러한 증상을 가지고 살아 나가고, 생활의 즐거움을 다시 찾는 데 도움을 받기를 바랍니다.

적당한 때 함께 만나기

의뢰에 저항하는 심각한 신체화 환자들에 대해서는 부드럽게 손을 떼고 넘겨주는 것(warm handoff) 혹은 의사, 환자 및 가족이 함께하는 공동 회기(들)가 행동적 보건의료 치료의 성공에 특히 중요할 수 있다. 신체화 환자들은 치료에 대한 동기가 일반 환자에서 의뢰되는 것보다 훨씬 더 높아 법원에서 의뢰하는 이들과 비슷할 수 있다. 공동 회기는 의사가 가족들이 치료를 찾도록 직접적인 지원을 표현할 수 있게 해 준다. 그 같은 지원 맥락에서 회기(들)는 환자 및 가족이 치료사 및 치료에 대한 신비적 요소를 제거하도록 해 주며, 신뢰를 쌓도록 해 준다. 전문가들과의 한 번의 회기 후 가족들은 자주 자기들 스스로 기꺼이 치료사를 보려고 한다. 신체화 환자를 둘러싸고 협력하는 데 특별히 관심을 갖는 의사와 치료사들에게는 어려운 환자라도 치료 내내 공동치료팀과 같이 행동하는 치료사 및 의사에 의해 효과적으로 효율적이고 치료될 수 있을 것이다. 이러한 접근에 대한 사례에는 McDaniel, Campbell, Hepworth와 Lorenz(2005)를 참조하면 된다.

일부 환자는 단기 행동건강 자문보다는 오히려 장기간의 의료가족치료가 요구되기도 한다. 비록 장기치료가 비용이 들기는 하지만, 불필요한 검사, 처치 및 입원에 드는 비용에 비해서는 미약하다. 다음 크레인 씨는 심각하게 극단적으로 신체

화하는 환자이다. 이런 환자는 심각한 고통을 경험하고 의료진에 대해 매우 좌절하고 있으며, 생의학적 해답을 찾기 위해 진료비가 천정부지로 올라가기 때문에, 우리는 이 사례를 치료의 초기, 중기 및 후기로 나누어 자세하게 기술한다. 우리는 신체화 문제를 덜 도전적인 방법으로 이용할 수 있는 임상 전략들을 선보인다.

크레인 씨는 전립선암을 진단받을 때까지 배관공으로 일하다가 은퇴한 63세 남자이다. 크레인 부인은 양쪽 유방암이 현재는 관해(remission) 상태이다. 닥터 게일은 이 두 사람의 주치의이다. 의사가 치료사에게 의뢰하였을 때 아내는 그를 가르켜 "그는 내 아버지를 기억나게 하세요."라고 하였다.

닥터 게일은 크레인 씨에게 증상이 나타났을 때 초기에 별다른 진단검사를 시행하지 않아, 암이 발견되었을 때 죄책감을 가졌다. 일단 진단이 이루어지고 나서, 크레인 씨는 곧장 수술을 받았다. 수술 후 크레인 씨에게 방사선치료를 받을지 여부를 물어봤을 때 약간의 혼돈이 있었다. 외과 의사가 처음에는 그가 '완쾌되었다'고 이야기했다가, 이후 번복하고 방사선치료가 필요하다고 하였다. 크레인 씨는 통증에 대한 약으로 인해 병원에서 정신병적 삽화가 있었다. 그는 과거에 전혀 정신과적 병력도 없었고, 약을 끊은 후에는 정신 상태가 좋아졌다.

방사선치료 동안에 크레인 씨는 심하게 우울해하였으며, 일주일간 정신과에 입원해야만 했다. 담당 정신과 의사는 환자가 긴장 상태(catatonic)에 있었으며, 심리치료에 반응하지 않았다고 하였다.

수술 후 6개월에 일차의료의사에 의해 가족치료 의뢰가 이루어졌다. 그 당시 의사는 크레인 씨가 외과의사가 암을 전부 제거하지 않았다는 확신과 원망을 이야기하면서 자기 흉터에 고착되어 있다고 말하였다. 치료사는 환자에 대해 의사와 두 차례 전화 통화를 하였는데, 의사로부터 들은 말 대부분은 암 증상을 초기에 찾아내지 못한 것에 대한 의사의 죄책감이었다. 치료사는 또한 환자가 다른 신체적 호소를 갖고 있음과 다른 정신건강 전문가를 보기를 극도로 꺼린다는 것을 알았다. 그는 자기 문제가 자신의 정신 상태가 아닌 암이라고 하였다. 하지만 의뢰는 부부가 오랫동안 친밀한 관계를 유지하고 있었기 때문에 생각보다 쉬웠다. 환자는 그의 아내와 주치의의 성화에 따라 치료를 받는 것에 동의하였다.

치료 초기 단계에 합류 확대하기

크레인 씨와 같은 신체화 환자와의 합류 단계는 환자의 조심, 불신, 자신의 질병에 대한 정서적 측면을 인정하지 않으려는 것으로 인해 전형적으로 길어진다. 일부 좌절했던 의료진들과의 경험으로 인해 이런 환자에 대한 존중을 표시하는 것이 무엇보다 중요하다. 그렇게 하여 수개월간 서로가 동의할 수 있는 계약을 성사시킬 수 있다.

치료 초기에 환자는 생의학적 완쾌가 곧 이루어질 것이라는 희망으로 자주 회기를 멀리 잡기를 원한다. 가끔 약물 처방은 다음 회기에 대해 타협을 촉진하는 은유를 가질 수 있다. "당신은 치료 용량을 경험하는 만큼 자주 올 필요가 있습니다." 환자 혹은 가족이 치료에 대해 많이 저항하고, 그들의 정서적 측면에 대해 논의하지 않는(혹은 논의할 수 없는) 이 시기는 서서히 움직이는 것처럼 보일 수 있다. 의료진들과의 긴밀한 협력 및 많은 인내와 꾸준하게 지속하는 체계론적 접근으로 이 시기 동안 이들 가족을 돕는 데 종종 성공할 수 있다.

이 환자들과의 합류에서 가장 중요한 기법은 문제에 대한 그들의 정의(definition)를 일부 수용하는 것이다. 많은 초기 회기는 환자가 스스로 가족들, 특히 치료사에게 자기 증상들은 의료적 문제를 나타내는 것이기 때문에 치료가 필요하지 않다는 것을 납득시키려고 노력하는 것으로 특징지어진다. 다음은 치료사가 이러한 것을 다루는 데 도움을 줄 수 있는 전략들이다.

증상에 초점 맞추기

치료사가 환자의 수많은 증상으로 인해 겁먹지 않는 것이 중요하다. 즉, 증상들을 포스터 용지에 열거하고, 환자가 신체 증상에 대해 그림을 그리도록 하고,

증상에 대한 정보를 전반적으로 부탁함으로써 증상에 초점을 맞추도록 한다. 또한 질병의 평가를 돕기 위해 환자에게 회기 밖에서 증상 일지(symptom diary)를 적도록 요청한다. 증상 일지는 페이지 왼쪽에는 신체 증상을 적고, 오른쪽에는 생활 사건 및 정서 반응을 적도록 구성한다. 이러한 형식은 신체적 및 정서적 과정의 상호 연관성에 대한 인식을 사전에 예시한다. 환자 질병에 관여하는 가족원들에게도 역시 환자를 관찰한 것을 일지로 적게 할 수 있다.

질병 이야기 이끌어 내기

환자 및 가족원들의 문제에 대한 설명과 진단을 이끌어 낸다. 증상, 질병 및 의료 시스템에 대한 그들의 이야기 및 경험을 듣는다. 각 개인에게 증상의 의미를 이해하도록 한다. 환자 및 가족원들 모두는 이해되고 있다는 느낌을 경험할 필요가 있다.

가족과 협력하기

환자의 알지 못하는, 신비에 쌓인 듯한 측면을 강조하는 협력적 접근을 사용한다. 환자와 가족들이 조그마한 진전을 가져오는 듯 보이는 것과 증상을 악화시키는 것으로 보이는 것을 발견하도록 협력을 시작한다.

환자 및 가족들의 강점과 유능한 영역을 이끌어 낸다. 이들은 치료를 위한 자원으로 유용할 수 있다. 신체적 고착 및 박탈 혹은 학대의 과거력을 가진 환자는 엄청난 지지를 필요로 한다.

가족의 건강에 대한 믿음이 의사, 의료진 및 치료사와 어느 정도 일치하는지 혹은 다른지에 대해 주목한다. 치료 경과 동안, 목표는 환자, 가족, 의료진 및 심리치료사가 서로 수용할 수 있는 증상에 대한 설명을 향해 작업하는 것이다.

가계도 그리기

가족의 의학적 병력을 얻기 위해 먼저 가계도(genogram)를 이용한다. "가족 중에 이것과 비슷한 질병을 가진 사람이 있었나요?"라고 질문하여, 환자의 증상에 대한 세대에 걸친 의미 여부에 대한 정보를 수집한다. Mullins와 Olson(1990)은 아동의 신체화 장애 발생에 모델링이 유의미한 요소임을 발견하였다.

역할 변화의 인식

어떻게 질병으로 인해 가족 내 역할이나 힘의 균형이 변화하였는지에 대해 듣는다. 어떤 부부의 경우는 그들의 결혼생활을 위협한 사건을 겪은 후, 두 사람 모두에게 신체화 행동이 일어났다. 다른 예로, 은퇴 후에 할 일 없는 상태로 지내던 남편이 질병으로 인해 환자라는 '직업'을 얻었다. 다른 가족에서는, 수년간 부인이 과도한 집안 및 농장 일을 해 왔는데 부인이 질병에 걸려 남편이 가정 일을 도울 수밖에 없게 되었다.

의학 용어의 사용

초기 단계에서는 의학 용어와 이완 테이프, 운동 및 수면과 식사에 주목하는 것 등의 물리적인 치료방법을 사용한다. 이러한 치료방법의 많은 것이 가족 프로젝트가 되고 신체에 대한 보다 건강한 관점을 나타낸다. 최소한도로 치료사는 가족원들이 이러한 방법을 지지하도록, 그리고 적어도 거부하지 않도록 해야만 한다.

치료 초기의 정서적 언어 사용금지

정서적 언어, 재구성, 심층적 정서 탐색은 이 시기에는 너무 이르다. 치료사는 가족과 환자가 준비된 신호를 보내기를 기다려야 한다. 가족들이 준비되고 그것을 논의할 수 있게 될 때까지 흔히 가족력의 중요한 측면이 수개월 동안 유보된다. 이것은 존중되어야만 한다.

불확실성 인내하기

질병의 생의학적 상태를 모니터하는 데 덧붙여, 질병에 대해 알려지지 않은 것이 무엇인지 다루도록 한다. 때로 문제에 대한 생물학적 요소들이 명백하고, 생의학적 치료가 필요하다. 의사와 마찬가지로, 치료사도 그가 증상을 온전히 이해하지 못했다는 것, 문제를 해결할 즉각적인 답이나 약을 가지고 있지 못하다는 것, 그리고 환자 문제의 다양한 측면에 대해 치료하는 동안 불확실성을 인내할 수밖에 없다는 것을 소통해야만 한다.

치료 초기 단계에 크레인 씨는 아내와 함께 치료에 참여하였지만, 이건 "내 시간 및 당신 시간 낭비"라고 믿고 있었다. 그는 정중했지만 참여하려고 하지는 않았다. 가끔 아내가 회기에 참가하지 못할 때면, 크레인 씨는 자기 증상을 열거하고 묘사하는 것을 제외하고 대화를 지속하는 것을 어려워하였다. 그는 여러 증상에 고착되고 집요하게 반복하였으며(perseverated), 어떤 다른 주제에 대한 질문에도 한두 마디로만 대답하였다. 그는 아주 반복적이고, 왼쪽에는 신체 증상과 오른쪽에는 스트레스 사건 혹은 정서 반응에 대해 하루에 몇 줄씩 증상 일지를 적었다.

크레인 씨는 자기 증상들이 의사들이 발견하지 못하는 전립선암의 재발 때문이라고 믿고 있었다. 아내는 남편의 증상이 암이 아닌 불안과 관련한 것이라고 생각하고 있었다. 그녀는 그가 괜찮고, 의사들은 믿을 만하다고 자주 남편을 안심시켰다.

크레인 부인은 남편의 질병에 대처하는 것을 암과 관련한 자신의 경험에서 이끌어 냈다. 그녀가 유방 절제술을 받은 후 6개월간 그녀는 우울해져서 가족과 지역사회로부터 철수하였다. 그녀는 똑같은 일이 남편에게 일어나고 있다고 생각했다. 몇 달 후, 크레인 씨는 자기 병과 심하게 우울에 빠진 것으로 보였던 돌아가시기 전 몇 년간의 아버지와 자신을 비교하였다. 그의 아버

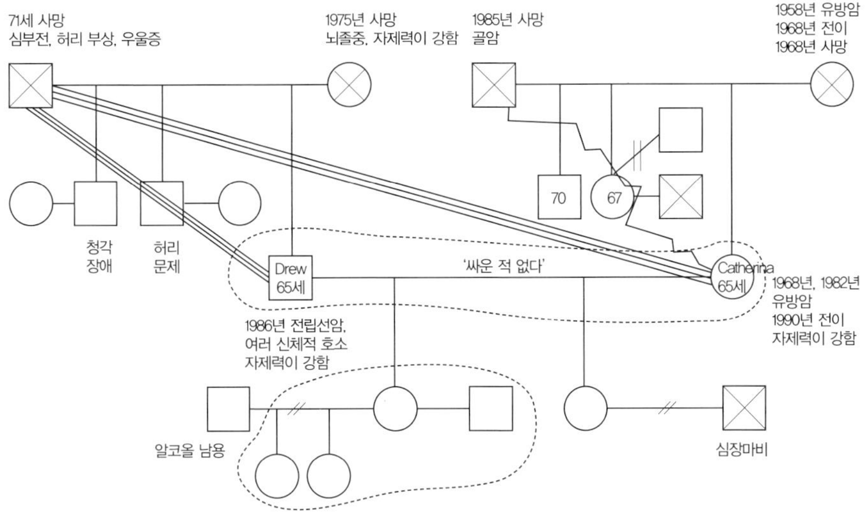

[그림 11-4] 크레인 씨 가족

지는 정서적으로 회복하기 전에 심장마비로 사망하였다([그림 11-4]의 크레인 씨 가족의 가계도 참조).

크레인 씨는 친절하고 자제력이 강한 아버지와 밀접하게 지냈다. 어머니와는 덜 가까이 지냈다. 크레인 부인은 자기 아버지로부터 신체적 학대를 받았다. 그녀는 자기 가족, 특히 아버지 때문에 남편과 결혼했다고 이야기했다. 크레인 씨와 크레인 부인은 자기들은 절대로 싸우지 않기로 하였다. 크레인 씨는 아버지를 존경하였고, 크레인 부인은 자기가 자란 것과는 다른 가정을 가지기로 결정했기 때문이었다.

부부는 많은 강점을 가지고 있었다. 그들에게는 전국 여기저기에서 살고 있는 장성한 두 아들과 여러 손주가 있었다. 그들은 비록 수년째 각 방을 사용하고는 있지만, 자신들의 결혼생활은 가깝고 서로에게 지지적이라고 하였다. 두 사람 모두 자신과 서로의 신체에 대해서는 거북하고 불편한 관계를 가지고 있는 듯했다. 크레인 씨는 은퇴 전에는 교회도 가고, 친구 병문안도 다니는 등 지역에서 매우 활동적이었다. 그는 행동파였는데, 은퇴 후에는 여가를 적절하게 즐기지 못하고 지내 왔다.

부부는 비록 다소 정서적으로 밋밋하고, 불안한 기분, 다소 열정이 떨어진 듯 보이기는 했지만, 호감이 가는 형이었다. 크레인 씨는 수술 자국에서 느껴지는 불편함을 덜기 위해 호흡에 집중하는 데 이완 테이프를 이용할 수 있었다. 그는 다른 근육이완 테이프에는 반응하지 않았지만, 아내는 그것을 이용하였다.

치료 중반기 내내 지속하는 것

심각한 신체화 가족과의 치료 중반기는 6개월에서 수년까지도 갈 수 있다. 이 단계에서는 환자의 증상보다는 기능 수준의 변화를 모니터함으로써 환자의 진전을 판단하는 것이 중요하다. 증상에서 벗어난 생활(symptom-free living, 즉 '완쾌')이 가끔 일어나지만 이런 환자들에서는 거의 그렇지 않다. 보다 현실적인 목표는 증상의 감소와 업무 및 가족관계와 같은 영역에서의 기능이 나아지는 것이다. 이 치료 단계에서는 흔히 여러 전략이 사용된다.

정의 타협하기

문제에 대해 서로 수용 가능한 정의(definition)를 향하도록 한다. 이것은 다음 여러 예에서 보여 주는 바와 같이, 흔히 신체적 및 정서적 설명을 이어 줄 수 있는 언어로 듣고 제안함으로써 이루어진다.

"크레인 씨, 그것은 마치 댁의 몸이 당신과 아내에게 지난 몇 년간 있었던 모든 엄청난 양의 **스트레스**를 받는 것처럼 들립니다. 당신의 몸은 매우 민감하고, 이러한 증상은 당신에게 **경고 신호**와 같이 행동하는 것으로 보입니다. 우리는 그것에 대해 주목하고 그것이 우리에게 무엇을 전해 주려고 하는지를 이해해야만 합니다."

"콘잘레스 부인, 당신 남편의 심장마비는 매우 심각한 문제입니다. 그리고

6개월이 지난 지금, 이 끔찍한 사고로 댁의 손주를 잃었습니다. 당신 가슴이 찢어질 듯 힘들 것입니다. 당신 주치의가 당신의 가슴 통증을 검사해야만 하고, 우리 모두는 당신이 최근에 겪은 다른 고통스러운 경험의 결과에 대해 검사해야만 합니다."

"이스털리 씨, 그것은 당신 몸에는 더 이상은 없지만, 당신이 지나왔던 모든 것의 결과로 어떤 내적으로 남겨진 흉터가 지속하는 것 같습니다. 우리는 이러한 흉터와 당신의 다른 오래된 상처를 보호하도록 해서, 당신이 고통을 최소화한 상태로 인생을 살아가도록 해야 할 것입니다."

호기심 보이기

환자와 가족에 대해 호기심을 보이고, 스트레스에 찬 생활 사건과 만성적인 어려움에 대한 각자의 반응을 결정하도록 돕는다. 신체적 및 정서적 반응 모두의 가능성을 열어 둔다. 신체적 감각과 정서적 감각을 구별하도록 하기 위해 환자와 가족원들에게 일지를 계속 쓰게 한다.

정서적 언어 도입하기

일단 서로 동의한 이어 주는 용어를 쓰게 되면, 서서히 정서적 경험에 대해서 정서적 언어를 사용하고, 신체적으로 점점 덜 고착된 회기를 갖게 된다. 정서적 언어의 예가 크레인 씨 사례의 다음 단계에 묘사되어 있다.

참여 강화 및 위험 시도

가족원들이 관계에서 보다 높은 수준의 활동과 참여로 각자의 관심과 시도를 강화하고, 증상과 관련한 행동에 대한 강화를 유보하도록 돕는다.

환자의 증상이 사라지거나 호전된다면 어떻게 가족생활이 달라질 것인가를 물어봄으로써 변화의 위험을 시도한다. 신체화는 만성적인 문제라 변화에 대한 위험이 아주 상당하다. 남편의 외도로 결혼 위기를 겪은 후 두 사람 모두에게서 신체화 행동이 시작된 부부의 경우, 두 사람 모두는 질병이 그들의 우선순위를 재정립하도록 도와주고 서로를 더 가깝게 하였다고 생각하였다. 그들은 업무로 돌아갈 수 있을 만큼 호전되고 가정 밖에서 친구들과 더 잘 지내게 된다면 어떤 일이 일어날지에 대해 두려워하였다. 또한 남편은 병 때문에 술을 많이 마시는 것을 중단하였다. 두 사람은 남편의 건강이 더 좋아지면 술을 또다시 많이 먹게 될까 봐 걱정하였다. 치료의 중반에 이러한 주제를 다루는 것은 중요하다.

심리사회적 고착 회피

통합적인 생심리사회적 접근을 이용하여 심리사회적 고착을 회피한다. 환자가 새롭거나 다른 증상을 가지면 주치의나 전문간호사에게 계속해서 의뢰한다. 신체화에 고착된 환자에게 최상의 치료방법은 생의학적 및 심리사회적 방법, 즉 심리학적 감각을 만드는 생의학적 개입과 생의학적 감각을 갖춘 심리학적 개입의 결합이다(McDaniel, Campbell, Hepworth, & Lorenz, 2005). 의료진들로부터의 협력 및 정보는 이러한 치료방법이 가능하도록 해 준다. 이 장 처음에 소개했던 브라운 씨는 명백하게 두 아이의 사망과 관련한 미해결된 애도에 몰입해 있었다. 죽음에 대한 애도가 부부치료에서 언급되었던 때, 남편은 여러 가지 많은 신체 증상을 묘사하였다. 마지막으로 의사와의 공동 회기가 열렸다. 거기서 의사가 아이의 사망진단서를 한 줄 한 줄 읽으며, 각 문장에 대한 의학적 의미에 대해 논의하였다. 이 개입은 한 시간이 걸렸는데, 부부가 상실에 대해 처음으로 대화할 수 있었다. 그들은 일어났던 일에 대해 많은 의문이 있었다. 이 회기는 치료에서의 전환점이 되었다.

치료 중기에 가끔 환자가 계속 증상을 호소하고, 의사(혹은 의료진)를 자극함에 따라 환자 및 가족과 의사 간의 힘겨루기가 고조될 수 있다. 이런 경우 치료팀이 무너지고 치료사만이 환자 돌봄을 계속하는 유일한 사람이 될 수 있다. 의사와의 문제를 풀 수 없게 되면, 치료사는 신체화 환자들에 경험—돌봄 관계의 맥락에서 경청과 한계 설정—이 있는 팀으로 환자를 의뢰할 수도 있다.

아주 서서히, 크레인 씨는 자기 증상들이 치명적이지 않을 수도 있다고 생각하기 시작했다. 그는 수술한 외과 의사와 암 전문의를 만났는데, 그들은 암이 전혀 재발하지 않았음을 이야기해 주었다. 그는 일지 오른편에 더 많은 것을 적기 시작하였다. 또한 그는 교회에 헌신하는 것과 예배에 참석했을 때 얼마나 평화로움과 안정됨을 느끼는지에 대해서도 논의하였다.

크레인 씨는 자기 문제가 '불안'의 하나임을 이야기하면서, 자신이 그동안 얼마나 최악의 사례에 해당하는 것에 집중하였는지에 대해 우스갯소리를 하였다. 또한 수술 흉터에 대한 '불편감'을 암 재발이 아니라 오히려 과잉활동의 근거로 묘사하기 시작했다. 치료사도 역시 그가 어떤 것이 그를 괴롭히고 있고, 그것이 신체적인 것인지 혹은 정서적인 것인지를 알아내야만 하는 신호로 생각했다고 설명하였다. 이러한 재명명(relabeling) 과정 초기에, 크레인 씨는 그가 의사들에게 자신의 신체 증상에 대한 해결책을 종용했던 것과 마찬가지로 치료사에게 자기 '불안'에 대한 해결책을 강요하였다. 치료사는 그의 질병에 대해 치료사의 불확실함을 지속하면서, 그에 대해 할 수 있는 치료의 계획을 발견해 내는 데 그와 그의 아내가 협력한다면 더 잘 기능할 수 있는 그의 능력에 대한 믿음을 확인시켜 주었다.

크레인 부인은 자기 남편의 문제를 묘사하는 데 동일한 언어를 사용하기 시작했다. 그들은 크레인 씨가 충분히 할 만하지 않다는 것과 그가 빈둥빈둥 지내며 병에 대해 걱정하고 있을 때 '우울해졌음'에 동의하였다. 그녀는 그에게 취미로 나무 조각을 해 볼 것을 제안하였고, 그는 곧 시작하였다. 치료는 크레인 씨의 활동 수준을 높이는 것에 집중하였다. 그의 아내는 그가 예전의 볼링 친구들을 만나러 가는 날에 그가 좋아하는 음식을 해 주기로 하였다. 크레인 씨가 기분이 안 좋을 때는 가만히 있는 것이 필요하다는 데도 동의하였다. 그럴 때면 그는 아내가 그를 간호하려고 하는 거실에 누워 있기보다는 자기 방에 머물러 있도록 하였다.

치료사는 서서히 부부와 부정적 감정들을 인식하고, 다른 의견을 내고, 자신을 표현하지만, 여전히 서로에 대해 안전하다고 느끼는 것을 허용하는 것에 대해 이야기하기 시작하였다. 이 과정은 침묵으로 자기 분노와 실망을 견디어 낸 크레인 씨의 아버지에 대해 감사를 표현하는 것과 함께 일어났다. 부부는 돌아가시기 전 몇 년 동안의 아버지의 우울이 그를 괴롭히는 것에 대해 말할 수 없었던 것과 관련되지 않았을까 하는 의문을 가지기 시작했다. 시간이 지나 크레인 부인은 그들이 논쟁이라고 불렀던 '건강한 토의'와 그녀의 어린 시절 가정에서의 갈등을 특징짓는 듯했던 학대를 구별하기 시작하였다.

크레인 씨의 기능은 이 단계의 치료 대부분에서 상당히 수시로 변하였다. 새로운 증상을 경험할 때면, 그는 언제나 의사를 찾았다. 한번 그는 믿었던 외과 의사가 모든 암을 제거했다고 자기에게 '거짓말을 했다'는 것에 대해 화를 냈다. 그래서 다른 의사에게 가 봐야겠다고 생각했지만, 외과 의사에 대한 불평을 논의한 후에 그 생각을 취소하기로 했다.

그가 자기 흉터에 특히 오랜 시간 고착되었던 또 다른 시기에 일차의료의사와 치료사는 문제를 평가하기 위해 공동 회기를 가졌다. 환자는 또 한 번 평가를 위해 암 전문의를 찾았고, 더 오랜 시간 기도하도록 권유받았다. 고착현상은 몇 주 안에 호전되었다.

은퇴하기 전, 크레인 씨는 열광적으로 정원을 가꾸었다. 이 치료 단계에서 그는 토마토 나무(여러 가지 이유로 죽으려고 했던)를 손보기 시작했고, 다음 시즌 동안 여러 채소가 있는 작은 구획으로 옮겼다. 이 채소들은 치료에 대한 아주 귀중한 은유를 이야기하고 있었다. 첫 번째 장소에서의 처음 토마토는 부부 및 치료사 모두로부터 박수갈채를 받으며 즐겁고 감사함을 선사하였다.

크레인 씨가 더 잘 기능하기 시작하자, 여러 회기가 그의 호전에 따른 위험성에 주목하였다. 많은 사례에서와 같이, 부부는 질병으로 인해 그들이 서로 더 가까워졌음에 동의하였다. 크레인 씨에게 또한 '일'이 주어졌다. 부부는 남편이 그렇게 아프지 않았더라면 가까워지기 위해 어떤 것이 필요했을까를 논의하였다. 또한 그들은 그가 활동적이고 즐길 수 있도록 해 줄 어떤 취미와 자원봉사 활동에 대해 논의하였다. 치료사도 크레인 씨가 바쁠 때 가장 행복해하는 종류의 사람인 것 같다고 동의하였다. 그렇지만 치료사는 이 새로운 계획을 천천히 시행하고, 그가 자신의 '흉터'를 어떻게 해야 악화시키지 않는다고 생각하는지에 대해 주의를 기울이도록 하였다.

치료 후반기에 변화 강화하기

치료 초기 및 중기에 치료사는 변화의 위기를 탐색하고, 환자는 자기 증상을 '경고 신호' 혹은 관심이 필요한 문제에 대한 의사소통으로 간주하는 것을 배운다. 환자와 가족의 기능이 더 좋아지면, 치료사는 환자가 자신의 증상을 악화시키는 것을 자세히 탐색함으로써 증상을 더 잘 통제할 수 있음을 느끼도록 도울 수 있다. 가족원은 그들이 관찰한 것에 대해 자문가와 같이 행동할 수도 있다. 이러한 실험이 성공적으로 마무리되면 종결을 고려할 수 있다는 것을 의미한다. 모든 의료가족치료 사례에서와 같이, 치료를 끝내는 것은 환자를 일차의료의사 및 나머지 팀원의 돌봄으로 돌려보내는 것을 포함한다. 신체화 환자의 경우, 가족(그리고 치료팀)이 필요할 때 가용하게 남아 있는 것이 중요하다. 신체화는 장기간 지속되며 전반적인 대처방식일 경우 치료사가 환자 및 가족들이 새로운 전환 혹은 스트레스를 마주했을 때 치료를 위해 그들을 다시 만나는 것이 드문 일은 아니다. 의료가족치료사는 필요하면 언제든 가용한 일차의료팀의 일부이다. 대체적으로 신체화 행동이 증가하지만, 치료사 및 가족은 재빨리 문제의 정서적 측면에 더 많이 집중할 수 있다. 다음은 신체화에 대한 치료 후반기의 유용한 전략들이다.

퇴보 예상하기

환자가 점점 증상을 덜 호소해 가기 시작하면 퇴보를 기대하고 예상한다. 어려움이 예상되지 않았던 한 사례에서, 치료사가 휴가를 간 기간 중에 증상이 나타났다. 환자는 자기 주치의에게 전화를 걸었는데, 의사는 환자의 새로운 난소암 공포에 대해 안심을 시켰지만 방문하라는 이야기는 하지 않았다. 환자는 결국 산부인과 의사를 만났고, 결국 조금 나아졌다고 생각했다. 치료사가 돌아와서, 환자가 이런 과정을 단 한 차례만 한 것(과거에 비해 엄청나게 좋아진 것)은 대단한 일이라는 것을 이야기해 주었다. 하지만 환자는 치료사가 문제를 환자가 호전되기 시작한 것으로 예상한 것에 대해 약간의 실망감을 표시하였다. 예측할 수 있는 퇴보는 환자의 가족 혹은 친구가 새로운 진단을 받았을 때, 중요한 어떤 이가 죽었을 때, 혹은 어떤 유의미한 스트레스의 결과로 발생할 수 있다.

'질병에 대한 처방' 쓰기

'질병에 대한 처방'은 환자 및 각 가족구성원이 환자의 증상을 회복시키거나 혹은 악화시키기 위해 무엇을 할 것인지를 상세히 밝힌다. 한 가족의 '두통에 대한 처방'을 보자. 환자는 자기가 어떠한 증상도 가지고 있음을 부정하고, 남편과 모든 가능한 전투에서 싸우고, 자기 부모와 만나지 않고, 운동을 그만두고, 충분히 잠을 자지 않을 것이라고 하였다. 그녀의 남편은 그녀가 아플 때를 제외하고는 아내를 무시하고, 자기가 무엇을 생각하는지와 어떻게 느끼는지에 대해 아내에게 아무 말도 하지 않을 것과 아이들 모두를 그녀가 돌보도록 남겨 둘 것이라고 이야기하였다. 그들의 10세와 12세 된 남자아이들은 엄마가 자기들한테 조용히 하라고 하면 욕하고 싸울 것이라고 하였다.

서서히 종결하기 및 장래 자문에 대해 열어 두기

이번에 돌봄 삽화를 종결하는 시기에 대해 일차의료의사에게 자문을 한다. 치료를 종결하고 바로 환자가 의사 및 전문간호사와 예약을 해 두었는지 확인한다.

가족은 한 달에 한 번, 그러고는 가족과 다른 의료진들이 종결에 대해 동의할 때까지 3개월에 한 번씩 만난다. 현장에서 일하고 있다면 유지하기가 쉽지만, 장래 만나는 것은 완전히 새로운 주제가 일어나지 않는 한 치료의 다른 과정이라기보다는 '자문'이 될 가능성이 크다는 것을 예상한다(Wynne, McDaniel, & Weber, 1986). 그런 것이 바로 크레인 씨의 사례이다.

크레인 씨가 호전되자, 치료 종결 가능성을 제기하였다. 먼저 크레인 부인은 그가 다시 병들어 꼼짝하지 못하게 될지 모른다는 두려움으로 반대하였다. 그녀의 걱정에 대해, 치료사는 부부에게 '크레인 씨의 고통과 불안에 대한 처방'을 써 보도록 하였다. 그들 각자는 그의 증상을 악화시킬 수 있는 것으로 활동하지 않는 것, 운동하지 않는 것, 신뢰하는 의사를 정기적으로 만나지 않는 것, 서로 솔직하게 이야기하지 않는 것, 새로운 질병이 발생하는 것에 동의하였다. 치료사는 고의로 그들이 서로 말하지 않음으로써 증상을 만들 수 있는지 알아본 다음에는 그중 어느 것이 힘들었는지를 알아보는 실험을 해 볼 것을 제안하였다. 하지만 성가신 일이 생길 때마다 이야기하지 않는 것에 대해 서로를 괴롭혔기 때문에 과제를 끝낼 수 없었다.

이 경험 이후 크레인 부인의 지지를 얻어 치료사는 1년간 3개월에 한 번씩 회기를 갖도록 한 이후에 종결하였다. 부부는 이 기간 중 그들의 주치의와 정기적으로 예약을 하고 만났다. 의사는 치료사에게 더 이상의 증상이 늘어나거나 기능이 줄어든 것을 관찰하지 못했다고 하였고, 두 사람은 치료를 그만둘 때가 되었다는 데 동의하였다.

크레인 부인이 전이암 진단을 받은 후 우울증으로 인해 의뢰될 때까지 크레인 가족을 1년 동안 보지 못했다. 이 소식에도 크레인 씨의 기능은 그가 아내를 더 돌봐야 할 필요가 있음에도 불구하고 좋아졌다. 아내는 자기 진단을 남편에 대한 '충격 요법'이라고 묘사하였다. 부부를 한 달에 한 번 혹은 두 번씩 만나 지지하였고, 이 어려운 기간에 소통을 열어 두었다. 처음에는 소통이 닫혀 있었으나, 말기 질환으로 인해 그들은 더욱 가까워졌다. 그들은 자신들의 기쁨과 슬픔에 대해 이야기할 수 있었다. 아내는 죽음에 대한 두려움을 이야기하였고, 남편은 그녀가 없는 세상에 대한 두려움을 이야기하였다.

그녀가 죽고 난 후, 크레인 씨는 예상한 바와 같이 일부 증상의 급격한 재발을 경험하였지만, 또한 강렬한 애도의 감정도 인식하였다. 신체 증상은 단지 3주 정도 지속되다가 그가 생활을 성공적으로 재조직화함에 따라 2개월 안에 가라앉았다.

신체화 가족을 치료하는 치료사에 대한 도전

"신체화 환자는 신체적 질환, 노화과정, 악화 및 종국의 사망에 대한 우리 자신의 취약성에 대해 끊임없이 우리를 직면하게 한다."(Chabot, 1989, p. 133) 이것은 아마도 모든 의료가족치료사에게 사실이지만, 질병 및 죽음에 대한 두려움이 극심한 신체화 환자와 일하는 데 있어 특히 사실이다. 신체화 환자는 종종 가족들의 임종에 대한 두려움, 생존에 대한 두려움, 어떤 종류건 불확실성에 대한 일반적인 불편감을 표현한다. 이런 환자들과 일하는 것을 즐기는 치료사는 이 같은 생존의 근본적인 도전에 맞설 수 있도록 영적 및 정서적 탄력성을 발전시켜야 한다. 또한 치료사는 의사 및 의료진이 증상에 대한 불확실성에 직면해서 더욱 편안해질 수 있도록 도울 수 있을 것이다. 치료팀이 불확실성에 직면하는 쪽으로 나아갈 수 있을 때, 생존의 불가지함을 인정하고 살아가는 동안에 가족이 적극적인 상태로 남아 있는 것에 대한 모델이 될 수 있다.

실존적 수준에서 치료사에 대한 도전에 더해, 신체화 환자 및 가족은 또한 자주 기술적인 수준에서도 치료사에게 도전적이다. 앞에서 언급했듯이, 합류 단계는 어렵고 확대되며, 치료사에게 인내를 요구할 수 있다. 환자의 증상이 전적으로 기질성인지 아닌지에 대한 힘겨루기 속으로 미끄러져 들어가기 쉽다. 증상에 초점 맞추기와 가족들의 설명을 통해 이 문제를 감소시킨다. 정서적인 생활에 대한 환자의 언어가 메마른 채로 남아 있는 동안 치료의 어떤 부분은 지루할 수 있다. 은유로서의 증상에 대한 호기심으로 치료사는 이 기간에 도움을 받을 수 있다.

의료진과의 협력도 지지를 위한 중요한 배출구일 수 있다. 우리는 치료사의 경험이 만족감, 희망, 좌절 및 권태에서 오락가락할 때면, 정기적으로 신체화 환자를 의사 및 치료사 자문집단에 데려왔다(McDaniel et al., 1986). 가끔은 '지루한' 가족 그리고 치료팀과의 좌절이 어려움이었다. 다른 관점을 가진 다른 이들로부터의 지지와 조언을 통해 치료사들은 새로운 전략을 시도하고, 사례에 대해 새로운 에너지를 충전할 수 있었다.

신체화 환자 및 가족과 일하는 것은 거의 언제나 좌절이나 어려움을 포함하지만, 또한 지적으로 자극을 받으며 개인적으로 보람 있는 일이다. 이 업무는 우리가 정신(mind)과 신체(body)라고 부르는 구성을 이해하려는 우리 노력의 경계면에서 일어나기 때문에 개념상으로 중요하다. 환자는 '이해하는' 누군가 그리고 의료 시스템과 더 잘 타협하는 데 도움을 줄 수 있는 누군가를 발견하고 아주 기뻐한다. 환자와 가족이 그들을 정서적 사건을 경험하는 언어 및 능력을 발전시키기 시작하는 것으로 경험하는 것은 감동적이다. 그리하여 치료사와 더 중요하게는 서로 간에 유의미한 연결을 더욱 발전시킨다. 회기는 평범하고, 메마르고, 생물학적 논의로부터 온화하고, 유머가 넘치고, 표현을 주고받는 것으로 나아갈 수 있다. 이러한 경험은 의료가족치료가 사람의 삶에서 차이를 만들 수 있다는 것을 증언한다.

제12장
유전체 의학의 경험: 새로운 지평

23세의 샐리는 어머니가 유방암으로 사망한 후 6개월이 지나서 신체검사를 받으러 내과 의사에게 갔을 때 유전자검사를 받을 필요가 있는지에 대한 의문이 제기되었다. 그 내과 의사는 샐리의 어머니가 유방암으로 사망한 나이가 45세밖에 되지 않았으며, 샐리의 이모인 어머니의 여동생도 유방암을 앓았고 당시 나이가 34세였다는 것을 알았다([그림 12-1] 참조). 유방암이 유전에 의해 발생하는 빈도는 5~10%이지만, 어머니와 이모가 유방암을 앓은 병력이 있기 때문에 유방암이 유전에 의해 발생할 위험성이 높았다(Easton, Ford, & Bishop, 1995). 이런 위험성 때문에 내과 의사는 적극적으로 샐리에게 유전자검사를 받기 위한 의뢰가 필요하다고 말하였다.

샐리는 어머니의 상실에 대한 애도감을 아직도 강하게 느끼고 있었다. 샐리는 젊은 여성이었기 때문에 내과 의사에게 진료를 받은 후에 마음이 불편해져서 유전자상담을 받기 위한 의뢰를 받아들이지 않았으며, 다시는 진료를 받으러 가지

---

http://dx.doi.org/10.1037/14256-012
Medical Family Therapy and Integrated Care, Second Edition, by S. H. McDaniel, W. J. Doherty, and J. Hepworth

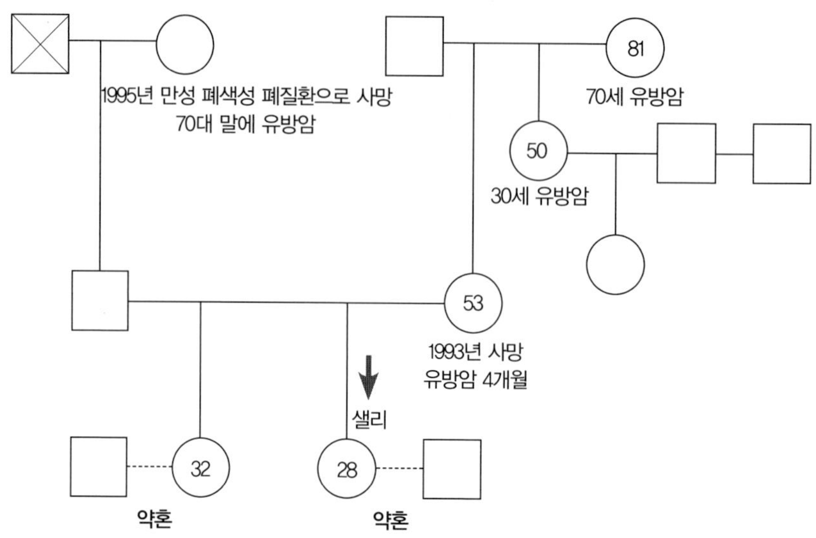

[그림 12-1] 유방암 유전자검사를 위한 의사결정

도 않았다. 전통적인 생의학적 관점에서 볼 때, 내과 의사의 진료는 완전히 합리적이고 증거기반적이었다. 생심리사회적 관점에서 보면 이 진료는 서두른 측면이 있었다. 샐리의 유방암 위험성이 임박한 것이 아니었으며, 샐리는 정서적 불안정으로 의사가 주는 새로운 정보를 받아들일 수가 없는 상황이었다. 샐리는 통합적이며 협력적인 생심리사회적 접근이 필요했다. 즉, 한 의료전문가가 샐리의 생각과 애도과정을 지지해 주고, 서두르지 않으면서도 샐리가 자신의 유방암 위험성을 받아들이고 위험성을 낮추기 위해 무엇인가를 하도록 돕는 것이다.

시간이 흐르면서 이런 과정은 샐리가 의료가족치료를 받는 중에 새로운 일차의료의사와 유전학자 및 유전상담자와의 협진을 통해 이루어졌다. 샐리는 남편과 함께 1년간 상담을 받은 후에 유방암에 대한 감시를 더 철저히 하기로 결정했다. 예를 들면, 정기적 유방 진찰, 빈번한 유방 촬영 등이었다. 그러나 유전자검사는 받지 않기로 했다. 샐리는 가정을 새롭게 시작하는 일에 마음을 쏟았다. 샐리는 유전자검사에 대해서 더 이상 생각하지 않고 자신이 조정할 수 있다고 생각하는 건강요인에 집중하는 것으로 불확실성에 대처하고자 하였다.

샐리의 이야기에서 잘 나타나 있듯이 빠르게 발전하는 유전체학은 건강과 질병 사이의 경계를 모호하게 만들고 있다. 유전체학은 인간의 유전자가 어떻게 서로 영향을 주고 있는가, 환경과 어떻게 상호작용하는가에 관한 학문이다. 인간 유전 암호를 분석해 냄으로써 거의 모든 질병이나 이상이 발생 원인이나 감수성, 저항성, 예후, 진행, 치료에 대한 반응 등을 설명해 주는 유전적인 성분들을 갖고 있다는 것이 알려지게 되었다.

의료가족치료의 잠재적인 효과는 매우 크다. 유전질환은 정의상 가족문제라고 할 수 있으며, 진단과 치료를 위해 가족체계적 관점에서 다룰 필요가 있다(McDaniel, Rolland, Feetham, & Miller, 2006). 게다가 유전자검사로 인해 환자와 가족에게 심리사회적 · 윤리적 어려움을 주는 판도라 상자가 열렸다. 이 장에서는 단일 유전자질환과 비교적 흔한 유전질환에 관한 유전체학에 대해 기초적인 설명을 한 후에 환자와 가족의 유전질환 경험을 유전자검사 이전의 인지 단계로부터 유전자검사에서 정보를 얻는 단계, 환자와 가족이 장기간 적응하면서 결과를 수용하는 단계까지 단계적으로 살펴볼 것이다(Rolland, 2006). 우리는 환자의 진료를 위해서 많은 전문가가 참여하게 되는 협진의 중요성과 의료가족치료사들이 흥미로운 새로운 의료영역의 변화에 참여할 수 있는 기회들에 대해 논의할 것이다.

유전적 위험과 유전질환

유전질환에 대한 정보가 빠르게 늘어나고 있기 때문에 유전적 위험성이나 유전질환을 다루는 경험은 마치 계속 바뀌는 풍경화를 보고 있는 것과 같다. 심리사회적 개입은 유전자검사, 진단, 치료 등을 변화시킬 수 있는 미래의 지식을 유연하게 수용할 수 있어야 한다. 의료가족치료는 특정한 유전질환의 심리사회적 요구와 유전질환을 갖고 있는 환자와 가족의 독특한 경험에 민감해야 한다.

어떤 유전질환은 죽음이 예측되기에 강한 감정을 느끼게 할 수 있다. 이런 유전질환에는 이미 잘 알려져 있는 단일 유전자질환들이 포함되는데, 이런 유전질환들은 발생 가능성이 높고 중증도가 심하며 생활주기에서의 타이밍이 잘 알려져 있으나 효과적인 치료법이 없다. 헌팅턴병이 한 예가 될 수 있는데, 환자가 다른 원인에 의해 조기에 사망하지 않는 경우 유전자검사에서 양성이 나오면 질병 발생의 진단이 가능해진다. 새로 진단을 받는 환자는 중년의 나이에 질병이 시작될 대략적인 시점을 알 수 있고, 질병의 경과를 예측할 수도 있다. 어떤 사람들은 유전적 위험성에 대한 정보를 들으면 정서적으로 힘들어하는데, 특히 예후가 좋지 않고 결과를 통제할 수 없어 보일 때는 더 심할 것이다. 또 다른 사람들은 질병의 과정을 미리 예측할 수 있으므로 우선순위에 초점을 맞추어 삶을 미리 계획할 수 있을 것이다(Rolland, 2006).

당뇨병이나 심장질환과 같은 대부분의 흔한 질병은 복합적인 다중 유전자와 환경 간 상호작용의 영향을 받는데, 그 기전은 아직 잘 알려져 있지 않다. 이러한 다중요인들에 의한 유전질환들은 단일 유전자질환에 비하여 훨씬 더 다양하고 발생 확률은 낮을 것이다. 이런 질병들은 예방과 치료가 가능할 것이며, 질병의 발생, 경과, 결과의 예측은 불확실할 것이다. 돌연변이에 대한 유전자검사가 양성이 나오는 것은 위험도, 즉 질병이 발생할 확률을 말하는 것이며 진단을 내리는 것은 아니다. 가능한 예방법이 있다면, 단계적 예방법은 환자에게 생물학적인 어려움에 대처할 수 있는 혹은 그 영향을 감소시킬 수 있는 자신감을 줄 수 있을 것이다. 이와 같은 질병 유형의 유전적 위험성에 대한 지식은 이미 잘 알려진 유전질환들과는 매우 상이하다.

유전질환의 위험성을 갖고 있는 가족에 대한 심리사회적 · 체계론적 평가와 개입은 임상적 혁신과 발견의 초기 단계에 머물러 있다. 대부분의 평가와 개입의 효과에 대한 과학적 검증이 아직 이루어지지 않았다. 유전질환을 일으킬 수 있는 돌연변이 상태를 알게 되는 것은 무엇을 의미하겠는가? 건강한 개인이나 가족이 이러한 유전적 정보를 잘 다룰 수 있도록 어떻게 도울 수 있겠는가? 2002년도의 보고서에서는 대부분의 환자가 질병의 종류와 상관없이 유전자검사 결과가 양성이 나와도 심각하게 스트레스를 받거나 혼란에 빠지지는 않는다고 하였다(Lerman, Croyle, Tercyak, & Hamann, 2002). 그러나 개인의 반응은 예상되는 질병의 심각성, 효과적인 치료법의 유무뿐만 아니라 과거의 생활 경험, 건강에 대한 가족의 신념, 가족의 질병 경험, 과거나 현재의 건강문제들에 영향을 받는다.

위험성 인식하기: 유전자검사 이전 단계

가족이 유전질환을 갖고 있을 수도 있다는 위험성을 인식하는 것은 여러 가지 방법으로 시작될 수 있는데, 예를 들어 대중매체, 의사, 과학 수업, 새롭게 진단을 받은 가족으로부터 들을 수 있다. 결혼을 생각하거나 임신을 생각할 때와 같이 가족생활 주기의 전환기에 들을 수도 있다. 삶의 강점, 이야기, 상실, 다른 심리사회적 어려움의 상황 속에서 이런 정보를 들을 수도 있다. 환자들은 질병에 대한 정보를 얻고 잠재적 위험성을 알기 위해서 일차의료의사, 유전학자들, 유전상담사들에게 도움을 구하게 된다. 의료가족치료사에게 요구되는 기법은 유전질환의 잠재적 위험성을 가족의 질병력, 질병의 의미, 삶의 주기 전환기의 맥락에서 이해하는 것이다.

유전질환의 위험도를 다루는 것이 합리적으로만 이루어지는 과정은 아니다. 자료만 가지고 건전한 의사결정을 하지는 못할 것이다. Miller(1995, 2006)는 사람들이 유전자검사와 유전적 정보를 어떻게 다루는지에 대해 연구하였다. Miller는 두 종류의 대처 유형을 기술하였다. 첫 번째 유형은 이 장 서두에서 예를 든 샐리의 사례처럼 회피행동인데, Miller는 이것을 **둔감행동**(blunting behavior)이라고 칭했다. 둔감하게 반응하는 것은 해를 줄 수 있는 사건에 대해 관심을 돌리거나 지연시키거나 회피하는 반응이다. 둔감 반응을 하는 사람들은 유전적 정보를 최소화하거나, 회피하거나, 정보의 중요성을 부인할 수 있다. 조금 더 이례적인 사례는 유전자검사 결과가 양성으로 나왔지만 가족들에게는 거짓말을 하는 경우이다. 이 환자는 불안을 해결하기 위하여 둔감행동을 했다. 둔감행동을 하는 대부분의 사람은 위험성을 낮게 생각하여 결국 유전자검사나 치료를 받지 않게 된다. 그들은 대처방식의 하나로 정보를 얻으려고 하지 않으며, 가족구성원들이 검사나 치료를 받으라고 할 때나 질병이 심각하게 진행되어 더 이상 부정할 수 없을 때 검사나 치료를 받는다. 위험성을 축소하려는 그들의 행동은 직면을 필요로 할 수도 있다. 예방이나 개입 조치를 하지 않는다면 어떤 결과가 예상되겠는가? 유전적 혹은 비유전적 관계(예: 배우자)에 있는 가족구성원들이 환자가 더 많이 염려하도록 만들어 증상이 나타나지 않은 시기에 선별검사, 유전자검사, 임상적 감시를 받도록 도울 수 있다.

건강 정보에 대한 두 번째 대처 유형은 **감시행동**(monitoring behavior)이다. 즉, 위험한 단서들이 없는지 면밀히 조사하고 과장해서 생각하는 것이다. 감시행동을 하는 사람들은 불안 수준이 높은 경향이 있으며 질병에 걸리기 쉽다. 이런 사람들은 정보를 얻으려고 하지만, 그 정보에 압도당할 위험성이 있다. 감시행동의 대처방식을 하는 사람들이 의료가족치료를 받으면 원하는 정보를 얻고 지지도 받을 수 있다. 가족, 특히 배우자와 같이 유전적으로 연관이 없는 가족들이 유전상담을 받을 때 중요한 정보를 기록해 두었다가 사랑하는 환자를 지지해 주어 불안을 감소시킬 수 있을 것이다.

유전자검사를 쉽게 시행할 수 없거나 질병을 밝혀내지 못하는 경우도 있다. 예를 들면, 33세 부인인 린이 유전학자 신 박사의 의뢰로 45세 남자 친구 그렉과 함께 의료가족치료를 받기 위해 왔다. 린은 희귀한 진행성 유전질환을 갖고 있었는데, 결국 시력상실과 신체 균형을 잡지 못하게 될 가능성이 있었다. 린은 결혼하여 아이를 갖기를 상당히 원했다. 성인이 유전질환에 대해 검사를 받기 원하는 가장 주된 이유는 현재 또는 장래의 자녀들을 위해서 유전질환 여부를 알고자 하는 것이다. 그렉은 이혼한 상태였으며 린을 사랑한다고 이야기했다. 그러나 린이 그녀의 질병 유전자를 자녀들에게 물려주지 않을 확률이 50% 이상이라고 확신할 수 있으면 결혼해서 아이를 갖고 싶다고 말했다. 그렉은 시골 마을에 살고 있었으며 1시간 정도 떨어진 도시로 출퇴근하였다. 그는 자신은 수십 마일 떨어진 곳에 있는데, 균형 잡기에 문제가 있는 시력이 상실된 아내가 역시 특별한 돌봄이 필요한 유아를 보살피려고 노력하는 모습을 상상해 보았다. 이 커플에게 질병의 의미는 결혼관계로의 전환과 밀접하게 연관되어 있었다. 린은 극단적인 감시 유형으로서 전국을 돌아다니며 유전센터에서 3만 달러 상당의 유전자검사를 받았지만 결론적으로 정확한 진단은 받지 못했다. 이 커플과 의사들은 쉽게 결론 내릴 수 없는 진단과 확실성의 정도를 아는 것에 초점을 맞추고 있었다. 암 치료에서 그런 것처럼 유전학자들은 조금 더 많은 검사를 하기를 원했지만 명확한 답은 얻을 수 없었다.

이 커플은 놀랄 정도로 많은 비용을 지출했다. 매번 검사 결과가 분명하지 않을 때마다 두 사람의 관계에서 긴장감은 더 높아졌다. 의료가족치료를 받을 때까지 린은 그렉에게 미래에 대해 긍정적으로 생각해 달라고 간청하고 있었다. 그러나 그렉은 그의 기질과 선호하는 대처방식, 과거의 결혼 실패 경험으로 인하여 생각을 바꾸려 하지 않았다. 그렉은 이번에도 조금 더 확실한 것을 원하고 있었다.

이 커플은 질병과 관련이 없는 그들의 정체성을 상실해 버렸다. 두 사람은 유전자검사에 너무 집중하고 있어서 그들의 관계에서 일어나는 일들은 잘 다루고 있지 않았다. 모든 의료가족치료에서와 마찬가지로, 치료사가 의료전문가들과 협력하는 것은 중요한 부분이다. 유전학자와 의료가족치료사가 서로의 좌절감을 이야기하였다. 전화로 통화한 후에 구체적인 계획이 세워진 것은 아니지만, 치료를 받기 위해 찾아온 커플은 신 박사를 만난 이후로 달라졌다. 그들은 신 박사가 다른 새로운 용어를 사용하여 위험도를 설명했다고 말했으며, 이제 어떤 검사도 그들이 원하는 정보를 줄 수 없다는 것을 이해하게 되었다고 말했다. 그들은 이러한 사실이 실망스럽기도 하지만 안심이 된다고 생각했다. 이후의 상담에서는 커플관계에 대해 조금 더 탐색해 보고, 결혼을 계획하는 전형적인 커플들에 비해 미래가 조금 더 불확실한 상태에서의 결혼 가능성에 대해 조금 더 탐색해 보기로 하였다.

3회기 동안 그렉은 점점 더 말이 없어졌다. 그가 결혼을 원하지 않는다는 것이 명백해졌고, 린의 유전질환 문제는 오직 부분적인 이유였다. 린은 상심했지만, 교착 상태가 끝없이 진행될 것처럼 보였는데 명확하게 된 것을 기쁘게 생각했다. 회기가 종료된 후에 신 박사는 의료가족치료사에게 전화 통화로 다음과 같이 말했다.

> 나는 선생님이 그 커플의 질병문제에 대해 이야기하시는 것을 듣고 위험도를 다른 방식으로 표현할 필요가 있다는 것을 알게 되었습니다. 유전적 위험성에 대해 의사소통하는 표준적 방식을 사용했을 때, 이 커플은 결국 해답을 찾게 될 것이라고 생각하게 되었죠.

협진을 통해 전문가들은 이 커플을 그들의 문제로부터 분리시킬 수 있었고, 이 사례에서는 서로 헤어지게 할 수 있었다. 의료가족치료사는 일차의료의사, 유전학자, 유전상담사와 협력하여 유전자검사를 고려하고 있는 환자와 가족에게 심리교육을 제공하고 지지할 수 있을 것이다.

정보 얻기: 유전자검사와 유전자검사 이후 단계

유전자검사를 하기로 결정하면, 일반적으로 개인적인 위기가 오고 종종 가족에게도 어려움이 온다. 가족들이 질병에 대해서 알아야 하며, 누가 위험성이 있는지, 누가 의사결정에 참여해야 하는지를 알아야 하고, 검사를 할 것인지 말 것인지, 모든 결정을 미루어야 할지를 결정해야 한다. 이런 과정은 유전자검사의 결과가 음성인 가족뿐만 아니라 검사 결과가 양성으로 나온 가족에게 그것이 줄 수 있는 향후의 영향을 고려한다는 의미를 갖는다. 한번 검사가 이루어지면 그 정보는 영구적이다. 이런 현상은 치료 효과가 있는 약물이 사용되기 전인 1980년대와 1990년대에 AIDS 바이러스 검사를 받았을 때 사람들이 느꼈던 것과 유사하다. 사람들은 자신의 상태에 대해서 아는 것이 유익한 것인지 생각해 보게 되었고, 종종 그들이 어떻게 반응할 것인가에 대해 기대했던 것과 검사 결과를 알고 난 후에 느꼈던 것이 일치하지 않곤 했다.

리사는 48세 여성이었는데, 22세에 처음 대장암 진단을 받았고, 44세에 다시 진단을 받았다. 리사는 두 번 모두 성공적으로 치료를 받았다. 리사는 가족들 중 많은 사람이 대장암을 앓은 적이 있기 때문에 유전자검사를 받으러 갔다.

환자의 가족력이 가계도에 잘 나타나 있다. 가계도는 유전학자들이 유전질환과 돌연변이를 추적하기 위하여 사용하는 도구이다([그림 12-2] 참조. 원이나 네모 안에 파이 모양으로 음영 처리된 것이 암 진단을 받았다는 것을 나타내고 있다). 암 발생이 대가족 안에서 일어나고 있기 때문에 인상적인 사례라고 할 수 있는데, 이 가계도는 작은 규모의 가족에서도 경험할 수 있는 다양한 문제를 잘 보여 주고 있다. 리사의 아버지는 대장암 증상이 나타났을 때 35세밖에 되지 않았다. 그녀의 아버지는 알코올 중독의 병력이 있었다. 리사의 어머니는 남편이 의사에게

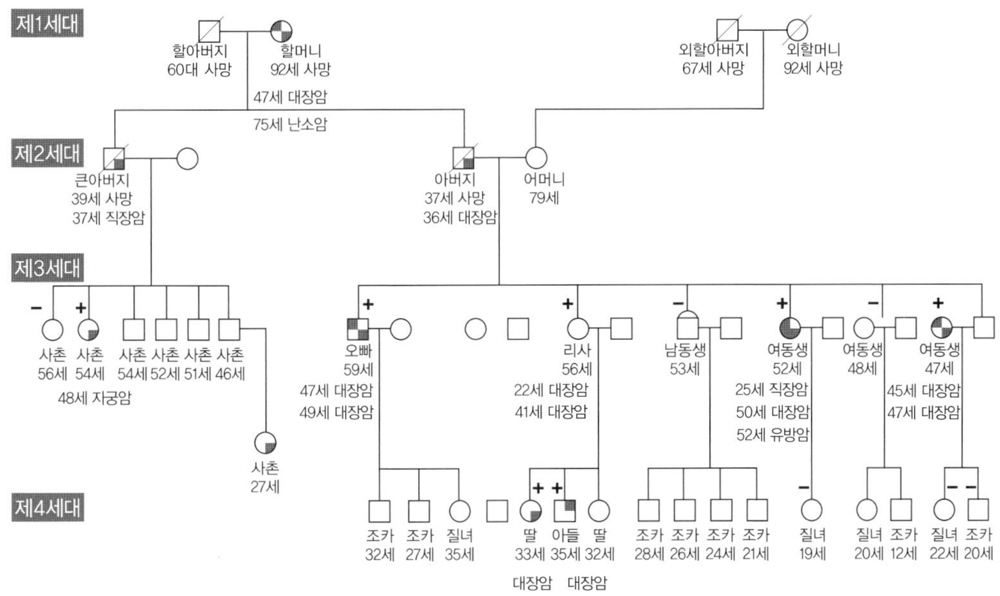

[그림 12-2] 대장암 돌연변이가 있는 가족의 가계도

진찰을 받도록 몇 개월 동안 노력했으나 둔감 반응을 보이며 그렇게 하지 않았다. 리사의 어머니는 공황장애의 병력이 있었는데 남편이 암 진단을 받은 후에 그 증상이 악화되었다. 부모 모두 대장암이 어떠한 병인지를 6명의 어린 자녀에게는 설명해 주지 않았다. 리사의 아버지는 1년 후 젊은 나이인데도 사망하였다.

리사가 22세에 대장암 진단을 받게 되어서야 가족들은 대장암에 대한 가족의 유전적 감수성을 생각하게 되었다. 리사는 한 어린아이의 어머니였기 때문에 대장암 진단과 치료에 따른 정서적 충격이 컸다. 유전 진단은 두 부류의 사촌들이 유전 돌연변이를 갖고 있다는 것을 밝혔는데, 아버지의 자녀들(친형제들)과 큰아버지의 자녀들이었다. 두 부류의 확대가족은 아버지들 간에 가족 사업상의 분쟁이 생겨서 몇 년 동안 이야기를 하지 않고 지냈다. 그러나 이전 세대의 질병에 관한 더 많은 정보가 수집될 필요가 있었고 그 정보가 가족들 사이에 공유될 필요가 있었다. 뿐만 아니라 리사의 친할머니도 47세에 대장암 진담을 받았으며, 리사의 큰아버지도 37세에 대장암 진단을 받았다. 리사는 제3세대에서 대장암 진단을 받은 첫 번째 사례였고, 가족 중에서 잘 알려진 조기 발병 대장암의 네 번째 사례였다. 리사의 돌연변이는 난소암 발생의 위험성이 컸기 때문에 환자와 환자의 어린 자매들은 예방적 난소 절제술을 요청했고, 서로 지지해 주기 위하여 동시에 수술을 받을 수 있도록 계획했다.

리사의 오빠는 47세에 대장암 진단을 받았다. 오빠는 몇 년 동안 해결되지 않은 고통스러운 갈등이 있어서 소원하게 지냈던 형제 및 사촌들과 다시 화해하였다. 유전자검사를 통해 오빠는 형제 및 사촌들에게 다가가서 정보를 나누고 지지하고자 하는 마음이 생겼다. 게다가 오빠는 자기 자녀들과 다음 세대의 다른 자녀들에 대해 걱정하였다. 그는 사촌들을 위해 적극적으로 교육 활동을 시작했으며, 유전자검사에 대해 강하게 찬성하였다. 그런데 이러한 활동이 두 여동생과의 관계에서 긴장을 일으켰다. 여동생들은 자녀들이 20대 초반에 이런 사실에 대한 염려를 안고 살아가게 되는 것에 반대하였기 때문이었다. 리사와 바로 밑 여동생은 정보 공유를 먼저 하고 모든 가족이 대화를 통해 충분한 정보를 들은 상태에서 의사결정을 하는 것에 우선순위를 두자는 주장을 굽히지 않았다.

리사의 막내 여동생이 부부관계가 특히 어려운 시기에 암 진단을 받게 되었다. 여동생은 남편이 재정적 문제에 대해 화를 내지 않을까 두려워했으며, 자녀들에게 시행 가능한 유전자검사를 하는 것을 염려하고 있었다. 사실, 유전자검사는 진행되고 있는 연구의 한 부분으로서 무상으로 시행되고 있었다.

유전질환을 갖고 있는 많은 가족은 원인이 되는 돌연변이를 누가 유전받기 쉽겠는가에 대한 여러 이론과 신념을 갖고 있었다. 의료가족치료사는 가족이 생각하고 있는 가설들이 드러나도록 작업하였다. 결과는 다음과 같았다. 돌연변이는 한 사람 걸러서 반복적으로 나타날 것이다. 즉, 가장 나이 많은 형제가 돌연변이가 생기면 다음 차례는 괜찮고, 그다음은 돌연변이가 생길 것이라고 생각했다. 또 다른 가족구성원들은 유전질환을 갖고 있는 사람과 닮은 가족이 돌연변이를 갖게 될 것이라고 믿었는데, 이것은 흔히 하는 생각이었다. 어떤 가족구성원들은 조금 우스운 생각이긴 한데, 새끼손가락이 구부러져 있으면 돌연변이가 더 잘 일어날 것이라고 믿었다. 또 다른 가족구성원들은 신앙심이 강한 사람들은 고난을 잘 견딜 수 있기 때문에 유전질환 검사 결과가 양성일 것이라고 믿고 있었다.

유전자검사가 가능하게 되었을 때, 가족회의가 열렸고 모든 가족구성원에게 돌연변이와 가능한 검사에 대해 설명하였다. 회의에 참가한 의료전문가들은 유전학자들, 유전상담사들, 그리고 두 명의 의료가족치료사였는데 가족의 규모가 컸기 때문이었다. 가족이 대가족이어서 질병의 잠재적 위험성을 갖고 있는 37명의 가족 중 28명이 참석하였는데, 네 세대와 이미 작고한 두 할아버지의 두 확대가족을 대표하고 있었다. 돌연변이에 대한 정보가 비디오로 제공되었으며 이후에 유전학자와 유전상담사가 교육을 시행하였다. 교육 후에 의료가족치료사 한 명이 1시간 동안 돌연변이와 유전자검사가 개인이나 가족에게 주는 의미에 대한 토론을 진행하였다. 가족치료사들은 가족구성원들이 의사결정 시 개인의 의견 차이를 존중해 줄 것을 강조하였다. 또한 그들은 과거에 가족들이 스트레스를 줄 만한 결정에서 어떻게 성공적으로 대처했는가에 대해 물어 보았다. 토론 내용은 녹화되었으며, 토론 녹화 자료는 정보를 위한 비디오 자료와 함께 참여하지 않았지만 보기를 원하는 가족들에게 공유되었다.

처음 가족회의를 가진 이후에도 가족들의 요구에 따라 적절한 간격으로 추후 회의를 가졌다. 가족들은 1년에 네 번의 가족회의를 원했고, 가족회의는 2년간 지속되었다. 만성질환을 가진 환자의 심리교육 집단에 관한 Gonzales, Steinglass와 Reiss(1989)의 연구 자료에 근거하여 가족회의를 시작하여 처음 15~20분 동안 대장의 유전적 돌연변이에 관한 새로운 연구 결과나 정보에 대해 유전학자와 의견을 나누고 질문에 답하였다. 유전학자가 회의를 마치고 나면, 의료가족치료사들이 마지막 1시간 동안 가족 지지를 증가시키고 건설적인 소통을 하고 상실의 문제를 다루는 작업을 하였다.

이 가족은 다른 사람이 유전자검사 결과에 대해 질문할 권리가 있는지에 대해 상반되는 이야기를 하였다. 가족 중 일부는 질문을 받는 것은 돌봄의 한 형태라고 느끼는 반면에, 다른 가족구성원은 스스로가 정보를 알려 주지 않는데 질문을 받는 것은 사적으로 침해받는다고 느꼈다. 가족들은 휴일이나 생일 모임의 분위기가 상당히 달라졌다고 보고했는데, 가족구성원 간의 대화의 초점이 아이들의 학업이나 운동 성취에 관한 것에서 최근의 선별검사, 유전자검사, 예방적 수술, 장래의 건강 염려에 관한 것으로 바뀌었기 때문이었다. 의료가족치료사들은 가족들이 일반적인 가족 의례나 일상으로 돌아가도록 격려함으로써 유전체학 때문에 이렇게 기념할 일들이 묻히지 않도록 하였다.

대장 돌연변이의 유전자검사 전에 가족들은 대장암의 위험성이 클 수 있다는 것에 염려하였고, 정기적으로 대장내시경 검사를 받아야 한다는 것을 부담스럽게 생각하였다. 처음 몇 년 동안은 모든 가족이 검사를 받으러 갔지만, 그 후에는 절반은 검사를 중단하였고 좋지 않은 소식을 듣는 것을 피하고 싶어 했다. 그러나 DNA검사가 가능해지면서, 열두 명의 사촌 중의 일곱 명이 검사를 받았다. 가족 중의 한 명은 형제들이나 사촌들에게 이야기하지 않고 검사를 받았는데, 56세에도 암에 걸리지 않았기 때문에 자신은 가족력상의 돌연변이가 없을 것으로 생각했고 형제들이나 사촌들 중 많은 사람이 검사 결과가 양성이 나온 상태에서 자신의 결과가 음성으로 나오는 것에 대해 미안한 생각이 들었기 때문이었다.

두 자매는 동년배의 다른 사람들과는 다르게 정기적으로 대장검사를 받지 않고 있었으며, 둔감 반응으로 대처하고 있었다. 충분히 설득한 결과, 그들도 유전자검사에 동의하였다. 그들의 DNA검사 결과에는 돌연변이가 없었다. 리사 큰아버지의 막내아들은 검사가 연구의 한 부분이었기 때문에 무상으로 받을 수 있었는데도 검사를 사양하고 아이들도 검사를 받지 않도록 설득하였는데, 아마도 예상되는 일들이 너무 위협적이라고 느꼈기 때문이었을 것이다. 이렇게 결정한 후로 1년이 지나서 그의 딸이 27세에 말기 대장암 진단을 받았고, 이 일은 가족들을 괴롭게 만드는 결과였다.

유전자검사를 받고 검사가 양성인 제3세대의 가족들에게는 자신의 검사보다는 자녀들의 검사가 정서적으로 더 힘든 화제였다. 자신이 다음 세대 자녀들에게 돌연변이를 유전시켰는가? 많은 가족이 제4세대 자녀들의 대장암 유전자검사에 대해 생각하는 것을 좋아하지 않았다. 이들이 죽음의 문제를 직면하기에는 '너무 어리다'고 생각했기 때문이었다. 그 세대에 속하는 나이의 가족들은 정기적 대장내시경 검사 정도만 받기로 결정하였다. 가족 중의 한 사람은 자신의 검사가 양성으로 나오면 자녀를 가질 수 없을 것이라고 생각하면서 자신이 자녀를 갖기에 적합한지 알기 위하여 검사를 받을 것이라고 하였다. 산전 진단도 가능했지만 그 사람은 종교적 신념 때문에 임신 중절을 수용할 수 없다고 생각했다.

사촌 여동생이 27세에 대장암 진단을 받자 제4세대에도 젊은 연령에 암이 발생할 위험성이 매우 명백해졌다. 발견된 암이 진단 당시에 수술할 수 없는 단계였다는 것이 더욱 위협적이었다. 유전자검사를 거부했던 그 사촌 여동생의 아버지도 돌연변이 유전자를 갖고 있는 것으로 밝혀졌다. 그 아버지는 검사 결과의 소식을 듣고 우울감에 빠지고 말이 없어졌다. 제4세대 가족들도 더 적극적인 감시와 유전자검사를 받기 시작했다.

다음 세대 가족의 검사 결과는 리사에게 특별히 더 어렵게 여겨졌다. 세 자녀 중 두 명이 돌연변이를 갖고 있는 것으로 나타났는데, 리사 쪽의 가족에서는 제4세대에서 유일하게 양성의 검사 결과를 보이는 자녀들이었다. 리사는 "우리 가족에서는 위험도가 50:50이 아닌 것 같아요!"라고 실망하듯이 말했다. 리사의 딸들은 엄마를 닮았기 때문에 검사 결과가 양성일 것으로 예측되었는데, 한 명은 양성이었고 다른 한 명은 음성이었다. 리사의 아들은 아버지를 닮았기 때문에 검사 결과가 음성으로 예측되었지만 어머니를 기쁘게 해 드리기 위해 DNA검사를 받기로 동의하였다. 아들의 검사 결과가 양성이 나왔을 때, 닮은 가족의 검사 결과가 양성일 것이라는 가족 신화를 깨뜨리게 되었다. 맏딸은 검사 결과가 양성이 나온 직후에 바로 대장내시경 검사를 받았으며 암이 발견되어서 수술로 제거하였다. 가족들은 돌연변이 보유자 상태인 것을 알고 사는 것의 부담감과 검사를 받으면 그렇지 않은 경우에 비해 훨씬 빨리 암 진단을 받을 수 있다는 안도감 사이에서 균형을 유지하느라 어려운 시간을 보냈다. 이 가족은 '아는 것이 힘이다.'라는 주장이 옳다는 것을 느끼고 있었다.

사촌들 중의 두 명은 가족회의에서 제기된 문제들로 인하여 개인적으로 심리치료를 요청하였다. 남자 형제 중 한 명은 몇 번의 상담 회기에 참석하여 자녀들에게 돌연변이 유전자를 유전시킨 것에 대한 죄책감과 관련된 문제들을 해결하고자 하였다. 리사는 더 오랜 기간 개인상담과 부부상담을 받았는데, 몇 년 동안 문제가 많았던 부부관계와 어렸을 때의 상처로 인한 미해결 갈등과 상실감에 대해서뿐만 아니라 가족의 유전질환을 해결하기 위한 많은 어려움에 대해서 집중적으로 상담을 받았다.

결과 통합하기: 장기간의 적응

유전 돌연변이를 갖고 있음을 아는 상태에서 가족이 오랜 기간 적응하는 과정에 대해서는 연구할 여지가 있다. 유방암 유전학 연구자의 요청에 따라 두 명의 의료가족치료사가 연구가 이루어지기 1년 전에 유방암 유전자검사 결과가 양성으로 나온 환자들을 위해 6주간의 심리교육 집단을 만들었다(Speice, McDaniel, Rowley, & Loader, 2002). 이 집단은 9명의 부인으로 구성되었는데, 두 자매와 한 부인과 부인의 질녀가 참여하였다. 참가자들의 연령 범위는 32~60세였다. 3명은 전혀 증상이 없었고, 6명은 이미 유방암을 치료받은 상태였다.

집단의 모임 형식은 앞에서 기술한 유전성 대장암의 위험성이 있는 확대가족의 모임과 유사했다. 이 집단은 일차의료에서 흔한 집단진료(medical groups visits)와도 유사한 점이 있었다. 각 집단에서 유전학자와 유전상담사가 처음 15분 동안을 담당하였는데, 질문에 답하고 유전체와 질병, 치료에 관한 새로운 정보를 알려 주었다. 이어진 75분 동안 회기에 처음 참가한 여성들이 제기한 주제들에 관하여 이야기하였는데, 그 주제들은 유전자검사에 대한 가족의 반응(배우자, 자녀, 확대가족), 비밀 이야기(가족 중에 또 누가 위험성을 갖고 있고, 누구에게 이야기할 것이며, 언제 이야기할 것인가), 보험자나 직장에서의 비밀 유지, 참여자들의 정서적 반응과 대처 전략, 신체 이미지, 의사와의 관계 등이었다.

상담 회기들은 정서적으로 긴장감을 느끼게 하였다. 여성들은 처음에는 망설이는 태도를 보였으나, 시간이 지나면서 경험을 공유하게 되고 처음으로 이해받는 느낌을 받게 되자 곧 서로 친밀해졌다. 참가자들은 매우 외롭다는 느낌을 갖게 되는 상황에서 상당히 친밀감을 느끼게 되었다. 거리감을 느끼게 되는 배우자들, 자신들이 갖고 있는 질병 감수성에 대해 분노하는 자녀들과 관련된 문제들을 포함하여 죽음에 직면해야 하는 많은 문제가 나타났다. 한 여성은 자신이 주장하여 성인이 된 아들이 유전자검사를 받게 한 결과로 BRCA1(유방암 발병과 관련된 유전자의 한 종류-역주)과 두 가지 유전자 돌연변이가 양성으로 나왔고, 그 아들의 딸들이 돌연변이 중 하나 이상을 갖고 있다가 결국 유방암이 발생할 위험성이 높아지게 되었을 때에 갈등과 관계의 단절로 어려움을 겪었다. 며느리는 "내 딸을 볼 때마다 아이들의 얼굴에서 죽음의 그림자를 보게 됩니다. 저는 어머님이 우리 가족의 미래에 대해 하신 일에 대해 분노를 느낍니다."라고 말했다. 이 집단에 참여한 대부분의 여성은 수명이 연장될 것이라고 생각해서 예방적 유방절제술과 같은 예방적 조치를 취했다. 아들과의 대화가 단절된 부인은 "나는 검사를 받은 것을 기쁘게 생각합니다. 왜냐하면 이런 검사는 내가 생존할 수 있도록 교육하기 때문입니다. 이런 것이 나에게는 중요한 일이지만, 자녀들에게 너무 심하게 강요한 것에 대해서는 죄책감을 느낍니다."라고 말했다.

이 집단에 속한 여성들은 순기능적인 삶을 살고 있었다. 유방암이 그들의 가계를 통해 유전되는 것으로 보아서, 그들은 유방암의 돌연변이 유전자를 가지고 있을 것으로 생각했다. 그들은 모두 유전자검사 전의 상담으로 도움을 받았다. 그러나 여성들 모두는 유방암 유전자 돌연변이가 양성인 결과를 아는 것이 자신들에게 의미하는 바를 매우 과소평가했다고 말했다.

이전부터 잘 알려져 온 헌팅턴병과 같은 단일 유전자질환 진단을 받을 때에는 장기간의 적응이 다른 의미를 갖게 된다. 예를 들어, 질은 조의 아내였는데 조의 가족은 헌팅턴병의 가족력이 있었다. 처음에는 질이 혼자서 그녀 자신에 대한 지지상담과 부부상담을 요청하였다. 조는 한동안 개인상담치료를 받았는데 주로 직업과 관련된 문제에 초점을 맞추었다. 부부를 진료하던 내과 의사가 두 사람을 의뢰하였다.

질은 상담 회기에서 남편에 대한 사랑과 남편의 건강에 대한 염려를 이야기할 때 슬퍼 보였다. 질과 조는 12세와 9세의 두 명 자녀를 두고 있었다([그림 12-3] 참조). 공교롭게도, 이 부부는 불임으로 인해 오랫동안 고통스러운 기간을 보낸 후에 두 자녀를 입양하였다. 질은 조의 어머니가 헌팅턴병 진단을 받았을 때 처음으로 그들 부부가 불임인 것이 축복이라고 느꼈음을 이야기하였다. 적어도 그들 부부는 자녀들이 헌팅턴병을 갖고 있지 않을까 염려할 필요는 없었다.

질은 담당의사가 그들 부부에게 명백한 근거도 없이 조기 유전질환을 갖고 있을 가능성이 크지 않다고 생각한다는 말을 했다고 이야기하였다. 치료사가 그 의사와 전화로 통화하였을 때, 담당의사는 조가 헌팅턴병이 아닐 가능성에 대해 그

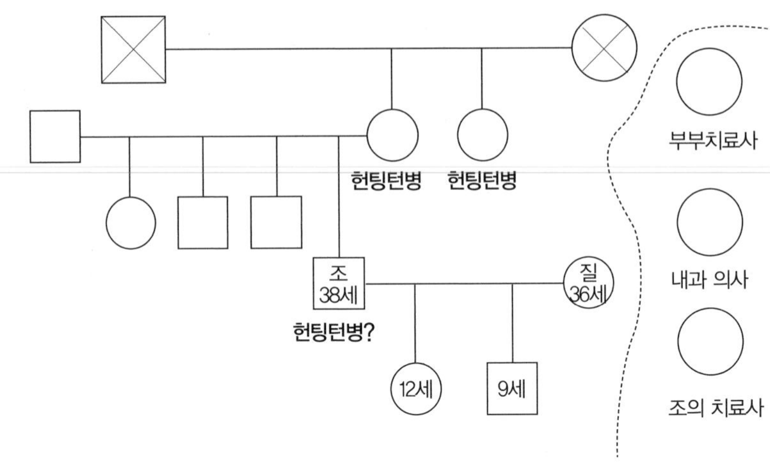

[그림 12-3] 헌팅턴병 진단을 받은 부부

부부에게 긍정적으로 이야기했다는 것을 시인하면서, "나는 단지 조가 그 병을 갖고 있지 않기를 바랄 뿐이에요."라고 말도 안 되게 이야기하였다. 담당의사는 부부가 심리치료를 받고 있다는 것을 알고 매우 안심하였고, 그들이 유전자검사를 받기로 결정하게 될 때에는 협진하기로 동의하였다.

개인상담 회기에서 질은 자신이 과민해지고 조가 잠을 잘 때 씰룩씰룩 움직이거나 열쇠를 두고 다니는 것과 같은 정상에서 벗어난 행동을 할 때면 늘 짜증이 난다고 이야기하면서 눈물을 보였다. 질은 남편을 면밀히 관찰한다고 이야기하면서, "나는 스스로에게 매번 '이 문제가 정상적인 남편과 아내 사이의 문제인가, 아니면 조가 헌팅턴병을 갖고 있어서인가?'라고 자문해요."라고 말하였다. 유전자검사가 그런 질문에 해답을 줄 수 있을 것으로 생각되었다. 그러나 개인상담과 부부상담을 몇 회기 가진 후에 질과 조는 그들의 부부관계가 애정이 있는 헌신적인 관계이긴 하지만 검사를 받기 전에 부부간의 소통을 더 강화시키기를 원한다고 결론지었다. 부부는 2년 동안 행동주체성과 치료적 연대감을 강화시키기 위해 노력하였다. 2년이 지나서 부부는 예전보다 훨씬 더 좋은 상태로 생활하고 있으며, 검사를 받지 않기로 결정했다고 이야기하였다. 그들은 알고 싶어 하지 않는 쪽을 선택하였다.

이미 언급한 것처럼 헌팅턴병은 진행성이며 완치될 수 없고 현재도 치료법이 없다. 어떤 사람에게는 불확실함이 더 나쁘게 작용할 수도 있고, 조와 질 같은 사람에게는 사실을 안다는 것이 더 나쁠 수도 있다. 헌팅턴병의 경과를 고려한다면, 질병의 위험이 있는 사람들이 검사를 받고자 하는 의도와 실제 검사를 받는 행동 사이에 상당한 차이를 보인다는 연구 결과들이 놀라운 것은 아니다. 한 연구에서는 헌팅턴병의 위험성이 높은 사람들의 10~20%만이 실제로 검사를 받고자 한다고 보고하였다(Craufurd, Dodge, Kerzin-Storrar, & Harris, 1989), 반면에 이미 알려진 유방암 돌연변이를 갖고 있는 대가족에 대한 몇몇 연구에서는 검사받는 비율이 35~43%라고 하였다(Lerman, Croyle, Tercyak, & Hamann, 2002). 유전자검사의 심리사회적 측면에 관한 가장 흥미롭고 영향력 있는 연구들에 의하면 행동, 의사결정, 검사 후의 정서 반응에 영향을 미치는 것은 과학적 위험도가 아닌 자각된 위험도이다(Lerman et al., 2002). 그들이 어떤 반응을 보이고 어떤 행동을 하게 되는가에 영향을 주는 것은 통계 자체가 아닌 사람들이 통계에 부여한 의미였다.

질과 조는 의료가족치료를 끝낸 후 4년이 지나서 다시 상담 예약을 요청했다. 조가 드디어 검사를 받았으며, 검사 결과에 적응하는 데 어려움이 있어서 상담을 받으러 왔다. 조의 검사 결과는 음성이었다! 그들은 지금까지는 헌팅턴병에 따른 것이라고 여겼으나 이제는 조나 부부관계와 관련된 것으로 생각해야 하는 행동과 문제에 대해 이야기했다. 질은 오랫동안 건강한 삶을 살 수도 있는 배우자와의 삶에 적응해야만 했다. 그들은 좋은 소식을 받아들이는 것이 얼마나 어려운가라는 사실에 매우 놀랐다. 조는 자신과 부인이 아마도 헌팅턴병 때문이라고 여겼던, 열쇠를 두고 다니는 것이나 다른 행동들에 대해 이제는 어떻게 자신이 책임을 져야 하는가를 이야기하였다. 질은 자기 입장에서 남편이 오랫동안 살아 있을 수 있는 가능성에 적응해야만 했다. 몇 회기의 의료가족치료를 통해 유전자검사 결과에 따라 의미 있게 달라진 가족의 이야기를 다시 쓰게 되었다.

유전 진료팀과 협력하기

유전질환을 가지고 있는 환자와 가족을 진료하기 위해 가장 효과적이고 포괄적인 접근을 위해서는 일차의료의사와 전문간호사, 유전학자, 유전상담사, 외과의사, 당뇨병 전문의, 호흡기 전문의 등의 세부전문의, 목회자, 의료가족치료사가 참여하는 학제 간 유전 진료팀의 협력이 필요하다. [그림 12-4]는 유전질환이 있는 것으로 의심되는 환자가 일차의료의사와 의료가족치료사, 또는 목회자와의 지속적인 관계로부터 시작하여 유전학자, 유전상담사, 내과 또는 외과 전문의, 세부전문의들과의 주기적인 만남까지 어떻게 의료전문가들로부터 도움을 받을 수 있는가를 나타내고 있다. 이 그림에서 전문가들 간의 양방향 화살표 표시는 적절한 팀의 기능을 위하여 의사소통과 협력의 중요성을 나타내고 있다.

일차의료의사와 의료가족치료사는 유전 정보를 분별하고 그것이 환자와 가족에게 주는 의미가 무엇인지 이해하는 데 직접적으로 관련된 환자와 가족에 관한 종단적 · 맥락적 지식을 가지고 있다고 할 수 있다. 유전전문가팀(유전학자, 유전상담사, 간호사)은 역할에서 유전 상담, 진단과 교육을 제공하는 것에 좀 더 초점을 맞춘다. 일차의료의사는 환자와 가족의 전반적이고 장기적인 건강 요구를 돌보게 된다. 내과 전문의들은 유전질환을 치료할 수 있다. 의료가족치료사는 유전자검사를 고려하는 것부터 질병이 주는 어려움을 다루는 것까지 다양한 질병 과정 단계에서의 스트레스를 다루기 위해 가족의 강점들을 지지해 줄 수 있다.

이런 작업은 유전학자, 유전상담사, 의료가족치료사들에게도 역시 정서적으로 힘든 일이다. 확신하건대, 우리 대부분은 어떤 변이인지는 알지 못하지만 모두 유전적 돌연변이를 갖고 있다. 한 유전학자의 장례식에서 알게 된 사실인데, 어떤 여성을 유방암 돌연변이 환자집단으로 의뢰한 유전학자가 그 여성 환자를 의뢰한 동일한 해에 자신이 흑색종 진단을 받게 되었다. 그 여성 환자가 고통을 겪고 있는 유일한 사람은 아니었다.

유사한 예로, 의과대학생 한 명이 유전학 수업을 듣는 중에 그녀의 할머니와 이모가 유방암 유전적 돌연변이를 갖고 있다는 것을 알게 되었다. 이 학생은 생의학

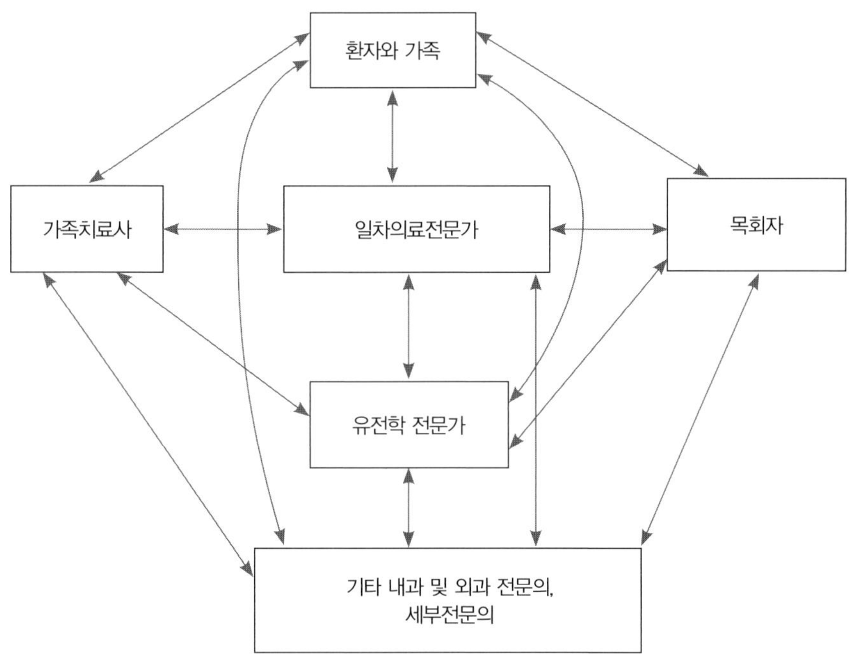

[그림 12-4] 유전질환 진료팀

출처: McDaniel, Rolland, Feetham, & Miller (2006), p. 531.

적 관심 때문에 자신도 23세에 유전자검사를 받았다. 검사 결과는 양성이었으며, 유전 정보를 알게 되는 것의 심리사회적인 측면에 대해 준비되지 않는 상태였기에 그 후로 이 학생은 정서적으로 매우 침체되는 경험을 하게 되었다. 가족치료사에게도 이러한 상담 작업은 어떤 사람이 얼마나 많이 알기를 원하는가, 불확실성에 대해서 평안할 수 있는가, 다른 가족구성원들과의 생물학적인 연계성은 어떻게 이루어지는가 등에 관한 문제들이 제기된다. 이것은 우리를 매우 겸손하게 만드는 경험이다. 우리 중의 어느 누구도 우리가 이 장에서 상세하게 이야기한, 환자들이 경험한 정서적 어려움을 어떻게 감당할 수 있을지 확실히 알 수가 없다.

결론

유전체학은 우리가 생명공학적 개입들에 대한 인간의 경험을 이해하는 수준보다 훨씬 앞서가고 있다. 유전체학은 생물학, 윤리학, 심리사회적 반응들이 충돌하는 장소이다. 의료가족치료사들은 가족이나 가족관계와 관련되어 있기 때문에 유전적 관심들을 다루기 위해 특별히 훈련을 잘 받은 사람들이다. 우리는 가족들이 의사결정을 하고, 불확실성에 대처하고, 유전 정보를 현재의 자기정체성 속에 통합하도록 돕는 데 중요한 기여를 할 수 있다. 또한 우리는 다른 유전병 의료전문가들이 환자와 가족의 복잡한 경험을 이해하도록 돕는 데 중요한 기여를 할 수 있고, 그들이 유전질환을 다룰 때 의학적 지식이 윤리적 · 정서적 · 대인관계적 고려사항들로 보강되도록 할 수 있다.

제13장
돌보기, 임종에 대한 돌봄 및 상실

> 돌보기는 쉬운 일이 아니다. 시간, 에너지 및 비용이 많이 들어간다. 그것은 힘과 결단력을 빨아들인다. 그것은 간단한 유효성과 희망을 커다란 의문으로 변화시킨다. 그것은 고통과 절망을 더 크게 만들 수 있다. 그것은 자아를 분할할 수도 있다. 가족 갈등을 가져올 수도 있다. 돌보는 사람과 돌보지 못하거나 돌보지 않는 사람을 분리할 수도 있다. 그것은 아주 어려운 일이다. 돌보기는 또한 도덕적 진료를 규정하기도 한다. 그것은 공감적 상상, 책임, 목격하기, 도움이 절대적으로 필요한 사람과 연대하는 진료이다. 그것은 돌보는 사람, 심지어는 때로는 돌봄을 받는 사람들을 보다 현존하는, 궁극적으로는 온전하게 인간적으로 만드는 도덕적 진료이다(Kleinman, 2009, p. 293).

가족이 병들거나 나이 든 가족을 돌보는 것은 언제나 인생의 일부였다. 돌보기를 제공하는 사람에 대한 중요성 및 수요를 인식하게 된 것을 반영하는, 가족

---

http://dx.doi.org/10.1037/14256-013

Medical Family Therapy and Integrated Care, Second Edition, by S. H. McDaniel, W. J. Doherty, and J. Hepworth

을 돌보는 전문인력 및 이에 관한 일반적인 정보의 급속한 성장은 미국에서 새로운 것이다. 이러한 급성장은 가족 지원 및 자원에 관한 정보,[1] 진료 영역 그리고「가족 및 의료휴가법(The Family and Medical Leave Act)」(1993/2006)과 2000년에 수립된 국가 가족돌보미지원 프로그램(National Family Caregiver Support Program)과 같은 법률적 지원을 포함한다.

현실은 6,500만 명 혹은 미국 전 국민의 29% 이상이 만성적인 병을 앓거나, 장애를 갖거나, 혹은 나이 든 가족 혹은 친구에게 돌봄을 제공하고 있고, 그것을 위해 무보수로 일주일에 평균 20시간을 소비하고 있다(National Alliance for Caregiving in Collaboration with the AARP, 2009). 이 조사에서 돌보미의 2/3 이상이 여성이었고, 모든 돌보미의 2/3는 집 밖에서 일을 하고 있었다. 이 가족들의 정서적 · 사회적 · 경제적 및 건강에 대한 압박은 충격적이었다. 가족들이 부담, 상실, 비탄 및 사망의 주제를 다루는 것을 돕는 의료가족치료사에게 있어서 돌보기 스트레스가 흔한 문제라는 것은 놀라운 일이 아니다.

의료 영역에서도 역시 돌보미의 커져 가는 역할을 치료팀의 중요한 부분으로 인식하기 시작하고 있다. 미국에서 가장 큰 의사단체인 미국의사회(American College of Physicians)는 다른 9개 의학 관련 단체와 함께 상호 지지적인 환자-의사-돌보미 관계를 발전시키는 윤리 지침 서류에 서명하였다(Mitnick, Leffler, & Hood, 2010). 이 기념비적인 서류는 전통적인 의료윤리가 가족 및 사회적 관계와 유리되어 어떻게 환자-의사 관계에 초점을 두어 왔는지 적시하였다. 지침은 돌보미에 대한 지지적이고 포괄적인 의사소통 및 정보 전략을 강조하고 있고, 다음 내용이 그 핵심이다.

- 환자들의 존엄성, 권리 및 가치에 대한 존중은 모든 상호작용에 지침이 되어야 한다.

---

1) 많은 비영리 기관들이 돌보기를 수행하고 있다. 웹사이트 및 블로그는 여러 질병을 앓고 있는 환자 및 가족을 지원하기 위한 정보와 지원을 제공한다. 예로, 전국가족돌보미협회(http://www.careraction.org) 웹사이트를 참조하라.

- 의사에 대한 접근성 및 최고의 의사소통은 지지의 기본이다.
- 돌보미는 지속성, 정보 및 돌봄의 원천으로 간주되며, 삶의 질을 극대화하기 위한 지지를 요구한다.
- 진료 전문인력인 돌보미는 전문인의 능력에서 기능하기를 기대하는 것이 아니라 돌보미로서 지지되어야 한다.

이 윤리 지침은 돌보미, 환자 및 보건의료 임상가가 돌보기에 대한 각자의 기대가 다를 때 잠재적 긴장이 있음을 강조한다. 또한 지침은 가족 역할의 중요성, 특히 가족구성원이 같은 의료전문가일 때 일어날 수 있는 경계문제들을 이야기한다. 이 장에서는 중대한 만성질환, 장애, 말기 질환 및 고령 성인들을 돌보는 가족들에게 닥치는 중요한 압박의 일부를 기술한다. 우리는 그들의 사랑하는 가족을 돌보고 있는 배우자, 파트너, 성인 자녀 및 다른 가족원들과 작업해 나가는 임상 전략들을 제시한다. 돌보기는 임종을 맞이하면서 특히 중요하기 때문에, 이 장은 상실 및 죽음의 충격을 고려하고 가족들이 애도의 시기에 따라 이를 지지하도록 돕는 전략들을 서술한다.

돌보는 사람의 경험

지나는 56세의 관리자로 그녀의 남편 칼이 가벼운 뇌졸중과 심장 상태로 은퇴할 때 의료가족치료사와 치료를 시작하였다. 뇌졸중으로 인해 인지 장애가 생긴 듯했지만, 여러 전문가, 신경과 전문의, 정신과 전문의의 자문에도 불구하고 분명한 진단이나 예후에 대해 알 수가 없었다. 지나의 현재 정서는 좌절, 즉 분명한 대답이나 치료를 주지 못하는 의료 시스템에 대한 좌절, 남편의 인지기능 저하, 능력 감퇴, 건강을 위한 투병에 관심을 가지지 않는 것에 대한 좌절, 그녀의 인생이 얼마나 어려워질 것이라는 것을 이해하지 못하는 다른 사람들에 대한 좌절이었다.

4년 이상, 지나는 한 달 간격으로 치료 회기를 지속하였다. 처음에 그녀는 진료팀이 검사를 하고 가능한 답을 얻을 수 있도록 강요하는 남편을 위한 옹호자였다. 시간이 지나면서 행동주체성 및 연대감에 대한 생각이 커졌다. 그녀는 불확실성의 어려움을 더 잘 받아들이는 것을 배웠으며, 남편의 진단이 치매라는 것은 물론 점점 나빠지고 있다는 것을 깨달았다. 지나의 정서는 좌절을 넘어 상실, 고뇌, 무력감, 슬픔 및 고립감으로 확대되었다. 그녀는 일상생활 중에 겪는 가장 큰 어려움 가운데 하나로 "남편이 몸은 여기에 있는데 더 이상 거기에 있지 않아요."라고 말하였다. 그녀는 완쾌가 없다는 것을 받아들이면서, 또한 남편과 자신을 위해 더 나은 돌봄을 제공하는 것을 배웠다.

의료가족치료사와 치료해 나가는 과정에서, 지나는 두 사람 모두에게 수년간에 걸친 의미 있는 돌보기를 지원하기 위한 생활 구조를 만들어 나갔다. 그녀는 남편이 치매 성인을 위한 주간 돌봄 프로그램에 참석하도록 조치하면서, 자신은 일을 계속할 수 있도록 하였다. 시간제로 일을 하고, 그렇게 해서 시간을 내어 일주일에 이틀은 그를 돌볼 수 있도록 하였다. 그녀는 남편이 다른 사람들과 간단한 대화도 할 수 없는 것 같아 보일 때 좌절하곤 했다. 그녀는 남편에 대해 설명해야만 했지만, 더 이상 자신이 친구나 가족들에게 그를 '감추어야(cover)'만 한다고 느끼지 않는다. 그녀는 남편의 분노 표출을 개인적 공격으로 덜 받아들이게 되었고, 분명한 피드백을 주고 남편이 자신의 분노 표출을 제한할 수 있도록 도왔다. 지나와 칼은 정기적으로 좀 더 온화한 지역에 살고 있는 그녀의 오빠와 언니를 방문하였다. 지나와 칼의 자녀와 손자들도 가끔 며칠씩 와서 지내었고, 그럴 때면 지나는 친구들과 잠깐씩 휴가를 보냈다. 지나는 그녀가 남편에게 올바르게 하고 있으며, 뒤돌아볼 수 있으며, 점점 나아지고 있음을 깨달았다. 이에 대해 그녀는 아직도 아주 힘들기는 하지만, 어느 정도 만족하고 있었다.

돌보미의 이러한 여러 상충하는 감정은 의료가족치료에서 핵심적인 논의점이 된다. 돌보미들은 종종 강하거나 혹은 고귀하다는 이야기를 듣는다. 그들도 또한 어떻게 다르게 일을 할 수 있는지에 관한 제안의 수혜자들이다. 친구들은 "내가 할 수 있는 게 있으면 전화해."라고 이야기한다. 하지만 많은 돌보미는 다른 이에게 부담되는 것과 구체적인 도움을 주겠다는 제안(종종 그것은 일어나지 않지만)을 기다리려고 하지 않는다.

가족과 친구들이 절친하다고 할지라도, 환자를 돌보는 사람은 그들이 얼마나 힘들고, 지치고, 외로운지 자유로이 드러내지 못할 수 있다. 치료사는 그들로 하여금 자신들의 모든 양가적인 감정을 수용하도록 격려할 수 있다. 가끔 환자를 돌보는 가족들과의 의료가족치료에 질환이나 장애를 가지는 사람을 포함하기도 한다. 대체적으로 질환이 있는 가족원에게 상처를 줄 것에 대해 걱정하지 말고, 그들이 솔직하게 이야기할 필요가 있기 때문에 오로지 돌보는 사람만의 회기가 흔하다.

돌보는 사람: 숨겨진 환자

신체적으로 별문제가 없는 사람들은 종종 전문가에게 직접적으로 요구나 고통을 표현하지 않은 '숨겨진 환자'이다. 보건의료 임상의는 돌보미들에게 그들 자신이 자주 '단거리 달리기가 아닌 마라톤'을 하고 있음을 상기시켜 줌으로써 자기돌봄을 격려하도록 배웠다. 하지만 환자에게서 관찰할 수 있는 현재의 요구가 많으면 많을수록, 돌보미 자신은 물론 치료사들에게 특히 잘 대처하고 있는 것으로 보이는 돌보미의 요구를 축소하게 할 수 있다.

장기간의 우울증, 신체건강의 악화 및 사망의 위험성이 증가함을 포함하여 가족 돌봄의 해로운 의학적 및 심리적 결과는 잘 알려져 있다(Schulz & Beach, 1999). 특히 여성들은 혼자서 그 역할을 담당해야 한다는 비합리적이고 건강하지 못한 기대에 처한다(McDaniel & Cole-Kelly, 2003). 돌보미가 직장에서 일을 하게 되면 스트레스는 몇 배가 된다.

치매의 경우, 일의 양(돌보미의 부담) 및 돌보기과 다른 역할의 균형을 맞추는 것과 관련한 상충되는 감정을 포함하여 스트레스가 특히 극심하다(돌보기 긴장; Hunt, 2003; Ory, Hoffman & Yee, 1999). 예를 들어, 알츠하이머 치매를 앓는 배우자를 돌보는 나이 든 만성질환 배우자는 돌보미를 갖지 않는 동일한 질병을 앓는 또래들에 비해 63% 더 높은 사망률을 갖는다(Schulz & Beach, 1999). 돌보미들은 사회적 활동을 지속할 수 없고, 친구들은 종종 어떻게 반응해야 할지 모르기 때문에 외로움과 고립이 증가한다. Vachon 등(1977)의 연구에서, 남편과 사별한 부인들은 남편들의 긴 말기 암 기간 내내 친구들을 떠나보내는 것을 '사회적 죽음'으로 묘사하였다.

다행스럽게도, 돌보미 지원 프로그램은 변화를 가져올 수 있다. 예를 들어, 돌보미 지원 프로그램을 통해 알츠하이머 치매를 앓는 사랑하는 사람의 시설수용(institutionalization)을 효과적으로 지연시킬 수 있다(Mittelman, Haley, Clay, & Roth, 2006). 훈련받은 돌보미와의 구조화 회기를 가지며 문제해결 기술과 지원에 초점을 맞추는 REACH 프로그램(Schulz et al., 2003)을 통해 돌보미와 가족원들 간의 관계는 물론 돌보미에게도 그다지 크지는 않지만 의미 있는 이득이 있음을 보여 주었다. 의료가족치료사들은 이 진단의 리더 혹은 자원이어야 한다. 일부 의료가족치료사는 그러한 참여가 의료가족치료 임상을 만들어 나가는 중요한 길이라는 것을 발견한다.

가족 심리교육 집단은 질병 전반에 걸쳐 대처하는 것(Gonzalez & Steinglass, 2002; Steinglass, 1998), 암과 같은 특정 질병에 대한 것(Kim & Givern, 2008), 만성 통증(Lemmens, Eisler, Heireman, Van Houdenhove, & Sabbe, 2005), 천식(Wamboldt & Levin, 1995)에 대한 정보와 지원을 제공한다. 많은 다양한 가족집단 프로그램은 가족들이 질병, 대처방식에 대해 배울 수 있는 여러 회기를 포함하고, 비슷한 상태를 경험한 다른 사람들로부터 지지를 받는다. 회기에 참가하는 것은 공동체를 만드는 이득이 있을 수 있지만, 실행하기는 어려울 수 있다. 심지어 하루짜리 소아암 환자의 가족들이 모이는 집단 프로그램으로라도 가족원들의 스트레스 증상들이 줄어드는 이득을 얻을 수 있었다. The Surviving Cancer Competently Intervention Program은 암과 그 치료에 관한 소통을 향상시키고 가족 신념(family beliefs)을 변경하는 데 초점을 둔다(Kazak, 2005; Kazak et al., 1999).

질병 혹은 장애를 가진 성인 자녀를 돌보는 일은 특히 부담이 된다. 60대 초반의 키이스 부부는 희귀하고 통증을 동반하는, 심한 관절염을 앓고 있는 29세 아들 댄을 돌보고 있다. 아들은 가끔 휠체어를 타고 자기가 필요한 것을 할 수가 있었다. 부모들은 침대에서 휠체어 혹은 변기로 그를 옮기기 위해 리프트를 사용해야만 하는 때가 있었다. 언젠가 입원했을 때 댄은 의사에게 아버지가 자신과 어머니에게 점점 화를 내는 것에 대해 이야기를 나누어 줄 것을 요청하였다. 의사는 의료가족치료사에게 가족 모임을 갖도록 요청하였지만, 아버지는 모임에서 펄펄 뛰며 자신이 욕하거나 위협했다는 것을 부정하였다.

치료사가 환자를 돌보는 가족들의 스트레스에 대해 이야기하자, 가족들은 지난 2년 넘게 아버지의 화가 늘어난 것에 대해 이야기하였다. 키이스 씨는 뜨거운 물속에서 점점 뜨거운 것에 익숙해지는 개구리와 같은 은유적인 표현에 잘 반응하였다. 그는 자신이 스트레스가 점점 늘어나면서, 그의 좌절과 화가 늘어난다는 것에 동의하면서 부드러워진 것같이 보였다. 그는 환자를 돌보는 사람의 40~70% 사이에서 임상적으로 유의한 우울 증상이 나타난다(Family Caregiver Alliance, 2006)는 이야기를 듣고 우울증 선별, 약물치료 및 스트레스와 자신의 우울로 인해 발생한 도움 되지 않는 소통방식에 대해 부부치료를 받을 것에 동의하였다.

이 사례에서와 같이 통계치를 이용하는 것은 돌봄에 관한 스트레스의 정상화에 도움이 되는 전략이다. 댄의 아버지와 같이, 처음에는 자신에 대한 어떤 심리적인 개입에도 저항을 보이던 내담자에게 특히 효과가 있다. 가족들은 그들의 반응이 특별하지 않다는 것을 깨달았을 때 진료를 고려하기가 쉽다. 가족들은 스트레스, 심지어 우울이 흔하지 않은 상태에 대한 흔한 반응(common response)이라는 것을 알게 되면 더 좋을 수 있다.

댄과 같은 성인 자녀를 가진 가족은 돌보기의 책임이 수십 년을 갈 수 있다는 것을 생각한다. 이것은 상대 배우자가 치명적이지는 않지만 심각한 질병 혹은 외상 관련 장애를 가질 때 젊은 배우자에게도 마찬가지이다. 그들은 질환 또는 장애를 가진 사람의 요구와 다른 가족원들의 요구 사이에서 균형을 잡아야 하는 것뿐만 아니라 돌보미가 더 이상 돌봐 줄 수 없을 때 장기적인 돌봄을 마련해야만 한다. 가족은 사랑하는 사람의 장래 생활 상황, 형제와 같은 다른 가족원들의 돌봄에 대한 자발적 참여, 오랜 시간에 걸친 돌봄을 보증하는 법적 처리에 관해 어려운 결정들을 마주해야 하기 때문에 상당한 지지가 필요하다.

장시간에 걸친 질환 및 장애는 환자와 가족에게 많은 종류의 상실을 초래한다. 환자가 특히 오랜 시간의 돌봄 끝에 죽게 되면, 가족들은 더 이상 돌보지 않아도 되는 것과 함께 마지막 상실에 적응해야만 한다. 그들은 사별(bereavement)의 시기로 옮겨가게 된다.

돌보기의 끝 – 가족이 상실에 대처하도록 돕기

의료가족치료사는 환자와 가족들이 상실을 예상하거나 경험하는 것을 돕는데, 이는 가족들이 자신들의 선택사항을 미리 고려하는 것과 고통을 이기도록 서로 돕는 것을 격려해 주는 것이다. 가족을 돕는 데에 있어 의료가족치료사는 질병의 문화적 의미, 고유한 가족 설명모형(explanatory model), 죽음을 다루는 데서의 망설임을 고려하여야 한다. Walsh와 McGoldrick(1991)의 편저서는 죽음으로 인한 가족들의 상실 경험을 다룬 최초의 가족치료 관련 책이다. 이후 많은 책(Boss & Carnes, 2012; McGoldrick & Walsh, 2004)이 나왔지만, 일부 치료사는 여전히 죽음과 상실에 대한 논의를 시작하기 어려워한다.

우리 문화에서 죽음에 대해 다루기를 꺼리는 것은 우리의 언어 사용을 반영하고 있다. 가령 '죽었다(passed away)' '갔다(gone on)' '더 이상 우리와 함께하지 않는다(no longer with us)'와 같은 구절은 불편한 인정(acknowledgement)을 피하도록 해 준다. 치료사가 상실에 대한 논의를 끄집어내기를 꺼린다면, 가족은 치료사의 주도대로 따르고 고통스럽지만 중요한 대화를 피할 것이다. 정신과의사인 Elisabeth Kübler-Ross(1969)는 이 같은 회피의 문화적 유형에 도전하였다. 그녀는 진료팀과 일반 대중이 그들의 불편함에 직면하고, 죽어 가는 그리고 생존해 있는 이들과 죽음에 대해 토의하고, 죽음의 실상을 반영하는 단어를 사용하도록 격려하였다. Kübler-Ross(1975)는 사회복지사의 회피에 대한 인식을 묘사하였다.

> 우리 대부분이 죽음에 대해 이야기하는 것을 회피하는 가장 중요한 이유 중의 하나가 환자에 대해 말하거나 편하게 해 줄 것이 아무것도 없다는 무섭고 참을 수 없는 감정 때문이다. 나도 지난 몇 년간 나이 들고 노쇠한 많은 내담자와 일하면서 비슷한 문제를 가졌다. 고령 및 병을 앓는 것은 너무도 황폐해지는 것이라고 항상 생각했고, 그들에게 희망을 주고 싶었지만, 나는 절망으로만 소통할 뿐이었다. 질병과 죽음은 그렇게 해결할 수 없고, 그래서 내게는 이들이 도움을 받을 수 없는 것으로 여겨졌다(p. xvi).

죽음을 다루도록 요구받는 전문가로 암 전문의들도 환자의 죽음에 대한 그들의 고뇌를 분류할 수 있다(Gnanek, Tozer, Mazzotta, Ramjaun, & Krzyzanowska, 2012). 의사들은 환자를 돌보는 데 있어서의 밀접함과 상실의 고통을 피할 만큼의 거리두기 사이의 긴장을 이야기한다. 환자들이 죽음에 임박해지는 만큼 환자로부터 철수하기 위한 대처 전략으로 **부정**(denial) 및 **해리**(dissociation)가 주목받았다.

많은 의료전문가는 적어도 두 가지 반응으로 다른 사람들의 죽음에 반응한다. 죽음이란 자신의 사망의 인식을 원하지 않는 것을 나타낸다. 하지만 환자의 죽음, 심지어 사망이 피할 수 없을 때라도 역시 많은 것에 대한 전문가로서의 실패라는 느낌을 가져오게 된다. 그래서 의료전문가들이 임박한 상실이라는 정서를 직면하기보다는 종종 생명유지 기술 뒤에 숨는 것을 이해할 수 있다. 다행히도 완화치료 및 호스피스 서비스가 널리 퍼지다 보니 이러한 긴장을 완화시키는 것을 도울 뿐 아니라 가족들에게 필요한 돌보기를 더 많이 제공하게 된다.

호스피스팀의 연례회의에서, 오랜 기간 의료책임자로 일한 Zagieboylo(2012)는 대부분의 사람에게 물어보면 잠자는 동안에 순간적으로 고통 없이 죽고 싶다는 이야기를 한다고 하였다. 그는 이런 갑작스러운 죽음이 죽는 사람에게는 좋을지 모르지만, 상실에 대한 기회를 갖기를 바라는 가족들에게는 아쉬움을 남기곤 한다고 하였다. 좀 더 만성적인 경과를 갖는 이들에게 호스피스 일은 가족은 물론 죽어 가는 사람에게도 그들의 선택과 그들이 다른 사람들과 무엇을 나눌 것인지에 대한 계획을 보다 더 하게 해 줄 수 있다.

의료가족치료도 역시 가족들이 가능한 범위에서 계획을 할 수 있는 기회를 제공한다. 그것은 가족들이 돌보기와 상실 기간 중에 마주치는 모든 도전에 직면하는 것을 돕는다. 하지만 그것은 쉬운 일이 아니다. 돌보기가 가족들에게 힘든 것과 마찬가지로, 치료사들도 그들이 가장 고통스러운 기간에서 돌보미와 가족들과의 작업을 준비해야만 한다. Kleinman(2009)의 "가장 절실한 사람들과 마주하고 함께할 수 있는 기회"(p. 293)라는 말은 치료사들에게도 마찬가지이다. 상실을 경험하는 가족들과 우리는 '보다 현실적이고, 보다 인간적이 되는' 기회를 갖는다. 이 장의 뒷부분에서 돌보미와 가족들이 돌보기 그리고 시간이 되어서 애도와 상실에서의 이러한 도전을 타협해 나가도록 도와주는 임상 전략들을 설명하고 사례들을 제시한다.

돌보는 사람을 돕는 임상 전략

〈보기 13-1〉에는 돌보는 사람을 돕는 임상 전략들이 제시되어 있다. 이들 전략은 다음에서 자세하게 논의될 것이다.

〈보기 13-1〉 돌보는 사람을 돕는 임상 전략

- 가족에게 심리교육을 제공하고 자원을 연결한다.
- 가족 역동에서의 변화를 정상화시킨다.
- 환자와 가족을 위한 행동주체성을 촉진한다.
- 가족이 모호함을 견뎌 내도록 돕는다.
- 가족이 돌봄 역할을 나누도록 돕는다.
- 가족이 끝나지 않은 정서적 걱정을 다루도록 돕는다.
- 영적인 것에 대해 질문하고 의식 절차를 격려한다.
- 가족이 죽음의 불가피성에 직면하도록 돕는다.
- 가족의 상실을 함께한다.

가족에게 심리교육을 제공하고 자원을 연결한다

돌보는 사람이 치료에 오기까지, 대체로 그들은 일상적인 생활 변화에 대처하기에 실패했거나 아니면 적어도 잘 대처하지 못하고 있다고 생각한다. 우리는 돌보미들이 스트레스와 걱정으로 압도되어 있는 것이 흔하다는 것과 일을 너무 힘들어 한다는 것을 그들에게 상기시켜 주는 치료사들의 힘을 낮추어 볼 수 없다. 돌봄은 우리가 학교에서 배우는 그런 것이 아니다. Kleinman(2009)은 자신이 돌보는 사람이 되기 전에 돌봄에 대한 글을 쓴 유명한 의료인류학자인데 준비가 안 되어 있음에 대해 다음과 같이 지적하였다.

> 나는 환자를 돌보면서 돌보미가 되는 것을 배웠다. 왜냐하면 그것을 해야만 했기 때문이다. 그것은 해야만 하는 것이었다. 나는 이것이 대부분의 사람이 돌보미가 되는 것을 배워 가는 방법이라고 생각한다. …… 하지만 물론 이것은 부모, 특히 어머니들이 어떻게 자녀를 양육하는지를 배우는 것과 같은 것이다(p. 293).

돌보미는 이전의 여러 세대, 즉 가족들이 친척이나 이웃들과 가깝게 살았던 때, 대부분의 여성들이 집 밖에서 일을 하지 않았을 때, 여러 사람이 돌보기를 함께 나누었을 때, 그리고 가장 의미 있게는 장애나 중한 만성질환을 가진 사람들이 오랜 기간 생존하지 못했거나 돌보는 절차나 일정이 복잡하지 않았던 때에 일어났던 것들을 고려하는 것이 도움이 됨을 발견할지도 모른다. 치료사는 가족들이 이전의 그 어느 세대에 비해서 오랜 기간 더 많은 책임을 떠맡는다는 것을 깨닫도록 도울 수 있다. 이러한 인식은 종종 왜 그들의 역할 긴장 및 부담이 왜 그토록 어려운지를 이해하는 데 도움을 준다.

의료가족치료사는 돌보기와 상실의 시기 동안에 가족에게 유용할 수 있는 모든 자원을 알 필요는 없을 것이다. 하지만 우리는 가족들로 하여금 가족지원 프로그램, 웹사이트, 지역 자원들을 조사하도록 격려할 수 있다. 가족을 지원하는 일반적인 기관의 목록은 가족들이 시작해 나가는 데 도움을 줄 수 있다(〈보기 13-2〉 참조). 가족은 그들에게 맞는 다양한 프로그램 및 자원에 대해 배우고 타협하는 데 있어 사회복지사 및 사례관리자를 만남으로써 도움을 받을 수 있다.

〈보기 13-1〉 돌보기에 관한 웹사이트

알츠하이머협회(Alzheimer's Association, http://www.alz.org/index.asp)
가족돌보미연대(Family Caregiver Alliance, http://www.caregiver.org)
전국돌보기연대(National Alliance for Caregiving, http://www.caregiving.org)
전국가족돌보미협회(National Family Caregivers Association, http://www.caregiveraction.org/)

치료사는 이러한 자원들에 관한 가족들의 경험을 물어봐야 한다. 모든 내담자가 이러한 경험이 긍정적인 것이 아닐 수 있다는 것을 아는 것은 중요하다. 예를 들어, 치매를 앓는 부인의 배우자는 지지집단이 많이 진행된 단계에 있는 가족원을 돌보는 가족들로 채워져 있기 때문에 우울하다고 느낄 수 있다. 그럼에도 불구하고 가족에게 위탁서비스 혹은 부분 가정 내 건강돌봄을 고려하도록 하는 것은 가족들이 오랜 기간에 걸쳐 자기 자신을 지키도록 하면서 돌봄을 유지하는 데 힘을 높여준다. 치료사는 가족이 계속해서 다른 사람을 포함시키도록, 즉 다른 사람들의 도움을 수용하고 또한 다른 사람에게 도움을 요청하는 힘든 일을 하도록 동기부여를 할 수 있다. 다른 사람들과의 연결—교제—은 가족들이 오랜 시간에 걸쳐 그들의 역할을 지속하는 것을 지지해준다.

가족 역동에서의 변화를 정상화시킨다

아픈 가족원을 돌보는 것은 가족 간의 관계를 변화시킨다. 사랑하는 사람은 간호사가 되고, 성인 자녀는 자기 부모에게 지시를 한다. 사랑하는 이가 전적으로 간호사가 아니듯이, 성인 자녀는 어디까지나 부모의 자식이다. 그래서 관계가 복잡해지고, 애매모호해져서 난처해진다. 그들은 시간이 지나면서 좋게 변화한다. 어느 날 남편으로부터 대소변을 처리하는 데 도움을 받던 말기 유방암을 가진 부인이 남편을 보호해야겠다며 남편이 자기를 돌보는 간병인 노릇을 하는 것을 원치 않았다. 또 다른 예로, 몇 달 동안 자기 재산을 아들이 관리해 주는 것을 좋아하던 치매를 가진 나이 든 부모가 자신의 수표집 보기를 요구하고, 추잡한 논쟁이 계속될 수도 있다.

질병 및 돌보기 스트레스는 역할 역전뿐 아니라 이전 가족 상호작용 유형의 악화를 가져온다. 나이 든 부모가 멀리 떨어져 사는 자녀보다는 더 자주 찾아오고 돌봐 주는 자녀의 돌봄을 더 선호하는 것은 드문 일이 아니다. 췌장암을 앓는 환자의 여동생은 자기 올케가 충분히 의사소통하지 않는다고 생각할 수 있다. 멀리 떨어져 사는 아들이 와서는 의료 시스템이나 여동생의 결정을 비난할 수도 있다. 이러한 모든 것은 자신이 포함되지 않았다고 하는 우려, 자신이 멀리 떨어져 사는 것에 대한 죄책감, 도움에 대한 진정한 관심, 어린 시절부터의 형제간 문제의 재현, 아니면 이 모든 것을 반영하는 것일 수 있다. 가족들의 정서가 고조된 때에 스트레스로 인해 유형이 복잡해진다. 이러한 유형은 그들 고유의 역사적 · 민족적 · 성별에 따른 문화의 맥락에서 일어난다. 맥락은 지난 역사에 대해 이야기된 혹은 이야기되지 않은 관점 및 충성심, 포용, 동등함에 관한 사항을 포함한다.

노련한 의료가족치료사는 각자가 자신들의 투사, 두려움, 정서에서 벗어나는 기회, 그리고 더 중요하게는 가족들이 만나서 그것을 함께 해 나가는 기회를 제공해 줄 수 있다. 이것은 쉽게 해결되는 것은 아니지만, 치료사가 인터넷, 전화, 혹은 여기저기 사는 가족들이 방문할 때를 이용하는 융통성 있는 회기를 통해 더 많은 가족이 참여하도록 격려할 때 촉진된다.

환자와 가족을 위한 행동주체성을 촉진한다

의료가족치료사는 진료에 대한 선택을 하고 자신들의 요구를 의료진과 소통하는 데 환자 및 가족들을 지원할 수 있다. **공유 의사결정**(shared decision making)이란 임상의가 돌봄에 대한 선택에서 환자 및 가족들에게 정보를 알려 주고 참여시키는 과정이다. 많은 가족은 그들이 원하는 것이 분명하고, 제공되는 것이 마음에 들지 않을 수도 있고, 심지어 요청을 받아도 의료진들과 진료에 대해 타협하는 경험을 거의 한 적이 없다. 의료가족치료사는 가족들이 그들이 선호하는 것을 인식하고 의료진에게 접근할 수 있도록 도울 수 있다.

대체로 의료적 맥락에서 사용되는 공유 의사결정이란 환자, 가족 및 의료진 간의 타협을 말한다. 하지만 가족은 단일한 의사결정체가 아니다. 가족이 선택을 할 때 개개인은 다를 수 있다. 의사결정 맥락의 스트레스는 가족 역동을 활성화하여 어머니를 어떻게 돌볼 것인가 하는 것에서 가족 내 갈등을 초래할 수 있다. 흔한 시나리오는 멀리 떨어져 사는 형제가 나타나서 가까이 사는 형제들이 타협한 돌봄에 대한 여러 결정에 대해 이의를 제기하는 것이다. 의료진은 갈등에 쌓인 가족원이 의료진을 자기네 편으로 끌어들이려고 할 때 삼각관계에 놓이게 된다. 의료진은 누구와 소통해야 하는지 알지 못하고, 갈등을 피하려고 하고, 결국

가족 내 갈등은 전체 의료진을 포함하여 확대된다. 이것은 의료가족치료사가 가족 내 그리고 가능하면 의료진을 포함하여 치료에 개입하는 가장 좋은 시간이다.

가족은 생전의 유언에 대한 열린 대화와 기술적 돌봄의 한계에 대한 분명한 지시로 행동주체성을 증진할 수 있다. 진전된 지시는 의료기술이 질병 동안 원하는 것을 특정하고, 변호인의 서류에 의한 진료의 대리권 및 환자에 필요한 의학적 결정을 하는 사람을 명확하게 한다. 이러한 진전된 논의를 통해 가족들은 다음에 설명하는 가족들이 경험하는 고통을 피할 수도 있다(Hepworth & Harris, 1986).

벨럼 부인의 63세 된 오빠는 간암이 뇌로 전이하여 커다랗게 자리 잡고 뇌졸중을 일으키는 바람에 생명유지 장치에 의존하고 있다. 뇌파검사 소견에서 뇌 활동이 정지되어, 가족과 의사는 생명유지 장치를 제거하기로 결정하였다. 하지만 벨럼 부인은 병원 사람들이 자신에게 오빠의 죽음에 대해 그녀가 원했던 것보다 더 많이 관여하도록 강요했다고 생각하였다. 그가 죽은 후에 한 면담에서 그녀는 다음과 같이 말하였다.

> [간호사]는 "자, 오빠를 보세요. 이건 당신이 받아들여야 할 것의 일부분입니다." 하고 이야기를 했습니다. 나는 이러한 것들을 절대로 잊지 않을 겁니다. …… 그건 내가 이어진 점을 따라가는 것과 같은 겁니다. 이것은 당신이 이걸 하기 위해 가는 곳이고, 이곳은 우리가 이를 하기 위해 가는 겁니다. 그리고 거기에는 인간적인 면이 전혀 없었어요. 나는 그녀[간호사]가 이것—그게 무엇이든 임종과정에서 가족을 돕는 일—을 자주 해 온 것을 알고 있습니다. 하지만 내게는 "자, 여기에 우리 새로운 가족원이 있습니다. 우리는 이제 당신이 이것을 다루어 나가는 것을 도우려고 합니다. 이제 우리는 또 다른 가족이 기다리니까 서두르세요."라고 하는 것 같았어요(Hepworth & Harris, 1986, p. 14).

이 상황에서 병원은 가족들을 돕기 위한 실행 요강(protocol)을 가지고 있다. 하지만 벨럼 부인은 그 상황을 그녀의 선택을 박탈한 것으로 기억하였다.

> 그리고 나는 당신이 그것의 일부라고 생각해야만 하는 죽음을 다루어 나가기 위해 생각합니다. 나는 당신이 누군가 그와 같이 당신이 그를 [다르게] 기억하기 원하는 것을 보기를 강요당해야만 했다고 생각하지 않아요. 나는 생각하고 느낀 것, 그리고 당신이 그를 이런 방식으로 본다면 더 잘 받아들일 거라는 것을 들었다고 생각합니다. 그리고 당신이 그럴 거라고 생각하지 않아요. 나는 내가 당신이 처리할 수 있는 것에 대해 생각한다는 것을 이야기하는 겁니다(Hepworth & Harris, 1986, p. 14).

의료가족치료사는 가족들이 무엇을 처리할 수 있는가와 어떻게 돌봄을 마련하기를 원하는지를 결정하도록 도울 수 있다. 일부 가족은 아주 중하고 임종에 처한 가족원에 대한 모든 돌봄을 집에서 하기를 선택하기도 한다. 다른 가족들은 간병인, 부분 주간보호, 혹은 숙련된 요양돌봄 시설을 선택하기도 한다. 이러한 선택은 결국 가족들에게 지속적인 돌봄으로부터 해방되지 못하는 것, 환자와 항상 함께하지 못하는 것에서 오는 죄책감, 아픈 이를 방문하기 위해 와야만 하는 것 등에 따라 다른 종류의 스트레스를 초래한다.

의료관리에 어떻게 관여해야 하는지를 배우는 것, 그들이 어느 정도 관여해야만 하는지를 인식하는 것 모두 가족들에게는 힘든 과정이다. 이 과정은 가족원들에게 자신들의 가치, 신념, 우선순위에 대해 솔직하게 고려하기를 요구한다. 의료가족치료사는 이들에게 중요한 결정을 촉진하고 결정이 내려진 이후 지원을 마련하는 데 사무적일 수 있다. 만일 가족들이 타협과 솔직한 감정 나눔을 통해 결정을 할 수 있다면 행동주체성도 촉진된다. 심지어 커다란 상실에도, 그들은 이 시간이 자신들의 가치를 생각할 시간이었음을 인식하고, '이어진 점을 따라간 것'이 아니라 자신들이 선택한 방식으로 행동했다는 것을 알게 될 것이다.

가족이 모호함을 견뎌 내도록 돕는다

모호한 상실을 인정하는 것과 불확실성을 견뎌 내는 것은 만성질환에 대한 성공적인 반응에 적응적이다(Boss & Couden, 2002). 하지만 Gonzalez, Steinglass

와 Reiss(1987)는 질병 요구에 반응하여 구체화된 가족 유형들은 종종 경직된다고 하였다. "마치 가족은 질병에 적응하는 것이 불안정한 구조에 억지로 짜 맞추어 집안 전체가 무너져 내릴 것으로 생각하는 것처럼 보인다."(p. 2) 이것은 예후의 불확실성 혹은 극심한 스트레스를 가져오는 행동이나 증상에 대한 예측 불능이다. 모호함 및 불확실성을 인내하는 것을 배우는 것이야말로 성공적인 돌봄 기술이다(Boss, 2011). 가족들은 불확실성을 받아들일 만큼 융통성이 있고, 정보를 얻고 주변을 관리하는 데 효율적일 만큼 조직적일 필요가 있다. 이것은 균형 잡기가 어렵고, 가족원들이 불확실성을 얼마나 기꺼이 견뎌 내고, 그들 상호작용의 변화를 고려할 수 있는지에 대해 대화를 통해 드러내기는 어렵다.

가끔 치료를 통해 일부 스트레스를 일으키는 모호함을 없애고 막혔던 소통을 촉진하게 하는 데 도움을 줄 수 있다. 에바는 78세의 이탈리아계 미국 여성으로 난소암이 전이된 상태인데, 자녀들에게 자기 암 상태에 대해 알리기를 원치 않았다. 자녀들은 의사를 만나, 어머니가 임종에 가깝다는 것을 알고 있고 그 사실을 어머니에게 말하기를 원하고 있지만, 어머니가 좋아지고 있는 중이라는 것에 온통 초점을 맞추고 있다고 하였다. 자녀들은 어머니와 좀 더 '진실하고 친밀한' 대화를 하고 싶지만, 어떻게 해야 할지를 알지 못했다. 의료가족치료사의 자문 후에, 의사는 먼저 환자와 이야기를 나누고 자녀들이 얼마나 걱정하고 있는지, 그리고 의사의 전문적 조언으로 어머니의 돌봄에 대해 더 자세히 알게 된다면 자녀들이 스트레스를 덜 받을 것이라는 것을 설명하였다. 의사는 그것이 어머니가 자녀들을 위해 할 수 있는 일일지 모른다는 것을 설명하였다. 에바는 자녀들, 의사 및 치료사와 만나는 것에 동의하였다.

의사는 그들 모두 에바의 건강이 나아지기를 바라지만, 암이 진행되어 에바의 생명이 상당히 단축될지도 모른다는 것 또한 그들 모두 알고 있음을 논의하였다. 치료사는 가족이 서로를 얼마나 더 도와주고, 힘들어 하는 이로부터 서로를 보호하며 돌보고 있는지에 주목하였다. 딸이 자기가 얼마나 어머니를 사랑하고 있으며, 이 어려운 시기에 어머니를 더 많이 도울 수 있게 되기를 얼마나 바라는지 이야기하였고, 에바도 그것이 아주 좋을 것이라고 찬성하였다. 이런 상황에서, 모두가 가장 고통스럽고 취약하다고 느낄 바로 이 시점에서, 승인되지 않은 비밀은 환자와 가족 사이에 장애물이 된다. 그들이 보호하는 것 이상으로 그들의 사랑을 보여 줄 수 있는 가능성을 열어 줌으로써 그들이 더 솔직하게 논의할 수 있으며 돌봄의 다음 단계에 대해 에바의 자녀들을 포함시키도록 할 수 있다.

가족이 돌보기 역할을 나누도록 돕는다

질병의 급성기 스트레스는 흔히 사람들이 돌보기에 뛰어들고 마련하도록 하며, 얼마나 더 좋게 공유할 수 있는지에 대해 많은 생각을 하지 않도록 한다. 환자, 가족원, 진료팀이 어떤 돌보기가 필요한지, 각각을 누가 담당할 것인지, 돌보기에 대한 결정을 어떻게 할 것인지에 대해 논의하는 것은 중요하다. 가능하면, 가족들은 직접적으로 돌보기에 참여하기를 원하는 모든 가족원 및 친구가 기회를 갖도록 돌보기 책임을 할당하여야 한다. 이것은 대부분의 결정이 쉽게 이루어지는 가족이라고 할지라도 어려운 일이다. 그렇지만 이런 결정의 스트레스로 인해 다음 사례에서와 같이 과거 가족 갈등이 활성화되는 것은 드문 일이 아니다.

그레이스 라크먼은 92세로 남편과 사별했으며, 파킨슨병을 진단받았다. 지난해에 그녀는 건망증과 혼란을 경험하기 시작했지만, 독립적인 생활은 유지해 왔다. 5명의 자녀와 여러 손주가 1시간 이내 거리에 살고 있고 자주 방문하였다. 라크먼 부인이 나빠지자 큰딸인 에밀리가 어머니의 장보기, 가벼운 청소, 일상생활 돌봄을 주로 책임졌다. 드디어 에밀리는 어머니의 생활과 자신의 생활 모두를 관리하는 것의 어려움을 호소하였다. 돌보기를 함께하는 것에 대해 물어보자, 에밀리는 자기 형제들은 지속적으로 돌보기를 제공할 만큼 책임감이 없다고 이야기하였다. 의사는 에밀리로 하여금 그녀의 형제들, 의사 및 의료가족치료사와 만나도록 하는 것을 여러 차례 만나서야 겨우 납득시킬 수 있었다.

5명의 자녀와 세 번의 만남이 마련되었다. 첫 회기에는 라크먼 부인이 참석했었지만, 정신이 혼란스러웠기 때문에 다음 회기부터는 참석하지 않았다. 짧은 치료 동안, 모든 자녀는 돌보기에 참여하는 것에 흥미를 보였는데, 그들은 에밀리가 자신들을 포함시키지 않고 자기 방식대로만 일을 한다고 생각하였다. 치료사는 이것이 과잉 및 과소 기능의 고전적 유형임을 이야기하지 않았다. 또한 치료사는 마치 순교자인 양 행동하는 에밀리를 비난하지 않았고, 다른 형제들에게도 그들이 돌보기를 포기했다고 하지 않았다. 대신, 치료사는 에밀리가 어떻게 효과적으로 해 왔고, 돌보기의 초기 단계에 그렇게 하는 것이 얼마나 효과적인지에 초점을 맞추었다. 다른 형제들은 에밀리가 고된 일을 한 것에 대해 경의를 표시할 수 있었다. 치료사는 거기에 가족 돌보기는 지속되는 것이고, 아마 모든 사람이 결정과 특정한 돌보기 역할에 참여하기를 원할 것이라는 점을 덧붙였다.

또한 치료사는 돌보기를 더 함께하기 위한 이러한 변화가 어려울 수 있을 것이라고 이야기하였다. 다른 가족들과의 경험을 바탕으로, 치료사는 무엇을 어떻게 도와야 할지에 대해 예전에 참여해 본 적이 없는 사람들에게, 특히 한 사람이나 일부가 계획을 가지고 있는 것처럼 보일 때 얼마나 어려운지에 대해 이야기할 수 있었다. 과거에 일차적인 돌보기를 해 오고 있던 사람에게는 이것이 힘들다. 왜냐하면 그것은 일차적으로 해 왔던 사람이 선호하던 방식과 다르게 다른 가족원들이 돌봄 활동을 수행한다는 것을 뜻하기 때문이다. 두 번의 후속 회기에서 자녀들은 그들 각자가 어떻게 더 많이 참여할 수 있는지와 관찰한 것을 공유하고, 물품 보급을 소통하기 위해 서로 매일 이메일을 사용하는 것에 대해 인식할 수 있었다.

18개월 후에 라크먼 부인은 병원에 입원하였고 사망하였다. 병원에 병문안을 가는 동안, 형제들은 다시 치료사를 만났고 어머니를 어떻게 돌보는 게 좋은지에 대해 이야기하였다. 분명히 그들은 어머니의 죽음을 슬퍼했지만, 그들이 함께 돌보는 것을 통해 그 기간 중 서로에게 작별을 고할 수 있었다. 그들은 상실 기간에 서로를 지지하며 더 잘 돌아보게 될 수 있었다.

이 사례는 의료가족치료사에게 중요한 두 가지 임상적 시사점을 보여 준다. 첫째, 가족을 비병리적인 관점에서 바라볼 필요가 있다는 것, 둘째, 초점을 가족들의 즉각적인 필요에 맞추라는 것이다. 만일 라크먼 형제들이 치료에서 어떻게 그들이 책임을 포기하였는지 혹은 어떻게 한 사람이 돌보기를 독점했는지에 대해 이야기를 나누었다면, 가족들은 변화에 저항했을 것이다. 지나간 것을 최소화하고, 모든 이가 돌보기에 참여하는 즉각적인 목표에 집중함으로써 형제들은 어머니의 요구를 빠르게 충족시킬 수 있었다. 더욱이 기간 내내 어머니를 함께 돌본 것은 모든 형제가 참여하고 서로가 동등하다고 느낌으로써 가족 역동의 변화를 가져왔다. 임종 기간에 어머니를 돌봄으로써 그들은 예전에 풀리지 않았던 일부 문제를 해결해 나갈 수 있었으며, 그녀의 사망 후 잠재적인 미해결된 애도 반응을 완화시킬 수 있었으며, 가족원들의 장래 관계에 긍정적인 영향을 미쳤다.

가족 갈등은 흔히 말기 질환의 심한 스트레스에 의해 악화되며, 라크먼 사례처럼 항상 깨끗이 해결되는 것이 아니다. 불행히도, 남은 가족원은 돌보기에 있어 동등하지 않았다고 느끼고, 서로에게 등을 돌리고 그대로 남는다. 갈등은 종종 가족 유형뿐 아니라 작별인사를 하는 데에서도 투사된 분노를 반영할 수 있다. 일부 가족은 슬픔보다는 격노를 보이기가 쉽다.

애도를 앞두거나 혹은 경험하는 가족들과 수차례의 만남을 통해 의료가족치료사는 장차 가족 불화를 제한하도록 도울 수 있다. 치료사는 비탄, 있을지 모르는 받아들이기 어려운 감정, 슬픔을 인정하지 않음으로 인한 결과에 대해 논의할 수 있다. 가족들은 서로의 기여와 병을 앓는 동안에 서로를 도왔던 방법들을 인식할 수 있다. 가족치료사와 의사는 가족들이 질병의 생물학적 실재에 대해 상기하도록 하고 서로를 비난하지 않도록 도울 수 있다.

의료가족치료는 가족원이 서로에게 작별인사를 고하는 창조적인 방법의 중요함을 역설한다. 환자 및 서로의 돌봄, 망가진 정서적 방해물의 제거, 의미 있는 의식의 창조를 통해 가족들은 작별인사를 할 기회를 갖는다. 가족이 함께할 수 있을 때, 그것은 현재의 위기를 의미 있는 연결뿐 아니라 초기 가족 유형을 변형시키는 것으로 이용하도록 도와줄 수 있다.

가족이 끝나지 않은 정서적 걱정을 다루도록 돕는다

질병 스트레스는 종종 예전의 상실, 특히 상처받은 상실, 예를 들어 자녀의 죽음, 최근의 다른 상실, 진료의 원인 혹은 질에 대해 의문이 있었던 점에서 오는 고통스러운 혹은 미해결된 슬픔을 불러일으킨다. 미해결된 슬픔은 종종 타인으로부터 거리를 두거나 혹은 떨어져 있음으로써 드러내기도 한다. 말기 질환을 가진 환자의 경우 죽음의 불가피성을 인정하는 것은 가족들에게 '그들의 정서적 어려움을 균형 잡을 수' 있도록 해 준다(Boszormenyi-Nagy & Spark, 1973). 오랫동안 가족과 반목해 왔던 임종 환자의 경우에도 재결합을 강렬히 원하는 것 같다(Walker, 1991). 이 같은 재결합을 위해서 가족원이 과거 서로에 대한 그들의 모든 분개심을 나눌 필요는 없다. 오히려 그들이 이야기하고 싶어 하는 것을 나누고 작별을 고하도록 하는 것이다.

예를 들어, 모린 페어는 자신이 유방암으로 죽을 거라는 것을 알고 있는데, 자기 어머니와 있었던 갈등에 대해 치료사와 이야기를 나누었다. 이를 통해 모린은 항상 완벽하지는 않았지만 자신이 항상 사랑받고 있었다는 것을 알았다고 어머니에게 이야기할 수 있었다. 여동생에 대한 어머니의 편애가 지금도 여전히 화가 나지만, 그녀는 어머니에게 어머니의 냉대로 자신이 얼마나 상처받았는지를 말할 필요가 없다고 결정했다. 모린은 자기가 그들이 더 많은 용서와 친밀감을 가질 수 있도록 해 주는 방식으로 어머니에 대해 걱정을 표시한 것에 기뻐했다.

가족원들은 가족 경험과 신화를 통해 상실을 관리한다. 의료가족치료사 John Byng-Hall(1991)은 애도 기간에 가족들이 과거 가족 유형을 반복하는 것에 빠지고, 정말로 서로가 친밀해질 수 있는 기회를 무심코 잃어버릴 수 있음을 보고하였다. Byng-Hall은 애도 중에 일어나는 정서의 강도는 가족원들이 그들의 구조를 변화시키는 데 이용할 수 있다고 제안하였다. 그들은 과거의 고통스러운 유형을 변화시키고 상실에 대한 가족 유산을 변화시키도록 하는 보물 같은 기억을 인식하는 올바른 방법을 선택할 수도 있다(Bowen, 1991). 임종 환자는 미래에 대한 희망과 어떻게 그가 기억되기를 바라는지에 대한 제안을 물려줄 단 한 번의 기회를 갖는다.

영적인 것에 대해 질문하고 의식 절차를 격려한다

만성질환과 애도 반응 기간에 행동주체성을 촉진하는 한 가지 방법은 가족들이 자신들의 고유한 의식 절차 및 영적 가치에 합치되도록 돕는 것이다. 어떤 가족들은 자신들이 특별한 믿음이나 절차를 가지고 있다는 것을 깨닫지 못할 수도 있어, 원하는 의식 절차를 선택하는 과정을 통해 그들이 편안해질 수 있는 것을 고려하도록 도울 수 있다. 어떤 가족들에게는 종교적 절차를 통해 애도 및 죽은 자의 매장에 대한 구조화된 관습을 제공한다. 다른 가족들은 종교적 관습이 편치 않을 수 있거나 혹은 아마도 자신들이 종교에 열성적이지 않기 때문에 틀에 박힌 의식 절차가 마음에 들지 않을 수도 있다.

성인이 된 딸이 죽은 후에, 에블린은 교회에서 장례를 치르려고 하였다. 처음에는 나이 든 삼촌이 가족들이 오랜 기간 교회에 나가지 않았기 때문에 에블린의 결정에 반대하였다. 목사는 어머니에게 긍정적으로 대하였고, 교회의 서비스는 확대가족 경험의 일부이고 슬픔에 대한 적절한 방법이라는 것에 동의하였다. 에블린과 확대가족은 그들이 딸 및 생전의 다른 가족원들과 연결해 주고 있다는 믿음을 나타내 주는 서비스로부터 많은 안식을 받았다. 삼촌은 교회 의식 절차에 대해 감사를 표하며 놀랐고, 교회서비스를 선택한 것에 대해 감사하였다.

의식 절차는 상실을 기리는 데 가치가 있다. 가족원들은 망자의 장지에 가거나 유대인들의 전통과 같은 추도식이나 '제막식'에 참여하도록 격려된다. 의식 절차는 또한 연결과 안식을 얻는 방법으로 돌보기를 하는 동안 중요해진다. 한 부인은 매일 밤 병든 남편이 잠들도록 그들이 지역 문화센터 모임에서 함께 불렀던 노래를 불러 주었다. 그녀는 남편이 모임에 참여할 수 있었던 때를 회상함으로써 그와 연결된다고 생각하였다. 남편은 자신이 그녀와 떨어져 병원에서 잠을 잘 때도 아내의 존재로 안도하곤 했다.

의식 절차는 과거를 기리고, 현재를 변화시키고, 미래를 가능하게 할 수 있다(Imber-Black, Roberts, & Whiting, 2003). 그리고 가족 개개인에게 의미가 있도록 주의 깊게 선택되어야만 한다. 치료사는 가령 명절 축하 행사를 명절은 물론 말기 질환을 기리는 것으로 변경할 수 있는지에 대해 물어볼 수 있다. 20대 후반의 젊은이가 형의 결혼식을 4개월 앞두고 심하게 앓다가 사망했다. 일부 결혼식 하객은 장례식에 참석하지 못했기 때문에, 가족들은 결혼식에서 그의 죽음을 기리고자 하였다. 결혼식 피로연에서 신랑은 고인이 된 동생을 위해 특별한 건배를 제안했고, 여동생은 오빠가 신랑의 결혼 소식에 기뻐했을 것이라고 생각한다고 이야기하였다.

치료사가 가족들의 의식 절차의 선택을 도울 때, 그들은 창의적인 과정을 안내해야 한다. Bagarozzi와 Anderson(1989)은 제안된 의식 절차의 일부 세부사항을 결정하지 않은 채로 남겨 둘 것을 권고하였다. 아들을 잃은 직후 결혼식을 치르는 가족의 경우 치료사와 신랑, 신부는 피로연에서 건배를 하는 것에 대해 논의했다. 형제들이 어떻게 반응할지는 결정하지 않았다. 예를 들어, 유골을 어디에 뿌릴지에 대해 결정하려고 다른 가족들이 만날 수는 있을지 모르지만, 각자 무슨 이야기를 할지와 같은 세세한 것을 계획하려고 만날 필요는 없다. 그들의 절차를 자신들 고유의 것으로 만드는 책임을 남겨 둠으로써 가족들은 알차고 의미 있는 감사의 시간을 고안한다.

가족이 죽음의 불가피성에 직면하도록 돕는다

치료를 언제 중단할지 결정하는 것은 가족원들이 임종을 맞는 이를 좀 더 편안하게 돕도록 하는 의료팀의 자문을 고려한 환자 및 가족들의 결심이다. 죽음의 불가피성을 승인함으로써 또한 가족들이 자신들의 우려와 계획을 공유하도록 해 준다.

암 환자는 종종 '치료를 중단하거나' 혹은 새롭거나 다른 항암 치료나 방사선 치료의 시작을 선택해야 하는 위치에 놓인다. 이는 낙관적이 되는 것과, 환자가 괴로움을 견딜 수 있는 것보다 더 오래 돌봐야 하는 것과 참여하는 것 사이의 균형이다. 물리적으로 가까이 있는 가족들은 항암 치료를 더 이상 지속하지 않으려는 환자의 결정을 좀 더 쉽게 이해할 수 있다. 멀리 떨어져 살거나 혹은 무엇이든지 해야만 한다는 아주 다른 믿음을 가진 가족원은 환자의 선택을 받아들이는 것이 힘들 수 있다.

이러한 차이는 가끔 갈등을 불러일으키는데, 이로 인해 오랜 불화를 가져올 수 있다. 상실이 있은 지 몇 년 지나서, "너는 아버지가 원했던 것보다 너무 오랫동안 인공호흡 장치로 연명하시게 했어." 혹은 "항암 치료에 대해 말하지 마. 너는 누나가 새로운 약을 시도하는 것을 받아들이지조차 하지 않았잖아."와 같은 이야기를 들을 수 있다. 의료가족치료사는 가족들이 각자의 위치와 타협점에 대한 이해를 통해 가족의 장기적인 건강은 물론 즉각적인 돌보기가 중요하다는 것을 깨닫도록 도와준다.

가족의 상실을 함께한다

사망이 임박해지면, 의료가족치료사는 가족에게 가용한 방법에 대해 융통성을 발휘해야 한다. 치료사는 기꺼이 집 혹은 병원과 같은 여러 환경에서 가족들을 만나거나 하여 도움을 줄 수 있어야 하고, 전화상의 지지도 가능하고, 가족과 장래 만남에 대한 시간 약속도 할 수 있도록 한다. 또한 가족들은 사망 후에도 치료사 및 의사와도 만날 수 있는 기회를 가져야만 한다.

의료가족치료사는 역시 슬픔에 잠긴 의료팀원들도 지지할 수 있다. 의료가족치료사가 치료팀의 일원이기는 하지만, 그들은 팀원들이 특정한 가족과 상실에 대한 그들의 반응을 논의하도록 격려하는 촉매가 될 수 있다. 우리의 의사 동료들은 이럴 때 우리가 그들을 위해 일해 주는 것에 대해 감사를 표했다.

가족들이 작별인사를 고하는 것이 어렵듯이, 치료사들도 임종 환자의 상실에 힘들어할 수 있다. 말기 환자 및 가족들과 일하는 의료가족치료사는 전문가 동료들의 슬픔, 상실, 절망감을 논의하는 데 있어 지지를 보낸다. 치료사는 또한 가족들이 치료사를 돌볼 필요가 없음을 확신하며, 가족들과의 감정을 간략하게 표현할 수 있다. 치료사와 의사들은 가족과 상의해서 가족이나 전문가들 모두에게 치유가 될 수 있는 장례식 또는 추도식 참석을 선택할 수도 있다.

저자 중 한 명은 AIDS로 결국 사망한 환자 및 가족과 일을 했다. 장례식에 도착하자, 젊은 여성의 어머니는 치료사 및 환자의 담당간호사가 장례 절차 동안에 시를 읽어 줄 수 있는지 물었다. 일부 치료 수련에서는 엄격한 경계를 강조하지만, 이때는 융통성을 발휘할 시간이었다. 분명히 담당간호사와 의료가족치료사를 포함한 것은 가족에게 그리고 물론 전문가들에게도 의미 있는 것이었다.

의료가족치료사 Barry Jacobs(2007)는 그가 어떻게 자주 환자의 장례식에 '신분을 숨긴 채 참가하는지(goes incognito)'에 대해 설명하였다. 내담자로서의 환자 역할에 대한 비밀보장은 죽음으로까지 확장된다. 치료사를 알아보는 일부 가족이 있을 수 있지만, 치료사들은 자주 자신의 반응을 최소화하고, 슬픔에 잠긴 공동체의 일원보다는 동료와 이야기하듯이 함으로써 그들의 개인적 상실에 대처해야만 한다. 상실을 경험하는 환자 및 가족과의 작업은 치료적 관계를 변화시킨다. 치료사 및 가족들은 상실을 둘러싼 강렬한 감정을 공유하며, 대개 서로에 대해 깊이 존중하게 된다. 가족들이 상실의 경험을 좀 더 가까이, 더 솔직하게, 인생에 대해 감사할수록 치료사도 역시 그들이 겪는 상실의 경험으로부터 성장할 수 있다.

돌보기와 상실의 유산

비록 그들의 역할이 힘들지만, 돌보미들은 자신의 역할에 만족한다는 보고도 있다. 이들 연구를 검토한 Kramer(1997)는 돌보미들이 대체적으로 쓸모 있다고 느끼고 감사해한다는 것을 지적하였다. 뇌졸중을 앓아 온 가족을 돌보는 미국 흑인들을 대상으로 한 연구에서 그들은 자기 가족들과 Pierce(2001)가 조화(coherence)라고 한 더 많은 유대감을 느끼고 있었다. 배우자가 돌보기가 필요한 젊은 부부의 경우 돌봄이 그들의 관계를 강화시켰다고 하며, 부부 모두가 더 가까워지는 것이 보고되었다(Gordon & Parrone, 2004).

프레드는 자신의 생명이 얼마 남지 않았다는 것을 알고 있었는데, 자신의 이야기를 출판해 주기를 바랐다. 그는 돌보미는 물론 자기 가족들에게 돌봄을 보여 줄 수 있는 환자에게도 긍정적인 면이 있다는 것을 사람들이 알아주기를 원했다.

> 그들이 있다는 것으로, 나는 많은 돌봄과 무한한 지지를 받는 수혜자이다. 나의 영혼은 내가 듬뿍 사랑을 받고 있다는 것(특히 내 아내와 자녀들로부터)을 알기 때문에 감사하는 마음으로 충만하다. 어느 정도 나는 그들이 나를 사랑하고 있다는 것을 항상 알고는 있었다. 하지만 나는 지금까지 사랑의 유대가 얼마나 강한가를 정말 이해하지 못했다. 나는 감사와 이해, 매 시간이 기쁨 혹은 고통을 가져온다는 것을 아는 가운데 살아가고 있다. 하지만 지금 분명한 사명을 갖고 있다. 그 사명은 그들이 나빠져 가는 건강과 살아 있는 생명 사이에서 길을 걷는 것처럼 도전 속에서 나를 돕는 것과 같이 그들을 지원하는 방법을 찾고 발견해 내는 것이다.

치료 회기 중 돌보미들은 그들의 스트레스, 걱정, 상실을 표출하는 기회를 갖는다. 이러한 정서들을 표출할 때 또한 돌보기의 긍정적인 측면에 대해 생각해 볼 수 있는 기회도 있다. 의료가족치료는 돌보미들이 그들이 결정한 선택, 가족원을 지지하는 방법을 인식하는 것을 포함해서 모든 정서와 그들이 다른 사람을 사랑하고 돌보는 것에 대한 것을 어떻게 가족의 유산으로 남길 것인가를 고려해 보는 기회를 제공한다(Piercy & Chapman, 2001).

> 우리는 상실, 분노, 좌절의 감정들을 각각 상세하게 살펴보았다. 우리는 특별한 종류의 고통으로 상처를 남겼다. 하지만 우리는 깊은 책임감, 함께 살아왔던 모든 것에 대한 감사, 사랑, 연대감, 그리고 우리가 어쩔 수 없었던 것에 대항했던 감정의 공유도 경험했고, 개인적, 집단적으로 더 많은 것들을 가졌다(Kleinman, 2009, p. 292).

제3부

결론

제14장
의료개혁에 대한 의료가족치료사의 기여

의료가족치료를 더 오래 실천하고 더 오래 가르칠수록 의료가족치료는 하나의 치료모델이 아니라 의료개혁에 기여할 하나의 방안으로 더 많이 보게 된다. 세상 사람들은 누구나 가족과 지역사회의 맥락에서 온전한 인간으로서 치료받기를 원한다. 의료진들과 행정가들은 의료의 질, 비용, 환자의 경험을 향상시킬 수 있는 모델을 찾고 있다. 이와 같이 인도적이고 포괄적이며 통합적인 진료를 찾는 것은 세계적인 흐름으로, 이런 흐름은 독일, 아르헨티나, 핀란드, 이스라엘, 중국, 일본처럼 서로 다른 곳곳에서도 일어나고 있다. 임상 혁신, 재정의 불확실성, 문화적 다양성, 과학 발전의 시기인 오늘날, 의료가족치료가 제공할 수 있는 것은 아주 많다. 의료경제의 면에서도 시기가 적절하다. 우리가 의료를 중요한 방식으로 변화시키려고 행동하지 않으면 위기가 닥쳐올 것이다. 미국 의료계의 지도자인 Don Berwick과 Andrew Hackbarth(2012)는 현재 상황을 다음과 같이 요약하였다.

http://dx.doi.org/10.1037/14256-014
Medical Family Therapy and Integrated Care, Second Edition, by S. H. McDaniel, W. J. Doherty, and J. Hepworth

> 미국의 정치가 얼마나 양극화되어 왔는지와 상관없이 의료비용은 충당할 수 없는 지경에 이르렀다는 점에 거의 모든 사람이 동의한다. 2011년 국내 총생산의 약 18% 정도에 이를 정도로(2020년까지 20%에 이를 것임) 증가하는 의료비용은 정부의 다른 중요한 프로그램에 필요한 자원을 감소시키고, 임금을 잠식시키며, 미국의 산업 경쟁력을 약화시킨다. 메디케어(고령자 구호의료-역주)와 메디케이드(극빈자 구호의료-역주)는 대부분 환영을 받지만, 의료비용의 문제는 공공부문 못지않게 사적인 개인 영역에도 많은 영향을 미친다(p. 513).

그리고 이는 비용요인에 불과하다. 또 미국에서 지출하는 수없이 많은 비용에도 불구하고 우리가 필요한 질적 의료서비스를 받지 못하고 있다는 것에 대해서도 동의한다. 출산 전 서비스와 의료의 다른 중심 영역에서의 건강 불균형과 더불어, 어떤 의료 영역에서는 효과적 치료를 적절하게 하지 못하고 다른 영역에서는 과잉 진료하는 것에 이르기까지 문제는 실로 다양하다(Yong, Saunders, & Olsen, 2010). 이제는 우리가 제공하는 서비스들에 대한 효과적인 조정이 부족하다는 점에 동의한다(Medicare Payment Advisory Commission, 2007).

변화의 필요성을 받아들이지 않으면, 의료비용을 줄이는 한편, 의료의 질과 접근성을 향상시킬 필요가 있는 의료개혁에 대한 정치적 합의가 거의 이루어지지 못한다. 그런 합의가 앞으로 나타날지 모르지만, 그동안 체계이론의 훈련을 받은 상담치료사들이 의료서비스를 개혁하기 위해 할 수 있는 기여를 강조하고자 한다. 다른 말로 하면, 공공부문과 정치 지도자들이 거시적인 의료체계 조직에 대한 방향을 해결하는 동안 우리는 현장에서 무엇을 할 수 있는가? 사실, 우리가 현장에서 혁신하지 못하면, 비용과 전달체계의 어떠한 개편도 대중에게 높은 질의 적정 진료를 제공하지 못할 것이다.

체계론적 사고

무엇보다 의료서비스의 문제는 이분법적 사고에서 비롯되며, 체계론적 사고에 의해서만 해결될 수 있다. 철학자 Alfred North Whitehead(1926)는 **추상과 현실을 혼동하는 오류**(fallacy of misplaced concreteness)라는 용어를 만들었는데, 이 용어는 부분을 보려고 전체를 보지 못하는 실수 혹은 맥락에서 개체를 끌어내서 무엇이 일어나고 있는지를 이해한다고 생각하는 것을 나타낸다. 물론 위대한 과학적 성과도 한 개인의 일부분에만 초점을 둠으로써 이루어질 수 있었지만(예: 유전자의 세포기능), 이러한 성과는 그 사람 전체가 고려되지 않을 때 바로 한계에 부닥치게 된다. 일단 분해되면, 험프티 덤프티(Humpty Dumpty: 영국의 전래동요 Mother Goose에 나오는 달걀꼴 사람—역주)는 다시 되돌릴 수 없다. 의료 전달과정에서 조정의 결핍은 건강이 분리된 상자로 구성되어 있다고 보는 시각의 직접적인 파생물이다. 즉, 상이한 장기를 상이한 전문가가 치료하고, 개인을 가족에게서 분리하고, 가족을 지역사회에서 분리하며, 사회문화적 영향을 의료 영향권 밖에 존재하는 것으로 보는 것의 파생물이다.

의료가족치료사와 체계이론의 훈련을 받은 전문가들은 상이한 지적 전통과 임상적 전통을 우리의 분절된 의료체계에 가져온다. 하지만 우리가 의학적 질병을 앓고 있는 사람들의 가족구성원들과 작업을 할 때 우리 자신을 전문가로 가두어 두는 것에 저항하는 경우에 한해서만 그렇다. 이것이 바로 20세기 초반에 임상 사회사업에서 일어났던 것이다. 당시 사회복지사들은 의료전문가들이 했던 '진짜' 의료적 치료와 더불어 환자들의 '사회적 문제'에 대해 작업하는 보조 역할로 파견되었다. 역사적으로 사회복지사들이 사회적 맥락 안에서 개인에게 초점을 두었던 점이 의료체계에까지 침투하지는 못했다. 전문화에 대한 압력은 21세기에 계속되었지만, 이제 통합적 돌봄 현장과 환자 중심의 메디컬 홈이라는 반대되는 경향이 나타났으며, 이 경우 모든 팀원은 환자가 자신의 건강목표를 달성하는 것을 방해하는 모든 의학적 · 심리학적 · 사회적 도전에 초점을 두도록 기대된다. Hodgson, Lamson, Mendenhall과 Crane(2012)이 주장했듯이, 의료가족치료사들이 이상적으로는 고립을 넘어 이렇게 새로 나타나는 팀중심 의료체계 안에서 실제적으로 영향을 미치고 있다.

다중 관점으로 이해하고 작업하기

하나의 수준에서 온전한 환자에 초점을 맞추고 협력팀으로 작업하는 것이 확실한 목표이다. 사실, 비인도적이고 분절된 치료를 옹호하는 사람은 별로 없다. 이렇게 일반적으로 이상적인 발상을 모두 실천으로 옮기는 것은 어려운 일이다. 요점은 다중 관점을 취할 수 있는 능력이며, 이는 의료가족치료사가 특히 의료서비스에 가져오기 위해 갖춘 사고방식과 기술을 말한다. 다중 관점 취하기는 의료서비스 현장의 모든 종사자의 상이한 욕구, 시각, 정서, 요구를 동시에 이해하고 존중하고 함께 작업하는 것을 말하는데, 특히 환자와 가족뿐 아니라 임상의, 행정가, 지역사회를 포함한다. 이는 문제해결을 위해 모든 사람의 자원을 이해하고 그 상황에 있는 모든 사람의 취약성을 이해하는 것을 의미한다. 당뇨병과 싸우는 환자와 작업하는 팀에서 환자는 자원과 취약성을 동시에 가지고 오는데, 이것을 가시적으로 만드는 것은 의료가족치료사가 환자중심 치료에 가져올 수 있는 핵심적인 공헌이다. 마찬가지로, 가족구성원들의 자원과 취약성을 함께 고려하는 것은 가족중심 치료의 핵심이다. 이런 두 가지 관점은 부족하기 십상인데, 그 이유는 의료제공자들이 환자와 가족에 대해 관심이 없어서가 아니라 그들의 훈련, 성과급, 현재 환경이 의료서비스에 대한 그들의 관점을 자주 제한하기 때문이다.

예를 들어, 체계이론의 관점에서 볼 때, 의료제공자들은 자신의 취약성과 자원을 당뇨병 환자와 작업하는 데로 가져온다. 그들은 환자의 대사 조절에 점점 더 많은 책임을 지게 되지만, 환자들에게 동기를 부여하고 지지하고 교육하도록 돕기 위한 시간과 기술이 없이 그렇게 한다. 체계이론의 훈련을 받은 치료사는 이러한 싸움에 대해 공감적 이해뿐 아니라 동기강화 상담기법을 제시할 수 있고, 동시에 환자를 돕기 위해 전문가들이 가지고 있는 최고의 자원을 가져오기 위해 협력하는 방식을 모색할 수 있다. 이렇게 여러 학문 분야에 걸친 관점들을 취하는 것이 이 분야 전문직의 특성은 아니었다. 오히려 그 반대가 더 사실이었는데, 영역 싸움, 위계를 둘러싼 다툼, 그리고 협동 가능성을 훼손시키면서 환자를 돌볼 수 있는 최선의 방법에 관한 분쟁이 있었다.

의료가족치료사들이 팀 구축을 위해 가져오는 핵심 능력은 다음과 같다.

- 환자와 가족에 대해서 하던 방식과 똑같은 방식으로 팀 구성원들의 이야기를 주의 깊게 경청하기
- 시간이 지나면서 신뢰관계 구축하기
- 모든 사람의 기여를 존중하고 더불어 어떻게 함께 작업하는가에 대해 관계자들 간에 협상하기
- 위계의 이슈에 주의를 기울이며, 힘없는 사람들의 목소리를 끌어내기
- 팀이 겪고 있는 계속되는 도전에 있어서 자신의 역할을 살펴보고, 책임을 다른 곳으로 전가하기보다 자기 자신부터 시작하는 변화에 애쓰기

궁극적으로 의료서비스에서의 체계론적 관점 취하기는 전문가로서의 전략일 뿐 아니라 윤리적 책임이다. 이는 환자와 가족에 관해서는 가장 분명하다. 그들은 가치와 존엄성을 가진 인간으로서 행동주체성과 연대감의 욕구를 가지며, 정확하게 진단받고 효과적으로 치료될 의료적 '문제'만을 가진 인간은 아니다. 그러나 이는 팀의 다른 구성원들에게도 똑같이 사실이다. 칸트식의 윤리 용어로 그들은 환자를 잘 보살핀다는 목적을 위한 수단에 불과한 것은 아니다. 그들도 스스로의 목적을 가진 존재들이다. 팀의 각 구성원들도 가치와 존엄성을 가지며, 뿐만 아니라 작업환경에서 행동주체성과 연대감의 소망을 갖는다. 의료전문가들이 무시당하거나 착취당한다고 느낄 때 환자 치료에 미치는 영향도 사실적이 된다.

의료에서의 체계론적 리더십

의료가족치료사가 의료 현장에서 체계론적 기술을 갖춘 가치 있는 존재가 될

때, 관리 가능성과 또 다른 리더십 가능성이 열린다. 이는 더 큰 체계에 영향을 미칠 수 있는 기회가 된다. 현재 의료관계자들이 많이 늘어나고 있고 체계이론의 시각에 대한 필요성이 더욱 높아져 있지만, 의료가족치료사의 기본적인 임상기술들은 매우 귀중하다. 다음의 세 가지 핵심 기술은 더 큰 체계에도 적용 가능하다.

- **체계 안에서 자신의 불안을 관리하기:** Rabbi와 가족치료사 Edwin Friedman (1985)은 리더십을 '불안이 없는 존재감'으로 정의했다. 이것은 스트레스, 위협, 갈등이 있을 때 반동적으로 대응하기보다 자신의 감정을 읽고 반응할 수 있는 능력이다.
- **관계자들 및 하위체계들 간에 효과적인 의사소통 촉진하기:** 의료가족치료사는 다중 관점에 대해 어떻게 '상위적(meta)'이 되는지 알며, 동시에 이런 다중 관점을 고려한다. 이는 Peek(2008)가 말한 '세 가지 영역의 관점'으로, 임상 세계, 경영 세계, 재정 세계의 욕구와 한계를 동시에 고려하고 각 영역의 언어를 알고 있음을 뜻한다.
- **체계 내 개인 혹은 부분의 희생양 만들지 않기:** 체계의 훌륭한 원칙 중 하나는 조직의 만성적인 모든 갈등은 개인의 특성보다 더 크며, 다양한 관계자들과 관련하여 권력, 역사, 의사소통 유형을 나타내는 상호작용에 의해 유지된다는 것이다. 의료가족치료사는 복잡한 구조적 문제를 어떤 특정 희생양의 잘못으로 비난하려는 직관적 호소에 저항하게 하는 훈련을 받는다.

비전 갖기와 전략적 계획하기 같은 다른 리더십 기술은 의료관리 지위에 관심 있는 사람들을 위한 멘토링과 공식적인 훈련 프로그램을 통해 얻을 수 있다. 이 기술들을 얻기 위해서는 집중적인 노력이 필요하지만, 그것은 체계이론 지향의 치료사가 의료 테이블에 이미 가지고 오는 리더의 자아(the self-of-leader)와 대인관계 기술보다 배우기가 덜 어렵다.

보건의료 전달체계의 외부 살펴보기

의료에 대한 미래의 자원 요구는 공급자 중심 의료 모델의 제한점을 강조한다. 이는 의료가족치료를 팀 자문을 포함하는 임상 실천의 전문 분야로만 협소하게 여기지 않는 또 다른 이유이다. 엄밀한 체계론적 시각은 건강을 사람들이 가족과 지역사회 안에서 함께 만드는 어떤 것으로 보며, 진료실과 병원 안에서 활동하는 것으로만 보지 않는다. 의료는 '우리 전문가들이 나머지 사람들에게 제공하는 것'이 아니라 '우리 사람들'의 일이 된다. 협력치료는 의료제공자팀 그 이상으로서, 스스로의 건강관리를 위한 능동적 주체로서의 지역사회와 연계하는 형태이다.

불행하게도, 지역사회 부문의 건강은 재정이 부족한 공공의료 부분으로 이양되었다. 공공의료 전문가들의 일이 중요한 만큼, 아픈 사람 및 그 가족과 함께 일하는 임상가들은 지역사회와 깊이 연결되어 있고 또 지역사회 내 집단들과 신뢰를 발전시킬 수 있는 기회를 갖고 있다. 6장에서 서술하였듯이 세인트폴의 활동회원 프로젝트(Active Member Project)는 클리닉을 의료서비스를 전달하기 위한 단순한 센터가 아닌 건강 공동체의 중심지로 보는 추진체의 예이다. 회원들이 부엌에 모여 건강한 음식을 어떻게 만드는지 서로 가르쳐 주고, 또 다른 회원들은 주변 지역에 산책하러 갈 때 자기 건강 증진뿐만 아니라 지역사회 건강 증진을 위한 작업도 하고 있다. 민주적인 의료정신을 갖고 있는 의료가족치료사는 전통적인 보건의료 전달체계 밖에 있는 환자, 공급자, 지역사회 구성원들의 집단들과 함께 일하는 데 필요한 많은 기술을 가지고 올 수 있다.

이러한 면 대 면 개입(연계) 프로젝트 외에, 지역사회는 건강 증진을 위해 환경을 변화시키기 위한 옹호와 공적 계획을 할 기회가 있다. 이는 새로운 산책로나 자전거 길, 지역 농산물 시장, 더 건강한 메뉴를 학교에 들여오기 위해 부모들과 파트너가 되는 것을 포함할 수 있다. 의료가족치료사는 이러한 형태의 옹호에 대해 체계론적 이해를 할 수 있으며, 지역사회 집단들과 정치 지도자들을 망라해 신뢰관계 구축의 중요성을 강조할 수 있다.

결론

우리는 현재와 미래의 의료가족치료사들이 의료개혁의 임무를 잘 수행하도록 격려한다. 이는 협진팀에 의해 전달되는 가족중심 의료의 비전 형성에 참여함을 의미할 것이다. 또한 이것은 진정으로 관계적 · 체계론적 사고와 행동방식임을 의미하는데, 이는 사람들과 조직을 그들이 속한 맥락에서 분리하지 않고, 우리의 역할을 소비자인 환자에게 서비스를 제공하고 상환을 받는 서비스 제공자의 역할로 축소하지 않으며, 늘 민주적이고 포괄적인 나라에서 최고의 목적을 성취하기 위해 우리의 의료체계를 살펴보도록 촉구한다. 우리는 이러한 목적을 방해하거나 도모하는 정치와 시장의 힘에 영향을 미치기 위한 작업을 해야 하지만, 기본 수준에서의 의료개혁은 위로부터 주어지지 않을 창조성과 용기를 필요로 할 것이다. 남아프리카공화국의 시인 June Jordan(1978)의 표현을 빌리자면, "우리가 기다려 왔던 그 사람들은 바로 우리이다."

부록
의료가족치료의 실천 사례

의료가족치료의 일상 실천은 1990년대 초 이후에 크게 발전하였다. 당시 대부분의 의료가족치료사는 일차의료 현장이 학교였는데, 전공의들을 교육하고 협력치료를 행하였다. 의료가족치료의 원리는 치료사가 의료제공자들과 함께 여러 현장에서 협력하는 전통적인 정신건강 분야와 더불어 전문의학 진료, 지역사회 중심 일차의료, 도시의 대형 병원, 농촌 지역의 병원에서 체계이론을 지향하는 심리치료사들이 사용하는 일부 기법 중에서 더 많은 부분을 차지하게 되었다. 의료가족치료사는 소아과학에서부터 삶의 마지막 단계에 이르기까지 많은 사람을 대상으로 일한다. 부록에서는 의료환경에서 성공적이고 혁신적으로 일한 8개의 의료가족치료사 프로필을 소개한다. 우리는 이 치료사들을 대상으로 그들의 작업환경, 임상 진료, 협력에 대해 면담하였다. 또한 우리는 그들과 동료들의 강점, 그들이 직면한 도전, 그들이 전수하고 싶은 지혜의 보고에 대해 질문하였다. 이러한 도전과 그것을 성공적으로 관리하는 방식에는 중복되는 면이 어쩔 수 없이 많이 있다. 개별적인 프로필을 제공하는 것 외에도 이 장은 이렇게 재능 있는 의료가족치료사 집단으로부터 배울 수 있는 면들을 종합한다.

여성건강센터의 Helen Coons

Helen Coons는 여러 곳에서 다양한 여성문제와 작업하는 임상건강심리사이다. 그녀는 펜실베이니아 대학교 여성건강센터에서 일부 시간을 보내는데, 이곳은 일차의료, 산부인과, 생식의학 진료를 제공하는 복수전문의 진료그룹(multispeciality health group)이다. 그녀는 또한 유방암 의사와도 일한다. 그리하여 그녀는 다양한 관계적 · 성적 · 의료적 문제를 가진 다양한 민족에 속한 여성들을 생애주기별로 만날 수 있다.

대표적인 진료 내용은 내과 의사, 간호사, 물리치료사, 외과 의사를 포함하여 다양한 환자, 문제, 협진하는 임상의와의 몇 차례 약속이다. 여성들은 다양한 이유로 의뢰되는데, 그들이 수술, 화학요법, 방사선치료 선택을 이해하도록 도움을 주는 것부터 정서적 · 인지적 · 성적 · 신체적 영향에 대처하도록 도움을 주는 것에 이르기까지 다양하다.

Coons는 자기 직장이 두 가지 주요 강점을 갖는다고 본다. 첫째, 이 진료는 신체적 · 정서적 · 관계적 · 성적 욕구를 중요하게 본다. 동료들은 환자의 생심리사회적 욕구에 대처함에 있어서 심리적 서비스에 헌신한다. 둘째, 이 진료는 개인 환자를 관계의 맥락에서 본다. 그녀는 이 진료가 다음과 같은 몇 가지 다른 긍정적인 특징을 갖는다고 보았다.

- 훌륭한 의사소통 기술
- 위기관리의 유능성
- 융통성
- 서로의 기술과 전문성을 존중하기
- 환자에 대한 진정한 돌봄
- 환자가 의료제공자들과 연결되어 있다는 느낌
- 모든 수준에서 환자의 목소리를 듣는 것을 강조

Coons 박사는 또 성공적인 협력에 기여하는 자신의 개인적 특성을 파악하고 있다. 그녀는 자신을 융통성 있고, 동료들을 존중하고, 시간적으로 여유가 있는 사람으로 본다. 그녀는 자신이 팀에 무엇을 기여하는지에 대해 분명히 알고 있고, 자신의 경계를 알고 있으며, 효과적으로 일한다. 또한 그녀는 여성건강센터장, 행정 직원들, 사무 직원들이 있는 최고의 대학 수준에서의 지원이 없으면 협진의 노력이 성공하지 못할 것임도 알고 있다.

어려움이란 의료제공자들이 모두 다 일반적인 생심리사회적 모델을 지지하지 않거나 혹은 Coons와 개인적으로 관계가 없다는 점이다. 진료의 규모가 크기 때문에 그녀가 늘 협진에 임할 시간적 여유가 있는 것은 아니다. Coons 박사가 여러 지역을 순회하고 또 전자의료기록에 접근하지 못하기 때문에 의사소통이 때로 어려울 수도 있다. 이러한 도전에 대해 Coons는 최대한 협력하고자 하고, 융통성을 유지하고자 하며, 필요할 때 자기 사고의 틀 밖에서 생각하고자 하는 사람들에게 자문하는 데 초점을 두었다. 그녀는 협진이 대부분 시간과 인내를 요하는 관계 구축에 관한 것이라고 기억한다.

1. 문제는 관계, 즉 관계 구축, 관계 유지에 관한 것이다

Bill Clinton은 "이보세요. 문제는 경제예요!"라는 슬로건으로 대통령 캠페인에 성공했다. 의료가족치료에서 "이봐요, 문제는 관계예요!"가 슬로건이다. 의료가족치료사로서 Helen Coons는 인터뷰에서 "협력적 치료사는 시간을 들여서 효과적인 관계를 맺는다. 그들은 자기가 무엇을 줄 수 있는지 알고 있다."라고 하였다. 임상적 관계가 관계마다 서로 다르듯이, 동료들과의 관계도 관계마다 다를 것이다. 어떤 의료전문가들은 어려운 환자들 중 한 사람을 관리하기 위해 당신이 그들을 어떻게 도울 수 있을지를 일시적으로 시험해 보고, 만일 당신이 잘하면 당신을 조금 더 개입시킬 것이다. 또 다른 의료전문가는 당신이 환자에게 개입하기 전 점심시간에 휴게실에서 당신에 대해 알고 싶어 할 것이다. 어떤 경우든 문제는 당신이 이런 팀원과 맺는 관계에 관한 것이다. 복도에서의 일상적인 만남이 앉아서 하는 공식적 자문 관계를 구축하는 데 중요할 수 있음을 명심해야 한다. 동료들에게 관심과 온정을 보이는 것은 환자들이 이러한 자질로부터 도움을 받을 수 있겠다는 느낌을 준다. 유용한 임상적 관찰은 당신이 팀원이라면 환자들이 도움을 받을 것이라는 느낌을 준다. 이러한 협력관계가 일단 형성되면, 이 관계는 또 다른 관계에서 필요한 것과 똑같은 관리가 필요하다. 어쩔 수 없이 찾아오는 균열과 도전에 대해 지속적인 지지와 관심이 필요한 것이다.

도시병원 소아과 클리닉의 Olivia Chiang

Olivia Chiang은 임신과 출산부터 22세까지의 환자를 진료하는 대규모의 비영리 종합병원이 시범 운영하고 있는 일차의료 소아과 클리닉에서 진료하는 임상심리사이다. 그녀는 로체스터 대학교 소아과 교수 및 레지던트들과 함께 팀을 이루어 주로 저소득층, 아프리카계 미국인과 푸에르토리코 환자들을 대상으로 일한다. 그녀의 일은 다양한데, 환자를 만나고, 교육하고, 자문하고, 심리학 동료들과 의료가족치료 박사후과정생들을 슈퍼비전 하는 것이다. Chiang은 자신의 역할을 협진자 역할과 정신건강 서비스를 위한 문지기 역할로 설명하였다. 흔히 그녀의 협진은 '길거리 자문' 혹은 전자의무기록 표기인데, 그녀는 신속하게 평가할 수 있고 또 임상의들이 그 순간 그 상황에서 다루어야 하는 정보를 그들에게 줄 수 있다. 숨 쉴 새 없이 바쁜 그녀가 하루에 맡는 책임의 일부는 다음과 같다.

- 평가 완료하기
- 학교에 전화하기
- 서비스 추천하기
- 변호사에게 전화하기
- 가족치료 하기
- 약 처방과 치료 협력에 관해 전문간호사와 소아과 의사 만나기
- 행동문제에 대해 소아과 의사로부터 늘 해 오던 방식의 의뢰 받기
- 상담치료 회기와 전화 계획하기
- 지역사회 교육 모임 주선하기
- 다른 의료체계와 협력하기

Chiang은 자기 직장의 몇 가지 강점을 다음과 같이 들었다. 의료제공자들이 서로를 잘 알고 있다. 모두 함께 일하고 함께 먹고 모든 일을 함께한다. 팀으로서 그들은 자문과 환자를 위한 시간을 할애하는 데 우선순위를 둔다. 그들은 융통성이 있고 잘 조직되어 있다. 그들의 전문 분야가 무엇이든, 모든 사람은 생심리사회적 접근에 가치를 둔다. 전문가들마다 협진을 위한 시간을 낸다.

직장의 성공에 그녀가 어떻게 기여하는가를 말해 보라는 질문을 받았을 때, Chiang은 자기 역시 융통성 있고 잘 조직되어 있으며 우선순위가 분명하다고 말했다. 환자의 의료적 요구가 먼저이며, 그것은 겸손한 협력을 의미한다고 했다.

Chiang은 자기가 처한 상황에 세 가지 주요 도전이 있다고 본다. 이 진료 업무가 너무 많이 증가했기 때문에, 병원 내 공간이 문제이다. 많은 저소득층 환자가 상담사를 만나는 것에 대해 낙인을 찍는다. 그녀의 의료환경은 환자들의 기본 욕구를 돕기 위해 고안된 것이 아니며, 이는 그녀에게 수많은 사회복지서비스 의뢰가 필요함을 뜻한다.

이러한 도전에 대응하여 Chiang은 필요한 속도로 더 많은 사람을 볼 수 있도록 적응해 왔다. 그녀는 학교, 법원, 광역의 법률조직과 막강한 협력관계를 발전시켰고, 그렇게 해서 시간을 절약하였다. 이 기관들의 협력자들은 그녀를 알고 있고 또 그녀의 요구를 예측할 수 있다. 마지막으로, 이런 환경에서 이루었던 협력과 교육 때문에 의료제공자들은 Chiang과 동료들의 서비스를 더 효과적이고 효율적으로 이용하고 있다. 그들은 예컨대 이미 기본적인 안전계획을 어떻게 하는지 알고 있고, 그렇게 해서 그녀는 다른 일들을 보다 더 효과적으로 다룰 시간을 낼 수 있다.

2. 임상 시간의 융통성이 중요하다.

치료사들은 대개 1시간 단위로 일한다. Sigmund Freud가 그렇게 했기 때문이다. 이것을 윤리적인 문제로 바꾸고 싶다. 즉, 훌륭한 상담 진료는 방해받지 않는 50~60분 회기를 필요로 한다. 우리는 치료사가 임상 시간을 융통적으로 사용하지 않아서 협진이 한 번도 시작되지 않았던 한 클리닉을 알고 있다. Olivia Chiang은 요구가 높은 아동과 가족을 둔 도시의 소아과 센터 내 환자와 가족을 위해 자신의 시간을 융통성 있게 할애하는 법을 배웠다. 때로 그것이 60분간의 평가이지만, 종종 그녀의 회기는 더 많은 환자를 볼 수 있게 하는 '25~30분의 시간'이다. 팀원들 그리고 학교 및 다른 지역사회체계와의 긴밀한 협력으로 이렇게 더 줄인 회기는 효과가 있었다. 다른 의료가족치료사와 마찬가지로, Chiang은 몇 가지 행동건강 문제에 대해 10~15분간의 간략한 자문뿐 아니라 임상의로부터의 성공적인 의뢰를 돕기 위해 5분간의 간단한 '만남과 인사'의 대화가 가치 있음을 배웠다. 그녀가 그 변화를 묘사하는 방법은 다음과 같다. "우리는 의뢰 대상의 50%만 실제로 나타나는 데 익숙해 있다. 의뢰받는 대로, 나는 의사와 함께 진료실에 들어가서 환자를 만나고 어떻게 접수하는지 설명하고 간단한 평가를 하고, 재방문할 때는 무슨 일이 있을지 알려 준다. 이렇게 해서 의뢰 비율이 증가하였고, 실제로 나타나는 비율(show rate)이 이제 70~ 80%까지 올라갔다. 환자들은 의사의 긍정적인 말, 축복의 말의 영향을 확실히 받는다." Chiang은 "환자들이 나를 만나러 올 때 자기 주치의가 나를 얼마나 좋아하는지에 대해 말했는데, 그것은 중요하다."라고 말했다. 이런 말은 팀 관계가 의료가족치료의 의뢰에 대해 환자가 실제로 나타나는지의 여부에 있어 얼마나 중요한지를 보여 준다.

중산층 대상 소아과 진료에서의 David Driscoll

David Driscoll은 혼합 개인의원에서 일하는데, 이곳은 현장과 원격 협력치료를 통합하는 곳으로 아동, 청소년, 가족 그리고 소아과 진료에 초점을 둔 네 명의 심리학자도 있다. 그들은 소아과 공동개원 그룹 안에 별도의 사무실도 가지고 있을 뿐만 아니라 전통적인 개인 진료도 하고 있었다. 소아과 클리닉을 돌 때, Driscoll의 대표적인 업무는 다양하고 매우 흥미롭다. 클리닉에 도착하면 곧바로 간호사실로 가서 그날 무슨 일이 있는지 알아본다. 지난 며칠 동안 생긴 일들에 대해 그와 함께 확인하고 싶어 하는 많은 소아과 의사의 명단이 있다. 그는 의사들과 면 대 면 자문을 하고 몇 명의 환자와 50분간의 심리치료 시간을 갖는다. 대부분의 협업은 비공식적으로 이루어지지만, 협업은 늘 환자의 파일에 있는 공식적 문서로 추진된다. 협업을 하는 날에는 부모들로부터의 이상 유무 선별 전화를 받는 것을 포함하기도 한다.

Driscoll은 자기 직장의 많은 긍정적인 자산을 다음과 같이 말한다.

- 소아과 의사들이 '놀라운 전문성'을 보여 준다.
- 진료가 환자와 가족 중심이다.
- 진료는 현대 가족의 욕구를 예상하며, 그 욕구를 충족시키는 데 몰두하게 한다.
- 전문가들은 공적으로 협업하며, 팀은 아동 및 가족과 투명하게 작업한다.

Driscoll의 협력 작업에 속한 임상의들은 가족의 강점에 초점을 둔다. 그들은 문제를 어떻게 해결하는지에 대한 가족의 관점을 중요하게 여긴다. 그들은 더 집중적인 개입에 의지하기 전에 덜 집중적인 개입을 통해 작업하도록 주의를 기울이는데, 최소의 개입으로 최대의 결과를 내는 것을 목표로 한다. Driscoll의 행동건강 파트너는 일주일에 7일, 하루에 24시간 소아과 동료가 이용할 수 있도록 한 팀으로서 전화 받는 시간을 공유한다. 소아과 의사들도 똑같이 일주일에 7일, 하루 24시간을 기본으로 심리학자들이 활용할 수 있다. Driscoll은 이러한 특성을 진료팀으로서의 성공에 가장 중요한 것으로 묘사한다.

강점 측면에서 Driscoll은 모든 의사와의 개인적 관계 유지가 직장에서의 성공에 기여하는 그만의 방식이라고 말한다.

이 환경에서도 다음과 같은 어려움이 있다.

- 이렇게 재미있고 도전적인 일을 하고 싶어 하는 협력적인 동료 치료사를 찾기
- 협업에 대한 시간이 보상되지 않음
- 매우 많은 의료제공자를 둘러싼 비밀 유지
- 혼란스러운 환경상 부담이 크다는 특성

이러한 도전에도 불구하고 Driscoll은 소아과 의사 및 가족과 함께 현장 작업의 특권이 어떤 어려움보다 훨씬 더 중요하다고 생각한다. 그는 자신의 가용성

에 대한 한계를 설정하고, 팀의 연락체계를 이용하며, 좋은 의뢰체계를 마련하고, 누군가를 팀의 일부로 초대할 때 협진에 대한 기대를 분명히 함으로써 이런 도전들에 대처한다.

3. 들어가서 받아들여지는 데는 시간이 걸린다.

협진은 인내를 요한다. 이는 당신의 이름이 진료실 문에 있고 환자가 들어가는 정신건강 클리닉에 취업하는 것과는 다르다. 의료가족치료사가 행동건강 전문가를 통합하는 것에 대한 오랜 이력이 있는 환경에 참여할 만큼 충분히 운이 있지 않다면, 다른 언어와 낯선 거리의 외국 문화에 순응하는 것처럼 느껴질 수 있다. 처음에는 관광객처럼, 그다음에는 장기 방문자처럼, 마지막에는 그 나라의 시민처럼 느낀다. 처음에 의료체계는 겉보기에 당신의 존재를 잊어버린 것같이 바쁘게 돌아갈 수도 있다. 그것이 바로 Driscoll이 '혼란스러운 환경'이라고 부른 것이다. 그러나 시간이 지나면서 환자들에게 최상의 진료를 제공하는 데 관심을 둔 임상의들에게 우리의 모든 가치를 보여 줄 수 있다. 그들이 당신을 만날 때 정중한 웃음을 보이는 것 이상으로 당신 없이는 진료를 할 수 없다고 말할 것이다. 의료가족치료는 즉각적인 감사를 받아야 하는 사람들을 위한 것이 아니다. 비록 시간이 지나면서 충분히 보상이 되지만 말이다.

Sarah Dellinger: 가정의학과 전공의 수련 프로그램에서의 인턴십

Sarah Dellinger는 부부가족치료사 예비자격 취득자로, 이전에 워싱턴 대학교 가정의학과에서의 인턴이었다. 의료가족치료에 대한 그녀의 관심은 이 분야에 관심이 매우 컸던 석사과정 교수와의 관계에서 비롯되었다. 그녀는 그런 의료 환경이 재미있고 자신이 잘 어울린다고 생각했다.

전공의 수련 프로그램에서 의사들은 환자를 진료하고 Dellinger와 동료들에게 의뢰하였다. 진료 시작을 위해 누구든 목록에 있는 사람이 의뢰된다. Dellinger는 전통적인 50분 방식의 심리치료 시간으로 환자를 보려고 계획했고, 필요하면 전공의들과의 짧은 시간이지만 스케줄도 만들었다. 협진은 휴게실, 사무실, 복도에서 이루어진다. 하지만 의사들의 다양한 스케줄을 고려하여, Dellinger는 이메일과 전화로도 능동적으로 협진하며, 또 때로는 긴급한 요구를 해결하기 위해 의사를 만나러 치료실 밖으로 나가기도 한다. 그녀는 담당의사와의 관계가 중요함을 깨닫게 되었다. 의사가 그녀의 역할을 지지하면, 그녀와 전공의 및 다른 의료제공자들이 함께 일을 잘하게 된다.

진료팀과 협진할 때, Dellinger는 한 가지 중심 질문에 계속 초점을 두었다. 그 질문은 '우리는 이 사람을 어떻게 하면 가장 생산적인 방식으로 건강하게 할 수 있을까?'이다. 이는 일반적으로 시기적절한 방식으로 적절한 자원에 접근하는 것을 뜻한다. Dellinger는 팀이 환자 한 사람을 돌보기 위해 충분한 시간을 들이며, 그렇게 해서 자기 일이 재미있지만, 그 무엇도 당연시하지 않는다고 보고한다. 그녀는 이것이 '일종의 강박관념'이라고 말하며 또 끈기 있게 의사 및 담당의와의 협진을 이루어 낸다고 한다.

대부분의 동료가 공유하는 중요한 특성 중 하나는 협진에 대한 개방성과 그녀의 역할에 대한 지지이다. 어떤 임상의는 그녀의 역할을 충분히 인정하지 않을 수도 있지만, 전반적으로 치료사, 영양사, 물리치료사, 다른 임상의들이 환자의 건강을 위해 모두 함께 일하는 협진을 지지하는 구조가 있다. 진료는 생심리사회적 접근을 가치 있게 여기며, 중복되는 문제가 자신의 전문 분야 밖에 있을 때 서로 환자를 적극적으로 의뢰한다.

협진에 대한 두 가지 주요 도전은 개별 의료제공자들의 다양한 관심 그리고 치료사와 의사의 사무실이 빌딩의 다른 부분에 있어서 쉽게 접근하는 데 한계가 있다는 지리적 문제이다. 이러한 도전에 대한 Dellinger의 주요 전략은 의료제공자들이 협진에 저항할 때조차도 그들에게 계속 접근하는 것이다. 그녀는 자신의 관점을 강요하기보다 조언을 구한다. 그녀는 복도와 대기실에 있는 시간을 들여서 자신의 가용성을 높인다. 그녀는 의사들에게 자신을 소개하고 또 소개하며, 자신이 환자들과 어떻게 작업하는지 설명하고, 의사들의 생각을 물으며, 가능한 한 많이 그들을 개입시키고자 노력한다. 이러한 끈질긴 접근으로 시간이 지나면서 협진이 크게 증가하였다.

4. 다양한 형태로 의사소통을 한다.

치료사들은 사적으로 앉아서 면 대 면 의사소통 방식의 훈련을 받는데, 이는 의료환경에서 거의 일어나지 않는 의사소통 형태이다. 많은 치료사는 광범위한 평가와 치료계획을 이용하도록 배우는데, 대부분의 의료계 동료는 읽을 시간이 없을 것이다. 효과적인 가족치료사는 활용할 수 있는 의사소통 채널이면 무엇이든 다 사용한다. Dellinger가 관찰하였듯이, 의사소통은 때로 휴게실, 사무실 그리고 들리는 곳에 환자가 없을 때 복도에서도 일어난다. 그녀는 이메일과 전화에 능동적이었고, 급한 상황에서는 전통적인 환경의 치료사들이 결코 하지 않는 일도 한다. 즉, 그녀는 치료실에서 나와 급한 자문을 받기 위해 의사를 찾아 나서기도 한다. 이런 모든 형태의 의사소통을 할 때 간략함이 이 영역의 핵심이다. 우리 중 한 사람이 병원으로 서둘러 가서 한 가정의와 만났던 것을 기억하는데, 그 의사는 치료사를 진료실로 들어오게 하여 그날 보기로 되어 있던 환자에 대한 조언을 구했다. 당뇨병이 있던 과체중의 환자는 자신을 돌보지 않던 중년 여성이었다. 그 순간 별 도움이 안 되는 배경 정보를 더 많이 묻는 대신 혹은 조언할 시간이 충분하지 않다고 말하는 대신, 의료가족치료사는 "현재 그 여성분의 건강에 대해 걱정하는 사람이 누구지요? 선생님과 그 여성분입니까, 아니면 선생님만 그렇습니까?"라고 한 가지 질문만 했다. 의사는 웃으며 악수를 하면서 "고맙습니다. 맞아요, 지금 당장 이 문제를 해결해야 할 사람은 나뿐이죠. 해야죠."라고 말했다.

장기요양보호 센터의 Carol Podgorski

Carol Podgorski는 공공 장기요양보호 시설에서 25년 이상 일했는데, 이 시설은 신생아부터 노인에 이르기까지의 환자들을 위해 500개 이상의 장기요양보호 병상과 서비스를 제공한다. 그녀는 2003년 이후 거기서 의료가족치료사로 일했다. 대부분의 환자는 부상, 유전 혹은 삶의 다른 불행 때문에 경제적으로 빈곤했다. 그녀의 지위는 조정, 슈퍼비전, 환자 진료를 포괄하며, 노인복지에 대한 그녀의 열정과 잘 맞았다. 그녀는 환경이 제공하는 온정적인 서비스에 깊은 인상을 받았다.

Podgorski의 협진이 있는 전형적인 날에는 의사, 간호사, 전문간호사, 사회복지사, 영양사 혹은 치료사가 포함된다. 집중 의뢰과정은 입원 환자를 위한 지속적인 치료계획에 대해 팀원들과 이야기하기, 경과기록 읽기, 입원 환자들과 이야기하기, 포괄적인 초기 문진을 완성하기, 새로운 치료계획 세우기, 팀 회의에서 공식적 혹은 비공식적으로 팀과의 계획을 비교 검토하기를 포함한다.

Podgorski는 자기 직장이 다음과 같은 여러 강점이 있다고 말한다.

- 직장은 온정적인 서비스를 제공한다.
- 가족자문 서비스에는 입원 환자들의 이야기를 알 수 있는 자원과 시간이 있다. 이 서비스는 입원 환자들을 인간적으로 대하는 데 도움이 되며 팀에게도 도움이 된다.
- 입원 환자들을 알게 되면 효과적인 치료계획을 개별적으로 세우는 데 도움이 된다.
- 팀은 직원들이 입원 환자들을 이해하도록 도울 수 있고 또 가족이 그들의 기능 변화를 이해하도록 도울 수 있다.
- 팀 접근은 분과별로 분할되는 것을 방지하고 모든 팀원은 공통의 합리적 기대를 가지고 동일한 목적을 추구할 수 있다.

Podgorski는 이런 환경에서 그녀가 성공할 수 있었던 까닭은 자신이 모든 다른 임상의들을 존중하고 또 긍정적인 협진을 이끌어 내는 데 도움이 되는 포괄적이거나 겸손한 입장을 보였기 때문으로 알고 있다. 그녀가 생각하기에 동료들은 가족 접근을 가치 있게 여기며 가족에 대한 다양한 정의를 수용한다. 가족치료 서비스는 진료팀에게 자문서비스로 계획되며, 이는 Podgorski와 동료들이 진료팀, 입원 환자, 가족에게 '중립적인 자원'이 되도록 한다.

이러한 장기입원 환경의 독특한 도전은 성적 친밀감과 관계가 있다. 거기에는 부부의 방문이나 결혼식을 위한 사적 공간이 있으며, 어떤 입원 환자는 방을 함께 쓰기도 한다. 그러나 어떤 직원은 법적 성인이 된 입원 환자들의 성적 활동을 싫어하고 그에 대해 말하거나 다루고 싶어 하지 않는다. 다른 병동, 그리고 같은 병동의 또 다른 직원은 성적 이슈에 대해 다른 접근을 한다. 입원 환자들의 성적 친밀성 욕구는 가족치료사에게 의뢰되는 주요 이유이다. 때로 치료사와 진료팀 간에는 다양한 가치에서 차이가 있다. 예를 들어, 일부 간호관리자는 치료사는 징벌적으로 보지만 진료팀의 다른 사람들에게는 힘들게 하는 입원 환자들에 대한 적절한 대응으로 보이는, 행동문제를 다루는 여러 방법을 가지고 있다. Podgorski는 이러한 도전에 대한 대응의 토대를 의사소통에 둔다. 그녀는 정책과 절차에 대해 더 많은 의사소통, 대안에 대한 브레인스토밍, 그다음에는 피드백에 대해 개방적이면서 다양한 권고사항을 가지고 진료팀에 접근할 것을 강조한다.

5. 협진은 늘 중심 역할을 하는 사람이 없는 편안한 분위기를 요한다.

최고의 의료가족치료사는 자신의 기술과 공헌에 자신감이 있지만 또한 행동건강보다 더 폭넓은 임무를 맡은 팀의 구성원이 되는 것에 대해 겸손하다. 이 작업은 동료들로부터의 즉각적인 인정이 필요한 사람들을 위한 것이 아니다. 대부분의 동료가 우리의 직업 문화에 대해 배울 것보다 우리가 의료 문화에 대해 배울 것이 더 많다. '비전문가' 입장을 강조하는 Carol Podgorski는 치료사가 자신의 행동건강 전문성의 가치를 계속 주장한다는 방어적인 전문가 입장의 단점을 강조한다. 제시된 문제는 행동문제인데 팀은 생의학적 문제에 초점을 둔 사례들이 있다. 경험이 많은 의료가족치료사는 이것을 모욕으로 받아들이기보다 팀을 지원하는 한편, 나중에 뭔가 다르게 할 기회를 기다린다.

마찬가지로, 조직 차원의 문제에서 팀은 정신건강 기록에 대한 「건강보험 양도 및 책임법(Health Insurance Portability and Accountability Act)」의 개인적인 필요 요건을 고려하지 않고 전자의무기록 체계를 도입할 수 있다. 치료사가 이에 대해 어떤 목소리를 내는지가 중요하다. 치료사는 '여기 있는 누구도 내 세계를 진지하게 받아들이지 않는다'는 자세보다 팀이 뭔가 간과한 것을 보도록 돕는 목소리로 접근하는 것이 이상적이다. 가까운 미래에 '생심리사회적'에서의 '생물'이 많은 의료 현장에서 '심리사회적'인 면이 더욱더 부각될 것이다. 건설적으로 일하고 심리사회적 접근이 생의학에 대항하지 않는 것이 의료가족치료의 영향을 높여 준다.

암병동의 Carl Greenberg

Carl Greenberg는 워싱턴주의 부부가족치료사로, 20명의 의사, 6명의 중간 단계 의료진, 3명의 가족치료사가 있는 전문 암치료 개인병원에서 월급을 받고 있다. 그는 관계 구축, 네트워킹, 일련의 협진 기회를 통하여 28년 동안 이 암병동에 관여해 왔다.

그의 전형적인 하루 일과를 보면 Greenberg는 의사나 간호사가 의뢰한 환자들을 본다. 그는 환자에 관한 정보를 위해 전자의무기록 혹은 의뢰한 임상의를 찾는다. 일단 환자를 보고 나면 전자평가서를 의사에게 보내어 의사소통의 고리를 마무리한다. Greenberg와 동료 치료사들은 또 응급 상황에서도 이용 가능하다. 또 다른 차원의 협진에는 의사와 직원을 위한 연수 그리고 환자의 대변인, 간호사, 스케줄러와의 작업이 포함된다. 종종 비밀보장의 적절한 안전장치가 되어 있는 복도에서의 자문도 있다. Greenberg는 자신이 의료제공자들에게 가시적으로 이용 가능하면 그들이 그를 활용할 것이라고 말한다. 그는 또한 갈등이 있을 때 조직의 여러 부서 간에 중재도 한다.

이 직장의 강점은 종합적 · 혁신적 · 온정적 · 통합적 진료에 대한 임상의들의 헌신에서 시작한다. 그들은 지역사회 구성원들이 그것을 감당할 수 있는지 여부에 관심을 기울인다. Greenberg는 또 협진에 대한 개방성도 강점으로 본다. 의료제공자들이 서로를 도와줄 수 있는 강점을 가진 팀이라는 가정으로 진료를 시작한다. Greenberg와 팀은 종양학자와 의사에게뿐 아니라 외과 의사, 간호사, 환자와 관련된 모든 사람이 볼 수 있도록 존재한다.

자신의 강점에 대해 Greenberg는 가정의학과 전공의 수련 프로그램에서의 14년과 이 분야에서의 28년의 현장 경험이 첫 번째라고 한다. 두 번째 강점은 조직의 구성원들이 그가 그곳에 있기를 원했기 때문에 Greenberg를 위한 자리를 만들어 주었다는 점이다. 그들은 의료건강 문화와 정신건강 문화의 두 세계를 왔다 갔다 할 수 있음을 알았다.

Greenberg 집단은 위계질서가 있는 집단으로 기능하기보다 상호보완적인 강점을 가진 협진팀으로 일한다. 관리자들도 이 집단을 일하기 좋은 현장으로 만들어 준다. 진료소는 환자와 전문가 모두 의료적 요구 외에 정서적 · 영적 요구가 있음을 알고 있다. Greenberg는 또 성공적인 협진이 의사의 가용성, 즉 의사들이 시간을 들인다는 점에 있다고 본다.

Greenberg는 이 상황의 일에 다음과 같은 네 가지 주요 도전이 있다고 한다.

- 장소를 망라하여 그리고 바쁜 업무 가운데서도 의사소통하기
- 복잡한 문제를 가진 환자와 작업하기
- 어떤 의사가 다른 의사들보다 협진에 더 낫다는 점을 인식하기
- 비의료전문가로서 중요한 의료 지식 습득하기

이러한 도전에 대한 대응은 서로에게 더 훌륭한 접근을 위해 실행계획의 변경, 그리고 문제가 생길 때마다 문제를 함께 해결하는 것을 포함한다. Greenberg에게 의료 문화에서 일하는 것은 도전이지만 재미있는 일이다. 그는 "의사들을 두려워하지 마세요. 그들도 스트레스를 받는 인간입니다. 그러나 치료사인 우리의 일에 대해 그들이 가치 있게 여기는 무엇인가가 있으며, '당신을 도울 수 있어요.'라고 말하는 것을 두려워할 필요가 없습니다."라고 말한다.

6. 의료 개념, 언어, 문화에 편안해져야 한다

Carl Greenberg가 말한 대로, "우리는 의학적 이야기를 말하기 위한 공부를 해야 한다. 그것은 중요하지만 쉽지 않다." 전문가 훈련 시 모든 사람은 정보가 '나의 분야'인지 '나의 분야가 아닌지'에 대한 감을 잡기 시작한다. 정신건강 훈련에서 환자의 당뇨병은 대개 블랙박스 진단이다. 즉, 그것은 환자의 삶에 있는 하나의 요소이지, 더 상세하게 이해할 수 있는 어떤 것이 아니다. 일반적으로 우리는 환자의 당뇨병이 제I형인지 또는 제II형인지, 인슐린 주사로 치료가 되는지 또는 약만 먹어도 되는지, 관리가 되는지 그렇지 않은지, 합병증이 있는지 없는지, 환자가 적절히 관리할 수 있는지 그렇지 않은지, 가족력이 있는지 여부, 가족의 지지를 받는지 여부에 대해서는 별 주의를 기울이지 않는다. 또한 우리는 환자의 당뇨병에 대한 의사의 책임감 같은 의료계

의 여러 문화적 요인, 환자에 대한 의료적 처치 결과에 기초하여 진료팀에 대한 재정적 보상과 벌 같은 새로운 체계적 요인에 대해 배워야 한다.

생식내분비 센터의 Kristie Jewitt

Kristie Jewitt는 불임치료 전문인 로체스터 대학교 의료센터와 연결된 생식내분비 전문클리닉의 부부가족치료사이다. 약 75%의 환자가 다양한 민족 배경 출신의 낮은 사회경제적 지위로 서비스를 잘 받지 못하는 여성이다. 그들 중 많은 여성이 만성적인 정신건강 문제도 가지고 있다. 나머지 25%는 중상류층 사회경제적 지위 출신의 여성과 부부로 임신하려고 많은 노력을 하고 있다. Jewitt의 지위는 의사가 원했으며, 여러 가지 임무를 수행하고 돈을 받는다. 그들의 진료에 대한 '보완 서비스'의 하나로서(즉, 포괄 지불된 의료비의 한 부분으로서), 환자들은 자금 마련, 추가로 전화하기, 새로운 건물로 가기, 퇴원에 서명하기, 의료기록의 이전에 대해 걱정할 필요가 없다. 이 업무는 치료사를 모든 환자가 받을 자격이 있는 진료의 필수적인 일부로서 간주한다.

보통의 일상적인 날 Jewitt의 업무는 다음과 같은 몇 가지 단계의 협진을 포함한다.

- 접수면접 자료에서 우울증과 불안에 대한 평가지 살펴보기
- 평가가 더 필요한 환자에게 다가가기
- 개인과 집단 심리치료 혹은 심리교육 회기 갖기
- 약속 전후에 의사와 상의하기
- 의사들을 위해 행동 및 정신 건강 치료계획 다루기
- 지원이 필요할 때 환자에게 전화 혹은 메모하기
- 직원들의 걱정에 대해 그리고 환자들의 심리사회적 요구에 대해 직원들을 위한 워크숍 열기

- 환자의 진전과 치료에 대해 팀에게 최근 정보를 알려 주기
- 모든 환자(행동건강 서비스를 이용하는 환자와 이용하지 않는 환자 모두)에게 계간 뉴스레터 작성하기

Jewitt는 동료들이 행동건강팀을 위한 준비가 되어 있고, 원하며, 환영한다고 보고 있으며, 공손하고 유용한 피드백을 기꺼이 제공한다고 보고 있다. 더욱이 이 업무의 분위기는 공손과 친절의 분위기이며, 환자의 요구를 예견하는 예방중심 업무이다.

의료 문화와 행동건강 문화를 연결하는 것은 Jewitt가 현장에서 경험하는 하나의 도전이다. 언어, 속도, 성과에 대한 기대가 모두 상이하다. 이러한 도전을 다루기 위해서는 양측에서 융통성이 필요하다. 예를 들어, 환자가 표준적인 45분 내지 50분 회기 대신에 20분 회기를 갖고 그다음에는 초음파검사를 해야 할 수도 있다. 임상의들이 서로 다른 훈련을 받았을 때 속도와 에너지를 맞추기가 어렵지만, 모두가 적응하고자 하면 할 수 있는 것이다.

7. 예측할 수 있는 도전이 있다.

Kristie Jewitt는 현장의 리더가 당신의 일을 가치 있게 여기지 않으면 의료 현장의 통합이 특별한 도전임을 강조한다. 그녀는 완전히 통합되기 위해서는 수년이 걸릴 수 있음을 강조할 수밖에 없다고 말한다. 그때도 일부 임상의는 당신이 무엇을 제공하는지 이해하지 못하기 때문에 당신에게 적당히 거리를 둘 것이다.

면담하였던 치료사들이 모두 언급한 두 번째 도전은 많은 의료 현장이 너무 바쁘고, 때로는 혼란스러운 환경이라는 점이다. Jewitt가 주목하듯이 환자는 20분의 수순이 필요한데, 그 시간은 당신이 그날 가진 모든 시간일 수도 있다. 이렇게 시간 압박을 관리하는 것은 대부분의 치료사가 받는 훈련의 일부가 아니다.

세 번째 도전은 포괄적인 진료비 보상방식의 부족이다. Jewitt가 주목하듯이, 대부분의 의료적 치료와 정신건강 치료는 '개별 업무(piece work)'로 별도로 지불하며 통합된 전체로 비용을 지불하지 않는다. 행동건강 전문가가 보상을 받기 위해서는 서비스에 대해 별도의 진단을 지정해야 한다. 이러한 모습은 의료체계 발전과정에서 바뀔 수 있지만, 당장은 진료비 지불이 정신-신체 분할방식으로 이루어진다.

네 번째 도전은 협진에 대한 진료비 상환의 부족이다. 협진에 대한 정보가 홍보물에 아주 자주 보이는 이유 중 하나는 그 시간이 책자에 없기 때문이다. 즉, 환자의 치료를 어떻게 더 잘하는지에 대한 이야기를 함께 하는 것에 대해 아무도 돈을 받지 못한다. 좋은 소식은 새로 나타나는 환자중심 병원에서 몇 군데 혁신적인 현장이 팀 회의를 강조하고, 지불자와의 우선 계약하에 보험을 마련한다는 점이다. 이와 관련하여 성과가 있을 때 지불하고, 단지 방문만 하고 수순을 받기만 하는 것에 대해서는 비용을 지불하지 않는 추세는 협진을 위해 긍정적인 것이다. 협진이 건강을 더 증진시키고 또 비용을 감소시킬 수 있음을 보여 줄 수 있는 말이다.

다섯 번째 도전은 의료체계에 따라 엄청난 차이가 있다는 점이다. 일부 국가에는 통합적인 의료체계가 있지만, 미국은 의사가 소유한 소규모의 병원에서 기존의 유료 서비스부터 자체 병원 및 외래 진료소가 있는 영리 목적의 대형 의료체계, Kaiser Permanente 같은 통합 선불 네트워크 및 의학 교육과 연구를 하는 대학 의료체계에 이르기까지 많은 어려움을 겪고 있다. 일부 의료가족치료 상황에서 환자 집단에 수십 명의 보험 제공자가 있을 수 있으며, 반면 다른 상황에서는 거의 모든 사람이 메디케어나 메디케이드를 받는다. 이렇게 되면 의료보험이 없는 사람이 없다. 이러한 다양성으로 인해 의료체계에 해당하는 의료가족치료사가 일관된 업무를 발전시키기는 어렵다.

마지막 도전은 전문 정신건강 분야에 따른 차이이다. 첫째, 일부 분야는 메디케어와 다른 주요 보험회사에 의해 상환을 받지만, 다른 분야는 그렇지 않다. 행동건강에서의 공간과 주도권에 대한 정신건강 분야 간의 영역권 다툼은 통합적이고 협력적인 치료의 촉발에 도움이 되지 않는다. 우리의 경험에 의하면 의료전문가와 간호전문가는 환자와 팀을 돕는 데 있어서 치료사들의 유능성에 대해서만 관심을 가질 뿐 행동건강 전문가의 학위나 출신지에 대해서는 상관하지 않는다.

가정의학 클리닉의 Nancy Ruddy

Nancy Ruddy는 임상아동심리사와 부부가족치료사 자격증 소지자로서, 뉴욕주 로체스터부터 뉴저지주의 남부와 북부에 이르기까지 많은 가정의학 클리닉에서 일해 왔다. 이 클리닉들에서 그녀는 입원 환자와 내원 환자 모두에게 서비스를 제공해 왔다. 그녀의 환자 집단은 문화적으로 다양하며, 도시 빈민가 환자 집단에서 교외의 중상류층까지 다양하다. 현재 그녀는 뉴저지 북부의 가정의학 전공의 수련과정에서 심리치료와 교육을 담당하고 있다. 그녀는 이 작업을 임상아동심리 인턴으로 시작했고, 후에 가정의학과 교수직으로 바꾸었다.

보통의 평범한 날에 Ruddy는 다음과 같은 업무를 한다.

- 가정의학 전공의와의 일대일 멘토링, 교육 및 사례 자문
- 행정업무 책임(교수회의, 교과과정 설계, 신규 채용)
- 만성질환 관리에 대한 전공의 교육
- 자문을 포함하며 전공의와 함께 환자를 보고 돕는 것을 포함하는 협진
- 의사의 의뢰 이후 환자에 대한 지속적인 심리치료
- 공식적 및 비공식적 교육 활동
- 행동건강 서비스에 환자를 연결시키는 데 도움이 되기 위하여 의사가 진료하는 날에 하는 공동치료

Ruddy는 의료가족치료사로서 일했던 여러 현장이 강점과 도전을 골고루 가지고 있다고 본다. 어떤 현장에서는 협진이 쉬운데, 이런 작업에 대한 지원금이나 기관의 지원이 있을 때는 특히 더 쉽다. 다른 곳에서는 생심리사회적 모델을 별로 강조하지 않고 또 협진을 별로 중요하게 생각하지 않아서 의료전문가와 정신건강전문가 간의 협진이 어렵다. 의료전문가와 정신건강전문가가 대개는 함께 훈련을 받지 않기 때문에 그들은 때로 서로 협진의 중요성을 파악하지 못한다. Ruddy는 가장 큰 도전 중 하나로 "당신이 협진한다는 마음을 먹을 수는 있지만, 혼자서 그렇게 할 수는 없어요. 다른 협력자가 없으면 당신이 그렇게 할 수가 없습니다. 그렇게 협진하는 것이 얼마나 어려운지에는 강한 지리적 · 문화적 다양성이 있습니다."라고 말했다. 게다가 현재의 보험료 청구서에는 협진을 나타내는 코드가 없다.

여러 도전에도 불구하고 Ruddy는 자기 업무환경의 많은 특성이 협진의 성공에 기여한다고 보는데, 여기에는 의료 분야와 정신건강 분야 모두에 대한 전문가들의 자각, 환자 치료를 잘하기 위한 협진의 중요성에 대한 신념, 전문가들의 융통성, 전문 진료를 위한 훌륭한 의뢰 자원, 환자와 여분의 시간 허용하기가 포함

된다. Ruddy의 견해에 의하면, 협진은 만족스러운 업무환경을 만들고 또 환자에게 가능한 최선의 치료를 제공하기 위해서 매우 중요하다. "협진을 하면 임상 작업이 더 재미있고 더 생산적입니다. 당신은 고립되어 있지 않고, 왼손은 오른손이 무슨 일을 하는지 알아요. 그래서 최적의 치료를 증진시킵니다."

8. 이 업무는 매우 만족스럽다.

Nancy Ruddy는 의료가족치료사들과 우리의 면담, 그리고 우리 자신의 경험에서 명확하게 떠올랐던 주제—이 업무는 매우 만족스러운 일이다—를 잘 파악하고 있다. 모든 도전에도 불구하고, 협진 현장의 의료가족치료는 복잡함을 다룰 수 있는 사람들에게 매우 보상이 높은 활동이다. 당신은 중요한 일을 하는 팀의 구성원이 된다는 느낌을 갖게 된다. 당신의 환자와 동료들 모두에 의해 가치있게 여겨진다는 느낌을 갖는데, 이는 당신이 양쪽 모두에게 도움이 되기 때문이다. 당신은 독립적인 클리닉에서는 치료사인 당신에게 결코 오지 않을 환자들과 가족들을 상담한다. 당신은 삶과 죽음의 순간의 일부가 되어 동료들과 함께 눈물과 기쁨을 함께 나눈다. 이 작업은 전통적인 치료 작업을 돌이켜 보면 약간 고루하게 보이게 만드는, 긴 돌풍이 있는 황무지나 어지러운 더미와 같은 것이라고 할 수 있다. 그렇지만 이러한 보상은 끈질긴 사람 그리고 관계에 우선순위를 두는 사람에게만 돌아간다. Nancy Ruddy는 "이 작업은 종교와 같아요. 이는 무엇보다 믿음의 행위입니다."라고 말한다.

결론

21세기인 2010년 초반 의료가족치료 맥락에서의 저술 작업은 새로운 의사소통 기술에 관해 쓰는 작업과 약간 비슷하다. 우리가 볼 때 우리 앞에서 토양이 바뀌고 있다. 미래의 의료체계는 중요한 방식에서 현재와는 다른 방식이 될 것 같다. 몇 가지 변화가 의료가족치료를 의료 현장에서 더 호소력 있고 더 가용적으로 만들 수 있다. 한 가지 중요한 예는 협진 상호작용을 위해 보낸 시간에 대한 보상이다. 또 다른 예는 환자의 만족과 결과에 대해서 상환을 해 주는 시도이다.

다른 변화는 의료비 지불을 줄이고 처치를 하지 않는 의료제공자에게 삭감을 시키는 지불체계에서 단기수가를 단지 압박함으로써 이 작업을 더 어렵게 만들 수도 있다는 것이다.

어떤 변화가 일어나든, 부록에서 설명한 원칙들은 의료가족치료사들의 업무의 중심으로 남아 있을 것이라고 생각한다. 어떤 체계에서든 분절화된 치료는 빈약한 치료이며, 협력적이고 환자와 가족 중심 치료는 좋은 치료이다. 여기서는 헬스케어 홈, 말기 환자 진료, 유전상담의 세 가지만 예로 들었지만, 이는 여기서 서술한 환경과 다른 많은 환경에서도 똑같을 것이다. 지혜로운 의료가족치료사는 융통성 있는 기법들을 갖추고 있고, 자기에게 편안한 한 분야에서만 전문성을 갖기보다 새로운 기회에 적응할 것이다. 미래의 혁신적인 환경은 환자의 경험과 환자의 결과를 강조할 것으로 여겨지는데, 이것은 의료가족치료사가 의료제공자의 경험과 더불어 의료가족치료사나 그와 유사하게 훈련받은 다른 전문가들이 증진시킬 수 있는 영역을 개선하는 데 도움이 될 수 있다. 이들은 자신의 작업으로부터 자극을 받고 있고 또 성취하고 있다. 그리고 동료들이 그들 자신의 업무에 좋은 기분을 느끼도록 돕고 있다. 이것이 바로 함께하는 여정이다.

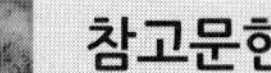

참고문헌

Agency for Health Care Research and Quality. (2012). Patient centered medical home resource center. Retrieved from http://www.pcmh.ahrq.gov/portal/server.pt/community/pcmh_home/1483

Alderfer, M. A., & Kazak, A. E. (2006). Family issues when a child is on treatment for cancer. In R. T. Brown (Ed.), *Comprehensive handbook of childhood cancer and sickle cell disease: A biopsychosocial approach* (pp. 53-74). New York, NY: Oxford University Press.

Alderfer, M. A., Navsaria, N., & Kazak, A. E. (2009). Family functioning and posttraumatic stress disorder in adolescent survivors of childhood cancer. *Journal of Family Psychology, 23,* 717-725. doi:10.1037/a0015996

Allen, L. A., & Woolfolk, R. L. (2010). Cognitive behavioral therapy for somatoform disorders. *Psychiatric Clinics of North America, 33,* 579-593. doi:10.1016/j.psc.2010.04.014

American Psychiatric Association. (2000). *Diagnostic and statistical manual of mental disorders* (4th ed.; text rev.). Washington, DC: Author.

American Society for Reproductive Medicine. (n.d.). *State infertility insurance laws.* Retrieved from http://www.asrm.org/insurance.aspx

American Society for Reproductive Medicine Ethics Committee. (2004). Informing offspring of their conception by gamete donation. *Fertility and Sterility, 81,* 527-531. doi:10.1016/j.fertnstert.2003.11.011

American Society for Reproductive Medicine Practice Committee. (2008). Definitions of infertility and recurrent pregnancy loss. *Fertility and Sterility, 90*(Suppl. 5), S60. doi:10.1016/j.fertnstert.2008.08.065

Andersen, T. (1984). Consultation: Would you like co-evolution or referral? Family *Systems Medicine, 2,* 370-379.

Anderson, H., & Goolishian, H. (1988). Human systems as linguistic systems: Preliminary and evolving ideas about the implications for clinical theory. *Family Process, 27,* 371-393.

Angell, M. (2004). *The truth about the drug companies: How they deceive us and what to do about it.* New York, NY: Random House.

Antonovsky, A. (1979). *Health, stress, and coping.* San Francisco, CA: Jossey-Bass.

Apostoleris, N. H. (2000). *Integrating psychological services into primary care in an underserved commu-*

nity: Examining the referral process for on-site mental health services. Philadelphia, PA: Northeast Regional Conference of the Society of Teachers of Family Medicine.

Aveyard, P., Massey, L., Parsons, A., Manaseki, S., & Griffin, C. (2009). The effect of transtheoretical model based interventions on smoking cessation. *Social Science & Medicine, 68,* 397-403. doi:10.1016/j.socscimed.2008.10.036

Bacon, L., & Aphramor, L. (2011). Weight science: Evaluating the evidence for a paradigm shift. *Nutrition Journal, 10,* 1-13. Retrieved from http://www.nutritionj.com/content/10/1/9

Badr, H., & Taylor, C. L. (2009). Sexual dysfunction and spousal communication in couples coping with prostate cancer. *Psycho-Oncology, 18,* 735-746. doi:10.1002/pon.1449

Bagarozzi, D., & Anderson, S. (1989). *Personal, marital and family myths: Theoretical formulations and clinical strategies.* New York, NY: Norton.

Bagchi, D., & Preuss, H. G. (Eds.). (2012). *Obesity: Epidemiology, pathophysiology, and prevention* (2nd ed.). New York, NY: CRC Press. doi:10.1201/b12261

Bakan, D. (1966). *The duality of human existence: An essay on psychology and religion.* New York, NY: Rand McNally.

Baker, L. (1987). Families and illness. In M. Crouch & L. Roberts (Eds.), *The family in medical practice* (pp. 97-111). New York, NY: Springer-Verlag.

Baker, L., Wagner, T. H., Singer, S., & Bundorf, M. K. (2003). Use of the Internet and e-mail for health care information: Results from a national survey. *JAMA, 289,* 2400-2406. doi:10.1001/jama.289.18.2400

Balint, M. (1957). *The doctor, his patient, and the illness.* London, England: Churchill Livingstone.

Barrett, M. S., & Berman, J. S. (2001). Is psychotherapy more effective when therapists disclose information about themselves? *Journal of Consulting and Clinical Psychology, 69,* 597-603. doi:10.1037/0022-006X.69.4.597

Barsky, A. J. (1979). Patients who amplify bodily sensations. *Annals of Internal Medicine, 91,* 63-70.

Barsky, A. J., Orav, E. J., & Bates, D. W. (2005). Somatization increases medical utilization and costs independent of psychiatric and medical comorbidity. *Archives of General Psychiatry, 62,* 903-910. doi:10.1001/archpsyc.62.8.903

Baslet, G., & Hill, J. (2011). Brief mindfulness-based psychotherapeutic intervention during inpatient hospitalization in a patient with conversion and dissociation. *Clinical Case Studies, 10,* 95-109. doi:10.1177/1534650110396359

Bateson, G. (1979). *Mind and nature: A necessary unity.* New York, NY: Hampton Press.

Benazon, N. R., Foster, M. D., & Coyne, J. C. (2006). Expressed emotion, adaptation, and patient survival among couples coping with chronic heart failure. *Journal of Family Psychology, 20,* 328-334. doi:10.1037/0893-3200.20.2.328

Bennett, K. K., Compas, B. E., Beckjord, E., & Glinder, J. G. (2005). Self-blame and distress among women with newly diagnosed breast cancer. *Journal of Behavioral Medicine, 28,* 313-323. doi:10.1007/s10865-005-9000-0

Benyamini, Y., Gozlan, M., & Kokia, E. (2005). Variability in the difficulties experienced by women undergoing infertility treatments. *Fertility and Sterility, 83,* 275-283. doi:10.1016/j.fertnstert.2004.10.014

Berg, C. A., & Upchurch, R. (2007). A developmental-contextual model of couples coping with chronic illness across the adult life span. *Psychological Bulletin, 133,* 920-954. doi:10.1037/0033-2909.133.6.920

Berge, J. M. (2009). A review of familial correlates of child and adolescent obesity: What has the 21st century taught us so far? *International Journal of Adolescent Medicine and Health, 21,* 457-483. doi:10.1515/IJAMH.2009.21.4.457

Berge, J. M., & Patterson, J. M. (2004). Cystic fibrosis and the family: A review and critique of the literature. *Families, Systems, & Health, 22,* 74-100. doi:10.1037/1091-7527.22.1.74

Berwick, D. M., & Hackbarth, A. D. (2012). Eliminating waste in health care. *JAMA, 307,* 1513-1516. doi:10.1001/jama.2012.362

Berwick, D. M., Nolan, T. W., & Whittington, J. (2008). The triple aim: Care, health, and cost. *Health Affairs, 27,* 759-769. doi:10.1377/hlthaff.27.3.759

Bhatt, A., Tomenson, B., & Benjamin, S. (1989). Transcultural patterns of somatization in primary care: A preliminary report. *Journal of Psychosomatic Research, 33,* 671-680.

Blackmore, E. R., Cote-Arsenault, D., Tang, W., Glover, V., Evans, J., Golding, J., & O'Connor, T. G. (2011). Previous prenatal loss as a predictor of perinatal depression and anxiety. *The British Journal of Psychiatry, 198,* 373-378. doi:10.1192/bjp.bp.110.083105

Blais, M. A., Balty, M. R., & Hopwood, C. J. (2010). *Clinical applications of the Personality Assessment Inventory.* New York, NY: Routledge.

Blank, T. O. (2005). Gay men and prostate cancer: Invisible diversity. *Journal of Clinical Oncology, 23,* 2593-2596. doi:10.1200/JCO.2005.00.968

Blechman, E., & Brown, K. D. (Eds.). (1988). *Handbook of behavioral medicine for women.* New York, NY: Pergamon Press.

Blount, A. (1998). *Integrated primary care: The future of medical and mental health collaboration.* New York, NY: Norton.

Blount, A., Schoenbaum, M., Kathol, R., Rollman, B. L., Thomas, M., O'Donohue, W., & Peek, C. J. (2007). The economics of behavioral health services in medical settings: A summary of the evidence. *Professional Psychology: Research and Practice, 38,* 290-297. doi:10.1037/0735-7028.38.3.290

Bohlmeijer, E., Prenger, R., Taal, E., & Cuijpers, P. (2010). The effects of mindfulnessbased stress reduction therapy on mental health of adults with a chronic medical disease: A meta-analysis. *Journal of Psychosomatic Research, 68,* 539-544. doi:10.1016/j.jpsychores.2009.10.005

Boivin, J. (2003). A review of psychosocial interventions on infertility. *Social Science & Medicine, 57,* 2325-2341.

Boivin, J., Appleton, T. C., Baetens, P., Baron, J., Bitzer, J., Corrigan, E., ... European Society of Human Reproduction and Embryology (2001). Guidelines for counseling and infertility. *Human Reproduction, 16,* 1301-1304. doi:10.1093/humrep/16.6.1301

Boivin, J., Griffiths, E., & Venetis, C. A. (2011). Emotional distress in infertile women and failure of assisted reproductive technologies: Meta analysis of prospective psychosocial studies. *British Medical Journal, 342,* d223. doi:10.1136/bmj.d223

Bodenheimer, T., Wagner, E., & Grumbach, K. (2002). Improving primary care for patients with chronic illness. *JAMA, 288,* 1775-1779.

Boss, P. (2011). *Loving someone who has dementia: How to find hope while coping with stress and grief.* San Francisco, CA: Jossey-Bass.

Boss, P., & Carnes, D. (2012). The myth of closure. *Family Process, 51,* 456-469. doi:10.1111/famp.12005

Boss, P., & Couden, B. A. (2002). Ambiguous loss from chronic physical illness: Clinical interventions with individuals, couples, and families. *Journal of Clinical Psychology, 58,* 1351-1360. doi:10.1002/jclp.10083

Boszormenyi-Nagy, I., & Spark, G. (1973). *Invisible loyalties: Reciprocity in intergenerational family therapy.* New York, NY: Harper & Row.

Boszormenyi-Nagy, I., & Spark, G. M. (1984). *Invisible loyalties: Reciprocity in intergenerational family therapy.* Levittown, PA: Brunner/Mazel.

Bowen, M. (1991). Family reactions to death. In F. Walsh & M. McGoldrick (Eds.), *Living beyond loss: Death in the family* (pp. 79-92). New York, NY: Norton.

Boxer, A. S. (1996). Infertility and sexual dysfunction. *Infertility & Reproductive Medicine Clinics of North America, 7,* 565.

Boyte, H. C. (2004). *Everyday politics.* Philadelphia: University of Pennsylvania Press.

Boyte, H. C., & Kari, N. N. (1996). *Building America: The democratic promise of public work.* Philadelphia, PA: Temple University Press.

Brownell, K. D., Kelman, J. H., & Stunkard, A. J. (1983). Treatment of obese children with and without their mothers: Changes in weight and blood pressure. *Pediatrics, 71,* 515-23.

Bruch, H., & Touraine, A. B. (1940). Obesity in childhood: V. The family frame of obese children. *Psychosomatic Medicine, 2,* 141-206.

Buchbinder, M. A., Longhofer, J., & McCue, K. (2009). Family routines and rituals when a parent has cancer. *Families, Systems, & Health, 27,* 213-227.

Burns, L. H. (1987). Infertility and boundary ambiguity. *Family Process, 26,* 359-372. doi:10.1111/j.1545-5300.1987.00359.x

Bursztajn, H., Feinbloom, R., Hamm, R., & Brodsky, A. (1981). *Medical choices, medical chances: How patients, families, and physicians can cope with uncertainty.* New York, NY: Dell.

Butler, M., Kane, R. L., McAlpine, D., Kathol, R. G., Fu, S. S., Hagedorn, H., & Wilt, T. J. (2008, October). *Integration of mental health/substance abuse and primary care* (Evidence Report/Technology Assessment No. 173; AHRQ Publication No. 09-3003). Rockville, MD: Agency for Healthcare Research and Quality.

Butler, P. (2003). Assisted reproduction in developing countries—acing up to the issues. *Progress in Reproductive Health, 63,* 1-8.

Butryn, M. L., & Lowe, M. R. (2008). Dieting: Good or bad? In J. G. Golson & K. Keller (Eds.), *Encyclopedia of obesity* (pp. 184-187). Thousand Oaks, CA: Sage.

Byng-Hall, J. (1991). Family scripts and loss. In F. Walsh & M. McGoldrick (Eds.), *Living beyond loss: Death in the family* (pp. 130-143). New York, NY: Norton.

Cain, B., & Patterson, A. (2001). *Double-dip feelings: Stories to help children understand emotions* (2nd ed.). Washington, DC: Magination Press/American Psychological Association.

Callahan, D. (1991, May 7). *Caring and curing: Striking the right balance.* Plenary address at the Annual Meeting of the Society of Teachers of Family Medicine, Philadelphia, PA.

Cameron, J. K., & Mauksch, L. B. (2002). Collaborative family healthcare in an uninsured primary-care population: Stages of integration. *Families, Systems, & Health, 20,* 343-363. doi:10.1037/h0089509

Campbell, T. L. (1986). *Family's impact on health: A critical review and annotated bibliography* (No. DHHS Publication No. 86-1461). Washington, DC: U.S. Government Printing Office.

Campbell, T. L. (2003). The effectiveness of family interventions for physical disorders. *Journal of Marital and Family Therapy, 29,* 263-281. doi:10.1111/ j.1752-0606.2003.tb01204.x

Campbell, T. L., & McDaniel, S. H. (1987). Applying a systems approach to common medical problems. In M. Crouch (Ed.), *The family in medical practice: A family systems primer* (pp. 112-139). Berlin and Heidelberg, Germany: Springer-Verlag.

Campbell, T. L., & Williamson, D. (1990). Presentation at a meeting of the American Association for Marriage and Family Therapy-ociety of Teachers of Family Medicine Task Force for Family Therapy and Family Medicine, Washington, DC.

Candib, L. M. (1999). *Medicine and the family: A feminist perspective.* New York, NY: Basic Books.

Cella, D. F., & Najavits, L. (1986). Denial of infertility in patients with Hodgkin's disease. *Psychosomatics: Journal of Consultation Liaison Psychiatry, 27,* 71. doi:10.1016/S0033-3182(86)72747-3

Centers for Disease Control and Prevention. (2008a). *Health, United States, 2008.* Washington, DC: U.S. Government Printing Office.

Centers for Disease Control and Prevention. (2008b). *National Health Interview Survey, 2008.* Retrieved from http://www.cdc.gov/nchs/nhis/nhis_2008_data_release.htm

Centers for Disease Control and Prevention. (2009). *Overweight and obesity.* Retrieved from http://www.cdc.gov/obesity/data/trends.html

Centers for Disease Control and Prevention. (2010a). *CDC's Healthy communities program.* Retrieved from http://www.cdc.gov/healthycommunitiesprogram/overview/ index.htm

Centers for Disease Control and Prevention. (2010b). *National diabetes fact sheet.* Retrieved from http://www.cdc.gov/diabetes/pubs/estimates07.htm#3

Centers for Disease Control and Prevention. (2010c). *Smoking and tobacco. Data and statistics: Fast facts.* Retrieved from http://www.cdc.gov/tobacco/data_statistics/fact_sheets/fast_facts/

Centers for Disease Control and Prevention. (2011). *Infertility FAQ's.* Retrieved from http://www.cdc.gov/reproductivehealth/Infertility

Centers for Disease Control and Prevention. (2013). *Asthma.* Retrieved from http://www.cdc.gov/nchs/fastats/asthma.htm

Chabot, J. (1989). Treating the somatizing patient: Countertransference, hate, and the elusive cure. *Psychotherapy in Private Practice, 7,* 125-136. doi:10.1300/J294v07n02_11

Chandra, A., Martinez, G. M., Mosher, W. D., Abma, J. C., & Jones, J. (2005). Fertility, family planning and reproductive health of U.S. women: Data from the 2002 national survey of family growth. *Vital Health and Statistics, 23,* 1-160.

Charon, R. (2001). Narrative medicine. *JAMA, 286,* 1897-1902. doi:10.1001/jama.286.15.1897

Chassin, L., Presson, C. C., Rose, J., Sherman, S. J., Davis, M. J., & Gonzalez, J. L. (2005). Parenting style and smoking-specific parenting practices as predictors of adolescent smoking onset. *Journal of Pediatric Psychology, 30,* 333-334. doi:10.1093/jpepsy/jsi028

Chen, T. H., Chang, S. P., Tsai, C. F., & Juang, K. D. (2004). Prevalence of depressive and anxiety disorders in an assisted reproductive technique clinic. *Human Reproduction, 19,* 2313-2318. doi:10.1093/humrep/deh414

Chlebowski, R. T., Anderson, G. L., Gass, M., Lane, D. S., Aragaki, A. K., Kuller, L. H., ... Prentice, P., for the Women's Health Initiative Investigators. (2010). Estrogen plus progestin and breast cancer incidence and mortality in postmenopausal women. *JAMA, 304.* doi:10.1001/jama.2010.1500

Christakis, N. A., & Fowler, J. H. (2007). The spread of obesity in a large social network over 32 years. *The New England Journal of Medicine, 357,* 370-379. doi:10.1056/NEJMsa066082

Christakis, N. A., & Fowler, J. H. (2008). The collective dynamics of smoking in a large social network. *The New England Journal of Medicine, 358,* 2249-2258. doi:10.1056/NEJMsa0706154

Christian Apologetics & Research Ministry. *What does the Bible say about artificial insemination?* Retrieved from http://carm.org/what-does-bible-say-about-artificialinsemination

Clark, P. (2009). Resiliency in the practicing marriage and family therapist. *Journal of Marital and Family Therapy, 35,* 231-247. doi: 10.1111/j.1752-0606.2009.00108.x

Cohen, L., Zilkha, S., Middleton, J., & O'Donnahue, N. (1978). Perinatal mortality: Assessing parental affirmation. *American Journal of Orthopsychiatry, 48,* 727-731. doi:10.1111/j.1939-0025.1978.tb02577.x

Cohen, S. (2004). Social relationships and health. *American Psychologist, 59,* 676-684. doi:10.1037/0003-066X.59.8.676

Cohen, S., Janicki-Deverts, D., & Miller, G. E. (2007). Psychological stress and disease. *JAMA, 298,* 1685-1687. doi:10.1001/jama.298.14.1685

Cole-Kelly, K., & Hepworth, J. (1991). Performance pressures: Saner responses for consultant family therapists. *Family Systems Medicine, 9,* 159-164. doi:10.1037/h0089225

Combrinck-Graham, L. (1985). A developmental model for family systems. *Family Process, 24,* 139-50. doi:10.1111/j.1545-5300.1985.00139.x

Cook, C. (1990). The gynecologic perspective. In N. Stotland (Ed.), *Psychiatric aspects of reproductive technology* (pp. 51-65). Washington, DC: American Psychiatric Press.

Cooke, N. J., Salas, E., Kiekel, P. A., & Bell, B. (2004). Advances in measuring team cognition. In E. Salas & S. M. Fiore (Eds.), *Team cognition: Understanding the factors that drive process and performance* (pp. 83-106). Washington, DC: American Psychological Association. doi:10.1037/10690-005

Coons, H. L., Morgenstern, D., Hoffman, E. M., Striepe, M. I., & Buch, C. (2004). Psychologists in women's primary care and obstetrics-gynecology: Consultation and treatment issues. In R. Frank, S. H. McDaniel, J. H. Bray, & M. Heldring (Eds.), *Primary care psychology* (pp. 209-226). Washington, DC: American Psychological Association.

Coryell, W. (1981). Diagnosis-specific mortality: Primary unipolar depression andBriquet's syndrome (somatization disorder). *Archives of General Psychiatry, 38,* 939-942. doi:10.1001/archpsyc.1981.01780330097012

Council of Academic Family Medicine. (2012). *Behavioral health addendum to the joint principles of the patient-centered medical home.* Leawood, KS: Author.

Covington, S. N. (2006). Infertility counseling in practice: A collaborative reproductive healthcare model. In S. N . Covington & L. H. Burns (Eds.), Infertility counseling: A comprehensive handbook for counselors (2nd ed., pp. 493-507). Cambridge, England: Cambridge University Press.

Coyne, J. C., & Anderson, B. J. (1988). The "psychosomatic family" reconsidered: Diabetes in context. *Journal of Marital and Family Therapy, 14,* 113-123. doi: doi:10.1111/j.1752-0606.1988.tb00726.x

Coyne, J. C., & Smith, D. A. (1994). Couples coping with a myocardial infarction: Contextual perspective on patient self-efficacy. *Journal of Family Psychology, 8,* 43-54. doi:10.1037/0893-3200.8.1.43

Coyne, J. C., Wortman, C. B., & Lehman, D. R. (1988). The other side of support: Emotional overinvolvement and miscarried helping. In B. H. Gottlieb (Ed.), *Marshalling social support: Formats, processes, and effects* (pp. 305-330). Newbury Park, NY: Sage.

Crane, D. (1986). The family therapist, the primary care physician, and the health maintenance organization: Pitfalls and opportunities. *Family Systems Medicine, 4,* 22-30.

Craufurd, D., Dodge, A., Kerzin-Storrar, L., & Harris, R. (1989). Uptake of presymptomatic predictive testing for Huntington's disease. *The Lancet, 334,* 603-605. doi:10.1016/S0140-6736(89)90722-8

Creed, F. (2010). Is there a better term than "medically unexplained symptoms?" *Journal of Psychosomatic Research, 68,* 5-8. doi:10.1016/j.jpsychores.2009.09.004

Cummings, N., Dorken, H., Pallak, M. S., & Henke, C. (1990). *The impact of psychological intervention on healthcare utilization and costs.* San Francisco, CA: The Biodyne Institute.

Czyba, J. C., & Chevret, M. (1979). Psychological reactions of couples to artificial insemination with donor sperm. *International Journal of Fertility, 24,* 240-245.

Dakof, G. A., & Liddle, H. A. (1990, August). *Communication between cancer patients and their spouses. Is it an essential aspect of adjustment?* Paper presented at the American Psychological Association Annual Meeting, Boston, MA.

Danaei, G., Ding E. L., Mozaffarian, D., Taylor B., Rehm, J., Murry, C. J., & Ezzati, M. (2009). *The preventable causes of death in the United States: Comparative risk assessment of dietary, lifestyle, and metabolic risk factors. PLoS Med, 6*(4), e1000058. Retrieved from http://www.plosmedicine.org/article/info:doi/10.1371/journal.pmed.1000058doi:10.1371/journal.pmed.1000058

DeFrain, J. (1991). Learning about grief from normal families: SIDS, stillbirth, and miscarriage. *Journal of Marital and Family Therapy, 17,* 215-232. doi:10.1111/j.1752-0606.1991.tb00890.x

deGruy, F., Columbia, L., & Dickinson, P. (1987). Somatization disorder in a family practice. *The Journal of Family Practice, 25,* 45-51.

de Ridder, D., Geenen, R., Kuijer, R., & van Middendorp, H. (2008). Psychological adjustment to chronic disease. *The Lancet, 372,* 246-255. doi:10.1016/S0140-6736(08) 61078-8

de Vries, K., Degani, S., & Eibschita, I. (1984). The influence of the post-coital test on the sexual function of infertile women. *Journal of Psychosomatic Obstetrics & Gynaecology, 3,* 101-106. doi:10.3109/01674828409017453

Didonna, F. (Ed.). (2009). *Clinical handbook of mindfulness.* New York, NY: Springer. doi:10.1007/978-0-

387-09593-6

Dietzen, J. (2010, October 7). What does the church say about artificial insemination? *Catholic Courier.* Retrieved from http://www.catholiccourier.com/commentary/other-columnists/what-does-church-say-about-artificial-insemination/?keywords= artificial%20insemination&tag=&searchSectionID=

Doherty, W. J. (1988). Implications of chronic illness for family treatment. In C. Chilman, E. Nunnally, & F. Cox (Eds.), *Chronic illness and disability* (pp. 192-210). Newbury Park, CA: Sage.

Doherty, W. J. (1995). The why's and levels of collaborative family health care. *Family Systems Medicine, 13,* 275-281.

Doherty, W. J., & Baird, M. (1983). *Family therapy and family medicine: Towards the primary care of families.* New York, NY: Guilford Press.

Doherty, W. J., Baird, M., & Becker, L. (1987). Family medicine and the biopsychosocial model: The road toward integration. *Marriage & Family Review, 10,* 51-69. doi:10.1300/J002v10n03_03

Doherty, W. J., & Campbell, T. (1988). *Families and health.* Newbury Park, CA: Sage.

Doherty, W. J., & Carroll, J. A. (2002). The citizen therapist and family-centered community building. *Family Process, 41,* 561-568.

Doherty, W. J., & Colangelo, N. (1984). The family FIRO model: A modest proposal for organizing family treatment. *Journal of Marital and Family Therapy, 10,* 19-29. doi:10.1111/j.1752-0606.1984.tb00562.x

Doherty, W. J., Colangelo, N., & Hovander, D. (1991). Priority setting in family change and clinical practice: The family FIRO model. *Family Process, 30,* 227-240. doi:10.1111/j.1545-5300.1991.00227.x

Doherty, W. J., & Harkaway, J. E. (1990). Obesity and family systems: A family FIRO approach to assessment and treatment planning. *Journal of Marital and Family Therapy, 16,* 287-298. doi:10.1111/j.1752-0606.1990.tb00849.x

Doherty, W. J., & McDaniel, S. H. (2010). *Family therapy.* Washington, DC: American Psychological Association.

Doherty, W. J., McDaniel, S. H., & Baird, M. A. (1996). Five levels of primary care/behavioral healthcare collaboration. *Behavioral Healthcare Tomorrow, 5,* 25-27.

Doherty, W. J., & Mendenhall, T. J. (2006). Citizen health care: A model for engaging patients, families, and communities as coproducers of health. *Families, Systems, & Health, 24,* 251-263. doi:10.1037/1091-7527.24.3.251

Doherty, W. J., Mendenhall, T. J., & Berge, J. M. (2010). The Families and Democracy and Citizen Health Care Project. *Journal of Marital and Family Therapy, 36,* 389-402.

Doherty, W. J., & Peskay, R. E. (1993). Family systems and the schools. In S. L. Christianson & J. C . Connolly (Eds.), *Home-school collaboration* (pp. 1-18). Washington, DC: National Association of School Psychologists.

Doherty, W. J., & Whitehead, D. (1986). The social dynamics of cigarette smoking: A family FIRO analysis. *Family Process, 25,* 453-459. doi:10.1111/j.1545-5300.1986.00453.x

Domar, A. D., & Prince, L. B. (2011, October). Impact of psychological interventions on IVF outcome. *Sexuality, Reproduction, &. Menopause, 9,* 26-32.

Domar, A. D., Rooney, K. L., Wiegand, B., Orave, I. J., Alper, M. M., Berger, B. M., & Nikolovski, J. (2011).

Impact of a group mind/body intervention on pregnancy rates in IVF patients. *Fertility and Sterility, 95,* 2269-2273. doi:10.1016/j.fertnstert.2011.03.046

Domar, A. D., Smith, K., Conboy, L., Iannone, M., & Alper, M. (2010). A prospective investigation into the reasons why insure united states patients drop out of in vitro fertilization treatment. *Fertility and Sterility, 94,* 1457-1459. doi:10.1016/j.fertnstert.2009.06.020

Driscoll, W. D., & McCabe, E. P. (2004). Primary care psychology in independent practice. In R. G. Frank, S. H. McDaniel, J. H. Bray, & M. Heldring (Eds.), *Primary care psychology* (pp. 133-148). Washington, DC: American Psychological Association.

Druley, J. A., Stephens, M. A., & Coyne, J. C. (1997). Emotional and physical intimacy in coping with lupus: Women's dilemmas of disclosure and approach. *Health Psychology, 16,* 506-514. doi:10.1037/0278-6133.16.6.506

Dym, B., & Berman, S. (1986). The primary health care team: Family physician and family therapist in joint practice. *Family Systems Medicine, 4,* 9-21. doi:10.1037/h0089687

Easton, D. F., Ford, D., & Bishop, D. T. (1995). Breast and ovarian cancer incidence in BRCA1-mutation carriers: Breast cancer linkage consortium. *American Journal of Human Genetics, 56,* 265-271.

Ebbesen, S. M., Zachariae, R., Mehlsen, M. Y., Thomsen, D., Højgaard, A., Ottosen, L., ... Good, B. (2009). Stressful life events are associated with a poor in-vitro fertilization (IVF) outcome: A prospective study. *Human Reproduction, 24,* 2173-2182. doi:10.1093/humrep/dep185

Edelmann, R., Humphrey, M., & Owens, D. (1994). The meaning of parenthood and couples' reactions to male infertility. *British Journal of Medical Psychology, 67,* 291-299. doi:10.1111/j.2044-8341.1994.tb01797.x

Edwards, T. M., Patterson, J., Vakili, S., & Scherger, J. E. (2012). Healthcare policy in the United States: A primer for medical family therapists. *Contemporary Family Therapy: An International Journal, 34,* 217-227. doi:10.1007/s10591-012-9188-4

Eisenberg, L. (1979). Interfaces between medicine and psychiatry. *Comprehensive Psychiatry, 20,* 1-14. doi:10.1016/0010-440X(79)90054-3

Elkaim, M. (1990). *If you love me, don't leave me: Constructions of reality and change in family therapy.* New York, NY: Basic Books.

Ell, K. (1996). Social networks, social support and coping with serious illness: The family connection. *Social Science & Medicine, 42,* 173-183. doi:10.1016/ 0277-9536(95)00100-X

Ell, K., Katon, W., Xie, B., Lee, P. J., Kapetanovic, S., Guterman, J., & Chou, C. P. (2010). Collaborative care management of major depression among low-income, predominantly Hispanic subjects with diabetes: A randomized controlled trial. *Diabetes Care, 33,* 706-713. doi:10.2337/dc09-1711

Engel, G. L. (1977). The need for a new medical model: A challenge for biomedicine. *Science, 196,* 129-136. doi:10.1126/science.847460

Engel, G. L. (1980). The clinical application of the biopsychosocial model. *The American Journal of Psychiatry, 137,* 535-544.

Epstein, L. H., Valoski, A., Wing, R. R., & McCurley, J. (1990). Ten-year follow-up of behavioral, family-based treatment for obese children. *JAMA, 264,* 2519-2523. doi:10.1001/jama.1990.03450190051027

Epstein, R. M., & Peters, E. (2009). Beyond information: Exploring patients' preferences. *JAMA, 302,* 195-197.

Epstein, R. M., Quill, T. E., & McWhinney, I. R. (1999). Somatization reconsidered: Incorporating the patient's experience of illness. *Archives of Internal Medicine, 159,* 215-222. doi:10.1001/archinte.159.3.215

Epstein, R. M., Shields, C. G., Meldrum, S., Fiscella, K., Carroll, J., Carney, P., & Duberstein, P. (2006). Physicians' responses to patients' medically unexplained symptoms. *Psychosomatic Medicine, 68,* 269-276. doi:10.1097/ 01.psy.0000204652.27246.5b

European Society of Human Reproduction and Embryology. (2001). Guidelines for counseling and infertility. *Human Reproduction, 16,* 1301-1304.

Fagundes, C. P., Bennett, J. M., Derry, H. M., & Kiecolt-Glaser, J. K. (2011). Relationships and inflammation across the lifespan: Social developmental pathways to disease. *Social and Personality Psychology Compass, 5,* 891-903. doi:10.1111/j.1751-9004.2011.00392.x

Family Caregiver Alliance. (2006). *Fact sheet: Caregiver health*. Retrieved from http://www.caregiver.org/caregiver/jsp/content_node.jsp?nodeid=1822

Family and Medical Leave Act of 1993, 29 U.S.C §§2601-2654 (2006).

Faricy, L. G. (1990). *The role of obesity in marital relationships* (Unpubliched doctoral dissertation). Univertity of Minnesota, St. Paul.

Fiddler, M., Jackson, J., Kapur, N., Wells, A., & Creed, F. (2004). Childhood adversity and frequent medical consultations. *General Hospital Psychiatry, 26,* 367-377.

Flegal, K. M., Carroll, M. D., Kit, B. K., & Ogden, C. L. (2012). Prevalence of obesity and trends in the distribution of body mass index among US adults, 1999-2010. *JAMA, 307,* 491-497. doi: 10.1001/jama.2012.39

Fletcher, J. M., Frisvold, D., & Tefft, N. (2010). Taxing soft drinks and restricting access to vending machines to curb child obesity. *Health Affairs, 29,* 1059-1066. doi:10.1377/hlthaff.2009.0725

Forkner-Dunn, J. (2003). Internet-based patient self-care: The next generation of health care delivery. *Journal of Medical Internet Research, 5*(2), e8. doi: 10.2196/jmir.5.2.e8

Foy, R., Hempel, S., Rubenstein, L., Suttorp, M., Seelig, M., Shanman, R., & Shekelle, P. G. (2010). Meta-analysis: Effect of interactive communication between collaborating primary care physicians and specialists. *Annals of Internal Medicine, 152,* 247-258. doi:10.1059/0003-4819-152-4-201002160-00010

Frank, A. W. (2004). *The renewal of generosity: Illness, medicine, and how to live*. Chicago, IL: University of Chicago Press.

Frankel, R., Quill, T., & McDaniel, S. H. (Eds.). (2003). *The biopsychosocial approach: Past, present, and future*. Rochester, NY: University of Rochester Press.

Frankel, R. M., & Inui, T. S. (2006). Re-forming relationships in health care. Papers from the Ninth Bi-Annual Regenstrief Conference. *Journal of General Internal Medicine, 21*(Suppl. 1), S1-2. doi:10.1111/j.1525-1497.2006.00301.x

Franko, D. L., Thompson, D., Affenito, S. G., Barton, B. A., & Striegel-Moore, R. H. (2008). What mediates the relationship between family meals and adolescent health issues. *Health Psychology, 27*(Suppl. 2), S109. doi:10.1037/0278-6133.27.2(Suppl.).S109

Franks, M. M., Peinta, A. M., & Wray, L. A. (2002). It takes two: Marriage and smoking cessation in the middle years. *Journal of Aging and Health, 14,* 336-354. doi:10.1177/08964302014003002

Franks, M. M., Shields, C. G., Lim, E., Sands, L. P., Mobley, S., & Boushey, C. J. (2012). I will if you will: Similarity in married partners' readiness to change health risk behaviors. *Health Education & Behavior, 39,* 324-331. doi:10.1177/1090198111402824

Freeman, E. W., Boxer, A. S., Rickels, K., Tureck, R., & Mastroianni, L., Jr. (1985). Psychological evaluation and support in a program of in vitro fertilization and embryo transfer. *Fertility and Sterility, 43,* 48-53.

Freeman, T., & Golombok, S. (2012). Donor insemination: A follow-up study of disclosure decisions, family relationships, and child adjustment at adolescence. *Reproductive Biomedicine Online, 25,* 193-203. doi:10.1016/j.rbmo.2012.03.009

Frey, J., & Wendorf, R. (1984). Family therapist and pediatrician: Teaming up on four common behavioral pediatric problems. *Family Systems Medicine, 2,* 290-297.

Friedman, E. (1985). *Generation to generations.* New York, NY: Guilford Press.

Friedman, E. (1991, June). *Managing crisis: Bowen theory incarnate.* Audiotape of a presentation at a Family Systems Theory Seminar, Bethesda, MD.

Ganley, R. M. (1986). Epistemology, family patterns, and psychosomatics: The case of obesity. *Family Process, 25,* 437-451. doi:10.1111/j.1545-5300.1986.00437.x

Gehart, D. R., & McCollum, E. E. (2007). Engaging suffering: Towards a mindful re-visioning of family therapy practice. *Journal of Marital and Family Therapy, 33,* 214-226. doi:10.1111/j.1752-0606.2007.00017.x

Gilden, J. L., Hendryx, M., Casia, C., & Singh, S. P. (1989). The effectiveness of diabetes education programs for older patients and their spouses. *Journal of the American Geriatrics Society, 37,* 1023-1030.

Gjerdingen, D., Crow, S., McGovern, P., Miner, M., & Center, B. (2009). Stepped care treatment of postpartum depression: Impact on treatment, health, and work outcomes. *Journal of the American Board of Family Medicine, 22,* 473-482. doi:10.3122/jabfm.2009.05.080192

Glantz, M. J., Chamberlain, M. C., Liu, Q., Hsieh, C. C., Edwards, K. R., Van Horn, A., & Recht, L. (2009). Gender disparity in the rate of partner abandonment in patients with serious medical illness. *Cancer, 115,* 5237-5242. doi:10.1002/cncr.24577

Glanz, K., Rimer, B. K., & Viswanath, K. (Eds.). (2008). *Health behavior and health education: Theory, research, and practice* (4th ed.). San Francisco, CA: Jossey-Bass.

Glaser, R., & Kiecolt-Glaser, J. K. (2005). Stress-induced immune dysfunction: Implications for health. *Nature Reviews. Immunology, 5,* 243-51. doi: 10.1038/nri1571

Glenn, M. (1987). *Collaborative health care: A family-oriented model.* New York, NY: Praeger.

Gold, D. R. (2008). Vulnerability to cardiovascular effects of air pollution in people with diabetes. *Current Diabetes Report, 8,* 333-335.

Gold, K. J. (2010). Marriage and cohabitation outcomes after pregnancy loss. *Pediatrics, 125,* e1202-e1207. doi:10.1542/peds.2009-3081

Goleman, D. (2006). Emotional intelligence. New York, NY: Bantam.

Golombok, S., Blake, L., Casey, P., Roman, G., & Jadva, V. (2012). Children born through reproductive donation: A longitudinal study of psychological adjustment. *Journal of Child Psychology & Psychiatry,* doi: 10.1111/jcpp12015

Gonder-Frederick, L. A., Cox, D. J., & Ritterband, L. M. (2002). Diabetes and behavioral medicine: The second decade. *Journal of Consulting and Clinical Psychology, 70,* 611-625. doi:10.1037/0022-006X.70.3.611

Gonzalez, S., & Steinglass, P. (2002). Application of multifamily groups in chronic medical disorders. In W. McFarlane (Ed.), *Multifamily groups in the treatment of severe psychiatric disorders* (pp. 315-340). New York, NY: Guilford Press.

Gonzalez, S., Steinglass, P., & Reiss, D. (1987). *Family-centered interventions for people with chronic disabilities: The eight-session multiple family discussion group program.* Washington, DC: Center for Family Research, Department of Psychiatry and Behavioral Science, George Washington University Medical Center.

Gonzalez, S., Steinglass, P., & Reiss, D. (1989). Putting the illness in its place: Discussion groups for families with chronic medical illnesses. *Family Process, 28,* 69-87. doi:10.1111/j.1545-5300.1989.00069.x

Gordon, P. A., & Perrone, K. M. (2004). When spouses become caregivers: Counseling implications for younger couples. *Journal of Rehabilitation, 70,* 27-32.

Gorin, A. A., Wing, R. R., Fava, J. L., Jakicic, J. M., Jeffery, R., & West, D. S. (2008). Weight loss treatment influences untreated spouses and the home environment: Evidence of a ripple effect. *International Journal of Obesity, 32,* 1678-1684. doi:10.1038/ijo.2008.150

Gottman, J. M., & Katz, L. F. (1989). Effects of marital discord on young children's peers interaction and health. *Developmental Psychology, 25,* 373-381. doi:10.1037/0012-1649.25.3.373

Granek, L., Tozer, R., Mazzotta, P., Ramjaun, A., & Krzyzanowska, M. (2012). Nature and impact of grief over patient loss on oncologists' personal and professional loves. *Archives of Internal Medicine, 1426,* 1-3

Greenson, R. (1965). The working alliance and the transference neuroses. *The Psychoanalytic Quarterly, 34,* 155-181.

Greil, A. L. (1997). Infertility and psychological distress: A critical review of the literature. *Social Science & Medicine, 45,* 1679-1704. doi:10.1016/S0277-9536(97)00102-0

Griffiths, F., Lindenmeyer, A., Powell, J., Lowe, P., & Thorogood, M. (2006). Why are health care interventions delivered over the Internet? A systematic review of the published literature. *Journal of Medical Internet Research, 7,* e10. Retrieved from http://www.jmir.org/2006/2/e10

Grunau, R. V., Whitfield, M. F., Petrie, J. H., & Fryer, E. L. (1994). Early pain experience, child and family factors, as precursors of somatization: A prospective study of extremely premature and full-term children. *Pain, 56,* 353-359. doi:10.1016/0304-3959(94)90174-0

Hagedoorn, M., Kuijer, R. G., Buunk, B. P., DeJong, G. M., Wobbes, T., & Sanderman, R. (2000). Marital satisfaction in patients with cancer: Does support from intimate partners benefit those who need it most? *Health Psychology, 19,* 274-282. doi:10.1037/0278-6133.19.3.274

Haley, J. (1976). *Problem solving therapy.* San Francisco, CA: Jossey-Bass.

Hammerli, K., Znoj, H., & Barth, J. (2009). The efficacy of psychological interventions for infertile patients: A meta-analysis examining mental health and pregnancy rates. *Human Reproduction Update, 15,* 279-295. doi:10.1093/humupd/dmp002

Hanafin, H. (2006). Surrogacy and gestational carrier participants. In S. N . Covington & L. H. Burns (Eds.), *Infertility counseling: A comprehensive handbook for counselors* (2nd ed., pp. 370-386). Cambridge, England: Cambridge University Press.

Harkaway, J. E. (1983). Obesity: Reducing the larger system. *Journal of Strategic & Systemic Therapies, 2,* 2-14.

Harkaway, J. E. (1986). Structural assessment of families with obese adolescent girls. *Journal of Marital and Family Therapy, 12,* 199-201. doi:10.1111/j.1752-0606.1986.tb01639.x

Harp, J. (1989). *Physicians' expectations of therapists.* Rochester, NY: Family Programs, University of Rochester Department of Psychiatry.

Harris, M. A., Antal, H., Oelbaum, R. Buckloh, L. M., White, N. H., & Wysocki, T. (2008). Good intentions gone awry: Assessing parental "miscarried helping" in diabetes. *Families, Systems, & Health, 26,* 393-403. doi:10.1037/a0014232

Harvey, J. H. (2002). *Disenfranchised grief.* Champaign, IL: Research Press.

Haynes, A. B., Weiser, T. G., Berry, W. R., Lipsitz, S. R., Breizat, A. H., Dellinger, E. P., ... & the Safe Surgery Saves Lives Study Group. (2009). A surgical safety checklist to reduce morbidity and mortality in a global population. *The New England Journal of Medicine, 360,* 491-499. doi:10.1056/NEJMsa0810119

Hecker, L., Martin, D., & Martin, M. (1986). Family factors in childhood obesity. *American Journal of Family Therapy, 14,* 247-253. doi:10.1080/ 01926188608250644

Helgeson, V. S. (1994). Relation of agency and communion to well-being: Evidence and potential explanations. *Psychological Bulletin, 116,* 412-428. doi:10.1037/0033-2909.116.3.412

Hepworth, J. (1997). The two-way mirror in my therapy room: AIDS and families. In S. H. McDaniel, J. Hepworth, & W. J. Doherty (Eds.), *The shared experience of illness: Stories of patients, families, and their therapists* (pp. 163-172). New York, NY: Basic Books.

Hepworth, J., Gavazzi, S., Adlin, M., & Miller, W. (1988). Training for collaboration: Internships for family-therapy students in a medical setting. *Family Systems Medicine, 6,* 69-79.

Hepworth, J., & Harris, L. (1986, November). *Changing metaphors for the healthcare process: A model of coordinated care.* Paper presented at the Annual Meeting of the National Council on Family Relations, Dearborn, MI.

Hepworth, J., & Jackson, M. (1985). Healthcare for families: Models of collaboration between family therapists and family physicians. *Family Relations, 34,* 123-127.

Hill, C. E., Helms, J. E., Tichenor, V., Spiegel, S. B., O'Grady, K. E., & Perry, E. S. (1988). Effects of therapist response modes in brief psychotherapy. *Journal of Counseling Psychology, 35,* 222-233. doi:10.1037/0022-0167.35.3.222

Hill, C. E., & Knox, S. (2001). Self-disclosure. *Psychotherapy: Theory, Research, Practice, Training, 38,* 413-417. doi:10.1037/0033-3204.38.4.413

Hobbs, N., Perrin, J., & Ireys, H. (1985). *Chronically ill children and their families.* San Francisco, CA: Jossey-Bass.

Hodgson, J., Lamson, A., Mendenhall, T., & Crane, R. (2012). Medical family therapy: Opportunities for workplace development in healthcare. *Contemporary Family Therapy, 34,* 143-146.

Holmes, T. H., & Rahe, R. (1967). The social readjustment rating scale. *Journal of Psychosomatic Research, 11,* 213-218. doi:10.1016/0022-3999(67)90010-4

Homish, G. G., & Loendard, K. E. (2005). Spousal influence on smoking behaviors in a US community sample of newly married couples. *Social Science & Medicine, 61,* 2557-2567. doi:10.1016/j.socscimed.2005.05.005

Hopwood, P., Lee, A., Shenton, A., Baildam, A., Brain, A., Lalloo, F., ... Howell, A. (2000). Clinical follow-up after bilateral risk reducing ("prophylactic") mastectomy: Mental health and body image outcomes. *Psycho-Oncology, 9,* 462-472. doi: 10.1002/1099-1611(200011/12)9:6<462::AID-PON485>3.0.CO 2-J

Horowitz, J. I., Galst, J. P., & Elder, N. (2010). *Ethical dilemmas in fertility counseling.* Washington, DC: American Psychological Association. doi:10.1037/12086-000

House, J. S., Landis, K. R., & Umberson, D. (1988). Social relationships and health. *Science, 241,* 540-545. doi:10.1126/science.3399889

Hu, F. (2008). *Obesity epidemiology.* New York, NY: Oxford University Press. doi:10.1093/acprof:oso/9780195312911.001.0001

Hudgens, A. (1979). Family-oriented treatment of chronic pain. *Journal of Marital and Family Therapy, 5,* 67-78.

Hughes, P. M., Turton, P., & Evans, C. D. (1999). Stillbirth as risk factor for depression and anxiety in the subsequent pregnancy: Cohort study. *British Medical Journal, 318,* 1721-1724. doi:10.1136/bmj.318.7200.1721

Hunt, C. K. (2003). Concepts in caregiver research. *Journal of Nursing Scholarship, 35*(1), 27-32. doi:10.1111/j.1547-5069.2003.00027.x

Hunter, C., Goodie, J., Oordt, M., & Dobmeyer, A. (2009). *Integrated behavioral health in primary care: Step-by-step guidance for assessment and intervention.* Washington, DC: American Psychological Association.

Huygen, F. J. A. (1982). *Family medicine: The medical life history of families.* New York, NY: Brunner/Mazel.

Hymowitz, N., Schwab, M., McNerney, C., Schwab, J., Eckholdt, H., & Haddock, K. (2003). Postpartum relapse to cigarette smoking in inner city women. *Journal of the National Medical Association, 95,* 461-474.

Imber-Black, E. (1988). The family system and the health care system: Making the invisible visible. In F. Walsh & C. Anderson (Eds.), *Chronic disorders and the family* (pp. 169-183). New York, NY: Hayworth. doi:10.1300/J287v03n03_11

Imber-Black, E. (1989). Ritual themes in families and family therapy. In E. Imber-Black, J. Roberts, & R. Whiting (Eds.), *Rituals in families and family therapy* (pp. 47-83). New York, NY: Norton.

Imber-Black, E. (1993). *Secrets in families and family therapy.* New York, NY: Norton.

Imber-Black, E., Roberts, J., & Whiting, R. A. (2003). *Rituals in families and family therapy.* New York, NY: Norton.

Integrated Behavioral Health Project. (2009). *Partners in health: Primary care/county mental health collaboration.* San Francisco, CA: Author. Retrieved from http://www.ibhp.org/uploads/file/IBHP%20Collaborative%20Tool% 20Kit%20final.pdf

Jacobs, B. (2007). Reliable witness: What it takes to be with your clients to the end. *Psychotherapy Networker, 31,* 35-39, 56.

Jadva, V. (2003). The experiences of surrogate mothers. *Human Reproduction, 18,* 2196-2204.

Jadva, V., Murray, C., Lycett, E., MacCallam, F., & Golombok, S. (2003). Surrogacy: The experiences of surrogate mothers. *Human Reproduction, 18,* 2196-2204. doi:10.1093/humrep/deg397

Johnson, B., Ford, D., & Abraham, M. (2010). Collaborating with patients and their families. *Journal of Healthcare Risk Management, 29*(4), 15-21. doi:10.1002/jhrm.20029

Johnson, S. K. (2008). *Medically unexplained illness: Gender and biopsychosocial implications.* Washington, DC: American Psychological Association. doi:10.1037/11623-000

Johnson, S. M. (1996). *The practice of emotionally focused marital therapy: Creating connection.* Hove, England: Brunner-Routledge.

Johnson, S. M., Bradley, B., Furrow, J., Lee, A., & Palmer, G. (2005). *Becoming an emotionally focused therapist: The workbook.* New York, NY: Routledge.

Johnson S. M., & Whiffen, V. E. (Eds.). (2005). *Attachment processes in couple and family therapy.* New York: Guilford Press.

Jordan, J. (1978). *Poem for South African women.* Retrieved from http://www.junejordan.net/poem-for-south-african-women.html

Kaplan, C., Lipkin, M., & Gordon, G. (1988). Somatization in primary care: Patients with unexplained and vexing medical complaints. *Journal of General Internal Medicine, 3,* 177-190. doi:10.1007/BF02596128

Kassirer, J. P. (2005). *On the take: How medicine's complicity with big business can endanger your health.* New York, NY: Oxford University Press.

Kathol, R. G., Butler, M., McAlpine, D. D., & Kane, R. L. (2010). Barriers to physical and mental condition integrated service delivery. *Psychosomatic Medicine, 72,* 511-518. doi:10.1097/PSY.0b013e3181e2c4a0

Katon, W. (1985). Somatization in primary care. *The Journal of Family Practice, 21,* 257-258.

Katon, W., & Russo, J. (1989). Somatic symptoms and depression. *The Journal of Family Practice, 29,* 65-69.

Katon, W., & Unutzer, J. (2006). Collaborative care models for depression: Time to move from evidence to practice. *Archives of Internal Medicine, 166,* 2304-2306. doi:10.1001/archinte.166.21.2304

Katon, W., Von Korff, M., Lin, E., Walker, E., Simon, G. E., Bush, T., ... R usso, J. (1995). Collaborative management to achieve treatment guidelines: Impact on depression in primary care. *JAMA, 273,* 1026-131. doi:10.1001/jama.1995.03520370068039

Katon, W. J. (2009). Collaborative care: Evidence-based models that improve primary care depressive outcomes. *CNS Spectrums, 14*(Suppl. 14), 10-13.

Kazak, A. E. (2005). Evidence-based interventions for survivors of childhood cancer and their families. *Journal of Pediatric Psychology, 30,* 29-39. doi:10.1093/jpepsy/jsi013

Kazak, A. E., Kassam-Adams, N., Schneider, S., Zelikovsky, N., Alderfer, M. A., & Rourke, M. (2006). An integrative model of pediatric medical traumatic stress. *Journal of Pediatric Psychology, 31,* 343-355. doi:10.1093/jpepsy/jsj054

Kazak, A. E., & Noll, R. B. (2004). Child death from pediatric illness: Conceptualizing intervention from a Family/Systems and public health perspective. *Professional Psychology: Research and Practice, 35,* 219-226. doi:10.1037/0735-7028.35.3.219

Kazak, A. E., Simms, S., Barakat, L., Hobbie, W., Foley, B., Golomb, V., & Best, M. (1999). Surviving cancer competently intervention program (SCCIP): A cognitive-behavioral and family therapy intervention for adolescent survivors of childhood cancer and their families. *Family Process, 38,* 176-191. doi:10.1111/j.1545-5300.1999.00176.x

Kellner, R. (1986). *Somatization and hypochondriasis.* New York, NY: Praeger-Greenwood.

Kellner, R., & Sheffield, B. (1973). The one-week prevalence of symptoms in neurotic patients and normals. *The American Journal of Psychiatry, 130,* 102-105.

Kessler, D. A. (2009). *The end of overeating: Taking control of the insatiable American appetite.* New York, NY: Rodale Books.

Kessler, R., & Stafford, D. (2008). Primary care is the de facto mental health system. In R. Kessler & D. Stafford (Eds.), *Collaborative medicine case studies: Evidence in practice* (pp. 9-24). New York, NY: Springer.

Keye, W. R. (2006). Medical aspects of infertility for the counselor. In S. N . Covington & L. H. Burns (Eds.), *Infertility counseling: A comprehensive handbook for counselors* (2nd ed., pp. 20-36). Cambridge, England: Cambridge University Press.

Kiecolt-Glaser, J. K., Loving, T. J., Stowell, J. R., Malarkey, W. B., Lemeshow, S., Dickinson, S. L., & Glaser, R. (2005). Hostile marital interactions, proinflammatory cytokine production, and wound healing. *Archives of General Psychiatry, 62,* 1377-1384. doi:10.1001/archpsyc.62.12.1377

Kim, Y., & Givern, B. (2008). Quality of life of family caregivers of cancer survivors. *Cancer, 112*(Suppl. 11), 2556-2568. doi:10.1002/cncr.23449

Kleinman, A. (1988). *The illness narratives: Suffering, healing and the human condition.* New York, NY: Basic Books.

Kleinman, A. (2009). Caregiving: The odyssey of becoming more human. *The Lancet, 373,* 292-293. doi:10.1016/S0140-6736(09)60087-8

Kleinman, A., Eisenberg, L., & Good, B. (1978). Culture, illness and care: Clinical lessons form anthropological and cross-cultural research. *Annals of Internal Medicine, 88,* 251-258.

Klonoff-Cohen, H., Chu, E., Natarajan, L., & Sieber, W. A. (2001). Prospective study of stress among women undergoing in vitro fertilization or gamete intrafallopian transfer. *Fertility and Sterility, 76,* 675-687. doi:10.1016/S0015-0282(01)02008-8

Kowal, J., Johnson, S. M., & Lee, A. (2003). Chronic illness in couples: A case for emotionally focused therapy. *Journal of Marital and Family Therapy, 29,* 299-310. doi:10.1111/j.1752-0606.2003.tb01208.x

Kraft, A. D., Palombo, J., Mitchell, D., Dean, C., Meyers, S., & Schmidt, A. W. (1980). The psychological dimensions of infertility. *American Journal of Orthopsychiatry, 50,* 618-628. doi:10.1111/j.1939-0025.1980.tb03324.x

Kramer, B. J. (1997). Gain in the caregiving experience: Where are we? What next? *The Gerontologist, 37,* 218-232.

Krasner, M. S., Epstein, R. M., Beckman, H., Suchman, A. L., Chapman, B., Mooney, C. J., & Quill, T. E. (2009). Association of an educational program in mindful communication with burnout, empathy, and attitudes among primary care physicians. *JAMA, 302,* 1284-1293. doi:10.1001/jama.2009.1384

Kroenke, K., Spitzer, R. L., deGruy, F. V., Hahn, S. R., Linzer, M., Williams, J. B., ... Davies, M. (1997). Multisomatoform disorder: An alternative to undifferentiated somatoform disorder for the somatizing patient in primary care. *Archives of General Psychiatry, 54,* 352-358.

Kroenke, K., & Swindle, R. (2000). Cognitive-behavioral therapy for somatization and symptom syndromes: A critical review of controlled clinical trials. *Psychotherapy and Psychosomatics, 69,* 205-215. doi:10.1159/000012395

Krugman, P., & Wells, R. (2006). The health care crisis and what we can do about it. *New York Review of Books.* Retrieved from http://www.nybooks.com/archive/2006/mar/23/the-heatlh-care-crisis-and-what-to-do-about-it/0

Kubler-Ross, E. (1969). *On death and dying.* New York, NY: Macmillan.

Kubler-Ross, E. (1975). *Death: The final stage of growth.* Englewood Cliffs, NJ: Prentice-Hall.

Kuijer, R. G., Ybema, J. F., Buunk, B. P., de Jong, G. M., Thijs-Boer, F., & Sanderman, R. (2000). Active engagement, protective buffering, and overprotection: Three ways of giving support by intimate partners of patients with cancer. *Journal of Social and Clinical Psychology, 19,* 256-275. doi:10.1521/jscp.2000.19.2.256

Kumanyika, K. S. K., & Brownson, R. C. (2007). *Handbook of obesity prevention: A resource for health professionals.* New York, NY: Springer.

Kushner, K., Bordin, E., & Ryan, E. (1979). Comparison of Strupp and Jenkins' audiovisual psychotherapy analogues and real psychotherapy interviews. *Journal of Consulting and Clinical Psychology, 47,* 765-767.

Lalwani, S., Timmreck, L., Friedman, R., Penzias, A., Alper, M., & Reindollar, R. H. (2004). Variations in individual physician success rates within an in vitro fertilization program might be due to patient demographics. *Fertility and Sterility, 81,* 944-946. doi:10.1016/j.fertnstert.2003.04.005

Latzer, Y., Edmunds, L., Fenig, S., Golan, M., Gur, E., Hochberg, Z., ... Stein, D. (2009). Managing childhood overweight: Behavior, family, pharmacology, and bariatric surgery intervention. *Obesity, 17,* 411-423. doi:10.1038/oby.2008.553

Law, D. D., & Crane, D. R. (2000). The influence of marital and family therapy on healthcare utilization in a health maintenance organization. *Journal of Marital and Family Therapy, 26,* 281-291. doi:10.1111/j.1752-0606.2000.tb00298.x

Lee, T. Y., & Sun, G. (2000). Psychosocial response of Chinese infertile husbands and wives. *Archives of Andrology, 45,* 143-148. doi:10.1080/01485010050193913

Leff, J., & Vaughn, C. (1985). *Expressed emotion in families.* New York, NY: Guilford Press.

Leff, P. (1987). Here I am, Ma: The emotional impact of pregnancy loss on parents and healthcare professionals. *Family Systems Medicine, 5,* 105-114. doi:10.1037/h0089703

Leiter, M. P., Frank, E., & Matheson, T. J. (2009). Demands, values, and burnout: Relevance for physicians. *Canadian Family Physician, 55,* 1224-1225.

Lemmens, G., Eisler, I., Heireman, M., Van Houdenhove, B., & Sabbe, B. (2005). Family discussion groups for patients with chronic pain. *ANZJFT: The Australian and New Zealand Journal of Family Therapy, 26,* 21-32.

Leppert, P. C., & Pahlka, B. (1984). Grieving characteristics after spontaneous abortion: A management approach. *Obstetrics and Gynecology, 64,* 119-122.

Lerman, C., Croyle, R., Tercyak, K., & Hamann, H. (2002). Genetic testing: Psychological aspects and implications. *Journal of Consulting and Clinical Psychology, 70,* 784-797.

Levie, L. H. (1967). An inquiry into the psychological effects on parents of artificial insemination with donor sperm. *The Eugenics Review, 59,* 97-107.

Lewis, M. A., & Rook, K. S. (1999). Social control in personal relationships: Impact on health behaviors and psychological distress. *Health Psychology, 18,* 63-71. doi:10.1037/0278-6133.18.1.63

Lin, E. H., Katon, W., Von Korff, M., Tang, L., Williams, J. W., Jr., Kroenke, K., ... & IMPACT Investigators. (2003). Effect of improving depression care on pain and functional outcomes among older adults with arthritis: A randomized controlled trial. *JAMA, 290,* 2428-2429. doi:10.1001/jama.290.18.2428

Livneh, H. (2009). Denial of chronic illness and disability: Part II. Research findings, measurement considerations, and clinical aspects. *Rehabilitation Counseling Bulletin, 53,* 44-55. doi:10.1177/0034355209346013

Lorenz, L. S. (2011). A way into empathy: A "case" of photo-elicitation in illness research. *Health: An Interdisciplinary Journal for the Social Study of Health, Illness and Medicine, 15,* 259. doi:10.1177/1363459310397976

Ludwig, D. S., & Kabat-Zinn, J. (2008). Mindfulness in medicine. *JAMA, 300,* 1350-1352. doi:10.1001/jama.300.11.1350

Lurie, S. J., Schultz, S. H., & Lamanna, G. (2011). Assessing teamwork: A reliable five-question survey. *Family Medicine, 43,* 731-734.

Manne, S., & Badr, H. (2008). Intimacy and relationship processes in couples' psychosocial adaptation to cancer. *Cancer, 112*(Suppl. 11), 2541-2555. doi:10.1002/cncr.23450

Manne, S. L., Norton, T. R., Ostroff, J. S., Winkel, G., Fox, K., & Grana, G. (2007). Protective buffering and psychological distress among couples coping with breast cancer: The moderating role of relationship satisfaction. *Journal of Family Psychology, 21,* 380-388. doi:10.1037/0893-3200.21.3.380

Manne, S. L., & Zautra, A. J. (1989). Spouse criticism and support: Their association with coping and psychological adjustment among women with rheumatoid arthritis. *Journal of Personality and Social Psychology, 56,* 608-617. doi:10.1037/0022-3514.56.4.608

Marshall, C. A., Larkey, L. K., Curran, M. A., Weihs, K. L., Badger, T. A., Armin, J., & García, F. (2011). Considerations of culture and social class for families facing cancer: The need for a new model for health promotion and psychosocial intervention. *Families, Systems, & Health, 29,* 81-94. doi:10.1037/a0023975

Matthews, R., & Matthews, A. (1986). Infertility and involuntary childlessness: The transition to nonparenthood. *Journal of Marriage and the Family, 48,* 641-649.

Mayo Clinic Staff. (2012, September 9). *Infertility. Causes.* Retrieved from http://www.mayoclinic.com/health/infertility/DS00310/DSECTION=causes

McCall, C., & Storm, C. (1985). Family therapists and family therapy programs in hospital settings: A survey. *Family Systems Medicine, 3,* 143-150.

McCartney, C., & Wada, C. (1990). Gender differences in counseling needs during infertility treatment. In N. Stotland (Ed.), *Psychiatric aspects of reproductive technology* (pp. 141-154). Washington, DC: American Psychiatric Press.

McCubbin, H. I., & Patterson, J. M. (1982). Family adaptation to crises. In H. I. McCubbin, A. Cauble, & J. Patterson (Eds.), *Family stress, coping and social support* (pp. 26-47). Springfield, IL: Thomas.

McCubbin, H. I., & Patterson, J. M. (1983). The family stress process of adjustment and adaptation. In H. I. McCubbin, M. B. Sussman, & J. M. Patterson (Eds.), *Social stress and the family* (pp. 7-38). New York, NY: Hayworth Press.

McDaniel, S. H. (1987). Trapped inside a body without a voice: Two cases of somatic fixation. In S. H. McDaniel, J. Hepworth, & W. J. Doherty (Eds.), *The shared experience of illness: stories of patients, families, and their therapists* (pp. 274-290). New York, NY: Basic Books.

McDaniel, S. H. (1994). Within-family reproductive technologies as a solution to childlessness due to infertility. *Journal of Clinical Psychology in Medical Settings, 1,* 301-308. doi:10.1007/BF01991074

McDaniel, S. H. (1995). Collaboration between psychologists and family physicians: Implementing the biopsychosocial model. *Professional Psychology, 26,* 117-122.

McDaniel, S. H. (2005). The psychotherapy of genetics. *Family Process, 44,* 25-44. doi:10.1111/j.1545-5300.2005.00040.x

McDaniel, S. H., Bank, J., Campbell, T. L., Mancini, J., & Shore, B. (1986). Using a group as a consultant. In L. C . Wynne, S. H. McDaniel, & T. Weber (Eds.), *Systems consultation: A new perspective for family therapy* (pp. 181-198). New York, NY: Guilford Press.

McDaniel, S. H., Beckman, H. B., Morse, D. S., Silberman, J., Seaburn, D. B., & Epstein, R. M. (2007). Physician self-disclosure in primary care visits: Enough about you, what about me? *Archives of Internal Medicine, 167,* 1321-1326. doi:10.1001/archinte.167.12.1321

McDaniel, S. H., & Campbell, T. L. (1986). Physicians and family therapists: The risks of collaboration. *Family Systems Medicine, 4,* 4-8

McDaniel, S. H., Campbell, T. L., Hepworth, J., & Lorenz, A. (2005). *Family-oriented primary care* (2nd ed.). New York, NY: Springer-Verlag.

McDaniel, S. H., Campbell, T. L., & Seaburn, D. (1989). Somatic fixation in patients and physicians: A biopsychosocial approach. *Family Systems Medicine, 7,* 5-16. doi:10.1037/h0089761

McDaniel, S. H., & Cole-Kelly, K. (2003). Gender, couples, and illness: A feminist analysis of medical family therapy. In T. J. Goodrich & L. Silverstein (Eds.), *Feminist family therapy* (pp. 267-280). Washington, DC: American Psychological Association.

McDaniel, S. H., & Fogarty, C. T. (2009). What primary care psychology has to offer the patient-centered medical home. *Professional Psychology: Research and Practice, 40,* 483-492. doi:10.1037/a0016751

McDaniel, S. H., & Hepworth, J. (2003). Family psychology in primary care: Managing issues of power and dependency through collaboration. In R. Frank, S. H. McDaniel, J. Bray, & M. Heldring (Eds.), *Primary care psychology* (pp. 113-132). Washington, DC: American Psychological Association.

McDaniel, S. H., & Hepworth, J. (2004). Family psychology in primary care: Managing issues of power and dependency through collaboration. In R. G. Frank, S. H. McDaniel, J. H. Bray, & M. Heldring (Eds.), *Primary care psychology* (pp. 113-132). Washington DC: American Psychological Association.

McDaniel, S. H., Hepworth, J., & Doherty, W. (1992). *Medical family therapy: A biopsychosocial approach to families with health problems.* New York, NY: Basic Books.

McDaniel, S. H., Hepworth, J., & Doherty, W. (1995). Medical family therapy with somatizing patients: The co-creation of therapeutic stories, *Family Process, 34,* 349-362.

McDaniel, S. H., Hepworth, J., & Doherty, W. J. (1997). *The shared experience of illness: Stories of patients, families, and their therapists.* New York, NY: Basic Books.

McDaniel, S. H., & Pisani, A. (2012). Family dynamics and chronic disabilities. In R. C. Talley & J. E . Crews (Eds.), *Multiple dimensions of caregiving and disability* (pp. 11-28). New York, NY: Springer.

McDaniel, S. H., & Rolland, J. (2006a). *Medical family therapy participates in the genomic revolution.* Washington, DC: American Association for Marriage and Family Therapy.

McDaniel, S. H., & Rolland, J. (2006b). Psychosocial interventions for patients and families coping with genetic conditions. In S. Miller, S. H. McDaniel, J. Rolland, & S. Feetham (Eds.), *Individuals, families, and the new era of genetics: Biopsychosocial perspectives* (pp. 173-196). New York, NY: Norton.

McDaniel, S. H., Rolland, J., Feetham, S., & Miller, S. (2006). "It runs in the family": Family systems concepts and genetically-linked disorders. In S. Miller, S. H. McDaniel, J. Rolland, & S. Feetham (Eds.), *Individuals, families, and the new era of genetics: Biopsychosocial perspectives* (pp. 118-138). New York, NY: Norton.

McDaniel, S. H., & Speice, J. (2001). What family psychology has to offer women's health: The examples of conversion, somatization, infertility treatment, and genetic testing. *Professional Psychology: Research and Practice, 32,* 44-51. doi:10.1037/0735-7028.32.1.44

McEwan, K. L., Costello, P., & Taylor, P. (1987). Adjustment to infertility. *Journal of Abnormal Psychology, 96,* 108-116. doi:10.1037/0021-843X.96.2.108

McGoldrick, M., & Walsh, F. (Eds.). (2004). *Living beyond loss: Death in the family.* New York, NY: Norton.

McHale, J. P., & Lindahl, K. M. (Eds.). (2011). *Coparenting: A conceptual and clinical examination of family systems.* Washington, DC: American Psychological Association. doi:10.1037/12328-000

McLean, N., Griffin, S., Toney, K., & Hardeman W. (2003). Family involvement in weight control, weight maintenance, and weight-loss interventions: A systematic review of randomised trials. *International Journal of Obesity, 27,* 987-1005. doi:10.1038/sj.ijo.0802383

Medicare Payment Advisory Commission. (2007). *Report to the Congress: Promoting greater efficiency in medicare.* Washington, DC: National Academies Press.

Meltzer, D., Chung, J., Khalili, P., Marlow, E., Arora, V., Schumock, G., & Burt, R. (2010). Exploring the use of social network methods in designing health care quality improvement teams. *Social Science Medicine, 71,* 1119-1130.

Menning, B. (1977). *Infertility: A guide for the childless couple.* Englewood Cliffs, NJ: Prentice Hall.

Mermelstein, R., Lichtenstein, E., & McIntrye, K. (1983). Partner support and relapse in smoking-cessation programs. *Journal of Consulting and Clinical Psychology, 51,* 465-466. doi:10.1037/0022-006X.51.3.465

Miall, C. E . (1994). Community constructs of involuntary childlessness: Sympathy, stigma, and social support. *Canadian Review of Social Anthropology, 31,* 392-421.

Miller, S. M. (1995). Monitoring versus blunting styles of coping with cancer influence the information patients want and need about their disease. *Cancer, 76,* 167-177. doi:10.1002/1097-0142(19950715)76:2<167::AID-CNCR2820760203>3.0.CO;2-K

Miller, S. M. (2006). The individual facing genetic issues. In S. Miller, S. McDaniel, J. Rolland, & S. Feetham (Eds.), *Individuals, families, and the new era of genetics: Biopsychosocial perspectives* (pp. 79-117). New York, NY: Norton.

Miller, W., & Rollnick, S. (2002). *Motivational interviewing: Helping people change* (2nd ed.). New York, NY: Guilford Press.

Minuchin, S. (1974). *Families and family therapy.* Cambridge, MA: Harvard University Press.

Minuchin, S., Rosman, B., & Baker, L. (1978). *Psychosomatic families: Anorexia nervosa in context.* Cambridge, MA: Harvard University Press.

Mitnick, S., Leffler, C., & Hood, V. (2010). Family caregivers, patients and physicians: Ethical guidance to optimize relationships. *Journal of General Internal Medicine, 25,* 255-260. doi:10.1007/s11606-009-1206-3

Mittelman, M. S., Haley, W. E., Clay, O., & Roth, D. L. (2006). Improving caregiver well-being delays nursing home placement of patients with Alzheimer's dementia. *Neurology, 67,* 1592-1599. doi:10.1212/01.wnl.0000242727.81172.91

Morisky, D. E., Levine, D. M., Green, L. W., Shapiro, S., Russell, R. P., & Smith, C. R. (1983). Five year blood pressure control and mortality following health education for hypertensive patients. *American Journal of Public Health, 73,* 153-162. doi:10.2105/AJPH.73.2.153

Morse, D. S., McDaniel, S. H., Candib, L. M., & Beach, M. C. (2008). "Enough about me, let's get back to you": Physician self-disclosure during primary care encounters. *Annals of Internal Medicine, 149,* 835-837.

Moynihan, R., & Cassels, A. (2005). *Selling sickness: How the world's biggest pharmaceutical companies are turning us all into patients.* New York, NY: Nation Books.

Mullins, L., & Olson, R. (1990). Familial factors in the etiology, maintenance, and treatment of somatoform disorders in children. *Family Systems Medicine, 8,* 159-175. doi:10.1037/h0089230

Munk-Olsen, T., Laursen, T. M., Pedersen, C. B., Lidegaard, O., & Mortensen, P. B. (2011). Induced first-trimester abortion and risk of mental disorder. *The New England Journal of Medicine, 364,* 332-339. doi:10.1056/NEJMoa0905882

Myers, M. (1990). Male gender-related issues in reproduction and technology. In N. Stotland (Ed.), *Psychiatric aspects of reproductive technology* (pp. 25-35). Washington, DC: American Psychiatric Press.

Nachtigall, R. D., Tschann, J. M., Quiroga, S. S., Pitcher, L., & Becker, G. (1997). Stigma, disclosure, and family functioning among parents of children conceived through donor insemination. *Fertility and Sterility, 68,* 83-89. doi:10.1016/S0015-0282(97)81480-X

National Academy for State Health Policy. (2010). *A tale of two systems: A look at state efforts to integrate primary care and behavioral health in safety net settings.* Retrieved from http://www.nashp.org/publication/tale-two-systems-look-stateefforts-integrate-primary-care-and-behavioral-health-safety-net

National Alliance for Caregiving, in collaboration with the American Association of Retired People. (2009, November). *Caregiving in the U.S. 2009.* Bethesda, MD: Author. Retrieved from http://www.aarp.org/relationships/caregiving/info-12-2009/caregiving_09.html

National Institute of Mental Health. (2012). *Antidepressant medications for children and adults.* Retrieved from http://www.nimh.nih.gov/health/topics/child-andadolescent-mental-health/antidepressantmedications-for-children-andadolescents-information-for-parents-and-caregivers.shtml

Neese, L. E., Schover, L. R., Klein, E. A., Zippe, C., & Kupelian, P. A. (2003). Finding help for sexual problems after prostate cancer treatment: A phone survey of men's and women's perspectives. *Psycho-Oncology, 12,* 463. doi:10.1002/pon.657

Noble, E. (1987). *Having your baby by donor insemination.* Boston, MA: Houghton Mifflin.

Noffsinger, E. (2009). *Running group visits in your practice.* New York, NY: Springer.

Noyes, R. W., & Chapnick, E. M. (1964). Literature on psychology and infertility. *Fertility and Sterility, 15,* 543-558.

Nutting, P. A., Miller, W. L., Crabtree, B. F., Jaen, C. R., Stewart, E. E., & Stange, K. C. (2009). Initial lessons from the first national demonstration project on practice transformation to a patient-centered medical home. *Annals of Family Medicine, 7,* 254-260. doi:10.1370/afm.1002

Ockene, J. K., Nuttall, R. L., & Benfari, R. S. (1981). A psychosocial model of smoking cessation and maintenance of cessation. *Preventive Medicine, 10,* 623-638. doi:10.1016/0091-7435(81)90052-9

Okasha, A., Saad, A., Khalil, A., El Dawla, A., & Yehia, N. (1994). Phenomenology of obsessive-compulsive disorder: A transcultural study. *Comprehensive Psychiatry, 35,* 191-197. doi:10.1016/0010-440X(94)90191-0

Ory, M. G., Hoffman, R. R., & Yee, J. L. (1999). Prevalence and impact of caregiving: A detailed comparison between dementia and nondementia caregivers. *The Gerontologist, 39,* 177-186. doi:10.1093/geront/39.2.177

Palazzoli, S. M., Boscolo, L., Cecchin, G., & Prata, J. (1980). The problem of the referring person. *Journal of Marital and Family Therapy, 6,* 3-9

Paris, M., & Hogue, M. (2010). Burnout in the mental health workforce: A review. *The Journal of Behavioral Health Services & Research, 37,* 519-528.

Park, E. W., Tudiver, F., Schultz, J. K., & Campbell, T. (2004). Does enhancing partner support and interaction improve smoking cessation? A meta-analysis. *Annals of Family Medicine, 2,* 170-174. doi:10.1370/afm.64

Patterson, J. M. (1988). Chronic illness in children and the impact on families. In C. S . Chilman, E. W. Nunnally, & F. M. Cox (Eds.), *Chronic illness and disability, families in trouble series* (2nd ed., pp. 69-77). Newbury Park, CA: Sage.

Patterson, J. M. (1989). A family stress model: The family adjustment and adaptation response. In C. N . Ramsey (Ed.), *Family systems in medicine* (pp. 95-118). New York, NY: Guilford Press.

Patterson, J. M. (2002). Integrating family resilience and family stress theory. *Journal of Marriage and Family, 64,* 349-360.

Patterson, J. M., & Garwick, A. W. (1994). The impact of chronic illness on families: A family systems perspective. *Annals of Behavioral Medicine, 16,* 131-142.

Patterson, J. M., Peek, C. J., Heinrich, R. L., Bischoff, R. J., & Scherger, J. (2002). *Mental health professionals in medical settings: A primer.* New York, NY: Norton.

Payne, S. (2006). *The health of men and women.* Malden, MA: Polity.

Peek, C. J. (2008). Planning care in the clinical, operational, and financial worlds. In R. Kessler & D. Stafford

(Eds.), *Collaborative medicine case studies: Evidence in practice* (pp. 25-38). New York, NY: Springer.

Peek, C. J. (2011). *A collaborative care lexicon for asking practice and research development questions.* Retrieved from the Agency for Healthcare Research and Quality website: http://www.ahrq.gov/legacy/research/collaborativecare/collab3.htm

Perez, M. A., Skinner, E. C., & Meyerowitz, B. E. (2002). Sexuality and intimacy following radical prostatectomy: Patient and partner perspectives. *Health Psychology, 21,* 288-293. doi:10.1037/0278-6133.21.3.288

Peters, E., Lipkus, I., & Diefenbach, M. A. (2006). The functions of affect in health communications and in the construction of health preferences. *Journal of Communication, 56*(Suppl. 1), S140-S162. doi:10.1111/j.1460-2466.2006.00287.x

Peterson, B. D., Newton, C. R., & Rosen, K. H. (2003). Examining congruence between partners' perceived infertility-related stress and its relationship to marital adjustment and depression in infertile couples. *Family Process, 42,* 59-70. doi:10.1111/j.1545-5300.2003.00059.x

Petok, W. (2006). The psychology of gender-specific infertility diagnoses. In S. N. Covington & L. H. Burns (Eds.), *Infertility counseling: a comprehensive handbook for counselors* (2nd ed., pp. 37-60). Cambridge, England: Cambridge University Press.

Phillips, K. A. (2008). Somatization disorder. In R. S. Porter & J. L. Kaplan (Eds.), *The Merck Manual Home Health Handbook.* Whitehouse Station, NJ: Merck Sharp & Dohme.

Pierce, L. L. (2001). Coherence in the urban family caregiver role with African American stroke survivors. *Topics in Stroke Rehabilitation, 8,* 64-72. doi:10.1310/V5A2-6RKD-GJ9U-AMWC

Piercy, K. W., & Chapman, J. G. (2001). Adapting the caregiver role: A family legacy. *Family Relations, 50,* 386-393. doi:10.1111/j.1741-3729.2001.00386.x

Pigeon, Y., & Khan, O. (2013). *Leadership lesson: Tools for effective team meetings.* Retrieved from the American Association of Medical Colleges website: http://www.aamc.org/members/gfa/faculty_vitae/148582/team_meetings.html

Pratt, K. J., & Lamson, A. (2009). Clinical update: Childhood obesity. *Family Therapy, 8,* 36-48.

Pratt, K. J., Lamson, A. L., Collier, D. N., Crawford, Y. S., Harris, N., Gross, K., ... & Saporito, M. (2009). Camp Golden Treasures: A multidisciplinary residential summer camp promoting weight-loss and a healthy lifestyle for adolescent girls. *Families, Systems, & Health, 21,* 116-124.

Pratt, K. J., Lamson, A. L., Lazorick, S., White, C. P., Collier, D. N., White, M. B., & Swanson, M. S. (2011). Conceptualising care for childhood obesity: A three-world view. *Journal of Children's Services, 6,* 156-171.

Prochaska, J. O., Butterworth, S., Redding, C. A., Burden, V., Perrin, N., Leo, M., ... Prochaska J. M. (2008). Initial efficacy of MI, TTM tailoring and HRI's with multiple behaviors for employee health promotion. *Preventive Medicine, 46,* 226-231. doi:10.1016/j.ypmed.2007.11.007

Prochaska, J. O., & Velicer, W. F. (1997). The transtheoretical model of health behavior change. *American Journal of Health Promotion, 12,* 38-48. doi:10.4278/0890-1171-12.1.38

Prouty Lyness, A. M. (2004). *Feminist perspectives in medical family therapy.* New York, NY: Haworth Press.

Pyle, S. A., Haddock, C. K., Hymowitz, N., Schwab, J., & Meshberg, S. (2005). Family rules about exposure to environmental tobacco smoke. *Families, Systems, & Health, 23,* 3-15. doi:10.1037/1091-7527.23.1.3

Quill, T. E . (1985). Somatization: One of medicine's blind spots. *JAMA, 254*, 3075-3079. doi:10.1001/

jama.1985.03360210091038

Rainville, F., Dumont, S., Simard, S., & Savard, M. (2012). Psychological distress among adolescents living with a parent with advanced cancer. *Journal of Psychosocial Oncology, 30,* 519-534. doi:10.1080/07347332.2012.703765

Ranjan, R. (2011). *Social support and health.* Toronto, Canada: University of Toronto Press.

Regier, D. A., Narrow, W. E., Rae, D. S., Manderscheid, R. W., Locke, B. Z., & Goodwin, F. K. (1993). The de facto US mental and addictive disorders service system: Epidemiologic catchment area prospective 1-year prevalence rates of disorders and services. *Archives of General Psychiatry, 50,* 85-94.

Reiss, D. (1981). *The family's construction of reality.* Cambridge, MA: Harvard University Press.

Reiss, D., Gonzalez, S., & Kramer, N. (1986). Family process, chronic illness, and death: On the weakness of strong bonds. *Archives of General Psychiatry, 43,* 795-804. doi:10.1001/archpsyc.1986.01800080081011

Reiss, D., & Kaplan De-Nour, A. (1989). The family and medical team in chronic illness: A transactional and developmental perspective. In C. J. Ramsey (Ed.), *Family systems in medicine* (pp. 435-444). New York, NY: Commonwealth Fund.

Robinson, P. J., & Reiter, J. (2007). Behavioral consultation and primary care: *A guide to integrating services.* New York, NY: Springer Science. doi:10.1007/978-0-387-32973-4

Rohrbaugh, M. J. (2001). Brief therapy based on interrupting ironic processes: The Palo Alto model. *Clinical Psychology: Science and Practice, 8,* 66. doi:10.1093/clipsy.8.1.66

Rohrbaugh, M. J., Shoham, V., Trost, S., Muramoto, M., Cate, R. M., & Leischow, S. (2001). Couple dynamics of change-resistant smoking: Toward a family consultation model. *Family Process, 40,* 15-31. doi:10.1111/j.1545-5300.2001.4010100015.x

Rolland, J. (1984). Toward a psychosocial typology of chronic and life-threatening illness. *Family Systems Medicine, 2,* 245-262. doi:10.1037/h0091663

Rolland, J. S. (1988). Family systems and chronic illness: A typological model. In F. Walsh & C. Anderson (Eds.), *Chronic disorders and the family* (pp. 148-163). New York, NY: Hawthorn Press. doi:10.1300/J287v03n03_10

Rolland, J. S. (1994). *Families, illness, & disability: An integrative treatment model.* New York, NY: Basic Books.

Rolland, J. S. (2006). Living with anticipatory loss in the new era of genetics: A life cycle perspective. In S. M. Miller, S. H. McDaniel, J. S. Rolland, & S. L. Feetham (Eds.), *Individuals, families, and the new era of genetics* (pp. 139-172). New York, NY: Norton.

Rolland, J. S., & Williams, J. K. (2005). Toward a biopsychosocial model for 21st century genetics. *Family Process, 44*(1), 3-24. doi:10.1111/j.1545-5300.2005.00039.x

Rosenberg, T., & Pace, M. (2006). Burnout among mental health professionals: Special considerations for the marriage and family therapist. *Journal of Marital and Family Therapy, 32,* 87-99. doi:10.1111/j.1752-0606.2006.tb01590.x

Rosman, B., & Baker, L. (1988). The "psychosomatic family" reconsidered: Diabetes in context—reply. *Journal of Marital and Family Therapy, 14,* 125-132. doi:10.1111/j.1752-0606.1988.tb00727.x

Roy-Byrne, P. P., Craske, M. G., Stein, M. B., Sullivan, G., Bystritsky, A., Katon, W., ... Sherbourne, C. D.

(2005). A randomized effectiveness trial of cognitivebehavioral therapy and medication for primary care panic disorder. *Archives of General Psychiatry, 62,* 290-298. doi:10.1001/archpsyc.62.3.290

Ruddy, N. B., Borresen, D. A., & Gunn, W. B. J. (2008). *The collaborative psychotherapist: Creating reciprocal relationships with medical professionals.* Washington, DC: American Psychological Association.

Ryder, A. G., Yang, J., Zhu, X., Yao, S., Yi, J., Heine, S. J., & Bagby, R. M. (2008). The cultural shaping of depression: Somatic symptoms in China, psychological symptoms in North America? *Journal of Abnormal Psychology, 117,* 300-313. doi:10.1037/0021-843X.117.2.300

Sabatelli, R., Meth, R., & Gavazzi, S. (1988). Factors mediating the adjustment to involuntary childlessness. *Family Relations, 37,* 338-343.

Sadler, A., & Syrop, C. (1987). *The stress of infertility: Recommendations for assessment and intervention.* Family stress. Rockville, MD: Aspen.

Saleh, R. A., Ranga, G. M., Raina, R., Nelson, D. R., & Agarwal, A. (2003). Sexual dysfunction in men undergoing infertility evaluation: A cohort observational study. *Fertility and Sterility, 79,* 909-912. doi:10.1016/S0015-0282(02)04921-X

Salmon, P., Dowrick, C. F., Ring, A., & Humphris, G. M. (2004). Voiced but unheard agendas: Qualitative analysis of the psychosocial cues that patients with unexplained symptoms present to general practitioners. *The British Journal of General Practice, 54,* 171-176.

Sander, E. P., Odell, S., & Hood, K. K. (2010). Diabetes-specific family conflict and blood glucose monitoring in adolescents with Type 1 diabetes: Mediational role of diabetes self-efficacy. *Diabetes Spectrum, 23,* 89-94. doi:10.2337/diaspect.23.2.89

Sargent, J. (1985). Physician-family therapist collaboration: Children with medical problems. *Family Systems Medicine, 3,* 454-465.

Schulte, I. E., & Petermann, F. (2011). Familial risk factors for the development of somatoform symptoms and disorders in children and adolescents: A systematic review. *Child Psychiatry and Human Development, 42,* 569-583. doi:10.1007/s10578-011-0233-6

Schulz, R., & Beach, S. R. (1999). Caregiving as a risk factor for mortality: The caregiver health effects study. *JAMA, 282,* 2215-2219. doi:10.1001/jama.282.23.2215

Schulz, R., Burgio, L., Burns, R., Eisdorfer, C., Gallagher-Thompson, D., Gitlon, L. N., & Mahoney, D. F. (2003). Resources for enhancing Alzheimer's caregiver health (REACH): Overview, site-specific outcomes, and future directions. *The Gerontologist, 43,* 514-520. doi:10.1093/geront/43.4.514

Schutz, W. C. (1958). *FIRO: A three-dimensional theory of interpersonal behavior.* New York, NY: Holt, Rinehart & Winston.

Schwartz, L. (1991). *Alternatives to infertility.* New York, NY: Brunner/Mazel.

Scott, J. L., Halford, W. K., & Ward, B. G. (2004). United we stand? The effects of a couple-coping intervention on adjustment to early stage breast or gynecological cancer. *Journal of Consulting and Clinical Psychology, 72,* 1122-1135. doi:10.1037/0022-006X.72.6.1122

Seaburn, D., Lorenz, A., & Kaplan, D. (1992). The transgenerational development of chronic illness meanings. *Family Systems Medicine, 10,* 385-394.

Seaburn, D. B., Lorenz, A. D., Campbell, T. L., & Winfield, M. A. (1996). A mother's death: Family stories of illness, loss, and healing. *Families, Systems, and Health, 14,* 207-221.

Seaburn, D. B., Lorenz, A. D., Gunn, W. B., Jr., Gawinski, B. A., & Mauksch, L. B. (1996). *Models of collaboration: A guide for mental health professionals working with health care practitioners.* New York, NY: Basic Books.

Seaburn, D. B., Morse, D., McDaniel, S. H., Beckman, H., Silberman, J., & Epstein, R. M. (2005). Physician responses to ambiguous patient symptoms. *Journal of General Internal Medicine, 20,* 525-530. doi:10.1111/j.1525-1497.2005.0093.x

Seligman, M. (1988). Psychotherapy with siblings of disabled children. In M. D. Kahn & K. G. Lewis (Eds.), *Siblings in therapy* (pp. 167-189). New York, NY: Norton.

Shapiro, S. (1988). Psychological consequences of infertility in critical psychophysical passages in the life of a woman. In J. Offerman-Zuckerberg (Ed.), *A psychodynamic perspective* (pp. 269-289). New York, NY: Plenum Medical.

Shields, C. G., Finley, M. A., & Chawla, N. (2012). Couple and family interventions in health problems. *Journal of Marital and Family Therapy, 38,* 265-280. doi:10.1111/j.1752-0606.2011.00269.x

Shields, C. G., Wynne, L., & Sirkin, M. (1992). Illness, family theory, and family therapy: I. Conceptual issues: The perception of physical illness in the family system. *Family Process, 31,* 3-18.

Shindel, A., Quayle, S., Yan, Y., Husain, A., & Naughton, C. (2005). Sexual dysfunction in female partners of men who have undergone radical prostatectomy correlates with sexual dysfunction of the male partner. *Journal of Sexual Medicine, 2,* 833-841. doi:10.1111/j.1743-6109.2005.00148.x

Shirazi, M., & Subhani, J. (n.d.). What does Islam say about artificial insemination? In *Religious questions answered: Logic for Islamic rules* (Chap. 72). Retrieved from http://www.al-islam.org/falsafa/75.htm

Shoham, V., Butler, E. A., Rohrbaugh, M. J., & Trost, S. E. (2007). Symptom-system fit in couples: Emotion regulation when one or both partners smoke. *Journal of Abnormal Psychology, 116,* 848-553. doi:10.1037/0021-843X.116.4.848

Siegel, D. J. (2010). *Mind sight.* New York, NY: Bantam Books.

Smeenk, J. M., Verhaak, C. M., Eugster, A., van Minnen, A., Zielhuis, G. A., & Braat, D. D. (2001). The effect of anxiety and depression on the outcome of in-vitro fertilization. *Human Reproduction, 16,* 1420-1423. doi:10.1093/humrep/16.7.1420

Smith, G. R., Monson, R., & Ray, D. (1986). Psychiatric consultation in somatization disorder. *The New England Journal of Medicine, 314,* 1407-1413. doi:10.1056/NEJM198605293142203

Speck, R., & Attneave, C. (1972). Network therapy. In A. Ferber, M. Mendelsohn, & A. Napier (Eds.), *The book of family therapy* (pp. 637-665). New York, NY: Science House.

Speice, J., McDaniel, S. H., Rowley, P., & Loader, S. (2002). A family-oriented psychoeducation group for women found to have a BRCA mutation. *Clinical Genetics, 62,* 121-127. doi:10.1034/j.1399-0004.2002.620204.x

Sperry, L. (2009). *Treatment of chronic medical conditions: Cognitive-behavioral therapy strategies and integrative treatment protocols* (pp. 173-188). Washington, DC: American Psychological Association. doi:10.1037/11850-012

Sperry, L. (2011). *Family assessment: Contemporary and cutting-edge strategies* (2nd ed.). New York, NY:

Routledge.

Starr, P. (1994). *The logic of health-care reform*. New York, NY: Penguin.

Staton, J. (2009). *Making the connection between healthy marriage and health outcomes: What the research says*. Retrieved from the National Healthy Marriage Resource Center website: http://www.healthymarriageinfo.org/resource-detail/index.aspx?rid=3371

Steinglass, P. (1998). Multiple family discussion groups for patients with chronic medical illness. *Families, Systems, & Health, 16,* 55-70. doi:10.1037/h0089842

Steinglass, P., Bennett, L. A., Wolin, S. J., & Reiss, D. (1987). *The alcoholic family*. New York, NY: Basic Books.

Steinglass, P., & Horan, M. (1988). Families and chronic medical illness. In F. Walsh & C. Anderson (Eds.), *Chronic disorders and the family* (pp. 127-142). New York, NY: Haworth Press.

Steinglass, P., Temple, S., Lisman, S., & Reiss, D. (1982). Coping with spinal cord injury: The family perspective. *General Hospital Psychiatry, 4,* 259-264. doi:10.1016/0163-8343(82)90083-4

Stern, D. (2004). *The present moment in psychotherapy and everyday life*. New York, NY: Norton.

Stotland, N. (1990). *Psychiatric aspects of reproductive technology*. Washington, DC: American Psychiatric Press.

Strosahl, K. (1994). New dimensions in behavioral health primary care integration. *HMO Practice, 8,* 176-179.

Stuart, R. B., & Jacobson, B. (1987). *Weight, sex, and marriage*. New York, NY: Norton.

Sturm, R., & Gresenz, C. R. (2002). Relations of income inequality and family income to chronic medical conditions and mental health disorders: National survey. *British Medical Journal, 324,* 20-23. doi:10.1136/bmj.324.7328.20

Sullivan, H. S . (1974). *Schizophrenia as a human process*. Oxford, England: Norton.

Suls, J. M., Davidson, K. W., & Kaplan, R. M. (Eds.). (2010). *Handbook of health psychology and behavioral medicine*. New York, NY: Guilford Press.

Sunderam, S., Chang, J., Flowers, L., Kulkarni, A., Sentelle, G., Jeng, G., & Macaluso, M. (2009). Assisted reproductive technology surveillance—nited States, 2006. *Morbidity and Mortality Weekly Report, 58,* October 2011. Retrieved from the Centers for Disease Control and Prevention website: http://www.cdc.gov/mmwr/preview/mmwrhtml/ss5805a1.htm?s_cid=ss5805a1_e

Sutton, G. C. (1980). Assortative marriage for smoking habits. *Annals of Human Biology, 7,* 449-456. doi:10.1080/03014468000004561

Taplin, S., McDaniel, S., & Naumburg, E. (1987). A case of pain. In W. Doherty & M. Baird (Eds.), *Family-centered medical care: A clinical casebook* (pp. 267-275). New York, NY: Guilford Press.

Taylor, H. (2010). The Harris Poll #149. Retrieved from http://www.harrisinteractive.com/NewsRoom/HarrisPolls/tabid/447/mid/1508/articleId/648/ctl/ReadCustom%20Default/Default.aspx

Thelen, E., & Smith, L. B. (1994). *A dynamic systems approach to the development of cognition and action*. Cambridge, MA: Massachusetts Institute of Technology.

Thernstrom, M. (2010, December 29). Meet the twiblings. *New York Times Magazine,* 15.

Totman, R. (1979). *Social causes of illness*. New York, NY: Pantheon Books.

Troxel, W. M., & Matthews, K. A. (2004). What are the costs of marital conflict and dissolution to children's physical health? *Clinical Child and Family Psychology Review, 7,* 29-57. doi:10.1023/B:CCFP.

0000020191.73542.b0

Uchino, B. N. (2004). *Social support and physical health*. New Haven, CT: Yale University Press.

Umberson, D. J., & Montez, J. K. (2010). Social relationships and health: A flashpoint for public policy. *Journal of Health and Social Behavior, 51,* 54-66.

U.S. Department of Health, Education, and Welfare. (1979). *Healthy people: The surgeon general's report on health promotion and disease prevention* (DHEW Public Health Service Publication No. 79-55071). Washington, DC: U.S. Government Printing Office.

U.S. Department of Health and Human Services, Health Resources and Services Administration. (2008). Women in health profession schools, women's health USA 2008. Washington, DC: U.S. Government Printing Office. Retrieved from http://mchb.hrsa.gov/whusa08/popchar/pages/107whps.html

U.S. Office of Technology Assessment. (1988). *Infertility: Medical and social choices*. Washington, DC: U.S. Government Printing Office.

Vachon, M. L., Freedman, A., Formo, A., Rogers, J., Lyall, W. A., & Freeman, S. J. (1977). The final illness in cancer: The widow's perspective. *Canadian Medical Association Journal, 117,* 1151-1154.

van Eijk, J., Grop, R., Huygen, F., Mesker, P., Mesker-Niesten, J., van Mierlo, G., ... Smits, A. (1983). The family doctor and the prevention of somatic fixation. *Family Systems Medicine, 1,* 5-15. doi:10.1037/h0090180

van Orden, M., Hoffman, T., Haffmans, J., Spinhoven, P., & Hoencamp, E. (2009). Collaborative mental health care versus care as usual in a primary care setting: A randomized controlled trial. *Psychiatric Services, 60,* 74-79. doi:10.1176/appi.ps.60.1.74

Vera, M., Perez-Pedrogo, C., Huertas, S. E., Reyes-Rabanillo, M. L., Juarbe, D., Huertas, A., ... Chaplin, W. (2010). Collaborative care for depressed patients with chronic medical conditions: A randomized trial in Puerto Rico. *Psychiatric Services, 61,* 144-150. doi:10.1176/appi.ps.61.2.144

Verhaak, C. M., Lintsen, A. M., Evers, A. W., & Braat, D. D. (2010). Who is at risk of emotional problems and how do you know? Screening of women going through IVF treatment. *Human Reproduction, 25,* 1234-1240. doi:10.1093/humrep/deq054

Vilchinsky, N., Dekel, R., Leibowitz, M., Reges, O., Khaskia, A., & Mosseri, M. (2011). Dynamics of support perceptions among couples coping with cardiac illness: The effect on recovery outcomes. *Health Psychology, 30,* 411-419. doi:10.1037/a0023453

von Bertalanffy, L. (1976). *General system theory: Foundations, development, applications*. New York, NY: George Braziller.

Wagner, E. H., Austin, B. T., Davis, C., Hindmarsh, M., Schaefer, J., & Bonomi, A. (2001). Improving chronic illness care: Translating evidence into action. *Health Affairs, 20*(6), 64-78. doi:10.1377/hlthaff.20.6.64

Walker, E. A., Unutzer, J., Rutter, C., Gelfand, A., Saunders, K., Von Korff, M., ... Katon, W. (1999). Costs of health care use by women HMO members with a history of childhood abuse and neglect. *Archives of General Psychiatry, 56,* 609-613. doi:10.1001/archpsyc.56.7.609

Walker, G. (1991). *Systemic therapy with families, couples, and individuals with AIDS infection*. New York, NY: Norton.

Walsh, F. (1998). *Strengthening family resilience*. New York, NY: Guilford Press.

Walsh, F. (2009). Spiritual resources in family adaptation to death and loss. In F. Walsh (Ed.), *Spiritual resources in family therapy* (2nd ed., pp. 81-102). New York, NY: Guilford Press.

Walsh, F., & McGoldrick, M. (1991). *Living beyond loss: Death in the family.* New York, NY: Norton.

Waltzer, H. (1982). Psychological and legal aspects of artificial insemination (A.I.D.): An overview. *American Journal of Psychotherapy, 36,* 91-102.

Wamboldt, M. Z., & Levin, L. (1995). Utility of multifamily psychoeducation groups for medically ill children and adolescents. *Family Systems Medicine, 13,* 151-161. doi:10.1037/h0089356

Wang, W., & Taylor, P. (2011). *For millennials, parenthood trumps marriage.* Retrieved from the Pew Research website: pewresearch.org/pubs/1920/millenials-valueparenthood-over-marriage

Weardon, A. J., Tarrier, N., Barrowclough, C., Zastowny, T. R., & Rahill, A. A. (2000). A review of expressed emotion research in health care. *Clinical Psychology Review, 20,* 633-666.

WebMD. (n.d.). *What are the success rates for IVF? Infertility and in-vitro fertilization.* Retrieved from http://www.webmd.com/infertility-and-reproduction/guide/in-vitro-fertilization?page=2

Weingarten, K. (2010). Reasonable hope: Construct, clinical applications, and supports. *Family Process, 49,* 5-25. doi:10.1111/j.1545-5300.2010.01305.x

Weingarten, K. (2012). Sorrow: A therapist's reflection on the inevitable and the unknowable. *Family Process, 51,* 440-455. doi:10.1111/j.1545-5300.2012 01412.x

White, D. (1990, November 16-8). Letter. *USA Weekend,* 9.

White, M., & Epston, D. (1990). *Narrative means to therapeutic ends.* New York, NY: Norton.

Whitehead, A. N. (1926). *Science and the modern world.* New York, NY: Cambridge University Press.

Whitehead, D., & Doherty, W. J. (1989). Systems dynamics in cigarette smoking: An exploratory study. *Family Systems Medicine, 7,* 264-273. doi:10.1037/h0089784

Willerton, E., Dankoski, M. E., & Martir, J. F. S. (2008). Medical family therapy: A model for addressing mental health disparities among Latinos. *Families, Systems, & Health, 26,* 196-206. doi:10.1037/1091-7527.26.2.196

Williamson, D. (1991). *The intimacy paradox.* New York, NY: Guilford Press.

Wimberly, S. R., Carver, C. S., Laurenceau, J. P., Harris, S. D., & Antoni, M. H. (2005). Perceived partner reactions to diagnosis and treatment of breast cancer: Impact on psychosocial and psychosexual adjustment. *Journal of Consulting and Clinical Psychology, 73,* 300. doi:10.1037/0022-006X.73.2.300

Wood, B. L., Miller, B. D., Lim, J., Lillis, K., Ballow, M., Stern, T., & Simmens, S. (2006). Family relational factors in pediatric depression and asthma: Pathways of effect. *Journal of the American Academy of Child and Adolescent Psychiatry, 45,* 1494-1502. doi:10.1097/01.chi.0000237711.81378.46

Wood, B. L., Watkins, J., Boyle, J., Noguiera, J., Zimand, E., & Carroll, L. (1989). The "psychosomatic family" model: An empirical and theoretical analysis. *Family Process, 28,* 399-417. doi:10.1111/j.1545-5300.1989.00399.x

Wood, L. M., Klebba, K. B., & Miller, B. D. (2000). Evolving the biobehavioral family model: The fit of attachment. *Family Process, 39,* 319-44. doi:10.1111/j.1545-5300.2000.39305.x

Wood, L. M., Lim, J., Miller, B. D., Cheah, P., Zwatch, T., Ramesh, S., & Simmens, S. (2008). Testing the biobehavioral family model in pediatric asthma: Pathways of effect. *Family Process, 47,* 21-40.

doi:10.1111/j.1545-5300.2008.00237.x

World Health Organization. (2001). *From bench to bedside: Setting a path for translation of improved sexually transmitted infection diagnostics into health care delivery in the developing world.* Geneva, Switzerland: WHO/TDR Wellcome Trust.

World Health Organization. (2012). *Health topics: Chronic diseases.* Retrieved from http://www.who.int/topics/chronic_diseases/en

Wright, L. M., Watson, W. L., & Bell, J. M. (1996). *Beliefs: The heart of healing in family health and illness.* New York, NY: Basic Books.

Wynne, L. C. (1989). Family systems and schizophrenia: Implications for family medicine. In C. N . Ramsey (Ed.), *Family systems in medicine* (pp. 1-4). New York, NY: Guilford Press.

Wynne, L. C., McDaniel, S. H., & Weber, T. T. (1986). *Systems consultation: A new perspective for family therapy.* New York, NY: Guilford Press.

Wynne, L. C., Shields, C. G., & Sirkin, M. I. (1992). Illness, family theory, and family therapy: I. Conceptual issues. *Family Process, 31,* 3-18. doi:10.1111/j.1545-5300.1992.00003.x

Yong, P. L., Saunders, R. S., & Olsen, L. (Eds.). (2010). *The healthcare imperative: Lowering costs and improving outcomes.* Washington, DC: Medicare Payment Advisory Commission.

Young, K. M., Northern, J. J., Lister, K. M., Drummond, J. A., & O'Brien, W. H. (2007). A meta-analysis of family-behavioral weight-loss treatments for children. *Clinical Psychology Review, 27,* 240-249. doi:10.1016/j.cpr.2006.08.003

Zabin, L. S., Hirsch, M. B., & Emerson, M. R. (1989). When urban adolescents choose abortion: Effects on education, psychological status, and subsequent pregnancy. *Family Planning Perspectives, 21,* 248-255. doi:10.2307/2135377

Zagieboylo, R. (2012, May). Keynote address at the Masonic Care Hospice Annual Memorial Service, East Hartford, CT.

Zito, J. M., Safer, D. J., dosReis, S., Gardner, J. F., Boles, M., & Lynch, F. (2000). Trends in the prescribing of psychotropic medications to preschoolers. *JAMA, 283,* 1025-1030. doi:10.1001/jama.283.8.1025

Zolbrod, A., & Covington, S. N. (1999). Recipient counseling for donor insemination. In S. N. Covington & L. H. Burns (Eds.), *Infertility counseling: a comprehensive handbook for counselors* (pp. 325-344). Cambridge, England: Cambridge University Press.

찾아보기

인명

Abraham, M. 103
Adlin, M. 113, 156
Agency for Health Care Research and Quality (AHRQ) 178
Alderfer, M. A. 280
Andersen, T. 110
Anderson, H. 72
Apostoleris, N. H. 108
Arora, V. 161
Attneave, C. 116

Baird, M. A. 97, 100, 104
Bakan, D. 45
Baker, L. 79, 164, 279
Balint, M. 148
Ballow, M. 280
Bank, J. 148
Barrett, M. S. 153
Bateson, G. 38
Beach, M. C. 152
Beckman, H. 162
Bell, B. 121
Berge, J. M. 165, 199
Berman, J. S. 153
Berman, S. 112
Berry, W. R. 157
Blount, A. 99
Bodenheimer, T. 107
Bordin, E. 153
Borresen, D. A. 102, 116
Boscolo, L. 121
Boyte, H. C. 170
Breizat, A. H. 157
Brodsky, A. 148
Bruch, H. 199
Buch, C. 110
Bundorf, M. K. 164
Bursztajn, H. 148
Burt, R. 161
Butler, M. 121
Butler, M. 98, 102
Byng-Hall, J. 370

Callahan, D. 64
Cameron, J. K. 99
Campbell, T. L. 65, 97, 103, 107, 112, 148, 161, 313
Candib, L. M. 152
Carroll, J. A. 165
Cecchin, G. 121
Center, B. 98
Centers for Disease Control and Prevention, 164
Chapman, B. 162
Chou, C. P. 99, 106
Chung, J. 161
Colangelo, N. 201
Cole-Kelly, K. 156
Columbia, L. 300
Cooke, N. J. 121
Coons, H. L. 110
Council of Academic Family Medicine 103
Crabtree, B. F. 178
Crow, S. 98
Cummings, N. 98

deGruy, F. 300
Dellinger, E. P. 157
Descartes 300
Dickinson, P. 300
Didonna, F. 162
Dobmeyer, A. 105
Doherty, B. 152
Doherty, W. J. 55, 57, 65, 72, 97, 100, 104, 165, 201, 206
Dorken, H. 98
Driscoll, W. D. 104, 113
Dym, B. 112

Eisenberg, L. 124
Elkaim, M. 151
Ell, K. 99, 106
Engel, G. 40, 42, 147
Epstein, R. M. 81, 162
Epston, D. 85

Feinbloom, R. 148
Fogarty, C. T. 103, 160
Ford, D. 103

Forkner-Dunn, J. 163
Foy, R. 98
Frank, A. W. 146
Frank, E. 162
Frankel, R. 125
Frey, J. 111
Fu, S. S. 98, 102

Gavazzi, S. 113, 156
Gjerdingen, D. 98
Glenn, M. 112
Gonzalez, S. 115, 290
Good, B. 124
Goodie, J. 105
Goolishian, H. 72
Gottman, J. M. 278
Griffiths, F. 163
Grumbach, K. 107
Gunn, W. B. J. 102, 116
Guterman, J. 99, 106

Haffmans, J. 99
Hagedorn, H. 98, 102
Hamm, R. 148
Harkaway, J. E. 201, 206
Harp, J. 119
Harris, L. 364
Haynes, A. B. 157
Helms, J. E. 153
Hempel, S. 98
Henke, C. 98
Hepworth, J. 105, 107, 108, 113, 146, 150, 156, 161, 313, 364
Hill, C. E. 153
Hobbs, N. 282
Hoencamp, E. 99
Hoffman, E. M. 110
Hoffman, T. 99
Hogue, M. 162
Hunter, C. 105
Huygen, F. J. A. 310

Imber-Black, E. 36, 57, 117, 170
Inui, T. S. 125
Ireys, H. 282

Jackson, M. 105, 108
Jacobs, B. 373
Jacobson, B. 207
Jaen, C. R. 178
Johnson, B. 103
Johnson, S. M. 133

Kabat-Zinn, J. 162
Kane, R. L. 98, 102, 121
Kapetanovic, S. 99, 106
Kaplan De-Nour, A. 68
Kari, N. N. 170
Kathol, R. G. 98, 99, 102, 121
Katon, W. 98, 99, 106
Katz, L. F. 278
Kazak, A. E. 274, 280
Kellner, R. 306, 308
Khalili, P. 161
Khan, O. 161
Kiekel, P. A. 121
Kleinman, A. 114, 124, 300, 351, 359
Knox, S. 153
Kramer, B. J. 374
Krasner, M. S. 162
Kroenke, K. 99
Kübler-Ross, E. 358
Kushner, K. 153

Lamanna, G. 161
Lee, P. J. 99, 106
Leiter, M. P. 162
Lillis, K. 280
Lim, J. 280
Lin, E. 98, 99
Lindenmeyer, A. 163
Lipsitz, S. R. 157
Lorenz, A. 105, 107, 161, 313
Lowe, P. 163
Ludwig, D. S. 162
Lurie, S. J. 161

Mancini, J. 148
Marlow, E. 161
Matheson, T. J. 162
Mauksch, L. B. 99
McAlpine, D. 98, 102, 121
McCabe, E. P. 104, 113
McCall, C. 113
McCubbin, H. I. 55
McDaniel, S. H. 50, 56, 57, 70, 72, 97, 100, 103, 105, 107, 112, 125, 127, 132, 121, 146, 148, 152, 156, 160, 161, 313
McGoldrick, M. 358
McGovern, P. 98
Meltzer, D. 161
Mendenhall, T. J. 165
Miller, B. D. 280
Miller, S. M. 335
Miller, W. 107, 113, 156, 178, 194
Miner, M. 98
Minuchin, S. 53, 170, 295, 279
Mooney, C. J. 162
Morgenstern, D. 110
Morse, D. S. 152

National Academy for State Health Policy 102
Navsaria, N. 280
Noffsinger, E. 112
Noll, R. B. 274
Nutting, P. A. 178

O'Donohue, W. 99
O'Grady, K. E. 153
Oordt, M. 105

Pace, M. 162
Palazzoli, S. M. 121

Pallak, M. S. 98
Paris, M. 162
Patterson, J. M. 134, 283
Peek, C. J. 36, 96, 99, 100, 384
Perrin, J. 282
Pigeon, Y. 161
Powell, J. 163
Prata, J. 121
Prochaska, J. 192

Quill, T. 125, 162

Reiss, D. 115
Reiter, J. 105
Robinson, P. J. 105
Rolland, J. S. 57, 67, 68, 228
Rollman, B. L. 99
Rosenberg, T. 162
Rosman, B. 279
Roy-Byrne, P. P. 99
Rubenstein, L. 98
Ruddy, N. B. 102, 116
Russo, J. 98
Ryan, E. 153

Salas, E. 121
Sargent, J. 111, 128
Schoenbaum, M. 99
Schultz, S. H. 161
Schumock, G. 161
Schut, W. 201
Seaburn, D. 97, 102, 113, 114
Seelig, M. 98
Shanman, R. 98
Sheffield, B. 306
Shekelle, P. G. 98
Shields, C. G. 110, 114
Shore, B. 148
Siegel, D. J. 57
Simmens, S. 280
Simon, G. E. 98
Singer, S. 164
Sirkin, M. I. 110, 114
Speck, R. 116
Spiegel, S. B. 153
Spinhoven, P. 99
Stange, K. C. 178
Steinglass, P. 52, 65, 68, 84, 115
Stern, T. 280
Stewart, E. E. 178
Storm, C. 113
Striepe, M. I. 110
Strosahl, K. 105
Stuart, R. B. 207
Suchman, A. L. 162
Sullivan, H. S. 135
Suttorp, M. 98

Tang, L. 99
Thomas, M. 99
Thorogood, M.
Tichenor, V. 153
Totman, R. 45

U.S. Department of Health and Human Services 157
Unutzer, J. 99

van Orden, M. 99
von Bertalanffy, L. 42
Von Korff, M. 98, 99

Wagner, E. 107
Wagner, T, H. 164
Walker, E. 98
Walsh, F. 148, 358
Weiser, T. G. 157
Wendorf, R. 111
White, M. 85
Williams, J. W. 99
Williamson, D. 103, 145, 148, 157
Wilt, T. J. 98, 102
Wood, B. L. 280
Wynne, L. C. 70, 106, 115, 110, 111, 114

Xie, B. 99, 106

Zagieboylo, R. 359

내용

AIDS 118, 150
Centers for Disease Control and Prevention 164
FAAR 모델 55
FIRO 모델 55
HealthPartners' Como Clinic 179
HIV 150
Marillac Clinic 99
Prochaska의 범이론적 모델 192
REACH 프로그램 356

가계도 그리기 317
가시적인 반응 136
가정의학 394, 403
가정의학교수학회 103
가족 36, 38, 45, 393
가족 FIRO 모델 201
가족 공여자 268
가족 관심사 68
가족 구조 133
가족 기본적 대인관계지향 55
가족 비밀 36
가족 비용 65
가족 상호작용 패턴 65

가족 신념 133, 285
가족 심리교육 집단 356
가족 역동 362
가족 위험 요인 309
가족 적응 및 조화 반응모델 283
가족 조정과 적응 반응 55
가족 지원 촉진 108
가족 지원체계 82
가족가치 88
가족강점 72
가족과 협력하기 316
가족관계 42
가족단체 86
가족돌보미지원 프로그램 352
가족사 222
가족생활 주기 54
가족에 대한 위험 수준 274
가족역동 77
가족의 건강과 질병 주기 51
가족의 긴급한 반응 52
가족의 사회적 관계망 288
가족의 유산 375
가족의 해체 144
가족체계이론 42
가족치료 42, 55, 227
가족치료 및 가정의학특별위원회 103
가족치료사 36, 216, 234
가족평가 52
가족회의 142, 340
가치 141
간접 흡연 191, 192
간접적인 관계 65
간헐적 재발 67
감사 94
감시행동 336
감정의 혼합 137
감정표현불능증 309
강점 64, 75, 133, 388, 391, 397, 399
개방적 의사소통의 촉진 291
개인 발달 59
개인발달 문제 147
개인심리치료 43
거울신경세포 56
건강 및 질환 가계도 149
건강 및 행동 코드 133
건강관리주민 170
건강심리학 49
건강파트너위원회 181
건강한 지역사회 164
건강행동 50, 76
결과 67
결핍 모델 65
경과 67
경력환자 프로젝트 181
경영 영역 37
경청 140
고립 144
고혈압 48, 67
공감 79, 92
공감적 정당화 152
공감하기 311
공명(resonance) 151
공여자 정자의 인공 주입 261
공유 367
공유 의사결정 363
공적작업 모델 170
과업 68
관계 132, 389
관계 문제 70
관계망 구축 110
관계망 회기 110, 115
관계중심 보건의료 125
관리의료기관 103
관절염 67, 89
교대 근무 139
구성 81
구심력 83
구조화 69
권한 다툼에 대처하기 127
권한과 지위 156
권한적 차별 128
균형 69, 74, 75
금연 51
급성 46, 58, 62, 67
기능상실 64
기술 37
긴밀한 협력 157
긴장 135
깨달음으로의 부름 145

나선형 모델 83
낙관주의 133
남성 46
남성 불임 261
내러티브 93, 131, 133
노부모 219
노부모 부양 219
뇌 56
뇌졸중 77
뇌종양 140
능동적인 파트너 168

다른 의료전문가들과의 협력 95
다중 관점 382
다중 체계 40
다학제팀 86
단계별 치료적 개입 98
단기적 가족체계치료 97
단절 142
당뇨병 48, 382
당뇨병가족교육시리즈 169, 174, 175
대리모 257, 267
대안적 계획 76
대처 전략 70
대처 패턴 68
대처방식 75
대처양식 228
대처행동 141
덫 87
돌보는 사람 353
돌보미 354
돌보미 지원 프로그램 356
돌봄 231
돌연변이 338
동기강화 상담 194
동기강화 상담기법 107

동료 슈퍼비전 155
두려움 139
둔감행동 335

롤러코스터 133
루프스 67
리더십 384
리더십 과정 168

만성 46
만성 단계 68
만성질환 47, 62, 188
만성질환 관리 80
만성질환 아동과 그 가족 282
말기 단계 68
말기 질환 151
메디케이드체계 102
메이요 병원 102
메타프레임 39
모호함 64, 365
문제 해결자 94
문화 81, 400
미 국방부 보훈처 102
미 연방의 보건의료연구 및 질관리 기관(Agency for Health Care Research and Quality: AHRQ) 178
미국 건강보험이동 및 책임에 관한 법 117
미국 결혼가족치료학회 103
미국심장협회 141
미국의사회 352
미해결 문제 69
미해결된 슬픔 369
미해결된 애도 반응 369
민간 의료보험 회사 57
민영 보험회사 37
민주주의 및 시민센터 170

반 니코틴담배중독 학생단체(Students Against Nicotine and Tobacco Addiction: SANTA) 176, 177, 178
발달주기 83
발달학적 이슈 277
발린트 집단(Balint groups) 148
발병 67
방문 간호사 89
방문 일정표 139
방어 75
배우자 221
범주적 134
변증법적 134
변화 강화하기 325
병치 96
보건의료체계 65, 143
보건의료팀 96
보상 94
보조 생식기술 258
보편성 93
보호적 완충 229
부담 139
부모 217
부모의 죄책감 276
부부 40, 215, 397
부부관계 216
부부치료 216
부부치료사 215
부분적 통합체계 내의 긴밀한 협력 100, 101
부양자 230
부작용 81
부적응적 75
부정(denial) 75, 136, 151, 359
부정 문제 151
분노 136
분리 71
분리단계 83
분할 36
불안 수준 69
불임 241, 250
불임 치료 259
불확실성 64, 80, 147, 148, 318, 365
불확실성의 중요성 148
블랙박스 48
블로그 86
비공식적 복도 상담 108
비난 70, 76
비만 치료 200
비만에 대한 가족상담 208
비밀 142
비밀 유지 81
비밀보장 116, 117
비선형적 변화 42
비언어적 단서 81
비의료 기관 37
비주류 건강돌봄 제공자 304
빈 둥지 83

사례관리자 98
사망률 40
사생활 보호 142
사회복지사 381
사회재적응척도 51
사회적 고립 74
사회적 관계망 분석 161
사회적 지지 49
살루드 지역사회건강센터 109
삶의 질 68
삼각관계 36, 111
상급 일차의료 103
상실 64, 140, 216, 358, 373
상실의 유산 374
상호작용 70
생물학적 35
생물학적인 건강 70
생식체 공여 259
생심리사회 47
생심리사회 접근 304
생심리사회적 39, 51, 125, 131, 155, 388, 398
생심리사회적 모델 147
생심리사회적 패러다임 100, 102
생의학적 35, 67, 81, 132
생의학적 모델 125
생의학적인 의미 72

생전 유언장 80
생태체계적 분할 35
생활주기 스트레스 80
섭식문제 211
성관계 227, 234
성별문제 157
성인 비만 197
성적 친밀감 397
세 가지 영역의 관점 36
세계관 88
세계보건기구 50
세대 간 연합 286
세대 간 위협 157
소비자 참여 178
소아 당뇨병 281
소아 비만 199
소아과 390, 392
소아마비 142
소아청소년 비만 197
소외감 155
소진 162
수동적 143
수동적 소비자 168
수용 75, 136
수평적 위계 구조 171
숙달감 138
숙명적인 태도 76
순응 50
순환 고리 138
숨겨진 환자 355
스트레스 49
스피커폰 면담 71
시간 제약이 다른 상황에서 일하기 126
시애틀의 집단의료협동조합 102
식별요인 84
식습관 88
식이요법 44, 198
신념 73
신장 투석 89
신체건강 35
신체기관 143
신체적 고착 299
신체적 기능상실 67
신체적 신호 306
신체형 장애 298
신체화 298
실존적인 도전 144
실패한 도움 282
심리교육 85, 107, 360
심리사회적 35, 67
심리사회적 고착 회피 322
심리사회적 과업 68
심리신체 증상 53
심리적 적응 132
심리치료 71
심장발작 136
심전도 82
심혈관계 질환 67

아동기 만성질환 273
아동심리사 403
아동의 질병 수용하기 290
아동의 질병 제자리에 두기 290
안도감 139
알츠하이머 67, 83
알코올 중독 54
암 399
애도 69
애도 단계 251
애도 반응 246, 370
애도작업팀 247
애착 45, 228
양가감정 74, 230
양극화 136
에디슨병 142
여과 86
여성 46
여성 불임 264
여성건강센터 388
여정 142
역기능적 69
역기능적 삼각관계 286
역동적 체계이론 42
역량강화 163
역할 변화의 인식 317
역할 혼란 115
역할의 명료화 115, 155
역할의 명확성 158, 159
연결 144
연대감 44, 61, 91, 132, 144, 383
연민 어린 증인 되기 133
연속선상 134
연합 71
영성 134
영성적인 차원 148
영적 탐색 141
예후 67, 81
온라인 저널 87
온라인 커뮤니티 86
완전 통합체계 내의 긴밀한 협력 101
완전히 통합된 체계에서의 긴밀한 협력 102
외도 215
외재화 85, 229
요양원 143
용기 140
용서 138
용어 차이 124
원가족의 질환문제 149
원격 기본협력 100, 101
원활한 이관 108
위계 157
위계모델 165, 168
위기 단계 68
위험 시도 321
유머 90
유방암 233, 344
유산 245
유전자검사 331, 336
유전적 감수성 339
유전질환 333
유전학 56
유형 분류체계 67
윤리적 책임 383
은유 93

은유적인 의미 72
의뢰 112, 114
의뢰 예절 116
의뢰서 71
의뢰의 타이밍 114
의료 38, 44
의료 시스템과 학교 시스템 293
의료 외 현장 134
의료 전달체계 385
의료 정보 71
의료가족치료 35
의료가족치료사 39, 43, 46, 58, 66, 234
의료개혁 58, 380
의료문제 44
의료비 상환 시스템 133
의료전문가들과의 소통 113
의료전문가의 취약성 277
의료집단 방문 112
의료체계 36
의료환경 134
의미 탐색 141
의미부여 76
의사결정 143
의사소통 77, 132, 228, 384, 396
의사소통 기술 161
의사소통 방식 119
의사소통 장벽 80
의식 절차 371
의인화 85
의존적 143
의학 언어 81
의학 용어의 사용 317
의학적 위기 68
의학적으로 설명되지 않는 증상들 299
이론적 모델 인식하기 125
이별 69
이분법적 사고 381
이야기 224
이중감정 134
이형동질 40
익명성 62
익명의 과식자 모임 211
인간면역결핍바이러스 86
인공 정자 주입 261
인두제 106, 112
인디언 업무과 174
인지행동적 접근법 305
인터넷 163
일반 언어 81
일반체계이론 42
일차의료 현장 387
일차의료의사 98, 122
임상 영역 36
임상 전략 61, 69, 222
임상가 71
임신 상실 244
임신 중절 247
임종 돌봄 83

자각된 위험도 347
자궁 내 태아 사망 247
자기관리 107
자기노출 152
자기돌봄 93, 151, 158, 161
자기반영 93
자기인식 64
자녀 219
자문 97, 326
자문가 70
자신 돌보기 156
자원 모델 65
자율성 80
잠재적 위험성 335
장기요양보호 센터 396
장기적인 관계 65
장기치료 65
장애 47
재구조화 75
재발 51, 67
재적응 135
재정 영역 37
재활 137
재활계획 140
저항 75
적당한 때 함께 만나기 313
적응의 리듬 79
전문가 38
전문분과 38
전문성 개발문제 154
전문적 관계의 지향적 이상 169
전염되는 것에 대한 두려움 276
전이된 암 67
전자의무기록 106, 117, 119
전통적인 정신건강 접근법 304
절망 137
절충 136
절충안 89
점진적 67
정당화 64, 132
정보 공유 90
정상적인 아동기의 상실 276
정상화 78, 83, 132
정서 131, 226, 227
정서기반 행동 134
정서적 언어 317
정서적 언어 도입하기 321
정서적인 도가니 133
정서적인 주제 134
정서중심 치료 228
정서표현 232
정신건강 35
정신건강전문가 98
정신병리학 135
정신신체 가족 279
정신-신체 이분법 300
정신질환의 진단 및 통계 편람(DSM) 135
정의 타협하기 320
정체성 68
정체성 상실 139
정체성 박탈 143
젠더 50
조정 54, 89
조정과 공유 96
조현병 44, 232

조화 374
종결 92
종결하기 326
죄책감 76, 138
주간 돌봄 프로그램 354
주민 건강관리 170
주민 건강관리 방식 177
주민 건강관리 프로젝트 170, 172, 174, 183
주민 건강관리 행동 전략 172
주민 건강관리의 원칙 171
주민 헬스케어 홈 프로젝트 178
주민모델 165, 167
주민환자 프로젝트 181
죽음의 불가피성 372
중독 215
중압감 67
증상 79
증상 일지 316
증상에 초점 맞추기 315
증상에서 벗어난 생활 320
지목된 환자 287
지속적 67
지역사회 37, 164, 165, 385
지역사회 관여 163, 165
지역사회건강센터 103
지역사회기반 참여연구 174, 176
지역사회조직 172, 174
지원에 대해 묻기 312
지지 86
지지집단 86
지향적 이상 169
진단 64
진단 전 68
진단명 136
진료지원 관리자 86
진행성 67
진행성 만성질환 74
진행성 유방암 142
질문 목록 82
질병 48, 124
질병 경험 65
질병 단계 68
질병 발현 67
질병 사건 140
질병 이야기 72
질병 이야기 이끌어 내기 316
질병 이전 85
질병 전 68
질병군 48
질병력 72
질병에 대한 처방 쓰기 326
질병의 모호성 111
질병중심 가계도 74
질병통제센터 64
질병통제예방센터 164
질병행동 287
질적 분석 134
질환 경험의 공유 146, 150
질환 경험의 중요성 146
질환 124
질환에 대한 불안 154
집단진료 86
집중적 의료가족치료 97

착상 전 유전자 진단 266
착한 환자 143
참여 강화 321
척도 84
척추 외상 67
천식 67
철회 137
체계 41, 384
체계 지향적 가족치료 170
체계론 42, 132
체계론적 381
체계이론 36, 53
체계적 상담 105
체계적 상담 모델 105
체계적 행동건강 상담 97, 105
체계적 행동건강 상담자 106
체계적 행동건강 상담자의 역할 106
체로키 의료체계 102
체외수정 264
초기 자문집단 173
초점 70
촉진자 71
최소 협력 100, 101
추가 상담 92
충성심 144
취약성 51, 215
치료 목표 71
치료계획 71
치료계획 협의 107
치료사에 대한 도전 328
치료적 삼각관계 71
치료적 연대감 214, 346
치명적 67
친밀감 141, 202
침범 65, 90

커뮤니케이션 132
크론병 80

타비스톡(Tavistock) 교육 148
타협하도록 돕기 292
탄력성 53, 235, 236
통제 202
통제감 87
통합 89
통합치료 96, 102, 133
퇴보 예상하기 325
퇴행성 질병 48
트라우마 72, 225
팀 97
팀 자문 97
팀기반 진료 39
팀기반 치료 102, 103
팀돌봄 158
팀워크 160

파킨슨병 67
파트너십 96
파트너십 모델 166
편견 93
평온 136

포용 201

하위체계 231, 384
학대 215
학제 간 유전 진료팀 348
합동치료 회기 110, 111
합류 단계 315
합류 질문 72
합병증 73
해독제 138
해리(dissociation) 359
행동건강상담 104, 108
행동건강상담사 126
행동건강전문가 122
행동의학 49
행동주체성 44, 61, 87, 133, 143, 210, 214, 346, 363, 383
행위별 수가제 109
헌팅턴병 345
헬스케어 홈 178
헬스케어 홈 프로젝트 참조 169
현장 기본협력 100, 101
현장 협력 102
혈당 83
협동 96
협력 68, 71, 96, 113
협력관계의 구조 113
협력모델 165, 167, 168
협력의 수준 100
협력적 가족 건강관리 170
협력적 제휴모델 169
협력적 치료 312
협력적 팀워크 157
협력적 파트너십 97
협력적 활동 294
협력치료 43, 96, 98, 99, 103, 105
협력팀 382
협력하기 311
협업 392
협진 395, 396, 398, 403
형제 287
호기심 보이기 321
환경 66
환경성 담배 연기 191
환자 70
환자-가족-중심치료 99
환자-의사-돌보미 관계를 발전시키는 윤리 지침 352
환자중심 메디컬 홈 160, 178
환자중심 헬스케어 홈 103
활동성 강화 107
활동회원 180
활동회원 프로젝트 179, 180
황당함 141
회복기 77
회피 81, 358
효과적인 협력 120
휴버트험프리 잡코어센터(Hubert H. Humphrey Job Corps Center) 176
흡연 51, 191
희망 137
희생양 384

저자 소개

수잔 맥다니엘(Susan H. McDaniel) 박사

로체스터 대학교 의료원 로리 샌즈 박사 가족 및 보건 석좌교수이다. 1980년 부임한 이래 현재까지 환자 및 가족 중심 진료를 위한 의사코칭 프로그램(Patient-and Family-Centered Care Physician Coaching Program) 책임자, 가정의학과 부과장, 정신건강의학과 가족연구소 소장직을 맡고 있다. 그녀의 경력은 정신/행동보건을 진료에 통합시키는 데 몰입되어 있다. 여러 학술지에 논문을 게재하였고, 8개 국어로 번역된 13권의 저서가 있다. 12년간 『Families, Systems & Health』의 공동편집인이었고, 현재는 『American Psychologist』의 부편집인으로 활동 중이다. 사회 활동도 적극적인데, 미국심리학회(American Psychological Association: APA) 이사회 멤버 및 협력적 가족보건의료협회(Collaborative Family Healthcare Association)의 이사로 있다. 수상 경력으로는 2007년 미국심리학재단/Cummings PSYCHE 상, 2009년 협력돌봄에 뛰어난 업적으로 Donald Bloch MD 상, 2011년 가정의학 교수회(Society of Teachers of Family Medicine) 공로상, 2012년 멘토링 업적에 대한 Elizabeth Hurlock Beckman 상이 있다.

윌리엄 도허티(William J. Doherty) 박사

미네소타 대학교 가족학과 교수, 미네소타 위기부부 프로젝트 및 Citizen Professional Center 책임자, 가정의학 및 공공보건학과 겸임교수로 있다. 미국가족관계학회(National Council on Family Relations) 회장, 미국부부가족치료학회(American Association for Marriage and Family Therapy)에서 부부 및 가족치료 분야 공로상을 받았다. 10권의 전문서적 및 일반대중을 위한 4권의 저서가 있다. 협력적 가족 건강돌봄에 대한 관심과 더불어 건강 및 사회적 문제에 대한 창의적 해결책 마련을 위한 지역사회의 기여 및 이혼 위기 부부를 위한 새로운 형태의 임상실제에 관심을 쏟고 있다.

제리 헵워스(Jeri Hepworth) 박사

가족치료사로 코네티컷 대학교 의학전문대학원 교수 및 가정의학과 부과장으로 재직 중이다. 그녀는 30년 넘게 협력 및 팀 개발에 중점을 두고, 가정의학과, 일차의료, 정신건강의학과 의사 및 정신보건 전문요원들을 가르쳐 오고 있다. 미국 의학회(Academic Medicine) 실행이사, 가정의학 교육자 협의회(Society of Teachers of Family Medicine) 회장을 역임하였고, 가정의학협의회(Council for Academic Family Medicine) 회장으로 있다. 그녀의 주된 학술활동은 의학 내 심리사회적 전문성을 갖는 가족 및 보건, 행동적 돌봄의 일차의료에의 통합이다. 그녀는 『Medical Family Therapy』, 『The Shared Experience of Illness』, 『Family Oriented Primary Care』의 공저자이고, 조직화된 수련회 리더, 전국적 · 세계적 자문, 여러 전문기관에서의 이사 및 주도적 위치에서 활동 중이며, 5개 전문잡지의 편집자문위원으로 활동 중이다.

역자 소개

박일환(Park, Ealwhan)
서울대학교 의학 박사(생리학 전공)
현) 단국대학교 가정의학과 교수

신선인(Shin, Sunin)
미국 캔사스대학교 사회복지학 박사(Ph. D.)
현) 대구대학교 사회복지학과 명예교수
한국가족치료학회 부부가족상담 슈퍼바이저

안동현(Ahn, Donghyun)
서울대학교 의학 박사(정신의학 전공)
현) 한양대학교 정신건강의학과 교수
한양대병원 발달의학센터 센터장

정혜정(Chung, Hyejeong)
미국 텍사스테크대학교 인간발달 · 가족학과 박사(Ph. D.)
현) 전북대학교 아동학과 교수
한국가족치료학회 부부가족상담 슈퍼바이저

안인득(An, Indeug)
전북대학교 대학원 아동가족학 박사 수료
현) 전주해성고등학교 전문상담교사

의료가족치료

Medical Family Therapy and Integrated Care (2nd ed.)

2018년 6월 15일 1판 1쇄 인쇄
2018년 6월 20일 1판 1쇄 발행

지은이 • Susan H. McDaniel · William J. Doherty · Jeri Hepworth
옮긴이 • 박일환 · 신선인 · 안동현 · 정혜정 · 안인득
펴낸이 • 김진환
펴낸곳 • (주) 학지사
04031 서울특별시 마포구 양화로 15길 20 마인드월드빌딩
대표전화 • 02)330-5114 팩스 • 02)324-2345
등록번호 • 제313-2006-000265호

홈페이지 • http://www.hakjisa.co.kr
페이스북 • https://www.facebook.com/hakjisabook

ISBN 978-89-997-1569-3 93180

정가 23,000원

역자와의 협약으로 인지는 생략합니다.
파본은 구입처에서 교환해 드립니다.

이 도서의 국립중앙도서관 출판시도서목록(CIP)은 서지정보유통지원시스템 홈페이지(http://seoji.nl.go.kr)와 국가자료공동목록시스템(http://www.nl.go.kr/kolisnet)에서 이용하실 수 있습니다.
(CIP 제어번호: CIP2018017124)